- Praktische Reisetipps A–Z
- Ruanda
- Uganda: Land und Leute
- Ostkongo
- Uganda: Kampala und Umgebung
- Anhang
- Uganda: Der Südwesten und die Virunga-Vulkane
- Tierwelt Ostafrikas
- Uganda: Der Westen und das Ruwenzori-Gebirge
- Atlas
- Uganda: Der Norden und Nordosten
- Uganda: Der Osten und Mt. Elgon

Christoph Lübbert
Uganda und Ruanda

„Uganda is from end to end one beautiful garden ... It is the pearl of Africa."
(Uganda ist ein einziger schöner Garten ... Es ist die Perle Afrikas.)
Winston Churchill 1908 – „My African Journey"

Impressum

Christoph Lübbert
Uganda und Ruanda

erschienen im
REISE KNOW-HOW Verlag Peter Rump GmbH
Osnabrücker Str. 79, 33649 Bielefeld

© Peter Rump 2004, 2006, 2008
4., neu bearbeitete und komplett aktualisierte Auflage 2010

Alle Rechte vorbehalten.

Gestaltung:
 Umschlag: G. Pawlak, P. Rump (Layout); M. Luck (Realisierung)
 Inhalt: G. Pawlak (Layout); M. Luck (Realisierung)
 Karten: C. Raisin, Th. Buri, der Verlag
 Fotos: Ch. Lübbert; A.-L. Ndakoze (S. 382)
 Titelfoto: Ch. Lübbert (Der Leopard gehört zu den „Big Five" der Tierwelt)

Lektorat: M. Luck

Druck und Bindung: Wilhelm & Adam, Heusenstamm

ISBN 978-3-8317-1909-9
PRINTED IN GERMANY

Dieses Buch ist erhältlich in jeder Buchhandlung Deutschlands, Österreichs, der Niederlande, Belgiens und der Schweiz. Bitte informieren Sie Ihren Buchhändler über folgende Bezugsadressen:

Deutschland
 Prolit Verlagsauslieferung GmbH, Siemensstr. 16, D-35463 Fernwald (Annerod)
 sowie alle Barsortimente
Schweiz
 AVA/Buch 2000
 Postfach, CH-8910 Affoltern a.A.
Österreich
 Mohr-Morawa Buchvertrieb GmbH
 Sulzengasse 2, A-1230 Wien
Niederlande, Belgien
 Willems Adventure
 www.willemsadventure.nl

Wer im Buchhandel trotzdem kein Glück hat, bekommt unsere Bücher auch über unseren
Büchershop im Internet:
www.reise-know-how.de

Wir freuen uns über Kritik, Kommentare und Verbesserungsvorschläge, gern auch per E-Mail an info@reise-know-how.de.

Alle Informationen in diesem Buch sind vom Autor mit größter Sorgfalt gesammelt und vom Lektorat des Verlages gewissenhaft bearbeitet und überprüft worden.

Da inhaltliche und sachliche Fehler nicht ausgeschlossen werden können, erklärt der Verlag, dass alle Angaben im Sinne der Produkthaftung ohne Garantie erfolgen und dass Verlag wie Autor keinerlei Verantwortung und Haftung für inhaltliche und sachliche Fehler übernehmen.

Die Nennung von Firmen und ihren Produkten und ihre Reihenfolge sind als Beispiel ohne Wertung gegenüber anderen anzusehen. Qualitäts- und Quantitätsangaben sind rein subjektive Einschätzungen des Autors und dienen keinesfalls der Bewerbung von Firmen oder Produkten.

Christoph Lübbert

Uganda
Ruanda

REISE KNOW-HOW im Internet

www.reise-know-how.de
- Ergänzungen nach Redaktionsschluss
- kostenlose Zusatzinfos und Downloads
- das komplette Verlagsprogramm
- aktuelle Erscheinungstermine
- Newsletter abonnieren

Bequem einkaufen im Verlagsshop mit Sonderangeboten

Ein ganz persönliches Vorwort

Wer eine Reise nach **Uganda** oder gar Ruanda plant, wird dafür von vielen Menschen noch immer Kopfschütteln und Unverständnis ernten. Gerade der Generation der heute über 50-Jährigen ist Uganda noch immer als das Land *Idi Amins* in Erinnerung und weckt Assoziationen an Bürgerkrieg, Massenmord, Vertreibung und andere Gräueltaten. Übersehen wird dabei leicht, dass sich das ostafrikanische Land seit 1986 auf einem für Afrika ungewöhnlichen Konsolidierungskurs befindet und sich anschickt, wieder eine **„Perle Afrikas"** zu werden, als die es *Winston Churchill* in seinen Reiseaufzeichnungen einst rühmte. Auf dem Weg dorthin sind jedoch immer wieder Rückschläge zu verzeichnen, wie das von ruandischen Hutu-Milizen verübte Massaker an Gorilla-Touristen im Bwindi Impenetrable Forest im März 1999, und in der Tat geben die bis in die jüngste Vergangenheit häufigen Rebellenübergriffe im hohen Norden des Landes, die Konflikte im Osten des Nachbarlandes DR Kongo sowie Demokratiedefizite im Inland Anlass zur Sorge. Mit Ausnahme Nordugandas ist die **Infrastruktur** für afrikanische Verhältnisse **modern** und komplett wiederhergestellt. Die Sicherheitslage in den für touristische Besuche interessantesten Landesteilen gilt als ausgezeichnet.

Die **Vielfalt und Einzigartigkeit der ugandischen Natur** ist der Hauptanziehungspunkt des Landes. Das Spektrum reicht von den Tierherden der Savanne des Queen Elizabeth National Park über die Seen im Zentralafrikanischen Grabenbruch, die spektakulären Fälle des Nils, dichte tropische Wälder mit Schimpansen und zahlreichen anderen Primaten bis hin zu den an Menschen gewöhnten Berggorillas im Bwindi Impenetrable National Park und im Vulkangebiet der Virungas. Wie aus einer verwunschenen Zeit erscheint die Fabelwelt des Ruwenzori-Gebirges, dessen bis zu 5109 m hohen Gipfel von bizarren Gletscher- und Eisformationen ummantelt werden.

Die einst reichen Tierbestände haben durch Krieg und Wilderei stark gelitten. Uganda kann daher nicht mit den großen Tierherden Tansanias oder Kenias konkurrieren. Doch nirgendwo sonst in Afrika bestehen so gute Möglichkeiten zur Erkundung tropischer Berg- und Waldlandschaften und zur **Beobachtung von Primaten** wie hier. Aufgrund der politischen Wirren der jüngeren Vergangenheit hat sich bislang – verständlicherweise – **kein Massentourismus** mit den bekannten negativen Folgen entwickeln können. Viele ursprüngliche Afrika-Erlebnisse sind sozusagen garantiert. Die meisten Menschen strahlen Optimismus und Hoffnung aus, denn nach über zwanzig Jahren Terror, Krieg und Vertreibung hat fast jeder in Uganda die Nase voll davon. Reisende erfahren eine zuvorkommende und freundliche Behandlung.

Uganda ist auch eine Ausgangsbasis für Reisen ins benachbarte **Ruanda** und – zumindest prinzipiell – in den Osten der Demokratischen Republik Kongo

Ein ganz persönliches Vorwort

(ehemals Zaire). In Ruanda hat nach den Kriegsereignissen und Massakern des Jahres 1994 eine allgemeine Stabilisierung stattgefunden. Das Land ist seit 1998 wieder uneingeschränkt bereisbar, und der Besuch der Berggorillas im Parc National des Volcans, der langjährigen Wirkungsstätte *Dian Fosseys,* ist problemlos möglich.

Die **Kivu-Region in Ostkongo** mit ihrer wunderschönen Berg- und Seenlandschaft hat bis heute mit den verheerenden Auswirkungen der ruandischen Flüchtlingskatastrophe vom Sommer 1994 zu kämpfen, an die sich eine seit 1996 andauernde Serie von Bürgerkriegshandlungen mit neuen humanitären Desastern und Flüchtlingsszenarien angeschlossen hat, die die Region gesellschaftlich, moralisch und ökonomisch zerrüttet hat. Der noch Anfang der 1990er Jahre blühende Tourismus kam gänzlich zum Erliegen. Die faszinierenden Nationalparks Virunga und Kahuzi-Biéga mit ihren Gorillafamilien sind derzeit praktisch kaum bereisbar, und entferntere Ziele im Kongobecken können nur unter unvertretbaren Risiken für Leib und Leben erreicht werden. Es bleibt zu hoffen, dass sich die verfahrene Situation im Kongo in absehbarer Zukunft stabilisieren wird.

Ich habe mich 1996 aus Begeisterung für die Naturschönheiten der Region und angesichts des Mangels an ausführlicher und aktueller Literatur zur Zusammenstellung eines Reisehandbuchs über Uganda, Ruanda und Ost-Kongo/Zaire entschlossen, das zunächst in kleiner Auflage im schleswig-holsteinischen Stein-Verlag erschien. Der Bürgerkrieg in Kongo/Zaire und diverse Schreckensmeldungen aus Uganda und Ruanda ließen den Tourismus in dieser Region Afrikas bereits kurz nach Erscheinen des Buches komplett einbrechen und haben eine längerfristige Fortführung des Buchprojekts zunächst verhindert. Nach einer längeren publizistischen Pause wurde Ende 2003 der zweite Versuch eines umfassenden Reiseführers über Uganda und Ruanda gestartet, eingebettet in das Afrika-Programm der renommierten Verlagsgruppe Reise Know-How.

Der anschwellende Besucherstrom und die damit verbundene gute Akzeptanz des Führers haben innerhalb von sechs Jahren bereits die dritte Neuauflage erforderlich gemacht. Das dabei entstandene, nunmehr in vierter Auflage komplett überarbeitete Buch wendet sich in erster Linie an Individualreisende, aber auch an Pauschaltouristen, die mit einem Reiseveranstalter unterwegs sind. Der Schwerpunkt liegt eindeutig auf der faszinierenden Natur Ugandas und Ruandas. In der Regel repräsentieren die Informationen den Stand vom Jahresbeginn 2010. Doch viele Dinge ändern sich von heute auf morgen, gerade in Afrika. Ich bitte Sie daher herzlichst, Hinweise für Änderungen und Anregungen sowie Verbesserungsvorschläge an den Verlag zu senden.

Achtung: Es hat unter der Herrschaft *Idi Amins* mehrere **Umbenennungen von Orten und Nationalparks** gegeben. Dadurch ist vorübergehend eine gewisse Verwirrung entstanden, welche Namen nun als verbindlich anzusehen sind. In diesem Buch finden ausschließlich die vor *Amin* gültigen originalen Namen Verwendung, die sich mittlerweile wieder durchgesetzt haben. Insbesondere betrifft dies den Lake Albert (manchmal noch Lake Mobutu Ssese Seko genannt), den Lake Edward (zeitweise Lake Idi Amin Dada), den Murchison Falls NP (zeitweise Kabalega Falls NP) und den Queen Elizabeth NP (lange Zeit Ruwenzori NP genannt). Letzterer darf nicht mit dem Ruwenzori Mountains NP verwechselt werden, es handelt sich um gänzlich verschiedene Gebiete.

Im Frühjahr 2010
Dr. Christoph Lübbert

Hinweise zur Benutzung des Reiseführers

Der Schwerpunkt des vorliegenden Reiseführers liegt auf **Uganda**. Das Land wird im Rahmen dreier großer Kapitel vorgestellt: Die **„Praktischen Tipps A–Z"** enthalten alle wichtigen reisepraktischen Empfehlungen für Reisevorbereitung und -durchführung (vieles gilt dabei auch für Ruanda); in **„Land und Leute"** erfolgt eine kurze Landeskunde mit allen wichtigen Fakten zu Natur, Geschichte, Bevölkerung etc.; im Kapitel **„Unterwegs in Uganda"** schließlich werden in fünf Unterkapiteln Landschaften, Regionen, Dörfer und Städte des Landes ausgehend von der Hauptstadt Kampala vorgestellt (im Uhrzeigersinn von Westen nach Osten). Ein eigenes Kapitel ist **Ruanda** gewidmet. Am Ende des Buches finden sich der **Anhang** (Literatur, Karten, Reise-Ge-sundheitsinformationen, Register, Tiernamensliste) sowie ein **24-seitiger Atlas**. Auf die Karten dort ebenso wie auf die sonstigen Karten im Buch wird in den Kopfzeilen und nach größeren Ortschaften, Städten und Nationalparks verwiesen. Schließlich beschäftigt sich ein 48-seitiger Sonderteil mit der **Tierwelt Ostafrikas**.

Inhalt

Ein ganz persönliches Vorwort 7

Praktische Reisetipps A–Z 14

An-, Ein- und Ausreise	16
Ausrüstung und Kleidung	21
Diplomatische Vertretungen	24
Dokumente und Papiere	25
Essen und Trinken	26
Feste und Feiertage	28
Fotografieren und Filmen	28
Frauen allein unterwegs	31
Geld und Finanzen	34
Geschäfts- und Öffnungszeiten	35
Gesundheit und medizinische Versorgung	36
Grenzen und Grenzverkehr	58
Handeln	61
Informationsstellen	61
Maße und Gewichte	63
Medien	63
Nationalparks und Wildreservate	64
Notfälle	71
Post und Telekommunikation	73
Preise	76
Reiseagenturen und Safariveranstalter	77

INHALT

Reisen in Uganda und Ruanda	78
Reisezeit	83
Sicherheit und Kriminalität	84
Stromversorgung	85
Trinkgeld	85
Unterhaltung und Nachtleben	85
Unterkünfte und Camping	85
Verhalten im Gastland	89
Versicherungen	91
Zeit(-verschiebung)	92
Zollbestimmungen	93

Uganda: Land und Leute 94

Geografie und Landschaftsformen	98
Klima	99
Tier- und Pflanzenwelt	101
Ökologie und Naturschutz	104
Geschichte	107
Staat und Politik	117
Wirtschaft	122
Tourismus	126
Bevölkerung	129
Sprache, Kultur und Religion	130
Bildung und Gesundheit	130

Unterwegs in Uganda 132

Kampala und Umgebung 134

Kampala	134
Mabamba Wetlands	159
Entebbe	160
Entebbe Botanical Gardens	160
Uganda Wildlife Education Centre (UWEC)	161
Kasenyi	166
Ngamba Island Chimpanzee Sanctuary	167

Der Südwesten und die Virunga-Vulkane 168

Mpanga Forest Reserve	170
Masaka	170
Ssese-Inseln	172
Bugala Island	173
Sonstige Inseln	175
Lake Mburo National Park	175
Mbarara	179
Kabale	182
Lake Bunyonyi	185
Bwindi Impenetrable National Park	186
Kisoro	195
Mgahinga Gorilla National Park	199

Der Westen und das Ruwenzori-Gebirge 204

Kalinzu und Kasyoha Kitomi Forest Reserves	205
Kalinzu Forest Reserve	205
Kasyoha Kitomi Forest Reserve	206
Queen Elizabeth National Park	206
Fahrt nach Ishasha über Kihihi	214
Kasese	215
Ruwenzori Mountains National Park	219
Zwischen Kampala und Fort Portal	230
Katonga Wildlife Reserve	231
Fort Portal	233
Fahrt zum Kibale Forest National Park	239
Kasenda Crater Lakes	239
Kibale Forest National Park	242
Die Straße nach Bundibugyo und zum Semliki National Park	246
Semliki Valley Wildlife Reserve	247
Semliki National Park	252
Bundibugyo	255
Hoima	255

Karten und Stadtpläne

Verzeichnis der Karten und Stadtpläne

In den Kopfzeilen der Buchseiten steht ein Verweis auf die jeweiligen in den Kontext passenden Karten bzw. Stadtpläne.
Atlas: Bei den jeweiligen Orten und Nationalparks erfolgt ein Verweis auf die entsprechende Karte bzw. genaue Positionierung in der Karte, z.B. Kampala ⌕ XIV, B2.

Umschlagklappen:
Länderübersicht
  Uganda und Ruanda ... vorn
Kampala Zentrum ... hinten

Karten und Stadtpläne zu Uganda:
Bwindi Impenetrable
  National Park ... 189
Entebbe ... 163
Fort Portal ... 234
Fort Portal Ortskern ... 235
Jinja ... 300
Kabale ... 183
Kampala Übersicht ... 136
Kasenda Crater Lakes ... 240
Kasese ... 217
Kisoro ... 196
Lake Mburo National Park ... 177
Masindi ... 263
Mbale ... 312
Mbarara ... 181
Mgahinga Gorilla National Park ... 200
Mt. Elgon National Park ... 317
Murchison Falls National Park ... 270
Nationalparks und Reservate ... 65
Ölförderung im Albertgraben ... 257
Queen Elizabeth National Park ... 211
Ssese-Inseln ... 173
Uganda Community Tourism
  Association (UCOTA) ... 127

Karten und Stadtpläne zu Ruanda:
Gisenyi ... 377
Huye (Butare) ... 384
Kigali ... 352
Kigali Umgebung ... 355
Musanze (Ruhengeri) ... 365
Parc National de l'Akagera ... 393
Parc National de Nyungwe ... 388
Parc National des Volcans ... 369

Atlas am Ende des Buches:
I: Blattschnitt
II bis XVIII: Uganda und Ruanda
  im Maßstab 1:1.250.000
XX: Ruwenzori Main Peaks
XXI: Ruwenzori Road Map
XXII/XXIII: Central Ruwenzori

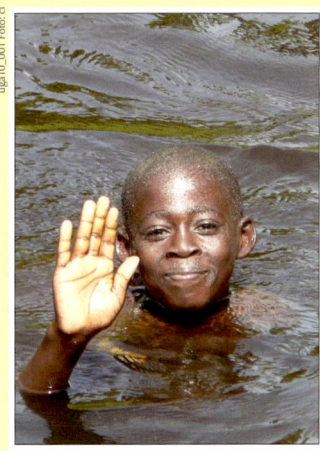

INHALT

Kabwoya Wildlife Reserve	259
Masindi	262
Ziwa Rhino Sanctuary	264
Budongo Forest Reserve	265
Murchison Falls National Park	266

Der Norden und Nordosten 276

Gulu	279
Arua	282
Pakwach	283
Moyo und Adjumani	284
Lira	285
Soroti	286
Moroto	288
Matany	290
Kotido und Kaabong	290
Zwischen Kotido und Kidepo	291
Kidepo Valley National Park	292

Der Osten und Mt. Elgon 296

Mabira Forest Reserve	297
Jinja	299
Bujagali Falls	304
Tororo	309
Busia und Malaba	310
Mbale	310
Mount Elgon National Park	313
Sipi Falls	325

Ruanda 328

Einführung	**330**
Praktische Reisetipps A–Z	**330**
Land und Leute	**336**
Kigali – die Hauptstadt	**351**
Besuch der Genozid-Gedenkstätten Ntarama und Nyamata	361
Gitarama	**363**
Der Nordwesten	**363**
Musanze (Ruhengeri)	364
Parc National des Volcans	366
Gisenyi	374
Der Westen und der Lac Kivu	**379**
Kibuye	380
Der Südwesten	**381**
Huye (Butare)	381
Parc National de Nyungwe	387
Kamembe/Cyangugu	390
Der Osten	**392**
Parc National de l'Akagera	392

Ostkongo 397

Praktische Informationen	405

Anhang 406

Literatur	408
Karten	412
Reise-Gesundheitsinformation Uganda	414
Reise-Gesundheitsinformation Ruanda	416
Tiernamensliste	418
Register	432
Danksagung des Autors	443
Über den Autor	444

Tierwelt des östlichen Afrika 445

Atlas nach Seite 492

> Die **Internet- und E-Mail-Adressen** in diesem Buch können – bedingt durch den Zeilenumbruch – so getrennt werden, dass ein Trennstrich erscheint, der nicht zur Adresse gehören muss!

Exkurse

Uganda
Ugandas AIDS-Waisen – Hypothek für die Zukunft ... 42
Busfahren in Ostafrika – ein Erlebnisbericht ... 79
Ebola bedroht Gorillas ... 102
Idi Amin – der „Schlächter von Kampala" ... 110
Die Rückkehr der Könige ... 114
Berggorillas ... 190
Informationen zum Gorilla-Tracking und Verhaltenshinweise ... 191
Milzbrand – tödliche Gefahr ... 208
Die kopflosen Krieger / von *Dominic Johnson* ... 250
Schwarzes Gold unter dem Albertsee –
Fluch oder Segen für Uganda? ... 256
Hemingway an den Murchison Falls ... 272
Ebola – tödliches Fieber ... 280
Die Karamojong – kriegerische Herren Karamojas ... 289
Alt werden in Afrika ... 298
Powercut – wie Uganda seine Stromprobleme lösen will ... 307

Ruanda
Umuganda Day – der Staat ruft zu wohltätiger Gemeinschaftsarbeit auf /
von *Arlette-Louise Ndakoze* ... 333
Meinungs- und Pressefreiheit in Ruanda /
Interview von *Arlette-Louise Ndakoze* ... 340
Ruanda – fremde Heimat / von *Arlette-Louise Ndakoze* ... 346
„Nyiramachabelli" – die alte Frau, die allein im Wald lebt ... 370
Huye (Butare) – Ruandas Wissenschafts- und Kulturstadt /
von *Arlette-Louise Ndakoze* ... 382
Demokratische Republik Kongo – kein Staat zu machen /
von *Dominic Johnson* ... 400

14 Praktische Reisetipps A–Z

Praktische Reisetipps A–Z

Unterwegs im Mgahinga
Gorilla National Park

Das Lake Kivu Serena Hotel
in Gisenyi (Ruanda)

Elefanten im Murchison Falls NP

An-, Ein- und Ausreise

Anreise mit dem Flugzeug

Direktverbindungen mit Flugzeugen aus dem deutschsprachigen Raum nach Uganda bestehen nicht. Es gibt aber einige **Umsteigeverbindungen** über europäische, nahöstliche und afrikanische Großstädte **nach Entebbe,** bei denen man eine Flugzeit von 7–8 Stunden einkalkulieren muss.

Der internationale **Flughafen** Ugandas liegt **in Entebbe** (4 km außerhalb der Stadt), gut 40 km südlich der Hauptstadt Kampala. Eine **Taxifahrt nach Kampala** kostet ca. 20 Euro. Für Gäste der großen Hotels (Sheraton, Grand Imperial, Serena Hotel u.a.) gibt es kostenlose **Shuttlebusse.** Eine Taxifahrt bis Entebbe (Matatu-Station) kostet 2–3 Euro, ab dort kommt man mit Sammeltaxis für 1,50 Euro weiter nach Kampala.

Achtung: Auf der Strecke Entebbe – Kampala kam es in den letzten Jahren vereinzelt zu **Überfällen;** daher sollte einer der entsprechend gekennzeichneten Shuttlebusse der großen Hotels oder ein lizensiertes Taxi genommen werden. Nachtfahrten nach Kampala sollten möglichst vermieden werden.

Für die Reisen aus den Nachbarländern oder in die Nachbarländer auf dem Landweg bitte im Kapitel „Grenzen und Grenzverkehr" nachschlagen.

Flugverbindungen

Die **wichtigsten Fluggesellschaften** auf den Strecken **von Mitteleuropa nach Entebbe** sind:

- **British Airways,** www.britishairways.de; von vielen Flughäfen in Deutschland, Österreich und der Schweiz via London.
- **Brussels Airlines,** www.brusselsairlines.de; von Berlin, Hamburg, Frankfurt, München, Zürich und Wien via Brüssel (dreimal wöchentlich).
- **Egypt Air,** www.egyptair.de; von Berlin, Frankfurt, München, Zürich und Wien via Kairo (zweimal wöchentlich).
- **Emirates,** www.emirates.de; von Hamburg, Düsseldorf, Frankfurt, München, Zürich und Wien via Dubai (mit 8 Stunden Wartezeit beim Umsteigen in Dubai auf dem Rückflug).
- **Ethiopian Airlines,** www.flyethiopian.de; von Frankfurt via Addis Abeba (dreimal wöchentlich).
- **KLM,** www.klm.de; von vielen Flughäfen in Deutschland, Österreich und der Schweiz via Amsterdam (dreimal wöchentlich) und Nairobi (Zusammenarbeit mit Kenya Airways).

Die folgenden Fluglinien bieten **Flüge von anderen Ländern Afrikas** nach Uganda an: Air Burundi, Air Tanzania, Air Uganda, Rwandair Express, Egypt Air, Ethiopian Airlines, Kenya Airways, Precision Air, South African Airways (SAA), Sudan Airways, Fly540 (Lowcost-Airline) und TMK Air Commuter (kongolesische Airline).

Flugpreise

Je nach Fluggesellschaft, Jahreszeit und Aufenthaltsdauer in Uganda bekommt man ein Economy-Ticket von Deutschland, Österreich und der Schweiz **hin und zurück nach Entebbe für ca. 600 bis über 1000 Euro** (inkl. aller Steuern, Gebühren und Ent-

---

Bild oben: Campingsafari am Lake Victoria; unten: Lake Nyinambuga (Kasenda Crater Lakes)

An-, Ein- und Ausreise   17

Praktische Reisetipps A–Z

Mini-„Flug-Know-how"

Komfort und Service

Nicht vergessen: Ohne einen **gültigen Reisepass** kommt man nicht an Bord eines Flugzeuges nach Afrika!

Bei den meisten internationalen Flügen muss man **2–3 Stunden vor Abflug** am Schalter der Airline eingecheckt haben. Viele Airlines neigen zum Überbuchen, d.h., sie buchen mehr Passagiere ein, als Sitze im Flugzeug vorhanden sind, und wer zuletzt kommt, hat dann möglicherweise das Nachsehen.

Wenn ein **vorheriges Reservieren** der Sitzplätze nicht möglich war, hat man die Chance, einen Wunsch bezüglich des Sitzplatzes zu äußern.

Das Gepäck

In der Economy-Class darf man in der Regel nur **Gepäck bis zu 20 kg pro Person** einchecken (steht auf dem Flugticket) und zusätzlich ein Handgepäck von 7 kg in die Kabine mitnehmen, welches eine bestimmte Größe von 55 x 40 x 23 cm nicht überschreiten darf. In der Business Class sind es meist 30 kg pro Person und zwei Handgepäckstücke, die insgesamt nicht mehr als 12 kg wiegen dürfen. Man sollte sich beim Kauf des Tickets über die Bestimmungen der Airline informieren.

Aus Sicherheitsgründen dürfen **Taschenmesser, Nagelfeilen, Nagelscheren,** sonstige Scheren und Ähnliches nicht mehr im Handgepäck untergebracht werden. Diese Gegenstände sollte man unbedingt im aufzugebenden Gepäck verstauen, sonst werden sie bei der Sicherheitskontrolle einfach weggeworfen. Darüber hinaus gilt, dass Feuerwerke, leicht entzündliche Gase (in Sprühdosen, Campinggas), entflammbare Stoffe (in Benzinfeuerzeugen, Feuerzeugfüllung) etc. nichts im Passagiergepäck zu suchen haben.

Seit November 2006 dürfen Fluggäste **Flüssigkeiten** oder vergleichbare Gegenstände in ähnlicher Konsistenz (z.B. Getränke, Gels, Sprays, Shampoos, Cremes, Zahnpasta, Suppen) nur noch in der Höchstmenge von jeweils 0,1 Liter als Handgepäck mit ins Flugzeug nehmen. Die Flüssigkeiten müssen in einem durchsichtigen, wiederverschließbaren Plastikbeutel transportiert werden, der maximal 1 Liter Fassungsvermögen hat.

Rückbestätigung

Bei den meisten Airlines ist heutzutage die **Bestätigung des Rückfluges** nicht mehr notwendig. Allerdings empfehlen alle Airlines, sich telefonisch zu erkundigen, denn kurzfristige Änderungen der genauen Abflugsuhrzeit kommen beim zunehmenden Luftverkehr heute immer häufiger vor.

Sollte die Airline allerdings eine Rückbestätigung *(reconfirmation)* **bis 72 oder 48 Stunden vor dem Rückflug** verlangen, sollte man auf keinen Fall versäumen, sie kurz anzurufen, sonst kann es passieren, dass die Buchung im Computer der Airline gestrichen wird; der Flugtermin ist dahin. Das Ticket verfällt aber nicht dadurch, es sei denn, die Gültigkeitsdauer wird überschritten; unter Umständen ist jedoch in der Hochsaison nicht sofort ein Platz auf einem anderen Flieger frei.

Die **Rufnummer** kann man von Mitarbeitern der Airline bei der Ankunft, im Hotel, dem Telefonbuch oder auf der Website der Airline erfahren.

Buchtipps – Praxis-Ratgeber:
- Frank Littek
Fliegen ohne Angst
- Erich Witschi
Clever buchen, besser fliegen
(beide Bände REISE KNOW-HOW Verlag)

gelte). Hochsaison für Flüge nach Uganda ist im Juli/August sowie von Mitte Dezember bis Anfang Januar. Preiswertere Flüge sind mit Jugend- und Studententickets (je nach Airline alle jungen Leute bis 29 Jahre und Studenten bis 34 Jahre!) möglich. Dann kostet außerhalb der Hochsaison ein Flug mit Ethiopian Airlines von Frankfurt über Addis Abeba nach Entebbe und zurück unter 600 Euro.

Tickets für Flüge **nach Nairobi** erhält man in Deutschland schon **ab 450 Euro;** von der kenianischen Hauptstadt bestehen gute Flug- und Busverbindungen nach Kampala.

Von Zeit zu Zeit offerieren die Fluggesellschaften **befristete Sonderangebote.** Dann kann man z.B. mit KLM dreimal wöchentlich für unter 600 Euro von vielen Flughäfen in Deutschland, Österreich und der Schweiz über Amsterdam und Nairobi nach Entebbe und zurück fliegen. Ob für die gewünschte Reisezeit gerade Sonderangebote für Flüge nach Uganda auf dem Markt sind, lässt sich im Internet u.a. auf der Website von Jet-Travel (www.jet-travel.de) unter dem Stichwort „Flüge" entnehmen, wo sie als Schnäppchenflüge nach Afrika mit aufgeführt sind.

In Deutschland gibt es von Frankfurt aus die häufigsten Verbindungen nach Entebbe. Tickets für Flüge von und nach anderen deutschen Flughäfen sind oft teurer. Da kann es für Deutsche attraktiver sein, mit einem **Rail-and-Fly-Ticket** per Bahn nach Frankfurt zu reisen (entweder bereits im Flugpreis enthalten oder 30–60 Euro extra). Man kann je nach Fluglinie auch einen preiswerten **Zubringerflug** der gleichen Airline von einem kleineren Flughafen in Deutschland buchen. Außerdem gibt es **Fly & Drive-Angebote,** wobei eine Fahrt vom und zum Flughafen mit einem Mietwagen im Ticketpreis inbegriffen ist.

Indirekt sparen kann man als Mitglied eines **Vielflieger-Programms** wie www.skyteam.com (Mitglied u.a. KLM) oder www.oneworld.com (Mitglied u.a. British Airways); die Mitgliedschaft ist kostenlos. Bei Flügen mit den Fluggesellschaften innerhalb eines Verbundes „sammelt" man Flugmeilen, die dann bei einem gewissen „Kontostand" für einen Freiflug bei einer der Partnergesellschaften reichen. Bei Einlösung eines Gratisfluges ist langfristige Vorausplanung nötig.

Buchung

Folgende **zuverlässigen Reisebüros** haben meistens günstigere Preise als viele andere:

●**Jet-Travel,** Buchholzstr. 35, 53127 Bonn, Tel. 0228-284315, Fax 0228-284086, www.jet-travel.de. Auch für Jugend- und Studententickets. Sonderangebote auf der Website unter „Schnäppchenflüge".
●**Globetrotter Travel Service,** Löwenstr. 61, 8023 Zürich, Tel. 044-2286666. Weitere Filialen siehe Website www.globetrotter.ch.

Die vergünstigten Spezialtarife und befristeten Sonderangebote kann man nur bei wenigen Fluggesellschaften in ihren Büros oder direkt auf ihren Websites buchen; diese sind jedoch immer auch bei den oben genannten Reisebüros erhältlich.

Last-Minute

Wer sich erst im letzten Augenblick für eine Reise nach Uganda entscheidet

An-, Ein- und Ausreise

oder gern pokert, kann Ausschau nach Last-Minute-Flügen halten, die von einigen Airlines mit deutlicher Ermäßigung ab etwa **14 Tage vor Abflug** angeboten werden, wenn noch Plätze zu füllen sind. Diese Last-Minute-Flüge lassen sich nur bei Spezialisten buchen:

- **L'Tur,** www.ltur.com
- **Lastminute.com,** www.de.lastminute.com
- **5 vor Flug,** www.5vorflug.de
- **Restplatzboerse,** www.restplatzboerse.at

Einreise

Voraussetzung für die Einreise ist ein noch **mindestens 6 Monate gültiger Reisepass.** Seit dem 1. März 1999 ist für Deutsche, Österreicher und Schweizer – wieder – ein **Visum erforderlich,** das bei den ugandischen Vertretungen im Ausland beantragt werden kann (erforderlich sind gültiger Reisepass, ausgefülltes Antragsformular mit einem Passbild, Freiumschlag für die Rücksendung des Passes per Einschreiben und ein Verrechnungsscheck über die fälligen Gebühren; siehe auch „Diplomatische Vertretungen"), aber auch unkompliziert bei der Einreise am Flughafen Entebbe bzw. an den Grenzübergängen erhältlich ist.

Bei der **Einreise aus einem Nachbarland** Ugandas ist hin und wieder der internationale **Impfpass mit gültigem Gelbfieberimpfzeugnis** vorzuzeigen.

Bei der Ein- und Ausreise muss ein **statistisches Formular** ausgefüllt werden. Wer häufiger die Grenzen quert, wird seine Passnummer daher bald auswendig herunterbeten können. In das Feld „Address in Uganda" sollte ein Hotel vor Ort oder bei häufigem Wechsel des Aufenthaltsortes einfach der Begriff „Touring" eingetragen werden.

Die Einfuhr von Drogen, Waffen und Pornografica wird streng bestraft. Die **Zollbestimmungen** erlauben pro Person in üblicher Weise die Einfuhr von 200 Zigaretten bzw. insgesamt 250 Gramm Tabak, 1 Liter Wein oder Spirituosen, 250 ml Parfüm und 500 ml Eau de Toilette. Bei Überschreitungen werden Zollgebühren fällig.

Ruwenzori Mountains National Park – Eislandschaft auf dem Elena-Plateau

Ausrüstung und Kleidung

Bei der Ein- und Ausreise über den Flughafen Entebbe wird normalerweise keine **Gepäckkontrolle** durchgeführt. Wenn Sie über den Landweg aus Kenia einreisen, gibt es manchmal gründliche Kontrollen der Zollbeamten (aufgrund der regen Schmuggelei zwischen beiden Ländern).

> ● **Hinweis:** Da sich die **Einreisebedingungen kurzfristig ändern** können, raten wir, sich kurz vor Abreise beim Auswärtigen Amt (www.auswaertiges-amt.de bzw. www.bmaa.gv.at oder www.dfae.admin.ch) oder der jeweiligen Botschaft zu informieren.

Ausreise

Die **Ausfuhr** von durch das Artenschutzabkommen CITES geschützten Tieren und Tierbestandteilen (dazu gehören Elfenbein, Felle, Hörner und Geweihe, Schlangenhäute, Schildkrötenpanzer u.a.) erfordert eine Genehmigung, die beim Kauf vom Verkäufer überreicht werden sollte. Um Ärger mit dem deutschen Zoll zu vermeiden – neben einer Fülle anderer Gründe –, sollte man besser ganz auf den Kauf derartiger Artikel verzichten.

Die **Ausreise** über den internationalen Flughafen Entebbe ist unkompliziert (freundliche Passkontrolle, schneller Check-in). Bei internationalen Flügen ist eine **Flughafengebühr** („Airport Departure Tax") von 40 US-$ zu entrichten, die inzwischen in allen Flugtickets bereits im Preis enthalten ist.

Die folgende Zusammenstellung soll Ihnen bei der Wahl der Ausrüstungsgegenstände behilflich sein:

● Ausweispapiere und Dokumente
● Fotokopien der wichtigsten Dokumente (oder auf dem Server eines Mail-Providers wie z.B. Googlemail, Yahoo oder GMX abgelegte Scans der Dokumente)
● Passbilder
● Bargeld/US-Dollars/Reiseschecks/Kreditkarten
● Geldgürtel/Geldkatze
● Separates Portemonnaie
● Guter Rucksack bzw. Reisetasche
● Tagesrucksack oder Umhängetasche
● Schlafsack/Isomatte
● Zelt/Campingausrüstung
● Festes Schuhwerk (Bergschuhe)
● Sandalen (z.B. Trekkingsandalen)
● Badelatschen (bzw. Trekkingsandalen)
● Regenfeste Jacke/Anorak (z.B. Gore-Tex)
● Regenfeste Überhose (für Bergtouren)
● Hemden/T-Shirts/Kleider
● Fleece- oder Wollpullover
● Jeans/Shorts/Leinenhosen
● Unterwäsche
● Waschzeug/Handtücher
● Taschentücher
● Kopfbedeckung
● Moskitonetz
● Mückenschutzmittel (z.B. Autan)
● Fotoausrüstung und Filme (ggf. Speichermedium)
● Fernglas
● Sonnenbrille
● Taschenlampe/Kerzen
● Wasserflasche
● Wasserfilter (z.B. von Katadyn)
● Wasserentkeimungstabletten
● Taschenmesser
● Nähzeug
● Kordel (z.B. als Wäscheleine)
● Reisewaschmittel (vor Ort erhältlich)

Ausrüstung und Kleidung

- Schreibmaterial
- Reisewecker
- Steckdosenadapter (Stromspannung 240 V)
- Reiseapotheke/Verbandszeug
- Sunblocker
- Ohropax
- Aufblasbares Reisekissen
- wasserdichte Packsäcke (z.B. von Ortlieb)
- Plastiktüten für schmutzige Wäsche, Müll etc.
- Karten, Literatur und Bestimmungsführer

Der Kleidungsumfang variiert mit der Reisezeit und den vor Ort geplanten Aktivitäten (vgl. unten). Denken Sie auch an persönliche Gegenstände, wichtige Reserveutensilien (z.B. Ersatzbrille), ein kleines Bügelschloss zum Verschließen von Taschen oder Schränken sowie an eine gepflegte Kleidungsgarnitur zum Ausgehen. Individualreisende, die größere Berg- und Trekkingtouren planen, brauchen unbedingt ein gutes Zelt und Kocher/Kochgeschirr. Im Ruwenzori sind Handschuhe, Wollsocken und Gletscherausrüstung notwendig.

Das Hauptgepäck sollte nach Möglichkeit in einer **robusten Reisetasche** oder in einem **modernen Rucksack mit Innengestell** verstaut sein. Taschen mit einem großzügig umlaufenden Reißverschluss bieten den Vorteil, dass man schnell und übersichtlich an den Inhalt herankommt. Während der Reise im Geländewagen oder in Überlandbussen werden Tasche oder Rucksack erheblichen Strapazen ausgesetzt – da wird gequetscht, gedrückt, gepackt, gestoßen, geworfen usw. Im Laderaum mancher Überlandbusse müssen Sie zudem damit rechnen, dass sich Öl oder Benzin über das gute Stück ergießen oder einfach eine Bananenstaude daran zerquetscht wird. Mit anderen Worten – nehmen Sie nur ein äußerst strapazierfähiges Modell mit, das notfalls einfach abgespült werden kann. Schwere Schläge auf schlechten Pisten können zerbrechlichen Inhalt rasch in Stücke gehen lassen, gerade wenn Tasche oder Rucksack falsch gepackt oder weit hinter der rückwärtigen Achse verstaut wurden.

Bei Bootstouren und im Gebirge ist die Mitnahme wasserdichter Packsäcke sinnvoll, in denen man wertvolle Ausrüstungsgegenstände oder auch Schlafsäcke/Kleidung geschützt vor den Widrigkeiten der Natur verstauen kann. Empfehlenswert sind die Produkte der Fa. Ortlieb, mit denen persönlich sehr gute Erfahrungen gesammelt wurden. Im Programm dieser Firma sind auch wasserdichte Rucksäcke, Foto- und Reisetaschen enthalten. Moderne Reiseausrüster-Läden, die diese Produkte führen, sind in allen Großstädten Deutschlands, Österreichs und der Schweiz vorhanden.

Der Abschluss einer Reisegepäckversicherung ist Ermessenssache (siehe Abschnitt „Versicherungen").

Buchtipps – Praxis-Ratgeber:
- Rainer Höh
Wildnis-Ausrüstung
- Rainer Höh
Wildnis-Backpacking
(beide Bände Reise Know-How Verlag)

Kleidung und Schuhe

Sie sollten sich nach Möglichkeit **funktionell** kleiden, darüber hinaus aber auch eine Garnitur zum Ausgehen und ggf. für offizielle Termine bereithalten. Für kürzere Reisen reichen zwei bis drei Garnituren vollkommen aus. Für die meisten Unternehmungen genügt leichte Baumwollbekleidung, die man in helleren Tönen wählen sollte. Khaki-Töne eignen sich gut dafür, sind inzwischen aber fast eine Art „Kollektivoutfit" der Safaritouristen. Weiß und Beige absorbieren wenig Wärme und ziehen auch Insekten wie Moskitos oder Tsetse-Fliegen nicht so stark an. Ein leichter Pullover für die Abendstunden und höhere Lagen darf nicht fehlen. Zur Standardausrüstung gehört auch ein regenfester Anorak. Kurze Hosen sind im Alltagsleben der Städte und insbesondere in islamisch geprägten Gegenden verpönt.

In fast allen Hotels der Kategorien AA, A, B und C, häufig auch in Unterkünften der Kategorie D, gibt es einen **„Laundry service"**, der Ihre Wäsche für ein geringes Entgelt (1–3 Euro) reinigt und bügelt. Langzeitreisende sollten besonders für die langen, staubigen Überlandfahrten in Bussen und Matatus eine Sondergarnitur strapazierfähiger „Unterwegs-Wäsche" mitnehmen. Es bietet sich an, grundsätzlich zwischen „Reisekleidung" und „Besuchs- und Ausgehkleidung" zu trennen.

Für Trekking-Touren und Bergbesteigungen sollten Sie neben festen (u.U. steigeisenfesten) Bergschuhen auch wasserfeste Jacken (z.B. Gore-Tex oder Sympatex), lange Unterwäsche, Handschuhe, Mütze, genügend Socken, Gamaschen und Regenhose mitnehmen. Im Ruwenzori sind darüber hinaus Gummistiefel (oder Gore-Tex-Bergschuhe mit darüber gezogenen Gamaschen) erforderlich.

Empfehlenswert ist auch die Mitnahme von Badeschlappen, da die Hygiene in den Guest Houses ausgesprochen dürftig ist. Moderne Trekking-Sandalen mit Klettverschlüssen erfüllen diese Funktion gleich mit.

Murchison Falls

Diplomatische Vertretungen

Zuständig für Deutschland

Botschaft der Republik Uganda
- Axel-Springer-Str. 54a, 10117 **Berlin,**
Tel. 030-24047556, Fax 030-24047557,
ugembassy@yahoo.de
  Visa nur über die Botschaft und nicht über die Honorarkonsulate!

Honorarkonsulate in Deutschland
- **Honorarkonsulat der Republik Uganda – Honorarkonsul Heinz W. Bonacker**
Dornkamp 18, 22869 **Hamburg,**
Tel. 040-83932195, Fax 040-36988790
- **Honorarkonsulat der Republik Uganda – Honorarkonsul Alfred Weiß**
Rheinstr. 21, 56368 **Katzenelnbogen,**
Tel. 06486-7535, Fax 06486-7407
- **Honorarkonsulat der Republik Uganda – Honorarkonsul Dr. Wolfgang Wiedmann**
Neckarstr. 14, 81677 **München,**
Tel. 089-331544, Fax 089-92401883,
www.uganda.de

Zuständig für Österreich

- **Honorargeneralkonsulat der Republik Uganda**
Breitenfurter Str. 219, 1230 **Wien,**
Tel. 01-8631140, Fax 01-8631143,
www.uganda.at

Zuständig für die Schweiz

- **Botschaft der Republik Uganda**
Rue Antoine Carteret 6, 1202 **Genf,**
Tel. 022-3398810, Fax 022-3407030,
mission.uganda@ties.itu.int

Deutsche und Österreicher können sich ihr Touristen- oder Businessvisum auch über die **Visum Centrale** beschaf-

Visa-Gebühren

Bürger Deutschlands, Österreichs und der Schweiz benötigen zur Einreise nach Uganda ein Visum, das bei der entsprechenden Botschaft zu beantragen ist. In Deutschland werden folgende Gebühren erhoben (Ugandische Botschaft in Berlin, Stand Frühjahr 2010):

- **Single Entry Visum**
(Gültigkeit 3 Monate): 38 Euro
- Zuschlag für Express-Bearbeitung pro Visum: 50 Euro

Ein Visum wird aber auch unkompliziert **in Uganda bei der Einreise** über den internationalen **Flughafen Entebbe** *(Visa on Arrival)* sowie über die **gängigen Grenzübergänge** nach Kenia, Ruanda und Tansania erteilt. Die Visa-Gebühren gestalten sich wie folgt:

- **Single Entry Visum**
(Gültigkeit 3 Monate): 50 US-$
- **Multiple Entry Visum**
(Gültigkeit 6 Monate): 100 US-$

fen (online bei www.visum-centrale.de oder bei den Geschäftsadressen:

- Koblenzer Str. 61, 53173 **Bonn,** Tel. 0228-367870
- Invalidenstr. 34, 10115 **Berlin,** Tel. 030-230959110
- Niddastr. 74, 60329 **Frankfurt a.M.,** Tel. 069-9799570
- Schraudolphstr. 27, 80799 **München,** Tel. 089-2880380

Zuständig für die Benelux-Länder

- **Embassy of the Republic of Uganda** Avenue de Tervuren 317, 1150 Brüssel/Belgien, Tel. 02-7625825, Fax 02-7630438

Vertretung in Großbritannien

- **Uganda High Commission** 58/59 Trafalgar Square, London WC2 5DX, Tel. 020-78395783, Fax 020-78398925

Vertretung in Kenia

- **High Commission of the Republic of Uganda** Consular Section, Uganda House, 1. Stock, Kenyatta Avenue, Nairobi, Tel. 020-311814, Fax 020-311806

Sonstige Vertretungen

Die diplomatischen Vertretungen Deutschlands, Österreichs und der Schweiz in Uganda sind **im Kapitel „Notfälle"** zu finden.

Die Botschaften der Nachbarländer Ugandas sind **bei Kampala** aufgeführt. Die Erlangung von Visa ist meist problemlos und dauert 24–48 Std. Neben dem Pass und ein bis drei Passbildern wird manchmal auch noch der Impfpass mit dem Gelbfieberzeugnis verlangt.

Dokumente und Papiere

Ihren **Reisepass** sollten Sie immer bei sich führen und dabei wie größere Summen Bargeld behandeln. Er muss bei der Einreise noch mindestens sechs Monate gültig sein, um Probleme mit den Beamten der Immigration zu vermeiden. Empfehlenswert ist auch, sich vor der Abreise einen zweiten Reisepass ausstellen zu lassen. Dies ist auf begründeten Antrag hin möglich.

Wer aus einem **Gelbfieberendemiegebiet** (das gesamte tropische Afrika nördlich des Sambesi) nach Uganda einreist, muss einen internationalen **Impfausweis** der WHO mit gültigem Gelbfieberimpfzeugnis mit sich führen. Kontrollen werden allerdings nur sporadisch durchgeführt.

Ein **internationaler Studentenausweis** (ISIC) bringt vor Ort bei der Naturschutzbehörde Uganda Wildlife Authority (UWA) finanzielle Vorteile. So erhalten Studenten mit entsprechendem Ausweis **25% Ermäßigung auf die Eintrittsgebühren der ugandischen Nationalparks und Wildreservate.** Den ISIC-Ausweis muss man schon zu Hause erworben haben. Zum Kauf (12 Euro bzw. 20 SFr) geht man zum AStA, in ein Reisebüro oder zum Studentenwerk und muss Immatrikulationsbescheinigung, Personalausweis und Passbild vorlegen. Den nächsten Verkaufspunkt findet man unter www.isic.de.

Reisende mit eigenem Auto oder Leihwagen ohne Chauffeur müssen in jedem Fall einen **internationalen Führerschein** oder eine beglaubigte eng-

Essen und Trinken

lischsprachige Übersetzung des Heimatführerscheins mit sich führen.

Kreditkarten sind aufgrund ihrer weiten Verbreitung ein bequemes Zahlungsmittel und für den „finanziellen Notfall" von unschätzbarem Nutzen. **Reiseschecks** müssen vom Kaufvertrag getrennt aufbewahrt werden, um im Verlustfall Ersatzansprüche geltend machen zu können.

Von allen wichtigen Papieren und Dokumenten (Reisepass, Flugtickets, Kaufvertrag von Reiseschecks, Kreditkarten, Versicherungspolicen) sollten Sie vor Reiseantritt **Fotokopien** anfertigen und diese separat verwahren. Sie können beim Verlust der Originale sehr hilfreich sein. Mit Hilfe einer solchen Fotokopie und eines bereits vor Jahren abgelaufenen Reisepasses konnte ich beispielsweise weitgehend problemlos aus Südafrika in die Europäische Union ausreisen, nachdem mein Reisepass wenige Stunden vor dem Abflug gestohlen worden war. Dadurch konnte ich mir den Weg zur deutschen Botschaft in Pretoria (und eine Verschiebung meiner Rückreise) ersparen – Sie werden mir glauben, dass ich die jahrelang auf Reisen unbenutzt mitgeschleppte Fotokopie meines Reisepasses zu schätzen gelernt habe.

Eine Liste mit wichtigen Adressen und Telefonnummern (z.B. Notrufnummer des Rückholdienstes der Auslandskrankenversicherung, Servicenummer Ihrer Kreditkarte für Kartensperrungen etc.) ist ebenfalls sinnvoll.

Die Versorgungslage ist in fast allen Landesteilen gut. Nur im Norden und Nordwesten kann es Engpässe geben, die sich für den Reisenden in der Einfachheit der Gerichte und im Fehlen von Luxusartikeln wie Zucker/Schokolade bemerkbar machen.

Afrikanische Speisen

Maisbrei (auf Suaheli *ugali*, in Westuganda *posho*) und **Reis** bzw. **Kartoffeln** (Besuchern meist als Pommes frites angeboten) sind häufig die Speisengrundlage, für sehr arme Menschen auch schon das ganze Gericht. Dazu gibt es meist **Fisch, Fleisch** oder **Huhn**. Verbreitet sind auch **Maniok** *(cassava)*, **Bohnen, Kohl** sowie **Kochbananen** *(matoke)*.

Mandazis (Krapfen), **Chapatis** (dünne Fladen aus Mehl und Wasser), **Samosas** (mit Gemüse oder Fleisch gefüllte Teigtaschen) und **hart gekochte Eier** sind die afrikanischen Snacks schlechthin. Vor allem an den Busständen werden sie feilgeboten. Dazu gehören auch **gegrillte Fleischspieße.**

Das Angebot an Fisch beschränkt sich vorwiegend auf den köstlichen **Tilapia,** eine in fast allen Seen verbreitete Barschart. **Rind- und Schweinefleisch** sind oft etwas zäh, da das Fleisch wegen fehlender Kühlhäuser nicht abhängen kann. Gleiches gilt für das verbreitete **Ziegenfleisch. Huhn** ist ähnlich teuer wie anderes Fleisch und besteht häufig nur aus Haut und Knochen.

Gemüse, Salate, Obst und Milchprodukte

Gemüse und Salate sind meist nur in Mittel- und Oberklasserestaurants auf dem Teller zu finden. Häufig wird aus der Dose serviert. Tropisches Obst ist in bester Qualität auf jedem Markt zu sehr günstigen Preisen erhältlich. Insbesondere Ananas, Bananen, Mangos, Avocados, Papayas, Orangen, Passionsfrüchte u.a. werden angeboten. Milch wird in ultrahocherhitzter, sterilisierter und pasteurisierter Form in kleinen Tütenverpackungen (UHT-Milch, meist aus Kenia importiert) gehandelt, allerdings nur in den Zentren. Ländliche Frischmilch sollten Sie wegen der Tuberkulosegefahr nicht trinken. Milchprodukte wie Butter und Käse sind weitgehend unbekannt. Stattdessen ist die *Blue-Band-Margarine* verbreitet. Einfache Gewürze und Salz bekommt man fast überall.

Getränke

Leitungswasser ist aus Gesundheitsgründen unbedingt zu meiden! Trinkwasser wird in 1,5-l-Plastikflaschen verkauft (teuer!). **Kaffee** bekommt man selbst in Anbaugebieten häufig nur in löslicher Form. **Tee** *(chai)* aus eigenem Anbau gibt es überall. Meist wird dazu erhitzte Milch gereicht. Die Versorgung mit **„Soda"-Getränken** (Coca-Cola, Fanta, Sprite, Bitter Lemon u.a.) ist landesweit hervorragend. Die Produkte des Coca-Cola-Konzerns scheinen jedes Dorf erreicht zu haben.

Das **Bier,** das in Uganda gebraut wird, schmeckt ausgezeichnet. Man erhält es in 0,5-l-Flaschen, am bekanntesten sind das „Nile Special" und das „Club Pilsener". Auch in Lizenz gebraute Biere wie „Guinness" sind erhältlich. Hervorragend ist auch das in Ruanda und der DR Kongo gebraute „Primus-Bier" (erhältlich in bauchigen 0,7-l-Flaschen), das in Ruanda und in Grenznähe zur DR Kongo erhältlich ist.

In Kampala gibt es importierte europäische und südafrikanische **Weine.** Der im Lande gebraute **Waragi,** ein aus Bananen gewonnener Gin, ist durchaus genießbar. Der Name ist angeblich aus einer Verballhornung des englischen Begriffs „War Gin" entstanden – in Notzeiten wurde dieser anstelle des Wacholders eben aus Bananen gebraut. Andere harte Alkoholika werden importiert. Das von den Afrikanern gebraute **Bananenbier** *(pombe)* ist Geschmackssache und aufgrund der schlechten Wasserqualität nicht selten Ursache übler Durchfallerkrankungen. Bei allen selbst gebrauten und gebrannten einheimischen Getränken besteht die Gefahr, dass giftiger Methylalkohol enthalten ist (akute Erblindungsgefahr!).

Restaurants und Bars

Der Standard von Restaurants und Bars ist deutlich geringer als in Europa. Internationale Restaurants mit chinesischer, französischer, italienischer oder indischer Küche gibt es nur in Kampala und größeren Zentren. Vegetarier wurden früher etwas stiefmütterlich behandelt, bekommen inzwischen jedoch fast überall auch leckere Speisen ohne Fleisch. Auf dem Land gibt es in der Regel nur Garküchen mit fraglichem hygienischen Standard. Bars von internationalem Zuschnitt sind an jedes große Hotel angeschlossen. Die afrikanischen Bars gleichen normalerweise eher einem Imbiss mit Alkoholausschank, haben aber ihren eigenen Charme.

Ein durchschnittliches Abendessen in einem mittleren Restaurant kostet 3–6 Euro pro Person. In einem der führenden Restaurants Kampalas kommen Sie mit 10–15 Euro aus. In den **Preisen** auf der Karte ist in der Regel die VAT (Mehrwertsteuer) enthalten, hinzu kommt häufig noch etwas „Service Charge". Eine gründliche Prüfung der Rechnung ist fast immer erforderlich. Einfache afrikanische Gerichte auf dem Land und an Garküchen kosten nicht mehr als 0,50–2 Euro.

Feste und Feiertage

- **Neujahr** (1. Januar)
- **Liberation Day** (26. Januar)
- **Women's Day** (8. März)
- **Ostern** (Karfreitag und Ostermontag)
- **Tag der Arbeit** (1. Mai)
- **Pfingsten** (Pfingstmontag)
- **Martyr's Day** (3. Juni)
- **National Heroes Day** (9. Juni)
- **Independence Day** (9. Oktober)
- **Weihnachten** (25. und 26. Dezember)
- Der moslemische Fastenmonat **Ramadan** und die **islamischen Feiertage** Id al-Adha (Opferfest) und Id al-Fitr (Ende des Ramadan) spielen in Uganda aufgrund des kleineren Moslemanteils an der Gesamtbevölkerung eine weit geringere Rolle als in Tansania und Kenia.

Fotografieren und Filmen

Wahl von Kamera und Ausrüstung

Inzwischen hat die **digitale Fotografie** das klassische Bannen von Motiven auf Zelluloid weitgehend abgelöst. Egal ob analog oder digital – eine **Spiegelreflexkamera** erfüllt die Ansprüche an hochwertiges Bildmaterial bei akzeptablem Ausrüstungsumfang in idealer Weise. Für diesen Kameratyp ist eine Brennweitenpalette von 28–300 mm zu empfehlen. Dieser Bereich lässt sich mit einem einzigen modernen, kompakten Zoomobjektiv abdecken. Für Tieraufnahmen ist die Mitnahme eines lichtstarken Teleobjektivs mit mehr als 300 mm Brennweite empfehlenswert. In Gebieten mit hohem Besucheraufkommen und entsprechender Gewöhnung der Tiere an Menschen (wie z.B. im Queen Elizabeth NP oder im Murchison Falls NP) kommt man unerwartet nah an die Tiere heran – gute Bildresultate lassen sich hier auch mit 200 mm Brennweite erzielen.

Die UV-Strahlung ist vielerorts nicht unerheblich, daher sind **UV- oder Skylight-Filter** ratsam, die zudem die Frontlinse von Objektiven wirksam vor Kratzern und Schlägen schützen. Auch ein Polfilter ist manchmal nützlich, um Reflexe auf Wasserflächen zu mildern und Farben (z.B. das tiefe Blau wolkenlosen Himmels) zu verstärken. Wer plant, viele Aufnahmen im Morgen-

FOTOGRAFIEREN UND FILMEN

grauen und in der Dämmerung zu machen oder längere Brennweiten als 300 mm verwenden möchte, sollte ein solides **Stativ** mitnehmen. Bei Innen- und Nachtaufnahmen ist ein **Blitzgerät** notwendig. Es kann auch tagsüber bei der Aufhellung im Schatten liegender Motive eine wichtige Hilfe bedeuten.

Platzsparende digitale **Kompaktkameras** mit großem Zoomobjektiv (derzeit bis zu 18-facher optischer Zoom) sind eine erwähnenswerte Alternative zur Spiegelreflex, wenn die Ansprüche an das geschossene Material nicht zu hoch sind. Das geringe Gewicht ist ein großer Vorteil.

Unabhängig von der Größe der Foto- oder Filmausrüstung sollten Sie auf eine möglichst **staubdichte Verpackung** achten. Bei Überlandfahrten auf Pisten und während der Touren durch Nationalparks und Wildreservate müssen Sie mit unglaublichen Mengen feinkörnigen Staubes rechnen. In manchen Gebieten stellt feiner Sand ein Problem dar, der dünne Kratzer auf Linsen und Filmmaterial hinterlässt und problemlos in den Innenraum von Foto- und Videokameras gelangt. Ersparen Sie sich den Ärger zerkratzter, durch „Telegrafendrähte" unbrauchbar gewordener Dias und Negative durch besondere Aufmerksamkeit vor Ort und adäquate Verpackung! Auf Bootsfahrten und bei Touren durch das Ruwenzori-Gebirge ist es sinnvoll, Kameras, Objektive, Ferngläser und Videokameras wasser-

Wasserbeschaffung am Kazinga-Kanal (Queen Elizabeth National Park)

dicht zu verpacken, um Defekte durch Spritz- bzw. Niederschlagswasser zu vermeiden. Persönlich wurden gute Erfahrungen mit den Produkten der Fa. Ortlieb gesammelt, die wasser- und staubdichte Fototaschen, Rucksäcke, Reisetaschen und Packsäcke/Beutel herstellt (überall im Reiseausrüstungshandel erhältlich).

Filme und Batterien

Empfehlenswert sind Filme mit 50–100 ASA (18–21 DIN), meist ist das Wetter entsprechend gut. Für Tieraufnahmen in den Wäldern und mit langen Brennweiten braucht man schon 200–400 ASA (24–27 DIN). Für Aufnahmen der Berggorillas sind 400 ASA die untere Grenze, da es innerhalb des Waldes meist extrem dunkel ist. Filme können Sie in Uganda außerhalb von Kampala kaum bekommen, insbesondere hochwertige Diafilme. Gleiches gilt für bestimmte Typen von Reservebatterien. Vielfach sind die Artikel langen Lagerungszeiten ausgesetzt. Nehmen Sie daher entsprechende Vorräte mit.

Die Strahlensicherheit an den Flughäfen ist durch Verwendung ausreichend moderner Durchleuchtungsgeräte gewährleistet. Vielflieger sollten trotzdem bleibeschichtete Beutel verwenden, die entsprechenden Schutz bieten (*Film-Shield-Fotobeutel,* im Fotofachhandel erhältlich).

Spielregeln beim Fotografieren und Filmen

Offizielle Gebäude (Zoll, Regierungsgebäude, Flughäfen, Polizei, Militär etc.) **und Personen dürfen nicht fotografiert oder gefilmt werden!** Sie sollten sich bewusst daran halten, um Auseinandersetzungen mit Offiziellen (mit nachfolgendem Film- oder Speicherkartenverlust) zu vermeiden. Große Vorsicht sollte man auch beim Fotografieren nationaler Symbole, wie der Nationalflagge, dem Präsidentenporträt oder Denkmälern, walten lassen.

Das **Fotografieren von Menschen** ist sehr reizvoll, von den Betroffenen aber häufig nicht erwünscht. Sie sollten die Beweggründe dafür akzeptieren. Würde und Stolz eines Menschen lassen sich kaum schneller verletzen als durch einen unbedachten Druck auf den Auslöser. Grundsätzlich sollte höflich das Einverständnis der „Objekte" vor dem Ablichten eingeholt werden. Sinnvoll und fair erscheint das Angebot, den als Motiv Auserkorenen als Gegenleistung eine Kopie zuzuschicken, was oftmals mit leuchtenden Augen angenommen wird. Es ist schlechter Stil, wenn dieses Versprechen nach der Rückkehr in die Heimat wieder in Vergessenheit gerät und gestaltet die Situation für nachfolgende Reisende nicht eben einfacher. Oftmals wird Geld vom Fotografen verlangt, was angesichts der begrenzten

---

Buchtipps – Praxis-Ratgeber:
● Helmut Hermann
Reisefotografie
● Volker Heinrich
Reisefotografie digital
(beide Bände REISE KNOW-HOW Verlag)

Verdienstmöglichkeiten durchaus nachvollziehbar ist. Nicht zuletzt läuft man dabei Gefahr, die Bettelei in der Region kräftig zu fördern. Nach Möglichkeit sollte man daher den Griff ins Portemonnaie vermeiden und alternativ z.B. frische Früchte, Bonbons oder ein kühles Getränk anbieten, wenn einem an dem Foto wirklich viel gelegen ist.

Immer wieder erlebt man auf Reisen Situationen, in denen das Zücken von Kameras **absolut tabu** ist. Dazu gehören Feste, bestimmte Feiertage und Rituale, aber auch Notlagen und gesellschaftliche Ereignisse wie Demonstrationen oder Paraden. Manchmal ist es einfach nur die spezielle Situation, die Fotografieren verbietet. Ein entsprechendes Maß an Einfühlungsvermögen sollten alle Reisenden haben.

Fotoapparate und Videokameras sollten gerade in Städten nicht offen und für jedermann erkennbar getragen werden, um neidvolle Blicke und **Diebstähle** zu vermeiden. Dementsprechend schlicht sollte das Transportbehältnis gewählt werden. Eine unscheinbare Tasche, in der niemand wertvolles Kameraequipment vermuten würde, erfüllt diesen Zweck am besten.

Buchtipp – Praxis-Ratgeber:
● Birgit Adam
Als Frau allein unterwegs
(REISE KNOW-HOW Verlag)

Frauen allein unterwegs

Die Zahl allein reisender Frauen nimmt auch in Afrika stetig zu – die meisten von ihnen kehren mit positiven und ermutigenden Erfahrungen nach Europa zurück und würden anderen Frauen ihr Allein-Reiseziel sofort weiterempfehlen. Reisen in Uganda und Ruanda sind für Frauen – von allgemeinen Risiken (z.B. Verkehrsunfälle, Erkrankungen) einmal abgesehen – nicht gefährlicher als anderswo. Sie setzen aber in besonderem Maß ein **Gespür für angemessenes eigenes Verhalten in einer fremden, patriarchalisch strukturierten Kultur** voraus und verlangen ein **gutes Einfühlungsvermögen für schwierige Situationen,** in denen frau sich einfach nur „richtig" verhalten muss, um Belästigungen zu vermeiden. Aus diesen Gründen sollten Frauen, die Uganda und seine Nachbarländer allein bereisen wollen, im Alltag einige wichtige Verhaltensregeln beachten. Beschränkungen grundsätzlicher Art sind jedoch nicht nötig. Fast alle Touren und Ziele dieses Reisehandbuchs können auch allein reisenden Frauen empfohlen werden. Einschränkungen ergeben sich allein daraus, dass bestimmte, abgelegene Ziele generell nicht im Alleingang angesteuert werden sollten – vollkommen geschlechtsunabhängig.

Entgegen vielen Vorurteilen sind schwarzafrikanische Männer sehr höflich, tolerant und zuvorkommend in der Behandlung weißer Frauen – zumindest in ländlichen Gegenden. Eindeutige sexuelle Angebote sind selten und häufig eher durch Neugierde oder die Hoffnung auf eine vorteilhaft erscheinende Beziehung zu einer Frau aus dem reichen Europa motiviert als durch handfeste körperliche Gelüste. Sollte es doch einmal zu Zudringlichkeiten kommen, lässt sich die ganze Sache meist schon durch energische Zurechtweisung regeln.

Im Prinzip gelten im Reisealltag **gegenüber Männern** die gleichen **Verhaltensweisen** wie anderswo auch. Also: selbstsicheres Auftreten, sich nicht einschüchtern lassen, aber auch nicht arrogant sein, angemessene Kleidung tragen (die Knie sollten auf jeden Fall bedeckt sein), auf aufwendiges Make-up verzichten, provokatives Verhalten unterlassen, unnötigen Blickkontakt vermeiden. Ein (falscher) Ehering mit passender Erklärung (z.B. Ehemann kommt nach) kann zusätzliche Dienste leisten.

In schwarzafrikanischen Kulturen ist es üblich, verheirateten Frauen mit Familie (und entsprechenden Aufgaben und Verpflichtungen) ein deutlich höheres Maß an Respekt entgegenzubringen als allein reisenden Singles, die eigentlich nur aus Spaß am Reisen und Entdecken unterwegs sind. Dafür können nur die wenigsten Afrikaner Verständnis aufbringen, da ihnen derartiger Luxus schon allein aus materiellen Gründen nicht möglich ist.

Frauen allein unterwegs

Auf der Hut sein sollte frau auch vor den **Avancen männlicher Mitreisender aus Europa, Südafrika, Amerika** und anderswo, die es an Höflichkeit und Zurückhaltung nicht immer mit einem Ugander oder Ruander aufnehmen können. Mit den Macho-Gehabe weißer Touristen, „zotige Anmache" an Bar oder Swimmingpool eingeschlossen, muss frau in Hotelanlagen und Bars also rechnen.

Urlaubsbeziehungen weißer Frauen zu Schwarzafrikanern haben in touristisch geprägten Regionen Afrikas den Charakter einer Modeerscheinung angenommen. Es gibt viele Gründe, sich über den Sinn und die Gefahren von (kurzzeitigen) Bindungen zu Schwarzafrikanern Gedanken zu machen (man denke nur an die hohen HIV-Infektionsraten!). Oftmals versprechen sich die afrikanischen Partner durch solche Verbindungen eine dauerhafte Verbesserung der eigenen Lage, wobei verklärte Vorstellungen vom paradiesischen Alltagsleben in Europa eine Rolle spielen. Sie fühlen sich dann bei der Abreise zurück nach Europa verletzt und zurückgelassen. Nur selten gelingt es, die infolge unterschiedlicher Tradition, Bildung, Kultur, finanzieller Mittel und Geografie bestehenden Gegensätze zu überwinden, von deren Überbrückung die Zukunftsfähigkeit einer solchen Beziehung abhängt.

Jede Reise allein erfordert Mut und Selbstvertrauen, insbesondere von Frauen. Reisen im tropischen Afrika bedeutet für Alleinreisende eine echte Bewährungsprobe und benötigt **intensive Reisevorbereitung,** da individuelles Reisen zu vielen attraktiven Zielen des Landes nur mit einem eigenen (Leih-) Wagen möglich ist und sinnvollerweise mit einem oder mehreren Partnern durchgeführt werden sollte, die sich nicht immer vor Ort finden lassen. Alternativ muss man sich organisierten Touren anschließen, bei denen individuelle Erlebnisse deutlich in den Hintergrund treten. Wer sich auf Reisen durch Schwarzafrika längere Zeit allein fortbewegt, sollte in jedem Fall Angehörige oder Freunde auf dem Laufenden halten, wohin man unterwegs ist, und auch entsprechende Zeitangaben machen, die gezielte Suche und Hilfe erlauben, wenn tatsächlich etwas schief gehen sollte. Sinnvoll ist es auch, in Hotels und Unterkünften oder an der zuständigen Botschaft eine Nachricht zu hinterlassen, wohin man als nächstes reist und wann man dort ankommen möchte bzw. wann man wieder zurückkommt.

Bei entsprechender Sensibilität für eine fremde Kultur, mit einem Mindestmaß an Anpassungsfähigkeit und etwas Glück und Geschick bei der Bewältigung neuartiger Situationen fern der Heimat werden allein reisende Frauen ihren Aufenthalt in Uganda und seinen Nachbarländern in vollen Zügen genießen und dabei wundervolle Menschen kennen lernen.

Gruppenbild an der Guy Yeoman Hut (Ruwenzori Mountains National Park)

Geld und Finanzen

Währung und Wechselkurs

Die Währung Ugandas ist der **Uganda Schilling (USh),** unterteilt in 100 Cents. Es sind Noten zu 1000, 5000, 10.000, 20.000 und 50.000 USh im Umlauf. Münzen zu 50, 100, 200 und 500 USh haben die früher gebräuchlichen Scheine im Nennwert von 5, 10, 50, 100, 200 und 500 USh ersetzt, die zum 31. Dezember 2000 eingezogen wurden.

Die **Wechselkurse** der verschiedenen Banken und Forex-Büros schwanken manchmal beträchtlich, ebenso die eingeforderten Provisionen. Es ist daher sinnvoll, vor dem Umtausch größerer Beträge Vergleiche anzustellen. In der Hauptstadt Kampala bekommt man etwa 5–10% bessere Wechselkurse als auf dem Lande.

In der Regel sind die Kurse der Forex-Büros, privaten Institutionen mit einer Wechsellizenz, deutlich besser als die der Banken. Im April 2010 erhielt man dort für **1 US-$ ca. 1950 USh, für 1 Euro etwa 2700 USh.** Einen Schwarzmarkt gibt es nicht mehr. Wenn Sie auf obskure Gestalten treffen, die Ihnen trotzdem abenteuerlich gute Wechselkurse anbieten, handelt es sich mit Sicherheit um Betrüger. Trickbetrüger sind insbesondere an den Grenzübergängen unterwegs. Der Schwarztausch ist außerdem verboten.

Am gebräuchlichsten ist das **Wechseln von US-$, Euro und britischen Pfund.** Schweizer Franken können Sie nur in Kampala bzw. Kigali zu relativ schlechten Kursen wechseln. Reiseschecks können zu halbwegs akzeptablen Kursen nur in Kampala und Kigali gewechselt werden.

Kreditkarten sind inzwischen weit verbreitet, vor allem bei großen Hotels, Restaurants, Fluglinien und Reiseveranstaltern. Ein Aufschlag bei Bezahlung mit der Kreditkarte ist vielerorts üblich. VISA ist die mit Abstand gebräuchlichste Karte, gefolgt von MasterCard und Diners Club.

In Kampala und anderen größeren Städten wie Jinja oder Mbarara kann man an den **Geldautomaten** von Standard Chartered Bank, Barclay's Bank, Stanbic Bank, Crane Bank, Centenary Bank und Orient Bank mit internationaler Kreditkarte (fast ausschließlich VISA!) und PIN-Code Bargeld abheben (auf das VISA-Plus-Logo am Automaten achten). **Barabhebungen** per Kreditkarte kosten je nach ausstellender Bank bis zu 5,5% an Gebühr, für das **bargeldlose Zahlen** werden nur 1–2% für den Auslandseinsatz berechnet. Barabhebungen per Maestro-(EC-)Karte (möglich an den Geldautomaten der Stanbic Bank) kosten umgerechnet 1,30–4 Euro bzw. 4–6 SFr. Die Barclay's Bank in Kampala tauscht US-Dollars gegen USh unabhängig vom Nennwert der Banknoten (also gleicher Kurs für 1-$-Noten wie für 100-$-Scheine).

Eine empfehlenswerte Option für unkomplizierte Bargeldauszahlungen im Ausland ist die **Sparcard der deutschen Postbank,** mit der bis zu zehn Auslandsabhebungen an sogenannten VISAplus-Geldautomaten (ATM) gebührenfrei sind. Pro Auszahlung können in Uganda derzeit maximal 2 Millionen USh abgehoben werden. Über das ATM-Netz der genannten Banken ist dies mittlerweile auch in kleineren Ortschaften möglich.

Sie sollten Ihre **Reisekasse überwiegend in US-Dollar** zusammenstellen, auch wenn sich der Euro immer mehr als Zahlungsmittel etabliert. Ein Grundstock an **Reiseschecks** (vorzugsweise American-Express- oder Thomas-Cook-Reiseschecks, da diese leicht zu ersetzen sind) als eiserne Reserve bzw. die Mitnahme einer Kreditkarte sind zu empfehlen, der überwiegende Teil der Reisekasse sollte jedoch in Form von Bargeld in unterschiedlichen Stückelungen (d.h. Dollarnoten im Nennwert von 1, 5, 10, 20, 50 und 100 US-$) zusammengestellt werden. Für kleine Noten wird allerdings ein deutlich schlechterer Wechselkurs geboten, eine ausreichende Zahl größerer Scheine (100 US-$) ist daher sinnvoll.

Dank der **geringen Inflation** des USh kann zurzeit nahezu alles mit der Landeswährung bezahlt werden. US-$ werden aber auch vielerorts akzeptiert. Reiseschecks werden in vielen Hotels und im ländlichen Raum nicht angenommen.

Achtung: Es bereitet große Probleme, Dollar-Scheine mit Beschriftungen/Einrissen gewechselt zu bekommen. Gleiches gilt für Scheine, die vor dem Jahr 2003 gedruckt wurden. Nehmen Sie daher **nur neue und einwandfreie Scheine** mit!

Aufbewahrung des Geldes

Tragen Sie Bargeld und Reiseschecks **direkt am Körper** (z.B. mit Geldkatzen). Führen Sie immer ein separates Portemonnaie mit kleineren Beträgen für den Tagesbedarf bei sich, und zeigen Sie größere Summen niemals öffentlich! Notfalls kann man auf der Toilette auf das Körperversteck zurückgreifen. Geld und Schecks gehören wie Wertsachen und Dokumente in den **Hotelsafe.** In vertrauenswürdigen Guest Houses und kleineren Hotels ohne Safe können diese auch **an der Rezeption** abgegeben werden. Ansonsten ist es immer besser, nichts davon im Zimmer zu lassen. In Städten, die für Diebstähle und hohe Kriminalität berüchtigt sind, ist es besser, die Sachen notfalls auch **im Hotelzimmer** zu verstecken, wenn es keinen Safe gibt.

Geschäfts- und Öffnungszeiten

Banken
- **Mo bis Fr 9–15 Uhr,** Forex-Büros sind wie Geschäfte meist auch samstags geöffnet.

Behörden
- **Mo bis Fr 8–12.30 Uhr und 14–16.30 Uhr** (nachmittags häufig kein Publikumsverkehr).

Post
- **Mo bis Fr 8.30–18 Uhr, Sa 8.30–14 Uhr** (nur in Kampala und größeren Städten).

Geschäfte
- **Mo bis Fr 8 bzw. 9–13 Uhr und 14–18 Uhr** (manche schließen auch schon früher, viele machen keine Mittagspause), **Sa 8–14 Uhr,** nur wenige haben auch sonntags geöffnet.

Viele Orte wirken am Sonntag wie ausgestorben. Für wichtige Behördengänge und Geldwechsel sollten Sie sich den Vormittag der Werktage vornehmen.

Gesundheit und medizinische Versorgung

Reise-Gesundheitsinformationen
zu Uganda/Ruanda auch im Anhang.

Der Reisende wird sich in Ostafrika zahlreichen Gesundheitsrisiken ausgesetzt sehen, die er im europäischen Raum nicht zu fürchten hat. Trotz dieser nicht zu unterschätzenden Risiken gilt, dass bei konsequenter Vorsorge und entsprechend sorgsamem Verhalten die Ansteckungswege der meisten tropischen Krankheiten wirksam unterbunden werden. Angesichts der hohen HIV-Infektionsrate kann vor der Aufnahme ungeschützter sexueller Kontakte bereits an dieser Stelle nur dringend gewarnt werden.

Im Folgenden finden Sie eine Aufzählung der wichtigsten Erkrankungen mit Erläuterungen und Impfvorschlägen, die niemanden beunruhigen soll, sondern vor allem dazu gedacht ist, dem interessierten Leser etwas Hintergrundwissen zu wichtigen Erkrankungen zu vermitteln, zumal nach der reisemedizinischen Beratung durch den Hausarzt oftmals noch genügend Fragen offen bleiben. Einer gesonderten, individuellen Beratung durch einen Facharzt bedürfen in jedem Fall Reisende, die sich wegen chronischer Erkrankungen in ärztlicher Behandlung befinden und regelmäßig Medikamente einnehmen.

Malaria

Mit jährlich gegenwärtig etwa 350–500 Millionen Neuerkrankungen ist die Malaria die **bedeutendste Infektionskrankheit der Tropen.** Resistente Erregerstämme haben die Vorbeugung und Behandlung der Krankheit in den letzten Jahren deutlich verkompliziert. Die Erreger aus der Familie der Plasmodien werden von weiblichen Anophelesmücken während des Stechaktes übertragen. Sie gelangen zuerst über den großen Körperkreislauf in die Leber, von dort aus befallen sie nach einem Vermehrungszyklus rote Blutkörperchen. Die Zerstörung betroffener Blutkörperchen erfolgt schubweise, dabei gelangen giftige Abbauprodukte in die Blutbahn und lösen Fieberattacken aus. Häufige Begleitsymptome des Fieberanstiegs oder alleinige Symptome sind Mattigkeit, Kopf- und Gliederschmerzen, Schwindel, oft auch Erbrechen und/oder Durchfall. Die Inkubationszeit (also die Zeit zwischen Ansteckung und Ausbruch der Erkrankung) beträgt zwischen sieben Tagen und mehreren Monaten. Die **Malaria tropica** als gefährlichste Form verläuft besonders

Gesundheit und medizinische Versorgung

schwer und endet ohne Behandlung in der Regel tödlich.

Infektionsgefahr, insbesondere für die Malaria tropica, **herrscht in Uganda, Ruanda und dem Ostkongo ganzjährig.** Besonders hoch ist das Risiko während der Regenzeit. Oberhalb von 1800 m treten in der Regel keine Malariafälle auf.

Medikamentöse Vorbeugung

Zur medikamentösen Vorbeugung (**Chemoprophylaxe**) der Malaria ist eine ganze Reihe unterschiedlich wirksamer Medikamente im Handel erhältlich. Man hat mit der Einnahme der Mittel eine Woche vor Reiseantritt zu beginnen. Die Prophylaxe ist in der Regel noch vier Wochen **über das Reiseende hinaus** fortzusetzen. Nur eine Chemoprophylaxe, die konsequent durchgeführt wird, schützt sicher vor einer Malariaerkrankung.

Bis Anfang der 1990er Jahre war die vorbeugende Einnahme von Chloroquin (z.B. *Resochin*) in Kombination mit Proguanil *(Paludrine)* die gängige Empfehlung der Weltgesundheitsorganisation WHO. Durch das Auftreten chloroquinresistenter Plasmodienstämme (Erreger, gegen die Chloroquin nicht mehr wirkt) ist diese Form der Vorbeugung nicht mehr zuverlässig. Einen wirkamen Schutz stellt zurzeit die Einnahme von **Mefloquin (Lariam)** dar. Gegen Mefloquin sind in Uganda bisher keine Resistenzen bekannt. Die Prophylaxe mit diesem Medikament wird auch von der WHO empfohlen. Die Verträglichkeit ist statistisch gesehen nicht wesentlich schlechter als beim Klassiker *Resochin,* doch kann es zu ausgeprägten Nebenwirkungen wie z.B. Schwindel oder Schlafstörungen (in seltenen Fällen sogar zu Halluzinationen oder Depressionen bis hin zu manifesten Psychosen) kommen. Sehr selten können schwere Unverträglichkeitsreaktionen hervorgerufen werden. Es wird empfohlen, die Tabletten zusammen mit einer Mahlzeit einzunehmen. Das Medikament sollte insgesamt nicht länger als drei Monate eingenommen werden.

Eine Packung *Lariam* mit acht Tabletten kostet gegenwärtig ca. 48 Euro. Etwas günstiger als *Lariam* ist das im Ausland (z.B. in der Schweiz) erhältliche Präparat **Mephaquin.** Die Arzneimittelkosten für die Malariaprophylaxe müssen in der Bundesrepublik von den meisten gesetzlich Krankenversicherten selbst getragen werden. Es ist empfehlenswert, *Lariam* oder *Mephaquin* vor Ort (z.B. bei der Ankunft in Kampala) in der Apotheke zu kaufen, wo deutlich geringere Preise als in Europa verlangt werden. Auch europäische Internetapotheken (z.B. www.rucksackapotheke.de) bieten ca. 30% günstigere Preise.

Eine empfehlenswerte Alternative zur Einnahme von *Mefloquin,* etwa bei Unverträglichkeit, stellt die Chemoprophylaxe mit dem Kombinationspräparat **Atovaquon/Proguanil (Malarone)** dar. Das Medikament muss allerdings täglich eingenommen werden und ist recht teuer, dafür aber besser verträglich. Es eignet sich insbesondere für Kurzaufenthalte. Ebenfalls gut wirksam gegen alle Formen der Malaria ist **Doxycyclin,** ein bereits länger bekanntes Antibiotikum, dessen abtötende Wirkung auf

Malariaparasiten erst spät entdeckt wurde. Ein Problem bei der Einnahme von Doxycylin in tropischen Ländern ist die hierbei häufig beobachtete „Photosensibilisierung", also die Erhöhung der Empfindlichkeit der Haut gegenüber Sonneneinstrahlung, die zu Hautausschlägen und schweren Sonnenbränden führen kann.

Vor wenigen Jahren erhielt das hoch wirksame Medikament **Riamet** der Firma Novartis die Zulassung, das die Substanzen *Arthemeter* (ein Extrakt der Beifußpflanze) und *Lumefantrin* (ein neuartiger Chinin-Abkömmling) enthält. Allerdings ist das Präparat nur zur Behandlung der Malaria zugelassen.

Mückenschutz (Expositionsprophylaxe)

In einer Zeit wachsender Erregerresistenzen und zunehmender Behandlungsschwierigkeiten ist die wichtigste Vorbeugungsmaßnahme der Schutz gegen die übertragenden Anophelesmücken: Wer jedem Mückenstich wirksam vorzubeugen versucht, der minimiert auch von vornherein die Gefahr einer Infektion. **Moskitonetze** sind in den meisten Hotels, Camps und Lodges vorhanden und beim Schlafen obligat. Empfehlenswert ist in jedem Fall die Mitnahme eines eigenen Netzes, zumal die vorhandenen „Oldtimer" häufig Risse oder Löcher aufweisen. Man spart einiges Geld, wenn man diese Anschaffung vor Ort selbst tätigt. **Repellentien** (wie *Autan, Bonomol, Zedan* etc.) bringt man entweder aus der Heimat mit oder aber kauft die entsprechenden Präparate vor Ort. Auch **Glühspiralen** aus Pyrethrum-haltigen Materialien können – beim abendlichen Dinner unter den Tisch gestellt – Erleichterung bewirken. Das Aussprühen der Schlafräume mit **insektizidhaltigen Sprays** (z.B. *Doom*, enthalten meist Organophosphate und Pyrethroide) hingegen, in vielen Hotels und Camps üblich, ist sehr effektiv, aber nicht gerade ein Liebesdienst an der eigenen Gesundheit.

Die **richtige Kleidung** in den frühen Morgen- und vor allem in den Abendstunden, wenn die Moskitos zu schwärmen beginnen, setzt die Malariagefahr ebenfalls erheblich herab. In Gebieten mit hohen Anflugsraten von Stechinsekten erfüllt leichte, helle Baumwollbekleidung, die möglichst bis auf Hände und Gesicht den ganzen Körper bedecken sollte, diesen Zweck am sinnvollsten.

Diagnose und Behandlung

Die Erkennung einer akuten Malaria erfolgt durch den mikroskopischen Nachweis des Erregers im gefärbten Blutausstrich, wobei die Blutentnahme möglichst während des Fieberschubes erfolgen sollte, orientierend kann zunächst auch ein Malaria-Schnelltest durchgeführt werden (kommerzielles Testkit). Diese relativ einfachen Untersuchungen können bei den meisten Ärzten und in allen Krankenhäusern in Uganda und Ruanda durchgeführt werden. Bei einem Malariaverdacht können Sie diesen daher sehr schnell vor Ort abklären. An dieser Stelle sei noch einmal betont, dass eine Malaria sich anfangs nicht immer durch Fieberschübe äußert und auch unspezifische Verläufe kennt. Übertriebene Vorsicht ist also

GESUNDHEIT UND MEDIZINISCHE VERSORGUNG

angebracht – der **frühe Gang zum Arzt** kann das eigene Leben retten!

Die stationäre Behandlung einer tropischen Malaria erfolgt in den meisten Krankenhäusern mit modernen antimikrobiellen Substanzen und Chininpräparaten. Entscheidend für den Behandlungserfolg ist, ob die Erkrankung bereits in einem frühen Stadium als Malaria erkannt wird. Wer nicht sofort einen Arzt aufsuchen kann, sollte bei Malaria-Verdacht eigenständig eine sogenannte „Stand-by-Medikation" z.B. mit *Riamet* einleiten und sich danach möglichst zügig in ärztliche Behandlung begeben. Eine Malaria kann auch noch mehrere Wochen nach der Rückkehr nach Europa zum Ausbruch kommen.

Bilharziose

Die Bilharziose ist in vielen Regionen Ostafrikas **weit verbreitet.** Die Übertragung erfolgt durch **im stehenden oder nur schwach bewegten Süßwasser** lebende Gabelschwanzzerkarien der Gattung *Schistosoma,* die die menschliche Haut bei Wasserkontakt penetrieren können. Nach erfolgter Hautpassage gelangen die nun schwanzlosen Zerkarien über die Blutbahn in die Leber und von dort in ihr Zielgebiet, das Ge-

In nur schwach bewegtem Süßwasser besteht die Gefahr einer Bilharziose-Infektion (hier: der Semliki River)!

fäßbett von Darm oder Harnwegen, aber auch anderer Organe. Hier setzen sich die ausgereiften *Schistosomen* (Pärchenegel) fest, ihre einseitig scharfkantigen Eier gelangen über Darm bzw. Harnblase wieder in die Außenwelt. Blutgefäß- und Gewebeschäden sowie Verwachsungen und Entzündungen sind die Folge.

Für die Entwicklung von *Schistosoma* sind bestimmte Wasserschnecken als Zwischenwirt erforderlich. Das Auftreten von *Schistosoma* ist daher kausal an das Vorhandensein von Wasserschnecken geknüpft. Es ist empfehlenswert, bei jedem natürlichen Gewässer von einer potenziellen Infektionsquelle auszugehen (und demzufolge jeglichen Wasserkontakt zu meiden), auch wenn dies in der Praxis (z.B. beim White-Water Rafting) nicht immer möglich ist. Sie sollten daher jedes Bad in Flüssen und Seen, und sei es noch so heiß, dringlichst meiden. Auch das Durchwaten eines trägen Flüsschens oder das Waschen am See kann eine Infektionsgefahr bedeuten. Ausgenommen von der Bilharziosegefahr sind einige mineralsalzhaltige, kleinere Seen (z.B. der Lake Bunyonyi) sowie die Flüsse und Bergseen im Gebiet von Mt. Elgon und Ruwenzori, angeblich auch Bereiche des Kivusees.

Ein Befall mit *Schistosoma* macht sich durch blutigen Stuhl oder Urin, gekoppelt mit Schmerzen im Bereich von Leber, Milz oder Nieren, bemerkbar. Die Krankheit lässt sich mit dem Medikament **Praziquantel (Biltricide)** wirksam behandeln. Eine Impfung ist nicht möglich. Nach einer stattgehabten Exposition ist es sinnvoll, acht bis zehn Wochen nach der Rückkehr eine ärztliche Kontrolle auf *Schistosoma* durchführen zu lassen.

Dass in den meisten ostafrikanischen Gewässern neben Bilharziose und Flusspferden natürlich auch hungrige Krokodile lauern, versteht sich fast von selbst ...

Hepatitis A und B

Diese beiden verbreitetsten Formen der Hepatitis (**Gelbsucht**) haben gänzlich **unterschiedliche Übertragungswege und Verläufe.** Die Hepatitis A (Reisehepatitis) wird durch verunreinigte Lebensmittel übertragen (fäkal-oraler Übertragungsweg) und zählt zu den häufigsten Infektionskrankheiten der Tropen, die gefährlichere Hepatitis B hingegen über Blut und Blutprodukte (Injektionen und Transfusionen, Geschlechtsverkehr). Während die Hepatitis A in der Regel ausheilt, kann die Hepatitis B in eine chronische Form übergehen. Ernste Leberschäden sind die Folge. Die Symptome sind bei beiden Formen gleich: Müdigkeit, Abgeschlagenheit, Schmerzen im Oberbauch, heller Stuhl, dunkler Urin, Gelbfärbung von Haut und Augen, manchmal Fieber.

Wenn Sie eine Hepatitis bekommen sollten: Schonen Sie sich und ihren Körper und fliegen Sie schnellstmöglich nach Hause. Gegen beide Erkrankungen sind mittlerweile zuverlässige **Impfungen** erhältlich. Sie bestehen aus mehreren Injektionen und bieten einen Schutz über zehn Jahre. Insbesondere die aktive Schutzimpfung gegen Hepa-

GESUNDHEIT UND MEDIZINISCHE VERSORGUNG

titis A (z.B. *Havrix*) kann dem Reisenden nur ans Herz gelegt werden. Die vor Einführung dieser Impfung gängige Prophylaxe mit Immunglobulin bietet nur kurzzeitigen Schutz und ist weniger zuverlässig. Eine Impfung gegen Hepatitis B ist nur für Personen erforderlich, die von vornherein wissen, dass sie mit Infizierten oder Blut und Blutprodukten in Kontakt kommen (z.B. medizinisches Personal). Seit einigen Jahren ist auch ein Kombinationsimpfstoff (Markenname: *Twinrix*) erhältlich, mit dem simultan gegen Hepatitis A und B geimpft werden kann.

Typhus und Paratyphus

Diese **schweren Infektionskrankheiten** werden durch bestimmte Salmonellen hervorgerufen. Sie gehen mit Fieber und Bewusstseinstrübung einher. Die Ansteckung erfolgt in der Regel ausschließlich durch **verunreinigte Lebensmittel**. Sie stellen bei entsprechender Vorsicht keine größere Gefahr für den Reisenden dar. Allerdings reicht unter Umständen bereits die Aufnahme geringer Bakterienmengen aus, um eine Erkrankung auszulösen. Die ehemals gebräuchliche Schluckimpfung mit abgetöteten Typhuserregern wird heute kaum noch angewandt. Stattdessen bietet ein **Injektionsimpfstoff** *(Typhim Vi)* einen noch zuverlässigeren Impfschutz bei deutlich längerer Wirkdauer (nach Herstellerangaben etwa drei Jahre). Wichtige Elemente der Therapie einer Typhuserkrankung sind die Gabe von Antibiotika (z.B. *Ciprofloxacin*) und gegebenenfalls eine Infusionsbehandlung.

AIDS

Allen Horrormeldungen zum Trotz ist die Gefahr einer Ansteckung mit dem HI-Virus in Uganda bei entsprechendem Verhalten nahezu ausgeschlossen. Die immer wieder durch die Presse geisternden Zahlen über die angebliche Durchseuchung der ugandischen Bevölkerung sind überhöht und entbehren oftmals einer wirklichen Grundlage. Man muss heute von einem **Anteil HIV-positiver Ugander an der Gesamtbevölkerung von etwa 6–7%** ausgehen. Viele der in der Vergangenheit publizierten und weitaus dramatischeren Zahlen basieren auf falsch positiven Ergebnissen einfacher HIV-Testkits, die auf Kreuzreaktionen mit bei den meisten Afrikanern vorliegenden Malaria- oder Tuberkuloseantikörpern zurückgeführt werden.

Nichtsdestotrotz sind die Auswirkungen der AIDS-Epidemie in Uganda für die staatliche und gesellschaftliche Ordnung enorm, da gerade die sexuell aktivste mittlere Generation und mit ihr gewissermaßen das Rückgrat von Wirtschaft und Gesellschaft betroffen ist. Die durchschnittliche Lebenserwartung der Ugander beträgt 51,7 Jahre (UN-Angaben 2007) und liegt damit weltweit im unteren Drittel.

Jedem Ugandabesucher wird bei einem längerem Aufenthalt in der Region nordwestlich des Viktoriasees die zunehmende Umstrukturierung vor allem der ländlichen Bevölkerung bewusst werden: Kinder und Alte prägen oftmals die dörfliche Gemeinschaft dieser von AIDS in den 1980er und 1990er

Gesundheit und medizinische Versorgung

Jahren besonders hart betroffenen Region, in der der Ursprungsherd der Krankheit vermutet wird.

Für die **Übertragung** der Krankheit gelten in Uganda und Ruanda die gleichen Regeln wie bei uns: Der bei weitem gängigste Weg der Übertragung ist der Geschlechtsverkehr mit infizierten Personen (Mikroblutungen!). Insbesondere Prostituierte beiderlei Geschlechts stellen ein extrem hohes Infektionsrisiko dar. In Uganda und Ruanda erfolgt seit Jahren eine zuverlässige Überprüfung von Blutkonserven und Blutprodukten auf HIV. Ebenso gehört die Verwendung mehrmalig benutzter Injektionsnadeln in den Krankenhäusern der Vergangenheit an. Wer trotzdem auf Nummer Sicher gehen will, kann einen kleinen Vorrat davon in der Reiseapotheke mit sich führen. Die Übertragung durch blutsaugende Insekten kann heute weitgehend ausgeschlossen werden. Der (nicht intime) soziale Kontakt mit Infizierten birgt keine nennenswerten Risiken in sich.

Geschlechtskrankheiten

Neben AIDS sind hier vor allem **Syphilis** und **Gonorrhoe** („Tripper") hervorzuheben. Während die Gonorrhoe durch eine eitrige Entzündung der ableitenden Harnwege und des Genitaltraktes gekennzeichnet ist (brennende Schmerzen beim Wasserlassen!), ver-

Ugandas AIDS-Waisen – Hypothek für die Zukunft

Trotz deutlich gesunkener HIV-Infektionsraten in Uganda und ermutigender Fortschritte in der antiretroviralen Therapie HIV-Infizierter (angeblich wurden 2007 bereits bis zu 40% aller bekannten HIV-Infizierten mit adäquaten Therapiemöglichkeiten erreicht) hat AIDS in Uganda unauslöschliche Spuren in der Gesellschaft hinterlassen. Schätzungsweise **zwei Millionen ugandische Kinder** sollen ihre Eltern durch AIDS verloren haben und müssen jetzt von den Großeltern versorgt werden oder sind komplett auf sich allein gestellt. Nicht wenige enden als Straßenkinder, um die sich niemand kümmert.

Eine Vielzahl von Hilfsorganisationen hat sich des Problems angenommen. Unter anderem wurden Waisenhäuser eingerichtet und **Konzepte** zur Schulbildung von Waisenkindern entwickelt. Weit besser noch sind Programme zur Unterbringung und Integration von Waisenkindern in ugandischen Familien, wo für familiäres Umfeld, Erziehung und Schulausbildung Sorge getragen wird.

Ohne Zuschüsse an die oftmals sehr armen Familien ist eine Umsetzung nicht möglich. So sind jährliche Unterstützungszahlungen von 250–350 Euro pro Kind für Kleidung, Ernährung, Schulgebühren und Schulmaterialien erforderlich. Interessenten für die Übernahme einer solchen **Kinderpatenschaft** können sich z.B. an das ugandische Kolpingwerk (Projektschwerpunkt Westuganda), die ugandische Hilfsorganisation Meeting Point International (Kampala), die vermittelnden Hilfsorganisationen Support International oder Plan International in Deutschland oder das italienische Entwicklungshilfenetzwerk AVSI wenden. Genauere Informationen im Internet und Online-Patenschaftsanträge sind z.B. unter http://uganda.kolping-ms.de, www.supportinternational.de, www.plan-international.de oder www.avsi.org erhältlich.

läuft die Syphilis in mehreren Stadien, die meist durch eine schmerzlose, derbe Schwellung am Infektionsort eingeleitet werden. Abstinenz ist der einzig zuverlässige Schutz vor einer Infektion. Die Therapie beider Erkrankungen erfolgt mit Antibiotika. Chlamydien-Infektionen der ableitenden Harnwege, Ulcus molle („Weicher Schanker"), venerische Lymphogranulomatose, Herpes genitalis und die Hepatitis-Formen B und C stellen weitere durch den Geschlechtsverkehr übertragbare Erkrankungen dar. **Kondome** bieten einen relativen Schutz, können aber Infektionen wie Lymphogranulomatose oder Herpes nicht wirkungsvoll vorbeugen.

Schlafkrankheit

Die Erreger der Schlafkrankheit (Trypanosomen) werden durch die tagaktive **Tsetse-Fliege** übertragen. Von den über ein Dutzend in Afrika verbreiteten Tsetse-Fliegenarten übertragen nur wenige die einzelligen Trypanosomen – und das überwiegend auf Tiere. Die Infektionsgefahr ist für den Reisenden also gering, auch wenn neuerdings wieder eine Ausbreitung der Schlafkrankheit in Uganda zu verzeichnen ist. Die Erkrankung hat ihren Namen durch das Phänomen zunehmender Apathie und Verwirrtheit erhalten, das nach Eintritt des Erregers ins zentrale Nervensystem auftritt. Eine Behandlung ist möglich und sollte noch im Anfangsstadium durchgeführt werden.

Beim Reisen durch Tsetse-durchseuchtes Gebiet sind folgende **Verhaltensmaßregeln** empfehlenswert, schon allein um sich vor den sehr schmerzhaften Stichen zu schützen:

- Helle Kleidung tragen, da die Tsetse-Fliegen durch dunkle Farben (vor allem Blau und Schwarz) angezogen werden.
- Bei Autofahrten Fenster geschlossen halten und eingedrungene Fliegen mit möglichst flacher Hand „erledigen" (die extrem flach und robust gebauten Insekten sind kaum ins Jenseits zu befördern).
- Bei besonders zahlreich erfolgten Stichen ist eine ärztliche Kontrolle nach Ihrer Rückkehr zu Hause anzuraten.
- Verdächtig auf eine frische Trypanosomen-Infektion sind anhaltende lokale Schwellungen im Einstichbereich (sog. „Trypanosomen-Schanker") und Lymphknotenschwellungen im Nackenbereich.

Leishmaniose

Eine Erkrankung, die systemisch (viszerale Leishmaniose, sog. „Kala-Azar") oder rein auf die Haut beschränkt (kutane Form) verlaufen kann. Die Erreger werden durch Schmetterlingsmücken („Sand flies") übertragen, die vor allem an Seen und in Flusstälern mit Sandbänken vorkommen. In Uganda sind besonders die Ufer des Lake Victoria und die Ssese-Inseln betroffen.

Die **kutane Form,** eine auch als „Orientbeule" bezeichnete Hautläsion im Gesicht oder an den Extremitäten, heilt von selbst ab. Unter lokaler Salbenbehandlung, z.B. mit *Thiabendazol,* ist der Krankheitsverlauf meist deutlich kürzer bei kosmetisch günstigerem Ergebnis.

Die **viszerale Leishmaniose** (Kala-Azar) geht mit Fieber, Gewichtsverlust, Milzvergrößerung und Blutbildveränderungen einher und erfordert eine sorgfältige Abgrenzung gegenüber anderen

Krankheitsbildern. Sie ist mittlerweile gut behandelbar.

Gelbfieber

Eine Viruserkrankung, die durch **Stechmücken** der Gattung Aedes übertragen wird. Der Befall mit dem Gelbfiebervirus geht mit Fieber und Gelbsucht einher, schwere Schäden an Leber und Nieren führen unbehandelt oft zum Tod des Infizierten. Die **aktive Gelbfieberimpfung** bietet einen nahezu hundertprozentigen Impfschutz. Sie ist ausgesprochen gut verträglich, wird aber nur von speziellen „Gelbfieberstellen" vorgenommen (siehe Liste der Tropeninstitute am Ende des Kapitels, ggf. Erkundigung an der nächstgelegenen Uniklinik). Der Impfschutz hält zehn Jahre, die Kosten werden von vielen Krankenkassen inzwischen übernommen.

Die meisten afrikanischen Länder schreiben diese Impfung bei der **Einreise** zwingend vor, auch Uganda, Ruanda und die DR Kongo. In allen schwarzafrikanischen Ländern ist sie bei der Einreise aus Gelbfieberendemiegebieten erforderlich (dieser Fall kann bereits eintreten, wenn Ihr Flugzeug unplanmäßig in einem anderen afrikanischen Land zwischenlanden muss).

Dengue-Fieber

Eine unangenehme, jedoch meist selbstlimitierend verlaufende Viruserkrankung, die durch tagaktive **Stechmücken** der Gattung Aedes übertragen wird und mit hohem Fieber, Glieder- und Gelenkschmerzen sowie starken Kopfschmerzen einhergeht. Häufig tritt nach einigen Tagen auch ein roter Hautausschlag am Körperstamm auf. In der Regel klingt die Erkrankung nach 9–12 Tagen von selbst wieder ab, das Fieber verschwindet meist bereits nach 4–5 Tagen. Eine Fieber senkende Behandlung sollte möglichst mit *Paracetamol*, nicht mit *Aspirin*, das die Blutgerinnung beeinflusst, durchgeführt werden.

Eine konsequente **Expositionsprophylaxe** gegenüber Stechinsekten – wie bei der Vorbeugung der Malaria – (Netz, Repellentien, entsprechende Kleidung) ist entscheidend, um Erkrankungen zu verhindern.

Meningokokken-Meningitis

Eine durch Tröpfcheninfektion übertragene Form der **Hirnhautentzündung.** Die Symptome sind starke Kopfschmerzen, Fieber, Genickstarre und schweres Krankheitsgefühl. Ein wirksamer Schutz gegen Meningokokken als Überträger ist durch eine spezielle Impfung möglich. Diese wird über den Hausarzt angeboten. Sie ist jedoch nur für Kinder (bis 6 Jahre) und Reisende sinnvoll, die wissen, dass sie engen sozialen Kontakt z.B. mit Kindern in Endemiegebieten haben werden (Entwicklungshelfer, medizinisches Personal).

Virusbedingtes hämorrhagisches Fieber

Lassa-Fieber, Ebola-Fieber oder **Marburg-Fieber** werden unter dem Begriff virusbedingte hämorrhagische Fiebererkrankungen (VHF) zusammengefasst.

Gesundheit und medizinische Versorgung

Kleinere Epidemien dieser Erkrankungen werden in Afrika alljährlich verzeichnet, vor allem in Westafrika. Der Ausbruch der bislang größten Ebola-Epidemie in Uganda im Jahr 2000 forderte insgesamt 169 Todesopfer (vgl. den Exkurs „Ebola – tödliches Fieber").

Frühe Krankheitszeichen umfassen Fieber, Kopf- und Muskelschmerzen sowie auffällige Spontanblutungen. Die Sterblichkeit dieser Erkrankungen liegt hoch, beim Ebola-Fieber bis 90%. Eine spezifische Behandlung ist bislang nur beim Lassa-Fieber möglich.

Tetanus und Diphtherie

Ein wirksamer Impfschutz gegen Wundstarrkrampf und Diphtherie ist auch in der Heimat vonnöten. Da diese Erkrankungen in vielen Ländern Afrikas noch zum Krankheitsalltag gehören, sollten Sie vor der Abreise auf jeden Fall Ihren Impfstatus prüfen. Gegebenenfalls brauchen Sie eine **Auffrischungsinjektion.** Die Kosten werden in Deutschland von der Krankenkasse getragen.

Poliomyelitis (Kinderlähmung)

Der Erreger der Kinderlähmung ist das Polio-Virus. Es wird durch Tröpfchen- und Schmierinfektion übertragen. Während die Kinderlähmung in der westlichen Welt durch konsequente Impfprogramme nicht mehr auftritt, ist sie in einigen Ländern Afrikas noch verbreitet, auch wenn die Weltgesundheitsorganisation WHO durch groß angelegte Impfkampagnen ihrem Ziel einer weltweiten Ausrottung der Krankheit zusehends näher kommt. Ein intakter Impfschutz ist daher für den Reisenden wichtig. Prüfen Sie die Gültigkeit Ihrer letzten Impfung und lassen Sie gegebenenfalls eine **Auffrischung** mit der kostenlosen **Polio-Impfung** vornehmen.

Tuberkulose

Mit dem Ausbruch der AIDS-Epidemie in Afrika erlebt auch die Tuberkulose einen neuen Frühling. Bei vielen HIV-positiven Afrikanern führt die Kombination von Tuberkulose und Malaria im finalen Stadium von AIDS zum Tode. Dementsprechend hoch ist die Durchseuchung der lokalen Bevölkerung. Die Krankheit stellt für Reisende keine erwähnenswerte Gefahr dar, da ein Ausbruch der Tuberkulose in der Regel ein angeschlagenes Immunsystem voraussetzt. Erhöhte Vorsicht sollte man bei Kindern walten lassen, da die Erkrankung hier leichter zum Ausbruch kommt. Bei einem Tuberkuloseverdacht müssen Sie in jedem Fall qualifizierte ärztliche Betreuung aufsuchen.

Tollwut

Obwohl die Tollwut in afrikanischen Ländern weit verbreitet ist, stellt sie nur für Risikogruppen, d.h. Besucher, die viel mit Tieren arbeiten, eine erwähnenswerte Gefahr dar. Eine gut verträgliche Schutzimpfung ist mittlerweile erhältlich und für o.g. Personenkreis zu empfehlen. Sollten Sie wider Erwarten von einem Säugetier gebissen werden, muss die Wunde gesäubert und mit einer Desinfektionslösung versorgt werden. Es ist sofort ärztliche Hilfe aufzusuchen, um eine Tollwutprophylaxe und ggf. eine Tetanus-Auffrischung vorzunehmen.

Andere parasitäre Erkrankungen

Verschiedene Parasiten dringen durch die Haut in den Körper ein. **Hakenwürmer** *(Ancylostoma)* bohren sich durch die Fußsohlen beim Barfußgehen. Sie gelangen über die Blutbahn in die Lunge, von wo sie nach dem Hochhusten und Verschlucken in den Darm gelangen und dort zur adulten Form ausreifen. Auch **Sandflöhe** können sich in die Haut bohren. Sie führen vor allem in den Zwischenräumen der Zehen zu schmerzhaften, eitrigen Hautinfektionen. Ihre Behandlung besteht in der Exzision (= Herausschneiden). Der Befall mit Würmern über unzureichend gesäuberte Speisen kann nur durch konsequente Hygiene vermieden werden (siehe weiter unten). Durch Stechmücken übertragene Parasitosen des Blut- und Lymphsystems wie Filariosen treten bei Touristen extrem selten auf.

Durchfall

Nahezu jeder Ugandareisende wird von diesem lästigen Übel befallen. Meist steckt dahinter nur eine vergleichsweise harmlose Magen-Darm-Infektion, die nach einiger Zeit ausgestanden ist. Hier hilft nur **körperliche Schonung** und **ausreichender Flüssigkeitsausgleich,** um eine Austrocknung des Körpers zu verhindern.

Am besten geeignet sind hierfür spezielle Elektrolytlösungen (z.B. *Elotrans*), die einfach mit Wasser angerührt werden. Hilfreich ist auch gesüßter Tee mit etwas Salzgebäck oder Fruchtsäfte mit Salzzusatz. Generell sind warme Getränke den eisgekühlten vorzuziehen, um den Magen-Darm-Trakt nicht unnötig zu irritieren.

Nur im Notfall (beispielsweise auf längeren Flug- oder Busreisen) sollte auf die Einnahme „stopfender" Medikamente zurückgegriffen werden, von denen **Imodium** (Wirkstoff: *Loperamid*) sicher das bekannteste ist. Sollten die Beschwerden nach einigen Tagen nicht verschwunden sein, hohes Fieber oder zusätzliche Blutbeimengungen auftreten, ist mit dem Vorliegen einer schwerwiegenderen Infektion zu rechnen. Diese muss mit einem geeigneten Antibiotikum behandelt werden (z.B. *Ciprofloxacin*), am besten nach ärztlicher Untersuchung einer Stuhlprobe. Bei bereits fortgeschrittener Exsikkose (Austrocknung) ist eine Infusionsbehandlung erforderlich.

Schleimige, blutig tingierte Stühle deuten auf einen Befall mit **Amöben** hin. Eine Amöbenruhr muss mit speziellen Antibiotika therapiert werden, um späteren Komplikationen vorzubeugen. Auch ein Befall mit **Lamblien** bedarf einer ähnlichen Behandlung.

Auch psychische Gründe können zu Durchfällen führen: Wer sich insgeheim vor einer unbekannten Welt fürchtet und zu Magen-Darm-Reaktionen neigt, wird dieses Problem erst mit einer gewissen Entspannung nach dem Einleben ablegen.

GESUNDHEIT UND MEDIZINISCHE VERSORGUNG

Höhenkrankheit

Für den, der Mt. Elgon oder Ruwenzori besteigen will, ist das Phänomen der Höhenkrankheit von besonderem Interesse. Sie kann **ab einer Höhe von 3000 m** auftreten und ist meist Folge einer ungenügenden Adaptation an die gänzlich anderen Druck- und Sauerstoffverhältnisse. So beträgt die Konzentration des Sauerstoffs im Bereich der Ruwenzorigipfel (auf über 5000 m Höhe) nur noch etwa 30% des Wertes auf Meereshöhe!

Erste **Anzeichen** einer beginnenden Höhenkrankheit sind diffuser Kopfschmerz, mangelndes Durstgefühl, Appetitlosigkeit und Herzrasen. Übelkeit, Erbrechen, Schwindel, Schlaflosigkeit, andauernde Atemnot oder gar Ödeme (Schwellungen) im Gesicht und an den Extremitäten zeigen sich mit zunehmender Ausprägung des Krankheitsbildes. Die in diesem Stadium wichtige Gabe von Sauerstoff ist an kaum einem afrikanischen Berg möglich.

Bei einem (sehr seltenen) akuten **Ausbruch** des oben geschilderten Krankheitsbildes muss sofort (auch bei Nacht) ein **Abstieg** um mindestens 1000 Höhenmeter erfolgen, da es sonst binnen kürzester Zeit zur Entwicklung des gefürchteten **Höhenlungenödems** kommen kann, das häufig tödlich verläuft. Brodelnde Atemgeräusche kennzeichnen diese lebensgefährliche Erkrankung der Lungen, bei der sich die Lungenbläschen langsam mit abgesonderter Flüssigkeit füllen. Auch die Entwicklung eines Hirnödems ist möglich. Schwindel, Wahrnehmungsstörungen bis hin zum völligen Bewusstseinsschwund und Koma sind die typischen Symptome.

Die Höhenkrankheit kann jeden treffen, auch den erfahrenen Bergsteiger oder den Hochleistungssportler. Sie lässt sich durch behutsamen, langsamen Aufstieg und entsprechende **Akklimatisation** vermeiden. Eine Ruwenzoribesteigung sollte man daher nicht in den ersten Tagen nach der Ankunft in Uganda in Angriff nehmen, sondern erst nach einigen Tagen Aufenthalt im Hochland. Als Faustregel gilt: 1000 Höhenmeter am Tag sind genug. Wenn Sie dies beherzigen und bei etwaigen Anzeichen beginnender Höhenkrankheit rasten, bis die Beschwerden verschwinden, kann Ihnen nichts passieren.

Die trockene Höhenluft und der schnelle Atemrhythmus führen überdies zu erheblichem Flüssigkeitsverlust über die Schleimhäute. Unbedingt zu achten ist daher auch auf eine **ausreichende Flüssigkeitszufuhr** von mindestens 2–3 Litern täglich, zu der man sich zwingen sollte.

Die mancherseits empfohlene Einnahme von *Diamox* (ein Medikament mit u.a. entwässernden Eigenschaften) zur Prophylaxe der Höhenkrankheit ist mit großer Vorsicht zu genießen. Es vermag ihre Symptome zu verschleiern, sodass man im Extremfall schon ins Lungenödem rutscht, wenn man sich endlich krank fühlt.

Erkältungskrankheiten

So paradox es klingen mag: Erkältungen und leichtere Atemwegsinfektionen

Gesundheit und medizinische Versorgung

sind in Afrika fast so häufig wie bei uns. Der Wechsel von Tageshitze mit nächtlicher Kühle oder die polare Kälte klimatisierter Hotels und Banken, aber auch im Auto, führen in Uganda und Ruanda leicht dazu, dass man sich erkältet. Wenn Sie übertriebenes Air-Conditioning meiden und sich entsprechend kleiden, ist eine Erkältung in Afrika binnen weniger Tage ausgestanden, oder Sie beugen einer solchen gleich wirksam vor.

Sonnenbrand, Sonnenstich und Hitzeerschöpfung

Eine angemessene (am besten landesangepasste) **Kopfbedeckung** ist in jedem Fall ein Muss. Gerade bei Boots- und Kanutouren auf den ugandischen Seen bei intensivster Sonneneinstrahlung besteht die Gefahr eines Sonnenstichs (also einer Reizung der Hirnhäute durch extreme Sonneneinstrahlung), wenn man sein Haupt nicht adäquat schützt. Bei Hitzeerschöpfung helfen nur Schatten und Kühlung, körperliche Ruhe und entsprechende Flüssigkeitsaufnahme. Um Sonnenbrände zu vermeiden, sollten Sie sich zumindest in der ersten Zeit nach Ihrer Ankunft in Uganda und Ruanda mit einem **Sunblocker** (LSF 20–30) eincremen, bevor Sie dann auf einen geringeren LSF umsteigen.

Belastung durch Staub

Viele Regionen Afrikas sind insbesondere während der Trockenzeit sehr staubig. Asthmatiker, ältere Menschen mit Einschränkungen der Lungenfunktion und Allergiker sollten auf diese Verhältnisse eingestellt sein. Für den Notfall müssen atemwegserweiternde bzw. schleimhautabschwellende Sprays in der Reiseapotheke vorhanden sein.

Gesundheitlich unbedenklich – Primus-Bier aus der DR Kongo

Gesundheit und medizinische Versorgung

Augen und Sehfehler

Gegen manchmal auftretende Infektionen des Auges gehört eine antibiotische Augensalbe in die Reiseapotheke. Brillenträger sollten ihre Ersatzbrille dabeihaben. Kontaktlinsenträger müssen auf einen ausreichenden Vorrat ihrer Reinigungslösung achten, da diese in Uganda und Ruanda nur in Zentren erhältlich ist.

Zahnschmerzen

Lassen Sie sich **vor** Ihrer **Abreise** lieber noch einmal gründlich bei Ihrem Zahnarzt **durchchecken.** Die Versorgung mit Zahnärzten ist in Uganda und Ruanda ausgesprochen lückenhaft. Vielfach ist nur eine primitive und vergleichsweise teure Behandlung möglich. Ein wirksames Schmerzmittel sollte auf jeden Fall in der Reiseapotheke mitgeführt werden.

Schlangen(-bisse)

Die **Wahrscheinlichkeit,** in Ostafrika von einer Giftschlange gebissen zu werden, ist für den Reisenden **sehr gering;** die Gefahr, an einem Schlangenbiss zu sterben, noch geringer. Nur etwa 20% aller Schlangen weltweit gelten als giftig, die meisten davon leben in Südostasien und Südamerika. Darüber hinaus kommt es erfahrungsgemäß nur bei etwa einem Viertel aller von Giftschlangen gebissenen Menschen zu allgemeinen, ernsthaften Vergiftungserscheinungen. Generell sind **Schlangen sehr scheue Tiere,** die bei genügend hoher Aktivität (Schlangen gehören zu den wechselwarmen Tieren!) bereits weit vor Ihrem Erscheinen die Flucht angetreten haben, sofern Sie sich einigermaßen geräuschvoll bewegen. Sie greifen so gut wie nie von sich aus an, sondern beißen nur, wenn sie sich bedroht fühlen oder sich verteidigen wollen. Bleiben Sie daher stehen, wenn Sie auf eine Schlange stoßen oder treten Sie gar leise den Rückzug an. Vergewissern Sie sich bei „toten" Tieren, dass diese auch wirklich tot sind. Lange Hosen und halbhohe Stiefel bieten in gefährdeten Gebieten wirksamen Schutz gegen etwaige Schlangenbisse.

Schlangen sind meist in der Dämmerung aktiv, daher gilt dann besondere Vorsicht. Tagsüber verstecken sich Schlangen (wie auch Skorpione) meist in dunklen Schlupfwinkeln: **Vorsicht** ist geboten beim Umdrehen von Steinen, Holz oder in der Umgebung hohler Baumstümpfe und Erdhöhlen. Achtung: Gerade beim Zelten kommt es manchmal vor, dass sich kleinere Schlangen (wie auch andere Tiere!) in Kleidung oder Schuhen verkriechen, daher **vor dem Anziehen Kleidung und Schuhe ausschütteln.** Auch die Restwärme abendlicher Feuerstellen kann Schlangen anziehen.

Besondere Vorsicht ist bei der weit verbreiteten **Puffotter** (Bitis arietans) geboten, die bei Annäherung zum Liegenbleiben neigt und aufgrund ihrer Färbung nicht immer sofort gesehen wird. Ein grimmiges Zischen weist im letzten Augenblick meist deutlich hörbar auf einen Vertreter dieser hoch giftigen Spezies hin.

Gesundheit und medizinische Versorgung

Schlangengifte

Eine Einteilung der Schlangengifte nach Wirkmechanismen ergibt zwei große Gruppen:

- **Nervengifte** (z.B. Mambas): Geringe lokale Reaktion, mäßige Schmerzen, rasche Allgemeinerscheinungen, Sehstörungen; der Tod tritt meist durch Lähmung der Atemmuskulatur ein.
- **Blut- und Gewebsgifte** (z.B. Puffotter, Vipern): starke örtliche Schmerzen, rasch eintretende Schwellung und Blutungen, später Herz- und Kreislaufprobleme und Blutgerinnungsstörungen.

Richtiges Verhalten im Ernstfall

- Wenn möglich, sollte eine **Identifizierung der Schlange** erfolgen. Der Rat, die Schlange, die gebissen hat, zu töten, um sie dann erfolgreich identifizieren zu können, ist grober Unfug. Es geht kostbare Zeit verloren und nicht zuletzt läuft auch der „Jäger" Gefahr, sich einen Biss einzuhandeln.
- Um eine schnelle Verteilung des Giftes über den großen Körperkreislauf zu verhindern und damit einer raschen Allgemeinreaktion vorzubeugen, muss der **Gebissene hingelegt werden.** Die gebissene Gliedmaße ist tief zu lagern und ruhigzustellen. Wichtig ist beruhigende Kommunikation mit dem Opfer.
- Die **Bissstelle sollte vorsichtig gesäubert werden.** Das bei einem Biss in die Extremitäten früher angenommene empfohlene Anlegen einer venösen Blutstauung („Abbinden") wird heute nicht mehr empfohlen.
- Falls möglich, sollte das betroffene Glied mit **kalten Umschlägen** versorgt werden, um Schwellungen einzudämmen. Der Gebissene muss **reichlich trinken,** um den Kreislauf zu stärken (kein Alkohol!). Bei starken Schmerzen Gabe von Schmerzmitteln.
- Das Aussaugen der Wunde mit dem Mund ist wenig effektiv und gefährdet nur eine zusätzliche Person. Geringen Nutzen versprechen allenfalls im Handel erhältliche **Saugbestecke.** Ein Einschneiden oder Ausbrennen der Wunde verschlimmert die Situation nur zusätzlich.
- Der Verletzte muss baldmöglichst in intensivmedizinische Behandlung gebracht werden. Ein **Antiserum** verspricht nur Erfolg bei einer Identifikation des Schlangengiftes und ist meist nur in Zentren verfügbar. Häufig kann auch die Kühlkette, an die die Wirksamkeit des Antiserums gebunden ist, nicht zuverlässig aufrechterhalten werden. Bei unzureichendem Tetanusimpfschutz muss auch dieser unbedingt aufgefrischt werden.

Andere giftige Tiere

Für den Schutz vor **Skorpionen** oder giftigen **Spinnen** gelten ähnliche Verhaltensregeln wie im Umgang mit Schlangen. Kontakt mit diesen Tieren dürften in der Regel nur „im Feld" aktive Menschen wie z.B. Wissenschaftler haben. Beim Anlegen im Gelände getrockneter Kleidung, dem Schlüpfen in zuvor sorglos abgestellte Schuhe oder aber beim Feuerholzsuchen sollte man besondere Vorsicht walten lassen. Ein Skorpionstich ist meist sehr schmerzhaft, aber nicht lebensgefährdend. Bei Stichen giftiger **Insekten** sollten Sie antiallergische Salbe (z.B. *Soventol* oder *Tavegil*) auftragen, die Bissstelle kühlen und den Betroffenen beruhigen und möglichst hochlagern, sofern sich Allgemeinsymptome ankündigen. Dann müssen zusätzlich Antihistaminika (z.B. Tavegil-Tabletten) gegeben werden, in schweren Fällen auch Cortison-Präparate.

Impfberatung

Dieser Reiseführer kann keinen Arzt und keine individuelle tropenmedizinische Beratung ersetzen. Ich möchte Ihnen aber ein kleines Kompendium für den medizinischen Notfall bzw. zur Reisevorbereitung in die Hand gegeben haben.

Beginnen Sie mit der **Impfvorbereitung sechs bis acht Wochen vorher,** um oftmals erforderliche Zeitabstände der Impfungen untereinander einhalten zu können.

Als **Nachweis** für die vorgenommenen Impfungen gilt allein der **Eintrag in den gelben internationalen Impfpass** der WHO (für einen geringen Betrag bei fast jeder Impfstelle erhältlich). Die Auffrischung des Tetanus/Diphtherie- bzw. Polioschutzes sollte vor dem genannten Impfprogramm durchgeführt werden. Nach der Rückkehr ist die Malariaprophylaxe je nach Präparat noch bis zu vier Wochen weiterzuführen. Versäumen Sie auch nicht, unvollständig abgeschlossene Impfzyklen zu komplettieren, da nur so der Langzeitschutz von bis zu zehn Jahren erreicht wird.

Medizinische Literatur für Tropenreisen

- **Medizinisches Handbuch für Fernreisen,** von *Wolf Lieb* und *Gertrud Helling-Giese*. DuMont, Köln
- **Reisen in ferne Länder** – Gesund leben in warmen Klimazonen. Anleitung zur Selbstdiagnose und Behandlung, von *Harald Kretschmer* und *Martin Kaiser*. TRIAS-Verlag, Stuttgart
- **Handbuch für Tropenreisen,** von *Roland Hanewald*
- **Wo es keinen Arzt gibt,** Gesundheitshandbuch zur Hilfe und Selbsthilfe, von *David Werner*
- **Erste Hilfe unterwegs effektiv und praxisnah,** von *Armin Wirth*. Alle drei Bände REISE KNOW-HOW, Bielefeld

Tropenmedizinische Institutionen

In Deutschland

- **Berlin:** Landesinstitut für Tropenmedizin, Spandauer Damm 130, 14050 Berlin, Tel. 030-301166; Uniklinikum Charité, Campus-Virchow-Klinikum, Medizinische Klinik mit Schwerpunkt Infektiologie, Augustenburger Platz 1, 13353 Berlin, Tel. 030-450-553052
- **Bonn:** Institut für Medizinische Parasitologie der Universität, Sigmund-Freud-Str. 25, 53127 Bonn, Tel. 0228-287-5673
- **Dresden:** Institut für Tropenmedizin des Städtischen Klinikums Dresden-Friedrichstadt, Friedrichstr. 39, 01067 Dresden, Tel. 0351-480-3805
- **Düsseldorf:** Tropenmedizinische Ambulanz der Heinrich-Heine-Universität, Klinik für Gastroenterologie und Infektiologie, Moorenstr. 5, 40225 Düsseldorf, Tel. 0211-811-7031
- **Hamburg:** Bernhard-Nocht-Institut für Schiffs- und Tropenkrankheiten, Bernhard-Nocht-Str. 74, 20359 Hamburg, Tel. 040-31182-0
- **Heidelberg:** Institut für Tropenhygiene und öffentl. Gesundheitswesen am Südasieninstitut der Universität, Im Neuenheimer Feld 324, 69120 Heidelberg, Tel. 06221-562905, Fax 06221-565948
- **Leipzig:** Klinikum St. Georg, Reisemedizinisches Zentrum der 2. Klinik für Innere Medizin, Delitzscher Str. 141, 04129 Leipzig, Tel. 0341-909-2619, Fax 0341-909-2630
- **München:** Institut für Infektions- und Tropenmedizin der Universität, Leopoldstr. 5, 80802 München, Tel. 089-2180-3517, Fax 089-336038; Städtisches Krankenhaus Schwabing, IV. Medizinische Abteilung, Kölner Platz 1, 80804 München, Tel. 089-3068-2601, Fax 089-3068-3910
- **Rostock:** Abteilung für Tropenmedizin und Infektionskrankheiten der Universität, Klinik und Poliklinik für Innere Medizin, Ernst-Heydemann-Str. 6, 18057 Rostock, Tel. 0381-494-7511, Fax 0381-494-7509
- **Tübingen:** Tropenmedizinisches Institut der Universität, Keplerstr. 15, 72074 Tübingen, Tel. 07071-298-2365, Fax 07071-295267;

Gesundheit und medizinische Versorgung

Tropenklinik Paul-Lechler-Krankenhaus, Paul-Lechler-Str. 24, 72074 Tübingen, Tel. 07071-2060, Fax 07071-22359
●**Ulm:** Sektion Infektionskrankheiten und Klinische Immunologie, Medizinische Klinik und Poliklinik der Universität Ulm, Robert-Koch-Str. 8, 89081 Ulm, Tel. 0731-502-4421, Fax 0731-502-4422
●**Würzburg:** Fachabteilung Tropenmedizin der Missionsärztlichen Klinik, Salvatorstr. 7, 97074 Würzburg, Tel. 0931-791-2821, Fax 0931-791-2453

In Österreich
●**Wien:** Institut für spezifische Prophylaxe und Tropenmedizin der Universität, Kinderspitalgasse 15, A-1095 Wien, Tel. 01-40490-360, Fax 01-40383-4390

In der Schweiz
●**Basel:** Schweizerisches Tropeninstitut, Socinstr. 57, CH-4002 Basel, Tel. 061-284-8111, Fax 061-271-8654

Reisemedizinische Informationsstellen

Verschiedene Gesellschaften und privatwirtschaftliche Betriebe bieten laufend aktualisierte reisemedizinische Informationen an:

●**Centrum für Reisemedizin**
Oberrather Str. 10, 40472 Düsseldorf,
Tel. 0211-904290, www.travelmed.de
Nach telefonischer Anforderung wird gegen eine Gebühr ein individueller „Reise-Gesundheitsbrief" zusammengestellt und zugeschickt, der genau auf die geplante Reise eingeht. Es wird der jeweils neueste Stand bzgl. Malariaprophylaxe, Impfempfehlungen, medizinischer Vorortsituation und Zusammenstellung einer Reiseapotheke genannt.
●**Deutsche Gesellschaft
für Tropenmedizin und
Internationale Gesundheit e.V. (DTG)**
Infoservice, Postfach 400466,
80704 München, www.dtg.mwn.de

Gegen Einsendung eines frankierten Rückumschlags können neben einer Liste tropenmedizinischer Einrichtungen neueste Empfehlungen zur Malariaprophylaxe abgerufen werden.
●**Deutsches Grünes Kreuz**
Schuhmarkt 4, 35037 Marburg,
Tel. 06421-293-0
Hier kann die ständig aktualisierte, informative Broschüre Gesundheitsempfehlungen für den Internationalen Reiseverkehr angefordert werden.
●**BAD Gesundheitsvorsorge
und Sicherheitstechnik GmbH**
Zentrum Flughafen, 40474 Düsseldorf,
Info-Tel. 0211-90707-22 oder -18,
Fax-Abfrage unter 0211-9855290
Man erhält zu fast allen Reiseländern aktuelle gesundheitliche Detailinformationen, die auf den jeweiligen Datenbanken und Angaben der Weltgesundheitsorganisation WHO beruhen.

Reisemedizinische Beratung im Internet

Grundsätzlich kann auch die beste Webpage keine individuelle ärztliche Beratung ersetzen. Für eine erste allgemeine Orientierung kann die „Konsultation" folgender Internetseiten empfohlen werden:

●**www.travelmed.de**
Website, die vom Centrum für Reisemedizin betreut wird. Umfassende Informationen zu länderspezifischer Gesundheitsvorsorge und reisemedizinisch qualifizierten Beratungsstellen. Zusammenarbeit mit Reiseveranstaltern und Reisebüros.
●**www.fit-for-travel.de**
Webpage des reisemedizinischen Info-Dienstes des Tropeninstituts München mit zahlreichen Infos zu Reisemedizin, Impfungen und Malariaprophylaxe.
●**www.dtg.mwn.de**
Internet-Homepage der Deutschen Gesellschaft für Tropenmedizin und Internationale

GESUNDHEIT UND MEDIZINISCHE VERSORGUNG

Gesundheit e.V. (DTG) mit dem landesbezogen aktuellen Stand betreffend Impfungen und Malariaprophylaxe.
- www.who.int
Internet-Homepage der Weltgesundheitsorganisation WHO mit reisebezogenen Gesundheitsinfos zu allen Ländern der Erde.
- www.cdc.gov
Internet-Homepage des Centers of Disease Control, Atlanta (USA). Unter dem Menüpunkt „Travel" können reisemedizinische Infos zu fast allen Ländern der Erde abgerufen werden.

Darüber hinaus gibt es zahlreiche andere tropen- und reisemedizinische Webseiten aus den Bereichen Medien, Pharmaindustrie, Apotheken und anderen Zweigen der Privatwirtschaft, die sehr informativ sein können. Es lohnt sich, mit entsprechenden Suchbegriffen aufs „Internet-Surfbrett" zu steigen.

Rückkehruntersuchungen

Für Langzeitreisende ist eine ärztliche Untersuchung nach der Rückkehr anzuraten, auch wenn Sie sich grundsätzlich gesund fühlen. So kann mittels eines Routinescreenings eine vielleicht bislang unbemerkte parasitäre Infektion ausgeschlossen werden. Da viele Tropenkrankheiten eine relativ lange Inkubationszeit besitzen, sollten Sie am besten **acht bis zehn Wochen nach Ihrer Rückkehr** an einem Tropeninstitut oder bei einem tropenerfahrenen Arzt vorstellig werden.

Gesundheitsvorsorge

Zur Vorbeugung von Durchfallerkrankungen und parasitären Infektionen gelten für die Grundbedürfnisse **Essen und Trinken** einige besondere Regeln:

Um innere Erkältungen zu vermeiden und den Magen-Darm-Trakt nicht zusätzlich zu irritieren, sollten Sie **bevorzugt warme Getränke** zu sich nehmen.

In den meisten Städten und Hotels Ugandas und Ruandas ist das Leitungswasser mit Vorsicht zu genießen. **Trinkwasser** sollte daher über mindestens fünf Minuten sprudelnd abgekocht werden, alternativ bietet sich die Entkeimungsfilterung über Keramikelemente (aus eigener Erfahrung empfohlen werden können die Reisefiltersysteme der Firmen Relags und Katadyn, Kostenpunkt ca. 100–150 Euro) oder die chemische Desinfektion (z.B. mit *Mikropur*, *Certisil* oder *Romin*) an. Während das Wasser bei der Filterung nicht chemisch verändert wird, sind Geschmacksveränderungen nach der chemischen Desinfektion die Folge. Mit chlorfreien Entkeimungstabletten wie *Mikropur* lassen sich beispielsweise Amöben und Lamblien nicht zuverlässig abtöten. Chlorhaltige Mittel wie *Certisil* oder *Romin* bieten hier deutlich besseren Schutz. Selbstversorger, die längere Touren in sehr abgelegene Regionen durchführen, sollten nach Möglichkeit ein Reisefiltersystem mit sich führen, um Wasser überall flexibel und sicher aufbereiten zu können.

Die überall in Ostafrika erhältlichen Limonadengetränke bekannter Hersteller sind in der Regel bakteriell unbelastet und können ohne Bedenken getrunken werden. Unbedenklich sind auch alle Biere und insbesondere Wein. Verzichten Sie nach Möglichkeit auf Eis-

Zusammenstellung einer Reiseapotheke

Neben Medikamenten, die bei fester Einnahme zu Hause selbstverständlich auch nach Afrika mitgeführt werden müssen, oder Präparaten, die bei bekannter Neigung zu bestimmten Beschwerdebildern individuell prophylaktisch mitgenommen werden sollten, möchte ich Ostafrika-Reisenden (Rücksprache und enge Abstimmung mit dem Hausarzt vorausgesetzt) aus eigener Erfahrung unten stehende Zusammenstellung empfehlen (die Wirkstoffangaben sind in Klammern gesetzt, der überwiegende Teil der genannten Präparate ist verschreibungspflichtig. Viele der genannten Medikamente sind auch vor Ort in Kampala oder Kigali in seriösen Apotheken zu bekommen (meist ohne ärztliche Verschreibung) und kosten nur Bruchteile der hohen Fixpreise in Europa (dies gilt v.a. für Medikamente zur Malariaprophylaxe).

- **Malaria:** Lariam (Mefloquin) oder Malarone (Atovaquon/Proguanil) zur Prophylaxe, alternativ Einnahme von Doxycyclin, zur Notfallbehandlung Riamet (Arthemeter und Lumefantrin)
- **Durchfall:** Imodium-Akut-Tabletten oder Sanifug-Tropfen (Loperamid), zur Wiedereinstellung des Elektrolythaushaltes Elotrans-Beutel, bei akuten bakteriellen Darminfektionen zusätzlich Antibiotika (s.u.)
- **Übelkeit:** Paspertin (Metoclopramid) Tropfen oder Tabletten, bei bekannter Neigung zu Kinetosen (Reisekrankheit) Scopoderm TTS-Pflaster
- **Erbrechen:** Vomex A-Dragees (Dimenhydrinat)
- **Fieber und Schmerzen:** Paracetamol-Tabletten, z.B. Paracetamol-ratiopharm oder Acetylsalicylsäure-Tabletten, z.B. Aspirin, bei krampf- oder kolikartigen Schmerzen Buscopan-Dragees oder Zäpfchen
- **Antibiotika:** Amoxicillin, z.B. Amoxicillin-ratiopharm (ein Breitspektrum-Penicillin) – Einsatzbereich: Infektionen der oberen Atemwege, unkomplizierte Haut- und Weichteilinfektionen. Ciprofloxacin, z.B. Ciprobay (ein breit wirkendes Fluorchinolon) – Einsatzbereich: Infektionen der Harnwege, Salmonellosen und andere bakterielle Durchfallerkrankungen. Cotrimoxazol (ein sulfonamidhaltiges Kombinationspräparat), z.B. Cotrim forte-ratiopharm oder Bactrim – Einsatzbereich: Infektionen des Magen-Darm-Traktes, der Harnwege, der Haut und Weichteilinfektionen. Alle Antibiotika sollten möglichst nur nach ärztlicher Rücksprache eingenommen werden.

Leberwurstbaum mit Früchten

GESUNDHEIT UND MEDIZINISCHE VERSORGUNG

- **Allergien, Juckreiz und Insektenstiche:** Tavegil-Tabletten (ein Antihistaminikum). Bei juckenden Stichen Tavegil-Salbe oder Soventol-Salbe. Bei großflächigem Sonnenbrand Ultralan-Milch.
- **Augentropfen:** Yxin-Augentropfen bei Reizungen und Schwellungen des Auges. Antibiotische Refobacin-Augensalbe bei Entzündungen.
- **Hautpilz:** Clotrimazol (Antimykotikum), z.B. Fungizid-Ratiopharm-Creme
- **Wundsalbe:** Bepanthen-Salbe
- **Verbandszeug und Desinfektion:** Mullbinden (verschiedene Breiten), Pflaster in verschiedenen Größen, Heftpflaster, Leukoplast/Leukosilk, sterile Kompressen, Wundgaze (z.B. Nebacetin-Wundgaze), elastische Binden, antiseptische Betaisodona-Salbe und/oder Betaisodona-Lösung
- **Trinkwasserdesinfektion:** Certisil oder Romin, am besten ein mechanisches Wasserfiltersystem (z.B. von den Firmen Relags und Katadyn)
- **für den Notfall:** starkes Schmerzmittel, z.B. Tramal-Tropfen
- **Sonstiges:** Fieberthermometer, Pinzette, Schere, Einmalspritzen und -kanülen, Alkoholtupfer, Halsschmerztabletten (z.B. Frubienzym-Tabletten), Insektenschutz (z.B. Autan), Sunblocker (LSF 15–25), Dreieckstuch, evtl. Nasentropfen (z.B. Otriven)

Kondome und Tampons sind nur in den Hauptstädten problemlos erhältlich, ebenso **orale Antizeptiva.** Es ist aus verschiedensten Gründen empfehlenswert, einen entsprechenden Vorrat aus dem Heimatland mit sich zu führen.

würfel, die bakteriell belastetes Wasser enthalten können. Heißer Tee oder Kaffee bergen in der Regel keine Risiken in sich, während Milch stets abgekocht werden muss (am besten Sie verwenden gleich pasteurisierte Milch).

Trinken Sie in jedem Fall ausreichend – das kann in heiß-trockenen Regionen bis zu 5 Liter täglich und mehr bedeuten. **Leicht gesüßter Tee** erfüllt in den Tropen die Ansprüche an ein Idealgetränk am besten. Alkohol sollten Sie erst nach Sonnenuntergang trinken, bei den gelegentlich angebotenen selbst gebrauten Alkoholika der Einheimischen ist Vorsicht geboten, da diese den giftigen Methyl-Alkohol enthalten können, der u.a. zur Erblindung führt.

Vorsicht bei der Zubereitung und Aufbewahrung von **Speisen und Fleischgerichten:** Nur gut durchgekochte Gerichte bzw. durchgebratenes oder gegartes Fleisch sind vollkommen unbedenklich. Meiden Sie wiedererwärmte Speisen, diese sind eine der häufigsten Ursachen von Durchfallerkrankungen, da unter dem feuchtheißen Klima in kürzester Zeit eine explosive Bakterienvermehrung erfolgt. Geben Sie sauberen Restaurants den Vorzug, und wählen Sie gängige Gerichte. Achten Sie darauf, dass Sie wirklich frisch zubereitete Gerichte bekommen, dann ist auch das Essen am Straßenstand einen Versuch wert.

Fischgerichte sind meist unbedenklich, wenn der Fisch vor Ort gefangen wurde und somit die Transportwege kurz sind. Seien Sie aber trotzdem wachsam, wenn der Fisch alt und schal schmeckt – um einer Fischvergiftung vorzubeugen, sollten dann sofort Kohletabletten eingenommen werden!

Verzichten sollten Sie in jedem Fall **auf Eier und Eispeisen,** die häufig mit Salmonellen kontaminiert sind. Ähnliches gilt für Mayonnaise und damit hergestellte Speisen. Speiseeis birgt vergleichbare Gefahren und ist selbst in Restaurants/Hotels mit europäischem Standard nicht immer einwandfrei.

Um den Gefahren der natürlichen Düngung mit Fäkalien vorzubeugen, sollten Sie frische **Salate möglichst meiden** und auch **nur gekochtes Gemüse** essen. Die überall auf Märkten und in Supermärkten erhältlichen köstlichen **Früchte** kann man hingegen **unbedenklich** verzehren, wenn Sie feste Schalen haben. Auf Englisch heißt die einfache Formel für den richtigen Umgang mit Nahrung: **„Cook it, boil it, peel it or forget it!"**

Medizinische Versorgung

Krankenversicherung und Rücktransport

Eine Auslandsreise-Krankenversicherung ist für fast jeden Reisenden ein absolutes Muss. In der Regel ist für Notfälle ein kostenfreier Rücktransport ins Heimatland enthalten. Versicherungen für beliebig viele Reisen bis zu acht Wochen im Laufe eines Kalenderjahres kosten zwischen 10 und 20 Euro jährlich. Bei längerer Geltungsdauer wird es meist erheblich teurer.

Der Abschluss einer **Jahresversicherung** ist in der Regel kostengünstiger als mehrere Einzelversicherungen. Günstiger ist auch die **Versicherung als Familie** statt als Einzelpersonen. Hier sollte man allerdings die Definition von „Familie" genau prüfen.

Von der Notwendigkeit, eine zusätzliche Auslandskrankenversicherung abzuschließen, ausgenommen sind **Privatversicherte,** deren Versicherungsschutz auch im außereuropäischen Ausland gültig ist. Im Regelfall sind jedoch zeitliche Begrenzungen vorgesehen, und bei manchen Versicherungen müssen Reisen ins östliche Afrika vorher angemeldet werden.

Ausländische Patienten müssen für **medizinische Leistungen in Uganda** und Ruanda generell **bezahlen.** Die detaillierten Rechnungen müssen dem Versicherer im Heimatland zur Erstattung vorgelegt werden. Kleinere Rechnungen (z.B. für kurze ärztliche Behandlungen oder Medikamente) müssen vom Reisenden verauslagt und dann zu Hause mit dem Versicherer abgerechnet werden. Dabei sollte der gültige Wechselkurs auf der offiziellen Quittung vermerkt sein, alternativ kann eine mit Datum versehene offizielle Wechselkursbescheinigung einer Bank oder eine entsprechende Bescheinigung der Zahlstelle Ihrer Botschaft mit eingereicht werden. Mit Krankenhäusern rechnen die Versicherungen meist direkt ab. Die Behandlungskosten sind allgemein weitaus geringer als in Europa, trotzdem können sie die Reisekasse bei einer ernsthaften Erkrankung schnell leeren.

Rückholflüge (werden im Regelfall durch die benachrichtigte Krankenversicherung organisiert) nach Deutschland führen folgende Firmen durch:

GESUNDHEIT UND MEDIZINISCHE VERSORGUNG

- **Deutsche Flugambulanz**
Flughafen (Halle 3), 40474 Düsseldorf,
Tel. 0049-211-431717,
Fax 0049-211-4360252
- **Deutsche Rettungsflugwacht**
Flughafen, 70624 Stuttgart,
Tel. 0049-711-701070
- **Flugdienst des Deutschen Roten Kreuzes**
Friedrich-Ebert-Allee 71, 53113 Bonn,
Tel. 0049-228-230023
(für Mitglieder mancher Landesverbände kostenlos)
- **Malteser Hilfsdienst (MHD)**
Einsatzzentrale, Leonhard-Titz-Str. 8,
50676 Köln, Tel. 0049-221-203080
(für Mitglieder mancher Landesverbände kostenlos)
- **ADAC**
Internet: www.adac.de; wer die ADAC Plus-Mitgliedschaft besitzt, wird in der Regel von überall ausgeflogen.

Rückholflüge **in die Schweiz** werden von der Firma REGA durchgeführt:
- **Rettungsflugwacht REGA**
8058 Zürich, Tel. 0041-1-3831111,
Fax 0041-1-6543590

Medizinische Versorgung vor Ort

Die medizinische Versorgung in Uganda und Ruanda ist noch sehr **unzureichend** strukturiert, insbesondere auf dem Lande. In Kampala und in Kigali gibt es eine brauchbare ärztliche bzw. Krankenhausversorgung (siehe „Kampala" bzw. „Kigali").

Wichtig ist vor allem, dass Reisende, die in abgelegene Gebiete vordringen, das **Grundrepertoire der Ersten Hilfe** beherrschen, damit im Notfall wirksamer Beistand geleistet werden kann. Die Transportfähigkeit und das weitere Schicksal eines Verunfallten entscheiden sich gerade in Afrika über die Wirksamkeit lebensrettender Sofortmaßnahmen am Unfallort.

Evakuierung im Notfall

Wer auf Nummer Sicher gehen will, auch aus dem entlegensten Winkel Ugandas herausgefahren/-geflogen zu werden, wende sich in Kampala an:

- **African Air Rescue (AAR) Health Services**
7/9 Clement Hill Road,
PO Box 6240, Kampala,
Tel. 0414-261318/9, Fax 0414-258615,
www.aarhealth.com

AAR bietet eine **vorübergehende Mitgliedschaft für Touristen** an („ER Safari"). Manche Reiseveranstalter und Camp- bzw. Lodgebesitzer in Uganda und Ruanda haben Verträge mit AAR abgeschlossen, sodass ihre Gäste bzw. Kunden automatisch für medizinische Notfälle und Land- oder Luftevakuierungen mitversichert sind. Es lohnt sich, bei der Buchung unter diesem Aspekt nachzufragen.

Sinnvoller für regelmäßig nach Ostafrika Reisende ist eine Mitgliedschaft bei den berühmten Flying Doctors of East Africa:

- **The Flying Doctors of East Africa**
PO Box 18617, Wilson Airport,
Nairobi (Kenia),
Tel. 00254-20-602495,
Fax 00254-20-601594,
www.amref.org

Anmeldeformulare liegen am Wilson Airport in Nairobi aus oder können per Post angefordert werden; natürlich kann man sich inzwischen auch über das Internet anmelden. Eine zweimonatige Mitgliedschaft (kostenlose Evakuierung in einem 500-km-Radius um Nairobi) ist für 25 US-$ zu haben, die sinnvollere

Grenzen und Grenzverkehr

Jahresmitgliedschaft (kostenlose Evakuierung in einem 1000-km-Radius um Nairobi) kostet 50 US-$. Eine Mitgliedschaft auf Lebenszeit schlägt mit 1000 US-$ zu Buche.

Notrufe können rund um die Uhr abgesetzt werden:

- per Telefon: 00254-20-315454 oder 600090
- per Telefax: 00254-20-344170
- per E-Mail: emergency@flydoc.org
- über Funk: auf den Frequenzen HF 5796 kHz LSB (Lower Side Band) oder HF 9116 kHz (LSB)

In Deutschland kann auch die hiesige Sektion der Dachorganisation African Medical and Research Foundation (AMREF) kontaktiert werden:

- **AMREF Deutschland**
Mauerkircher Str. 125, D-81925 München, Tel. 089-981129, Fax 089-981189, www.amrefgermany.de

Die Grenzübergänge Ugandas zu den Nachbarländern sind in der Regel **Mo bis So von 6–18 Uhr geöffnet.**

Von/nach Kenia

Die beiden **Hauptgrenzübergänge** bei **Busia** und bei **Malaba** sind einfach zu passieren (der kleine Übergang bei Suam nördlich des Mt. Elgon wird kaum benutzt und ist schwer erreichbar). Bei der Einreise nach Uganda finden hin und wieder intensive Gepäckkontrollen des ugandischen Zolls statt (wegen der regen Schmuggelei). Auf beiden Seiten der Grenze gibt es Forex-Büros. Achtung: Die an der Grenze wartenden Geldwechsler sind vielfach raffinierte Trickbetrüger.

Der **Zugverkehr** zwischen Kampala und Nairobi (Kenia) über Jinja, Iganga, Tororo und Malaba wurde 1997 bis auf den Frachtverkehr komplett eingestellt.

Es verkehren täglich **Busse zwischen Kampala und Nairobi.** Die zuverlässigsten und komfortabelsten sind wohl die relativ neuen Busse des kenianischen Busunternehmens **Akamba** (28 Dewinton Street, Tel. 250412, Mobiltel. 077-2505539, Fax 250411). Busse der Executive Class verkehren täglich um 7 und 15 Uhr nach Nairobi (16 Euro, Fahrtzeit 11–12 Std., über Nacht 15 Std.), der komfortablere Royal Class ist bei gleichen Abfahrtszeiten etwas schneller (23 Euro). In umgekehrter Richtung ver-

Büffel und Kuhreiher im Murchison Falls National Park

lassen die Busse Nairobi um 19 Uhr (Ankunft in Kampala gegen 10 Uhr am darauffolgenden Morgen, nachts an der Grenze mehrere Stunden Wartezeit). Eine sehr gute Wahl sind auch die komfortablen Busse von **Kampala Coach** (Jinja Road, Mobiltel. 075-4553377). Alternativ kann man auf ältere Busse anderer Firmen zurückgreifen.

Flüge: Kenya Airways, Air Uganda und Fly540 bedienen täglich die Strecke von Entebbe nach Nairobi (Kenya Airways mit Anschlussflügen nach Mombasa).

Flugpreise Entebbe – Nairobi
- Kenya Airways: 225/339 US-$
- Air Uganda: 225/339 US-$
- Fly540: 144/268 US-$

Von/nach Tansania

Der **Hauptgrenzübergang Mutukula** bei Kyaka (Strecke Masaka – Bukoba) ist einfach zu passieren. Die ehemals sehr schlechte Straße von Masaka bis zur Grenze ist inzwischen ausgebaut worden. Von Masaka verkehren mehrfach täglich Matatus zum Grenzort Mutukula über Kyotera (3 Euro, Umsteigen in Kyotera, 2 Std. Fahrtzeit insgesamt), von der Grenze fahren unregelmäßig Busse und Matatus nach Bukoba (Tansania) für 2 Euro (2–4 Std.).

Darüber hinaus gibt es eine regelmäßige **Direktbusverbindung von Kampala nach Bukoba** (Ariazi Tours, Gateway und Falcon Coach; mehrere Abfahrten pro Woche) sowie eine **täg-**

GRENZEN UND GRENZVERKEHR

liche Verbindung nach **Arusha** und **Dar es Salaam** (über Nairobi) mit Scandinavia Express, Kampala Coach und Akamba.

Zwischen Port Bell (Uganda) und Mwanza (Tansania) bzw. Kisumu (Kenia) verkehrte auf dem Viktoriasee viele Jahre das **Fährschiff** MV Bukoba. 1996 sank es vor der tansanischen Küste mit mehr als 600 Passagieren an Bord. Vorübergehend wurde der Service von Mwanza nach Port Bell dann von der durch **Tanzania Railways** betriebenen **MV Victoria** wahrgenommen, die sich vor allem durch Verspätungen und Pannen auszeichnete, bis die Verbindung wieder gänzlich eingestellt wurde. Allein die Verbindung zwischen Bukoba und Mwanza schien 2010 intakt zu sein. Am Bahnhof in Kampala oder in Port Bell erhalten Sie dazu aktuellere Auskünfte, ggf. auch telefonisch unter 0414-221336 (Port Bell Ferry Office).

Flüge: Air Tanzania, Air Uganda, Precision Air und Kenya Airways (via Nairobi) bedienen mehrmals wöchentlich die Strecke Entebbe – Dar es Salaam (Tansania).

Flugpreise Entebbe – Dar es Salaam
- Kenya Airways: 285/370 US-$
- Air Tanzania/Precision Air: 270/370 US-$

Von/nach Ruanda

Die beiden **Hauptgrenzübergänge** bei **Katuna** (Kabale – Kigali) und **Cyanika** (Kisoro – Musanze) sind seit 1995 wieder passierbar. Ein weiterer Übergang existiert bei **Kagitumba** im äußersten Nordosten Ruandas. Für Österreicher und Schweizer ist bei der Einreise nach Ruanda ein Visum erforderlich (an der Grenze erhältlich). Der ruandische Zoll führt in der Regel gründliche Gepäckkontrollen durch. Katuna und Cyanika sind von beiden Seiten der Grenze mit Sammeltaxis zu erreichen.

Zwischen Kampala und Kigali gibt es eine **tägliche Busverbindung** via Katuna (z.B. mit Kampala Coach oder Jaguar Executive Coach; 12 Euro, Fahrtzeit 10–12 Std.).

Flüge: Rwandair Express fliegt täglich von Entebbe nach Kigali (Details siehe im Ruanda-Kapitel).

Flugpreis Entebbe – Kigali
- Rwandair Express: 200/300 US-$

Zur DR Kongo

Vor Reisen in den Osten der DR Kongo muss derzeit (2010) **aus Sicherheitsgründen dringend gewarnt** werden. Die Grenzformalitäten an den Grenzübergängen sind auf der kongolesischen Seite meist erheblich, ebenso wie die Korruption der Zöllner. Die Einreisebestimmungen wechseln und werden an jedem Grenzübergang anders gehandhabt. Prinzipiell ist ein Visum notwendig, das in den Ost-Provinzen des Landes jedoch einer speziellen Autorisierung bedarf und an den Grenzübergängen erhältlich ist. In den unterschiedlichen Einflusssphären des Landes können jeweils verschiedene Sichtvermerke im Pass erforderlich sein.

Von Kampala aus fahren täglich **Busse** nach Kigali mit Anschlussverbindung nach Goma (z.B. mit Kampala Coach;

12 Euro, Fahrtzeit 10–12 Std.). Vom **Grenzübergang Bunagana** bei Kisoro fahren mehrmals täglich Minibusse nach Goma (DR Kongo) für 3–4 Euro.

Flüge: Die kongolesische Airline TMK Air Commuter bietet Flüge von Entebbe nach Bunia sowie weiter nach Beni, Butembo und Goma (DR Kongo) an, von dort aus Anschlussverbindung nach Bukavu und ins Inland. Die Preise wechseln häufig. Aktuelle Informationen erhält man vor Ort in Kampala.

Zum Sudan

Der Hauptgrenzübergang liegt bei **Nimule** (Strecke Gulu – Juba). Die „Nile Route" war früher eine viel benutzte Teilstrecke auf dem Weg von Kairo nach Kapstadt. Sicherheitslage und Grenzsituation erlaubten im Frühjahr 2010 zumindest prinzipiell touristische Reisen in den Südsudan (Einreisegenehmigung an der Grenze für 25 US-$). Der Grenzübergang wird überwiegend von Mitarbeitern der internationalen Hilfsorganisationen genutzt und bei schlechter Sicherheitslage oder politischen Konflikten geschlossen. Bei entspannter Lage gibt es relativ viel Truck-Verkehr auf der Strecke Nimule – Juba (Sudan).

Handeln

Handeln und Feilschen ist in Europa weitgehend unüblich – doch **in Afrika bestimmt es den Alltag.** Handeln bedeutet Kommunikation, ermöglicht ein gewisses Kennenlernen, und man wird auf Unverständnis und Verachtung stoßen, wenn man es nicht praktiziert. Die oberste Grundregel lautet: Zeit haben. Alles weitere regelt sich fast von selbst.

Handeln ist üblich auf Märkten, in kleinen Geschäften, bei Taxifahrten, bei der Verpflichtung von Führern und Trägern für Bergbesteigungen oder beim Chartern von Fahrzeugen. Auch bei der Buchung größerer Safaris kann man es versuchen. In der DR Kongo verhandelt man vorwiegend über die Höhe der Bestechungsgelder von Soldaten und Offiziellen ...

Häufig wird zu Beginn des Handelns ein völlig überhöhter Preis genannt, der sich manchmal bis auf 25% drücken lässt. In jedem Fall ist es gut, zunächst einmal nur 50% der verlangten Summe zu bieten. Lassen Sie sich möglichst nicht frühzeitig auf bestimmte Beträge festlegen. Verwirrend ist die Situation auf Märkten, wo für manche Obst- und Gemüsearten inzwischen vielfach Fixpreise gelten, für andere Sorten jedoch „Fantasiepreise".

Informationsstellen

Uganda unterhält außer seinen Botschaften bislang **keine staatlichen Informationsstellen in Europa.** Gute Informationen erteilt z.B. das Honorarkonsulat der Republik Uganda in München (www.uganda.de).

Das **staatliche Tourismusbüro Ugandas** in der Hauptstadt Kampala ist das mittlerweile gut organisierte **Uganda Tourism Board (UTB),** das auch einen einfachen Online-Reiseführer im Internet bereithält:

●**Tourism Uganda/
Uganda Tourism Board (UTB)**
PO Box 7211, IPS Building,
13/15 Kimathi Avenue, Impala House,
Kampala/Uganda,
Tel. 00256-414-342196/7,
Fax 00256-414-342188,
www.visituganda.com

Informationen zu **Nationalparks** und Wildschutzgebieten erhält man von der **ugandischen Naturschutzbehörde:**

●**Uganda Wildlife Authority (UWA)**
Plot 7 Kira Road, Kamwokya,
PO Box 3530, Kampala/Uganda,
Tel. 00256-414-355000,
Fax 00256-414-346291,
www.ugandawildlife.org

Informationen zu **Bergbesteigungen** sind über den revitalisierten Mountain Club of Uganda erhältlich:

●**Mountain Club of Uganda**
PO Box 4692, Kampala,
Tel. 00256-414-344725,
Mobiltel. 00256-77-2843367,
idc@imul.com

Aktuelle und umfassende Informationen zur Situation der **Berggorillas** sind über die Berggorilla & Regenwald Direkthilfe e.V. zu beziehen, die auch das halbjährlich erscheinende Gorilla Journal herausgibt (kostenlose Zusendung an Mitglieder). Die jeweils aktuelle Onlineversion kann von der Homepage heruntergeladen werden:

●**Berggorilla & Regenwald Direkthilfe e.V.**
c/o *Rolf Brunner,* Lerchenstr. 5,
45473 Mülheim, Fax 0208-7671605,
www.berggorilla.de

Unter dem Stichwort „Community Based Tourism" unter Führung der 1998 gegründeten **Uganda Community Tourism Association (UCOTA)** laufen touristische Projekte lokaler Gemeinden (siehe dazu auch im Abschnitt „Tourismus"):

●**UCOTA**
PO Box 27159, Kampala/Uganda,
Tel. 00256-414-501866,
www.ucota.or.ug

In Ruanda sind Informationen zu Nationalparks und Wildschutzgebieten über die **ruandische Naturschutzbehörde** zu erhalten, über die auch alle Gorillabuchungen für den Parc National des Volcans getätigt werden müssen:

●**Office Rwandais du
Tourisme et des Parcs Nationaux (ORTPN)**
Boulevard de la Révolution No.1,
BP 905, Kigali/Ruanda,
Tel. 00250-573396 oder 250-576514,
Fax 00250-576515,
www.rwandatourism.com

Uganda und Ruanda im Internet

Die folgende Auswahl informativer Internetquellen soll Ihnen eine erste Orientierung im Web ermöglichen. Weitere Internet-Verweise finden Sie in den jeweiligen Reisekapiteln. Achtung: Eine Bestandsgarantie für die genannten Homepages und Internetadressen kann aufgrund der Schnelllebigkeit der Webarchitektur nicht gegeben werden.

●**www.inwent.org/v-ez/lis/uganda/**
Landeskundliche Infoseite zu Uganda des Entwicklungshilfe-Dachverbandes InWEnt

(Internationale Weiterbildung und Entwicklung); umfangreiche und gut strukturierte Internetseite zu Uganda, mit zahlreichen aktuellen Links zu Uganda-assoziierten Themen.

Reiseseiten
- www.visituganda.com
Homepage von Tourism Uganda
- www.rwandatourism.com
Tourismusseite der ruandischen Regierung
- www.travelafricamag.com
Webpage des vierteljährlich erscheinenden Reisemagazins Travel Africa
- www.traveluganda.co.ug,
www.destinationuganda.com
Uganda Travel Planner: kompletter, laufend aktualisierter Online-Reiseführer

Ugandische Zeitungen im Internet
- www.newvision.co.ug
Regierungsnahe Tageszeitung New Vision
- www.monitor.co.ug
Regierungsunabhängige Zeitung Monitor

Aktuelle Nachrichten
- www.allafrica.com
- www.myuganda.co.ug
- www.newafrica.com

Aktuelle Reisehinweise
- **Deutschland:** www.auswaertiges-amt.de und www.diplo.de/sicherreisen (Länder- und Reiseinformationen), Tel. 030-5000-2000, Fax 030-5000-51000
- **Österreich:** www.bmaa.gv.at (Bürgerservice), Tel. 05-01150-4411, Fax 05-01159-0
- **Schweiz:** www.dfae.admin.ch (Reisehinweise), Tel. 031-3238484

Maße und Gewichte

Für Maße und Gewichte gilt allgemein das **metrische System.** Die früher üblichen britischen Einheiten werden nur noch selten benutzt – am ehesten noch die Längenmaße Meile (Mile) = 1,609 km und Fuß (Foot) = 30,44 cm sowie das Gewichtsmaß Pfund (Pound, abgekürzt lb) = 0,453 kg. Manchmal stolpert man auch noch über Temperaturangaben in Fahrenheit (°F). Umrechnung: °F minus 32, diese Zahl durch neun teilen und mal fünf nehmen = Grad Celsius.

An verschiedenen Strecken und Straßen in Uganda werden Sie noch auf Entfernungssteine der Kolonialzeit treffen – die meist in Granit gehauenen Angaben sind selbstverständlich Miles.

Medien

Internationale Zeitungen und Magazine findet man fast ausschließlich in Kampala bzw. Kigali. Recht interessant sind die monatlich erscheinende afrikanische Zeitschrift *African Business* und das vierteljährlich von der BBC herausgegebene Magazin *Focus on Africa*.

Viele der besseren Hotels der Kategorie AA und A ermöglichen den Fernsehempfang internationaler Nachrichtensendungen von *Deutscher Welle*, *BBC World* oder *CNN*. Für Reisende, die tief in den afrikanischen Busch eintauchen und trotzdem den Nachrichtenkontakt zur Heimat nicht abreißen

Nationalparks und Wildreservate

lassen möchten, empfiehlt sich die Mitnahme eines Weltempfängers.

Tageszeitungen
- The New Vision (regierungsnah)
- Ngabo (auf Luganda – konservativ)
- The Monitor (regierungsunabhängig)
- Daily Nation
(verbreitete kenianische Zeitung)

Wochenzeitungen
- The East African (auch für Kenia, Tansania)
- The Weekly Observer (oppositionsnah)

Rundfunk (Auswahl)
- Radio Uganda (staatlich): 98,0 FM
- BBC World Service (101,3 FM)
- Capital FM (privat): 91,3 FM
- Kampala FM (privat): 99,6 FM
- Radio Simba FM (privat): 97,3 FM
- Top Radio (privat): 89,6 FM/99,6 FM
- Voice of Africa (privat): 92,3 FM

Fernsehen
- Uganda Broadcasting Corporation (UBC, staatlich)
- Nation Television (privat)
- Lighthouse Television (privat)
- Top Television (privat)
- WBS Television (privat)

Nationalparks und Wildreservate

Grundsätzliches zu den Schutzgebieten

Die Schutzgebiete Ugandas lassen sich in National Parks (NP), Wildlife Reserves (WR), Forest Reserves (FR) und andere (z.T. private) Schutzgebiete wie z.B. das Ssese Islands Reserve oder das Ngamba Island Chimpanzee Sanctuary im Viktoriasee unterteilen.

National Parks (NP)
Dies ist die **höchste Schutzkategorie.** Nur großräumige Gebiete in sehr ursprünglichem Zustand kommen dafür in Frage. Der Charakter dieser Gebiete darf vom Menschen nicht verändert werden, daher sind Besiedlung und Nutzung weitestgehend verboten. Der Zugang der Öffentlichkeit wird über die Einteilung in verschiedene Zonen geregelt (Zonierungskonzept).

Wildlife Reserves (WR)
Auch hier steht das Wohl von Landschaft, Fauna und Flora im Vordergrund. **Besiedlung und Nutzung** sind jedoch **in begrenztem Maße erlaubt,** aber genehmigungspflichtig. Häufig haben die ugandischen Wildlife Reserves direkten Kontakt zu Nationalparks, z.B. das Kyambura Wildlife Reserve zum Queen Elizabeth NP (QENP) oder das Karuma Wildlife Reserve zum Murchison Falls NP (MFNP), und stellen wertvolle Pufferzonen zum Agrarland dar. In der Praxis befinden sich die Wildlife Reserves häufig noch in sehr schlechtem Zustand und Tiere bekommt man kaum zu Gesicht.

Insgesamt gibt es 13 Wildlife Reserves in Uganda: Kigezi, Kyambura (beide in Kontakt zum QENP), Katonga (am Katonga River in Südwestuganda), Semliki Valley, Ajai (nordwestlich des MFNP), Bugungu, Karuma (südlich bzw. westlich des MFNP), Kabwoya (am Ostufer des Albertsees), East Madi (südlich von Adjumani), Lomunga

NATIONALPARKS UND WILDRESERVATE

Nationalparks und Reservate

1 Mount Elgon NP
2 Mabira Forest Reserve
3 Ssese Islands
4 Mpanga Forest Reserve
5 Lake Mburo NP
6 Mgahinga Gorilla NP
7 Bwindi Impenetrable Forest NP
8 Queen Elizabeth NP
9 Kyambura River Gorge
10 Katonga Wildlife Reserve
11 Kibale Forest NP
12 Ruwenzori Mountains NP
13 Semliki Valley WR
14 Semliki Forest NP
15 Kabwoya Wildlife Reserve
16 Budongo Forest Reserve
17 Murchison Falls NP
18 Ajai WR
19 East Madi WR
20 Kidepo Valley NP
21 Matheniko WR
22 Bokora Corridor WR
23 Pian Upe WR

Nationalparks und Wildreservate

(westlich von Adjumani), Pian-Upe, Bokora Corridor, Matheniko (in Karamoja). Nur vier von ihnen, das **Semliki Valley Wildlife Reserve,** das **Kyambura Wildlife Reserve,** das **Kabwoya Wildlife Reserve** und das **Katonga Wildlife Reserve,** sind bislang nennenswert für den Tourismus erschlossen.

Forest Reserves (FR)

Diese unterstehen der Forstbehörde und umfassen fast alle Restwaldflächen Ugandas, die keinen anderen Schutz genießen. Manche von ihnen, wie das Budongo FR, das Kalinzu FR bei Ishaka/Bushenyi oder die Waldreservate in der Nähe von Kampala (Mabira FR und Mpanga FR), bieten eine gute touristische Infrastruktur und lohnen einen Besuch. Im Budongo Forest bestehen überdies hervorragende Möglichkeiten zur Beobachtung habituierter (an Menschen gewöhnter) Schimpansen.

Informationen

● **Uganda Wildlife Authority (UWA)**
Plot 7 Kira Road, Kamwokya, PO Box 3530, Kampala, Tel. 00256-414-355000,
Fax 00256-414-346291,
www.ugandawildlife.org

Das Mandat der ugandischen Naturschutzbehörde UWA besteht darin, die Tier- und Pflanzenwelt sowohl innerhalb als auch außerhalb der Schutzgebiete nachhaltig zu bewahren und zu verwalten. Die UWA ist für zehn Nationalparks, dreizehn Wildreservate und mehrere sonstige Schutzgebiete verantwortlich. Ferner unterstützt UWA die lokale Bevölkerung bei der Führung von Ökotourismus-Projekten (**„Community Based Tourism"),** die durch das Ministerium für Tourismus, Wirtschaft und Industrie ausgewiesen sind (siehe „Tourismus").

Das **Hauptquartier der UWA** liegt angrenzend an den Komplex des Nationalmuseums an der Kira Road im Stadtteil Kamwokya. Im Tourist Information Office bekommt man Informationsblätter über die Nationalparks und Wildreservate und aktuelle Auskünfte. Gorillabesuche in den Nationalparks Bwindi Impenetrable und Mgahinga Gorilla müssen hier gebucht bzw. reserviert und bezahlt werden.

Der Service von UWA ist mäßig, viele Entscheidungen waren und sind umstritten (z.B. das Preisgefüge der Parkeintrittsgebühren oder Pläne, im Bestand gefährdete ugandische Tierarten zu exportieren).

● **National Forest Authority**
PO Box 70863, Kampala,
Tel. 00256-414-230365/6,
Fax 00256-414-230369,
www.nfa.org.ug

● In den **Nationalparks MFNP** (gesamter Park) und **QENP** (nur Ishasha-Region) sowie im ruandischen **Parc National de l'Akagera** (gesamter Park) hat sich die **Tsetse-Fliege** unangenehm ausgebreitet. Inzwischen gibt es auch wieder einzelne Fälle von Schlafkrankheit bei Touristen (sehr selten). Also Obacht geben, überdies sind die schmerzhaften Stiche eine wahre Qual auf einer Safari!

● UWA und auch das ORTPN in Ruanda stellen in allen Parks, in denen Berggorillas besucht werden können, urkundenartige **„Gorilla Tracking Certificates"** aus – ein schönes Andenken!

Eintrittspreise und Gebühren

Seit dem 1. Januar 2009 gelten für ausländische Touristen in den ugandischen Nationalparks folgende Eintrittspreise (zahlbar in US-$, Euro oder USh; ermäßigte Gebühren für East African Residents und Ugander):

Sempaya Hot Springs (heiße Quellen) im Semliki National Park

Eintrittspreise Kategorie A

Eintrittspreise je nach Verweildauer; Murchison Falls NP, Queen Elizabeth NP, Kibale Forest NP, Bwindi Impenetrable NP, Mgahinga Gorilla NP, Ruwenzori Mountains NP:

Erwachsene/Kinder (5–15 Jahre):
- **Pro Tag (24 Std.):** 30/15 US-$
- Kinder unter 5 Jahren frei

Eintrittspreise Kategorie B

Eintrittspreise pro Tag; alle anderen Parks und Wildlife Reserves im UWA-System:

- **Erwachsene:** 20 US-$
- **Kinder** (5–15 Jahre): 10 US-$
- Kinder unter 5 Jahren: frei

Eintrittspreise Kategorie C

Eintrittspreise pro Tag; alle bislang touristisch nicht erschlossenen Wildlife Reserves im UWA-System (z.B. Matheniko WR, Ajai WR, Bokora Corridor WR).

- **Erwachsene:** 10 US-$
- **Kinder** (5–15 Jahre): frei
- Kinder unter 5 Jahren: frei

- **Studenten** erhalten bei Vorlage des internationalen Studentenausweises einen **Rabatt von 25%** für beide Kategorien (gilt für alle Parks).

Gebühren für Ranger Guide (z.B. für Game Drives)
- **Pro Game Drive:** 20 US-$

NATIONALPARKS UND WILDRESERVATE

Gebühren für Fahrzeuge (Vehicle Entry Fees)

Murchison Falls NP, Queen Elizabeth NP, Lake Mburo NP, Kidepo Valley NP, alle Wildlife Reserves:

Nicht-ugandische Registrierung/ ugandische Registrierung:
- **Allradfahrzeuge und Pickups:** 50 US-$/15 US-$
- **Minibusse** u.Ä.: 50 US-$/15 US-$
- **Gewöhnliche PKW:** 50 US-$/12 US-$
- **Motorräder:** 30 US-$/6 US-$

Verleihgebühren

In für einigen für den Tourismus erschlossenen Parks können **geländegängige Fahrzeuge bzw. Fahrräder** von der Parkverwaltung gemietet werden:

- **Fahrzeug-Verleih** (Kidepo Valley NP): 4000 USh pro Kilometer
- **Fahrrad-Verleih** (Kibale Forest NP, Semliki Forest NP): auf Nachfrage

Gebühren für Tracking/Wanderungen

Für das **Gorilla-Tracking** und **Schimpansen-Tracking** sowie geführte **Wanderungen in Primatengebieten** werden gesonderte Gebühren erhoben. Für Reservierungen beim Gorilla-Tracking über den Zeitraum von sechs Monaten hinaus erhebt UWA weitere Zuschläge.

Gorilla-Tracking Fee (inkl. Parkeintrittsgebühren):
- **Bwindi Impenetrable NP:** 500 US-$
- **Mgahinga Gorilla NP:** 500 US-$

Chimpanzee Habituation Experience:
- **Kibale Forest NP:**
1 Tag: 220 US-$
2 Tage: 400 US-$
3 Tage: 500 US-$

Primate Walk:
- **Kyambura Gorge/QENP:** 50 US-$ (zzgl. Parkeintrittsgebühren)
- **Kibale Forest NP:** 90 US-$ (zzgl. Parkeintrittsgebühren)

Guided Nature Walk (andere Waldgebiete):
- halbtags: 10 US-$ (zzgl. Parkeintrittsgebühren)
- ganztags: 15 US-$ (zzgl. Parkeintrittsgebühren)

Gebühren für Bergtouren (Mountaineering Fees)

Die Gebühren für Bergtouren im Ruwenzori Mountains NP müssen (zumindest für den beliebten Central Circuit Trail) beim Monopolisten Rwenzori Mountaineering Services in Kampala oder Kasese entrichtet werden, im Mt. Elgon NP kann an den Besucherzentren vor Ort bezahlt werden. Die Gebühren für Parkeintritt und Camping sind in beiden Parks bereits in den erhobenen Preisen enthalten.

- **Ruwenzori Mountains NP:** 780 US-$ (Central Circuit – 7 Tage, 6 Nächte)
- **Mt. Elgon NP:** 50 US-$ pro Tag (zahlbar vor Ort)

Gesonderte Gebühren werden auch im Mgahinga Gorilla NP für Vulkanbesteigungen und Höhlenbesichtigungen erhoben, beinhalten jedoch bereits den regulären Parkeintritt:

- **Virunga Volcano Climb:** 50 US-$ pro Person
- **Caving Fee:** 40 US-$ pro Person

Gebühren für Sportfischerei

Für die beliebte Sportfischerei im Murchison Falls National Park u.a. auf Nilbarsche, Tilapia und Tigerfisch werden berechnet:

- **Tagespermit:** 50 US-$ pro Person
- **4-Tage-Permit:** 100 US-$ pro Person
- **Jahrespermit:** 300 US-$ pro Person

Landegebühren für private Flugzeuge (Aircraft Landing Fee)
- **Pro Person und Landung:** 5000 USh zzgl. Handling Fee

Gebühren für die Querung des Nils im MFNP mittels Fähre (Ferry Crossing Fee)
- **Busse und LKW:** 95.000 USh
- **Pickups, Minibusse:** 35.000 USh
- **Gewöhnliche PKW:** 20.000 USh
- **Pro Person:** 2000 USh

Vorschriften

Für den Besuch von Nationalparks und Wildschutzreservaten gelten bestimmte Vorschriften:

- Die Parks haben in der Regel **von 6.30–19.30 Uhr geöffnet.** Das Fahren innerhalb der Parks ist zwischen 19.30 und 6.30 Uhr verboten. Die Höchstgeschwindigkeit beträgt 40 km/h.
- In den Nationalparks Queen Elizabeth NP, Murchison Falls NP und Kidepo Valley NP ist das Verlassen der Fahrzeuge auf den Pisten nicht gestattet (sofern nicht ausdrücklich erlaubt, z.B. an Aussichtspunkten). In allen anderen Parks ist die Mitnahme eines Führers (meist ein bewaffneter Ranger) bei Exkursionen zu Fuß vorgeschrieben oder empfohlen.
- **Das Verlassen von Pisten und Wegen ist nicht erlaubt** und wird mit Bußgeldern von 150 US-$ belegt. Insbesondere „Off-Road Driving" wird bestraft. Drängen Sie Ihren Chauffeur niemals dazu – er könnte sonst seine Lizenz verlieren.
- Haustiere und Waffen dürfen nicht mitgenommen werden. Füttern und Belästigung von Wildtieren ist ebenfalls verboten. Aus den Parks dürfen keine Pflanzen, Tiere, Mineralien/besondere Steine oder Teile davon entnommen werden.
- Jedweder Abfall ist wieder zu entfernen (dies gilt besonders für die Ruwenzori-Berge und den Mt. Elgon).
- Gerade in der Trockenzeit kann es bei Unachtsamkeit schnell zur Entfachung von Feuern kommen. Besondere Vorsicht ist beim Niederbrennen des abendlichen Lagerfeuers geboten.

Unterkünfte in den Nationalparks

Camping

Der Zustand der Zeltplätze („**Campsites**") ist unterschiedlich. In der Regel gibt es Wasser und einfache Toiletten, manchmal wird auch Feuerholz bereitgestellt. In einigen ugandischen Parks ist das Zelten bislang die einzige Übernachtungsmöglichkeit. Im Zelt ist ein gewisses Erleben der noch wilden afrikanischen Nacht gewährleistet. Insbesondere in den Nationalparks Queen Elizabeth (QENP) und Murchison Falls (MFNP), aber auch im Kidepo Valley NP (KVNP) gehört zur Geräuschkulisse häufig ein brüllender Löwe, das Heulen von Hyänen oder das dumpfe Grunzen von Nilpferden. Ein geschlossenes Zelt wird von allen Tieren Afrikas akzeptiert. Es gibt keinen bekannten Fall, wo es bei geschlossenem Zelt und ruhigem Verhalten zu ernsthaften Zwischenfällen mit Tieren gekommen wäre. Vermeiden sollten Sie in jedem Fall das Herumlaufen in der Umgebung der Zeltplätze nach Einbruch der Dunkelheit. Wildes Zelten ist strengstens untersagt.

Paviane und Meerkatzen sind häufig Stammgäste an Zeltplätzen. Viele haben sich auf die Entwendung von Nahrung und auffälligen Kleinteilen (z.B.

Sonnenbrillen) „spezialisiert". Passen Sie daher auf und füttern Sie die Tiere unter keinen Umständen.

Campinggebühren (pro Tag):
● **Kategorie C** (öffentlich):
15.000 USh pro Person

Safari Lodges und Luxury Tented Camps

Echte Safari Lodges (Lodge = Hotel im Landhausstil) gibt es nur im QENP und MFNP, im Semliki Valley WR, im Kabwoya WR sowie im Kidepo Valley NP. Im Randbereich von Bwindi Impenetrable NP, Mgahinga Gorilla NP, Kibale Forest NP, Lake Mburo NP sowie dem MFNP stehen darüber hinaus mehrere „Luxury Tented Camps" mit Lodge-Standard zur Verfügung. In den Übernachtungspreisen (eingeteilt in die bekannten Preiskategorien) ist ein Frühstück stets enthalten, manchmal auch HP oder gar VP. Der Strom wird in der Regel von Generatoren erzeugt, die meist um 22 Uhr abgestellt werden. Die Restaurants der Lodges und Camps sind in der Regel auch auswärts übernachtenden Parkbesuchern (z.B. Campern) zugänglich (Dinner- bzw. Lunch-Buffet kostet 15–30 Euro). Es gibt Pläne für die Neuerrichtung von Lodges und Tented Camps auch in anderen Parkregionen.

Unterkünfte der Parkbehörden (Bandas)

Ansonsten sind die einfachen, gepflegten Unterkünfte der Parkbehörden zu empfehlen (meist kleine Bandas). Essen muss i.d.R. selber mitgebracht werden, kann auf Nachfrage aber von Parkangestellten zubereitet werden. Getränke wie Bier und „Sodas" sind erhältlich.

Guest Houses (mit eigenem Bad/WC):
Mount Elgon NP (Kapkwai)
● 20.000–25.000 USh pro Bett

Bandas Kategorie A (mit eigenem Bad/WC):
Kidepo Valley NP
● 25.000–30.000 USh pro Bett

Bandas Kategorie B (Gemeinschaftsbad):
Queen Elizabeth NP (Ishasha), Lake Mburo NP (Rwonyo), Mt. Elgon NP (Kapkwata/Suam), Semliki WR
● 10.000–15.000 USh pro Bett

Tented Camp (einfache Zelte mit Bad/WC):
Lake Mburo NP (Rwonyo)
● 20.000–30.000 USh pro Bett

Reservierungen erfordern eine 50%-ige Anzahlung, die bei Verfall der Buchung nicht erstattet werden kann.

Hostels

Queen Elizabeth NP (Mweya und Ishasha):

● Bett im Schlafsaal: 10.000–15.000 USh pro Person

Student Centers (sehr einfache Unterkunft)

Queen Elizabeth NP, Murchison Falls NP, Lake Mburo NP, Mount Elgon NP (Kapkwai):

● Pro Bett 10.000 USh pro Bett

Anreise und Touren in den Parks

Anreise und Leihfahrzeuge

Näheres zur Anreise finden Sie bei der Beschreibung der jeweiligen Parks.

Fast überall ist die Anreise mit öffentlichen Verkehrsmitteln (in der Regel Matatus) schwierig, doch nicht unmöglich (eine Ausnahme bilden Murchison Falls und Kidepo Valley NP). Mit Glück erhält man Mitfahrgelegenheiten bei anderen Besuchern (am besten wochenends). Für Besuchergruppen ohne eigenes Fahrzeug bietet die Parkverwaltung des Kidepo Valley NP den Transport mit parkeigenen Lastwagen an (Abrechnung pro gefahrenen Kilometer).

Pisten und Treibstoffversorgung

Der Zustand der Pisten in den Parks ist unterschiedlich. In der Trockenzeit sind sie gut befahrbar, teilweise sogar ohne Geländewagen. In der Regenzeit, nach heftigen Regenfällen aber auch während der Trockenzeit, können selbst allradgetriebene Fahrzeuge nicht mehr überall hin gelangen. In abgelegenen Gegenden (z.B. im Kidepo Valley NP) sollten Sie daher lieber mit zwei Fahrzeugen unterwegs sein. Treibstoff wird zu etwas höheren Preisen als sonst üblich von manchen Lodges und Camps verkauft (so auch in Kidepo).

Launch Trips im Queen Elizabeth NP und im Murchison Falls NP

Eine der großen, außergewöhnlichen Attraktionen Ugandas sind die Bootsfahrten auf dem Nil im MFNP bzw. dem Kazinga-Kanal im QENP. Für eine vergleichsweise geringe Gebühr und recht komfortabel kann man ein großes Spektrum der Tierwelt dieser Parks kennen lernen. Kein anderes Land Ostafrikas bietet diese Möglichkeit sonst.

Gebühren für Launch Trip/Boat Trip:
- **QENP** (2 Std.): 15 US-$ pro Person
- **MFNP** (3 Std.): 15 US-$ pro Person
- **Lake Mburo NP** (2 Std.): 10 US-$ pro Person
- **Katonga WR** (mit Kanu): 5 US-$ pro Person

Tier- und Pflanzenwelt

Aus Platzgründen kann Ihnen bei der Beschreibung der einzelnen Parks nur ein Überblick gegeben werden. Gerade für Vogelbestimmungen müssen Sie ein gutes Bestimmungsbuch mit sich führen (siehe „Literatur und Karten" im Anhang). Nicht alle Tiere, die vorkommen, sieht man auch tatsächlich, da manche Arten sehr scheu und versteckt leben.

Die beste Zeit für Tierbeobachtungsfahrten (**Game Drives**) sind der frühe Morgen und der späte Nachmittag. Mittags ziehen sich die Tiere wegen der Hitze in dichteren Busch und unter Bäume zurück.

Notfälle

Unter der **Telefonnummer 999** ist ein gemeinsamer Notrufdienst für Polizei, Feuerwehr und Medizinische Notfälle geschaltet.

Diplomatische Vertretungen in Uganda

Wird der **Reisepass oder Personalausweis im Ausland gestohlen,** muss man dies bei der örtlichen Polizei melden. Darüber hinaus sollte man sich an die nächste diplomatische Auslandsvertretung seines Landes wenden, damit man einen Ersatzreiseausweis zur Rückkehr ausgestellt bekommt.

Auch in **dringenden Notfällen,** z.B. medizinischer oder rechtlicher Art, sind die Auslandsvertretungen bemüht vermittelnd zu helfen.

- **German Embassy**
15 Philip Road, Kampala (Kololo),
Tel. 0414-501111, Fax 0414-501115,
info@kampala.diplo.de,
Notfall-Dienst: Mobiltel. 077-2763000
- **Austrian Honorary Consulate**
Plot 8, Hill Lane, PO Box 11273,
Kampala (Kololo),
Tel. 0641-235796, Fax 0641-233002,
consulwipfler@gmx.net
- **Swiss Consulate**
Plot 6, Archer Road, PO Box 8769,
Kampala (Kololo),
Tel. 0414-233854, Fax 0414-233855,
swissconsulateug@roko.co.ug
- **Dutch Embassy**
Rwenzori Court, Lumumba Avenue,
Kampala, Tel. 0414-346000
- **Belgian Embassy**
Rwenzori House, 3rd floor,
Lumumba Avenue, Plot 1, Kampala,
Tel. 0414-349559 oder in dringenden Notfällen Mobiltel. 077-2704400

Geldnot

Bei **Verlust oder Diebstahl** der Geldkarte oder von Reiseschecks sollte man

POST UND TELEKOMMUNIKATION

diese umgehend sperren lassen. Für deutsche Maestro-/EC- und Kreditkarten gibt es die einheitliche **Sperrnummer 0049 116116** und im Ausland zusätzlich 0049 30 4050 4050. Für österreichische und schweizerische Karten gelten folgende Rufnummern:

- **Maestro-/EC-Karte,** A: Tel. 0043-1-2048800; CH: Tel. 0041-44-2712230, UBS: 0041-800-888601, Credit Suisse: 0041-800-800488.
- **MasterCard und VISA,** A: Tel. 0043-1-717014500 (Euro-/MasterCard) bzw. Tel. 0043-1-71111770 (VISA); CH: Tel. 0041-44-2008383 für alle Banken außer Credit Suisse, Corner Bank Lugano und UBS.
- **American Express,** A: Tel. 0049-69-97971000; CH: Tel. 0041-44-6596333.
- **Diners Club,** A: Tel. 0043-1-5013514; CH: Tel. 0041-44-8354545.

Nur wenn man den Kaufbeleg mit den Seriennummern der **Reiseschecks** sowie den Polizeibericht vorlegen kann, wird der Geldbetrag von einer größeren Bank vor Ort binnen 24 Stunden zurückerstattet. Also muss der Verlust oder Diebstahl umgehend bei der örtlichen Polizei und auch bei American Express bzw. Travelex/Thomas Cook gemeldet werden.

Bei der **Kreditkarte** – in Uganda ist fast ausschließlich VISA gebräuchlich! – darf man pro Woche nur einen eingeschränkten Höchstbetrag bar abheben (sehr unterschiedlich je nach Karte). Bei der untersten Kategorie von Kreditkarten sind es üblicherweise 1000 US-$

Nilfähre bei Paraa
(Murchison Falls National Park)

pro Woche. Damit kommt man im echten Notfall nicht weit.

Wer dringend eine größere Summe ins Ausland überweisen lassen muss wegen eines Unfalls oder Ähnlichem, kann sich weltweit **über Western Union Geld schicken lassen.** Für den Transfer mittels Western Union muss man die Person, die das Geld schicken soll, vorab benachrichtigen. Diese muss dann bei einer Western-Union-Vertretung (in Deutschland u.a. bei der Postbank) ein entsprechendes Formular ausfüllen und Ihnen den Code der Transaktion telefonisch oder anderweitig übermitteln. Mit dem Code und dem Reisepass geht man zu einer beliebigen Vertretung von Western Union in Uganda (siehe Telefonbuch oder unter www.westernunion.com), wo das Geld nach Ausfüllen eines Formulares binnen Minuten ausgezahlt wird.

Post und Telekommunikation

Post

Die **Gebühr** für Briefe/Postkarten nach Europa beträgt ca. 0,55/0,40 Euro. Post nach Österreich sollte besser mit „Austria/Europe" gekennzeichnet sein, damit sie nicht erst in Australien landet ...

Als Tourist können Sie Ihre Post an das Hauptpostamt in Kampala adressieren lassen – **postlagernd.** Der poste-restante-Service dort ist jedoch nicht immer zuverlässig und manchmal gehen Briefe verloren. Beispiel:

C. Lübbert
Main Post Office – poste restante
Kampala/UGANDA

Der Vorname sollte nicht ausgeschrieben werden, um Verwechslungen mit dem Nachnamen zu vermeiden (die Briefe werden alphabetisch sortiert).

Beim Aufgeben eines **Paketes** nach Europa (max. 20 kg) müssen Sie darauf achten, dass Sie den Inhalt dem Zoll gezeigt haben, bevor Sie es verschließen.

Gebühren (Luftweg)
- bis 500 g: ca. 12 Euro
- bis 1 kg: ca. 16 Euro
- bis 3 kg: ca. 30 Euro
- bis 5 kg: ca. 45 Euro

Gebühren (Seeweg)
- bis 1 kg: ca. 14 Euro
- bis 3 kg: ca. 18 Euro
- bis 5 kg: ca. 24 Euro
- bis 10 kg: ca. 32 Euro
- bis 15 kg: ca. 40 Euro
- bis 20 kg: ca. 45 Euro

Wenn sie Pakete auf dem Seeweg nach Europa senden, um die Luftfrachtgebühr zu sparen, müssen Sie mit einer Beförderungsdauer von 3–5 Monaten rechnen. In Kampala gibt es auch internationale Kurierdienste (z.B. DHL), die einen schnelleren, aber auch deutlich teureren Transportservice bieten.

Telefon/Fax

Das Telefonsystem Ugandas ist im Ausbau begriffen. In allen größeren Städten, aber selbst in manchem dörflichen Vorort stehen moderne Kartentelefone der staatlichen Uganda Telecom. **Telefonkarten** mit 20, 50, 100, 200, 500 oder 1000 Einheiten sind bei den Postämtern und in manchen Hotels erhältlich. Der Telefonmarkt wurde auch für private Anbieter geöffnet, sodass es **Telefonzellen** und entsprechende Telefonkarten von Privatgesellschaften gibt, vor allem vom südafrikanischen Anbieter MTN, der Kunden mit Sonderangeboten (halber Preis am Wochenende etc.) in die eigenen Zellen lockt.

Die **Verbindungskosten** innerhalb Ugandas betragen ca. 0,05–0,10 Euro pro Minute. Nach Europa kann in der Regel durchgewählt werden, Verbin-

> Die **Nummern aller ugandischen Festnetzanschlüsse (Uganda Telecom)** wurden im Rahmen der Modernisierung und Erweiterung des Telefonsystems **landesweit einheitlich auf zehn Ziffern (inkl. Ortsvorwahl) erweitert.** Alle Ortsvorwahlen sind nun vierstellig (inkl. „0") nach dem Schema „04xx" aufgebaut. Die zugehörigen Anschlussnummern sind entsprechend sechsstellig. Vormals zu kurze Nummern wurden mit der Ziffer „4" aufgefüllt. In der Praxis wurde vor dem alten Nummernblock einfach eine „4", „44" oder „444" eingefügt, also „4xxxxx", „44xxxx" oder „444xxx".
>
> **Festnetzanschlüsse des privaten Anbieters MTN** erhielten im Rahmen der Erweiterung auf zehn Ziffern nach der Vorwahl „03x" eine „2" eingeschoben, wurden also auf „2xxxxxx" erweitert.
>
> Analog dazu wurden alle ugandischen **Mobilfunknummern** auf sieben Stellen nach der Vorwahl erweitert, ebenfalls durch Einschub einer „2" an erster Stelle. Die Vorwahlen selbst wurden nicht verändert. Die neuen Nummern lauten also „071-2xxxxxx", „075-2xxxxxx", „077-2xxxxxx" oder „078-2xxxxxx".

Post und Telekommunikation

Vorwahlen

International
- Uganda   00256
- Ruanda   00250
- Deutschland   0049
- Österreich   0043
- Schweiz   0041

Städtevorwahlen in Uganda

Folgende ugandische Städte sind im Selbstwählverkehr erreichbar:

- Arua   0476
- Bushenyi   0485
- Busia   0454
- Entebbe   0414
- Fort Portal   0483
- Gulu   0471
- Hoima   0465
- Iganga   0434
- Jinja   0434
- Kabale   0486
- **Kampala   0414**
- Kapchorwa   0454
- Kasese   0483
- Kisoro   0486
- Kumi   0454
- Lira   0473
- Lubowa   0414
- Lugazi   0414
- Luwero   0414
- Malaba   0454
- Masaka   0481
- Masindi   0465
- Mbale   0454
- Mbarara   0485
- Mityana   0464
- Mpigi   0414
- Mubende   0464
- Mukono   0414
- Rukungiri   0486
- Soroti   0454
- Tororo   0454
- Wobulenzi   0414

dungskosten pro Minute ca. 0,80 Euro. Telefonieren und Faxen von Hotels aus ist meist erheblich teurer.

Alle größeren Postämter bieten einen **Faxservice** an. Für ein Fax nach Europa werden in der Regel 1–1,50 Euro pro Seite berechnet. Innerhalb Ostafrikas sind es 0,50 Euro, innerhalb Afrikas 0,50–0,80 Euro. Ein eingehendes Fax aus Europa schlägt mit 0,50 Euro zu Buche.

Mobiltelefone der meisten großen europäischen Netzbetreiber funktionieren auch in Uganda – dank Roaming-Verträgen mit den ugandischen Anbietern Celtel/Zain, MTN, Orange Uganda, Warid Telecom und UTL/Mango. Trotzdem sollten Sie vor ihrer Abreise sicherstellen, dass Ihr Anbieter ein entsprechendes Roaming-Abkommen abgeschlossen hat.

Das ugandische Mobilfunknetz ist mittlerweile sehr gut ausgebaut, selbst in vielen Nationalparks funktionieren die Geräte. Die Kosten mobiler Telefongespräche nach Europa liegen hoch, je nach Anbieter zwischen 1 und 2,50 Euro pro Gesprächsminute. Man sollte bei seinem Anbieter nachfragen oder auf dessen Website nachschauen, welcher der Roaming-Partner günstig ist und diesen per **manueller Netzauswahl** voreinstellen. Nicht zu vergessen sind die **passiven Kosten,** wenn man von zu Hause angerufen wird (Mailbox abstellen!). Der Anrufer zahlt nur die Gebühr ins heimische Mobilnetz, die teure Rufweiterleitung ins Ausland zahlt der Empfänger.

Wesentlich preiswerter ist es, sich von vornherein auf **SMS** zu beschränken, der Empfang ist dabei in der Regel kostenfrei. Der Versand und Empfang von **Bildern per MMS** hingegen ist nicht nur relativ teuer, sondern je nach Roaming-Partner auch gar nicht möglich. Die **Einwahl ins Internet** über das Mobiltelefon, um Daten auf das Notebook zu laden, ist noch kostspieliger – da ist in jedem Fall der Gang ins nächste Internet-Café weitaus günstiger.

Falls das Mobiltelefon **SIM-lock-frei** ist (keine Sperrung anderer Provider vorhanden ist), ist es auch empfehlenswert, sich in Uganda eine **Prepaid-Karte** eines lokalen Anbieters zu besorgen (z.B. „Pay as you go" von MTN), sodass man im Land über eine ugandische Mobilfunknummer erreichbar ist. Die Kosten für die Anschaffung einer SIM-Karte liegen bei umgerechnet 1–2 Euro, hinzu kommen gestaffelte Gesprächsguthaben. Die Telefonkosten liegen deutlich niedriger als im Roaming-System. Die Mitnahme eines mobilen Telefons auf eine Reise durch Uganda und Ruanda ist aus eigener Erfahrung eine große Erleichterung.

Alternativ besteht die Möglichkeit, ein Mobiltelefon am Flughafen Entebbe oder im Sheraton Hotel Kampala zu mieten.

Buchtipp – Praxis-Ratgeber:
- Volker Heinrich
Handy global
(REISE KNOW-HOW Verlag)

Internet

Internet-Cafés finden sich in allen größeren Städten, ferner gibt es zahlreiche Online-Dienste, auch viele Hotels und Backpacker-Hostels verfügen über Internet-Anschluss (vgl. dazu die Informationen zu den jeweiligen Orten in den reisepraktischen Kapiteln).

Preise

Uganda ist ein für afrikanische Verhältnisse **relativ teures Reiseland.** Für Individualreisende, die etwas bessere Hotels bevorzugen, kostet eine Woche 300–400 Euro (unter Einrechnung von Lebenshaltung und Transportkosten, allerdings ohne Nationalpark-Eintritte, Gebühren für Gorilla-Tracking oder Leihwagen-Anmietung). Minimalisten können schon mit 150 Euro pro Woche auskommen, wenn sie in billigen Guest Houses übernachten bzw. ein Zelt benutzen und sehr einfach essen.

Preisniveau (2010)
- Softdrink (z.B. Coca-Cola): 0,40 Euro
- Bier (0,5 l): 0,90 Euro
- 1 Packung Kekse: 0,60 Euro
- Fruchtsaft: 0,50–0,60 Euro
- 1 Avocado: 0,05–0,10 Euro
- 1 Bündel Bananen: 0,20 Euro
- 1 Ananas: 0,35 Euro
- 1 Laib Brot: 0,60 Euro
- Hotelübernachtung
(gehobene Kategorie): 30–100 Euro
- Abendessen: 3–10 Euro
- Busfahrt: 2 Euro pro 100 km
- Leihwagen: 35–60 Euro pro Tag
- Leihwagen (4WD): 70–150 Euro pro Tag
- 1 Liter Benzin: 1,10 Euro
- 1 Liter Diesel: 1 Euro

Reiseagenturen und Safariveranstalter

Die **Preisangaben in diesem Reiseführer** erfolgen jeweils in Euro umgerechnet, solange in der Landeswährung bezahlt werden kann. Preisangaben in US-$ signalisieren, dass tatsächlich mit Dollars bezahlt werden muss. Vereinzelte Preisangaben in der Landeswährung machen klar, dass dann keine ausländischen Währungen akzeptiert werden.

Reiseagenturen und Safariveranstalter

Viele (große) Reiseveranstalter bieten geführte Reisen nach Uganda an. Die Kosten liegen bei 2500–5000 Euro für einen zwei- bis dreiwöchigen Aufenthalt. Günstiger ist es in der Regel, für bestimmte Ziele auf ein Safariunternehmen in Uganda zurückzugreifen und alles weitere selbst zu arrangieren. Die Infrastruktur dafür ist gut. In Kampala operieren mehr als 50 Safariveranstalter (siehe dort).

Die **Preise** für individuelle Safaris sind relativ hoch und bewegen sich, je nach Teilnehmerzahl, bei 300–400 Euro pro Tag/1 Person, 250–300 Euro pro Tag/2 Personen, 200 Euro pro Tag/3 Personen, 150 Euro pro Tag/4 Personen, 100–120 Euro pro Tag/6 Personen und 80–100 Euro pro Tag/8 Personen. Die zunehmende Konkurrenz drückt inzwischen die Preise (bis zu 25%). Üblich sind drei- bis zehntägige Touren durch die wichtigsten Nationalparks.

Gorilla-Tracking-Exkursionen dauern meist drei Tage und kosten (Komplettpreis pro Person) um 1350–1800 Euro/1 Person, 850–1000 Euro/2 Personen, 650–900 Euro/3 Personen, 600 Euro/4 Personen. Alle genannten Preise gelten jeweils pro Person (alles inklusive).

Eine gesonderte Hervorhebung bestimmter Reiseveranstalter soll an dieser Stelle unterbleiben, doch gibt es eine Vielzahl von positiven Berichten bei Reisen mit den Veranstaltern Magic Safaris (Kampala/Kigali), Wild Frontiers/G & C Tours (Entebbe), Volcanoes Safaris (Kampala/Kigali), Adrift Uganda (Kampala), Acacia Safaris (Kampala), Churchill Safaris (Kampala), Gorilla Tours (Kampala), Kazinga Tours (Kabale), Uganda Wildlife Scene (Kampala), Amahoro Tours (Musanze/Ruhengeri), Classic Africa Safaris (Entebbe) und Wildplaces Africa (Kampala).

Buchtipp – Praxis-Ratgeber:
- Jörg Gabriel
Safari-Handbuch Afrika
(REISE KNOW-HOW Verlag)

Reisen in Uganda und Ruanda

Flugzeug

Verschiedene Chartergesellschaften bieten Flüge innerhalb Ugandas an (ab Entebbe), z.B. Mission Aviation Fellowship (MAF), Eagle Air oder Kampala Aeroclub. Die Preise sind in den letzten Jahren etwas gesunken, in Anbetracht der überschaubaren Größe des Landes ist ein Flug aber oftmals keine wesentliche Alternative zum Landweg, von den Städten im bürgerkriegsgeplagten Norden einmal abgesehen.

Eisenbahn

Bis auf die Verbindung von Kampala nach Nairobi, die seit 1997 **ausschließlich** und nur sporadisch **für den Frachtverkehr** genutzt wird, sind im Inland inzwischen alle Linien stillgelegt.

Schiffsverkehr

Zwischen Port Bell (Uganda) und Mwanza (Tansania) bzw. Kisumu (Kenia) verkehrte auf dem Viktoriasee viele Jahre das Fährschiff **MV Bukoba,** bis es 1996 vor der tansanischen Küste mit mehr als 600 Passagieren an Bord unterging. Vorübergehend wurde der Service von Mwanza nach Port Bell dann von der durch Tanzania Railways betrieben **MV Victoria** wahrgenommen, bis die Verbindung wieder gänzlich eingestellt wurde. Allein die Verbindung zwischen Bukoba und Mwanza schien 2010 intakt zu sein. Am Bahnhof in Kampala oder in Port Bell erhalten Sie dazu aktuellere Auskünfte, ggf. auch telefonisch unter 0414-221336 (Port Bell Ferry Office). Es gibt derzeit funktionierende Schiffsverbindungen von Uganda nach Kenia und Tansania für den Frachtverkehr mit Uganda Railways, die auch die Mitnahme eines eigenen PKW ermöglichen (Erkundigungen unter Tel. 041-221336).

Zu den Ssese-Inseln verkehrt die moderne **MV Kalangala,** eine 2006 in Dienst gestellte, in Port Bell gebaute Personen- und Frachtfähre für bis zu 108 Fahrgäste, acht Fahrzeuge und 100 Tonnen Fracht, die täglich zwischen Entebbe (Landestelle Nakiwogo) und der Insel Bugala (Landestelle Lutoboka) verkehrt. Abfahrt in Bugala/Lutoboka ist täglich gegen 8 Uhr morgens, Ankunft in Entebbe/Nakiwogo gegen 11.30 Uhr. In Nakiwogo warten bereits Minibus-Matatus nach Entebbe und Kampala. Die Abfahrt von Entebbe/Nakiwogo nach Kalangala ist gegen 14 Uhr, Ankunft an der Landestelle Lutoboka gegen 17.30 Uhr.

Busse

Zahlreiche Buslinien verbinden alle Städte und Zentren Ugandas. Darüber hinaus gibt es grenzüberschreitende Busverbindungen nach Nairobi (Kenia) und Kigali (Ruanda). Busse sind den Sammeltaxis (Matatus) in jedem Falle vorzuziehen, da sie bei weitem nicht so voll gestopft und auch erheblich sicherer sind. Die ugandischen Busse sind für

Busfahren in Ostafrika – ein Erlebnisbericht

Die Abfahrt verzögerte sich zunächst um fast eine Stunde. Als es dann endlich losging, fand die mit Elan gestartete Fahrt nach wenigen Metern ein jähes Ende – mit lautem Scheppern war der Bus mit einem der verbeulten Taxis der Stadt kollidiert. Endlose Diskussionen und Verhandlungen über die vom Taxifahrer für die eingedrückte Fahrzeugflanke geforderte Schadenssumme zogen sich bis zum frühen Mittag hin. Ein mächtiger Menschenring bildete sich dabei um die hitzig diskutierenden Beteiligten. Guter Dinge – offensichtlich hatte der Taxifahrer seine Schuld am Unfall doch noch zugegeben – ging es schließlich auf die fast 1000 km lange Asphaltstrecke nach Nairobi.

In halsbrecherischer Fahrt waren nach zwei Stunden bereits 250 km zurückgelegt, als das rasende Gefährt während einer Talabfahrt von einem lauten Knall erschüttert wurde. Fast zeitgleich jagte ein Windstoß eine Wolke kleiner Daunenfedern zusammen mit zahlreichen feinen Glassplittern durch den Innenraum des Busses. Der Fahrer glitt schlagartig vom Gaspedal, um zunächst die sterblichen Überreste des soeben mitsamt der Frontscheibe eingedrungenen Helmperlhuhns vom Schoß zu entfernen. Ohne die Fahrt zu unterbrechen, prüfte und säuberte der Schaffner besorgt die Schrammen auf der Stirn des Fahrers. Dieser erklärte mit breitem Lachen alles für „hakuna matata" – kein Problem also – und setzte die Fahrt unverdrossen mit hohem Tempo fort. Währenddessen überzeugte der Turnboy den hungrigen Schaffner davon, dass das durch Glassplitter ungenießbar gewordene Perlhuhn doch nichts für den Kochtopf sei und beförderte Huhn samt Resten der Frontscheibe in hohem Bogen nach draußen.

Die zunehmende Kühle des nachmittäglichen Fahrtwinds, der nun ungehindert durch den Bus fegte, führte zu kuriosen Vermummungen unter den Fahrgästen. Als schließlich auch der Fahrer anfing zu frieren, zog der Schaffner los, um unter den Insassen die nötigen Utensilien aufzutreiben, mit denen man den Chauffeur wetterfest machen konnte. Das kreierte Tuareg-Outfit erlitt einen deutlichen Stilbruch durch ein Imitat der Sonnenbrillenmarke Ray Ban. Am späten Nachmittag fing es an zu regnen, was der Fahrt zunächst keinen Abbruch tat. Erst als die ersten Pfützen im Gang des Busses erschienen, entschied man sich für eine Pause. Kleine Pappkartonstücke wurden frontseitig befestigt, um den Regen notdürftig abzuweisen.

Nach einer Stunde war der Wolkenbruch überstanden, und es ging auf die zweite Hälfte der Strecke. Kurz nach Einbruch der Dunkelheit wurde die Reise erneut unterbrochen, als zwei im Schlamm festgefahrene LKW einen im Ausbau befindlichen Straßenabschnitt blockierten. Nach einer weiteren Stunde hatten etwa hundert helfende Hände die Trucks wieder auf den Weg gebracht und wir strebten – wieder im Eiltempo – der kenianischen Grenze zu. Vielleicht waren es die dichten Insektenschwärme im Bus, die dem Fahrer kurzzeitig die Sicht versperrten – jedenfalls wäre der Bus um ein Haar noch mit einer plötzlich im Scheinwerferlicht majestätisch die Straße querenden Masai-Giraffe zusammengestoßen. Dies war zugleich das letzte spektakuläre Ereignis der Fahrt. Nach zügiger Grenzquerung erreichte das leidgeprüfte Gefährt in den frühen Morgenstunden Nairobi – kaum 14 Stunden waren vergangen seit dem mittäglichen Start. Die Nettofahrtzeit betrug trotz aller Widrigkeiten nicht einmal 10 Stunden – für fast 1000 km.

Protokoll einer nicht alltäglichen Busfahrt von Dar es Salaam (Tansania) nach Nairobi (Kenia) im April 1995 – ähnliche Erlebnisse lassen sich ohne Weiteres heute noch und auch in Uganda sammeln.

afrikanische Verhältnisse relativ wenig überfüllt, und der technische Zustand ist meist relativ gut. Dennoch häufte sich in den vergangenen Jahren die Zahl der schweren Busunglücke und erreichte neue Höchststände.

Besonders zu empfehlen sind die **Postbusse (meist Minibusse) der Firma EMS** (Express Mail Services), die von Montag bis Samstag zwischen allen größeren ugandischen Städten verkehren (Abfahrt i.d.R. um 8 Uhr morgens, Tickets an allen Postämtern einen Tag vor Abfahrt, ruhiger Fahrstil). Abfahrt ist jeweils vom Main Post Office im Stadtzentrum. Das An- und Abladen der Postsäcke hat keine nennenswerten Zeiteinbußen zur Folge.

Busfahrten sind deutlich billiger als Matatu-Fahrten, man muss **etwa 2 Euro pro 100 km** rechnen. Der Fahrstil reicht von zügig bis halsbrecherisch. In der Regel gibt es fixe Abfahrtszeiten (häufig schon frühmorgens vor Sonnenaufgang). Auf den Hauptstrecken ist es sinnvoll, am Tage vorher schon ein Ticket an den Busstationen zu besorgen. Das Gepäck wird in den Laderäumen verstaut, selten auch aufs Dach geschnallt. Falls Sie es in der Eile versäumt haben, vor der Abfahrt genügend Proviant mitzunehmen: An allen Haltestel-

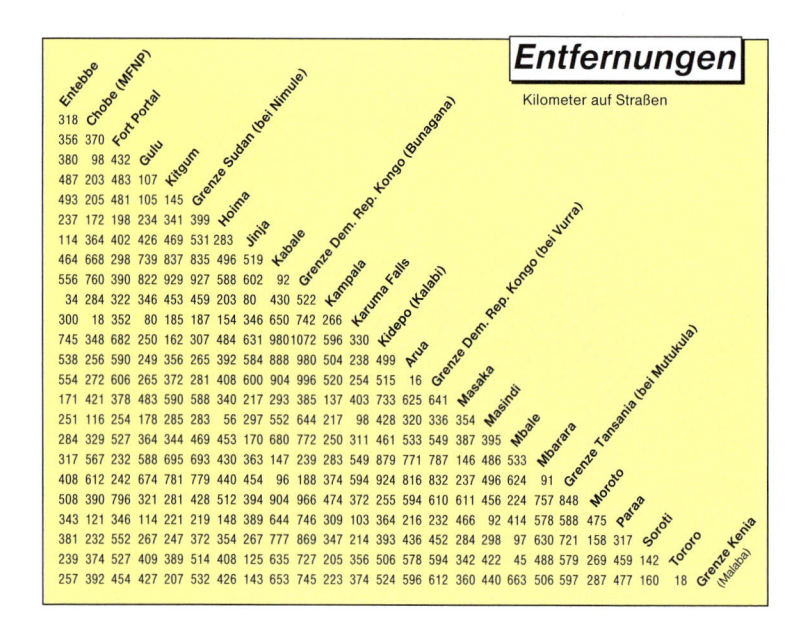

Entfernungen
Kilometer auf Straßen

Entebbe	Chobe (MFNP)	Fort Portal	Gulu	Kitgum	Grenze Sudan (bei Nimule)	Hoima	Jinja	Kabale	Grenze Dem. Rep. Kongo (Bunagana)	Kampala	Karuma Falls	Kidepo (Kalabi)	Arua	Grenze Dem. Rep. Kongo (bei Vurra)	Masaka	Masindi	Mbale	Mbarara	Grenze Tansania (bei Mutukula)	Moroto	Paraa	Soroti	Tororo	Grenze Kenia (Malaba)
318																								
356	370																							
380	98	432																						
487	203	483	107																					
493	205	481	105	145																				
237	172	198	234	341	399																			
114	364	402	426	469	531	283																		
464	668	298	739	837	835	496	519																	
556	760	390	822	929	927	588	602	92																
34	284	322	346	453	459	203	80	430	522															
300	18	352	80	185	187	154	346	650	742	266														
745	348	682	250	162	307	484	631	980	1072	596	330													
538	256	590	249	356	265	392	584	888	980	504	238	499												
554	272	606	265	372	281	408	600	904	996	520	254	515	16											
171	421	378	483	590	588	340	217	293	385	137	403	733	625	641										
251	116	254	178	285	283	56	297	552	644	217	98	428	320	336	354									
284	329	527	364	344	469	453	170	680	772	250	311	461	533	549	387	395								
317	567	232	588	695	693	430	363	147	239	283	549	879	771	787	146	486	533							
408	612	242	674	781	779	440	454	96	188	374	594	924	816	832	237	496	624	91						
508	390	796	321	281	428	512	394	904	966	474	372	255	594	610	611	456	224	757	848					
343	121	346	114	221	219	148	389	644	746	309	103	364	216	232	466	92	414	578	588	475				
381	232	552	267	247	372	354	267	777	869	347	214	393	436	452	284	298	97	630	721	158	317			
239	374	527	409	389	514	408	125	635	727	205	356	506	578	594	342	422	45	488	579	269	459	142		
257	392	454	427	207	532	426	143	653	745	223	374	524	596	612	360	440	663	506	597	287	477	160	18	

len werden sich Snackverkäufer (siehe „Essen und Trinken") um ihre Gunst reißen. Letzten Endes lohnen sich viele Busfahrten schon allein wegen der vielen zwischenmenschlichen Erlebnisse während der Fahrt (s.u.).

Sammeltaxis (Matatus)

Die gemeinhin als „Matatus" bezeichneten Sammeltaxis stellen gerade **auf Nebenstrecken** die einzige Transportmöglichkeit für Reisende ohne eigenes Fahrzeug dar. Matatus fahren erst los, wenn sie gefüllt sind, und unterwegs wird noch munter zugeladen („Ein Matatu ist niemals voll ..."). Während auf den Hauptstrecken und guten Pisten vor allem Schnelltaxis und japanische Minibusse (auf den ca. 14 Sitzplätzen drängen sich in der Regel mehr als 20 Insassen) verkehren, die häufig 100 km pro Stunde zurücklegen, sind es auf Pisten und unbefestigten Wegen langsamere Allrad-Pickups und Kleinlastwagen. Die Fahrpreise der Matatus liegen bei **3–3,50 Euro pro 100 km,** der Fahrstil ist meist noch verwegener als bei den Bussen. Häufig versuchen Matatu-Fahrer, weißen Reisenden *(wasungu)* zu viel Geld abzuknöpfen. Erkundigen Sie sich deshalb vor der Bezahlung bei mehreren Fahrgästen nach dem tatsächlichen Preis. Ein Zuschlag für größere Gepäckstücke ist normal.

Taxis

Taxis sind **nur in größeren Städten** vorhanden. Der **Fahrpreis** sollte schon **vor der Abfahrt vereinbart** werden.

In Dörfern und kleineren Städten, so z.B. in Mbale oder Kabale, sind **Motorrad-Taxis** („Piki-Pikis" oder „Motorbike Boda-Bodas") und **Fahrrad-Taxis** („Boda-Bodas") verbreitet.

Leihwagen und eigenes Auto

Leihwagen sind in Uganda bislang recht teuer. Preise von 35–60 Euro für einen normalen PKW und 70–150 Euro für einen Landrover/Toyota Landcruiser inklusive Fahrer sind normal. Hinzu kommen teilweise noch Kilometerpauschalen. Leihwagen mit Fahrer sind die Regel und unbedingt zu empfehlen. Bei einigen Safariunternehmen, die Geländewagen verleihen, sind im Preis bereits die Benzinkosten und die Spesen des Fahrers enthalten. Es ist üblich, Rabatte für längere Leihperioden zu gewähren. Kleinere Leihfahrzeuge wie z.B. Suzuki-Jeeps gibt es in Kampala kaum. Eine empfehlenswerte Firma für das Anmieten von Fahrzeugen ist z.B. City Cars in Kampala (Adresse siehe „Kampala"). Selbstfahrer brauchen in Uganda und Ruanda unbedingt einen **internationalen Führerschein.**

Wer ein **eigenes Fahrzeug** nach Uganda mitbringt, braucht als „Zollsicherheit" ein gültiges Carnet de passages, das in Deutschland über den ADAC (www.adac.de) ausgestellt wird. Es ist eine Art Straßenbenutzungsgebühr („Visitor's License") von 20–80 Euro (je nach Fahrzeuggewicht) zu bezahlen, der Abschluss einer Haftpflichtversicherung (ca. 20 Euro, Gültigkeit vier Wochen) ist obligatorisch. In Uganda herrscht Linksverkehr. In Kampala gibt es recht gute Reparaturwerkstätten für die gängigen Marken (Landrover und japanische Fabrikate).

Es ist auch möglich, den von vielen Matatu-Fahrern und manchen Taxifahrern angebotenen Fahrzeugverleih, **„Special Hire"** genannt, zu nutzen. Die Preise liegen ähnlich hoch wie bei den Leihwagen, doch kann man gelegentlich durch gutes Verhandeln einen akzeptablen Betrag erzielen – eine überlegenswerte Option für spontane Fahrten in abgelegene Regionen oder Nationalparks.

Straßennetz

Das Straßennetz Ugandas hat in den letzten Jahren **umfangreiche Verbesserungen** erfahren, die unter der Ägide der Uganda National Roads Authority (UNRA, www.unra.go.ug) fortgesetzt und erweitert werden. Die Hauptstrecken Kampala – Jinja – Tororo – Mbale – Soroti und Kampala – Masaka – Mbarara – Kabale sowie die Strecken Kampala – Gulu/Lira und Mbarara – Kasese – Fort Portal sind asphaltiert, auch die Strecke Kampala – Mubende – Fort Portal. In passablem Zustand war zuletzt auch die bislang unbefestigte Piste von Kabale nach Kisoro; mit Asphaltierungsarbeiten wurde Ende 2007 begonnen, ein Abschluss der Arbeiten ist bis Mitte 2011 vorgesehen. Der Zustand der Schotterstraße Fort Portal – Hoima – Masindi wechselt (Asphaltierungsarbeiten sind ab 2010 geplant). Auf allen nicht befestigten Straßen und Pisten brauchen Sie in der Regenzeit, nach Regenfällen auch in der Trockenzeit, ein Fahrzeug mit Allradantrieb (4WD).

Sonstige Verkehrsmittel

Fahrrad

Uganda eignet sich prinzipiell gut, um Afrika mit dem Fahrrad zu erleben. Die Steigungen sind nicht zu extrem, die Verkehrsdichte ist niedrig. Dies gilt nicht für den Großraum Kampala und die großen Überlandstrecken, wo hohes Verkehrsaufkommen und rücksichtsloser Fahrstil Fahrradfahrer in besonderem Maße gefährden. Mit dem Fahrrad erreicht man die abgelegensten Gegenden und ist vom sonstigen Transportsystem unabhängig. Die meisten Busse können Fahrräder auf dem Dach oder im Laderaum mitnehmen. Alle großen Airlines befördern gegen einen Aufpreis auch Fahrräder. Die Luft muss vor dem Einchecken abgelassen, Pedale müssen abmontiert werden, der Lenker muss quergestellt sein.

Ansonsten bleibt die Möglichkeit, ein Fahrrad vor Ort zu kaufen. Modelle europäischen Zuschnitts (z.B. Mountain-Bikes) sind in Uganda allerdings nur begrenzt zu bekommen (Nairobi/Kenia verfügt über eine bessere Auswahl). Die in Uganda verbreiteten chinesischen und indischen Fahrräder eignen sich höchstens für Tagestouren (Kostenpunkt 40–50 Euro).

Per Anhalter

Mitfahrgelegenheiten auf Trucks (LKW) und Privatfahrzeugen sind **auf den Hauptstrecken kein Problem.** Häufig wird eine Bezahlung erwartet. In

Reisezeit

der DR Kongo stellt die Mitfahrt auf Trucks ein wesentliches Mittel zur Fortbewegung dar.

Reisezeit

Uganda besitzt durch seine Lage am Äquator ein sehr ausgeglichenes, vom Wechsel von Regen- und Trockenzeit bestimmtes tropisches Klima. Die Reisezeiten orientieren sich daher an den beiden Trockenzeiten. Dies gilt insbesondere für Reisende, die Ruwenzori oder Mt. Elgon besteigen wollen.

Als beste Reisemonate galten über Jahrzehnte **Juni bis September** und **Dezember bis Februar,** für die Ruwenzoribesteigung insbesondere die sehr trockenen Monate Dezember/Januar und August. Jedoch hat der globale Klimawandel in Uganda und seinen Nachbarländern dazu geführt, dass sich in den letzten Jahren die **Regenzeiten verschoben** haben. Erfahrungsgemäß regnet es nun auch im früher relativ trockenen Monat September unverhältnismäßig stark. Als mit Abstand regenreichster Monat gilt der April, gefolgt von Mai und November. Doch auch während der Regenzeiten ist Uganda bereisbar, denn meist regnet es nur wenige Stunden am Tag und die Sonne kommt rasch wieder durch. Viele Nationalparks

Kraterhochland im Queen Elizabeth National Park

und abgelegenere Regionen sind in dieser Zeit allerdings nur sehr schwer zu erreichen.

Für Ruanda gelten vergleichbare Reisezeiten, ebenso für den Osten der DR Kongo.

Sicherheit und Kriminalität

Uganda ist ein für Reisende **in weiten Teilen sicheres Land.** Es ist jedoch zu erwarten, dass die Gelegenheitskriminalität mit der Zunahme des Tourismus steigen wird. Momentan ist die Sicherheitslage in vielen Teilen des Landes jedoch besser als beispielsweise im benachbarten Reiseland Kenia. Nur im Nordwesten und Norden des Landes sowie in Teilbereichen der Grenze zur DR Kongo bestanden in den vergangenen Jahren immer wieder ernst zu nehmende Sicherheitsprobleme durch die Aktivität von **Rebellengruppen.** Bei allen Fahrten in die sogenannte West-Nile-Region, in den hohen Norden in Grenznähe zum Sudan, die Karamoja-Region, die Mt.-Elgon-Region in direkter Grenznähe zu Kenia sowie in die Region westlich des Ruwenzori-Gebirges sollten Sie vorher Erkundigungen zur Sicherheitslage einholen.

In **Ruanda** gab es Anfang 2010 keine nennenswerten Reiseeinschränkungen, auch wenn der gesamte Grenzstreifen zur DR Kongo sowie Teile der Grenze zu Uganda als sensibles Gebiet aufgefasst werden müssen.

Aktuelle **Sicherheitshinweise des Auswärtigen Amtes** können online unter www.auswaertiges-amt.de landesspezifisch abgerufen werden.

Bei einem durchschnittlichen Monatsgehalt von 30–100 Euro verwundert es nicht, dass ab und zu kleinere **Taschendiebstähle** oder **Betrügereien** vorkommen. Das Verschwinden eines Pullovers, einer Brille oder der Haarbürste vom Nachttisch des Hotelzimmers bzw. aus unbeaufsichtigtem Gepäck signalisiert, wie wertvoll in Europa eher unbedeutende Accessoirs für einen Afrikaner sind. Raubüberfälle kommen bislang nur selten vor.

Lassen Sie Schmuck und entbehrliche Wertsachen am besten zu Hause. Geld und Papiere gehören in den Hotelsafe. Zeigen Sie größere Werte und Geldsummen nie öffentlich und tragen Sie Ihr Geld verdeckt und am Körper. Nichts reizt mehr zum Diebstahl als eine locker umgeschlungene Bauchtasche. Diebe werden von reichen (oder reich erscheinenden) Leuten wie magisch angezogen. Führen Sie nur Ihren Tagesbedarf an Bargeld lose mit sich, auf einer Toilette kommen Sie jederzeit unbemerkt an die Reserven im Bauchgurt heran.

Buchtipp – Praxis-Ratgeber:
- Matthias Faermann
Schutz vor Gewalt und Kriminalität unterwegs
(REISE KNOW-HOW Verlag)

Stromversorgung

Die Stromspannung beträgt **240 V Wechselstrom**. Es gibt eine Vielzahl von Steckdosentypen – meist für dreipolige Flachstecker nach britischem Standard. **Adapter** sind in vielen Elektrogeschäften Kampalas zu günstigen Preisen erhältlich. Die Zimmer in den besseren Hotels besitzen in der Regel Steckdosen für Elektrorasierer.

Stromausfälle sind gerade in kleineren Städten häufig, Dörfer und Siedlungen meist gar nicht an das Stromnetz angeschlossen. Die Mitnahme einer **Taschenlampe** ist daher unerlässlich.

In Luxury Tented Camps und Safari Lodges wird der **Generatorstrom nachts** (nach 22 Uhr) **oftmals abgeschaltet**, sodass auch hier an die Mitnahme einer Taschenlampe gedacht werden sollte.

Sie sollten teure und anfällige Geräte wie z.B. Computer nur an **Spannungsregulatoren** betreiben. Die Stromspannung kann selbst in Kampala größeren Schwankungen unterworfen sein.

Trinkgeld

Angesichts geringer Monatsgehälter erwarten Taxifahrer, Kellner u.a., insbesondere aber auch die Wildhüter in den Nationalparks, ein kleines Trinkgeld für ihre Dienste. In den meisten Fällen sind 1–3 Euro angemessen (orientieren Sie sich am Monatsgehalt und an der Leistung), in Restaurants und Bars sind 5–10% vom Rechnungsbetrag üblich.

Unterhaltung und Nachtleben

Beides ist für europäische Verhältnisse unterentwickelt. Allein **Kampala** bietet ein gewisses Nachtleben mit Clubs, Kinos, Diskotheken, Bars u.a. (siehe „Kampala"). In Kleinstädten und selbst in Mittelstädten werden Sie froh sein müssen, eine kleine Bar für das abendliche Bier und ein paar nette Gespräche gefunden zu haben.

Unterkünfte und Camping

Hotels und Guest Houses

Der allgemeine Standard der Unterkünfte und Hotels ist mit Europa nicht vergleichbar. Insbesondere die **Hygiene lässt häufig sehr zu wünschen übrig.** Ein eigener Schlafsack ist daher manchmal so viel wert wie ein ganzes Himmelreich …

Einfache Guest Houses sind selbst in kleinen Ortschaften noch vorhanden. Wenn Sie einmal unterwegs in einem winzigen Nest ohne Unterkünfte stranden sollten, müssen Sie sich an den „Dorf-Chef" wenden. Es wird ihm eine Ehre sein, ein Gastzimmer für Sie aufzutreiben. Nicht jedes Gebäude, das die Aufschrift **„hoteli"** trägt, ist auch ein Hotel – im Suaheli bedeutet hoteli neben „Hotel" auch „Restaurant" oder „Gaststätte" …

Kategorisierung der Unterkünfte

● Kategorie AA (über 100 Euro pro Person im DZ)
Internationales Hotel mit (formal) 4- bis 5-Sterne-Standard, Zimmer mit Bad/WC und permanentem Warmwasser, Klimaanlage, TV und Telefon. Mit Lounge, guten Restaurants (auch für Nicht-Gäste), internationaler Bar, Café, Swimmingpool und Freizeitanlagen. Geldwechsel außerhalb der Bankzeiten möglich. Telefon/Fax-Service, Internetzugang.

● Kategorie A (60-100 Euro pro Person im DZ)
Ähnlich der Kategorie AA, aber etwas geringerer Standard. Manchmal ist kein Swimmingpool vorhanden.

● Kategorie B (30-60 Euro pro Person im DZ)
Mittelklassehotels mit Bad oder Dusche/WC. Warmwasserprobleme sind selten, kommen aber durchaus vor. Gute Sauberkeit. Angegliedert sind Restaurant (auch für Nicht-Gäste) und Bar.

● Kategorie C (15-30 Euro pro Person im DZ)
Hotels mit etwas gehobenem Standard. Zimmer mit Dusche/WC, häufig Moskitonetze. Warmwasser nur zeitweise. Manchmal bricht die Wasserversorgung tagelang zusammen. Dann wird Wasser in Kübeln oder Kanistern bereitgestellt. In abgelegenen Gegenden nur Generatorstrom. Restaurant und Bar sind angeschlossen.

● Kategorie D (5-15 Euro pro Person im DZ)
Guest Houses (Gästehäuser) mit Basis-Standard. Unterschiedlich saubere Zimmer (meist ohne Moskitonetze) mit Gemeinschaftsdusche und Gemeinschafts-WC. Gegen Aufpreis sind Zimmer mit Dusche und WC (self-contained) erhältlich. Warmwasser ist selten, Wasserausfälle die Regel. Wasser steht dafür in Kanistern und Kübeln bereit. Auch Stromausfälle kommen regelmäßig vor. Ein Frühstück ist unüblich. Die gelegentlich angeschlossenen Restaurants sind sehr einfach. Gute Möglichkeiten, Kontakte zu Ugandern und anderen afrikanischen Reisenden zu knüpfen.

Die in diese Kategorie fallenden Unterkünfte kirchlicher Organisationen sind in der überwiegenden Zahl sehr sauber und gepflegt. Eine Kantine mit ausgezeichnetem Essen ist meist angeschlossen.

● Kategorie E (unter 5 Euro pro Person im DZ)
Basis einer Unterkunft. Nur auf dem Land zu finden. Einfachste Zimmer mit Gemeinschaftsplumpsklo. Häufig verdreckt und voller Ungeziefer, manchmal jedoch tadellos sauber. Wasser aus Kübeln.

Unterkünfte und Camping

Die **Bezahlung** kann in Uganda weitgehend in USh erfolgen. US-$ werden häufig auch akzeptiert, in großen Hotels sogar bevorzugt. In Ruanda müssen Sie häufiger mit US-$ bezahlen, in der DR Kongo werden nur US-$ akzeptiert. Zahlen Sie nie für mehrere Tage im Voraus, um bei Mängeln und Missständen bzw. spontanem Auszug kein Geld zurückfordern zu müssen. Wenn Sie länger in einem Hotel bleiben, kann ein Rabatt ausgehandelt werden.

Der einfacheren Übersicht halber habe ich Hotels und Guest Houses in **Kategorien** aufgeführt (siehe linke Seite). Häufig gibt es keine Einzelzimmer. Sie müssen dann ein etwas verbilligtes **Doppelzimmer** nehmen. Mehrbettzimmer sind selten. Das **Frühstück** wird meist als *Continental Breakfast* zubereitet (Toast, Butter, Marmelade, Früchte und Tee/Kaffee). Omelettes und Eier sind extra zu bezahlen.

Einige Hotels der Kategorien B–C gehörten vor der Privatisierung über viele Jahre der staatlichen Kette **Uganda Hotels**. Manche von ihnen weisen noch ein nostalgisches Flair auf, da sie während der Kolonialzeit errichtet wurden.

Vor dem Einchecken sollten Sie in allen Fällen um eine **vorherige Zimmerbesichtigung** bitten. Dies ist üblich und es ist vollkommen in Ordnung, bei Nichtgefallen wieder aus dem Hotel/Guest House hinauszugehen.

Safari Lodges und Luxury Tented Camps

Traditionsreiche **Safari Lodges** (Lodge = Hotel im Landhausstil) mit dauerhaft angelegter Gebäudearchitektur (Stein, Beton, Ziegelbauten) finden sich lediglich in den Reservaten Queen Elizabeth NP und im Murchison Falls NP sowie in kleinerer Form im Kidepo Valley NP und dem Semliki Valley WR. Anstelle großer Lodges gibt es im Randbereich anderer Reservate wie dem Bwindi Impenetrable NP, dem Lake Mburo NP oder dem Mgahinga Gorilla NP sog. **Luxury Tented Camps** mit festen Versorgungseinrichtungen und großzügig geschnittenen Zelten, die in der Regel nicht mehr als 10–30 Gäste beherbergen. Manche dieser Camps besitzen einen eigenen Airstrip (= Landestreifen) für Kleinflugzeuge, über den der An- und Abtransport der Gäste und ein Teil der Versorgung abgewickelt werden können.

Trotz der teilweise hohen Preise sollte man bei der Unterkunft in Luxury Tented Camps keine Wunder erwarten. Vielmehr hält sich der Luxus bei der Unterbringung in großräumigen Safarizelten (eingerichtet wie ein gutes Hotelzimmer) und der Verpflegung in Grenzen. Gerechtfertigt werden die hohen Tarife mit der Exklusivität der Camps,

---

Buchtipp – Praxis-Ratgeber:
● Erich Witschi
Unterkunft und Mietwagen clever buchen
(Reise Know-How Verlag)

Unterkünfte und Camping

Semliki Wildlife Lodge

niedrigen Besucherzahlen und den hohen Unterhaltskosten, bedingt durch die isolierte Lage mit entsprechend hohen Transportkosten für Baumaterialien, Lebensmittel, Getränke etc.

Camping

Manche **Hotels und Lodges** sowie Backpacker-Einrichtungen bieten einen **angegliederten Campingbereich,** der in der Regel einfache Gemeinschaftsduschen mit Warmwasser, Waschgelegenheiten sowie manchmal auch Koch- und Grilleinrichtungen aufweist. Strom wird vielerorts nur zeitweise über einen Generator bereitgestellt. Für die Dunkelheit danach ist eine gute Taschenlampe unentbehrlich.

Weitaus einfacher strukturiert als die funktionell gestalteten Campingbereiche von Hotels und Lodges sind die **Campingplätze von Nationalparks und Wildreservaten.** Hier ist man meist von purer Wildnis umgeben und verfügt bestenfalls über einen Wasseranschluss und einfache Plumpsklos. Die (vor allem nächtlichen) Aktivitäten von Wildtieren beziehen den „Lebensraum Campingplatz" sehr wohl mit ein, sodass viele zeltende Afrikareisende nach ihrer Rückkehr von entsprechenden Begegnungen mit Elefanten, Flusspferden, Hyänen oder sogar Großkatzen berichten können. Ein Problem stellt in manchen Gebieten die **Belästigung durch**

Meerkatzen und Paviane dar, die spezielle Schutzmaßnahmen wie z.B. die Konstruktion „affensicherer" Mülleimer erforderlich machen kann. Einige der Affen haben sich auf die Entwendung von Nahrung und auffälligen Kleinteilen (z.B. Sonnenbrillen) „spezialisiert". Passen Sie daher auf und füttern Sie die Tiere unter keinen Umständen!

Im Zelt ist ein hautnahes Erleben der noch wilden afrikanischen Nacht gewährleistet. Grundsätzliche **Vorsicht im Umgang mit Wildtieren** ist jedoch geboten. Während der Nacht muss das Zelt unbedingt geschlossen bleiben. Ein geschlossenes Zelt wird von allen Tieren Afrikas respektiert. Es gibt keinen bekannten Fall, wo es bei geschlossenem Zelt und ruhigem Verhalten zu ernsthaften Zwischenfällen mit Tieren gekommen wäre. Vermeiden sollten Sie in jedem Fall das Herumlaufen in der Umgebung der Zelte nach Einbruch der Dunkelheit. Achten Sie darauf, dass Sie Ihr Zelt nicht gerade auf einem traditionellen Flusspferdpfad oder einem anderen Tierwechsel errichten, wodurch Zusammenstöße mit Großwild vorprogrammiert sind.

Ein Feuer hält Wildtiere in der Regel auf Distanz, bietet aber keine sichere Gewähr vor Annäherung. Nachts sollte man vor allem Nahrung und kleinere Ausrüstungsgegenstände nicht außerhalb des Fahrzeugs stehen lassen. Lebensmittel (vor allem Früchte wie Orangen) und Fleisch gehören in Kisten oder Kühlschrank verpackt und ins Auto geschlossen. In Gebieten mit Elefantenvorkommen sollte man auf die Mitnahme frischer Früchte ganz verzichten.

Schuhe, die außerhalb des Innenzeltes gestanden haben, sollte man morgens gut ausschütteln, um nicht versehentlich auf Skorpione, Spinnen oder kleine Schlangen zu treten, die dort in der Nacht Unterschlupf gefunden haben.

Bitte nehmen Sie Ihren **Müll** wieder mit (am besten doppelt in Tüten verpackt) und entsorgen Sie ihn fachgerecht in Städten oder an den Zufahrtstoren von Schutzgebieten. Alternativ kann man den komprimierten Müll mindestens 50 cm tief vergraben.

Große Vorsicht ist beim **Entfachen von Feuern** geboten, die in trockenem Buschland leicht Buschbrände zur Folge haben. Ein entsprechender breiter Schutzring, der frei ist von jeglicher Vegetation, sollte mit dem Spaten um die Feuerstelle gezogen werden. Man sollte darauf achten, dass das Feuer nicht zu hoch brennt und keine größeren Funken in die Umgebung fliegen. Feuerholz darf im unbesiedelten Bereich normalerweise überall gesammelt werden, jedoch nicht auf Privatland.

Verhalten im Gastland

Versuchen Sie, europäische Verhaltensnormen abzulegen. Eine **Anpassung an den afrikanischen Lebensrhythmus** ist insbesondere bei den Zeitvorstellungen erforderlich (s.u.). Machen Sie sich frei von abfälligen Bewertungen des oft chaotischen und zwischen Hektik und fauler Trägheit hin- und hergerissenen afrikanischen Alltags. Nutzen Sie vielmehr die Vorzüge dieser Lebensweise, die nicht so stark von Stress und materi-

VERHALTEN IM GASTLAND

ellen Zwängen geprägt wird wie in Europa. Legen Sie Vorurteile über die Afrikaner ab („Rückständigkeit", „Faulheit" usw.) und genießen Sie deren Gastfreundschaft. Erfreuen Sie sich an den zahllosen strahlenden und lachenden Gesichtern.

Kleiden Sie sich immer so ordentlich, wie Sie es auch zu Hause tun. Kein Afrikaner wird je verstehen, warum ein Europäer in abgerissenen, löchrigen Klamotten herumlaufen muss, wo er doch das Geld für vernünftige Kleidung übrig hat. Er wird es als einen Affront auf die eigene Situation verstehen.

Wenn Sie sich dazu verleiten lassen, in einer Art „privater Entwicklungshilfe" Kugelschreiber, Schreibhefte u.a. an Kinder und „Bedürftige" zu verteilen, tragen Sie wesentlich zur Förderung der **Bettelei** mit bei. Fragen Sie beim Fotografieren von Menschen immer nach dem Einverständnis der Betroffenen, und lassen Sie es lieber sein, wenn Geld dafür gefordert wird.

Das Austauschen von **Zärtlichkeiten** zwischen Mann und Frau **in der Öffentlichkeit** (z.B. Küssen) ist unüblich. Wenn Sie zwei afrikanische Männer Hand in Hand gehen sehen, so sind diese nicht homosexuell. Händehalten ist in der afrikanischen Kultur eine Geste der Freundschaft.

Achtung: Ende 2009 wurde ein Gesetzentwurf in das ugandische Parlament eingebracht, der eine massive Verschärfung der bereits bestehenden Antihomosexuellengesetzgebung bis hin zur Todesstrafe vorsah. Auch wenn diese nach internationalen Protesten wieder aus dem Gesetzentwurf herausgenommen wurde, bleibt in Uganda eine **staatlich sanktionierte Homosexuellenfeindlichkeit** zu verzeichnen, die auch von europäischen Reisenden mit entsprechender Vorsicht bedacht werden sollte.

Viele **Preise sind Verhandlungssache,** davon ausgenommen sind nur Gebühren und fixe Beträge (siehe „Handeln"). Gelegentlich stößt man auf Trinkgeld- bzw. Schmiergeldforderungen bei Beamten und Soldaten. Fast immer reicht eine entschiedene Ablehnung aus, um diese im Keim zu ersticken. Fördern Sie die **Korruption** nicht, es sei denn, eine Notsituation lässt nur die Zahlung eines Schmiergeldes als einzigen Ausweg zu.

● **Literaturtipp:** „Tips on Ugandan Culture. A Visitor's Guide", von *Shirley Cathy Byakutaaga;* liegt in größeren Hotels Ugandas zum Verkauf aus.

Buchtipp – Praxis-Ratgeber:
● Harald A. Friedl
Respektvoll reisen
(REISE KNOW-HOW Praxis)

„Fahrradspediteur" mit Bananenstauden

Versicherungen

Vor der Abreise nach Uganda/Ruanda sollten Sie unbedingt eine **Auslandsreise-Krankenversicherung** abschließen (siehe Abschnitt „Gesundheit und medizinische Versorgung – Krankenversicherung und Rücktransport"). In den meisten gängigen Versicherungen ist eine Rückholversicherung für den Erkrankungsfall enthalten. Von der Notwendigkeit, eine zusätzliche Auslandskrankenversicherung abzuschließen, ausgenommen sind Privatversicherte, deren Krankenversicherungsschutz auch im außereuropäischen Ausland gültig ist. Im Regelfall sind dafür jedoch zeitliche Begrenzungen vorgesehen, und bei manchen Versicherungen müssen Reisen ins östliche Afrika angemeldet werden. Für Luftevakuierungen vor Ort in Uganda ist eine Mitgliedschaft bei African Air Rescue (AAR) in Kampala oder AMREF/Flying Doctors of East Africa in Nairobi/Kenia erforderlich (siehe dazu den Abschnitt „Gesundheit und medizinische Versorgung – Evakuierung im Notfall").

Sinnvoll ist bei Flugreisen und insbesondere Pauschalreisen der Abschluss einer **Reiserücktrittskostenversicherung.** Diese springt dann ein, wenn eine Erkrankung des Reisenden oder in besonderen Fällen auch die Erkrankung eines engen Angehörigen dazu führt, dass eine Reise nicht angetreten werden kann oder vor dem geplanten Ablauf abgebrochen werden muss. Die Versicherung deckt Stornokosten und bereits geleistete Anzahlungen für Hotelreservierungen etc. ab, bei Pauschalreisen auch komplette Reisepakete. Eine Eigenbeteiligung von 20–30% der Stornokosten ist die Regel.

Egal, welche weiteren Versicherungen man abschließt: Man sollte die jeweiligen Notfallnummern notieren und mit der Policenummer gut aufheben! Bei Eintreten eines Notfalls sollte die Versicherungsgesellschaft unverzüglich telefonisch verständigt werden!

Ob es sich lohnt, weitere Versicherungen abzuschließen (z.B. Reisegepäck-, -haftpflicht- oder -unfallversicherung), ist individuell abzuklären. Aber gerade diese Versicherungen enthalten **viele Ausschlussklauseln,** sodass sie nicht immer Sinn machen.

Die **Reisegepäckversicherung** lohnt sich seltener, da z.B. bei Flugreisen verlorenes Gepäck oft nur nach Kilopreis und auch sonst nur der Zeitwert nach Vorlage der Rechnung ersetzt wird. Wurde eine Wertsache nicht im Safe aufbewahrt, gibt es bei Diebstahl auch keinen Ersatz. Kameraausrüstung und Laptop dürfen beim Flug nicht als Gepäck aufgegeben worden sein. Gepäck im unbeaufsichtigt abgestellten Fahrzeug ist ebenfalls nicht versichert. Die Liste ist endlos ... Überdies deckt häufig auch die Hausratsversicherung schon Einbruch, Raub und Beschädigung von Eigentum auch im Ausland.

Eine Privathaftpflichtversicherung hat man in der Regel schon. Hat man eine Unfallversicherung, sollte man prüfen, ob diese im Falle plötzlicher Arbeitsunfähigkeit aufgrund eines Unfalls im Urlaub zahlt. Auch durch manche **Kreditkarten** oder **Automobilclubmitgliedschaft** ist man für bestimmte Fälle schon versichert. Die Versicherung über die Kreditkarte gilt jedoch immer nur für den Karteninhaber!

Weitere Infos

Wer sich unsicher ist, welche Versicherung und welche Versicherungsgesellschaft in Frage kommen, kann sich über Tests der **Stiftung Warentest** in Deutschland und **Konsument.at** in Österreich weiter informieren. Über ihre Webseiten kann man Testberichte herunterladen, Online-Abonnent werden oder Hefte zum Thema bestellen: www.warentest.de; www.konsument.at.

Weitere Infos erhält man in Deutschland auch bei der **Verbraucherzentrale** (www.verbraucherzentrale.com) und in Österreich bei der **Arbeiterkammer** (www.arbeiterkammer.at).

Veranstalter: Pleite!

Jeder, der eine **Rundreise** oder eine **Pauschalreise** bucht, hat das Recht darauf, sich zu vergewissern, dass der Veranstalter **gegen eine Insolvenz** versichert ist.

Spätestens bei der ersten (An-)Zahlung sollte der Veranstalter bzw. das Reisebüro dem Kunden deshalb einen Sicherungsschein aushändigen.

Wenn kein Sicherungsschein ausgehändigt wurde und man annehmen muss, dass der Veranstalter nicht versichert ist, sollte man ermessen, wie wahrscheinlich eine Insolvenz bei diesem Unternehmen ist. Das Risiko ist bei namhaften Veranstaltern eher gering, bei sogenannten Billigveranstaltern jedoch durchaus möglich. Im Zweifelsfall erhält man bereits bezahlte Reiseleistungen nicht – zum Beispiel den Rückflug ...

● Bei den deutschen Verbraucherzentralen kann man die **Broschüre „Ihr Recht auf Reisen"** für 4,90 Euro zzgl. Versandkosten erwerben, die bei Ärger mit Veranstaltern weiterhilft (www.verbraucherzentrale.com).

Zeit(-verschiebung)

Die Zeitrechnung **in Uganda** beträgt **MEZ (Winterzeit) + 2 Stunden.** Beachten Sie die Verschiebung um eine Stunde während der europäischen Sommerzeit. **In Ruanda** und der **DR Kongo** beträgt die Zeitrechnung hingegen **MEZ**

Zollbestimmungen

(Winterzeit) + 1 Stunde, damit hängen diese Länder gegenüber der ugandischen Zeit eine Stunde zurück (bei Grenzquerungen daran denken!).

Zeit scheint **in Afrika stets im Überfluss** zur Verfügung zu stehen, dementsprechend besitzen Stunden, ja ganze Tage eine vollkommen andere Bedeutung als im hektischen Europa – manchmal sehr zum Leidwesen des Reisenden. Sie können Ihre europäisch geprägten Zeitvorstellungen daher getrost zu Hause lassen, man erspart sich damit so manche unnötige Aufregung.

Zollbestimmungen

Die Zollbestimmungen erlauben pro Person die **Einfuhr** von 200 Zigaretten bzw. insgesamt 250 Gramm Tabak, 1 Liter Wein oder Spirituosen, 250 ml Parfüm und 500 ml Eau de Toilette. Bei Überschreitungen werden Zollgebühren fällig.

Teure Kameras, Notebooks, Film/Videoausrüstungen und andere hochwertige technische bzw. optische Geräte sollten bei der **Einreise** deklariert werden, um Probleme bei der Ausreise mit diesen Gütern zu vermeiden. Wer plant, besonders ungewöhnliche Güter nach Uganda oder Ruanda einzuführen, sollte sich vorab an die zuständige Zollbehörde wenden.

Bei der **Ein- und Ausreise** über die Flughäfen in Entebbe bzw. Kigali wird normalerweise keine Gepäckkontrolle durchgeführt. Wenn Sie über den Landweg ein- und ausreisen, gibt es manchmal sehr gründliche Kontrollen der Zollbeamten (aufgrund des regen Schmuggelverkehrs mit den Nachbarländern).

Bei der **Rückreise** gibt es auch **auf europäischer Seite Freigrenzen, Verbote und Einschränkungen,** die man beachten sollte, um eine böse Überraschung am Zoll zu vermeiden. Für Alkohol, Tabakwaren und Kaffee sind **Freimengen** definiert, die für eine Rückkehr aus Uganda vielleicht eher unwichtig sind. Aber man darf insgesamt nur Waren im Wert von 175 Euro bzw. 300 SFr mitbringen. Wird dieser überschritten, sind **Einfuhrabgaben** auf den Gesamtwert der Ware zu zahlen und nicht nur auf den die Freigrenze übersteigenden Anteil. Die Berechnung erfolgt entweder pauschalisiert oder nach dem Zolltarif jeder einzelnen Ware zuzüglich sonstiger Steuern.

Einfuhrbeschränkungen bestehen z.B. für Tiere, Pflanzen, Arznei- und Betäubungsmittel, Feuerwerkskörper, Lebensmittel, Raubkopien, verfassungswidrige Schriften, Pornografie, Waffen und Munition; in Österreich auch für Rohgold und in der Schweiz auch für CB-Funkgeräte. **Nähere Informationen** gibt es bei:

- **Deutschland:** www.zoll.de oder beim Zoll-Infocenter, Tel. 069-469976-00
- **Österreich:** www.bmf.gv.at oder beim Zollamt Villach, Tel. 04242-33233
- **Schweiz:** www.ezv.admin.ch oder bei der Zollkreisdirektion in Basel, Tel. 061-2871111

Uganda: Land und Leute

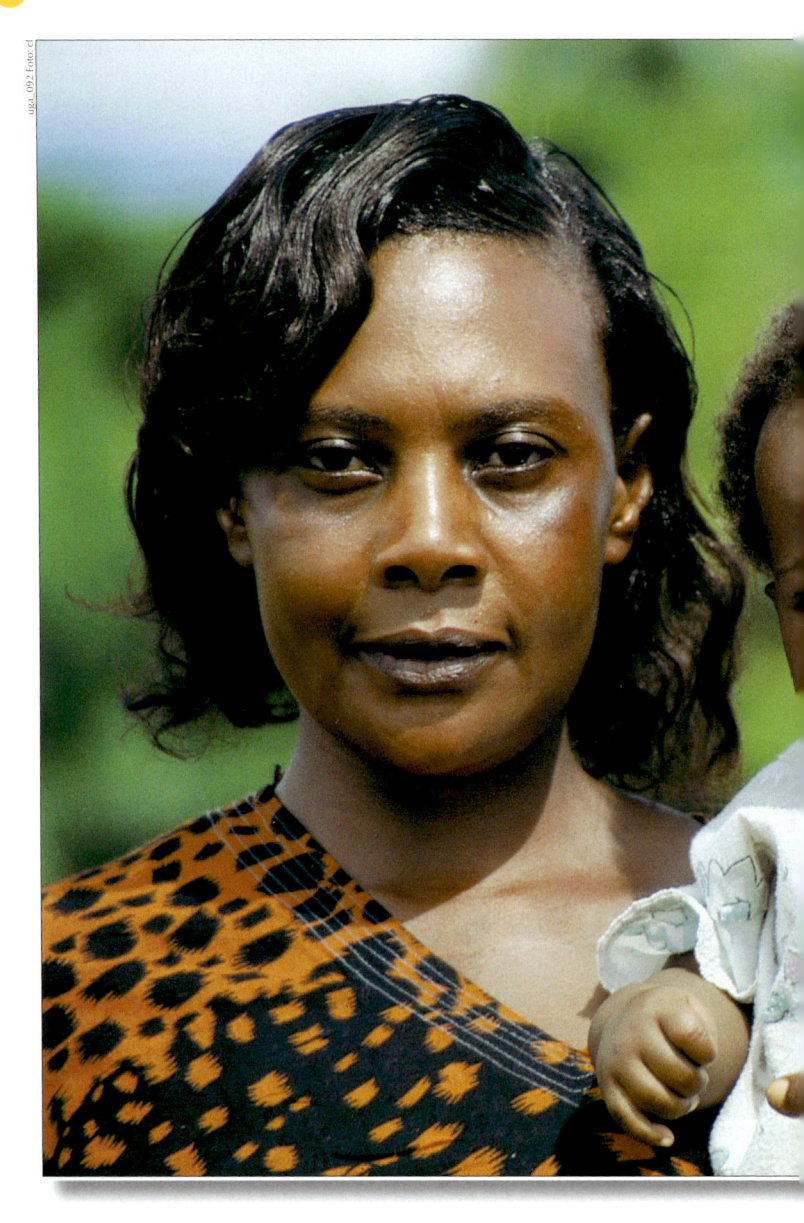

Uganda: Land und Leute

Mutter mit Kind bei Kasese

Bigodi Wetlands Sanctuary

Kaffernbüffel im Murchison Falls NP

Uganda im Überblick

- **Republik Uganda** (Republic of Uganda – Jamhuri ya Uganda)

- **Hauptstadt: Kampala** (ca. 1,5 Mio. Einwohner, 2009)

- **Politik:**
Präsidialrepublik mit föderativen Zügen. Am 28.3.1994 fanden Wahlen zur Verfassungsgebenden Versammlung statt. Die Verfassungsgebende Versammlung lehnte am 20.6.1995 eine unmittelbare Rückkehr zu einem Mehrparteiensystem ab.
  Staatsoberhaupt, Oberbefehlshaber der Streitkräfte und Verteidigungsminister ist **Yoweri Kaguta Museveni** (seit 1986). Er wurde im Februar 2006 in freien, demokratischen Wahlen für eine weitere fünfjährige Legislaturperiode bestätigt.
  Das Parlament, der National Resistance Council (NRC), wird von der Regierungspartei NRM (National Resistance Movement) beherrscht.
  Die wichtigsten politischen Parteien neben der NRM sind der UPC (Uganda People's Congress), die DP (Democratic Party), die UPM (Uganda Patriotic Movement) und die CP (Conservative Party).

- **Internationale Mitgliedschaften:**
UNO, ECA (Economic Commission for Africa), ADB (African Development Bank), AU (African Union – ehemals OAU), IWF, Weltbank, Commonwealth, OIC (Organization of the Islamic Conference), PTA (Preferential Trade Area for East and Southern Africa). Uganda ist im Rahmen der Lomé-Abkommen mit der EU assoziiert und gehört zur Gruppe der Blockfreien.

- **Unabhängigkeit:** 9. Oktober 1962

- **Armee:**
Die siegreiche National Resistance Army wurde 1986 zur offiziellen Armee. Mittlerweile ist eine Umbenennung in UPDF (Uganda People's Defence Force) erfolgt. Die Truppenstärke betrug Mitte 1994 noch ca. 49.000 Mann, doch ist langfristig eine deutliche Reduktion geplant. Ein Programm zur Wiedereingliederung von ehemaligen Soldaten ins Zivilleben begleitet die personelle Demobilisierung. Die Militärausgaben betrugen im Jahr 2006 ca. 2,2% des Bruttoinlandsprodukts.

- **Fläche: 241.139 km²,** davon 44.081 km² Binnengewässer

- **Einwohner: 32,3 Millionen** (2009), Einwohner pro Arzt: ca. 20.000

- **Bevölkerungsdichte:** 134 Einwohner/km² (2009)

- **Stadtbevölkerung:** 13% (2008)

- **Bevölkerungswachstum:** 2,7% (2009)

- **Lebenserwartung:** 52,7 Jahre (2009)

Uganda im Überblick

- **Ethnische Zusammensetzung:**
Baganda 17%, Ankole 8%, Basoga 8%, Teso 8%, Bakiga 7%, Langi 6%, Ruander 6%, Bagisu 5%, Acholi 4%, Lugbara 4%, Batoro 3%, Bunyoro 3%, Alur 2%, Bagwere 2%, Bakonjo 2%, Jopodhola 2%, Karamojong 2%, Rundi 2%, Nichtafrikaner (Europäer, Asiaten, Araber) 1%, andere 8%

- **Religion:**
ca. 42% Katholiken, ca. 42% Protestanten (überwiegend Anglikaner), ca. 12% Moslems (vor allem im Norden). Der Rest setzt sich in erster Linie aus Anhängern von Naturreligionen zusammen.

- **Alphabetisierungsrate:** 69,9% (2005), davon weiblich: 60,4%, männlich: 79,5%

- **Einschulungsquote** (Grundschulbereich): 90% (2006)

- **Zahl der Telefonanschlüsse:** 168.500 (2008)

- **Zahl der Mobiltelefonanschlüsse:** 8,55 Mio. (2008)

- **Zahl der Internet-Benutzer:** 2,5 Mio. (2008)

- **Bruttoinlandsprodukt (BIP):**
13,25 Mrd. US-$ (420 US-$ pro Einwohner, 2008), davon über 20% Entwicklungshilfe; durchschnittliches Wachstum des BIP pro Jahr: 6% (2008); Anteil am BIP (2008): Landwirtschaft – 22%, Industrie – 24%, Dienstleistungssektor – 53%

- **Auslandsschulden:** 1,61 Mrd. US-$ (2007)

- **Inflationsrate** (2008): 6,3%

- **Importe** (2008):
3,98 Mrd. US-$ (vor allem Chemikalien, Maschinen und Transportmittel, Nahrungsmittel, Erdöl und -produkte)

- **Exporte** (2008):
2,69 Mrd. US-$ (vor allem Kaffee, Tee, Tabak, Baumwolle, Fischprodukte, Gold, Mais, Bohnen, Rinderhäute)

- **Haupthandelspartner** (2008):
Einfuhren: Vereinigte Arabische Emirate (11,4%), Kenia (11,3%), Indien (10,4%), VR China (8,1%), Südafrika (6,7%), Japan (5,9%)
Ausfuhren: Sudan (14,3%), Kenia (9,5%), Schweiz (9%), Ruanda (7,9%), Vereinigte Arabische Emirate (7,4%), DR Kongo (7,3%), Großbritannien (6,9%), Niederlande (4,7%), Deutschland (4,4%)

Quellen: The Economist Intelligence Unit/London – Country Profile Uganda 2009; Munzinger-Archiv 2009, CIA – The World Factbook 2009, Fischer Weltalmanach 2009, World Development Report 2009

Geografie und Landschaftsformen

Uganda ist ein **Binnenland** im östlichen Afrika, umgeben von den Ländern Kenia (im Osten), Ruanda und Tansania (im Süden), der DR Kongo (im Westen) und dem Sudan (im Norden). Das südliche Landesdrittel wird vom Äquator durchschnitten. Der größte Teil des Landes bildet eine einheitliche, hügelige **Hochfläche** des kristallinen afrikanischen Sockels auf 1000–1500 m Höhe, die von größeren Inselbergen unterbrochen wird. An der Westgrenze des Landes verläuft das Kluftsystem des **Zentralafrikanischen Grabenbruchs** („Albertine Rift Valley") mit der Kette der **Seen** Edward, George und Albert. Im Südwesten erheben sich die Ausläufer des ruandischen Berglandes mit der Gruppe der **Virunga-Vulkane** (Höhen bis 4127 m). Die Region um den Zentralafrikanischen Grabenbruch gilt aus geologischer bzw. vulkanologischer Sicht als hochaktiv. Neben wiederholten Vulkanausbrüchen, z.B. der kongolesischen Vulkane Nyamulagira und Nyiragongo, kam es zuletzt im Februar 2008 zu einem größeren Erdbeben der Stärke 6,1 auf der Richterskala mit Epizentrum ca. 20 km nördlich der kongolesischen Stadt Bukavu. Im Norden und Nordosten geht der Zentralteil des Landes in das **Acholi-Plateau** (mit vereinzelten Bergzügen bis 2749 m) und die **Karamoja-Ebene** über. Höchste Erhebungen sind der erloschene Krater des **Mt. Elgon** (4321 m) im Osten und das Ruwenzorimassiv im Westen des Landes (bis 5109 m).

Etwa die Hälfte des 1143 m hoch gelegenen **Viktoriasees** (zweitgrößter Binnensee der Erde) nimmt die Südostecke Ugandas ein. In den See mündet der in Ruanda entspringende Quellfluss des Weißen Nils, der **Akagera,** um ihn bei Jinja wieder als **Viktoria-Nil** zu verlassen. Alle Gewässer Ugandas entwässern zum Nilsystem. Kennzeichnend sind zahlreiche flache Mulden, in denen sich ausgedehnte Seen- und Sumpfgebiete bilden wie das „ertrunkene Flusssystem" des Lake Kyoga im Herzen des Landes.

Die natürliche Vegetation Süd- und Westugandas besteht überwiegend aus **Feuchtsavanne** (mittlere jährliche Niederschläge zwischen 1000 und 2000 mm) und kleinen tropischen Restwäldern. In den Höhenlagen (Ruwenzori, Mt. Elgon, Virunga-Vulkane) findet man dichten tropischen **Bergwald.** Der Norden und Nordosten wird von trockener **Dornbuschsavanne** und **Halbwüsten** (nur 400–700 mm Jahresniederschlag) eingenommen. Der Waldanteil Ugandas beträgt 8% und liegt damit weitaus höher als in den ostafrikanischen Nachbarländern. 2,7% des Landes sind noch mit intaktem tropischen **Primärwald** bewachsen. Die jährliche Entwaldungsrate beträgt ca. 2%.

Uganda-Kobs im Queen Elizabeth National Park

# KLIMA

Klima

Uganda besitzt ein ausgeglichenes, **tropisches Klima,** das durch die Höhenlage gemildert ist. Die Durchschnittstemperaturen im zentralen Landesteil liegen zwischen 15°C und 27°C, im Norden deutlich darüber (siehe auch Klimatabelle auf der nächsten Seite).

Die große **Trockenzeit** erstreckt sich prinzipiell von Juni bis September, die **Hauptregenzeit** von Mitte März bis Juni. Relativ trocken ist auch die Zeit von Mitte Dezember bis Anfang Februar. Die **kleine Regenzeit** liegt in den Monaten Oktober bis Dezember. Jedoch hat der globale Klimawandel in Uganda und seinen Nachbarländern dazu geführt, dass sich in den letzten Jahren die Regenzeiten verschoben haben. Erfahrungsgemäß regnet es nun in den früher relativ trockenen Monaten April und September unverhältnismäßig stark. Zentral- und Süduganda erhalten im Durchschnitt 1300 mm Jahresniederschlag, im ariden Norden hingegen sind es weniger als 750 mm. In den Landesteilen direkt am Viktoriasee (u.a. auch Kampala) gibt es das ganze Jahr über regelmäßig Niederschläge. Das Ruwenzorimassiv gilt als eines der regenreichsten Gebiete überhaupt (mittlere Jahresniederschläge über 3000 mm).

KLIMATABELLE

Mittlere tägliche Maximal- und Minimaltemperaturen in °C

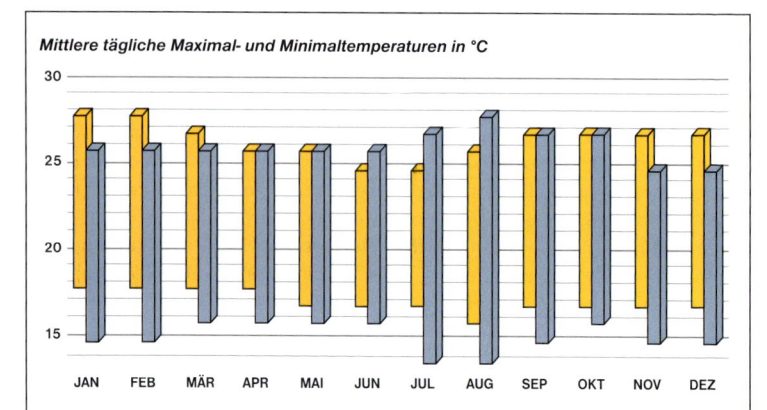

Maximale Luftfeuchtigkeit in %

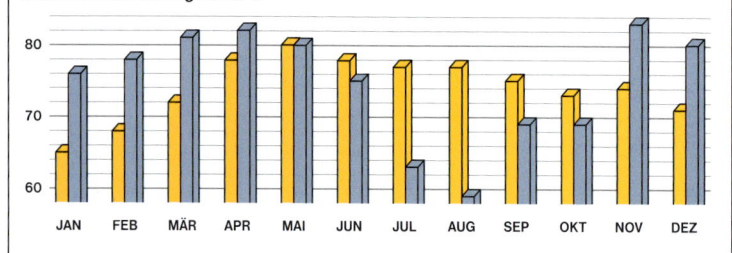

Niederschlagsmenge in mm
Die Zahlen über den Balken geben die mittlere Anzahl Regentage pro Monat an.

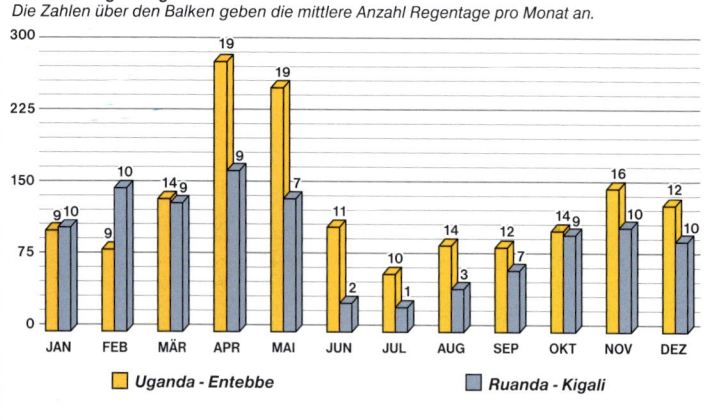

☐ Uganda - Entebbe ☐ Ruanda - Kigali

Tier- und Pflanzenwelt

Die Lage Ugandas im Zentrum der Routen, die viele Tiere bei ihren Wanderungen innerhalb von Großlebensräumen benutzten, hat dem landschaftlich abwechslungsreichen Land traditionell einen großen **Tierreichtum** eingebracht. Durch die rücksichtslose Wilderei der 1970er und 1980er Jahre im Schatten von Bürgerkrieg und Instabilität sind die Tierbestände in den Nationalparks und Reservaten jedoch stark zusammengeschrumpft. Seit Ende der 1980er Jahre hat eine gewisse Erholung stattgefunden.

Das früher weit verbreitete **Spitzmaulnashorn** und die nördliche Unterart des **Breitmaulnashorns** sind seit Mitte der 1980er Jahre vollständig ausgerottet. Im Jahr 2000 wurde ein Projekt begonnen, das die Wiedereinführung beider Nashornarten in Uganda vorsieht. Diese werden auf einer „Rhinozeros-Farm" in Ziwa (östlich von Masindi, 2,5–3 Std. nordwestlich von Kampala), dem 70 km² großen **Ziwa Rhino Sanctuary,** gezüchtet, um sie dann später im Kidepo Valley NP und im Murchison Falls NP auszuwildern. Die Farm ist mit einem speziellen Elektrozaun gesichert und wird schon bald eine touristische Einrichtung für Besucher bieten. 2007 waren bereits sechs Breitmaulnashörner aus Kenia und den USA in Ziwa heimisch. Für die Zucht ist ein Tierbestand von 15 bis zwanzig Individuen als Ausgangsbasis vorgesehen. Gewissermaßen als „Vorhut" des Rhino-Projektes wurden im Jahr 2001 zwei aus Kenia eingeführte Breitmaulnashörner im Uganda Wildlife Education Centre (UWEC) in Entebbe angesiedelt.

Die Zahl der **Elefanten** liegt noch immer deutlich unter 6000. Auch die Bestände von **Löwen** und **Leoparden** haben erheblich gelitten. Im Kidepo Valley NP kommen noch **Geparde** vor, diese Angaben sind in letzter Zeit aber nur selten bestätigt worden. Ebenfalls nur in Kidepo kommt die **Streifenhyäne** vor, dort wie auch in den anderen Parks ist die **Tüpfelhyäne** zu finden. Verschiedene kleinere **Katzen** (z.B. Ginsterkatzen) und **Mangustenarten** sind verbreitet, leben aber recht scheu bzw. versteckt. Der **Streifen-Schakal** ist häufig.

Die Bestände von **Kaffernbüffeln** und **Flusspferden** zeigen sich wieder in Erholung begriffen. Auffällig ist die rötliche Färbung vieler Büffel, die vermutlich auf den genetischen Austausch mit Populationen des zentralafrikanischen Waldbüffels zurückzuführen ist. Der Bestand der **Uganda- oder Rothschildgiraffe** ist in den 1970er und 1980er Jahren zusammengebrochen. Im Murchison Falls NP und in Kidepo leben noch einige Vertreter dieser gefährdeten Art. Ende der 1990er Jahre wurden Rothschildgiraffen aus dem Lake Nakuru NP in Kenia nach Kidepo überführt. Ähnliche Aktionen sind auch für **Pferdeantilopen** und andere in Uganda ausgerottete Tierarten geplant.

Verbreitet und relativ häufig ist die **Uganda-Moorantilope oder Uganda-Kob.** Weitere häufige **Antilopenarten** sind der Defassa-Wasserbock, Bleich-

Ebola bedroht Gorillas

Das Ebola-Virus und die Wilderei zerstören bislang sicher geglaubte Gorilla- und Schimpansen-Bestände in alarmierender Geschwindigkeit, berichtete ein internationales Forscherteam im April 2003 in der Zeitschrift Nature nach Feldstudien in Gabun und der Republik Kongo. Dort reduzierten sich die Populationen von 1983 bis 2000 um 56%. In den dicht bewaldeten, relativ intakten Lebensräumen der beiden Länder leben schätzungsweise 80% der Gorillas und die meisten Schimpansen.

Ebola tötete in den ersten Monaten des Jahres 2003 in der Republik Kongo über 100 Menschen. Man nimmt an, dass auch Tausende, vielleicht Zehntausende Menschenaffen dieser tödlichen Krankheit zum Opfer gefallen sind. Im kongolesischen Lossi-Reservat hat das Virus unter den Gorillas ein erschreckendes Massensterben ausgelöst; nun hat es bereits die Grenzen des Odzala-Nationalparks erreicht. Im Minkébé-Wald in Nordgabun ist die Anzahl der Menschenaffen in den letzten zehn Jahren sogar um 99% gesunken; als Hauptgrund gilt Ebola.

Der amerikanische Biologe *Peter Walsh* von der Princeton University schätzt, dass ihre Zahl in den nächsten 30 Jahren um 80% sinken könnte. Sie würden dann nur noch in kleinen Restpopulationen leben und wären vom Aussterben bedroht. Bislang hat noch keine Ebola-Epidemie die verbliebenen Populationen der letzten Berggorillas heimgesucht – bei nur noch ca. 700 verbliebenen Tieren (laut Zensus von 2006) wären die Folgen fatal.

Walsh, P. D. et al. (2003). Catastrophic Ape Decline in Western Equatorial Africa, Nature 422, 611–614

TIER- UND PFLANZENWELT

böckchen oder Oribi, Jackson's Kuhantilope, Bohor-Riedbock, Buschbock oder Schirrantilope, Sitatunga und verschiedene Duckerarten. In den Nationalparks Queen Elizabeth (Ishasha-Region) und Lake Mburo gibt es größere **Topi-Bestände.** Im Lake Mburo NP und in Kidepo kommen **Steppenzebras** und **Elenantilopen** vor. **Impalas** gibt es ebenfalls nur im Lake Mburo NP. Neben dem häufigen **Warzenschwein** kommen in Uganda das **Pinselohrschwein** und das **Riesenwaldschwein** vor. In felsigen und gebirgigen Gegenden kann man **Klippspringer** beobachten. In Kidepo kommen die murmeltierähnlichen **Klippschliefer** vor.

Neben einer Vielzahl anderer Primatenarten beherbergt Uganda mehrere größere **Schimpansenpopulationen** (vor allem in den Waldgebieten Kibale und Budongo). Im Bwindi Impenetrable NP leben noch ca. 340 **Berggorillas** (laut Zensus von 2006). Dies ist fast die Hälfte des Weltgesamtbestandes der vom Aussterben bedrohten Unterart. Im Mgahinga Gorilla NP auf der ugandischen Seite der Virunga-Vulkane sind weitere 15–50 Individuen beheimatet. In beiden Gebieten sind Besuche an Menschen gewöhnter (habituierter) Gorillagruppen möglich. Von den übrigen 17 **Primatenarten** bekommt man neben den allgegenwärtigen Anubis-Pavianen am ehesten Guerezas, Grüne Meerkatzen, Diademmeerkatzen und Schwarzbackige Weißnasen zu sehen. Besonders gute Beobachtungsmöglichkeiten bestehen im Kibale Forest NP, der eines der dichtesten Primatenvorkommen weltweit aufweist.

Es sind mehr als 1100 **Vogelarten** in Uganda beschrieben, die meisten von ihnen brüten hier (zum Vergleich: In Deutschland lassen sich 288 Vogelarten beobachten). Alljährlich kommen zahlreiche Zugvogelarten aus dem afrikanischen, europäischen und asiatischen Raum nach Uganda, von denen der europäische Weißstorch die auffälligste ist. Vor allem Wasservögel und Greifvögel sind in Uganda gut zu beobachten. Neben den allgegenwärtigen Marabus und häufigen Arten wie Nimmersatt, Rosapelikan, Weißbrustkormoran, Reihern und Kingfishern (Eisvogelarten) ist das Vorkommen des **Schuhschnabelstorchs** hervorzuheben. Der Kronenkranich ist ugandischer Wappenvogel. Eine ausgefallene Färbung zeichnet den seltenen Sattelstorch aus. In den Bergwäldern kommen mehrere farbenfrohe Turako- und Nektarvogelarten vor. Auffälligste Greifvögel sind der Sekretär und der Gaukler. Charaktervogel von Seen und größeren Flussläufen ist der **Schreiseeadler.**

Insbesondere unterhalb der Murchisonfälle im gleichnamigen Nationalpark gibt es riesige, sehr alte **Nilkrokodile.** An Seen und Flüssen ist der **Nilwaran** eine gängige Erscheinung. In den Wäldern kommen mehrere Chamäleonarten vor.

Schlangen sind häufig, doch bekommt man sie fast nie zu Gesicht. Die größte ist der bis zu 6 m lange Felspython. Sehr selten kann man Speikobras beobachten, gelegentlich stößt man auch auf die sehr giftige Puffotter, die im Gegensatz zu allen anderen Schlangenarten nicht zur Flucht neigt. Schwar-

ÖKOLOGIE UND NATURSCHUTZ

ze Mamba, verschiedene Vipern und Baumnattern kommen ebenfalls vor, sind jedoch selten zu sehen.

Über 20.000 **Pflanzenarten** sind in Uganda heimisch. Bemerkenswert sind insbesondere die Senezien- und Lobelienbestände im Ruwenzori-Gebirge und am Mt. Elgon. Diese Pflanzen neigen in größeren Höhen zum Pflanzengigantismus. Wuchshöhen von 4–10 Meter sind dabei keine Seltenheit. Man wandelt in den ugandischen Bergen daher wie durch eine Märchenwelt riesenhafter Pflanzen. Heidekraut neigt ebenfalls zum Riesenwuchs. Baumheide kann über 10 Meter Höhe erreichen.

Ökologie und Naturschutz

In Uganda waren 2010 zehn **Nationalparks,** dreizehn Wildschutzgebiete und mehrere Waldschutzgebiete und kommunale Schutzgebiete ausgewiesen. Dabei fallen ca. 4,6% der Landesfläche unter die strengste Schutzkategorie des Nationalparks, insgesamt genießen ca. 8% der Gesamtfläche einen Schutzstatus. Während die Lage in den Nationalparks teilweise recht gut aussieht, ist der Zustand der Wildschutzgebiete („Wildlife Reserves") in der überwiegenden Zahl katastrophal. Die Naturschutzbemühungen konzentrieren sich daher vor allem auf den Erhalt und die Verbesserung der Situation in den Nationalparks. Dazu gehört insbesondere die **Bekämpfung von Wilderei und illegaler Landnutzung.** Beim derzeitigen Parkmanagement werden umliegende Gemeinden an den Einnahmen aus dem Tourismusgeschäft beteiligt. Dies gilt besonders für den Gorillatourismus. So werden ca. 20% der Parkeintrittsgelder in einen Fonds gezahlt, der den Parkanrainergemeinden in sogenannten „Community Conservation Programs" zur Verfügung gestellt wird. Zudem werden die lokalen Gemeinschaften in andere tourismusspezifische Arbeiten eingebunden.

Ökologische Probleme, v.a. Bodenerosion, treten hauptsächlich infolge der intensiveren Bodennutzung in den dichtbesiedelten Gebieten des Südwestens und Westens sowie aufgrund des ständigen Rückgangs der Wälder auf. Im Bürgerkrieg wurde an den Regenwäldern starker Raubbau betrieben. Da der **Holzeinschlag** zur Brennholzgewinnung weiter zunimmt, wurden in der Nähe von Siedlungen „Energiewälder" angelegt, und ein Wiederaufforstungsprogramm der Regierung soll geschlossene Waldflächen schützen.

Uganda hat Anteil am größten tropischen Binnensee, dem **Lake Victoria,** der gleichzeitig zweitgrößter Frischwassersee der Welt ist. Inzwischen weist der See gravierende ökologische Probleme auf. Das ökologische Gleichgewicht wurde durch ein rasches Bevölkerungswachstum, Zerstörung der ursprünglichen Vegetation entlang der Küste, eine rasch expandierende Fischexportindustrie, eine starke Dezimierung des Fischbestandes, die aus Südamerika eingeschleppte, große Flächen des Sees bedeckende Wasserhyazinthe und massive Eutrophierung (Zunahme

ÖKOLOGIE UND NATURSCHUTZ

von Nährstoffen im Wasser) empfindlich gestört. Hohe Nährstoffeinträge in den See begünstigen ein massives Wachstum der **Wasserhyazinthe.** Diese im Wasser schwebende Pflanze behindert den Lichteinfall und verhindert somit eine Photosynthese des Phytoplanktons. Die Einleitung der Nährstoffe wird durch fortschreitende Abholzung im Uferbereich und nachfolgende Auswaschung der Böden bewirkt. Von wissenschaftlicher Seite wird rasches Handeln gefordert, da die Zerstörung des derzeit noch lebenserhaltenden Sees bald nicht mehr aufzuhalten sein könnte. Sanierungsmaßnahmen sind schwierig, da ein gemeinsames Vorgehen der drei Anrainerstaaten Uganda, Tansania und Kenia notwendig ist. Gemeinsam mit der Weltbank wird von der Regierung versucht, die drohende Gefahr abzuwenden.

Der Bau eines neuen Dammes zur Stromgewinnung an den Bujagali-Fällen nahe Jinja führte zu einer heftigen Kontroverse zwischen Damm-Befürwortern und Naturschützern.

Naturschutzorganisationen

Es gibt in Deutschland verschiedene Naturschutzorganisationen, die sich sehr stark im ugandischen bzw. kongolesischen Naturschutz engagieren:

Berggorilla & Regenwald Direkthilfe
● c/o *Rolf Brunner,* Lerchenstr. 5,
45473 **Mülheim/Ruhr,**
www.berggorilla.de,
Spendenkonto Nr. 353344315
bei der Stadtsparkasse Mülheim/Ruhr
(BLZ 362 50000)

Die Berggorilla & Regenwald Direkthilfe (BRD) setzt sich insbesondere für die östlichen Gorillas und den Schutz ihrer Regenwälder ein. Der Verein unterstützt die Arbeit der Wildhüter, z.B. durch Ausrüstungslieferungen, Ausbildung oder den Bau von Unterkünften, finanziert Informationsmaterial für die Bevölkerung oder ermöglicht die Markierung von Nationalparkgrenzen. Darüber hinaus fördert er wissenschaftliche Forschungsaktivitäten. Ein wichtiges Ziel dabei ist die Schaffung eines Gleichgewichts zwischen den Bedürfnissen der lokalen Bevölkerung und den Naturschutzmaßnahmen.

Rettet die Elefanten Afrikas e.V.
● Bodelschwinghstr. 30, 50170 **Kerpen,**
www.reaev.de,
Spendenkonto Nr. 621918283 bei
der HypoVereinsbank (BLZ 200 30000)

Der Verein Rettet die Elefanten Afrikas (REA), 1989 von dem inzwischen verstorbenen Hamburger Verleger *Hans-Helmut Röhring* und seiner Frau *Barbara* ins Leben gerufen, hat sich den Erhalt der afrikanischen Elefantenbestände zum Ziel gesetzt. Die Hauptaktivität des Vereins liegt in Kenia und Uganda. Seit vielen Jahren wird die Naturschutzarbeit im Queen Elizabeth National Park und im Murchison Falls National Park gefördert, seit 1994 vermehrt auch im Kidepo Valley National Park. Neben dem Aufbau einer Infrastruktur spielt die Bekämpfung der Wilderei eine wichtige Rolle. Dazu wurden seit 1990 Schnellboote und Einsatzfahrzeuge angeschafft, neue Parkaußenposten unterstützt, Ersatzteile, Ausrüstung und Medikamente für Parkmitarbeiter finanziert, leistungsbezogene Prämien (sog. „Top-up's") für engagierte Ranger gezahlt sowie Anschubfinanzierungen für bestimmte Projekte ermöglicht.

ÖKOLOGIE UND NATURSCHUTZ

Zoologische Gesellschaft Frankfurt von 1858 e.V. (ZGF)

- Alfred-Brehm-Platz 16,
D-60316 **Frankfurt,** www.zgf.de,
Spendenkonto Nr. 80002 bei der Frankfurter Sparkasse (BLZ 500 50201)

Die ZGF wurde bereits 1858 gegründet. Eine Vielzahl von Projekten weltweit folgt dem Ziel der Bestandssicherung seltener Tierarten sowie ihrer Lebensräume. In Afrika liegt die Hauptaktivität in Tansania, jedoch engagiert sich die ZGF seit mehr als 20 Jahren auch maßgeblich im Parc National des Virunga in Kongo/Zaire. Die Habituierung mehrerer Berggorillafamilien im Park ist ein Erfolg des ZGF-Projektes. Darüber hinaus erfolgten vor Ausbruch des Bürgerkrieges regelmäßige Ausrüstungslieferungen direkt an die Wildhüter, eine Ausstattung mit Fahrzeugen sowie Ausbildungs- und Infrastrukturmaßnahmen. In Uganda steht die Überwachung der Wildtierbestände der Nationalparks im Vordergrund. Dazu wurde u.a. ein Kleinflugzeug angeschafft, das überwiegend im Kidepo Valley NP zum Einsatz kam.

Jane Goodall Institut Deutschland (JGI Deutschland)

- Leonrodstr. 42, 80636 **München,**
www.janegoodall.de,
Spendenkonto Nr. 258082205
beim Bankhaus Reuschel & Co. in München
(BLZ 700 30300)

Von *Peter Hammelsbeck* 1994 in München gegründet, engagiert sich das Jane Goodall Institut (JGI) im praktischen Natur- und Tierschutz. Dem Schutz von Menschenaffen wurde immer eine hohe Priorität eingeräumt. Ein Großteil der Kosten zur Betreuung der Schimpanseninsel Ngamba Island im Viktoriasee wird heute durch JGI Deutschland getragen. Der Verein vergibt auch Patenschaften im deutschsprachigem Raum für die Schimpansen auf Ngamba Island.

Förderkreis für Ugandas Tierwelt e.V. (FUT)

- Postfach 348, D-22563 **Hamburg,**
F.Ugandas.Tierwelt@t-online.de,
Spendenkonto Nr. 1217125598 bei
der Hamburger Sparkasse (BLZ 200 50550)

1986 ins Leben gerufen, ist das Ziel von FUT der Erhalt der Wildtierbestände Ugandas sowie deren Lebensräume. Die Hauptaktivität lag bisher im Queen Elizabeth National Park, seit 1994 auch im Kidepo Valley National Park wurde untergeordnet in anderen Reservaten. Der zeitweise in Uganda lebende Ingenieur *Peter Möller* koordiniert den Einsatz der Mittel vor Ort. Neben dem Aufbau einer funktionierenden Infrastruktur und Informationsprogrammen für die im Nahbereich der Parks lebende Bevölkerung spielt die Bekämpfung der Wilderei eine vordringliche Rolle. Dazu wurden robuste Einsatzfahrzeuge angeschafft, neue Parkaußenposten geschaffen und ein leistungsbezogenes Prämiensystem für die Ranger eingeführt.

Schimpanse

Geschichte

Ostafrika – „Wiege der Menschheit"

Nach dem gegenwärtigen Kenntnisstand der Anthropologen haben sich maßgebliche Prozesse der Menschwerdung im ostafrikanischen Raum abgespielt. Im Gebiet des **Rift Valley,** des Ostafrikanischen Grabenbruchs, ist die Zahl und die Qualität der natürlichen Aufschlüsse besonders hoch.

Berühmte Wissenschaftler wie *Louis, Mary* und *Richard Leakey, Yves Coppens* oder *Donald Johanson* haben aus den Fundstellen am afrikanischen Rift Valley im Laufe von Jahrzehnten mehr als 2000 fossile Überreste von Hominiden geborgen und anhand ihrer Funde die Auffassung, die Wiege der Menschheit läge im östlichen Afrika, eindrucksvoll untermauert.

Geschichte Ugandas

Frühgeschichte

Wie in vielen anderen Teilen Afrikas weiß man über die frühe Geschichte der Region des heutigen Uganda wenig, da schriftliche Zeugnisse aus dieser Zeit fehlen. Man nimmt jedoch an, dass dieses Gebiet einen weitgehend geschlossenen Regenwaldbewuchs aufwies, der von jagenden **Pygmäenstämmen** besiedelt war. Mit der Einwanderung von Ackerbau betreibenden **Bantuvölkern,** beginnend vor etwa 2000 Jahren, wurden die Pygmäen immer weiter zurückgedrängt. Anfang des 18. Jahrhunderts war das Gebiet Ugandas von zwei großen ethnischen Gruppen bestimmt: Bantustämmen (meist Bauern) im Süden und **nilotischen Nomaden** im Norden.

Zwischen dem 15. und 18. Jahrhundert entwickelten sich in einigen Teilen des Landes die heute noch für Uganda typischen **Aristokratien,** wobei das **Königreich Buganda** eine Führungsrolle innehatte. Aber die Vielzahl unterschiedlicher Stämme war nicht nur in vergangenen Jahrhunderten Anlass für kriegerische Auseinandersetzungen.

19. Jahrhundert – Beginn der Kolonialzeit

Mit Beginn des 19. Jahrhunderts drangen **arabische Händler** von der ostafrikanischen Küste in das Gebiet vor, angezogen durch Elfenbein- und Sklavenhandel. Sie begannen mit der Etablierung des **Islam** in der von Naturreligionen bestimmten Region. In der zweiten Hälfte des Jahrhunderts erlangte das ostafrikanische Gebiet für die europäische Kolonisation an Bedeutung. Um 1860 wurde die Quelle des Nils durch die beiden britischen **Forscher** *Grant* und *Speke* entdeckt. Auf ihren Spuren kamen protestantische und katholische **Missionare** und wurden in allen Landesteilen aktiv. Ihre Bemühungen fielen auf sehr fruchtbaren Boden, der Einfluss der Missionen war schon bald groß. Der Islam hingegen konnte vergleichsweise wenig Fuß fassen.

Nach Abschluss entsprechender Verträge auf der **Berliner Konferenz** 1884/1885 wurden die britischen Ansprüche auf das Seenhochland von den Deutschen anerkannt. Weitere vertragliche

Vereinbarungen zwischen dem Deutschen Reich und England regelten 1886 und 1890 die Interessensphären beider Großmächte in Ostafrika. Während **Deutsch-Ostafrika** (bis 1918) das heutige Festland-Tansania, Ruanda und Burundi umfasste, wurden die jetzigen Staaten Uganda und Kenia als **British East Africa** zusammengefasst. Die **British East Africa Company** wurde zunächst mit der Wahrnehmung kommerzieller und politischer Interessen des Mutterlandes beauftragt und handelte mehrere Schutzverträge mit den Bantu-Königreichen aus. Ab 1894 waren Uganda und Kenia als Protektorat direkt der britischen Regierung unterstellt. Der Widerstand verschiedener einheimischer Gruppen bei der Errichtung des kolonialen Staatssystems wurde in mehreren Kriegen niedergeschlagen. 1902 erfolgte die Teilung in getrennte Verwaltungsgebiete (die heutigen Länder Uganda und Kenia).

20. Jahrhundert bis zur Unabhängigkeit (1962)

Der Aufbau der Kolonialwirtschaft stützte sich auf den Export sogenannter **„cash crops"**, vor allem Baumwolle und Kaffee. Anders als in Kenia setzten sich in Uganda europäische Siedler und Farmer niemals in größerer Zahl fest, sodass das landwirtschaftlich genutzte Land zum überwiegenden Teil in der Hand der lokalen Bevölkerung blieb. Mit dem Beginn des Eisenbahnbaus durch die Briten strömten zahlreiche **Asiaten,** vor allem Inder, ins Land. Diese übernahmen rasch die wirtschaftliche (und in gewissen Grenzen auch industrielle) Führerschaft im Lande und trugen viel zur Belebung von Wirtschaft und Handel bei.

Während der letzten Jahrzehnte kolonialer Zeit blieb es in Uganda relativ ruhig und friedlich, das Land galt als eines der blühendsten in Schwarzafrika. Am **9. Oktober 1962** wurde Uganda in die **Unabhängigkeit** entlassen.

Nach der Unabhängigkeit – das erste Regime Obotes (bis 1971)

Die Bemühungen der Briten, das Land nach Erlangung der Unabhängigkeit nicht auseinanderbrechen zu lassen, führten zur **Errichtung eines komplexen föderalistischen Systems.** Die erste Regierung des jungen Staates wurde von einer Allianz politischer Kräfte aus den traditionell in distanziertem Verhältnis zueinander stehenden nördlichen und südlichen Landesteilen gebildet. Der König („Kabaka") des einflussreichsten Königreiches Buganda wurde zum Präsidenten gewählt, während **Dr. Milton Obote,** ein Lehrer vom Stamme der Langi in Norduganda, Premierminister wurde. Nach einem geglückten Start versuchte *Obote* sehr bald, die alleinige Kontrolle über den Staat zu gewinnen. Er stützte sich dabei vor allem auf die Armee. Im Februar 1966 setzte er die Verfassung außer Kraft, entließ den Präsidenten und riss alle Macht an sich. Als das Königreich Buganda die Wiederherstellung seiner Autonomie forderte, wurde der Kabaka *Edward Muteesa II.* von Truppen der ugandischen Armee, die unter Führung von Colonel *Idi Amin* standen, ins Exil nach England vertrieben, wo er 1969 starb.

Willkür und Repression bestimmten fortan den politischen Alltag im Land. Im Schatten *Obotes* gewann *Idi Amin,* der alsbald im Rang eines Generals die Armeeführung übernahm, an Macht. Er machte sich einen Auslandsaufenthalt *Obotes* zunutze und erklärte sich im Januar 1971 zum neuen Staatsführer. Der Staatsstreich glückte, weil viele Ugander und die westliche Welt die Abkehr vom verhassten Regime *Obotes* begrüßten.

Uganda unter Idi Amin (1971–1979)

Das auf derlei Vorschusslorbeeren bauende Regime *Idi Amins* zeigte bald sein wahres Gesicht. Politische Aktivität wurde verboten, viele Menschenrechte außer Kraft gesetzt. *Idi Amin* begann, mit grausamer Willkür und der Gewalt der Armee zu regieren. **1972** befahl er die **Ausweisung aller Asiaten** und schuf schnell eine Atmosphäre, die über 70.000 von ihnen ins Exil nach England, Kanada und die USA trieb. Ihre Geschäfte und Betriebe wurden unter dem Beifall weiter Bevölkerungsteile „afrikanisiert" und Afrikanern ausgehändigt, d.h. in der Praxis meist an Gefolgsleute *Amins*. Mit dieser Maßnahme leistete er dem zunehmenden Verfall der ugandischen Wirtschaft Vorschub, denn die neuen Besitzer ruinierten viele Geschäfte und Unternehmen schon bald durch ökonomische Unkenntnis und Misswirtschaft. Fast alle westlichen Länder brachen ihre diplomatischen

Lake Mutanda bei Kisoro

Beziehungen zu Uganda ab und verhängten ein Handelsembargo. Die meisten Europäer verließen das Land. Unterstützung überwiegend militärischer Art fand *Idi Amin* in Libyen und in der damaligen Sowjetunion.

Die gute Infrastruktur des Landes unterlag einem rasanten Verfall, Berichte über Gräueltaten an den verschiedensten Bevölkerungsgruppen häuften sich. Selber ein Moslem, befahl er vor allem die Ermordung von Christen, die in Uganda fast 70% der Bevölkerung ausmachen. In diversen **Säuberungsaktionen** verloren fast 400.000 Ugander ihr Leben. Die meisten von ihnen verschwanden einfach und wurden in Gefängnissen, Polizeistationen und Armeebaracken gefoltert und zu Tode gequält. Viele Leichen wurden einfach in den Nil geworfen. Besonders schlimm betroffen waren die Völker der Langi (der Stamm *Obotes*) und der Acholi. Mehr als 30.000 Karamojong wurden getötet, weil *Idi Amin* und seine Gefolgsleute sie für „primitiv" erklärten. Schlecht bezahlte, marodierende Soldaten schossen die ugandischen Nationalparks leer, und ein riesiger Flüchtlingsstrom ergoss sich in die Nachbarländer.

Bis 1978 hatte *Idi Amin* Staat und Gesellschaft so gründlich ruiniert, dass er kaum noch Rückhalt in den eigenen Reihen besaß. Schwere **Revolten** erschütterten die Armee. Amin flüchtete sich in einen **Krieg** und ließ nach Anzettelung eines Grenzkonflikts das Nachbarland Tansania angreifen. Die miserabel ausgerüstete tansanische Armee holte nach mehreren Monaten mit Unterstützung vieler Exil-Ugander zum

Idi Amin – der „Schlächter von Kampala"

Der Mann gab sich gern als Witzbold. Unangemeldet besuchte er die britische Queen, im Pyjama sprang er während eines Gipfeltreffens der afrikanischen Union in den Pool, und sich selbst nannte der Afrikaner den „letzten König von Schottland". Dem US-Präsidenten *Nixon* wünschte er seinerzeit eine „rasche Genesung von Watergate". Bekannt wurde der ugandische Despot *Idi Amin* jedoch als „Schlächter von Kampala", unter dessen Gewaltherrschaft von 1971 bis 1979 Hunderttausende von Menschen ermordet wurden.

Zur Macht hatte dem Diktator der Westen verholfen. Der bullige Amateurboxer, der kaum lesen und schreiben konnte, meldete sich 1946 zur britischen Kolonialtruppe King's African Rifles. Dank seiner militärischen Fähigkeiten brachte er es in sieben Jahren vom Hilfskoch bis zum Sergeant Major. Erfolgreich kämpfte er für die Briten gegen die Mau-Mau-Freiheitskämpfer in Kenia. Dafür gaben sie Amin Rückenwind, als dieser sich am **25. Januar 1971** gegen den damaligen Präsidenten *Milton Obote* in Uganda **an die Macht putschte**. Dessen Linkskurs misstraute der Westen ohnehin.

Großbritannien und auch Israel, das Amin zum Fallschirmjäger ausgebildet hatte, erkannten das Regime sofort an. Schon nach wenige Tagen zeigte Amin sein wahres Gesicht: Offiziere, Richter und Intellektuelle, die *Obote* gedient hatten, „verschwanden". Ganze Dörfer wurden dem Erdboden gleichgemacht. Nach Informationen von amnesty international wurden während der folgenden acht Jahre **fast 400.000 Menschen massakriert** – zum Teil vom Diktator selbst. Um an libysche Rüstungsgelder zu kommen, wies er Israelis aus und verherrlichte die Gräueltaten der deutschen Nazis an den Juden.

Ein Jahr nach seinem Putsch verjagte er rund 70.000 Asiaten aus dem Land und leitete damit den **wirtschaftlichen Ruin** ein, von dem sich Uganda erst unter dem derzeitigen Präsidenten *Yoweri Museveni* wieder erholte. „Ich erinnere mich wie heute an den Tag, an dem ich meine Koffer packte und das Land verließ", sagt ein indischer Stoffhändler in Kampala. „Meine Villa, meinen Laden und alles, was ich mir in 35 Jahren aufgebaut habe, hinterließ ich diesem Verbrecher." Der Inder ist einer von wenigen Asiaten, die seit gut zehn Jahren wieder zum Erscheinungsbild der Stadt gehören.

Im Sommer 1972 stattete Amin *Queen Elizabeth* in London einen Überraschungsbesuch ab. In Uganda sei es zu schwer, Schuhe der Größe 47 zu finden, soll er auf die Frage geantwortet haben, was ihr die Ehre verschaffe. Um die ehemaligen Kolonialherren zu demütigen, ernannte er sich später zum Monarchen der Schotten und „Eroberer des britischen Empires." Während die westliche Welt dem Anti-Kommunisten lange zu Füßen lag, ließ er Briten, die in Kampala wohnten, vor ihm niederknien. Die Kinder von deutschen und US-Diplomaten forderte er im Pool des heutigen Sheraton-Hotels zu Wettkämpfen heraus, während die Eltern ihnen einschärften, den eitlen Koloss bloß gewinnen zu lassen.

Seine Niederlage kam, als die Armee des Nachbarlandes Tansania 1978 einen Invasionsversuch ugandischer Truppen niederschlug und am **11. April 1979** den größenwahnsinnigen Diktator in die Flucht jagte. **Saudi-Arabien** gewährte ihm **Exil**, wo er die letzten 14 Jahre seines Lebens zurückgezogen lebte. Seine Freundschaft zu dem damaligen König *Feisal* ermöglichte dem konvertierten Moslem ein bequemes Leben im Exil. Für seine Untaten musste er sich niemals vor Gericht verantworten.

Auf den Tod des Ex-Diktators am 16. August 2003 reagierte die ugandische Regierung gelassen. „Sein Tod ist bestimmt kein Anlass zu trauern", sagte ein Sprecher von Präsident *Museveni*. Amin sei der grausamste aller Despoten gewesen. Wenn die Familie ihn in seiner Heimatstadt Arua in Uganda bestatten wolle, gäbe es jedoch keine Einwände.

● **Filmtipp: „Der letzte König von Schottland"** (Großbritannien, 2006). Der junge schottische Arzt *Nicolas Garrigan* kommt als Entwicklungshelfer nach Uganda. Eines Tages wird er zu einem Verkehrsunfall gerufen, in den der Staatspräsident *Idi Amin* verwickelt ist. Schnell steigt er zu dessen Leibarzt auf. Verwöhnt und vom Luxus berauscht, übersieht er zunächst die vielen Gräueltaten, die um ihn herum geschehen. Als er endlich Stellung bezieht, ist es fast zu spät und wenig später um ein Haar auch um ihn selbst geschehen. Regie führte *Kevin Macdonald*. Forest Whitaker erhielt für seine überzeugende Darstellung *Idi Amins* den Oscar 2007 für die beste männliche Hauptrolle.

großen Gegenschlag aus. Die **Invasion tansanischer Truppen** im Frühjahr 1979 nach Uganda führte innerhalb weniger Tage zur Flucht Amins und seiner heruntergewirtschafteten Armee. Der Diktator fand Exil zunächst in Libyen und später in Saudi-Arabien, wo er am 16. August 2003 im (geschätzten) Alter von 76 Jahren an den Folgen einer Nierenerkrankung verstarb.

Das Chaos nach Amins Flucht 1979/80

Die tansanischen Truppen blieben vorerst im Land, vor allem um beim Wiederaufbau zu helfen und um Recht und Ordnung zu gewährleisten. Doch kaum war ihre Bezahlung erlahmt, sprangen sie an die Stelle der vertriebenen Amin-Truppen. Sie begannen, die verbliebenen Tiere in den National-parks zu schießen, plünderten Hilfslieferungen und tyrannisierten die Zivilbevölkerung. Trotzdem kehrten viele Ugander aus dem Exil zurück und der Wiederaufbau machte Fortschritte. Die Tansanier installierten eine **Übergangsregierung,** die Uganda National Liberation Front (UNLF), deren Präsident Dr. Yusufu Lule (vorher Vize-Kanzler der Makerere-Universität) wurde. Als Lule Kritik am tansanischen Präsidenten Nyerere äußerte, wurde er nach kurzer Zeit durch Godfrey Binaisa ersetzt. Nach einer Amtszeit von nur einem Jahr wurde Binaisa vom militärischen Flügel der UNLF, der Uganda National Liberation Army (UNLA), verdrängt. Dieser wurde von **Paulo Muwanga,** einem Anhänger des alten Präsidenten Obote, geführt. Muwanga setzte freie Wahlen für das Jahresende 1980 fest.

GESCHICHTE

Die **Wahlen** vom Dezember 1980 wurden vermutlich gefälscht. Der aus seinem tansanischen Exil zurückgekehrte Ex-Präsident **Obote** wurde zum Sieger erklärt und alsbald zum Präsidenten gewählt, *Muwanga* wurde Vize-Präsident.

Das zweite Regime Milton Obotes (1980–1985)

Die zweite Präsidentschaft *Obotes* stützte sich, wie die erste, vor allem auf die Armee. *Obote* gelang es nicht, die verschiedenen Stämme und Gruppen der ugandischen Gesellschaft und deren Ziele unter einen Hut zu bringen. Mehrere oppositionelle Gruppen gingen nach der manipulierten Wahl in den Busch und begannen einen **Guerillakrieg.** Dazu gehörte die **National Resistance Army (NRA)** unter Führung von **Yoweri Museveni.** Dieser ehemals kleine Haufen zäher Kämpfer entwickelte sich rasch zu einer wohlorganisierten, mächtigen Armee, die vornehmlich aus den südlichen Landesteilen heraus operierte. Die Regierungsarmee *Obotes* (UNLA) versuchte verzweifelt, den Zulauf der Bevölkerung zur NRA zu bekämpfen. Besonders im sogenannten „Luwero-Dreieck" nördlich von Kampala kam es zur Vernichtung ganzer Bevölkerungsteile. Man nimmt heute an, dass in der zweiten Amtszeit *Obotes* fast 500.000 Menschen starben.

Schützenpanzer an der Straße von Kampala nach Masindi (1986, Sturm der NRA auf Kampala)

Auseinandersetzungen in der Armeeführung zwischen den Stammesfraktionen der Langi und Acholi leiteten *Obotes* Ende ein. Im Juli 1985 marschierten Acholi-dominierte Armeeeinheiten in Kampala ein und vertrieben *Obote* nach Sambia, wo er bis zu seinem Tod im Jahr 2005 lebte. Seine Regierung wurde durch einen Militärrat ersetzt, den der General *Tito Okello* (ein Acholi) führte.

Die Militärherrschaft von General Okello (1985/1986)

Die NRA von *Yoweri Museveni* lehnte eine Regierungsbeteiligung unter *Okello* ab und setzte ihren Untergrundkampf fort. Ende 1985 hatte sie weite Teile Ugandas unter Kontrolle, im Januar 1986 schließlich nahm sie nach längerer Schlacht Kampala ein.

Uganda unter Museveni (seit 1986)

Kurz nach der Machtübernahme durch die NRA wurde *Museveni* als Präsident vereidigt. Die NRA hatte binnen zwei Monaten fast das gesamte Staatsgebiet unter ihrer Kontrolle, lediglich der Norden und Nordwesten blieben vorerst noch Kampfgebiet. Der alte Militärrat wurde durch den National Resistance Council (NRC) ersetzt, der zunächst vor allem mit Offizieren der NRA und Mitgliedern ihres politischen Flügels, dem **National Resistance Movement (NRM),** besetzt wurde.

Museveni gewann rasch das Vertrauen der westlichen Welt und brachte Uganda auf **Konsolidierungskurs.** Er forderte die unter *Amin* vertriebenen Asiaten zur Rückkehr auf und versprach die Rückgabe ihres Eigentums. Ende der 1980er Jahre bot er den Rebellengruppen, die im Norden kämpften, eine Amnestie an. Fast 30.000 von ihnen gingen darauf ein und gaben ihre Waffen ab. Dem König von Buganda („Kabaka") ebenso wie den Monarchen von Bunyoro, Busoga und Toro erlaubte er 1993 die Rückkehr und die Wiederherstellung ihrer Königreiche, allerdings ausschließlich unter kulturellen und zeremoniellen Aspekten.

Der militärisch erzwungene Machtwechsel in Ruanda nach dem Genozid im Jahr 1994 hin zu einer Tutsi-dominierten Regierung wurde von *Museveni* militärisch und logistisch massiv unterstützt. Viele der ruandischen Tutsi-Soldaten hatten seinerzeit in der NRA *Musevenis* gedient und diesem 1986 zum militärischen Sieg über das Okello-Regime verholfen.

Museveni lehnte es im eigenen Land bis 1994 ab, demokratische Wahlen innerhalb eines Mehrparteiensystems durchführen zu lassen. Er wies dabei auf den noch sehr jungen Frieden und eine fehlende, neu zu schaffende Verfassungsgrundlage hin. Im März 1994 fanden die Wahlen zur Verfassungsgebenden Versammlung statt. Das NRM-dominierte Gremium schrieb 1995 in der neuen **Verfassung** für weitere fünf Jahre das von *Museveni* und seiner NRM etablierte **„Movement-System"** fest, das ohne echten Parteienpluralismus auskommt, aber verschiedene politische Kräfte zulässt. Am 9. Mai **1996** fanden die ersten freien **Präsidentschaftswahlen** in Uganda seit mehr als 10 Jahren statt. Unter den drei angetre-

Die Rückkehr der Könige

Den kulturellen Kern des modernen Uganda bilden die bantusprachigen **Königreiche von Buganda, Bunyoro, Busoga und Toro,** deren traditionelle Monarchen unter *Obote* 1967 abgesetzt und ab 1993 unter dem amtierenden Präsidenten *Museveni* wieder installiert wurden. Lediglich das Königreich Ankole wurde bislang nicht wieder errichtet, da es dort eine starke antimonarchistische Bewegung gibt. Die Wiederherstellung der Monarchien stellte eine symbolische Anerkennung und Rückbesinnung auf traditionelle afrikanische Strukturen dar, die *Museveni* viel Anerkennung im Volk einbrachte. Politisch gesehen war es ein cleverer Schachzug, zumal die Monarchen keinerlei politische Macht erhielten.

Nach mündlicher Tradition sind die heutigen Monarchien Ugandas Nachfahren der **mittelalterlichen Königreiche der Batembuzi und Bachwezi,** deren Zentrum in der Gegend der heutigen Orte Mubende und Ntusi lag, wo archäologische Funde darauf hindeuten, dass ein streng zentralistisch geführter Staat bestand. Ab dem 10./11. Jahrhundert entwickelte sich unter dem Stamm der Batembuzi das **Königreich Kitara** mit der Hauptstadt Bigo Bya Mugenyi. Die Batembuzi-Dynastie ging im 14. Jahrhundert in der Herrschaft der Bachwezi auf, die mit ihrer Einwanderung Neuerungen wie den Kaffeeanbau, Eisenproduktion und die Haltung von Ankole-Rindern nach Bunyoro brachten. Die Kitara-Dynastie erlebte im 14. und 15. Jahrhundert unter den Bachwezi ihren Höhepunkt, zerfiel danach langsam und ging im späteren Reich Bunyoro auf.

Etwa ab dem 15. Jahrhundert entstand im Westen Ugandas in der Region um den Albertsee das **Königreich von**

Die Rückkehr der Könige

Bunyoro (auch Bunyoro-Kitara genannt), das von nilotischen Hirten begründet wurde und das erste der fünf größeren Reiche Ugandas der Neuzeit darstellt. Ab dem 17. Jahrhundert begann Buganda am Nordwestufer des Viktoriasees zunehmend an Einfluss zu gewinnen, erreichte im 18. Jahrhundert eine Vormachtstellung gegenüber Bunyoro und entwickelte sich zum bis heute bedeutendsten der ugandischen Königreiche. Die **Könige Bugandas**, die sich Kabaka nannten, bauten ihre Herrschaft insbesondere durch kriegerische Raubzüge und den florierenden Handel mit Elfenbein aus, welches vor allem an Araber verkauft wurde, die sich an der Küste des späteren Kenia angesiedelt hatten. Weitere, deutlich kleinere Reiche stellten **Ankole** im Südwesten, **Busoga** im Südosten und **Toro,** das zwischen Ankole und Bunyoro lag, dar. Toro war eine Provinz Bunyoros, bevor es sich im 19. Jahrhundert von diesem lossagte. Der weniger fruchtbare Norden Ugandas, der von Niloten besiedelt wurde, war zu dieser Zeit noch immer recht wenig entwickelt und in kleine Stammesbezirke unterteilt, die häufigen Wanderbewegungen unterlagen.

Im dominierenden Königreich Buganda lag der **Grundbesitz in Händen des Kabaka mit Sitz in Kampala.** Er unterteilte Buganda in einzelne Distrikte und installierte untergeordnete Chiefs an deren Spitze, die für die Aufrechterhaltung der Ordnung, Steuererhebung, Rechtsprechung und Landverteilung an die Bauern verantwortlich waren. Alle Chiefs gehörten dem Bakungu an, dem höheren Adel, und konnten einen Teil ihrer Privilegien an die Angehörigen des Batongole, des niederen Adels, delegieren. Die genannten Adelsposten waren primär nicht erblich, sondern wurden vom Kabaka bestimmt. Dem Kabaka zur Seite stand der **Lukiiko,** ein parlamentsähnlicher Rat hoher Adliger, der zwar kein festgesetztes Mitbestimmungsrecht hatte, aber durchaus Einfluss auf Entscheidungen. Schließlich verfügte der Kabaka über eine eigene Armee und eine Flotte von einigen hundert Kriegsbooten sowie ein vergleichsweise gutes Straßensystem.

Bei Wiedereinführung der Monarchie in Buganda 1993 wurde der Sohn des letzten, 1967 abgesetzten Königs *Mutesa II.,* **Ronald Muwenda Mutebi II.,** als 36. Kabaka inthronisiert. 1997 wurde ihm der traditionelle **Königspalast Lubiri in Kampala** zurückgegeben. Buganda ist nunmehr eine konstitutionelle Monarchie, mit dem traditionell Lukiiko genannten Parlament, das seinen Sitz in mit Bulange bezeichneten Parlamentsgebäuden auf dem Mengo Hill in Kampala einnimmt. Das Lukiiko besitzt einen parlamentarischen Führer, einen Sprecher und provisorische Sitze für die königliche Familie, 18 Bezirksoberhäupter (Chiefs), Kabinettsminister, mehr als 50 Clanführer und geladene Gäste sowie eigene Präsentationsräume. Der Kabaka nimmt nur an zwei Parlamentssitzungen im Jahr teil: wenn er die erste Sitzung im Jahr eröffnet, und wenn er zeremoniell die letzte Sitzung des Jahres beendet.

tenen Kandidaten wurde der amtierende Präsident *Museveni* mit großer Mehrheit (74,2% der abgegebenen Stimmen) bestätigt.

In die Bürgerkriegshandlungen im Nachbarland **Kongo/Zaire** ab Oktober 1996, die zum Sturz des Diktators *Mobutu* führten, griff Uganda massiv unterstützend ein. Die ugandische Truppenpräsenz in Kongo/Zaire dauerte nach einer neuerlichen Auflehnung gegen *Mobutus* Nachfolger *Laurent-Désiré Kabila* im August 1998 und der Übernahme der Amtsgeschäfte durch *Joseph Kabila* nach der Ermordung seines Vaters *Laurent* 2001 noch bis zum Mai 2003 an. In verschiedenen UN-Berichten wurden dabei mehrere Führer der ugandischen Truppen im Kongo einer hemmungslosen Bereicherung an den Wäldern und den Bodenschätzen des Kongo bezichtigt. Im August 1999 kam es zu massiven Gefechten zwischen ruandischen und ugandischen Besatzungstruppen in der ostkongolesischen Stadt Kisangani, die den vorläufigen Gipfel einer bis heute andauernden latenten Gegnerschaft beider Länder darstellen, die vor allem in der Unterstützung verschiedener ethnischer Gruppen, der aggressiven Expansionspolitik Ruandas sowie der Konfrontation politischer und wirtschaftlicher Interessen begründet liegt.

Im Jahr 1999 kam es zu mehreren **Bombenattentaten** in Kampala, deren Urheberschaft nie einwandfrei geklärt werden konnte. Im gleichen Jahr wurden mehrere durch Viehdiebstahl ausgelöste **Massaker** unter verfeindeten Gruppen der Karamojong im Nordosten Ugandas verzeichnet, die sich auch im Jahr 2000 wiederholten. Am 1. März 1999 wurden mehrere amerikanische und britische Touristen von ruandischen Hutu-Milizen im Bwindi Impenetrable Forest NP in Südwestuganda ermordet, dem wohl erschütterndsten Tag in der jüngeren Tourismusgeschichte Ugandas. Präsident *Museveni* erklärte die Angelegenheit zur Chefsache und mit massivem Militäreinsatz wurden wesentliche Verbesserungen der Sicherheit in der Region erreicht.

Bei den **Präsidentschaftswahlen** im März **2001** siegte *Museveni* erneut mit 69,3% der abgegebenen Stimmen (bei einer Wahlbeteiligung von 70,3%), doch musste er mit *Dr. Kizza Besigye*, der 28% der Stimmen auf sich vereinigen konnte, erstmals einen ernst zu nehmenden Gegenkandidaten innerhalb des NRM-Systems hinnehmen.

Staatsbesuche der US-Präsidenten *Bill Clinton* (1998) und *George W. Bush* (2003) unterstreichen die strategische Bedeutung, die die westliche Welt und vor allem die USA dem weitgehend stabilen Uganda unter Museveni in Afrika heute beimessen, diese jedoch stets mit der Aufforderung nach mehr Demokratisierung verbinden.

Dass derartige ostentative Appelle in der Sache nichts bewirken, bewies *Museveni* eindrucksvoll. Bei seiner Wahl im Jahr 2001 verkündete er noch, dies sei definitiv seine letzte Amtszeit. Doch vier Jahre später setzte er eine **Verfassungsänderung** durch, die es ihm erlaubte, sich nochmals zur Wahl zu stellen. Bei den **Parlaments- und Präsidentschaftswahlen** im Februar **2006** konnte er sich mit 59,3% der abgegebenen Stimmen klar gegen seinen Rivalen *Besigye* durchsetzen, auf den 37,4% der gültigen Stimmen entfielen.

Die Ugander standen den letzten Präsidentschaftswahlen mit gemischten Gefühlen gegenüber, obwohl sich erstmalig mehrere Wahllisten bewerben konnten. Im Vorfeld der Wahlen kam es zu Unruhen, sodass viele bereits einen neuen Bürgerkrieg befürchteten. EU-Wahlbeobachter kritisierten den **Wahlkampf** als **unfair,** weil der erst Ende 2005 aus dem Exil zurückgekehrte Oppositionsführer *Besigye* sofort wegen angeblichen Landesverrats vor Gericht gestellt wurde; *Besigye* kritisierte dies als politisch motiviert. Das „Forum für Demokratischen Wandel" sprach von Wahlbetrug, weil die Ergebnisse weit von einer unabhängigen Zählung in 19.000 registrierten Wahllokalen abwichen.

Staat und Politik

Die Republik Uganda gehört zu den 50 ärmsten Ländern der Welt und ist wirtschaftlich überwiegend von den Erträgen der Landwirtschaft, vor allem vom Hauptexportprodukt Kaffee, abhängig, dessen Preis in den vergangenen Jahren von Schwankungen am Weltmarkt und Missernten stark beeinträchtigt wurde. Der Human-Development-Index-Wert von 2009 weist Uganda an 157. Stelle von 182 untersuchten Ländern aus. Uganda zählt zu den meistverschuldeten armen Ländern der Welt und bekam in den letzten Jahren von der Gemeinschaft der Geberländer mehrfach großzügige Entschuldungen zugestanden. Andere Untersuchungen weisen Uganda als eines der korruptesten Länder weltweit aus – eine Feststellung, die von keinem politischen Führer des Landes ernsthaft bestritten wird.

Uganda wird seit 1986 von Präsident *Yoweri Kaguta Musveni* geführt. Das **Parlament** ist der von *Musvenis* NRM dominierte National Resistance Council (NRC). Die Mitwirkung verschiedener politischer Kräfte ist gewährleistet, doch gibt es keinen echten Parteienpluralismus. Der heutige Verwaltungsaufbau des Landes unterscheidet **vier Regionen** – Nord-, West-, Ost- und Zentralregion – **mit 80 Distrikten,** die ihrerseits wieder untergliedert sind. Die Chefs der Distriktverwaltungen werden vom Präsidenten ernannt.

Innenpolitisch sieht sich *Musveni* seit Verkündigung der neuen Verfassung am 8. Oktober 1995 wachsenden Schwierigkeiten mit mehreren ugandischen Parteien ausgesetzt. Insbesondere die alte Obote-Partei UPC (Uganda People's Congress), die über beträchtlichen Rückhalt im Norden verfügt, fordert ein echtes Mehrparteiensystem und fühlt sich durch die neue Verfassung an den Rand gedrängt. Im Juli 2000 entschied sich die Bevölkerung bei einem Referendum zunächst für die Beibehaltung des NRM-Systems (**„Movement-System")** für die folgenden fünf Jahre. Die stärkste Kritik an der unverändert autoritären Regierungspolitik *Musvenis* kommt verständlicherweise von den Interessensgruppen und politischen Gruppierungen, deren Aktivitäten unter der repressiven Politik zu leiden haben. Zu den Wahlen 2006 wurden nach einer entsprechenden Verfassungsänderung erstmals auch andere politische Gruppierungen als die NRM zugelassen. Faktisch wurde damit ein Mehrparteiensystem initiiert.

Die historisch bedeutenden **Königreiche** Buganda, Toro, Busoga und Bunyoro-Kitara im Süden des Landes wurden seit 1993 nacheinander wieder etabliert, wobei ihnen zwar eine rein kulturell-traditionelle Rolle zugedacht wurde, ihre Anhänger aber keine unwesentliche Rolle in der Diskussion über die Einführung des Mehrparteiensystems spielten.

Bedeutendster politischer Konkurrent *Musevenis* ist **Dr. Kizza Besigye,** ein ehemaliger NRM-Minister, der bei den Präsidentschaftswahlen 2006 als Gegenkandidat mehr als 37% der Stimmen erhielt. *Museveni* gewann mit fast 60% der Stimmen, darf aber bei den nächsten Wahlen 2011 nicht mehr für die Präsidentschaft kandidieren.

Der **11. September 2001** ging auch an Uganda nicht spurlos vorüber. Bereits am 18. September brachte die Regierung eine Gesetzesvorlage ein, die die Todesstrafe für alle terroristischen Verbrechen vorschreibt und vom Parlament angenommen wurde. Das Gesetz war vor allem gegen die **Rebellengruppierung ADF (Allied Democratic Forces)** gerichtet, die im Westen und von der DR Kongo aus operierte und in Westuganda durch Amnestie und militärischen Druck weitgehend zerschlagen wurde. Das Gesetz schränkt jedoch auch die Presse- und Meinungsfreiheiten ein. Da auch der Norden des Landes Kampfgebiet war, beschloss die Regierung im Februar 2000, die Karamoja-Gegend zu entmilitarisieren, wobei durch den Bau von Dämmen Wasser und Weideland (häufiger Anlass für kriegerische Auseinandersetzung) auch in trockenen Perioden gesichert werden sollten. Ebenfalls im Norden kämpfen seit mehr als 20 Jahren die **Rebellen der LRA (Lord's Resistance Army)** unter ihrem offensichtlich geisteskranken Führer *Joseph Kony* gegen *Musevenis* Regierung und setzen dabei brutale Methoden und außergewöhnlich viele Kindersoldaten ein.

Nach einem Abkommen mit der Regierung des Sudan im März 2002 begann die **„Operation Iron Fist"** mit bis zu 10.000 ugandischen Soldaten, die im Süden Sudans die LRA aufzureiben versuchten. Allerdings gab es weiterhin Anschläge im Norden Ugandas (so z.B. im Juli 2002 auf ein UN-Flüchtlingscamp), wenn auch die LRA militärisch deutlich geschwächt wurde. Es gelang den ugandischen Truppen in der Folge nicht, die LRA entscheidend in die Knie zu zwingen. Erst mit dem **Friedensschluss der sudanesischen Kriegsparteien im Südsudan** im Jahr 2005 verlor die LRA ihre Basen und Nachschublinien im Sudan. Die friedliche Entwicklung im Südsudan zwang *Joseph Kony,* sein Hauptquartier zusammen mit ca. 800 getreuen Kämpfern in den Garamba-Nationalpark im Nordosten der DR Kongo zu verlagern. Im Jahr 2006 handelte die ugandische Regierung mit der

LRA eine erste **Waffenruhe** aus, die in einen Waffenstillstandsvertrag mündete, der im Februar 2008 infolge der „Juba Peace Talks" unterzeichnet wurde, und trat in Verhandlungen um ein Friedensabkommen ein, dessen Abschluss im April 2008 von *Joseph Kony* verweigert wurde. Geplant war eine juristische Aufarbeitung der LRA-Verbrechen vor ugandischen Gerichten. Der mit Haftbefehl des Internationalen Strafgerichtshofs in Den Haag gesuchte *Kony* hoffte, auf diesem Weg einer Auslieferung nach Den Haag zu entgehen. Parallel durchgeführte heimliche Militäraktionen, die auf eine direkte Ausschaltung der LRA-Kommandostrukturen ausgerichtet waren, sind mehrmals gescheitert. Für ihre Bereitschaft, *Kony* im Falle eines Friedensabkommens tatsächlich nicht nach Den Haag auszuliefern, wurde die ugandische Regierung von den Vereinten Nationen Ende 2007 heftig kritisiert.

Im Mai 2002 wurde der **„Political Organisations Bill"** (POB) verabschiedet, der allen Personen in öffentlichen Funktionen verbietet, politische Parteien zu gründen, zudem müssen sich die alten Parteien neu registrieren lassen. Dies steigerte die Frustration der Opposition und rief ihren Widerstand hervor, wobei von der Gruppe „Reform Aganda" zum ersten Mal ein Schattenkabinett errichtet wurde.

Der bis Ende der 1990er Jahre eingeschlagene Weg *Musevenis* zu **Demokratie und Armutsbekämpfung** in Uganda galt lange Zeit als einzigartig in Afrika und war Vorbild für viele andere afrikanische Staaten. Dieser steht nun auf dem Spiel, da es seine Partei NRM nicht geschafft hat, sich rechtzeitig zu modernisieren. Auf der anderen Seite illustriert z.B. die viel gelobte Ausrichtung des Commonwealth-Gipfels (CHOGM) 2007 in Kampala anhaltendes Vertrauen der internationalen Gemeinschaft in das Land.

Die bis 2008 **anhaltenden** gewalttätigen **Konflikte,** insbesondere im Norden Ugandas, aber auch der zunehmend als repressiv wahrgenommene Kurs von Präsident *Museveni* erschweren eine landesweite demokratische und gesellschaftliche Entwicklung. Gleichwohl hat sich in der Hauptstadt Kampala und der Zentralregion des Landes eine **lebendige Zivilgesellschaft** entwickelt.

Auch *Museveni* und die von ihm gesteuerten, aus der Rebellenarmee NRA (National Resistance Army) hervorgegangenen nationalen Streitkräfte der UPDF (Uganda People's Defence Force) konnten dem durch Kriege gezeichneten Norden Ugandas bis 2008 keine Sicherheit bringen. Die **Lage im Norden** ist nicht zuletzt aufgrund wiederholter kriegerischer Auseinandersetzungen mit dem **Volk der Karamojong** bis heute nicht vollständig unter Kontrolle und stellt **eine der größten humanitären Katastrophen weltweit** dar; immer wieder kommt es zu schwerwiegenden Menschenrechtsverletzungen.

Menschenrechtsverletzungen kamen (und kommen) laut amnesty international von Seiten der bewaffneten Oppositionsgruppen, wie beispielsweise durch die von der DR Kongo aus agierende ADF und die im nördlichen

Staat und Politik

Teil Ugandas operierende LRA, die mit Massenexekutionen, Verstümmelungen, Entführung von Kindern und ihre Umfunktionierung zu Kindersoldaten, Entführung von Mädchen und ihre sexuelle Versklavung die Bevölkerung einschüchtern. Allerdings wird auch berichtet, dass es im Kampf gegen die Rebellen immer wieder zu Folter und außergerichtlichen Exekutionen durch Sicherheitskräfte kam. Im Dezember 1999 wurde ein Amnestie-Akt beschlossen, der allen sich freiwillig stellenden Rebellen nach der Waffenablieferung Amnestie gewähren sollte.

Menschenrechtsgruppen bewerten das „Movement"-System und die eingeschränkte Tätigkeit politischer Parteien als problematisch, da dadurch die durch die Verfassung garantierte Versammlungs-, Meinungs- und Pressefreiheit leide.

Die Präsidentschaftswahlen von 2006 wurden von Wahlbeobachtern als unfair bezeichnet, da der beliebte Oppositionspolitiker *Besigye* mitten im Wahlkampf wegen dubioser Vorwürfe vor Gericht gestellt, der Wahlkampf der Opposition behindert wurde und es zu heftigen Ausschreitungen kam. Die nächsten Wahlen stehen 2011 an.

● **Quellen-Hinweis:** Der jährliche amnesty-international-Report bietet zusätzliche Informationen unter web.amnesty.org. Eine detaillierte Übersicht über aktuelle landespolitische Entwicklungen bietet z.B. auch das jährlich aktualisierte „Länderprofil Uganda" der Österreichischen Forschungsstiftung für Entwicklungshilfe (ÖFSE), der viele in diesem Buch wiedergegebenen Informationen entnommen wurden (www.oefse.at).

Außenpolitik

Die Beziehungen zu den Nachbarländern **Kenia** und **Tansania** sind gut, vor allem seit der Wiederbelebung der **East African Community** (EAC) im Jahr 1999. Die drei Staaten haben 2004 ein Protokoll zur Weiterentwicklung der EAC zu einer Zollunion unterzeichnet. Diese soll zu einer Wirtschafts- und Währungsunion ausgebaut werden; am Ende der Entwicklung soll eine politische Union stehen. Ruanda und Burundi wurden 2007 ebenfalls in die EAC aufgenommen.

Zum **Sudan** waren die Beziehungen lange Jahre äußerst gespannt, da Uganda die im Südsudan operierende SPLA (= Sudan People's Liberation Army) von General *John Garang* und der Sudan ugandische Rebellengruppen (LRA und ADF) unterstützte. Durch die neuen Machtverhältnisse im Kongo seit 1997 und die geänderte Politik der USA gegenüber dem Sudan haben sich auch die Beziehungen Ugandas zum Sudan verbessert. Aufgrund eines im Dezember 1999 unterzeichneten Friedensabkommens mit dem Sudan konnten die diplomatischen Beziehungen wieder aufgenommen werden. Zu Beginn 2002 unterzeichneten beide Länder einen Vertrag, der es der ugandischen Armee erlaubt, ugandische Rebellen im Sudan zu verfolgen („Operation Iron Fist", s.o.). Ein Ausweichen der Führung der LRA in die DR Kongo bzw. in die Zentralafrikanische Republik hat die Lage weiter verkompliziert.

Uganda war gemeinsam mit Ruanda in den Machtwechsel im **Kongo**/Zaire auf der Seite *Kabilas* 1996/97 involviert und unterstützte offen mit einer massiven Truppenpräsenz die Rebellion gegen *Laurent-Désiré Kabila* seit 1998 (Rebellengruppierung MLC, geführt von *Jean-Pierre Bemba*). Aufgrund der Verträge von Lusaka 1999 und des Machtwechsels im Kongo nach der Ermordung *Laurent Kabilas* 2001 zog Uganda den Großteil seiner Truppen aus der Demokratischen Republik Kongo (DR Kongo) ab. Das zunächst noch verbliebene Truppenkontingent kämpfte sowohl gegen ugandische Rebellen (ADF), bot aber auch eine gewisse Autorität im Nordosten Kongos. Diese erzwungene Stabilität, gepaart mit hemmungsloser Ausbeutung der Bodenschätze der besetzten Kongo-Regionen, brach nach dem endgültigen Abzug der ugandischen Truppen durch den im Ostkongo offen zutage tretenden militärischen Konflikt zwischen den Volksgruppen der Hema und Lendu vollends zusammen und erforderte die Intervention einer multinationalen Eingreiftruppe im Ostkongo, an der auch Deutschland zeitweise beteiligt war. Die Ernennung von *Jean-Pierre Bemba* zum Ministerpräsidenten der neuen kongolesischen Übergangsregierung im Juli 2003 wirkte sich zunächst positiv auf die Beziehungen mit Uganda aus. Der Ausgang der Wahlen in der DR Kongo 2006 mit dem Sieg *Joseph Kabilas* und der Wahlniederlage des von Uganda unterstützten Kandidaten *Jean-Pierre Bemba* sowie dessen spätere Flucht nach Portugal im Jahr 2007 wurden von der ugandischen Regierung sorgfältig beobachtet, ohne dass es zu einer augenscheinlichen Einmischung in den Konflikt kam. Im ugandisch-kongolesischen Grenzgebiet kam es 2006 und 2007 im Rahmen von beiderseitigen Ansprüchen auf Ölfunde im Lake Albert zu militärischen Scharmützeln. Die Verlagerung des Hauptquartiers der von *Joseph Kony* geführten Rebellengruppe LRA in den Parc National de Garamba im Nordosten der DR Kongo führte zu erheblichen außenpolitischen Spannungen und der ugandischen Drohung, erneut mit Truppen in den Kongo einzumarschieren, um die LRA vor Ort bekämpfen zu können. Die Beziehungen Ugandas zur DR Kongo gelten als angespannt, auch wenn es regelmäßige Kontakte zwischen beiden Staaten auf höchster Ebene gibt.

Zu **Ruanda** hatte Uganda nach dem Sieg der FPR (= Front Patriotique Rwandais) 1994 exzellente Beziehungen, schließlich hatte *Museveni* die FPR massiv unterstützt. Beide Länder brachten 1996/97 *Laurent-Désiré Kabila* im Kongo/Zaire an die Macht und organisierten im August 1998 gemeinsam eine neuerliche Rebellion gegen *Kabila*. Da sie unterschiedliche kongolesische Rebellengruppen unterstützten und unterschiedliche Interessen verfolgten, gerieten sie im Kongo in offenen militärischen Konflikt und beschuldigten sich gegenseitig, Terroristen Unterschlupf zu gewähren. Während des Jahres 2001 verschlechterten sich die Beziehungen weiter. Eine militärische Eskalation des Konfliktes konnte nur durch Vermittlung des britischen Premierministers *Blair* Ende 2001 und neuerlich im Mai 2002, als eine gemischte Kommission

Wirtschaft

eingerichtet wurde, verhindert werden. Im Frühjahr 2003 wurden erneut Truppen beider Länder an der gemeinsamen Grenze zusammengezogen. Die Hoffnung auf Aussöhnung erhielt im September desselben Jahres Nahrung, als Vertreter der DR Kongo, Ruandas, Ugandas und Burundis ein **Abkommen über gutnachbarschaftliche Beziehungen** unterzeichneten. Die Vereinbarung sieht die Aufnahme diplomatischer Beziehungen, die Anerkennung der Staatsgebiete der Unterzeichnerländer sowie den Verzicht auf Einmischung in deren innere Angelegenheiten vor. Insgesamt galten die Beziehungen Ugandas zu Ruanda in den letzten Jahren als angespannt, auch wenn regelmäßige Kontakte zwischen beiden Staaten auf höchster Ebene gepflegt werden.

Die Beziehungen zu **Deutschland** (wie auch Österreich und der Schweiz) gelten als gut, was zuletzt durch einen Staatsbesuch des deutschen Bundespräsidenten *Horst Köhler* in Uganda und Ruanda im Februar 2008 untermauert wurde.

Fischfang am Lake Albert

Uganda wurde einst von *Winston Churchill* wegen seiner natürlichen Ressourcen die „Perle Afrikas" genannt. Die Herrschaft *Idi Amins* in den 1970er Jahren und die daran anschließenden Bürgerkriege haben Wirtschaft und Gesellschaft erschüttert. Seit der Machtübernahme *Musevenis* 1986 wurden für die Wirtschaft stabile Rahmenbedingungen geschaffen, vor allem durch die mit dem Internationalen Währungsfonds (IWF) und der Weltbank ausgehandelten **Strukturanpassungsprogramme,** die jedoch eine Abwertung der Landeswährung Uganda-Schilling (USh), Kürzungen der Sozialausgaben, Entlassung von Staatsbeamten, Privatisierungen, die Einführung einer Mehrwertsteuer u.a. als Voraussetzungen für Kredite von IWF und Weltbank hatten. Die bilateralen Geber, die von der wirtschaftlichen Erfolgsgeschichte Ugandas unter *Museveni* überzeugt waren, leisteten großzügige Hilfszahlungen.

Die **Abhängigkeit des Budgets von externer Finanzierung** (in erster Linie Gelder der Entwicklungshilfe) wurde jedoch aufgrund der zu geringen Mehrwertsteuereinnahmen und des schwachen Exportsektors bei insgesamt überhöhten Staatsausgaben nicht wesentlich verringert. Die **ökonomische Liberalisierung** führte zu diversen makroökonomischen Veränderungen und beeindruckenden Eckdaten einer durchschnittlichen jährlichen Wachstumsrate des Bruttoinlandsprodukts (BIP) von ca. 5% und einer relativ geringen Inflations-

WIRTSCHAFT

rate von gut 6% Ende 2008 (200% im Jahr 1987).

Die **Landwirtschaft** bildet mit über 20% des BIP weiter einen wichtigen Sektor in der Wirtschaft Ugandas, in dem geschätzte 80% der erwerbstätigen Bevölkerung tätig sind, zumeist in der Subsistenzwirtschaft, die auch den Großteil der Ernährung sichert. Neben der Lebensmittelproduktion für den Eigenbedarf werden Baumwolle, Tabak, Tee und Kaffee (bislang mehr als die Hälfte der Exporterlöse) erzeugt. Der Subsistenzsektor soll stärker in die Marktwirtschaft eingebunden werden.

Der inzwischen wichtigste Wirtschaftssektor ist mit mehr als 50% des BIP der **Verwaltungs- und Dienstleistungssektor,** gefolgt vom **Außenhandel** mit 16% (der Abbau von Gold und Erzen sowie die angelaufene Ölförderung werden für den Exportsektor immer wichtiger), dem langsam wieder anwachsenden **verarbeitenden Sektor** mit deutlich über 10% und dem **Tourismus** mit 6–8% des BIP.

Neben den erst kürzlich erschlossenen **Ölvorkommen,** deren industrielle Ausbeutung ab 2010 beginnen soll, sind relevante Vorkommen an **Bodenschätzen** für Kupfer, Kobalt, Kalkstein (für die Zementherstellung) und Salz festzustellen. Regional besteht eine starke Konzentration der wirtschaftlichen Tätigkeit auf den **Süden** des Landes, bedingt durch bessere klimatische Verhältnisse in der Landwirtschaft sowie durch die ausgedehnte Verstädterung dieses

WIRTSCHAFT

Äquatordenkmal am QENP unweit von Kasese

Gebietes. Der **Norden und Westen** wurde besonders in den Grenzgebieten aufgrund der Instabilität durch Rebellenaktivitäten in den letzten Jahren wirtschaftlich stark beeinträchtigt. Nennenswerte Industrien sind traditionell das Zementwerk in Hima, das im Ausbau begriffene Wasserkraftwerk in Jinja, das für 99% der inländischen Stromproduktion verantwortlich zeichnet, sowie größere Betriebe im Bereich von Bierbrauerei/Getränkeherstellung, Tabakverarbeitung, Textilherstellung und Zuckerherstellung.

Trotz guter makroökonomischer Erfolge konnte die **Massenarmut** nicht beseitigt werden, obwohl die Armutsbekämpfung in den Mittelpunkt der Wirtschaftsplanung gerückt wurde. Beeinträchtigungen der wirtschaftlichen Perspektiven der letzten Jahre resultierten u.a. aus der Korruption, der für Uganda ungünstigen Entwicklung der Weltmarktpreise z.B. für Kaffee, und den Folgewirkungen der Immunschwäche AIDS sowie der Verstrickung in militärische Konflikte in Nachbarländern und im eigenen Land.

Schwerpunkt der staatlichen **Wirtschaftspolitik** bleiben weiterhin die Modernisierung der Landwirtschaft – immer noch Hauptmotor der Wirtschaft – und die Verbesserung von Verwaltung bzw. öffentlichen Dienstleistungen („Public Service"). Der Regierung ist es auch gelungen, zusätzlich zum Hauptexportprodukt Kaffee den Export zu diversifizieren, beispielsweise mit Schnittblumen, Gemüse, Fisch oder Baumwolle.

Nach den jüngsten wirtschaftlichen Daten erreichte das **Wachstum** des BIP in den Jahren 2005 bis 2008 5–6%. Für die Armutsverminderung werden seit einigen Jahren IWF-konform gesonderte Haushaltsmittel in Höhe von umgerechnet mehreren 100 Mio. US-$ bereitgestellt. Von durchschlagenden Erfolgen bei der **Bekämpfung der Armut** auf dem Land kann bislang jedoch nicht die Rede sein.

Der vor allem seit 2004 hohe Weltmarktpreis für Erdöl und Ugandas Verstrickung in die kriegerischen Konflikte in der Region der Großen Seen beeinträchtigten die **wirtschaftlichen Perspektiven** schwer. IWF und internationale Geber nahmen an den hohen Militärausgaben, unzureichender Korruptionsbekämpfung und demokratischen Defiziten Anstoß, die UN und wichtige UN-Mitgliedsstaaten kritisierten Ugandas völkerrechtswidrige Beteiligung an der Plünderung von Ressourcen im kriegsgeplagten Nachbarland DR Kongo. Zugleich kletterten die **Auslandsschulden** trotz der Einbeziehung Ugandas in die sogenannte HIPC-Initiative (HIPC = *Heavily Poor Indebted Countries*) des IWF und der Weltbank von 1995 bis 2005 von 2,9 auf zwischenzeitlich 4,8 Mrd. US$.

Der Krieg im eigenen Land, die Notwendigkeit zur Versorgung von bis zu 1,7 Millionen Binnenflüchtlingen und eine unzureichende eigene Agrarproduktion führten im Frühjahr 2005 zu einer Nahrungsmittelkrise, die über 10% der Bevölkerung bedrohte. Als Folge dessen, aber auch aufgrund gestiegener Kosten für importiertes Erdöl sprang die **Inflation** vorübergehend in den zweistelligen Prozentbereich (Mitte 2005: 10%, Ende 2008: 6,3%). Der Anstieg der Lebenshaltungskosten belastet vor allem die Ärmsten der Armen. Nach Analysen der Weltbank wäre ein längerfristiges jährliches Wachstum von 7–9% nötig, um die Armut wirksam bekämpfen zu können.

Die negativen Auswirkungen der innenpolitischen Spannungen in **Kenia** seit Ende 2007 auf die weitere wirtschaftliche Entwicklung Ugandas (wie auch Ruandas) waren nur vorübergehend. Durch Einschränkung der Benzin- und Kerosintransporte aus dem kenianischen Mombasa kam es im Januar 2008 z.B. zeitweise zu einer Vervierfachung der Treibstoffpreise in Uganda und zur Streichung zahlreicher Inlandsflüge. Auch die Abwicklung der ugandischen Exporte über den kenianischen Hafen Mombasa kann bei anhaltender Instabilität in Kenia generell problematisch werden.

Anfang 2010 war absehbar, dass eine kontinuierliche Fortsetzung des bisherigen Wirtschaftswachstums von rund 6% jährlich für 2009 und 2010 nicht zu erwarten ist. Für 2009 wurde ein reales BIP-Wachstum von ca. 4% errechnet. Die Auswirkungen der weltweiten Finanz- und **Wirtschaftskrise** auf Ugandas relativ kleine und offene Wirtschaft

Tourismus

sind für diesen Rückgang des Wachstums verantwortlich.

In den vergangenen 20 Jahren zeigte insbesondere der wirtschaftliche Umstrukturierungsprozess positive Ergebnisse (Produktionsförderung in den Sektoren Industrie und Dienstleistungen). Dem **Dienstleistungssektor,** der bereits 2010 mehr als 45% zum BIP beitrug, wird mittlerweile das größte Wachstumspotenzial zugewiesen. Insbesondere die Bereiche Telekommunikation und Finanzdienstleistungen zeigten sich in den letzten Jahren sehr stark. Allerdings wurde auch hier für 2009 und 2010 ein eingeschränktes Wachstum prognostiziert.

Der **Tourismussektor** gilt als schnell wachsender Bereich und wichtige Deviseneinnahmequelle, doch wird sein Wachstum voraussichtlich im Zuge der Wirtschaftskrise vorübergehend abnehmen, da bei den ausländischen Touristenzahlen mit Einbußen aufgrund der wirtschaftlich schwierigen Situation in bedeutenden Herkunftsländern zu rechnen ist.

Tourismus

Uganda war in der Blütezeit des Tourismus Ende der 1960er Jahre eines der ganz großen Reiseländer in Afrika. Die Zahl der Touristen lag 1971 bei der Machtübernahme *Idi Amins* noch bei 85.000, fiel bis 1980 aber infolge der Vorgänge im Land auf nahezu Null. Nach der Machtergreifung *Musevenis* und mit zunehmender Stabilisierung kam es zu einem zunächst sehr zögerlichen Wiederanlaufen des Tourismus.

Zwischen 1990 und 1996 wurden wieder deutliche Zuwachsraten erzielt. Einen Rückschlag bedeuteten die kriegerischen Auseinandersetzungen in der Demokratischen Republik Kongo ab Ende 1996, in die ugandische Truppen bis in das Jahr 2003 hinein maßgeblich verwickelt waren, und innenpolitische Turbulenzen (u.a. Bombenattentate in Kampala). Der absolute Tiefpunkt wurde jedoch durch das **Massaker an ausländischen Touristen im Bwindi Impenetrable National Park** im März **1999** verursacht, von dem sich die Tourismus-Branche nur langsam erholt hat.

Im Jahr 2008 reisten nach Angaben der Naturschutzbehörde UWA mehr als 210.000 Touristen in die Nationalparks und Wildreservate des Landes (zum Vergleich: im Jahr 1996 waren es erst 39.943), davon mehr als die Hälfte aus Europa und Nordamerika. Die Tendenz ist also stark steigend, und seit mehreren Jahren erfährt der Tourismus staatlicherseits eine deutliche Forcierung, die 2007 mit dem neuen „Uganda Tourism Bill" sogar Gesetzeskraft erlangte. Dazu gehören der Wiederaufbau und die **Verbesserung der touristischen Infrastruktur** (z.B. wurden die meisten der staatlichen Uganda Hotels an private Investoren verkauft), gezielte Bemühungen bzgl. der Sicherheit und verstärkte Aktivitäten um die Publizität der Attraktionen des Landes.

Die langfristigen Planungen zielen auf einen **Qualitätstourismus,** der notfalls auch die Begrenzung von Besucherzahlen in den Nationalparks vorsieht. Die

TOURISMUS

Uganda Community Tourism Association (UCOTA)

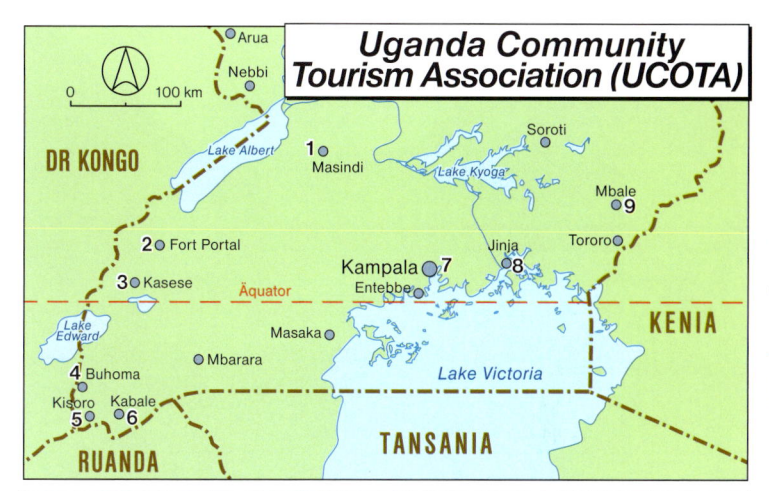

1. Busingiro Ecotourism Site,
   Pabidi Ecotourism Site
2. Kamugha Guest House
   Bigodi Wetland Sanctuary,
   Kabarole Tourism Association (KTA),
   Crater Valley Kibale (CVK)
3. Ruboni Community Campsite
4. Buhoma Community Rest Camp
5. Mgahinga Community Campground
6. Bushara Island Camp
7. UCOTA Head Office,
   Naggalibi Budo Coronation Site,
   Katareke Prison,
   Wamala King's Tombs,
   Nnamasole Kanyange Tombs,
   Nnamasole Baagalayaze Tombs
8. Mabira Forest Ecotourism Project,
   Ssezibwa Falls
9. The Crow's Nest,
   Mt. Wagagai Hotel,
   Moses Camp Site,
   Rob's Rolling Rock

dabei betriebene **Hochpreispolitik** ist meines Erachtens nicht unbedingt ausreichend an der Attraktivität der ugandischen Reiseziele orientiert und wirft im direkten Vergleich zu anderen beliebten afrikanischen Reiseländern (z.B. Kenia, Tansania, südliches Afrika) viele Fragen auf. Allerdings haben die Ende 2007 in Kenia ausgebrochenen innenpolitischen Spannungen und Unruhen vorübergehend zu einem allgemeinen Rückgang der touristischen Buchungen in den Ländern Ostafrikas geführt.

Eine andere Tourismus-Achse ist der **„Community Based Tourism"** unter Führung der 1998 gegründeten Uganda Community Tourist Association (UCOTA), der touristische **Projekte lo-**

TOURISMUS

kaler Gemeinden umfasst (siehe Karte „Uganda Community Tourism Association"; Quelle: UCOTA).

●UCOTA
PO Box 27159, Kampala/Uganda,
Tel. +256-414-501866, www.ucota.or.ug

Die zahlreichen **Berg- und Waldreservate** verleihen dem Land eine Ausnahmestellung für viele Aktivitäten. Neben den guten Möglichkeiten der **Berggorilla- und Schimpansenbeobachtung** gehören dazu auch die Bergbesteigungen und Touren am **Mt. Elgon** und im **Ruwenzori-Gebirge,** das unumstritten als eine der landschaftlich schönsten und fremdartigsten Regionen überhaupt gilt.

Neben zahlreichen inländischen Safariunternehmen, die in der **Uganda Tourist Association (UTA)** zusammengeschlossen sind, bieten mittlerweile auch verschiedene internationale Reiseveranstalter wieder Reisen nach Uganda an. Bislang ist das Land aber noch ein Eldorado für Afrikareisende, die großartige Natur und Landschaft abseits der Massenströme erleben wollen.

Touristisches Highlight – der Ruwenzori Mountains National Park

Bevölkerung

Die **über 32 Mio. Einwohner** verteilen sich auf **mehr als 40 verschiedene Volksgruppen.** Die zahlenmäßig größte Gruppe sind nach der letzten Volkszählung die Baganda (17%), gefolgt von den Ankole (8%), Basoga (8%), Teso (8%), Bakiga (7%) und Langi (6%).

Fast zwei Drittel der Ugander sind **Bantu** (vor allem im Süden und in Zentraluganda), während der Norden von **nilotischen Völkern** (hauptsächlich Teso, Langi, Acholi und Karamojong) und **Sudanesen** (in der Region West Nile) bestimmt wird. In den Wäldern im Grenzgebiet zur Demokratischen Republik Kongo leben noch einige wenige **Pygmäen.** Von den ca. 70.000 unter *Idi Amin* ausgewiesenen **Asiaten** sind bis heute nur wenige Tausend zurückgekehrt. Die Zahl der in Uganda lebenden **Europäer** liegt bei wenigen Tausend. Zudem gibt es noch einige wenige **Araber** insbesondere omanischen Ursprungs. Insgesamt machen Nichtafrikaner (Europäer, Asiaten, Araber) nur ca. 1% der Bevölkerung aus.

Die genannten Zahlen müssen mit gewissen Vorbehalten betrachtet werden, da Flüchtlingsströme und Arbeitsemigration ständig zu Änderungen und Verwischungen führen. 1991 lebten beispielsweise noch 200.000–300.000 Exilruander (fast ausschließlich Tutsis) in Uganda, die nach dem Sieg der FPR in Ruanda bis 1996 zu einem großen Teil wieder zurückgekehrt waren. Im Norden leben zahlreiche Binnenflüchtlinge und Flüchtlinge aus dem Sudan.

Die **Baganda** erfuhren seit der Kolonialzeit eine Bevorzugung im Bereich des Bildungswesens, der Verwaltung und in der Wirtschaft. Angehörige der Völker aus dem Norden hingegen wurden in der Armee bevorzugt. Diese Ungleichheiten und das Vormachtstreben der monarchisch organisierten Baganda bestimmen die ethnisch-politischen Konflikte in Uganda seit der späten Kolonialzeit.

Fast 90% der ugandischen Bevölkerung leben auf dem Land, und zwar überwiegend in Streusiedlungen. Neben der Metropole Kampala (1,5 Mio. Einwohner) gibt es mehrere mittelgroße Städte (von denen Jinja, Mbale, Mbarara und Masaka die größten sind). Die Besiedlungsdichte erreicht in der Kigezi-Region im Südwesten Spitzenwerte von über 300 Einw./km², daneben gelten auch der Osten (um Mbale) und Zentraluganda mit über 150 Einw./km² als dicht besiedelt. Im lebensfeindlicheren Norden und Nordosten (besonders

Kinder bei Bigodi

Sprache, Kultur und Religion, Bildung u. Gesundheit

in Karamoja) liegen die Werte unter 40 Einw./km².

Das Bevölkerungswachstum ist trotz der HIV/AIDS-Epidemie mit ca. 2,7% (2009) hoch. Sollte sich dieser Wert in den nächsten Jahrzehnten nicht entscheidend ändern, wird sich die ugandische Bevölkerung bis zum Jahr 2050 etwa verdoppelt haben, womit eine wahre **Bevölkerungsexplosion** bevorsteht. Der während der Kriegsjahre unterbrochene **Urbanisierungsprozess** ist wieder in Gang gekommen, die städtischen Wachstumsraten liegen erheblich über den ländlichen. Die Landflucht erfolgt hauptsächlich zum Wachstumspol Kampala.

Das Wesen der Ugander ist freundlich und nach fast 20 Jahren Terror, Krieg und Vertreibung von Hoffnung und Optimismus geprägt. Fremde Besucher erfahren eine zuvorkommende und freundliche Behandlung.

Sprache, Kultur und Religion

Englisch ist **Amtssprache** und wird von den meisten Ugandern mit Schulbildung beherrscht. Seit dem Jahr 2005 hat auch Suaheli den offiziellen Status einer Amtssprache. **Verkehrssprachen** sind die einzelnen Bantusprachen, insbesondere Luganda und Suaheli, sowie hamitische, nilotische und sudanesische Sprachen.

Die **kulturellen Unterschiede** zwischen den Bevölkerungsgruppen sind erheblich. Im Norden, Nordwesten und Nordosten leben überwiegend Hirtenvölker mit einer traditionell segmentär-egalitären Gesellschaftsstruktur, im Süden Ackerbauern in hierarchisch-staatlich organisierten Gesellschaften (in der Vergangenheit überwiegend Monarchien). Während der Kolonialzeit wurden die bestehenden Gegensätze und Spannungen durch einseitige Förderung der Völker im Süden vertieft.

Mehr als 80% der Ugander gehören den großen christlichen Religionen an, die eine Hälfte sind **Katholiken,** die andere **Protestanten** (Anglikaner). Die religiösen Differenzen zwischen beiden Gruppen haben zeitweise zur Verschärfung der politischen Konflikte beigetragen. Nur etwa **12%** der Bevölkerung sind **Moslems,** diese leben vor allem im Norden; ihr gesellschaftlicher Einfluss ist bislang gering. Vor der Vertreibung der Asiaten durch *Idi Amin* 1972 gab es größere Zahlen an Sikhs und Hindus in den Städten, in Kampala sind ihre Tempel unübersehbar. Eine kleine Minderheit der Ugander hängt **Naturreligionen** an.

Bildung und Gesundheit

Uganda hatte zur Zeit der Unabhängigkeit ein relativ gutes Bildungswesen und besaß mit der **Makerere-Universität** in Kampala die erste und lange Zeit wichtigste Hochschule Ostafrikas. Durch die jahrelangen Unruhen hat das Bildungs-

Bildung und Gesundheit

wesen jedoch stark gelitten. In den letzten Jahren wurde in den Sektor wieder stark investiert, allerdings haben die Eltern im Sekundarbereich hohe Schulgebühren zu zahlen bzw. finanzieren auch das private Schulwesen.

Die **allgemeine Schulpflicht** ist in Uganda verfassungsrechtlich verankert, doch sind etwa 40% der Grundschullehrer nicht ausreichend ausgebildet. Die Einschulungsraten erreichten im Jahr 2006 im Grundschulbereich ca. 90% und im Sekundarschulbereich etwas über 15%, die Zahl der Hochschüler stieg auf über 25.000 (Verdoppelung seit 1995). Die Unterschiede in den Einschulungsraten zwischen Mädchen und Jungen sind sehr gering. Ergebnis dieser Politik war eine **Alphabetisierungsrate** von fast 70% im Jahr 2005. Die große Bedeutung der Bildung für die Zukunft Ugandas findet Ausdruck im hohen Anteil an den Staatsausgaben. Die Regierung konzentriert sich derzeit stärker auf den primären Bildungssektor, weshalb hier auch eine Schulgebührenbefreiung durchgesetzt wurde. Durch eine frauenfreundliche Bildungspolitik soll die wesentlich höhere Schulabbruchquote bei Mädchen verringert werden.

Im **Gesundheitsbereich** stellen die geringe, inzwischen aber wieder steigende Lebenserwartung (2009: 52,7 Jahre) sowie die hohe Kindersterblichkeitsrate (2004: 131 pro 1000 Lebendgeburten) und Müttersterblichkeitsrate (510 pro 100.000 Lebendgeburten) die größten Herausforderungen dar. Insbesondere die Auswirkungen der **HIV/AIDS-Epidemie,** die derzeit, gefolgt von Tuberkulose und Malaria, laut Statistiken die Krankheit mit den meisten Todesfällen in Uganda darstellt, sind gravierend. Für das ugandische Gesundheitssystem ist eine Kombination von ca. 50% öffentlicher und 50% privater Gesundheitsversorgung charakteristisch. Mit einer ärztlichen Versorgung von einem Arzt auf ca. 20.000 Personen (2004) hat sich die Versorgung in den letzten 20 Jahren kontinuierlich verbessert. Im Bereich der HIV/AIDS-Prävention ergriff die Regierung Ugandas angesichts einer extrem rasch ansteigenden Infektionsrate, verglichen mit anderen afrikanischen Ländern, relativ bald Maßnahmen. Dabei konzentrierte man sich auf Informationskampagnen mit größtmöglicher Reichweite, und es konnte eine bemerkenswerte Eindämmung der HIV-Infektionsrate erzielt werden. Trotzdem wird die Zahl der HIV-Infizierten auf 1–2 Mio. Ugander geschätzt.

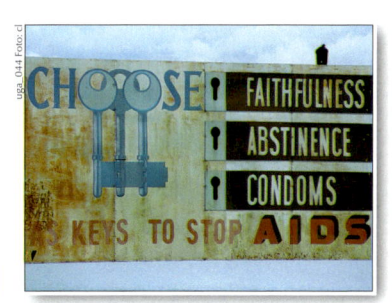

AIDS-Aufklärung

Unterwegs in Uganda

Unterwegs in Uganda

Ruwenzori Mountains National Park –
Aufstieg zum John Matte Camp

Flusspferd im
Queen Elizabeth National Park

Riesenturako

Kampala und Umgebung

Kampala ♪ XIV, B2

Kampala (1155 m) ist seit 1962 die **Hauptstadt Ugandas** und hat ca. **1,5 Mio. Einwohner** (2009). Es ist eine lebhafte, grüne Metropole mit angenehmem Klima und einem fast ländlichen Charme, der allerdings zunehmend verloren geht. Die 1891 gegründete Stadt ist auf „sieben Hügeln" erbaut worden und gleicht, vom modernen Stadtzentrum einmal abgesehen, einer riesigen **Streusiedlung,** die mittlerweile weit über die ursprünglichen sieben Hügel hinaus in die Umgebung reicht. Der Name „Kampala" leitet sich von „Kasozi K'Empala" ab, was so viel wie „Hügel der Antilopen" bedeutet, denn bei der Stadtgründung wurde der zentral gelegene **Nakasero-Hügel** von domestizierten Antilopen (Impalas) beweidet, die dem König von Buganda gehörten. Auf dem Hügel liegt in beherrschender Lage das Sheraton Hotel Kampala, zentraler Anlaufpunkt inmitten einer riesigen Parkanlage, den von Hotelangestellten penibel gepflegten ehemaligen **Jubilee Gardens.**

In Kampala sind fast alle zentralen **Regierungs- und Verwaltungsinstanzen** des Landes angesiedelt. Die in den 1960er Jahren noch weithin gerühmte **Makerere-Universität** hat hier ihren Sitz. Die Stadt ist im Verlauf des Bürgerkriegs immer wieder Schauplatz schwe-

Blick über das Stadtzentrum von Kampala

rer Kämpfe und Plünderungen gewesen, insbesondere zwischen 1979 und 1985. **Seit 1986** hat ein unvergleichlicher **Bau-Boom** eingesetzt, der Kampala viel Grünfläche gekostet hat, der Stadt aber auch eine für Schwarzafrika ungemein moderne Skyline bescherte. In vielen Vororten und Außenbezirken Kampalas (z.B. in Kabalagala, Muyenga und Kisementi) schossen dabei Einkaufszentren, Restaurants und Supermärkte wie Pilze aus dem Boden, oftmals in direkter Nähe zu den Wohnvierteln der begüterten Expatriates.

Im Zuge der **Ausrichtung des Commonwealth-Gipfels** im November 2007 (The Commonwealth Heads of Governments Meeting, CHOGM 2007) durch Uganda wurde die **Verkehrsinfrastruktur** in Kampala **teilsaniert,** die Straße vom Flughafen Entebbe nach Kampala generalüberholt, und in bzw. bei Kampala entstanden zahlreiche **Hotelneubauten der Oberklasse.**

Die **Sicherheitslage** in der Stadt ist **recht gut,** vergleicht man z.B. das kenianische Nairobi, und man kann sich auch nach Einbruch der Dunkelheit weitgehend frei bewegen. Trotzdem sollten Sie außerhalb des belebten Zentrums dann lieber auf Taxifahrten ausweichen. Taschendiebstähle ereignen sich vor allem im Bereich der Bus- und Matatustationen sowie im belebten Zentrum auf der Speke Road (zwischen Post Office und Grand Imperial Hotel), auf der Nile Avenue (unterhalb des Sheraton-Hotels) und auf der Jinja Road.

KAMPALA

★	1	Kasubi Tombs
⛪	2	Namirembe Cathedral
●	3	Buganda Parliament (Bulanje)
🏠 ⚠	4	Kampala Backpackers Hostel, Zeltplatz
⛪	5	Rubaga Cathedral
★	6	Kabaka's Palace
🛒	7	Owino
●	8	Nakivubo Stadium
⚔	9	Kampala Old Fort
⚔	10	Nakasero Old Fort
●	11	Makerere University
✚	12	Mulago Hospital
Ⓜ	13	Uganda Museum
●	14	Uganda Wildlife Authority (UWA)
🍸	15	La Fontaine
🍸	16	Iguana
🍸	17	Fat Boyz
🍸	18	The Crocodile
🏠🍸	19	Athina Club
🍸	20	Bubbles O'Leary's
🍸	21	Krua Thai
🏠	22	Metropole Hotel
●	23	Deutsche Botschaft
🏠	24	Protea Hotel
🛒	25	Garden City Shopping Centre
🏠	26	Hotel Africana
🍸	27	Ange Noir
🍸	28	Club Silk
●	29	Lugogo Sports Centre,
🛒		Lugogo Shopping Mall
☾	30	Kibuli Mosque
🍸 🏠	31	Le Chateau und Hotel Le Petit Village
🍸	32	Ethiopian Village
🍸	33	Al's Bar
🍸🍸	34	Half London
🍸	35	Le Petit Bistro
⛳		Golfplatz

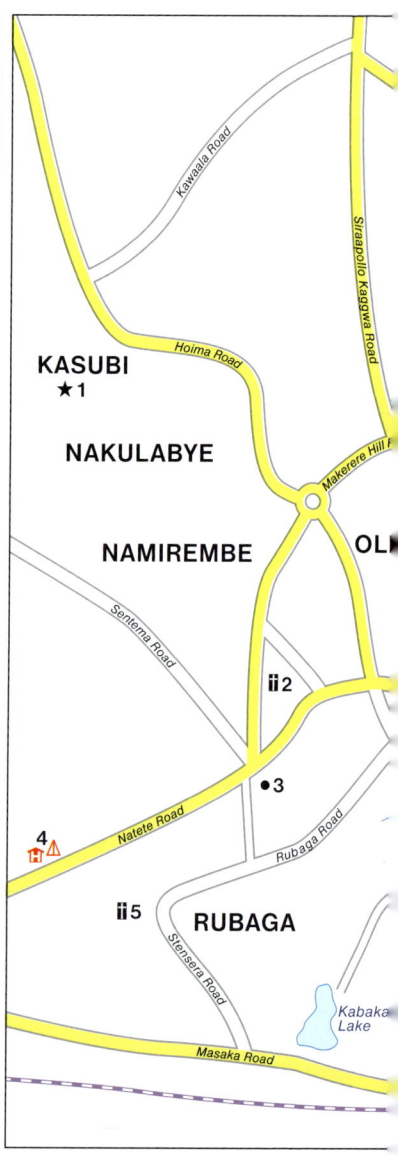

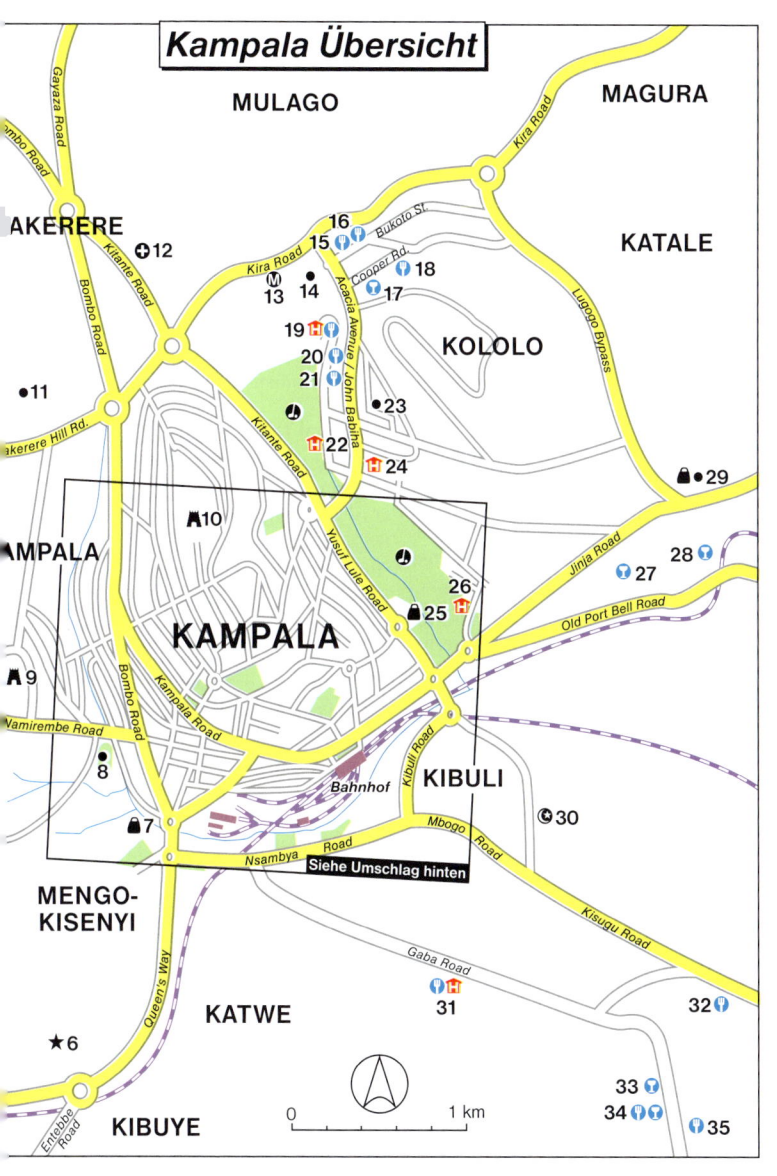

Stadtplan Zentrum Umschlagklappe hinten; Karte Atlas XIV

KAMPALA 137

Kampala Übersicht

MULAGO
MAGURA
AKERERE
KATALE
KOLOLO
KAMPALA
MPALA
KIBULI
MENGO-KISENYI
KATWE
KIBUYE

Bahnhof
Siehe Umschlag hinten

0   1 km

Uganda: Kampala und Umgebung

Sowohl an den Hauptausfallstraßen als auch innerstädtisch kommt es mittlerweile täglich zu einem **Verkehrsinfarkt**. Das Verhalten der Verkehrsteilnehmer ist rüde, eine Lösung dringend notwendig (2 Stunden Stau in Kampala sind keine Seltenheit). Am unangenehmsten ist die Situation in Natete.

Stadtbesichtigung

Kasubi Tombs

Die **Gräber der Könige** („Kabaka") **von Buganda** liegen 5 km außerhalb des Zentrums an der Hoima Road. Seit 2001 zum UNESCO-Weltkulturerbe gehörig, wurde die Anlage im März 2010 durch ein Feuer vollständig zerstört. Sie bestand aus einem kuppelähnlichen, nach traditioneller Architektur erbauten Gebäude, das die Särge von *Muteesa I., Mwanga II., Chwa II.* und *Muteesa II.* enthielt. Daneben waren ausgewählte Insignien der Macht zu sehen, z.B. Trommeln, Speere, Schilder und Messer. Es kann davon ausgegangen werden, dass die Gräberanlage in absehbarer Zeit wieder instand gesetzt wird.

- **Öffnungszeiten:** tägl. 8–18 Uhr.
- **Infos:** www.kasubitombs.org, Tel. 075-2960446
- **Eintrittsgebühr:** 4 Euro (inkl. Führung und Fotografiererlaubnis). Beim Betreten des Mausoleums müssen die Schuhe ausgezogen werden.

Uganda Museum

Das wiederhergestellte Nationalmuseum gut 4 km außerhalb an der Kira Road westlich des Kololo-Hügels bietet einen Überblick über **Geschichte, Kultur und Entwicklung des Landes.**

- **Öffnungszeiten:** tägl. 10–18 Uhr.
- **Eintrittsgebühr:** 1,50 Euro.

Parliamentary Building

Der Komplex des Parlamentsgebäudes liegt zentral an der Parliamentary Avenue. Der Eingangsbogen (auf dem häufig mehrere der hässlichen Marabus sitzen) ist das ugandische Nationalsymbol für Unabhängigkeit. Auf dem Gelände sind neben dem Parlament (National Resistance Council) auch Präsidentensitz, Justizministerium, Außen- und Innenministerium zu finden.

National Theatre und Craft Village

Das an der Dewinton Street gelegene Nationaltheater wurde 1959 eröffnet. Am Wochenende gibt es meist ein gemischtes Programm – **Theater, Tanz und Musik.** Die Veranstaltungen werden über ein Ankündigungsbrett vor dem Gebäude publik gemacht. Neben dem Theater befindet sich auch das Craft Village, ein **Souvenirmarkt,** der im Stil eines afrikanischen Dorfes angelegt ist und auf dem alles zu kaufen ist, was Uganda an Kunstgegenständen bietet.

Nakasero und Owino Market

Der größte Markt der Stadt, Nakasero, bietet vor allem frische Früchte und Gemüse, aber auch zahlreiche andere Artikel. Der am Nakivubo Stadium gelegene Owino Market ist mehr auf Kleidung und praktische Gebrauchsartikel ausgerichtet.

Das Parlamentsgelände in Kampala

Kathedralen

Am Westrand der Stadt liegen die katholische **Rubaga Cathedral** (Rubaga-Hügel) und die auf dem benachbarten Namirembe-Hügel errichtete protestantische **St. Paul's Cathedral** (Namirembe Cathedral). Die Kirchen sind weithin zu sehen, insbesondere die ziegelrote Namirembe Cathedral.

Kibuli Mosque

Die **Moschee** auf dem Kibuli-Hügel liegt wenige Kilometer südöstlich des Zentrums und ist eines der größten islamischen Gotteshäuser des Landes.

Sikh- und Hindu-Tempel

Im Stadtzentrum (nahe der Matatustation) befinden sich die Haupttempel der kleinen Sikh- bzw. Hindugemeinde Kampalas.

Baha'i-Tempel

Der Baha'i-Tempel liegt gut 4 km außerhalb des Zentrums auf dem Kikaya-Hügel (Gayaza Road). Es ist der einzige Tempel der Religion der Baha'i in Afrika. Diese im **schiitischen Islam** wurzelnde Religion strebt eine Weltzivilisation an. Ihre Anhänger glauben an die Offenbarungen früherer Propheten (Krischna, Buddha, Christus, Mohammed u.a.), die durch ihren Religionsgründer *Baha-Ullah* vollendet worden sei. Besichtigungen sind sonntags um 10.30 Uhr mit Führung möglich. Vom Tempel aus bieten sich sehr schöne Blicke über die Stadt.

KAMPALA

Makerere University

Die **älteste Universität Ostafrikas** hatte über viele Jahre eine ausgezeichnete Reputation. Sie hat wie alle anderen Institutionen Ugandas in den letzten Jahrzehnten stark gelitten und befindet sich noch immer in einer „Erholungsphase". Ein kurzer Besuch der großräumigen Anlage auf dem Universitätscampus, die noch immer (und wieder) eine gewisse Würde ausstrahlt, ist dennoch lohnend.

Namugongo Martyr's Shrine

Dieser Stahlschrein birgt die **Überreste von mehr als 20 Christen,** die im Jahr 1886 auf Anweisung des Kabaka *Mwanga* bei lebendigem Leibe verbrannt wurden. Der Schrein liegt 12 km nordöstlich von Kampala an der Straße nach Jinja. Beim Besuch des Papstes *Paul VI.* in Uganda 1969 wurden die Opfer heiliggesprochen, der Schrein ist seitdem eine Art Wallfahrtsort für ugandische Christen. Der **3. Juni (Martyr's Day)** ist ein allgemeiner Feiertag, der alljährlich zum Gedenken an das Ereignis begangen wird.

Anreise und Weiterfahrt

Mit dem Flugzeug (national)

Verschiedene Chartergesellschaften bieten Flüge innerhalb Ugandas an (ab Entebbe), z.B. Kampala Aeroclub, United Airlines oder Eagle Air (Adressen s.u.). Die Preise sind in den letzten Jahren etwas gesunken, in Anbetracht der überschaubaren Größe des Landes ist Fliegen aber noch immer keine wesentliche Alternative zum Landweg, vom äußersten Norden einmal abgesehen.

Internationale Fluggesellschaften

(Rückbestätigung von Flügen bis 48 Std. vor Abflug!)

- **Air Tanzania,** www.airtanzania.com
1 Pilkington Rd., Worker's House, PO Box 2160, Tel. 255501, Fax 345774
- **Air Uganda,** www.air-uganda.com
Plot 14, Parliament Avenue, Jubilee Insurance Centre (1st floor), PO Box 36591, Tel. 258262/4, Fax 258267
- **British Airways,** www.britishairways.com
Centre Court, 4 Ternan Avenue, PO Box 3464, Tel. 257414/257416, Fax 259181
- **Egypt Air,** www.egyptair.com
Shop 11, Grand Imperial Arcade, PO Box 7207, Tel. 233960/341276, Mobiltel. 077-2200119, Fax 236567
- **Emirates,** www.emirates.com
FNC Building, Kimathi Avenue, Tel. 349941/2, Fax 340076
- **Ethiopian Airlines,** www.flyethiopian.com
1 Kimathi Avenue (United Assurance Building), PO Box 3591, Tel. 345577, 254796, Fax 231455
- **Fly540,** www.fly540.com
(Lowcost-Airline) Yusuf Lule Road, Oasis Mall, PO Box 22335, Mobiltel. 077-6540540 oder 071-2540540
- **Kenya Airways,** www.kenya-airways.com
1 Kimathi Avenue (United Assurance Building), PO Box 6969, Tel. 233068, Fax 259472
- **Precision Air**
c/o Globe Trotters Travel & Tours Ltd., PO Box 20099, Parliament Avenue, Baumann House, Tel. 340042, Fax 340042
- **Rwandair Express,** www.rwandair.com
Lumumba Avenue, Rwenzori Courts Building, Tel. 344851, Fax 322268
- **SN Brussels Airlines,** www.brusselsairlines.com
Ground Floor, Rwenzori House, 1 Lumumba Avenue, PO Box 3966, Tel. 234200/1/2, Mobiltel. 075-2734200, Fax 342790
- **South African Airways,** www.flysaa.com
Suite 3 Ground Floor, Worker's House, 1 Pilkington Rd., Tel. 255501, Fax 255826

Stadtpläne S. 136, Umschlagklappe hinten; Karte Atlas XIV **KAMPALA**

- **Sudan Airways,** www.sudanair.com
6 Colville Street, Tel. 343565
- **TMK Air Commuter**
Entebbe Airport, Mobiltel. 075-2771151;
kongolesische Airline, die Flüge nach Butembo, Beni, Bunia und Goma anbietet.

Private Fluggesellschaften und Flugzeugcharter

- **Eagle Air,** www.flyeagleuganda.com
PO Box 7392, Plot 11, Portal Ave.,
Tel. 344292, 320601 (Entebbe Airport),
Fax 344501
- **Kampala Aeroclub and Flight Training Centre (KAFTC),** www.flyuganda.com
PO Box 24305, Mobiltel. 077-2706107,
Fax 200059
- **Mission Aviation Fellowship (MAF)**
261 Kizungu Lane, PO Box 1,
Tel. 267462/268388, Fax 267433,
maf-uganda@maf.org
- **United Airlines**
Kimathi Avenue (Pan Africa House),
PO Box 24600, Tel. 349841/2, Fax 349843,
united@infocom.co.ug

Flughafen

Der internationale (und nationale) Flughafen Ugandas liegt in **Entebbe** (40 km). Alle großen Hotels unterhalten kostenlose Zubringerbusse für ihre Gäste. Öffentliche Busse gibt es keine. Eine individuelle Taxifahrt zum Flughafen kostet ca. 20 Euro (je nach Verhandlungsgeschick). Matatus nach Entebbe kosten 1 Euro.

Am Flughafen sind drei internationale **Autovermieter** vertreten: **Budget** (Tel. 4234915/6, Fax 4234917, www.budget.com), **Europcar** (Tel. 4237211, Fax 4237212, www.europcarug.com) und **Hertz** (www.hertzuganda.com, s.u.).

Zugverbindungen

Bis auf die Verbindung von Kampala nach Nairobi/Kenia, die seit 1997 ausschließlich und nur sporadisch für den Frachtverkehr genutzt wird, sind im Inland alle Strecken weitgehend zerstört bzw. stillgelegt.

Busse

Alle größeren Städte des Landes sind von Kampala aus mit **Überlandbussen** und **Minibus-Matatus** zu erreichen. Die Busstation befindet sich zentral an der Namirembe Road (gegenüber dem Nakivubo Stadium). Minibusse fahren vom Old Taxi Park (Richtung Osten) zwischen South Street und Burton Street sowie vom New Taxi Park (Richtung Westen) etwas oberhalb der Busstaion an der Namirembe Road ab.

Überlandbusse:

Abfahrtszeiten meist frühmorgens, auf den Hauptstrecken auch noch bis mittags. Angefahren werden folgende Städte bzw. Ortschaften:
- Adjumani (Fahrpreis 10 Euro)
- Arua (10 Euro)
- Butogota (8 Euro)
- Fort Portal (7 Euro)
- Gulu (6 Euro)
- Hoima (4 Euro)
- Kabale (7 Euro)
- Kapchorwa (6 Euro)
- Kasese (6 Euro),
- Kihihi (9 Euro)
- Kisoro (12 Euro)
- Kitgum (7 Euro)
- Kotido (12 Euro)
- Kumi (6 Euro)
- Lira (7 Euro)
- Masaka (2 Euro)
- Masindi (4 Euro)
- Mbale (5 Euro)
- Mbarara (4 Euro)
- Moroto (10 Euro)
- Mubende (2 Euro)
- Moyo (10 Euro)
- Pallisa (4 Euro)
- Rukungiri (6 Euro)
- Soroti (5 Euro)
- Tororo (5 Euro)

Der empfehlenswerte **Uganda EMS Post Bus** (Infos unter Tel. 236436, 256593) bedient von Mo bis Sa folgende Ziele:
- Kabale via Mbarara (Fahrpreis 7 Euro)
- Fort Portal via Mubende (6 Euro)
- Kasese via Mbarara/Bushenyi (6,50 Euro)

- Hoima via Masindi (5 Euro),
- Soroti via Jinja und Mbale (6 Euro)
- Gulu via Karuma Falls (5,50 Euro)

Abfahrt ist jeweils morgens um 8 Uhr vom Main Post Office im Stadtzentrum. Das An- und Abladen der Postsäcke hat keine nennenswerten Zeiteinbußen zur Folge.

- **Nach Kigali (Ruanda)** verkehren täglich mehrere Busse (z.B. Kampala Coach, Jinja Road, Mobiltel. 075-4553377, oder Jaguar Executive Coach, Nakivubo Road, Tel. 251855) über Kabale. Die Fahrtzeit beträgt 10–12 Std. bis Kigali, der Fahrpreis liegt bei ca. 12 Euro.
- Die Station der kenianischen Busgesellschaft Akamba (Infos unter Tel. 250412, Mobiltel. 077-2505539, Fax 250411) für Busse nach **Nairobi/Kenia** liegt in der Dewinton Road (Abfahrten täglich um 7 und 15 Uhr, Fahrpreis in der Executive Class 16 Euro, Fahrtzeit 11–12 Std., über Nacht 15 Std.). Der komfortablere Royal Class ist bei gleichen Abfahrtszeiten etwas schneller (23 Euro). In umgekehrter Richtung verlassen die Busse Nairobi um 19 Uhr (Ankunft in Kampala gegen 10 Uhr am darauffolgenden Morgen, nachts an der Grenze mehrere Stunden Wartezeit). Eine sehr gute Wahl sind auch die komfortablen Busse des Unternehmens Kampala Coach (s.o.).
- **Nach Arusha/Dar es Salaam** in Tansania verkehren Busse des zuverlässigen Unternehmens Scandinavia Express (Infos unter Tel. 348895, Mobiltel. 077-2377174 oder 077-2570760) in der Lumumba Avenue. Abfahrt jeweils um 13 Uhr, Fahrpreis 34 Euro bis Arusha, nach Dar es Salaam 50 Euro).

Minibusse.
Minibusse bedienen alle Strecken, auf denen die Überlandbusse verkehren, und viele weitere, v.a. in der Nähe Kampalas (Vororte, Jinja, Entebbe etc.). Sie starten, wenn sich **genügend Fahrgäste** eingefunden haben (d.h. in der Regel um die 20 Personen und mehr). Abfahrten bis zum Einbruch der Nacht.

Schiffsverbindungen

- Zwischen dem nahe gelegenen Hafen Port Bell und Mwanza (Tansania) bzw. Kisumu (Kenia) verkehrte auf dem Viktoriasee viele Jahre das Fährschiff MV Bukoba. Es ist im Mai 1996 vor der tansanischen Küste mit mehr als 600 Passagieren an Bord gesunken. Vorübergehend wurde der Service von Mwanza nach Port Bell dann von der durch Tanzania Railways betriebenen **MV Victoria** wahrgenommen, die sich vor allem durch Verspätungen und Pannen auszeichnete, bis die Verbindung wieder gänzlich eingestellt wurde. Allein die Verbindung **zwischen Bukoba und Mwanza** schien 2009 intakt zu sein. Am Bahnhof in Kampala oder in Port Bell erhalten Sie dazu aktuelle Auskünfte, ggf. auch telefonisch unter der Nummer 221336 (Port Bell Ferry Office). Es gibt derzeit funktionierende Schiffsverbindungen von Uganda nach Kenia und Tansania für den Frachtverkehr, die auch die Mitnahme eines eigenen PKW ermöglichen (Erkundigungen ebenfalls unter Tel. 221336).
- **Zu den Ssese-Inseln** verkehrt die moderne **MV Kalangala**, eine 2006 in Dienst gestellte, in Port Bell gebaute Personen- und Frachtfähre für bis zu 108 Fahrgäste, acht Fahrzeuge und 100 Tonnen Fracht, die täglich zwischen Entebbe (Landestelle Nakiwogo) und der Insel Bugala (Landestelle Lutoboka) verkehrt. Abfahrt in Bugala/Lutoboka ist täglich gegen 8 Uhr morgens, Ankunft in Entebbe/Nakiwogo gegen 11.30 Uhr. In Nakiwogo warten bereits Minibus-Matatus nach Entebbe und Kampala. Die Abfahrt von Entebbe/Nakiwogo nach Kalangala ist gegen 14 Uhr, Ankunft an der Landestelle Lutoboka gegen 17.30 Uhr (siehe auch „Ssese-Inseln").

Taxis

Taxifahrten innerhalb des Stadtzentrums kosten 1–3 Euro, in die näheren Außenbezirke (z.B. Kololo) sind es 3–4 Euro. Intensives Handeln beim Fahrpreis ist üblich. Der internationale (und nationale) Flughafen Ugandas liegt in **Entebbe** (40 km). Alle großen Hotels unterhalten Zubringerbusse für ihre Gäste. Öffentliche Busse gibt es keine. Eine individuelle Taxifahrt zum Flughafen kostet ca. 20

Euro (je nach Verhandlungsgeschick). Zuverlässige Taxiunternehmen sind z.B.:

- **Belex Taxis,** Sheraton Hotel, Tel. 344105, 344590, Mobiltel. 077-2443491
- **Yellow Cab Taxi,** 102 Bukoto Street, Kamwokya, Tel. 4532437, Mobiltel. 078-2384842

Leihwagen

Leihwagen werden **in der Regel nur mit Chauffeur** angeboten.

- **Acacia Safaris**
Plot 351B, Balintuma Road, PO Box 29493, Tel. 253597, Mobiltel. 071-2800004, www.acaciasafari.co.ug.
- **Alpha Car Rentals**
Plot 3/5, Bombo Road, EMKA House, PO Box 5015, Tel. 344332, Mobiltel. 077-2411232, Fax 232659/340487, www.alpharentals.co.ug.
- **Budget Uganda,** s.o. „Flughafen".
- **City Cars & 4x4's**
PO Box 151, 20 Tank Hill Parade, Muyenga, Tel. 268611, Mobiltel. 077-2412001, www.driveuganda.com.
- **Europcar Uganda,** s.o. „Flughafen".
- **Hertz Uganda**
Suite 225, International Conference Centre, Kampala Serena Hotel, Tel. 309000, Extension 477/479, Mobiltel. 077-2221415 oder 077-2450460, www.hertzuganda.com.
- **Phoenix Car Hire**
Plot 57–63, Kibira Road, Bugolobi, Tel. 236096, Mobiltel. 077-2400804 und 077-2200605, Fax 236096, www.phoenix-tours-uganda.com.
- **Safari Eye Car Hire**
Plot 26C, Lumumba Avenue, PO Box 2972, Tel. 253414, Mobiltel. 077-24413012, www.safarieye.co.ug
- **Walter Egger Landrover 4x4 Hire**
PO Box 933, Jinja, Tel. 121314, Mobiltel. 077-2221113, engineering@wemtec.biz oder wemtec@source.co.ug.

In Jinja beheimateter Verleih von älteren, aber gut gewarteten Fahrzeugen des Typs Landrover 109 (Soft Top) und 110 (Hard Top oder Station Wagon) mit Fahrer. Ab 65 Euro pro Tag, alles inklusive. Empfehlenswert.

Aufenthaltsgenehmigung

Bei der Einreise wird üblicherweise nur eine begrenzte Aufenthaltsgenehmigung erteilt. Wer länger in Uganda bleiben will, muss im **Immigration Department** vorstellig werden, Plot 75, Jinja Road, PO Box 7165, Kampala, Tel. 231031, 231641, Fax 231641, www.immigration.go.ug. Eine befristete Aufenthaltsverlängerung ist normalerweise kein Problem (Pass mitnehmen und Formular ausfüllen).

Informationen

- **Vorwahl von Kampala: 0414**

- **Tourism Uganda/
Uganda Tourism Board (UTB)**
Impala House, 13/15 Kimathi Avenue, PO Box 7211, Kampala, Tel. 00256-414-342196/7, Fax 00256-414-342188, www.visituganda.com.
- **Uganda Wildlife Authority (UWA)**
Plot 7, Kira Road, Kamwokya, PO Box 3530, Kampala, Tel. 00256-414-355000, Fax 00256-414-346291, www.ugandawildlife.org.

Das Hauptquartier der ugandischen Naturschutzbehörde UWA liegt angrenzend an den Komplex des Nationalmuseums an der Kira Road im Stadtteil Kamwokya. Sie bekommen hier Informationsblätter über die Nationalparks und Wildreservate sowie aktuelle Auskünfte. Gorillabesuche in den Nationalparks Bwindi Impenetrable und Mgahinga Gorilla müssen hier gebucht bzw. reserviert und bezahlt werden.
- **The Eye Magazine**
Plot 49, Luthuli Avenue, Bugolobi, PO Box 40361, Kampala, Tel. 220020, Fax 220031, www.theeye.co.ug.

Der alle drei Monate erscheinende **„Insider's Guide to Uganda"** hat eine Auflage von ca. 12.000 Stück und liegt in vielen Hotels und Restaurants aus.

Hotels und Unterkünfte (Auswahl)

Die Suche nach einer preiswerten Unterkunft gestaltet sich in Kampala manchmal schwierig, und die Zahl günstiger und dabei empfehlenswerter Herbergen ist gering, wobei sich die Situation in den letzten Jahren deutlich verbessert hat. Die Zimmerverfügbarkeit hingegen ist gut: In der Regel ist es kein Problem, auch abends noch ein Zimmer im anvisierten Hotel zu bekommen. Im Vorfeld des Commonwealth-Gipfels (CHOGM) 2007 entstanden zahlreiche **Hotelneubauten der Oberklasse** (z.B. Protea Hotel Kampala, Metropole Hotel, Imperial Royale Hotel, Commonwealth Resort Munyonyo). Es hat eine Art „Rennen um das führende Hotel Kampalas" begonnen. Der Bau eines ca. 100 Mio. US-$ teuren 5-Sterne-Hotels der Hilton-Kette in dominierender Lage auf dem Nakasero Hill wurde (vorübergehend?) eingestellt. Langfristig ist angesichts der mittlerweile großen Konkurrenz im 4- und 5-Sternebereich von sinkenden Hotelpreisen in diesem Segment auszugehen.

Kategorie AA

● **Kampala Serena Hotel**
32 Nile Avenue, PO Box 7057,
Tel. 309000, Fax 259130,
www.serenahotels.com.

Das ehemalige Nile Hotel wurde 2004 von der kenianischen Serena-Gruppe übernommen und bis zur Wiedereröffnung 2006 komplett neu gestaltet. 152 geschmackvolle Zimmer und Suiten mit Bad/WC, Klimaanlage und Sat-TV. Zentrale Lage. Mehrere Restaurants und Bars. Bewachter Parkplatz. Mit dem Hotel verknüpft ist das riesige Kampala Serena Hotel Conference Centre, daher bei großen Konferenzen manchmal ausgebucht. Ähnlicher Standard wie das Sheraton, jedoch deutlich moderner und eine Spur luxuriöser. Guter Service, wie von der Serena-Gruppe gewohnt. Ab 120 Euro pro Person im DZ.

Seit Oktober 2009 ist die kenianische Serena-Gruppe auch mit einem Resort-Ableger am Lake Victoria (angeschlossener 18-Loch-Golfplatz sowie eigene Marina), ca. 15 km außerhalb des Stadtzentrums (**Lake Victoria Serena Resort**, Kategorie AA, 124 Gästezimmer und Suiten, PO Box 37761, Kampala, Lweza-Kigo Road off Entebbe Road, Tel. 7121000, Fax 7121550, lakevictoria@serena.co.ug), vertreten.

● **Emin Pasha Hotel**
27 Akii Bua Road, PO Box 23825, Nakasero, Tel. 236977/8/9, www.eminpasha.com.

2005 eröffnetes Boutiquehotel in Nakasero. 20 komfortable und geschmackvoll eingerichtete, jedoch nicht gerade billige Zimmer mit Bad/WC und Klimaanlage. Angeschlossen ist das sehr gute Restaurant Fez Brasserie. Swimmingpool, Spa. Betreiber ist das Reiseunternehmen Wildplaces Africa. Ab 115 Euro pro Person im DZ.

● **Kampala Sheraton Hotel**
Ternan Avenue, PO Box 7041,
Tel. 420000, Fax 256696,
www.sheraton.com/kampala.

Geräumige Zimmer mit Bad/WC und Klimaanlage. Mehrere Restaurants und Bars. Bewachter Parkplatz. Über mehrere Jahrzehnte das führende Hotel in Kampala, allerdings ziemlich in die Jahre gekommen. Zentral und sehr angenehm inmitten einer großen, gartenähnlichen Parkanlage („Sheraton Gardens") gelegen. 245 Räume nebst 10 Suiten und 2 Präsidentensuiten lassen für den Gutbetuchten keine Wünsche offen. Es stehen Tennis- und Squashplätze, Sauna, Massage, Swimmingpool und alle übrigen Komforteinrichtungen bereit, die man von einem 5-Sterne-Hotel erwarten kann. Konferenzmöglichkeiten für bis zu 450 Teilnehmer. Shuttletransport von und zum Flughafen Entebbe. Dem Hotel angeschlossen sind mehrere Restaurants und Bars, die teure, aber sehr gute Küche und umfangreiche Buffets bieten. Ab 110 Euro pro Person im DZ.

Kategorie A

● **Imperial Royale Hotel**
Plot 7, Kintu Road, PO Box 7503,
Tel. 711100, Fax 7111222,
www.imperialhotels.co.ug.

Relativ neues Hotel der Imperial-Gruppe mit prägnanter Skyline, direkt oberhalb des

Sheraton. 200 Zimmer und Suiten mit Bad/WC, Klimaanlage und Sat-TV. Zentrale Lage, bewachter Parkplatz. Leicht kitschige Einrichtung. Mit Sauna, Swimmingpool, Fitnessbereich etc. Airport-Transfer für Hotelgäste. Mehrere Restaurants und Bars. Ab 75 Euro pro Person im DZ.

- **Protea Hotel Kampala**

Plot 4, Upper Kololo Terrace, PO Box 9421, Tel. 550000, Fax 340762,
www.proteahotels.com.

Ende 2007 eröffnetes 4-Sterne-Hotel der süafrikanischen Protea-Gruppe im Stadtteil Kololo, oberhalb des Golfplatzes, mit schönem Blick auf die Skyline des Nakasero-Hügels. 74 sehr angenehme und elegant ausgestattete Zimmer bzw. Suiten mit Bad/WC, Klimaanlage, Sat-TV und WLAN-Anschluss. Restaurant und Bar. Swimmingpool, Fitness-Bereich, Tennis- und Squash-Plätze. Ab 65 Euro pro Person im DZ. Empfehlenswert.

- **Grand Imperial Hotel**

Plot 6, Nile Avenue, PO Box 9211, Tel. 250681, Fax 250605,
www.imperialhotels.co.ug.

103 Zimmer und Suiten mit Bad/WC, Klimaanlage und Sat-TV. Zentrale Lage, bewachter Parkplatz. Imposante Fassade und etwas „bunt" geratene Einrichtung. Mit Sauna, Swimmingpool, Fitnessbereich etc. Airport-Transfer für Hotelgäste. Mehrere Restaurants und Bars. Ab 60 Euro pro Person im DZ.

- **Le Petit Village**

Plot 1273, Gaba Road, PO Box 12721, Tel. 0312-265530/1/2/3/4, Fax 510465,
www.lepetitvillage.net.

Neues Boutiquehotel im Safaristil an der Gaba Road, wenige Minuten außerhalb des Zentrums. Schöne klimatisierte Suiten mit Bad/WC, Flachbild-TV und WLAN. Swimmingpool. Angeschlossen ist das sehr gute belgische **Restaurant Le Chateau**. Ab 60 Euro pro Person im DZ. Empfehlenswert.

- **Speke Resort &
Country Lodge Munyonyo**

Munyonyo, PO Box 7036, Tel. 227438, Mobiltel. 078-227111, Fax 227110,
www.spekeresort.com.

Ende 2001 eröffnetes Resorthotel in Munyonyo am Lake Victoria, ca. 12 km vom Stadtzentrum Kampalas entfernt. Komfortable und geschmackvolle, jedoch nicht gerade preisgünstige Zimmer mit Bad/WC und Klimaanlage. Auf dem riesigen Resortgelände wurden für den Commonwealth-Gipfel 2007 in einem gesonderten Komplex 59 präsidiale Suiten für die Beherbergung der teilnehmenden Staatsoberhäupter errichtet. Gutes Restaurant mit Bar. Großer Swimmingpool. Sportmöglichkeiten (z.B. Speedboat-Fahrten auf dem Lake Victoria). Eigener Yachthafen (Marina). Angeschlossenes Reitzentrum. Ab 60 Euro pro Person im DZ.

- **Hotel Africana**

2–4 Wampewo Avenue, Kololo, PO Box 10218, Tel. 777500, Fax 348090,
www.hotelafricana.com.

Mehrmals erweiterte Hotelanlage, die etwas „kastenartig" anmutet. 250 Zimmer und Suiten mit Bad/WC, Klimaanlage und Sat-TV. Restaurant und Bar. Großer Swimmingpool. Bewachter Parkplatz. Lage etwas außerhalb der Stadt am östlichen Rand des Golfplatzes, dadurch sehr ruhig und angenehm. Shuttle-Service zum Flughafen Entebbe und in die Innenstadt. Ab 60 Euro pro Person im DZ.

Kategorie B

- **Metropole Hotel**

51/53 Windsor Crescent, PO Box 7293, Tel. 391000, Fax 391015,
www.metropolekampala.com.

Mitte 2007 eröffnetes 4-Sterne-Hotel in Kololo, oberhalb des Golfplatzes, mit schönem Blick auf den Golfplatz und den Nakasero-Hügel. 60 ansprechende, modern gestaltete Zimmer mit Bad/WC, Klimaanlage und Sat-TV. Restaurant und Bar. Swimmingpool, Fitness-Bereich, WLAN-Anschluss. Ab 55 Euro pro Person im DZ.

- **Mamba Point Guest House**

Plot 22, Akii Bua Road, PO Box 7815, Tel. 031-2563000, Fax 031-2563219,
www.mamba-point.com.

Angenehmes, familiäres Guest House mit 4-Sterne-Standard in bester Lage auf dem grünen Nakasero-Hügel. Saubere Zimmer mit Bad/WC und Klimaanlage. Kleiner Garten mit Swimmingpool. Angeschlossen an das bekannte gleichnamige Restaurant. Empfehlenswert. Ab 50 Euro pro Person im DZ.

Kampala

- **Kabira Country Club**
Plot 63, Old Kira Road, Bukoto, PO Box 3673,
Tel. 031-227222/3/4/5, Fax 031-227226,
www.kabiracountryclub.com.

Schöne gartenähnliche Anlage mit angenehmen Unterkünften. Es stehen 78 modernisierte Zimmer in Cottages, Suiten und Appartments mit 2–4 Betten im Vorort Bukoto zur Verfügung. Restaurant und Bar. Bewachtes Parkareal. Tennis und andere Sportmöglichkeiten, schöner Pool. Ungefähr 6 km außerhalb des Stadtzentrums gelegen. Ab 50 Euro pro Person im DZ. Empfehlenswert.

- **Speke Hotel**
Speke Avenue, PO Box 7036,
Tel. 259221, Fax 235345,
www.spekehotel.com.

Zimmer mit Bad/WC, Klimaanlage und Sat-TV. Zentral unterhalb des Sheraton Hotel gelegen, eines der ältesten Hotels der Stadt mit gediegener Atmosphäre, Mitte der 1990er Jahre grundlegend renoviert. Das indische Restaurant Maharaja im Speke Hotel gehört zu den besten Restaurants Kampalas. Großer Barbereich mit dem Rock Garden Café. Forex Bureau im Hotel (auch nachts geöffnet). Ab 45 Euro pro Person im DZ.

- **Equatoria Hotel**
37/39 William Street, PO Box 7503,
Tel. 311400, Fax 250146,
www.imperialhotels.co.ug.

89 Zimmer mit Bad/WC, Klimaanlage und Sat-TV. 1995 eröffnet, inzwischen ziemlich abgewohnt und heruntergekommen. Mit Casino und Nachtclub, Swimmingpool und Squash-Plätzen. Angeschlossen sind mehrere Restaurants, beispielsweise das chinesische Chopsticks (exzellente, breit gefächerte Küche). Ab 45 Euro pro Person im DZ.

- **Le Bougainviller Hotel**
Plot 1–7, Katazamiti Road, Bugolobi,
PO Box 10543, Tel. 220966, Fax 223355,
www.bougainviller.com.

89 Zimmer mit Bad/WC, Klimaanlage, Satelliten-TV und WLAN-Anschluss. Mediterran angehauchtes Boutiquehotel mit großer Gartenanlage unter französischer Führung im ruhigen Vorort Bugolobi östlich des Zentrums.

Eigentümer ist der Architekt des Emin Pasha Hotel. Ab 40 Euro pro Person im DZ.
- **Golf Course Apartments**
Plot 5, Makindu Close, PO Box 22774,
Tel. 342745, Fax 235674.
Mitte 2007 nach siebenjähriger Bauzeit eröffneter 4-Sterne-Apartmentkomplex direkt am Garden City Shopping Centre. Modern gestaltete Apartments mit Bad/WC, Klimaanlage und Sat-TV. Ideal für längere Mietdauer.
- **Shangri-la Hotel**
Kintu Road, PO Box 8066, Tel. 250366,
www.shangri-la.co.ug.
Angenehmes Hotel oberhalb der Sheraton Gardens. Saubere Zimmer mit Bad/WC und Klimaanlage. Bewachtes Parkareal. Tennis und andere Sportmöglichkeiten, Swimmingpool, Health Club. Angeschlossen ist das Shanghai Restaurant, das exzellente chinesische Küche bietet. Ab 40 Euro pro Person im DZ. Empfehlenswert.
- **Cassia Lodge**
Buziga Hill, Mobiltel. 075-5777002,
www.cassialodge.com.
Schöne rustikale Lodge im Landhausstil unter belgischer Führung auf dem Buziga Hill oberhalb des Lake Victoria. Restaurant und Bar. Bewachtes Parkareal. WLAN-Anschluss. Ungefähr 10 km östlich des Stadtzentrums im Grünen gelegen. Angeblich mit dem „besten Blick über Kampala". Ab 40 Euro pro Person im DZ.
- **Fairway Hotel**
Kafu Road, PO Box 4595,
Tel. 259571, Fax 234160,
www.fairwayhotel.co.ug.
Zimmer mit Bad/WC und Klimaanlage. Restaurant und Bar. Am Rande des Stadtkerns schräg gegenüber dem Golfplatz gelegen. Angenehme, parkähnliche Anlage, die jedoch etwas in die Jahre gekommen ist. Ein bei Mitarbeitern von Hilfsorganisationen und anderen „Expatriates" relativ beliebtes Hotel, das ausgewogene monatliche Zimmermieten bietet. Ab 35 Euro pro Person im DZ.

- **Hotel International 2000**
Tank Hill Road, Muyenga, PO Box 4037,
Tel. 510200, Fax 510203,
hotel2000@africaonline.co.ug.
Im Jahr 2000 eröffnetes Hotel auf dem Tank Hill. Saubere Zimmer mit Bad/WC, Klimaanlage und Sat-TV. Gutes Restaurant mit Barbereich. Bewachter Parkplatz. Außerhalb der Stadt gelegen, dadurch ruhig und angenehm. Wegen der Lage nur für Reisende mit eigenem Fahrzeug zu empfehlen. Ab 35 Euro pro Person im DZ.
- **Fang Fang Hotel**
Plot 9, Ssesibwa Road, PO Box 6323,
Tel. 235828/233115, Fax 233620,
fangfang@africaonline.co.ug.
Bewachter Parkplatz. Mittelklassehotel mit angeschlossenem Restaurant. Zimmer mit Duschen/WC, Klimaanlage und Sat-TV. Ein Frisiersalon, traditionelle chinesische Massage sowie eine kleine Arztpraxis stehen für Gäste bereit. Freundliches Personal. Ab 32 Euro pro Person im DZ.
- **Dolphins Suites Hotel**
Plot 36, Princess Anne Drive,
Bugolobi, PO Box 3927,
Tel. 223756/9, Fax 223760,
dolphin@infocom.co.ug.
Saubere Zimmer mit Bad/WC, Klimaanlage und Sat-TV. Bewachter Parkplatz. 6 km außerhalb der Stadt gelegen, dadurch sehr ruhig und angenehm. Zimmerpreis inkl. Frühstück. Überwiegend Geschäftsreisende.

Kategorie C
- **Holiday Express Hotel**
Plot 16/18, Luwum Street/
Ecke Dustur Street, PO Box 9923,
Tel. 262858, Fax 252665,
www.holidayexpresshotel.com.
Mittelklassehotel am Nakasero Market. 42 saubere Zimmer mit Dusche/WC und Sat-TV. Ab 24 Euro pro Person im DZ.
- **Hotel Diplomate**
Tank Hill Road, Muyenga, PO Box 6968,
Tel. 267625, Fax 267655,
diplomatekampala@hotmail.com.
Ziemlich in die Jahre gekommene Zimmer mit Bad/WC, Klimaanlage und Sat-TV. Einfaches Restaurant mit Barbereich. Bewachter

---

Kann auch von Kampala aus organisiert werden – White-Water Rafting

Parkplatz. Außerhalb der Stadt gelegen, daher ruhig und angenehm. Wegen der Lage nur für Reisende mit eigenem Fahrzeug zu empfehlen. Ab 20 Euro pro Person im DZ.
- **College Inn**
Bombo Road, Wandegaya
(nahe dem Universitäts-Campus),
PO Box 3852, Tel. 031-2283161,
Mobiltel. 077-2897710,
reservations@collegeinn.co.ug.

Saubere Zimmer mit Dusche/WC. Restaurant. Aus dem einstigen Guest House ist inzwischen ein Hotel mit gutem Standard geworden. Ab 20 Euro pro Person im DZ.
- **Namirembe Guest House**
Plot 1085, Willis Road, Mengo
(unterhalb der Namirembe Kathedrale),
PO Box 14127, Tel. 273778/273981,
Fax 273904,
www.namirembe-guesthouse.com.

Einfache Zimmer mit Dusche/WC, Schlafsaal. Restaurant und bewachter Parkplatz. Ruhig und angenehm etwas außerhalb des Zentrums gelegen. Diverse Unterkunftskategorien möglich, am billigsten sind die Betten im Schlafsaal. Mit Sammeltaxis zu erreichen. Ab 17 Euro pro Person im DZ, Schlafsaalübernachtung ab 7 Euro.
- **Golf Gardens Inn**
Plot 742, Walabyeki Road,
Bunamwaya, PO Box 14667,
Tel. 4380272, Mobiltel. 071-2925288,
www.golfgardensinn.com.

2007 eröffnetes Mittelklassehotel auf dem Bunamwaya Hill an der Straße zum Flughafen, etwas außerhalb des Stadtzentrums gelegen. Saubere Zimmer mit Bad/WC und Klimaanlage. Ab 16 Euro pro Person im DZ. Empfehlenswert.
- **Silver Springs Hotel**
76/78 Old Port Bell Road, Bugolobi,
PO Box 734, Tel. 221231, Fax 236361.

Cottages oder Bandas mit eigenem Bad/WC. Restaurant und Bar. Bewachter Parkplatz. Außerhalb der Stadt im Vorort Bugolobi; mit Sammeltaxis nach Luzira zu erreichen. In den letzten Jahren etwas abgewohnt.
- **Tourist Hotel**
Market Street, PO Box 7036,
Tel. 251471/2, Fax 251473,
www.touristhotel.net.

Saubere Zimmer mit Dusche/WC. Gutes Mittelklassehotel mit fairen Preisen nahe dem Nakasero Market, relativ laut. Ab 15 Euro pro Person im DZ.
- **Manhattan Guest House**
439 Balintuma Road, Mengo
(unterhalb der Namirembe Kathedrale),
Tel. 534824, Mobiltel. 077-2865187,
mghouse@hotmail.com.

Unweit des Namirembe Guest House, in den letzten Jahren aber besser in Schuss als dieses. Saubere Zimmer mit Bad/WC. Einfaches Restaurant und bewachter Parkplatz. Ruhige und angenehme Lage etwas außerhalb des Stadtzentrums. Ab 15 Euro pro Person im DZ.

Kategorie D
- **Kolping Guest House**
Plot 132, Bombo Road,
Tel. 543990, Fax 543982.

Angenehm saubere, kirchlich geführte Unterkunft der Uganda Kolping Society. Restaurant und Bar. Bewachter Parkplatz. Ca. 5 Minuten vom Zentrum entfernt.
- **888 Hotel (China Palace Hotel)**
Off Nakivuko Road, Tel. 234888,
chpalace@afsat.com.

Saubere, chinesisch geführte Unterkunft in direkter Nähe zur Busstation und dem New Taxi Park. Zimmer mit Gemeinschaftsduschen oder mit eigenem Bad/WC. Chinesisches Restaurant. Ab 6 Euro pro Person im DZ.
- **Kampala Backpackers Hostel & Campsite**
PO Box 6121, Natete,
Tel. 274767, Fax 272012,
Mobiltel. 077-2430587, 077-2502758,
www.backpackers.co.ug.

Seit mehr als 15 Jahren **der Traveller-Treffpunkt** in Kampala, aufgebaut und geleitet von einem freundlichen Australier. Gute Notizbretter für aktuelle Informationen über Ziele in Uganda und seinen Nachbarländern, zusätzlich gibt es einen Ordner mit Notizen von Reisenden zu besonders beliebten Zielen (Gorillas, Nationalparks, Ssese-Inseln etc.). Es werden eigene Touren in alle ugandischen Nationalparks angeboten. Nicht zu empfehlen, wenn der Platz von mehreren Overlandtrucks „heimgesucht" wird. Zu erreichen vom

New Taxi Park mit Sammeltaxis nach Natete (ca. 3 km außerhalb des Stadtzentrums).
●**Red Chilli Hideaway Hostel & Campsite** Plot 82 Sunderland Avenue, Mbuya, Kampala, PO Box 40288, Tel. 223903, Mobiltel. 077-2509150, www.redchillihideaway.com.

Saubere Anlage 6 km außerhalb des Stadtzentrums im ruhigen Vorort Mbuya/Bugolobi mit Zimmern und ohne eigenes Bad/WC, Schlafsaal und Campingplatz. Seit 2007 eigener Swimmingpool. Restaurant und Bar. Kartentelefon, Internet- und E-Mail-Verbindungen. Selbstversorger können im gut bestückten nahe gelegenen Payless Supermarket einkaufen. Mit Matatus ab dem Old Taxi Park zu erreichen (Aussteigen 200 m hinter dem Silver Springs Hotel, die Abzweigung ist ausgeschildert). Von den gleichen Betreibern wird auch das Red Chilli Rest Camp im Murchison Falls NP geführt.

Camping

Im **Kampala Backpackers Hostel** oder im **Red Chilli Hideaway Hostel & Campsite** möglich (Gebühr jeweils ca. 2,50 Euro).

Restaurants der gehobenen Preisklasse

Sie sollten in allen Restaurants – auch den günstigen – die Rechnung genauestens prüfen. Viele Kellner haben mit der korrekten Addition von Beträgen Probleme – rätselhafterweise immer zugunsten des Hauses …

Äthiopisch
●**Fasika,** Gaba Road, Kabalagala, Tel. 510441. Sehr gute Küche, mittwochs und sonnabends Buffet.
●**Ethiopian Village,** Tank Hill, Kabalagala, Tel. 510378, Mobiltel. 077-2623440.

Belgisch
●**Le Chateau,** im Hotel Le Petit Village in der Gaba Road, Tel. 510465. Nicht billig, aber empfehlenswert.

Chinesisch
●**Chopsticks,** im Equatoria Hotel, Tel. 250781. Empfehlenswert.
●**Fang Fang,** Colville Street (Communications House), mit Dachterrasse, Tel. 344806.
●**Golden Fish,** Spring Road, Bugolobi, Tel. 222040.
●**Great Wall,** 21 Kampala Road, Tel. 230064.
●**Shanghai,** Ternan Avenue (im Shangri-la Hotel, gegenüber dem Sheraton Hotel), Tel. 250366. Exzellente chinesische Küche.

Französisch
●**La Fontaine,** 6 Bukoto Street, Kololo, Mobiltel. 077-2406197. Hervorragende, aber nicht ganz billige französische Küche.
●**Le Petit Bistro,** Gaba Road, Kansanga, Mobiltel. 077-2403080. Mittlere Preislage.

Griechisch
●**Athina's Taverna,** 30 Windsor Crescent, Kololo, Tel. 341428, Fax 236089, athina@infocom.co.ug. Im griechisch-zypriotisch geführten Athina Club House.

Grillgerichte
●**Half London 2000,** 70 Gaba Road (neben Al's Bar), Tel. 268910. Grillgerichte, aber auch Pasta und Snacks. Häufig Live-Musik.
●**Sheraton Hotel** (internationale Küche und Grillgerichte), Ternan Avenue. Der „Hippo Grill" und die „Equator Bar" bieten insbesondere gute Buffets und ein ausgebufftes Barbecue. Gute Küche, aber relativ teuer.

Indisch
●**Faze 2,** 10 Nakasero Road, Nakasero, Tel. 0392-700815, Mobiltel. 077-2345808. Schöne Gartenanlage. Sehr gute und dabei günstige indische Gerichte, aber auch Steaks und Vegetarisches. Lebhafte Bar.
●**Haandi's,** Commercial Plaza, 7 Kampala Road, Tel. 346283. Hervorragende indische Küche, klimatisierte Räumlichkeiten. Ableger im Garden City Food Court.
●**Maharaja,** im Speke Hotel (Nile Avenue), Tel. 243244. Hervorragende Küche.

KAMPALA

- **Masala Chaat House,** Dewinton Road, Tel. 236487. Wohlschmeckende und dabei relativ günstige Küche.
- **Nawab,** Garden City Shopping Centre, Yusuf Lule Road, Tel. 263333. Gutes Essen, etwas sterile Atmosphäre.
- **Sitar,** Worker's House, Pilkington Avenue, Tel. 252356. Breites Spektrum sehr gut zubereiteter Gerichte.

Internationale Küche

- **The Crocodile Café & Bar,** 21 Cooper Rd., Kisementi, Tel. 254593, Mobiltel. 077-2486630. Schöne Inneneinrichtung, freundlicher belgischer Besitzer.
- **Garden City Food Court,** Garden City Shopping Centre, Yusuf Lule Road.
- **Fez Brasserie,** Emin Pasha Hotel, 27 Akii Bua Road, Tel. 236977. Teuer.
- **The Pearl of Africa,** im Serena Hotel, Tel. 309000. Das aktuell wohl edelste und teuerste Restaurant Kampalas.
- **Sam's Restaurant,** 78 Kampala Road, Tel. 251694. Tandoori und kontinentales Essen. Getränkekarte mit Cocktails.
- **The Lakes,** im Serena Hotel, Tel. 309000. Edel und entsprechend teuer.
- **Iguana,** 8 Bukoto Street, Mobiltel. 077-7020658. Gutes Lunchbuffet und moderate Preise.

Italienisch

- **Café Roma,** Tank Hill Shopping Mall, Muyenga, Mobiltel. 077-2501847. Gute Pizzen.
- **Mammamia,** im Speke Hotel, Tel. 346340. Gute und dabei günstige Pizzen.
- **Mamba Point Pizzeria,** Lumumba Avenua, Nakasero, Mobiltel. 077-2743227. Familien- und kinderfreundliche Atmosphäre.
- **Mamba Point Restaurant,** 22A Akkii Bua Road, Nakasero, Mobiltel 077-2243225. Gute Pizzen, Pasta und Steaks. Schöne Terrasse.
- **The Explorer,** im Serena Hotel, Tel. 309000. Gute, aber sehr teure Küche. Restaurant mit Bistrocharakter.

Japanisch

- **Kyoto,** 1 Shimoni Road, Nakasero, Tel. 237078.

Koreanisch

- **Arirang,** Plot 15A, Kyadondo Road, Nakasero, Tel. 346777.

Libanesisch

- **Lebanese Food,** Garden City Food Court, Yusuf Lule Road, Mobiltel. 071-7802803.

Thailändisch

- **Krua Thai,** Windsor Crescent, Kololo, Mobiltel. 075-2777433. Empfehlenswerte Thai Küche, sonntags geschlossen.
- **The Wok,** Garden City Food Court, Yusuf Lule Road.

Günstige Restaurants (Essen unter 5 Euro)

- **Garden City Shopping Centre,** Yusuf Lule Road. Mehrere Schnellrestaurants, z.B. Basix Food, Ranchers, Healthy Snack oder Economy Food Service Canteen.
- **Pause Café,** Metropole Arcade, 8–10 Entebbe Road, Tel. 349921. Gutes Lunchbuffet, exzellente Milchshakes. Bei Geschäftsleuten beliebt für einen leckeren Imbiss zu Mittag.
- **Tuhende Safari Lodge,** 8 Martin Road, Old Kampala, Mobiltel. 077-2468360. Frischer Fisch, Fleisch oder Gemüse vom Grill. Empfehlenswert.
- **Ekitoobero Restaurant,** 21 Kitante Road, Tel. 346834. Afrikanische Gerichte, die günstig sind.
- **Mateo's Restaurant & Bar,** 13 Parliament Avenue. Lebhafte Atmosphäre.
- **Antonio's Restaurant,** Pioneer Mall, Kampala Road.
- **Vasili's,** Cargen House Food Court, Kampala Road, Tel. 340842. Gebäck und leckere Snacks.
- **Santos Ice Cream,** Kampala Road. Eissalon mit leckerem Eis.

Der Internationale Flughafen Entebbe liegt 40 km von Kampala entfernt

Brauchbares **Fastfood** erhält man z.B. bei **Nando's, Steers, Dominos, Pizza Inn** oder **Chicken Inn,** allesamt z.B. zentral im Food Court House an der Kampala Road und mit weiteren Filialen in den Einkaufszentren und Vororten zu finden.

Bars

- **On the Rocks (Speke Hotel),** großer Barbereich neben dem Rock Garden Café, wo auch unzählige Nutten anschaffen gehen.
- **Bubble's O'Leary's,** 30 Windsor Crescent, Tel. 031-2263815. Irish Pub.
- **Al's Bar,** Gaba Road, Kansanga. Neben dem Half London 2000. Einer der Treffpunkte in Kampala, insbesondere Freitagnacht.
- **Capital Pub,** Muyenga Road, Kabalagala. Ähnlich der nahe gelegenen Al's Bar in Kansanga, nicht ganz so viele Prostituierte.
- **Faze 2,** 10 Nakasero Road, Mobiltel. 077-2345808. Lebhafte Bar. Auch indisches Restaurant.
- **Sabrina's Pub,** 76A Kampala Road, Tel. 250174. Beliebter Treffpunkt von Expatriates, Touristen und der ugandischen Mittel- und Oberschicht. Häufig Live-Musik.
- **Mateo's Bar,** 13 Parliament Avenue, Tel. 340840. Einzige echte Cocktail-Bar der Stadt.
- **Equator Bar,** Sheraton Hotel. Beliebter Treffpunkt vor allem der Weißen. Auch Snacks erhältlich.
- **Just Kicking,** Cooper Road, Kisementi. Beliebte Sports Bar. Ein Schriftzug im Eingangsbereich warnt: „No hookers allowed, but locks and props are fine."
- **The Basement,** Equatoria Hotel, William Street.
- **Fat Boyz,** 7 Cooper Road, Kisementi, Mobiltel. 078-2416900. Mexikanische Snacks. Regelmäßig Livemusik.
- **Kampala Latino Club,** Plot 19, Acacia Avenue, Kololo, Mobiltel. 075-3875227 oder 077-5517220, www.kampalalatinoclub.com. Lebhafte Latino-Tanzbar.
- **TLC Club,** George Street. Mit großer Tanzfläche, Chill-out-Liegen und mehreren Billardtischen.
- **The Mist,** Serena Hotel. Gute, aber sehr teure Cocktails.
- **City Bar & Restaurant,** Kampala Road, Tel. 346460. Großer, gepflegter Snooker-Tisch.
- **The Venue,** Garden City Shopping Centre. Pub mit schönem Nachtblick auf das Zentrum Kampalas.

KAMPALA

Cafés

- **Café Pap,** Amadinda House, Plot 13B Parliament Avenue, Tel. 254570, www.cafepap.com. Sehr guter Kaffee in allen Spielarten, leckere Snacks.
- **Sheraton Hotel,** Ternan Avenue. Angenehmes, lebhaftes Café im Foyer.
- **Rock Garden Café,** im Speke Hotel in der Nile Avenue.
- **Grand Imperial Coffee Shop,** Grand Imperial Hotel, Nile Avenue.
- **Good African Coffee,** Lugogo Shopping Mall.
- **City Bar & Restaurant,** Kampala Road, Tel. 346460. Lebhaft. Angenehme Atmosphäre.
- **Café Roma,** Tank Hill Shopping Mall, Muyenga, Mobiltel. 077-2501847. Guter Cappuccino.
- **The Crocodile Café & Bar,** 21 Cooper Rd., Kisementi, Tel. 254593, Mobiltel. 077-2486630. Schöne Inneneinrichtung, freundlicher belgischer Besitzer.
- **Tulifanya Art Gallery Café,** 28/30 Hannington Road, Tel. 254183.
- **1000 Cups Coffee House,** 18 Buganda Road, Mobiltel. 077-2505619. Guter Kaffee, internationale Zeitungen und Zeitschriften.
- **Panorama Coffee Shop,** Pilkington Road, Worker's House, Mobiltel. 077-2848777. Gute Sandwiches. Kostenfreier Internet-Zugang via WLAN.

Diskotheken

- **Ange Noir,** First Street (Industrial Area), Tel. 230190. Sehr großräumige Anlage.
- **Club Silk,** First Street (Industrial Area), Tel. 250907, www.clubsilk.co.ug. Ugandische Mittel-/Oberschicht.
- **The Basement,** im Equatoria Hotel.
- **Rouge,** Kampala Road. Einrichtung stylish, hohe Yuppie-Quote.
- **Club Volts,** Entebbe Road. Breit gefächertes ugandisches Publikum, kaum Weiße.
- **Club Obligatto,** Old Port Bell Road, Mobiltel. 077-2923988. Afrikanische Livebands (vor allem am Wochenende).

Spielcasinos

- **Kampala Casino,** 3 Kimathi Avenue (Pan Africa House), Tel. 343628/30.
- **Casino International,** im Hotel International 2000, Tank Hill Road, Muyenga, Tel. 266924.

Kino

- **Cineplex Garden City,** Garden City Shopping Centre, Tel. 031-2261415, www.cineplex-uganda.com. Das neueste und inzwischen einzige Kino Kampalas.

Musik und Theater

- **National Theatre,** Siad Barre Avenue (Ecke Dewinton Road), Tel. 254567. Wechselndes Theater- und Musikprogramm.
- **Ndere Theatre,** Plot 2872 Butukirwa, Ntinda Kisaasi Road, PO Box 11353, Tel. 288123 oder 288222, Fax 341776, Mobiltel. 077-2200104, www.ndere.com. Ugandaweit bekanntes Tanztheater im sogenannten Ndere Centre im Vorort Ntinda, etwas außerhalb von Kampala. Wechselndes Theater- und Musikprogramm. Gute Tanzaufführungen, Workshops und andere Kulturveranstaltungen. Es wird eine Eintrittsgebühr von umgerechnet 4,50 Euro erhoben.

Kultureinrichtungen

- **Alliance Francaise,** Plot 6, Mackinnon Road, Nakasero, PO Box 4314, Kampala, Tel. 344490, Fax 533749. Sprachkurse sowie kleinere Aufführungen von Filmen, Musik und Theater. Kleine Bibliothek.
- **The British Council,** Rwenzori Courts, Nakasero Road, PO Box 7070, Kampala, Tel. 560800, Fax 254853, www.britishcouncil.or.ug. Gute Bibliothek mit E-Mail-Anschluss. Verschiedene Tageszeitungen aus Großbritannien.
- **Goethe-Zentrum Kampala (GZK) – Ugandan German Cultural Society (UGCS),** Plot 6, Mackinnon Road, Nakasero, PO Box 11778, Kampala, Tel. 533410, Mobiltel. 077-5652312, www.goethezentrumkampala.org. Die inzwischen zum Goethe-Institut hochgestufte Deutsch-Ugandische Kulturgesellschaft bietet eine Fülle von Veranstaltungen. Kleine Bibliothek mit Tageszeitungen aus Deutschland. Bürogemeinschaft mit der Alliance Francaise.

Notfall

Ärzte und Ambulanzen

- **The Surgery** (Praxis von *Dr. Stockley*, britischer Chirurg und Allgemeinarzt), 2 Acacia Avenue, Kololo, Tel. 256003, Mobiltel. 075-2756003 (Notfälle), www.thesurgeryuganda.org. Geöffnet Mo bis Fr 8.30–17, Sa 9.30–11.30 Uhr. Täglich um 12 Uhr Impfsprechstunde (ohne Voranmeldung).
- **International Medical Centre (IMC),** KPC Building, Bombo Road, Tel. 341291 oder 031-2341291, Fax 342608, www.img.co.ug. Großes Ambulanzzentrum.
- **African Air Rescue (AAR) Health Services,** 7/9 Clement Hill Road, PO Box 6240, Kampala, Tel. 261318/9, www.aarhealth.com.

Zahnärzte

- **Sterling Dental Clinic,** Suite 6, Bhatia Towers, 72 Kampala Road, Mobiltel. 077-2488592.
- **Basil's Dental Clinic,** 1st Floor Airways House, 6 Colville Street, Tel. 235526, Mobiltel. 077-2728222.
- **Dr. P. Okello Aliker,** 14 Bukoto Street, Tel. 531259 oder 031-2262357, Mobiltel. 077-2721511.

Krankenhäuser (mit Apotheke)

- **Nsambya Hospital** (privates katholisches Missionskrankenhaus), PO Box 7146, Nsambya Hill, Tel. 266998, 267012.
- **International Hospital Kampala (IHK),** Plot 4686, Kisugu – Namuwong, Tel. 200444 oder 031-2200400, Fax 345768, www.img.co.ug. Gute ärztliche Versorgung im stationären Bereich.
- **Mengo Hospital,** PO Box 7161, Albert Cook Road, Tel. 270222, 270223.
- **Mulago Hospital,** PO Box 7051, Mulago Hill Road, Tel. 554009.

Geldwechsel

Banken

Im Zentrum liegen die Hauptniederlassungen der **Stanbic Bank, Allied Bank, Orient**

Bank, Standard Chartered Bank, Barclay's Bank, Crane Bank und anderer. In der Zentrale der **Barclay's Bank** (16 Kampala Road, Tel. 230972/6, Fax 259467) kann man mit internationalen Kreditkarten (VISA, Mastercard, Amex) problemlos Bargeld bekommen. Jedoch werden von der Bank relativ hohe Gebühren erhoben. Auch gehören die gewährten Kurse nicht zu den besten. In den Filialen der **Stanbic Bank,** der **Standard Chartered Bank** oder in der **Citibank** (4 Ternan Court, Nakasero, Tel. 340945/8, Fax 340624) kann man mit der Kreditkarte (VISA, evtl. auch MasterCard) Geld am **Geldautomaten** abheben.

Forex Bureaus

Diese **privaten Institutionen mit Wechsellizenz** bieten in der Regel deutlich bessere Kurse als die Banken. Vergleiche der gebotenen Tageskurse lohnen sich. Für Reiseschecks erhält man einen schlechteren Kurs als für Bargeld. Euro, US-Dollar (beste Kurse für 100 Dollar-Noten) und das britische Pfund sind die gängigen Währungen. Es gibt zahllose Forex Bureaus im Zentrum Kampalas, z.B. **Crane, Diamond Trust, Metropolitan, Red Fox** und viele andere. Das Forex Bureau im Speke Hotel hat 24 Std. am Tag geöffnet und bietet so auch nachts noch einen Geldumtausch zu akzeptablen Kursen an.

Post und Telekommunikation

● **Hauptpostamt (General Post Office)** in der Kampala Road, Öffnungszeiten: Mo bis Fr 8.30–18 Uhr, Sa 8.30–14 Uhr. Der poste-restante-Service an Schalter 14 ist nicht immer hundertprozentig zuverlässig organisiert. Telefongespräche sind mit Telefonkarten von modernen Apparaten aus möglich. Nach Europa kann durchgewählt werden. Am Schalter 6/7 ist ein Fax-Service eingerichtet. Für ein Fax nach Europa werden 1,50 Euro pro Seite berechnet. Innerhalb Ostafrikas sind es 0,60 Euro, innerhalb Afrikas 0,80–1,50 Euro. Ein eingehendes Fax aus Europa kostet 0,50 Euro.

● **DHL-Express-Service,** Blacklines House, 18 Clement Hill Road, PO Box 1623, Tel. 251608, Fax 256236. Weitere Niederlassungen in Jinja und Entebbe.
● **Skynet Worldwide Express,** 16 Old Port Bell Road, PO Box 1623, Tel. 343380, 236393, Fax 343380, skynetug@infocom.co.ug.
● **TNT International Express,** 8 Burton Street, Tel. 343942, Fax 231265.

Internet-Cafés

● **Lotus Cyber Café,** Kampala Road, inzwischen an verschiedenen Orten in der Stadt vertreten. Günstige Surf-Rates ab 0,01 Euro pro Minute.
● **Cyberworld Café,** Kampala Road. Schnelle Verbindung, Surf-Rate ab 0,01 Euro/Minute.
● **Globenet Café,** Kampala Road. Ebenfalls zuverlässige Internet-Verbindung, ab 0,01 Euro pro Minute.
● **Web City Café,** Kimathi Avenue (neben dem Büro der Fluggesellschaft Emirates). Klimatisierte Räumlichkeiten, moderne Computer und schnelle Verbindungen für 0,02 Euro pro Minute.

Sportmöglichkeiten

● Informationen zu Bergtouren erhalten Sie beim **Mountain Club of Uganda,** PO Box 4692, Tel. 344725, Mobiltel. 077-2843367 oder 077-2721100, idc@imul.com.
● Im **TLC Club,** Plot 7 George Street (nahe dem YMCA), PO Box 8066, Tel. 347697, Mobiltel. 077-2404456, Fax 233194, und im **Kabira Country Club,** Plot 63 Old Kira Road, Bukoto, PO Box 3673, Tel. 031-227222/3/4/5, Fax 031-227226, www.kabiracountry-club.com, können Sie eine Tagesmitgliedschaft erwerben und Swimmingpool sowie Sauna und Health Club nebst Restaurant und Bar nutzen.
● Das Sheraton-Hotel sowie der Kabira Country Club verfügen über eigene **Tennisplätze.**
● Im **Uganda Golf Club** an der Kitante Road zwischen Kololo Hill und Nakasero können Tagesbesucher für ca. 25 Euro auf dem 1909 eröffneten Parcours eine Runde Golf spielen

Stadtpläne S. 136, Umschlagklappe hinten; Karte Atlas XIV

KAMPALA

(Infos unter Tel. 236848 oder 233911, uga-golf@africaonline.co.ug).
● Im **Victoria Nyanza Sailing Club** (in Kaazi, 16 km südlich von Kampala, Mobiltel. 077-2642667 oder 077-2378791, www.sailuganda.com), an der Marina der **Speke Resort & Country Lodge Munyonyo** (Tel. 227438, Mobiltel. 078-227111, Fax 227110, www.spekeresort.com) sowie im **Gaba Beach Resort,** 6 km südlich von Port Bell, können Segel- und Ruderboote für Touren auf dem Lake Victoria entliehen werden.

Flugschulen und Flugscheine

● Der **Kampala Aeroclub and Flight Training Centre** (KAFTC, PO Box 24305, Kampala, Mobiltel. 077-2706107, Fax 200059, www.flyuganda.com) bietet Flugzeugcharter, Rundflüge und Flugkurse an.

Anbieter von White-Water Rafting

● **Adrift – The Adventure Centre,** Plot 7 Kira Road, UWA Compound, PO Box 7681, Kamwokya, Kampala, Tel. 031-2237438, Mobiltel. 077-2237438, www.adrift.ug. Etabliertester Raftinganbieter, seit 1997 vor Ort aktiv. Ganztagestouren (ca. 30 km Rafting) beginnen an den Bujagali Falls bzw. an den Kalagala Falls und kosten 125 US-$, verkürzte Halbtagestouren sind für 115 US-$ zu haben. Längere Zweitagestouren mit Zeltübernachtung auf einer Nilinsel schlagen mit 250 US-$ zu Buche. Die Anreise mit einem eigenen Overlandtruck erfolgt von Kampala aus (verschiedene Treffpunkte, u.a. Sheraton Hotel and Kampala Backpackers Hostel). Lunch und Getränke im Preis inbegriffen.
● **Nile River Explorers (NRE),** Plot 41 Wilson Avenue, PO Box 2155, Jinja, Tel. 0434-120236, Mobiltel. 077-2422373, Fax 0434-121322, www.raftafrica.com. Gleiche Preise wie Adrift, doch wird eine andere Strecke befahren, die angeblich weniger schwere Stromschnellen aufweist. Ganztagestouren kosten 125 US-$, Halbtagestouren 115 US-$. Für weniger draufgängerische Erstlinge wohl besser geeignet. Nach Meinung vieler persönlichere Betreuung, abends vor Ort gemeinsames Grillen mit den (teils sehr schrillen) Guides. Kostenloser Shuttle-Transport zwischen Kampala (Abholpunkte: Kampala Backpackers, Lugogo Shopping Mall/Game Department Store, Red Chilli Hideaway) und den Bujagali Falls.
● **Equator Rafting,** Speke Resort, Bujagali Falls, Tel. 0414-252105, Mobiltel. 077-2379566 oder 077-2318072, www.equator-rafts.com. Rafting-Anbieter mit bislang deutlich günstigeren Preisen (Tagestour 75 US-$, Zweitagestour 150 US-$) als Adrift und NRE, mit kostenfreier Foto-CD und reichlicher Verpflegung (kurzes Frühstück, Lunch und abendliches Barbecue). Die Rafting-Strecke beträgt ca. 27 km. Transport ab Jinja oder Kampala sowie zwei freie Campingübernachtungen im Speke Camp im Preis mit inbegriffen.
● **Nalubale Rafting,** Plot 41 Wilson Avenue, Jinja, Mobiltel. 078-2638938/9, www.nalubalerafting.com. Der neueste Rafting-Anbieter mit etwas günstigeren Touren als Adrift und NRE, jedoch enge Zusammenarbeit mit NRE. Die Rafting-Strecke ähnelt denen der anderen Anbieter. Tagestouren sind ab 95 US-$ zu bekommen, Zweitagestouren kosten 199 US-$.

Bungeejumping

● **Nile High Camp („Bungee Adrift"),** c/o Jinja Nile Resort, Bujagali Road, PO Box 1553, Jinja, Mobiltel. 077-2237438 oder 077-2454206, www.adrift.ug. Der Sprung schlägt mit 65 US-$ zu Buche, das Angebot kann mit Rafting-Touren (von Adrift, aber auch der anderen Veranstalter) kombiniert werden.

Reiseagenturen

● **Let's Go Travel,** 1st Floor, Garden City Shopping Centre, Yusuf Lule Road, PO Box 22851, Tel. 346667/8/9, Fax 346666, www.lets-go-travel.net.
● **Concord International Travel Bureau/Magic Safaris,** 3 Parliament Avenue, PO Box 9805, Tel. 342926, Mobiltel. 075-2742908, Fax 342995, www.magic-safaris.com.
● **Intek Travel,** PO Box 22456, Tel. 342907/8, Mobiltel. 071-2750350, Fax 342995, www.intektravel.com.

● **Pearl of Africa Tours & Travel,** 2 Impala House, Kimathi Avenue, PO Box 5326, Tel. 236255/340533, Mobiltel. 077-2403614, Fax 236255, www.pearlofafricatours.com.

Empfohlene Safari- und Reiseveranstalter (in Kampala bzw. Entebbe)

● **Acacia Safaris,** Plot 351 B, Balintuma Road, PO Box 29493, Kampala, Tel. 253597, Mobiltel. 071-2800004, www.acaciasafari.co.ug. Unteres bis mittleres Preissegment. Mietwagenverleih mit Fahrer.

● **Asyanut Tours & Travel,** Plot 2, Parliament Avenue, Jumbo Plaza, PO Box 27707, Kampala, Tel. 503065, Mobiltel. 075-6000598, Fax 503064, www.asyanuttours-safaris.com. Mittleres Preissegment.

● **African Pearl Safaris,** Plot 10, Kenneth Dale Drive off Kira Road, Kamwokya, PO Box 4562, Kampala, Tel. 233566/7, Fax 235770, www.africanpearlsafaris.com. Mittleres Preissegment.

● **Bird Uganda Safaris,** Mobiltel. 077-7912938, Kampala, www.birduganda.com. Ugandischer Pionier spezialisierter Birding-Safaris mit exzellenten lokalen Führern.

● **Classic Africa Safaris,** 77 Erica Magala Road, Entebbe, PO Box 524, Tel. 4320121 oder 4323560, Fax 4320121, Mobiltel. 077-2642527, www.classicuganda.com. Sehr zuverlässiger Veranstalter im oberen Preissegment, überwiegend US-amerikanische Kundschaft.

● **East African Nature Safaris,** Entebbe Road, Lweza Zone A, Plot 504, Kyadondo Block 269, PO Box 11273, Kampala, Mobiltel. 071-2225399 oder 077-4364544, www.eastafricannaturesafaris.com. Unteres bis mittleres Preissegment. Deutschsprachige Inhaber.

● **Gorilla Tours,** Plot 934, Victoria Loop, Lubowa Estates, PO Box 29333, Kampala, Tel. 370622 oder 575789, Mobiltel. 077-2445805 oder 077-2370263, Fax 200221, www.gorillatours.com. Unteres bis mittleres Preissegment. Mietwagenverleih mit Fahrer. Unterhält das Airport Guesthouse in Entebbe und das Travellers' Rest Hotel in Kisoro.

● **Great Lakes Safaris,** Suzie House, Gaba Road, PO Box 33024, Kampala, Tel. 267153, Mobiltel. 077-2426368, www.safari-uganda.com. Mit eigenen Mittelklasse-Lodges im Kibale NP, am Rand des Queen Elizabeth NP und im Budongo Forest.

● **Kimbla-Mantana African Safaris,** Plot 17, Nambi Road, Entebbe, Tel. 321552, Mobiltel. 077-2401391, Fax 320152, www.kimbla-mantana.com. Unterhält eigene Luxury Tented Camps im Lake Mburo NP, im Kibale NP und am Rand des Bwindi NP.

● **Magic Safaris,** 3 Parliament Avenue, PO Box 9805, Kampala, Tel. 342926, Mobiltel. 075-2742908 oder 071-7342926, Fax 342995, www.magic-safaris.com. Langjährig etablierter, empfehlenswerter Anbieter hochwertiger Lodge- und Campingsafaris durch Uganda und Ruanda. Belgische Geschäftsleitung.

● **Merit Safaris,** Plot 31, Kanjokya Street, Kamwokya, PO Box 8512, Kampala, Tel. 256690, Mobiltel. 077-2378565, Fax 256689, www.meritsafaris.com. Mittleres Preissegment.

● **Uganda Wildlife Scene,** Plot 643, Semwogerere Close, Bukoto, PO Box 21797, Kampala, Tel. 031-2284159, Mobiltel. 077-2434386, 071-2667073 und 075-2455064, www.ugandawildlifescene.com. Unteres bis mittleres Preissegment.

● **Wildplaces Africa** (ehemals The Uganda Safari Company), PO Box 23825, Kampala, Tel. 0414-251182, Mobiltel. 077-2489497, www.wildplacesafrica.com. Oberes Preissegment. Unterhält eigene, teure Lodges im Semliki Valley WR, am Rand des Bwindi Impenetrable NP und im Kidepo Valley NP.

● **Volcanoes Safaris,** 27 Lumumba Avenue, PO Box 22818, Kampala, Tel. 346464, Fax 341718, www.volcanoessafaris.com. Luxussafaris mit Schwerpunkt Gorilla-Tracking. Mehrere eigene Camps und Lodges in direkter Nähe zu den Berggorilla-Schutzgebieten Ugandas und Ruandas.

Bei den Reiseveranstaltern in Kampala lassen sich Safaris und Camps buchen

- **Wild Frontiers/G & C Tours,** PO Box 619, Entebbe, Tel. 0414-321479, Mobiltel. 077-2721479, Fax 0414-321479, www.wildfrontiers.co.ug. Oberes Preissegment. Mit eigenen Luxury Tented Camps auf Ngamba Island, im Bwindi Impenetrable NP und im Ishasha-Sektor des Queen Elizabeth NP.

Einkaufen

Supermärkte

Der **Star Supermarket** (untere Kampala Road), der kenianische **Uchumi Supermarket** im Garden City Shopping Centre, **Shoprite,** der führende Supermarkt Kampalas (zwei Filialen nahe dem New Taxi Park im Stadtzentrum sowie in der Lugogo Shopping Mall), **Capital Shoppers** (neuer Supermarkt an der Port Bell Road gegenüber der Makerere University Business School) sowie der **Payless Supermarket** in Bugolobi bieten ein gutes Sortiment an Lebensmitteln und Waren, jeweils mit eigenen Parkplätzen.

Einkaufsarkaden

- **Garden City Shopping Centre,** Yusuf Lule Road. Größtes Einkaufszentrum Kampalas am Südrand des Golfplatzes, 2002 eröffnet.
- **Lugogo Shopping Mall,** Jinja Road. Riesiges Einkaufszentrum westlichen Zuschnitts an der Straße nach Jinja.
- **Game City Department Store,** in der Lugogo Shopping Mall, Jinja Road
- **Pioneer Mall,** Kampala Road/City Square
- **Tank Hill Shopping Mall,** Muyenga
- **Sheraton Hotel Arcade,** Ternan Avenue
- **Daisy's Arcade,** Buganda Road
- **Metropole Arcade,** Entebbe Road
- **Equatoria Hotel,** William Street

Bücher

- **Aristoc,** 23 Kampala Road, Tel. 349052.
- **Aristoc Garden City,** die Aristoc-Filiale im Garden City Shopping Centre verfügt über die wohl beste Auswahl an touristischer Literatur und Werken zur Geschichte Ugandas in Kampala.

KAMPALA

- **Book & Media Centre,** 57 Kampala Road, Tel. 256346.
- **Bookend,** Acacia Avenue, Kololo. Gute Auswahl an gebrauchten Büchern.
- **Rent-a-Book Centre,** Colline House, 4 Pilkington Road, Mobiltel. 077-2518882.
- **University Bookshop,** Lincoln Close, Makerere, PO Box 7145, Tel. 543442/3, Fax 534973.

Kleidung

- **Brovad Linen & Fashion, Fashion Wear, Global Boutique, Imagez,** alle im Garden City Shopping Centre.
- **Tingz,** Sheraton Hotel Arcade.

Kunsthandwerk und Souvenirartikel

- **Uganda Crafts 2000,** 28–30 Bombo Road, Bat Valley, Tel. 250077. Von einer Behinderten-Kooperative geführt. Gutes Angebot mit kleiner Lederwerkstatt. Mit Café.
- **Craft Village,** Dewinton Road. Hinter dem National Theatre. Verschiedene Stände mit recht vielseitigem Angebot. Handeln Sie gut.
- **Banana Boat Gift Shop,** Plot 23 Cooper Road, Kisementi, Tel. 232885, bananaboat@infocom.co.ug. Neben dem Crocodile Restaurant, von einem Deutsch-Schotten und einer Engländerin geleitet. Gute Auswahl an afrikanischem Kunsthandwerk und Silberschmuck, mundgeblasenen Gläsern, afrikanischen Stühlen und Lederartikeln. Filialen im Garden City Shopping Centre und in der Lugogo Shopping Mall.
- **A&K 97 Crafts,** Crested Towers, Tel. 251988.
- **Afri Art Gallery,** PO Box 5961, UMA Showgrounds, Lugogo, Tel. 375455, www.afriartgallery.com.
- **Great African Art Studio,** Kamwokya Market (unterhalb der Kobil-Tankstelle), www.greatafricanart.co.uk. Ausstellungsräume der bekannten ugandischen Künstlerin *Stella Mercy Atal* mit Wandgehängen, Gemälden, Batiken und Textildesign.
- **Tulifanya Art Gallery,** 28/30 Hannington Road, PO Box 926, Kampala. Tel. 254183, www.tulifanyagallery.com. Führende private Galerie Kampalas mit sehenswerten Ausstellungen zeitgenössischer afrikanischer Kunst. Schönes Café.
- **Nommo Gallery,** 4 Victoria Avenue, Nakasero, Tel. 234475, culture@africaonline.co.ug. Kommerzielle Galerie mit angeschlossenem Shop und Café.
- **Gallery Okapi,** Gaba Road, Tel. 343532, Mobiltel 077-2470015. Verkauf von ugandischer Kunst, Gemälden und Wandgehängen.

Märkte

- **Nakasero Market,** im Zentrum (Market Street). **Größter Stadtmarkt Kampalas** mit sehr vielfältigem Angebot, insbesondere an Früchten und Lebensmitteln.
- **Owino Market,** Zentrum (beim Nakivubo Stadium). Haushaltsartikel, Kleidung und Souvenirs.

Botschaften und Konsulate (Auswahl)

- **Deutschland,** 15 Philip Road, PO Box 7016, Kololo, Tel. 501111, Fax 501115, www.kampala.diplo.de, Notfall-Dienst: Mobiltel. 077-2763000.
- **Österreich** (Honorarkonsulat), Plot 6, Hill Lane, Kololo, PO Box 11273, Tel. 0641-235796, Fax 0641-233002, consulwipfler@gmx.net.
- **Schweiz** (Konsulat), Plot 6, Archer Road, Kololo, PO Box 8769, Tel. 233854, Fax 233855, swissconsulateug@roko.co.ug.
- **DR Kongo,** 20 Philip Road, Kololo, PO Box 4972, Tel. 233777, 346605.
- **Kenia,** Nakasero Road, PO Box 5220, Tel. 258235, 258236, Fax 258239, kenhicom@africaonline.co.ug.
- **Ruanda,** 2 Nakayima Road (gegenüber dem Nationalmuseum), PO Box 2468, Kampala, Tel. 344045, Fax 258547, ambakampala@minissat.gov.rw.
- **Vertretung der Europäischen Union,** 17–23 Hannington Road, Crested Towers, Tel. 4701000, Fax 4233708, www.deluga.ec.europa.eu.

KAMPALA

Sonstiges

Kamerareparaturen und Filmentwicklungen

• **Camera Centre**, 2A Wilson Road, Tel. 236991. Kleinere Kamerareparaturen.
• **Colour Chrome**, Kampala Road, Tel. 230556. Bei der Entwicklung von Diafilmen (im E6-Prozess) bitte vorher nochmals darauf hinweisen, dass es sich um einen Diafilm handelt, damit nicht aus Versehen eine Entwicklung als Papierbildfilm erfolgt (Diafilmentwicklung in Europa dringendst angeraten wegen der deutlich besseren Qualität!).

Handys und Handy-Reparaturen

• **CSL Uganda**, Plot 13 Kampala Road, Amadinda House, Tel. 234243, Fax 234244, cellserv@infocom.co.ug.

Brillen und Kontaktlinsen

• **The Eye Care Centre**, Plot 3 Johnstone Street, PO Box 9342, Tel. 257759, 257746, Fax 344712, Mobiltel. 077-786400.

Ziele in der Umgebung Kampalas

Neben **Tagesausflügen** nach Entebbe, in die Mabamba Wetlands oder in die Waldreservate Mabira Forest bzw. Mpanga Forest lohnt die nahe gelegene Kajansi Fishing Farm an der Strecke nach Entebbe (ausgeschildert) am Ufer des Viktoriasees einen kurzen Besuch. Es bestehen reizvolle Beobachtungsmöglichkeiten für verschiedene Wasservogelarten wie Schreiseeadler, Kingfisher, Pelikane, Reiher und Enten. Früher wurden auch große Krokodile an der Farm gesichtet.

Wer fernab der Großstadt etwas ausspannen möchte und dabei über das nötige Kleingeld verfügt, kann sich in einem der Lakeside Resorts am **Lake Victoria** einmieten, z.B. im Lutembe Beach Resort, einer familienfreundlichen Anlage der Kategorie B, 35 Min. außerhalb Kampalas an der Straße nach Entebbe (von der Abzweigung noch 4,5 km bis zum See auf der Namulanda Road, ausgeschildert), PO Box 24689, Kampala, Tel. 232009, Mobiltel. 077-2488469 und 077-2496258, www.lutembebeach.co.ug.

Mabamba Wetlands ♪ XIV,B2

Einen überaus lohnenswerten Tagesausflug ab Kampala (oder Entebbe) stellen die gut 100 km² großen Mabamba Wetlands (oder Mabamba Swamp) am Lake Victoria ca. 15 km Luftlinie westlich von Entebbe dar. Dabei handelt es sich um eine weitgehend verlandete Bucht des Sees, die **Mabamba Bay**. Neben zahlreichen anderen Wasservögeln sieht man hier mehrere Brutpaare des seltenen **Schuhschnabelstorchs**. Die Chance, den Storch bei einer Bootsausfahrt mit einem Holzkanu (15–20 Euro pro Boot) zu sehen, liegt bei über 80%.

Die ca. einstündige **Anfahrt ab Entebbe** erfolgt in einem großen Bogen gegen den Uhrzeigersinn über Kisubi (Ende der Asphaltstraße), Nakauka und Kasanje. **Von Kampala aus** fährt man zunächst auf der Mbarara Road bis nach Mpigi (38 km), von wo eine 11 km lange Piste nach Kasanje führt. Von Kasanje sind es nochmals 10 km bis ins **Fischerdorf Mabamba**, wo lokale Führer mit Holzkanus auf Kundschaft warten.

Touren zu den Mabamba Wetlands führt man am besten organisiert durch, da die Wegfindung und Orientierung für Reisende, die in Eigenregie unterwegs sind, schwierig ist. Sie lassen sich über alle in Kampala oder Entebbe ansässigen Reiseveranstalter organisieren.

• Grundsätzliche **Informationen** über das nach der RAMSAR-Konvention von 1971 über den internationalen Schutz von Feuchtgebieten geschützte Gebiet sind über die **Mabamba Wetland Eco-Tourism Association** (abgekürzt MWETA, PO Box 29455, Kampala, Mobiltel. 078-2518406, 078-2996047, 075-4837467, www.envalert.org) erhältlich.

Entebbe

♪ XIV, B2

Entebbe (1180 m) liegt **36 km südlich von Kampala** auf einer Halbinsel am Lake Victoria. Es war während der Kolonialzeit bis 1962 die Hauptstadt Ugandas, und noch heute befinden sich mehrere wichtige administrative Organe in Entebbe. Die sehr grüne, überaus angenehme Stadt beherbergt über **90.000 Einwohner.** Gut 4 km außerhalb ist **Ugandas internationaler Flughafen** beheimatet. Dieser wurde inzwischen umfassend modernisiert und bietet u.a. reich bestückte Duty Free Shops, saubere sanitäre Anlagen mit Duschen (im Abflugbereich) und ein brauchbares Flughafenrestaurant. Zum Flughafen hin erstreckt sich der **Vorort Kitoro,** wo sich vor allem Märkte, lokale Restaurants und Bars sowie moderne Supermärkte angesiedelt haben.

Der **Flughafen Entebbe** machte im **Sommer 1976 Schlagzeilen,** als ein Airbus der Air France mit 226 überwiegend israelischen Passagieren an Bord von palästinensischen Terroristen entführt wurde und die Piloten gezwungen wurden, in Entebbe zu landen. Die jüdischen Passagiere wurden als Geiseln im Flughafen festgehalten, um inhaftierte Palästinenser aus israelischen Gefängnissen freizupressen. Am 4. Juli 1976 stürmte ein israelisches Sonderkommando das Gebäude. Dabei starben 20 ugandische Soldaten, sieben Palästinenser, drei Geiseln und ein israelischer Offizier. Während der Flugzeugentführung versuchte *Idi Amin,* die Rolle des Vermittlers zu spielen, doch wurde er rasch als Komplize entlarvt. Die Affäre kostete ihn weiteres Prestige und isolierte ihn in Ostafrika vollends. Die seinerzeit entführte Air-France-Maschine kann seit 2004 am alten Flughafenterminal besichtigt werden.

Neben einer Besichtigung von Entebbe Botanical Gardens und dem Uganda Wildlife Education Centre (UWEC) ist ein gemächlicher **Rundgang** durch die Stadt reizvoll; dabei können zahlreiche Gebäude aus der Kolonialzeit wie der Sitz des Präsidenten („Capitol") besichtigt werden, ferner der älteste Golfplatz Ostafrikas, die mit einem Denkmal versehene Landestelle Kigungu, wo 1879 die ersten katholischen Missionare in Uganda anlandeten, und anderes mehr. Lohnenswert ist auch ein Abstecher zu den nahe gelegenen Mabamba Wetlands oder zum Fischerdorf Kasenyi mit seinem farbenprächtigen Markt.

Im Zusammenhang mit der Ausrichtung des Commonwealth-Gipfels 2007 durch Uganda wurde die Infrastruktur in Entebbe teilsaniert sowie die Straße vom Flughafen nach Entebbe und weiter nach Kampala generalüberholt.

Entebbe Botanical Gardens

Der Botanische Garten von Entebbe wurde kurz nach der vorletzten Jahrhundertwende gegründet und umfasst heute neben einem Mosaik kleiner Gärten mit tropischen Pflanzen aus allen Erdteilen auch eine „dschungelartige" Restwaldfläche natürlichen Ursprungs. Kaum jemand weiß, dass hier die ersten Tarzan-Filme mit *Johnny Weissmuller* gedreht wurden.

Die am Ufer des Lake Victoria errichtete Anlage hat die politischen Wirren der 1970er und 1980er Jahre recht gut überstanden und ist dementsprechend gepflegt. Das Gebiet lohnt einen halbtägigen Besuch schon allein wegen der vielen **Vogelbeobachtungen,** die insbesondere in Seenähe möglich sind. Neben dem Schreiseeadler, zahlreichen Reiherarten und Waldvögeln wie Graupapageien, Turakos oder Nashornvögeln sind auch Guerezas (schwarzweiße Colobusaffen) zu beobachten.

● **Infos:** Die Anlage ist tägl. von 9–18.30 Uhr geöffnet. Der Eintritt beträgt 1 Euro, für die Benutzung einer Kamera wird ebenfalls 1 Euro berechnet. Genauere Infos unter Tel. 0414-320638, curator@infocom.co.ug.

Uganda Wildlife Education Centre (UWEC)

Der direkt am Ufer des Lake Victoria gelegene **„Zoo" von Entebbe** ist aus einer Auffangstation für Tierwaisen, die von den ugandischen Behörden bei Schmuggelaktionen konfisziert wurden, hervorgegangen. Mit großzügiger finanzieller Unterstützung durch multinationale Geberorganisationen wurde die ehemals in katastrophalem Zustand befindliche Anlage zu einem für Schwarzafrika vorbildlichen Tiergarten ausgebaut, der insbesondere Ugandern (die oftmals gar nicht die Eintrittsgebühren in den Nationalparks aufbringen können) das Erleben der heimischen Tierwelt ermöglichen soll.

Das **30 Hektar große Gelände** vermittelt einen ersten Überblick über die Vielfalt der ugandischen Tierwelt. Ein Tipp für Vogelfreunde: Etwa 170 frei lebende **Vogelarten** vom Zwergfischer bis zum Riesenturako sind hier zu finden. Mit über 150.000 Besuchern jährlich ist das UWEC mittlerweile der meistbesuchte Wildlife Spot in Uganda. Allerdings ist auch die großzügig erweiterte Anlage mit der stetig wachsenden Anstrandung beschlagnahmter afrikanischer Wildtiere (vor allem aus der DR Kongo) überfordert, sodass z.B. mehr als 20 Kongo-Papageien in einem einzigen Käfig gehalten werden müssen.

Geschaffen wurde eine Art **ugandischer Mikrokosmos,** der viele Landschaftstypen Ugandas (z.B. Sümpfe, Seen, Savanne, Regenwald u.a.) umfasst und den Tieren dabei relativ viel Freiraum gibt. Vor allem die bislang auf engstem Raum eingesperrten **Schimpansen** haben von den nach einem Masterplan der New York Zoological Society umgesetzten Maßnahmen profitiert. Das UWEC verfügt heute über die größte Freianlage für Schimpansen in ganz Afrika. Ein Teil der Tiere konnte inzwischen ins größere Ngamba Island Chimpanzee Sanctuary übersiedeln (s.u.). Neben den Schimpansen können auch Schuhschnabelstörche, Fischotter, Löwen, Hyänen, diverse Schlangen und Reptilien, Antilopenarten, Büffel, Strauße, Warzen- und Pinselohrschweine beobachtet werden. Das UWEC beteiligt sich ebenfalls an dem Wiedereinbürgerungsprojekt von Nashörnern in Uganda, sichtbar an **zwei Breitmaulnashörnern,** die im Jahr 2001 aus Kenia eingeführt wurden. Ein 70 km² großes Zuchtgebiet auf der Ziwa Ranch zwischen Kampala und Murchison Falls NP wurde inzwischen eingerichtet (siehe „Ziwa Rhino Sanctuary").

●**Infos:** Das UWEC ist tägl. 9–18.30 Uhr geöffnet. Der Eintritt beträgt ca. 8 Euro, für die Benutzung einer Kamera wird möglicherweise eine Gebühr verlangt. Es bestehen exzellente Fotografiermöglichkeiten z.B. für den Schuhschnabelstorch. Am Eingang gibt es einen kleinen Kiosk mit Snacks und Getränken sowie einen von Banana Boat betriebenen Souvenirladen, auf dem Gelände selbst ist ein Restaurant in Betrieb. Ferner wurden empfehlenswerte **Unterkunftsmöglichkeiten** in Form von **Bandas** mit eigenem Bad/WC (Kategorie C) sowie eines einfachen **Hostels** geschaffen. Aktuelle Infos unter Tel. 0414-320520, Mobiltel. 077-2691439, Fax 0414-320073, www.uweczoo.org. Besucher werden gebeten, gegen einen kleinen Geldbetrag eine Tierpatenschaft zu übernehmen.

●**Vorwahl von Entebbe: 0414**

Hotels und Unterkünfte

Das **recht gute Unterkunftsangebot** ist auf übernachtende Fluggäste, Tagungsgäste und Resortbesucher ausgerichtet. Fast alle besseren Hotels bieten einen Shuttleservice zum Flughafen an.

Kategorie A
●**Bulago Island Resort**
PO Box 25696, Kampala,
Mobiltel. 077-2709970,
www.bulagoisland.com.

Resortanlage mit strohgedeckten Cottages auf einer kleinen Insel im Viktoriasee, 16 km vor Entebbe. Viele Aktivitäten für Segler, Angler und andere Wassersportarten. Bulago Island liegt 7 km nördlich der „Schimpanseninsel" Ngamba Island. Ab 70 Euro pro Person im DZ, alle Mahlzeiten inklusive. Der Transport ab Entebbe oder Kampala im Speedboat nach Bulago Island kostet 35 Euro extra. Ende 2009/Anfang 2010 renoviert.

●**LAICO Lake Victoria Hotel**
PO Box 15, Plot 17–31, Circular Road,
Tel. 031-2310100, Fax 031-2310404,
www.laicohotels.com.

Das ehemalige Windsor Hotel wurde kürzlich von der libysch-tunesischen LAICO-Gruppe übernommen und umfassend renoviert. Zimmer mit Bad/WC und Klimaanlage. Gutes Restaurant und bewachter Parkplatz. Schöne Anlage, die an den Golfplatz oberhalb des Viktoriasees direkt angrenzt. Sehr großer Swimmingpool, der auch nicht übernachtenden Tagesgästen zur Verfügung steht (Gebühr: 2,50 Euro). Ab 65 Euro pro Person im DZ.

Schuhschnabelstorch im UWEC

ENTEBBE

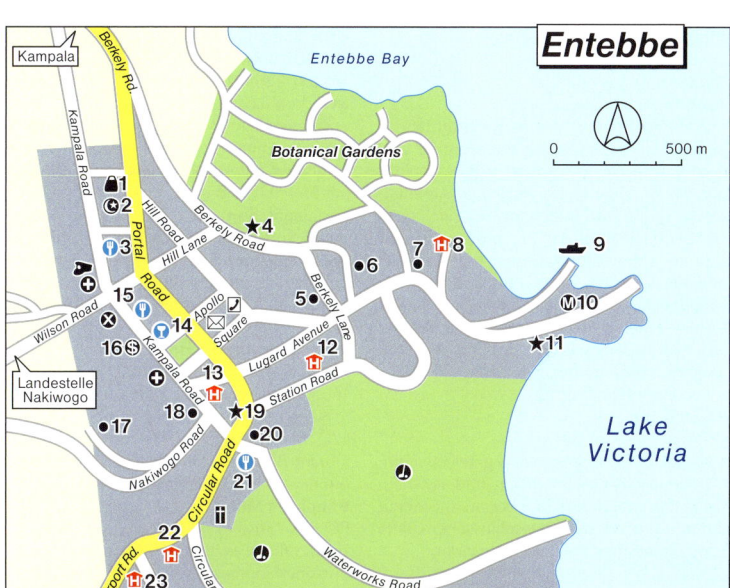

Entebbe

Entebbe Bay
Botanical Gardens
Lake Victoria
Kampala
Landestelle Nakiwogo
Flughafen

Uganda: Kampala und Umgebung

🔒	1	Markt	
☾	2	Moschee	
🛈	3	New African Village Inn	
★	4	Botanical Gardens (Eingang)	
●	5	Department of Lands & Surveys	
●	6	Prime Minister's Office	
●	7	Department of Agriculture	
🏠	8	Imperial Botanical Beach	
⚓	9	Pier (Boote nach Ngamba Island)	
Ⓜ	10	Geological Museum (geschlossen)	
★	11	Wildlife Education Centre	
🏠	12	Imperial Golf View Hotel	
🏠	13	Gately Inn	
🛈	14	Four Turkeys Pub	
🛈	15	China Garden Restaurant	
Ⓢ	16	Stanbic Bank	
●	17	State House	
●	18	Court House	
★	19	Kriegsdenkmal (erster Weltkrieg)	
●	20	Entebbe Council	
🛈	21	Golf Nest Restaurant	
🏠	22	LAICO Lake Victoria	
🏠	23	Entebbe Flight Motel	
🏠	24	Airport View Hotel	
🏠	25	Entebbe Backpackers Hostel	
⚠		und Campsite	
🏠	26	The Boma	
🏠	27	Sunset Motel	
🏠	28	Sophie's Motel	
🏠	29	Green Valley Guest House	
🏠	30	Imperial Resort Beach Hotel	
⛨		Polizei	
✚		Krankenhaus	
✖		Taxi Park	
☎		Telefon	
✉		Post	
⛳		Golfplatz	
Ⓑ		Busbahnhof	
⛪		Kirche	

ENTEBBE

- **Imperial Resort Beach Hotel**
PO Box 895, Mpigi Road,
Tel. 303000, Fax 303333,
www.imperialhotels.co.ug.

2004 eröffnetes 4-Sterne-Resorthotel der Imperial-Hotelgruppe, das vor allem für größere Konferenzen genutzt wird. Gewöhnungsbedürftige indisch-kitschige Architektur mit großem Glasdach und künstlich steril wirkenden Blautönen. 190 modern ausgestattete Zimmer bzw. Suiten mit Bad/WC und Klimaanlage. Restaurant und Bar. Bewachter Parkplatz. Großer Pool mit Health Centre. Eigener Strandbereich. Das Wasser des Viktoriasees gilt hier als bilharziosefrei, und tatsächlich baden viele Leute. Ab 65 Euro pro Person im DZ.

- **Gately Inn**
2 Portal Road, Tel. 321313,
Mobiltel. 077-7555966, www.gatelyinn.com.

Ableger des gleichnamigen Traditionshauses in Jinja, mit demselben Restaurant-Menü. Zimmer mit WLAN. Angeschlossener Crafts Shop. Relativ laut durch Verkehrslärm.

Kategorie B

- **Imperial Botanical Beach Hotel**
PO Box 90, Circular Road,
Tel. 320800, Fax 320832,
www.imperialhotels.co.ug.

Schöne parkähnliche Anlage. 122 große Zimmer mit Bad/WC und Klimaanlage. Gutes Restaurant. Bewachter Parkplatz. Gute Ausgangsbasis für Besuche in den nahe gelegenen Entebbe Botanical Gardens oder im Uganda Wildlife Education Centre. Ab 45 Euro pro Person im DZ. Überteuert und zuletzt ziemlich heruntergekommen.

- **Imperial Golf View Hotel**
Plot 7, Station Road, PO Box 92,
Tel. 116000, Fax 322899,
www.imperialhotels.co.ug.

Neues Hotel der Imperial-Hotels-Gruppe, direkt am Golfplatz mit 61 komfortablen Zimmern und Suiten mit Bad/WC sowie Sat-TV, durch Besitzerwechsel aus dem ehemaligen Golf View Inn hervorgegangen. Zuverlässiger Internetanschluss. Restaurant und Bar. Ab 45 Euro pro Person im DZ.

- **The Boma Guest House & Restaurant**
Plot 20A, Julia Sebutinde Road,
Tel. 031-2264810, Mobiltel. 077-2467929,
www.boma.co.ug.

Relativ kleine Anlage am südlichen Ortsrand von Entebbe, nur wenige Minuten vom Flughafen entfernt. 6 komfortable Zimmer mit Bad/WC und Klimaanlage. Angenehmes Restaurant. Bewachter Parkplatz. Ab 40 Euro pro Person im DZ. Das Hotel ist offizielle Anlaufadresse für Gäste des in Norduganda mit Bootssafaris auf dem Albert-Nil bzw. Weißen Nil aktiven Unternehmens Bahr El Jebel Safaris (www.bahr-el-jebel-safaris.com).

- **Executive Airport Hotel**
Plot 4, Kamuli Road, PO Box 247,
Tel. 321794, www.eahuganda.com.

Neue und sehr saubere Zimmer mit Bad/WC, Klimaanlage, Sat-TV und WLAN. Restaurant/Bar. Bewachter Parkplatz. Ab 35 Euro pro Person im DZ. Empfehlenswert.

- **Sophie's Motel**
PO Box 730, 3–5 Alice Reef,
Tel. 320885, Fax 320897,
booking@sophiesmotel.co.ug.

EZ bzw. DZ mit Bad/WC. Restaurant. Bewachter Parkplatz. Familiäres Hotel, nach Besitzerwechsel zeitweise heruntergekommen, doch inzwischen renoviert. Zum Teil unfreundliches Personal. Liegt ungefähr 1,5 km vom Lake Victoria Hotel entfernt Richtung Flughafen. Ab 30 Euro pro Person im DZ.

- **Airport View Hotel**
Plot 34, Kiwafu Road, PO Box 247,
Mobiltel. 077-2221881, 075-2261754,
airportviewhotel@googlemail.com.

Im Vorort Kitoro nur ca. 3 km vom Flughafen (Shuttleservice). Große Zimmer mit Bad/WC und Sat-TV. Gutes Restaurant. Bewachter Parkplatz. Ab 30 Euro pro Person im DZ.

Kategorie C

- **Sunset Motel**
Plot 25, Church Road,
Tel. 323502, Mobiltel. 071-1500070,
www.sunsetentebbe.com.

Schöne Anlage mit 11 sauberen Zimmern mit Bad/WC, Ventilator und Moskitonetzen. Ab 25 Euro pro Person im DZ. Empfehlenswert.

●**Entebbe Flight Motel**
Plot 20, Queen's Road, PO Box 259,
Tel. 320812, Fax 320241,
entebbeflightmotel@yahoo.com.
 Sauberes Hotel, EZ bzw. DZ mit Bad/WC. Restaurant. Bewachter Parkplatz. Ab 18 Euro pro Person im DZ.
●**Central Inn**
Plot 45/47, Church Road, PO Box 212,
Tel. 322386, Mobiltel. 077-2367004,
centralinn@utlonline.co.ug.
 Zimmer mit Bad/WC und Sat-TV. Restaurant. Bewachter Parkplatz. Relativ neues und gepflegtes Hotel am Ortsrand Richtung Flughafen. Ab 18 Euro pro Person im DZ.
●**Entebbe Airport Guest House**
Plot 17, Mugula Road, Tel. 370932,
Mobiltel. 077-2445805, Fax 323289,
postmaster@gorillatours.com.
 Am Ortsrand Richtung Flughafen. Saubere Zimmer mit Bad/WC. Restaurant. Bewachter Parkplatz. Ab 18 Euro pro Person im DZ.
●**Green Valley Guesthouse**
Plot 12, Mugwanya Road,
Tel. 321212, Mobiltel. 077-2965290,
www.greenvalleyentebbe.com.
 Saubere Zimmer mit Bad/WC, Ventilator und Moskitonetzen. Bewachter Parkplatz. Ab 17 Euro pro Person im DZ.
●**J Courts Motel**
Plot 11, Bugonga Road, PO Box 212,
Tel. 323093, Mobiltel. 071-2213050,
j-courts@savannahexpeditions.com.
 Nahe der katholischen Kirche Bugonga, unweit Sophie's Motel. Saubere Zimmer mit Bad/WC und schöne Cottages. Zeltmöglichkeit. Restaurant. Bewachter Parkplatz. Ab 17 Euro pro Person im DZ.
●**Neul Guest House**
Plot 14, Portal Road, PO Box 543,
Tel. 573703, Mobiltel. 075-2786053,
neul@utlonline.co.ug.
 2004 eröffnet, komfortables Guest House am südlichen Stadtrand an der Straße vom Flughafen nach Kampala.

Kategorie D

●**Entebbe Backpackers Hostel & Campsite**
(auch Entebbe Backpackers
oder Frank's Tourists Hostel)
Plot 33/35, Church Road,
Tel. 320432, Mobiltel. 071-2849973,
www.entebbebackpackers.com.
 Einfache Zimmer mit Gemeinschaftsbad/Kaltwasserduschen. Restaurant und Bar. Bewachter Parkplatz. Am Ortsrand Richtung Flughafen. Schöner Campingplatz (3 Euro).
●**Camp Entebbe**
Plot 5, Cementry Lane,
PO Box 280, Entebbe,
Tel. 320966, Mobiltel. 078-2319072,
camp_entebbe@yahoo.com.
 Wenige 100 m vom Old Airport Terminal entfernt südlich der Stadt. Übernachtung in angenehmen Cottages oder im Hostel.

Übernachtung außerhalb Entebbes

Entlang der gut 40 km langen Straße nach Kampala entstanden in den letzten Jahren mehrere Hotels und Resorts, teilweise mit schöner Gartenanlage und Lage direkt am Lake Victoria: z.B. **Lutembe Beach Resort** (Kategorie B), **Nabinonya Beach Resort** (Kategorie C–D), **Banana Village** (Kategorie C) oder das **Namulanda Farm Guest House** (Kategorie C).

Camping

Möglich auf dem Gelände des **J Courts Motel**, beim **Entebbe Backpackers Hostel & Campsite** oder ca. 15 km nördlich der Stadt am **Kisubi Beach Camping & Picnic Site.**

Restaurants und Bars

●Empfehlenswert ist das **Golf Nest Restaurant** am Entebbe Golf Club nahe dem LAICO Lake Victoria Hotel. Gute, aber teure Gerichte bieten die Restaurants im **Gately Inn** oder im **LAICO Lake Victoria Hotel**. Auch die anderen oben genannten Hotels haben recht gute Restaurants und kleine Bars. Gute chinesische Küche bekommen Sie im **China Garden Restaurant** (Tel. 322266, Mobiltel. 077-2507289) gegenüber dem Court House im Zentrum Entebbes. Empfohlen wird auch das kleine Gartenrestaurant **New African Village Inn** an der Kampala Road gegenüber

der Polizeistation (günstige afrikanische Gerichte, ab 1 Euro).
● Die mit Abstand beliebteste **Bar** Entebbes ist der **Four Turkeys Pub** (Mobiltel. 077-463978) neben dem China-Restaurant.

Transport und Verkehr

● **Minibus-Matatus** von/nach Kampala kosten 1,50 Euro (ca. 45 Min. Fahrtzeit). Taxis zum Flughafen bekommt man für 2–3 Euro. Alle oben genannten Hotels der Kategorien AA bis C bieten ihren Gästen einen in der Regel kostenlosen Zubringerservice.
 Achtung: Da es in den vergangenen Jahren vereinzelt zu **Überfällen** auf der Strecke Entebbe – Kampala kam, wird empfohlen, einen der entsprechend gekennzeichneten Shuttlebusse der großen Hotels oder ein lizensiertes Taxi zu nehmen. Fahrten nach Kampala während der Nacht sollten möglichst vermieden werden.
● **Innerorts** kommt man mit Fahrradtaxis (Boda-Bodas) und Motorradtaxis (Motorcycle Boda-Bodas oder Piki-Pikis) für umgerechnet 0,50 Euro problemlos vorwärts.
● **Schiffsverbindungen:** Zu den **Ssese-Inseln** verkehrt die moderne **MV Kalangala**, eine 2006 in Dienst gestellte, in Port Bell gebaute Personen- und Frachtfähre für bis zu 108 Fahrgäste, acht Fahrzeuge und 100 Tonnen Fracht, die täglich zwischen Entebbe (Landestelle Nakiwogo) und der Insel Bugala (Landestelle Lutoboka) verkehrt. Abfahrt in Bugala/Lutoboka ist tägl. gegen 8 Uhr morgens, Ankunft in Entebbe/Nakiwogo gegen 11.30 Uhr. In Nakiwogo warten bereits Minibus-Matatus nach Entebbe und Kampala. Die Abfahrt von Entebbe/Nakiwogo nach Bugala ist gegen 14 Uhr, Ankunft an der Landestelle Lutoboka gegen 17.30 Uhr (weitere Details siehe „Ssese-Inseln").

Geldwechsel

● **Stanbic Bank,** im Zentrum an der Main Road. Mit **Geldautomat.**
● Die Bank unterhält **am Flughafen** ein **Forex Bureau,** wo man die besten Wechselkurse bekommt. Auch ein **Geldautomat** für Geldabhebungen mit VISA-Kreditkarte ist dort vorhanden.

Sonstiges

● Das **Postamt** liegt zentral. Eine Zweigstelle befindet sich im Flughafen.
● Die **Internet-Cafés Entebbe Cyberlink** (nahe dem China-Restaurant) und **Surfing Corner** (gegenüber der Stanbic Bank) bieten Surfen im Internet für 0,02–0,05 Euro/Min. an.
● **Department of Lands & Surveys,** nahe dem Postamt. **Topografische Karten** von allen Regionen Ugandas im Maßstab 1:50.000 (Preis ca. 5 Euro), teilweise nur noch als Schwarzweißkopie. Darüber hinaus kann man sich digitalisierte Karten auch auf CD-ROM brennen lassen (Rohlinge bitte selber mitbringen).
● **Wild Frontiers**/**G & C Tours,** PO Box 619, Entebbe, Tel. 0414-321479, Mobiltel. 077-2721479, Fax 0414-321479. www.wildfrontiers.co.ug. Ugandaweit operierender **Reiseveranstalter,** der ab Entebbe Exkursionen für Sportfischer auf dem Lake Victoria und Touren zum Ngamba Island Chimpanzee Sanctuary anbietet. Die Kosten für Tagestouren liegen bei 72 US-$ pro Person bei Verwendung großer Holzkanus mit Außenbordmotor (Fahrtzeit 90 Min.) bzw. bei 90 US-$ für Fahrten mit dem Speedboat (45 Min.).

Ausflüge

Kasenyi ♪ XIV, B2

Ein lohnenswerter Abstecher führt von Entebbe ins 6 km entfernte **Fischerdorf** Kasenyi unterhalb der Straße nach Kampala. Man kann den Fischern beim Reparieren der Netze zusehen, nebenbei viele Wasservögel beobachten, und nach der Rückkehr der Fischer vom See ihren Fang, vor allem Nilbarsche und Tilapia, bestaunen. Wer sich mit einem Fischerboot zu den Ssese-Inseln übersetzen lassen möchte, findet bei den Fischern von Kasenyi gute Ansprechpartner (Abfahrten in der Regel gegen 15 Uhr, Fahrpreis 7–8 Euro).

Ngamba Island Chimpanzee Sanctuary

Auf der **40 Hektar großen Insel** Ngamba Island, ca. 23 km südöstlich von Entebbe im Lake Victoria gelegen, konnte im Jahr 1998 durch den Chimpanzee Sanctuary & Wildlife Conservation Trust (CSWCT) ein **Schutzgebiet für Schimpansen** eröffnet werden. Mehr als 30 Tiere aus dem Pilotprojekt Isinga Island im Lake Edward (Queen Elizabeth NP) sowie aus dem Uganda Wildlife Education Centre erhielten im tropischen Feuchtwald der Insel einen neuen Lebensraum.

An dem Projekt sind das Jane Goodall Institute, IFAW, das Uganda Wildlife Education Centre (UWEC), die Born Free Foundation, das Zoological Parks Board of New South Wales (Australien) und andere Organisationen beteiligt. Die aus dem illegalen Handel stammenden Tiere im Alter zwischen 2 und 20 Jahren konnten aus verschiedenen Gründen nicht wieder in Ugandas Wäldern ausgewildert werden, u.a. weil Schimpansen dabei häufig von ihren wilden Artgenossen abgelehnt, verletzt oder gar getötet werden. Aufgrund des begrenzten Lebensraums auf der Insel muss unter den Schimpansen eine tierärztliche Geburtenkontrolle betrieben werden (Einsetzen von hormonellen Depotimplantaten unter die Haut der geschlechtsreifen weiblichen Tiere). Außer den Schimpansen kann man Flusspferde, Fischotter, Nilwarane, Schreiseeadler und eine Vielzahl anderer Wasservögel auf Ngamba Island beobachten.

Ngamba Island besitzt einen festen Personalstamm für die Betreuung der Schimpansen. Die Tiere lassen sich von einer **Beobachtungsplattform** vor allem während der Fütterungszeiten um 11 und 14.30 Uhr gut beobachten und fotografieren. Die Einrichtung eines weiteren Chimpanzee Sanctuary auf einer Insel des nördlichen Ssese-Archipels mit Übersiedlung eines Teils der Schimpansen ist vorgesehen, um den sozialen Stress innerhalb der für den Lebensraum zu großen Population auf Ngamba Island zu mildern.

● Es besteht die Möglichkeit, für Gruppengrößen bis zu 8 Personen in einem vom Safariunternehmen Wild Frontiers/G & C Tours geführten Zeltcamp auf Ngamba Island zu übernachten. Buchungen und Informationen zum Projekt sind über den **Chimpanzee Sanctuary & Wildlife Conservation Trust** (CSWT) möglich (PO Box 884, Entebbe, Tel. 0414-320662, Mobiltel. 077-2221537, Fax 0414-321737, www. ngambaisland.org).
● Achtung: Denken Sie bei Touren nach Ngamba Island unbedingt an ausreichende **Trinkwasservorräte** und einen adäquaten **Sonnenschutz** (Kopfbedeckung, Sonnencreme mit LSF 20–30). Zu Reiseveranstaltern siehe bei Entebbe und Kampala.
● Folgende **Impfungen** sind Voraussetzung für einen geführten Spaziergang mit den Schimpansen auf Ngamba Island mit entsprechend engem Kontakt zu den Tieren: Hepatitis A und B, Masern, Meningokokken-Meningitis, Polio, Tetanus, Gelbfieber, negativer Tuberkulose-Test.

Der Südwesten und die Virunga-Vulkane

Der Südwesten Ugandas umfasst einen landschaftlich ausgesprochen abwechslungsreichen Raum, der geografisch und historisch sehr differenziert betrachtet werden muss. Während der **Streifen entlang des Viktoriasees** noch zum Kernraum Buganda gehört, ist das westlich angrenzende, entwaldete **Hügelland von Ankole** zu großen Teilen das Weideland der ursprünglich halbnomadisch lebenden **Hima**. Diese Rinderzüchter herrschten in der Vergangenheit über die ebenfalls hier lebenden **Iru-Bauern**. Sie sind eng verwandt mit den ruandischen Tutsis (siehe im Kapitel zu Ruanda).

Im äußersten Südwesten schließt sich das sehr fruchtbare **Hügelland von Kigezi** an, das immer wieder als die „Schweiz Afrikas" bezeichnet wird und sicherlich zu den beeindruckendsten Landschaften Ugandas gehört. Das Gebiet zählt zu den dichtbesiedelsten Regionen Afrikas. Die Gruppe der **Virunga-Vulkane** im Grenzgebiet zu Ruanda und zum Kongo erhebt sich bis über 4500 m.

An den Hängen der Virungas und im Bwindi Impenetrable Forest weiter nördlich leben die letzten **Berggorillas** Afrikas, die auf ugandischer Seite im **Bwindi Impenetrable NP** und im **Mgahinga Gorilla NP** geschützt werden. Diese Nationalparks können von Kaba-

Blick auf die Virunga-Vulkane
Muhavura und Gahinga

le bzw. Kisoro in wenigen Stunden erreicht werden. Zwischen Kabale und Kisoro liegt auch der wunderschöne **Lake Bunyonyi,** der sich in einer tief eingezogenen Senke zwischen die Hügel Kigezis schmiegt.

Südöstlich von Mbarara befindet sich der kleine **Lake Mburo NP,** der sich insbesondere für Tagesbesuche eignet. Von Masaka aus ist der malerische Archipel der 84 **Ssese-Inseln** im Lake Victoria erreichbar.

Die **Ausfahrt aus Kampala** Richtung Masaka führt durch den lebhaften Vorort **Natete,** wo man frühmorgens und abends regelmäßig in einem chaotischen Stau stecken bleibt. Ca. 40 km außerhalb an der Strecke nach Masaka wird der kleine Ort **Mpigi** passiert, unweit des Mpanga Forest Reserve. Die Region um Mpigi ist im ganzen Land bekannt für die Herstellung von traditionellen **Trommeln** und anderen Musikinstrumenten. Im Ort **Mpambire** wurden traditionell die königlichen Trommeln des Königreichs Buganda hergestellt. Er gilt als bester Ort für den Kauf derartiger Souvenirs in Uganda, Händler breiten ihr Sortiment entlang der Straße Kampala – Masaka aus.

Etwa 75 km südwestlich von Kampala auf der Straße nach Masaka quert man bei der Ortschaft **Nabusanke** den **Äquator.** An der Straße ist ein Äquatordenkmal in Form eines Betonringes vorhanden, umgeben von Souvenirshops, Telefonzellen, Essständen und Bars sowie weiteren touristisch orientierten Angeboten – als repräsentativer Fotostopp durchaus empfehlenswert!

Mpanga Forest Reserve ⌕ XIV, A2

Dieses kleine Sekundärwaldgebiet befindet sich 37 km westlich von Kampala nahe der Ortschaft Mpigi an der Hauptstraße nach Masaka. Das 1950 geschaffene Forest Reserve schützt einen **tropischen Feuchtwald,** der für die Region direkt am Lake Victoria typisch ist und einst sehr ausgedehnt war. Er gleicht dem deutlich größeren Mabira Forest (siehe „Der Osten und Mt. Elgon") und hat ebenfalls ein gutes Wegesystem (drei Trails), das Tierbeobachtungen (u.a. von Schlangen) erleichtert. Die **Forststation** (Mobiltel. 078-2493958 oder 078-2627515, mpanga@avu.org) liegt ca. 5 km hinter der Abzweigung nach Mpigi am Südrand des Waldes (ausgeschildert). Sie können sich von den **Matatus** nach Masaka direkt dort absetzen lassen (Fahrpreis 3 Euro) oder nach Mpigi fahren (1,50 Euro), wo Sie sich dann zur Station durchfragen müssen (Boda-Bodas für 1 Euro). Bringen Sie genügend **Nahrungsmittel** für den Aufenthalt mit. An der Station kann man auch **campen** (schöne Lage am Waldrand, einfache sanitäre Anlagen mit Duschen, Campinggebühr 2 Euro) oder saubere **Bandas** nutzen (8–10 Euro). Besonders zutraulich sind hier Rotschwanzmeerkatzen und Nashornvögel, die bis auf 10 Meter an Camper und Besucher herankommen und so gut fotografiert werden können.

Einfaches **Kartenmaterial** ist an der Forststation vorhanden, ebenso ein **Souvenir-Shop** mit traditionellen Trommeln und anderen Musikinstrumenten aus dem nahe gelegenen Ort Mpambire. Der Eintritt beträgt 2,50 Euro pro Person, lokale Guides können für 5 Euro angeheuert werden.

Masaka ⌕ XVII, D1

Masaka (1335 m) wurde 1979 durch die Invasion tansanischer Truppen großflächig zerstört und erholt sich noch immer von den Kriegsschäden. Die inzwischen wieder mehr als **70.000 Einwohner** zählende Stadt ist ein wichtiges Handelszentrum und der Hauptort der Region nordwestlich des Viktoriasees. Die Entfernung nach Kampala beträgt 137 km, nach Mbarara sind es 146 km und nach Kabale 285 km. Die Asphaltstraße dorthin ist in gutem Zustand.

Es gibt in der Stadt keine besonderen Sehenswürdigkeiten. Sie ist ein Durchgangs- und Übernachtungsort für Reisende auf dem Weg nach Tansania oder zu den Ssese-Inseln (siehe „Ssese-Inseln"). Der kleine **Hafen Bukakata,** von dem es eine regelmäßige Fährverbindung nach Luku (Bugala Island) gibt, liegt 39 km östlich von Masaka.

Südlich von Bukakata liegt der attraktive **Lake Nabugabo,** vom Lake Victoria durch einen nehrungsartigen, bewaldeten Sandstreifen abgetrennt. Die umgebenden Wälder und Kulturlandparzellen sind recht tierreich und eignen sich insbesondere für interessante Vogelbeobachtungen. Der Lake Nabugabo gilt als bilharziosefrei, und tatsächlich schwimmen viele Besucher im See.

MASAKA

Anreise und Weiterfahrt

- Die Busstation und die Matatustandplätze liegen zentral unweit der Hauptstraße Kampala – Mbarara. **Überlandbusse** nach Kampala verkehren mehrmals täglich (2 Euro). **Minibus-Matatus** sind etwas schneller (2–3 Euro, 1½–2 Std. Fahrtzeit). Teurer, aber sicherer und noch flotter sind **Peugeot-Schnelltaxis.** Ähnlich gute Verbindungen existieren auch nach Mbarara und Kabale.
- Der **Fährhafen Bukakata** ist mit Bussen und Matatus zu erreichen. Es gibt von Kampala aus auch einen direkten Zubringerbus für die Fähre zu den Ssese-Inseln (mit Halt in Masaka), der nach der Fährpassage auf Bugala Island weiter von Luku bis Kalangala fährt (Abfahrt täglich außer Sonntag, 4,50 Euro).

Weiterreise nach Tansania

Der 88 km entfernte **Grenzübergang Mutukula** bei Kyaka (Strecke Masaka – Bukoba) ist einfach zu passieren. Die ehemals sehr schlechte Straße von Masaka bis zur Grenze ist inzwischen erheblich ausgebaut worden. Von Masaka aus verkehren mehrfach täglich Matatus zum Grenzort Mutukula über Kyotera (Fahrpreis 4 Euro, Umsteigen in Kyotera, 2 Std. Fahrtzeit insgesamt), von der Grenze fahren unregelmäßig Busse und Matatus nach Bukoba (Tansania) für 3 Euro (2–4 Std.). Darüber hinaus gibt es eine regelmäßige Direktbusverbindung Kampala – Masaka – Bukoba (mehrere Abfahrten pro Woche). Die Grenze ist einfach zu passieren (siehe „Grenzen zu den Nachbarländern").

- **Vorwahl von Masaka: 0481**

Hotels und Unterkünfte

Kategorie AA–A
- **Tropical Inn Hotel**
PO Box 1946, 33–34 Kampala Road, Masaka, Tel. 432687 oder 0382-275667, Mobiltel. 077-2425666, Fax 420143, www.tropicinnhotel.com.

Masakas neuestes und teuerstes Hotel, an der Hauptstraße nach Kampala gelegen. Das früher staatliche Hotel (ehemaliges Exotic Inn) wurde privatisiert und 2007 komplett renoviert. Geräumige Zimmer mit Bad und Klimaanlage sowie Sat-TV. Mit Swimmingpool, Restaurant und Bar.

Kategorie B
- **Brovad Hotel**
Mutuba Avenue (etwas außerhalb des Zentrums unweit des Laston Hotel), Tel. 421455, Mobiltel. 077-2425666, Fax 420997, www.hotelbrovad.com.

Masakas bislang etabliertestes Hotel, insgesamt 125 komfortable Zimmer mit Sat-TV. Mit Restaurant und Bar.
- **Hotel Zebra**
Tel. 420936, Mobiltel. 078-2863725, hotelzebra2005@yahoo.com.

Sauberes Hotel an der Baine Terrace Road auf dem Hügel oberhalb des Postamtes, insgesamt 50 Zimmer mit Sat-TV. Mit Restaurant und Bar.
- **Maria Flo Hotel**
Mutuba Avenue, gegenüber dem Laston Palm Hotel, Mobiltel. 075-2800329, mariaflo_hotel@yahoo.com.

2006 eröffnetes, sauberes Hotel mit insgesamt 25 komfortablen Zimmern. Gesicherter Hotelparkplatz. Mit Restaurant und Bar.

Kategorie C
- **Laston Palm Hotel**
Mutuba Avenue (gut 500 m von der Busstation entfernt, etwas außerhalb des Zentrums nahe dem Brovad Hotel), Tel. 421883, Mobiltel. 075-2646045.

Einfaches, sauberes Hotel, relativ kleine Zimmer. Restaurant.
- **Hotel La Nova**
Südlicher Stadtrand unweit der Masaka Secondary School, Tel. 421520.

Einfache, aber brauchbare Zimmer mit leichten Sauberkeitsmängeln. Restaurant.

Kategorien D und E

Mehrere **einfache Guest Houses** im Zentrum in der Nähe des Marktes. Empfehlenswert und sauber sind z.B. **Mariana Bar & Lodging** (Mobiltel. 077-2396544) an der Buddu Road, das nahe gelegene **Buddu Rest House** (Mobiltel. 077-2590989) oder das **Vienna Guest House** (Mobiltel. 078-2457450).

Camping

- **Masaka Tourist Cottage & Campsite**
PO Box 834, Tel. 421288,
Mobiltel. 075-2619389, Fax 420514,
masakabackpackers@yahoo.com.
Im Dorf Nyendo, ca. 4 km außerhalb von Masaka an der Straße nach Bukoba (Tansania). Von Masaka mit Matatus nach Kyotera zu erreichen. Empfehlenswerter Platz mit kleinen Cottages für Selbstversorger.
- Etwas außerhalb am Lake Nabugabo liegt das kirchlich geführte **Nabugabo Holiday & Conference Centre** (Tel. 432407, Mobiltel. 077-2433332, 075-2569300, www.nabugabo.com, ca. 20 km östlich von Masaka, über die Straße nach Bukakata zu erreichen). Es stehen mehrere schöne kleine Bandas der Kategorie B–C, ein sauberer Schlafsaal und gute Campingmöglichkeiten zur Verfügung.
- Alternativ bietet sich das **Sand Beach Resort** (Kategorie C, Mobiltel. 077-2802339 oder 077-2416047) am Lake Nabugabo an. Es werden saubere Zimmer und Apartments mit Bad/WC angeboten. Einfache Kantine. Zelten auf dem Gelände kostet 4 Euro.

Restaurants und Bars

Recht gute Gerichte bieten die Restaurants im **Tropical Inn Hotel,** im **Brovad Hotel** oder im **Hotel Zebra.** Günstiges, überwiegend afrikanisches Essen findet man z.B. im zentral gelegenen **Mt. Elgon Inn Bar & Restaurant.**

Geldwechsel

- **Stanbic Bank,** das Geldhaus mit Bankomat liegt im Zentrum nahe der Post.
- In der Nähe befindet sich das **Greenland Forex Bureau,** das erheblich bessere Kurse bietet.

Post und Internet

- Das **Postamt** liegt zentral in der Nähe der Hauptstraße Mbarara – Kampala.
- **Masaka Internet Services,** an der Hauptstraße Mbarara – Kampala, gegenüber dem Bus- und Taxistand.

Ssese-Inseln ♪ XIV, A/B3

Die Gruppe der Ssese-Inseln liegt **im Lake Victoria,** nahe der Küste zwischen Entebbe und der Grenze zu Tansania. Die 84 wunderschön gelegenen Inseln sind infolge des hohen Jahresniederschlags (um 2000 mm) dicht bewaldet. Die Uhren ticken hier noch langsamer als auf dem Festland (die Zahl der Autos liegt deutlich unter 100), die Bevölkerung tritt Besuchern sehr freundlich gegenüber.

Waren die Inseln bis Mitte der 1990er Jahre noch ein Reiseziel abseits der ausgetretenen Pfade, haben sie sich mittlerweile zu einem gut vermarkteten „Tourismusparadies" entwickelt. Dank der Firma MTN funktionieren Mobiltelefone inzwischen auch auf den Inseln.

Malaria ist ein großes Problem, auf eine konsequente Malariaprophylaxe ist daher zu achten. Die **HIV-Durchseuchung** der Inselbevölkerung gilt als eine der höchsten Ugandas. Allein in Kalangala gibt es einfachste medizinische Versorgung.

Die Ssese-Inseln eignen sich hervorragend für Tier- und Vogelbeobachtungen und sind der perfekte Ort, einmal einige Tage auszuspannen. Unter anderem kommen Graupapageien, Flusspferde, Guerezas und Grüne Meerkatzen vor.

Bugala Island

Die **Hauptinsel** Bugala Island ist ca. 40 km lang. Sie umfasst die größeren Orte **Kalangala** und **Luku.** Es gibt etwa 50 km befahrbare Straßen. Luku und Kalangala sind durch Matatus miteinander verbunden. Weitaus interessanter ist es jedoch, sich zu Fuß oder mit dem Fahrrad fortzubewegen (Fahrräder können in Kalangala geliehen werden). Eine lohnenswerte Tour führt zum beliebten **Mutambala Beach.**

Unterkunft und Verpflegung

- In Kalangala kann man in der **Andronica's Lodge** (Mobiltel. 077-2375529), einem ziemlich heruntergekommenen Guest House der

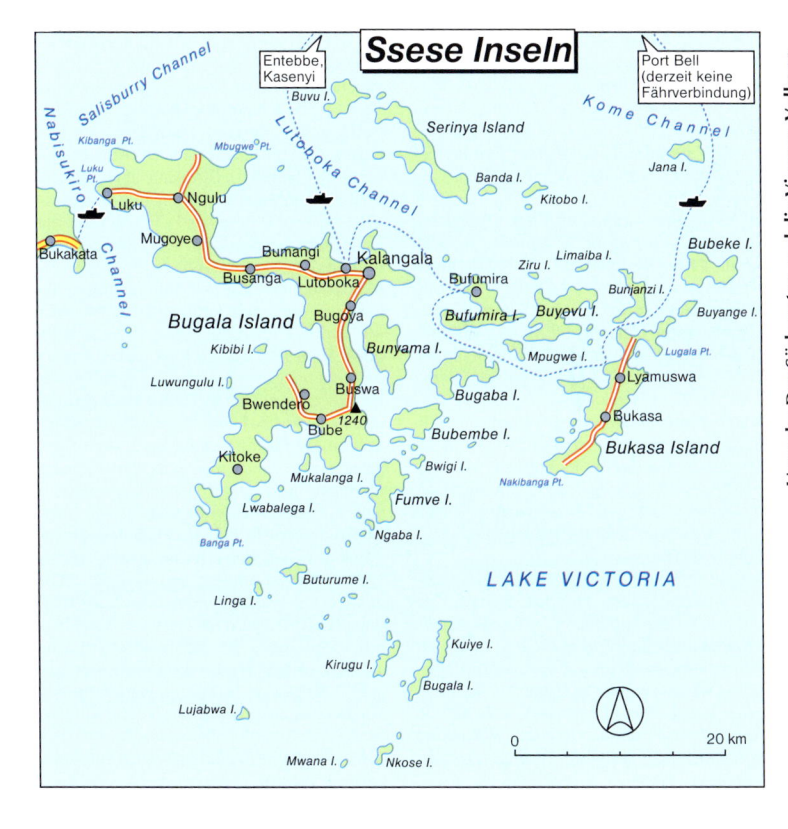

SSESE-INSELN

Kategorie D–E, übernachten. Auch einfache Gerichte und Getränke sind erhältlich. Der freundliche Besitzer verleiht Fahrräder und steckt voller Geschichten über die Inseln.

- Schön am Strand liegt der langjährige „In-Treff" der Backpacker, das mit Sauberkeitsmängeln kämpfende **Hornbill Camp** (Mobiltel. 077-5880200, www.hornbillcamp.com). Einfache Bandas (Kategorie D) und gute Zeltmöglichkeiten. Campinggebühr: 2,50 Euro pro Person. Von den Campbetreibern werden auch Zelte verliehen (4 Euro pro Nacht).
- In Kalangala am Nordende des Strandes liegt das **Mirembe Resort Beach** (Tel. 0392-772703, Mobiltel. 078-2528651, www.mireemberesort.com). Das schöne Resort hat saubere, geräumige Zimmer der Kategorie B. Gepflegter Strand.
- Empfehlenswert ist auch das **Pearl Gardens Beach Resort** (Mobiltel. 077-2372164, 078-2467116, www.pearlgardensbeach.com) zwischen Hornbill Camp und Fischerdorf. Es werden saubere Cottages und Bandas der Kategorie C–D sowie Zeltmöglichkeiten am Strand angeboten.
- Überteuerte Unterkünfte der Oberklasse (Chalets der Kategorie A) finden sich im **Islands Club** (Mobiltel. 077-2504027, gutes Restaurant), der auch Angeltörns organisiert.
- Empfehlenswerter ist das **Ssese Islands Beach Hotel** (Tel. 0414-220065, Mobiltel. 077-2408244, www.sseseislandsbeachhotel.com) der Kategorie B, das malerisch direkt am Lake Victoria gelegen ist.
- Das **Panorama Camp** (Mobiltel. 077-3015574, arnoldinislands@gmail.com) bietet 18 saubere Bandas der Kategorie C mit eigenem Bad/WC (solargestützte Warmwasserduschen). Weiter gibt es ein kleines Restaurant und einen Campingbereich (Campinggebühr 4 Euro).
- 2008 eröffnete in schöner Lage das empfehlenswerte **Ssese Habitat Resort** (Tel. 0312-278318, Mobiltel. 077-692269, www.ssesehabitat.com) und avancierte rasch zur führenden Unterkunft auf Bugala Island. Geboten werden komfortable Bandas der Kategorie B mit eigenem Bad/WC und Sat-TV. Angeschlossen sind ein lebhaftes Restaurant und ein Campingplatz (Campinggebühr 4 Euro).
- Das angenehme **Ssese Palm Beach Resort** (Tel. 0414-254435, Mobiltel. 077-2750331, ssese_2001@yahoo.com) der Kategorie B–C führen eine ehemalige Stewardess und ihr Ehemann, der Repräsentant des Königs von Buganda auf den Ssese-Inseln ist. Zelten auf dem Gelände kostet ca. 3 Euro.
- In Kalangala gibt es mehrere kleine **Lebensmittelläden** und **„Restaurants"**.

Anreise

- Zwischen **Bukakata** (auf dem Festland, 39 km östlich von Masaka) und Luku auf der Hauptinsel Bugala Island verkehrt mehrmals täglich eine kleine **Ponton-Fähre** (Abfahrten um 8, 11.30, 13.30 und 16 Uhr, Rückfahrt jeweils eine Stunde später, sonntags nur eine Abfahrt um 13 Uhr), die auch Autos transportiert. Es gibt von Kampala aus einen direkten Zubringerbus, der nach der Fährpassage von Luku weiter bis Kalangala fährt (Abfahrt täglich außer Sonntag). Bukakata ist ab Masaka bequem mit Matatus zu erreichen.
- Reisende ohne eigenes Fahrzeug oder mit Fahrrädern können sich auch **mit Fischerbooten** übersetzen lassen.
- Die Alternative zur Verbindung Bukakata – Luku war über viele Jahre eine Fahrt mit der MV Barbus ab Port Bell. Diese Fähre sank jedoch 1996 im Lake Victoria, dabei kamen mehrere hundert Menschen ums Leben. Im Jahr 2006 wurde die moderne **MV Kalangala**, eine in Port Bell vom Stapel gelaufene Personen- und Frachtfähre für bis zu 108 Fahrgäste, acht Fahrzeuge und 100 Tonnen Fracht, in Dienst gestellt. Sie verkehrt seitdem täglich zwischen Entebbe (Landestelle Nakiwogo) und der Insel Bugala (Landestelle Lutoboka). Tickets der 1. Klasse kosten 7 Euro, in der 2. Klasse werden 5 Euro verlangt. PKW und Geländewagen werden nach Voranmeldung für 20–30 Euro transportiert. Abfahrt in Bugala/Lutoboka ist täglich gegen 8 Uhr morgens, Ankunft in Entebbe/Nakiwogo gegen 11.30 Uhr. In Nakiwogo warten bereits Minibus-Matatus nach Entebbe und Kampala. Die Abfahrt von Entebbe/Nakiwogo nach Bugala ist gegen 14 Uhr, Ankunft in Lutoboka gegen 17.30 Uhr.

Sonstige Inseln

Es gibt mehrere andere Inseln, die sich mit kleinen Fischerbooten von Bugala Island erreichen lassen.

Bukasa Island

Bukasa Island ist sehr dicht bewaldet, dünn besiedelt und besitzt zwei sehr schöne Strände sowie einen kleinen Wasserfall.

● Unterkunft und Verpflegung erhält man im reizvoll gelegenen **Victoria View Guest House** (Kategorie D) und im **Bukasa Guest House** (Kategorie B), Tel. 0414-247943.

Bufumira Island

Bufumira Island liegt der Hauptinsel Bugala benachbart und ist daher mit Fischerbooten von Kalangala aus leicht erreichbar.

Bubeke Island

Unternehmungslustige können auch zu anderen Inseln des kleinen Archipels aufbrechen, z.B. nach Bubeke Island. Sprechen Sie dies gut mit den Fischern ab, und nehmen Sie ausreichende Vorräte mit.

Banda Island

Banda Island im Norden des Archipels kann auch mit Fischerbooten ab Kasenyi (zwischen Entebbe und Kampala) erreicht werden.

● Das **Banda Island Resort** (Kategorie D, Mobiltel. 077-2222777, banda.island@gmail.com) bietet schöne Bandas und gute Zeltmöglichkeiten (Campinggebühr 2 Euro).

Lake Mburo National Park ♪ XVII,C2

Überblick

Der 260 km² große Lake Mburo National Park liegt in **Südwestuganda** nahe der Stadt Mbarara. 1982 geschaffen, schützt der Park einen tierreichen Lebensraum, der sich mosaikartig aus offenem Grasland, Akazienwäldern, Sümpfen und mehreren kleinen Seen zusammensetzt. Der namengebende **Lake Mburo,** der größte von ihnen, liegt komplett innerhalb des Parks und kann mit Booten befahren werden. Zahlreiche Felsen und Hügel mit kleinen Talzügen gliedern die Landschaft und bieten gute Aussichtspunkte. An den Park grenzt direkt das Weideland von lokalen **Hima-Hirten** an. Es ist daher ein gängiger Anblick, Zebras und Antilopen zusammen mit langhornigen Ankole-Rindern grasen zu sehen. Im Lake Mburo National Park versucht man, die lokale Bevölkerung in die Naturschutzarbeit einzubeziehen. Ein Teil der Tourismuseinnahmen kommt der Infrastruktur der angrenzenden Gemeinden zugute (z.B. für Schulen).

Der Park lässt sich **ganzjährig** erreichen, ist während der Regenzeiten aber nur mit Allradfahrzeugen zu befahren. Er eignet sich aufgrund der geringen Größe besonders für **Kurzbesuche** und für **Fußsafaris.** Bringen Sie ein gutes Mückenschutzmittel mit.

Auf den an den Nationalpark angrenzenden Farmen („Lake Mburo Ran-

Lake Mburo National Park

ches") wurde im Jahr 2001 ein **Pilotprojekt** gestartet, das den lokalen Gemeinden Einkünfte aus der **kontrollierten Trophäenjagd** sichern soll. Somit wird auch in Uganda der bereits in anderen Ländern kontrovers diskutierte Versuch unternommen, einen ständigen **Jagdtourismus** zu etablieren, der u.a. einen Rückgang der sonst kaum zu kontrollierenden Wilderei durch die Landbevölkerung zum Ziel hat. Erste Wildbestandszählungen zeigen, dass sich die Tierbestände in der Lake-Mburo-Region seitdem stabilisiert haben oder sogar gestiegen sind. Das Konzept der Naturschutzbehörde UWA scheint also aufzugehen. Ein Nebeneffekt des Jagdtourismus ist allerdings, dass sich die meisten Tiere im Gebiet auch gegenüber Anhängern des fotografischen Tourismus relativ scheu verhalten.

Tier- und Pflanzenwelt

Kleine Herden von Kaffernbüffeln und Steppenzebras sind verbreitet. Der Lake Mburo NP ist das einzige Reservat Ugandas, in dem neben **Topis** und **Oribis** (= Bleichböckchen) auch **Impalas** (= Schwarzfersenantilopen) vorkommen. Defassa-Wasserböcke sind eher am Wasser und in den Sümpfen zu finden, ebenso wie die scheue Sitatunga-Antilope. Buschducker und Riedböcke leben ebenfalls zurückgezogen. Selten sind Herden der Elenantilope zu sehen. In den Seen des Parks leben Krokodile und Flusspferde. Am Wasser kann man auch den farbenprächtigen Sattelstorch, Schreiseeadler und selten sogar den Schuhschnabelstorch beobachten. Im offenen Grasland kommt der metergroße Kaffernhornrabe vor. Insgesamt 313 verschiedene Vogelarten wurden im Gebiet bislang verzeichnet.

Löwen, in den 1970er Jahren im Park ausgerottet, wurden erstmals Mitte der 1990er Jahre wieder beobachtet. Man nimmt an, dass damals etwa zehn Tiere aus dem ruandischen Akagera-Nationalpark zugewandert sind, auf dem ein hoher menschlicher Siedlungsdruck lastet. Die Tiere wurden inzwischen allerdings sämtlich von lokalen Farmern und Hirten geschossen oder vergiftet. 2009 wurden erneut mehrere Löwen im Park gesichtet, der Aufbau einer langfristig stabilen Population erscheint jedoch schon aufgrund der geringen Reviergröße mehr als fraglich.

Es gibt noch wenige **Leoparden** im Park, die aber sehr versteckt leben, ebenso Tüpfelhyänen und Streifenschakale.

Aktivitäten im Park

Der Park bietet sich neben den üblichen Game Drives insbesondere für **Fußsafaris** (Walking Safaris) an, da Löwen und Elefanten fehlen. Sie können dafür beim **Park Headquarter (HQ) in Rwonyo** Führer und bewaffnete Ranger bekommen. Der Draht zur Natur ist um einiges direkter, als wenn man im Auto sitzt. 1 km von Rwonyo entfernt befindet sich ein kleines **Besucherzentrum,** an das ein **Nature Trail** angeschlossen ist, der auch ohne Führer begangen werden kann.

Empfehlenswert ist auch ein ca. zweistündiger **Bootsausflug auf dem Lake**

LAKE MBURO NATIONAL PARK

Mburo mit dem Motorboot. Gestartet wird von der Bootsanlegestelle am Main Campsite ca. 1 km vom Park HQ in Rwonyo entfernt. Es lassen sich vor allem verschiedene Kingfisher-Arten (Eisvögel) und Reiher beobachten. Aber auch Tiere, die zum Trinken an den See kommen, sind zu sehen, ebenso wie Flusspferde. Der Bootsführer hält einen angemessenen Abstand ein.

2009 war die Aufnahme von **Heißluftballon-Flügen** (ähnlich wie in Kenia und Tansania) über dem Lake Mburo NP im Gespräch (aktuelle Informationen über das Park HQ oder die Naturschutzbehörde UWA in Kampala).

African ATV (Quad Bike) Safaris (Mobiltel. 077-6377186/7, www.africanatv-safaris.com) bietet seit dem Jahr 2008 zwei- bis vierstündige **Quadbike-Fahr-**

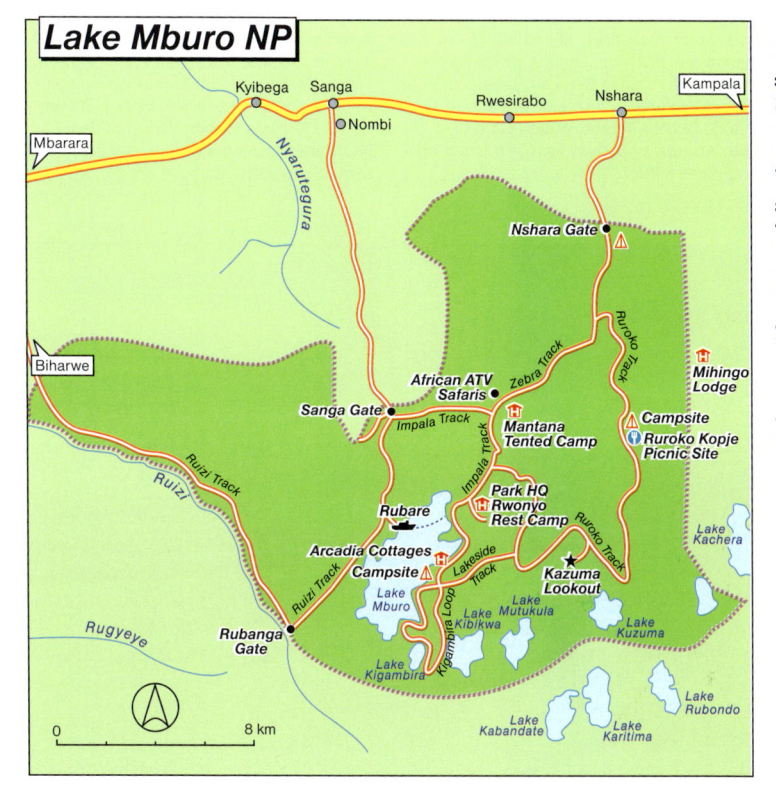

Lake Mburo National Park

ten (40–70 US-$) innerhalb des Nationalparks an.

Anreise

Der Park liegt südlich der Asphaltstraße von Kampala nach Mbarara. Er ist über **zwei Zufahrten** („Gates") erreichbar. Die Abzweigung zum **Nshara Gate** liegt 219 km hinter Kampala bzw. 50 km vor Mbarara (ausgeschildert). Bis zum Park HQ in Rwonyo sind es von der Abzweigung 24 km. Die Abzweigung zum **Sanga Gate** liegt 35 km vor Mbarara bzw. 234 km hinter Kampala am Sanga Trading Centre. Von dort sind es 21 km zum Park HQ.

Eigener Transport ist sicherlich am bequemsten, doch kann man sogar zu Fuß oder mit dem Fahrrad in den Park gelangen. Vom Sanga Trading Centre gibt es Fahrrad-Taxis (Boda-Bodas) bis zum Sanga Gate (4–5 Euro). Ab dort brauchen Sie dann einen ortskundigen Führer.

Informationen

Vgl. auch die Listung der Parkgebühren und sonstiger Gebühren im Kapitel „Nationalparks und Wildreservate".

- Einen guten Überblick bietet das vom Uganda Tourist Board (UTB) verlegte Büchlein **„Lake Mburo National Park Guidebook".** Es sollte vor Ort oder in Kampala erhältlich sein.
- **Uganda Wildlife Authority (UWA)**
Plot 7 Kira Road, Kamwokya, PO Box 3530, Kampala, Tel. 0414-355000, Fax 0414-346291, www.ugandawildlife.org. Informationen zum Park und aktuelle Hinweise zur Anreise.
- **Park Headquarter**
Rwonyo, PO Box 880, Mbarara, Tel. 0392-711346. Aktuelle Infos zum Park. Führer für Game Drives und Fußsafaris (Walking Safaris) können hier organisiert werden. **Rwonyo** ist das Herz des kleinen Parks mit dem Park HQ, einer kleinen Wildhütersiedlung und dem Rwonyo Rest Camp. 1 km von Rwonyo

entfernt befindet sich ein kleines Besucherzentrum mit angeschlossenem Naturlehrpfad.

Unterkunft im Park

● Das **Mantana Luxury Tented Camp** (Kategorie AA) liegt auf einem Hügel etwas außerhalb des Nationalparks und wird von Mantana African Safaris betrieben, Plot 17 Nambi Road, Entebbe, Tel. 0414-321552, Mobiltel. 077-2525736, Fax 0414-320152, www.kimbla-mantana.com. Die Belegung erfolgt vor allem über Reiseagenturen. Ab 150 US-$ pro Person im DZ, Mahlzeiten inbegriffen.

● 2006 wurde an der Ostgrenze des Nationalparks von den Betreibern der Banana Boat Shops in Kampala die **Mihingo Lodge** (Kategorie AA, PO Box 28142, Kampala, Mobiltel. 075-2410509, www.mihingilodge.com) eröffnet. Die in toller Hanglage errichtete, als überdachtes Luxury Tented Camp ausgelegte Lodge bietet 10 Zelte mit wunderschönem Blick über die Landschaft am Lake Mburo. Ausgezeichnete Küche. Mit Swimmingpool. Es werden Game Drives im Lake Mburo NP, geführte Wanderungen, Bootstouren, Reitsafaris und auch sog. Night Drives (nächtliche Game Drives mit starken Scheinwerfern) angeboten. Ab 260 US-$ pro Person im DZ, alles inklusive.

● Das von der Parkverwaltung geführte **Rwonyo Rest Camp** nahe dem Park HQ besteht aus sechs kleinen Bandas mit Gemeinschaftsduschen, in denen insgesamt 12 Besucher untergebracht werden können. Ca. 500 m abseits liegt das **Rwonyo Tented Camp**, in dem große Safarizelte für jeweils zwei Personen auf überdachten Holzplattformen errichtet wurden. Eine Vorausbuchung über UWA in Kampala ist sinnvoll.

● 2009 wurden oberhalb des Seeufers die privat geführten **Arcadia Cottages** (Kategorie AA, Tel. 0414-286261, Mobiltel. 078-2764728, arcadiacottagel.mburo@yahoo.com) eröffnet. Schöne strohgedeckte Cottages auf kleinen Plattformen mit eigenem Bad/WC. Ende 2009 noch ohne Warmwasser und elektrisches Licht. Nette Leute, gutes Essen. Ab 140 US-$ pro Person im DZ inkl. Vollpension.

Camping im Park

Es stehen **drei Campsites** innerhalb des Parks zur Verfügung: Am Nshara Gate, am Besucherzentrum nahe Rwonyo und direkt am Ufer des Lake Mburo. Feuerholz wird zur Verfügung gestellt, Getränke und Lebensmittel müssen Sie selbst mitbringen.

Essen und Trinken

Im **Rwonyo Rest Camp** sind Getränke wie Bier und „Sodas" erhältlich. Essen wird von den betreuenden Parkangestellten auf Bestellung zubereitet. Das nahe gelegene **Mbarara** bietet ein gutes Lebensmittelangebot und hat einen Markt (s.u.).

Mbarara ⌕ XVI, B2

Das gut **80.000 Einwohner** zählende Mbarara (1473 m) wurde ähnlich wie Masaka vom Krieg stark mitgenommen. Die Stadt wirkt heute aber wieder recht vital, da die Zerstörungen nicht das Ausmaß derer in Masaka hatten und der Wiederinstandsetzungsprozess gute Fortschritte macht. Die Stadt ist ein lebhaftes Handelszentrum und Universitätsstadt. Die Entfernung nach Kampala beträgt 283 km, nach Masaka sind es 146 km, nach Kabale 147 km. Die Straßen sind in gutem Zustand.

Mbarara ist das **Zentrum der Ankole.** Die Ankole-Rinder mit ihren mächtigen Hörnern zählen zu den charakteristischen Eindrücken jeder Ugandareise. Mbarara ist ein Ausgangspunkt für Fahr-

MBARARA

ten in die Nationalparks Lake Mburo (ca. 60 km, 1–1½ Std. Fahrtzeit) und Queen Elizabeth (ca. 150 km, 2 Std. Fahrtzeit).

Anreise und Weiterfahrt

●**Flugverbindungen:** Der kleine Flughafen Mbararas wird zur Zeit nur von Chartergesellschaften angeflogen.
●**Busverbindungen:** Die Bus- und Matatustation liegt zentral. Überlandbusse nach Kampala über Masaka verkehren mehrmals täglich (Fahrpreis 4 Euro). Minibus-Matatus sind etwas schneller (6–7 Euro, 4–5 Std. Fahrtzeit). Teurer, aber sicherer und noch flotter sind Peugeot-Schnelltaxis. Nach Kabale verkehren vor allem Minibusse (5 Euro, 2 Std. Fahrtzeit) und Schnelltaxis. Eine ähnlich gute Bus- und Matatuverbindung existiert auch nach Kasese (über Bushenyi) und weiter nach Fort Portal.

●**Vorwahl von Mbarara: 0485**

Hotels und Unterkünfte

Kategorie B
●**Lake View Resort Hotel**
PO Box 165, Fort Portal Road, Tel. 422112, Mobiltel. 077-2501518, Fax 421399, lakeview@utlonline.co.ug.
   Zimmer mit Bad/WC. Mit Restaurant, Pool, Fitnessbereich, Tennisplatz, Internetanschluss. Bewachter Parkplatz. 3 km außerhalb der Stadt an der Straße nach Kasese/Fort Portal. Beste Adresse am Ort.
●**Rwizi Arch Hotel**
PO Box 91, Fort Portal Road,
Tel. 420821, Fax 420575,
rwizi-arch@africaonline.co.ug.
   Zimmer mit Bad und Klimaanlage. Restaurant mit Bar, kleiner Health Club, Konferenzräume. Relativ laut, schlechter Service.
●**Agip Motel**
PO Box 643, im Zentrum,
Tel. 421615, Fax 420575,
reservations@agipmotelmbarara.co.ug

DZ mit Bad/WC. Restaurant, Sat-TV, Parkplatz. Angenehmes, sauberes und recht modernes Hotel. Campingmöglichkeit auf dem Gelände (4 Euro).

Kategorie B–C
●**Hotel Classic**
57 High Street, Tel. 421131,
Mobiltel. 077-2497758,
hotelclassic@swiftuganda.com.
   Sauberes kleines Hotel mit 30 Zimmern in zentraler Lage, daher etwas laut. Restaurant.
●**University Inn**
Plot 9, Kabale Road, Tel. 420334,
Mobiltel. 077-2485148.
   Gegenüber dem Lehrkrankenhaus an der Hauptstraße nach Kabale gelegen, ziemlich in die Jahre gekommen.

Kategorie C
●**Pelikan Hotel**
PO Box 1057, Bananuka Drive (zentral gelegen unweit der Post), Tel. 421100.
   EZ bzw. DZ mit Dusche/WC. Sauberes Hotel mit Restaurant und gemütlicher Bar.
●**Oxford Inn**
Bananuka Drive, Mobiltel. 077-2546538.
   Relativ neues Hotel neben dem Pelikan Hotel mit sauberen Zimmern.

Kategorien D und E
Zahlreiche günstige Guest Houses im Stadtzentrum, z.B. das **Moyoba Inn.** Der hygienische Standard ist mäßig.

Camping

Möglich am **Agip Motel** (Gebühr 4 Euro).

Restaurants und Bars

Sehr schmackhafte, etwas teurere Gerichte bekommt man im **Restaurant des Lake View Resort Hotel.** Empfehlenswert ist auch das **Restaurant im Agip Motel.** Im Stadtzentrum gibt es günstiges Essen im **Mbarara Coffee Shop,** im **Little Rock Café** und in mehreren anderen, ähnlichen Restaurants/Hotels.

MBARARA

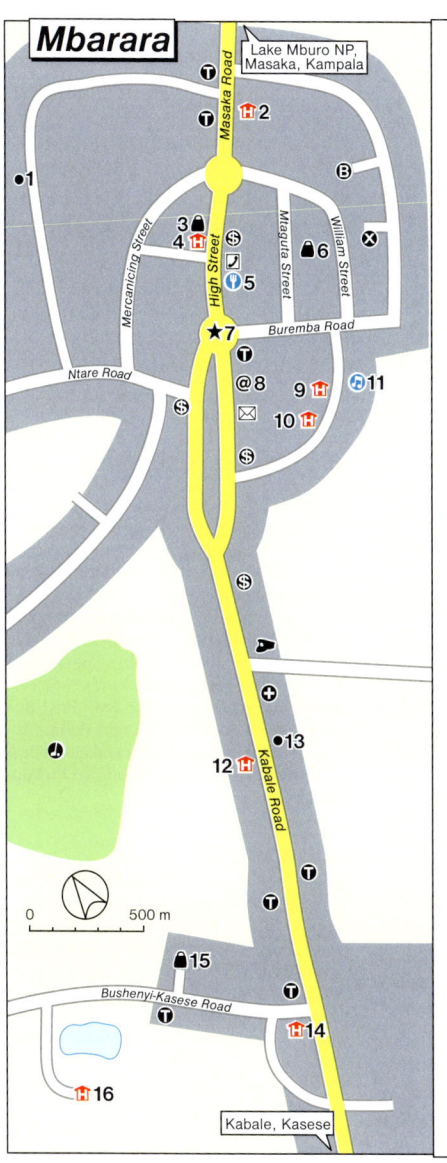

Karte Atlas XVI

- 1 Mbarara College
- 2 Agip Motel
- 3 Lucky Supermarket
- 4 Hotel Classic
- 5 Mbarara Coffee Shop
- 6 Central Market
- 7 Clock Tower
- 8 Computer Centre
- 9 Pelikan
- 10 Oxford Inn
- 11 Vision Empire Night Club
- 12 University Inn
- 13 Mbarara University
- 14 Rwizi Arch
- 15 Old Market
- 16 Lake View Resort

- Tankstelle
- Bushaltestelle
- Telefon
- Taxi Park
- Post
- Polizei
- Golfplatz
- Bank
- Krankenhaus

Uganda: Der Südwesten und die Virunga-Vulkane

Geldwechsel

- Im Zentrum finden sich **mehrere Banken** (z.B. Stanbic Bank, mit ATM) **und Forex Bureaus.**

Post und Telekommunikation

- Das **Postamt** liegt zentral an der Hauptstraße Masaka – Kabale.
- Das Lake View Resort Hotel und das Agip Motel bieten einen **E-Mail-Service,** ebenso diverse **Internet-Cafés** (z.B. das Source Café) im Zentrum.

Tourveranstalter

- **Moses Uganda Tours and Taxis**
Stanley Road, URA Building, PO Box 948, Mobiltel. 077-2422825 oder 075-2422825, Büro 071-2933491, www.traveluganda.co.ug/motours. Zuverlässiges Unternehmen, gute Organisation und Betreuung, kompetenter Inhaber *Moses M. Kyomukama.*

Kabale

♪ XVI, A3

Kabale (1867 m) ist eine angenehme ugandische Kleinstadt mit gut **40.000 Einwohnern** und der einzige größere Ort der **Kigezi-Region.** Die Entfernung nach Kampala beträgt 430 km, nach Kisoro 85 km. Die Stadt ist während des Krieges kaum zerstört worden. Der lebhafte Ort war wegen seines **milden Hochlandklimas** einst ein beliebtes Erholungszentrum und relativ wohlhabend. Heute ist Kabale vor allem der Hauptzugangsort zum keine 20 km entfernten Nachbarland Ruanda und daher ein wichtiges **Handelszentrum.** Einige Kilometer im Westen der Stadt beginnt die großartige Berglandschaft von Kigezi, durch die die Straße nach Kisoro führt, die bis Mitte 2011 komplett asphaltiert sein soll.

Kabale ist Ausgangspunkt für Fahrten in den 120 km entfernten **Bwindi Impenetrable NP** und Besuche des wunderschönen **Lake Bunyonyi** (siehe unten). Kabale ist der letzte größere Ort vor der Fahrt nach Kisoro und zur kongolesischen Grenze. Nachts kann es in der Stadt wegen der Höhenlage empfindlich kühl werden, morgens wallt meist dichter Nebel durchs umgebende Tal.

Anreise und Weiterfahrt

Die Bus- und Matatustation liegt an der Hauptstraße am Ortsausgang Richtung Kampala. **Überlandbusse** der Firmen Horizon und Gateway nach Kampala über Mbarara und Masaka verkehren täglich (8 Euro, 6–7 Std. Fahrtzeit), Abfahrten vormittags stündlich. **Minibus-Matatus** sind etwas schneller (12 Euro, 5–6 Std. Fahrtzeit). Eine weitere Busverbindung besteht nach Kasese und Fort Portal. Der empfehlenswerte **EMS Post Bus** verkehrt nach Kampala und Fort Portal (Abfahrt um 8 Uhr). Nach Kisoro verkehren Busse (empfehlenswert) und überfüllte **Pickup-Matatus** (4 Euro, 2–3 Std.).

Weiterreise nach Ruanda

Zum ruandischen **Grenzübergang Katuna** (20 km) verkehren mehrmals täglich Matatus (1 Euro). Der Bus (z.B. von Kampala Coach oder Jaguar Executive Coach) von Kampala nach Kigali (Ruanda) hält täglich gegen 12/13 Uhr in Kabale. Der Grenzübergang selbst ist problemlos zu passieren. 2010 waren an der Grenze **Visa on Arrival** (Gültigkeit: 15 Tage) für 60 US-$ erhältlich. Deutsche benötigen bei der Einreise nach Ruanda kein Visum.

- **Vorwahl von Kabale: 0486**

Karte Atlas XVI | **KABALE** 183

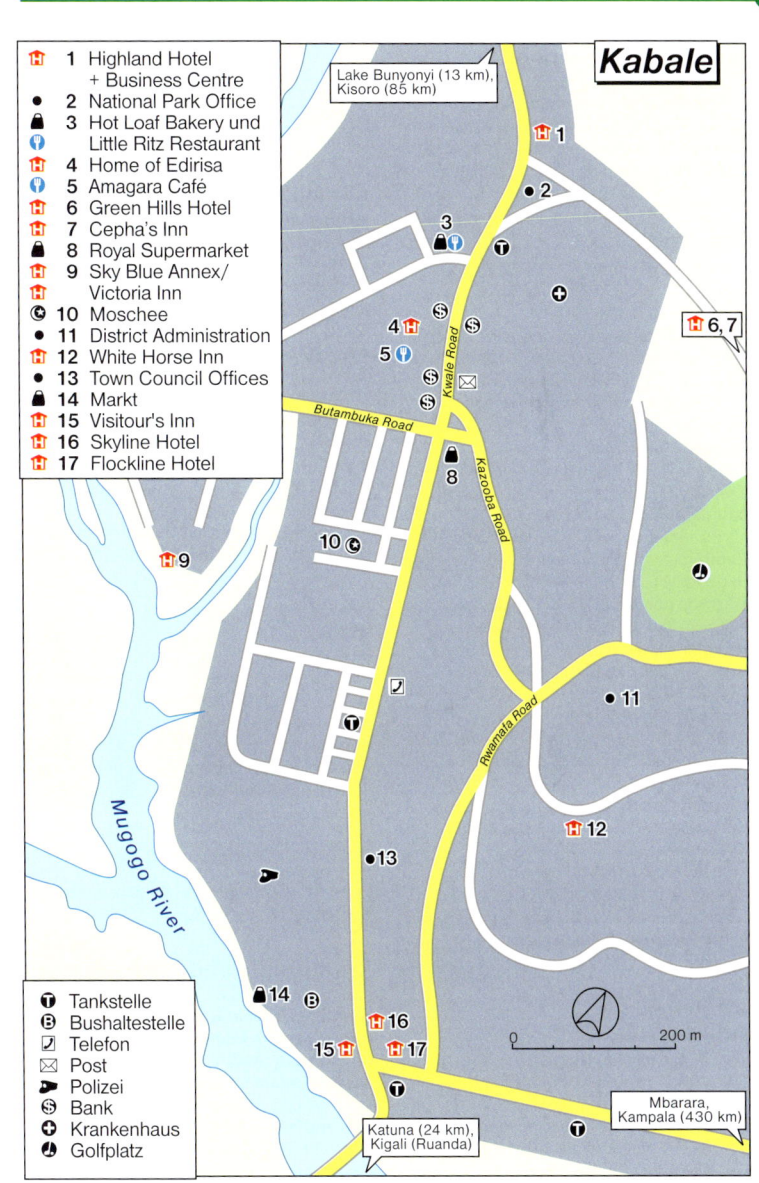

Kabale

1. Highland Hotel + Business Centre
2. National Park Office
3. Hot Loaf Bakery und Little Ritz Restaurant
4. Home of Edirisa
5. Amagara Café
6. Green Hills Hotel
7. Cepha's Inn
8. Royal Supermarket
9. Sky Blue Annex/ Victoria Inn
10. Moschee
11. District Administration
12. White Horse Inn
13. Town Council Offices
14. Markt
15. Visitour's Inn
16. Skyline Hotel
17. Flockline Hotel

Lake Bunyonyi (13 km), Kisoro (85 km)

Kwale Road
Butambuka Road
Kazooba Road
Rwamafa Road
Mugogo River

Katuna (24 km), Kigali (Ruanda)
Mbarara, Kampala (430 km)

- T Tankstelle
- B Bushaltestelle
- J Telefon
- ⊠ Post
- ▶ Polizei
- S Bank
- ✚ Krankenhaus
- ⛳ Golfplatz

0   200 m

Uganda: Der Südwesten und die Virunga-Vulkane

KABALE

Hotels und Unterkünfte

Kabale bietet ein recht gutes Unterkunftsangebot. Engpässe in der Wasserversorgung sind selten. Schöner als eine Übernachtung in Kabale ist allerdings der Aufenthalt am nahe gelegenen Lake Bunyonyi (s.u.).

Kategorie B

- **White Horse Inn**
PO Box 11, 25–27 Rwamafa Road, Tel. 423336, Fax 423717.
Nur DZ mit Bad/WC und Sat-TV. Restaurant, bewachter Parkplatz. Oberhalb der Stadt auf einem Hügel gelegen. Einst die beste Adresse am Ort, inzwischen jedoch überholungsbedürftig.

- **Green Hills Hotel**
Ngoroza Road, PO Box 1060, Tel. 424442, Mobiltel. 077-2517239 oder 077-2605925, kasente@africaonline.co.ug.
Auf einem Hügel ca. 1 km nördlich des Zentrums gelegen. 24 komfortable Zimmer mit Bad/WC. Pool, Restaurant und Bar. Zufahrt von der Hauptstraße Kabales nahe dem National Park Office (ausgeschildert).

- **Cepha's Inn**
Plot 7, Archer's Road, Tel. 0392-821667, Mobiltel. 077-2444536, cephasinn@yahoo.com.
Gegenüber dem Green Hills Hotel. Saubere Zimmer mit Bad/WC. Restaurant und Bar, Swimmingpool.

- **Jopfan Country Hotel**
PO Box 1029, Plot 1, Bourdillon Road, Makanga, Kabale, Tel. 426055, Mobiltel. 077-2510973, jopfancountryhotel@yahoo.com.
Familiäres Hotel mit 16 geräumigen, sauberen Zimmern auf dem Makanga Hill nahe des Golfplatzes. Kleines Restaurant ohne Bar.

Kategorie C

- **Highland Hotel**
PO Box 95, an der Hauptstraße, Tel. 422175, Mobiltel. 071-2949850, highland@imul.com.
Angenehmes, sauberes und modernes Hotel, Zimmer mit Bad/WC. Kleines Restaurant. **Forex Bureau** mit schlechten Kursen.

- **Sky Blue Annex/Victoria Inn**
Im Zentrum hinter dem Sportplatz, PO Box 741, Tel. 422154.
Zimmer mit eigenem Bad. Angenehm und sauber.

Kategorie D

- **Home of Edirisa**
Muhumuza Road, Mobiltel. 075-2558558 oder 075-2558083, http://edirisa.org.
Kleines Museum über das Leben der lokalen Bakiga mit angeschlossenem Hostel und Crafts Shop. Empfehlenswert.

- **Flockline Hotel**
Tel. 422154, neben dem Skyline Hotel.
Einfache Zimmer mit Bad/WC. Brauchbares Restaurant. Ähnlicher Standard wie das benachbarte Skyline Hotel.

- **Skyline Hotel**
PO Box 78, Tel. 426476, an der Hauptstraße gegenüber dem Visitour's Inn.
Einfache Zimmer mit Gemeinschaftsbad. Restaurant mit gemütlicher kleiner Bar.

Kategorie E

- **Visitour's Inn**
Neben dem Markt, Mobiltel. 077-2443449.
Einfachste Zimmer, Wasser aus Kübeln. Beliebtes, allerdings schon ziemlich heruntergekommenes Guest House. Einst der Treffpunkt von Reisenden in Kabale. Freundliches Personal. Günstiges Restaurant (Gerichte ab 1 Euro) mit Balkonterrasse.

Camping

Gute Möglichkeiten am 13 km entfernten Lake Bunyonyi (siehe dort).

Restaurants und Bars

Günstige Gerichte wechselnder Qualität bekommt man im **Visitour's Inn** und im **Little Ritz Restaurant**. Brauchbare Gerichte bietet das **Restaurant im Highland Hotel**. Empfehlenswert ist auch das etwas teurere **Restaurant im White Horse Inn.** Alle genannten Plätze besitzen kleine Bars und eignen sich sehr gut, beim abendlichen Bier neue Kontakte zu knüpfen. Das **Amagara Café** nahe der Hauptstraße bietet wohlschmeckende Steaks und andere herzhafte Gerichte.

Geldwechsel

- Mehrere **Banken,** z.B. die **Stanbic Bank** (mit ATM), an der Hauptstraße nahe der Post.
- In der Nähe befinden sich verschiedene **Forex Bureaus** wie das **K.B.C. Forex Bureau,** das etwas bessere Kurse bietet. Das Forex Bureau **im Highland Hotel** ist auch noch spätabends und am Wochenende geöffnet.

Post und Internet

- Das **Postamt** liegt zentral an der Hauptstraße.
- Im **The Voice of Kigezi Internet Café** an der Hauptstraße kann man für 0,05 Euro/Min. im Web surfen und E-Mails verschicken.

Einkaufen

- Der **Markt** Kabales liegt zentral in einem hofartigen, abgeschlossenen Komplex im Zentrum. Das Angebot an Lebensmitteln und Früchten ist recht gut.
- Frisches Brot, wohlschmeckendes Gebäck und Pizzen bekommen Sie in der **Hot Loaf Bakery** nicht weit vom Home of Edirisa.
- Die besten Einkaufsmöglichkeiten bietet der gut sortierte **Royal Supermarket** an der Hauptstraße.

Reiseveranstalter

- **Kazinga Tours,** Plot 91–95, Mbarara Road, Mobiltel. 077-25528198 oder 071-4173564, www.kazingatours.com. Empfehlenswerter Reiseveranstalter, der sorgfältig zusammengestellte Reisen durch Uganda und Ruanda anbietet. Durch Zusammenarbeit mit Akatagyenda, einer lokalen Community Based Tourism Organization, besteht für Reiseteilnehmer neben Besuchen der wichtigsten Nationalparks und Wildreservate auch die Möglichkeit eines intensiven Austauschs mit der lokalen Bevölkerung.

Lake Bunyonyi ♪ XVI, A3

Der **zahlreiche kleine Inseln** enthaltende, sehr verwinkelte Lake Bunyonyi (1962 m) liegt inmitten des **Berglands von Kigezi** zwischen Kabale und Kisoro. Der malerische See wird von sehr steilen, kultivierten und oftmals terrassierten Hügeln umrahmt. Vom Ortsausgang (Richtung Kisoro) in Kabale führt eine ca. 7 km lange Piste zum Seeufer (Anfahrt im Pickup-Matatu für 1 Euro pro Person, Special Hire für 5 Euro).

Der See gilt als **bilharziosefrei,** da er einen sehr hohen Mineralsalzgehalt hat, und man kann wohl darin schwimmen – jedenfalls handelt die lokale Bevölkerung so …

Mit kleinen Fischerbooten können Sie für eine geringe Gebühr mehrere Inseln im See erreichen.

Unterkunft und Verpflegung

- **Am Seeufer** bietet das **Lake Bunyonyi Overland Resort** (PO Box 710, Kabale, Tel. 0486-423741/3, Mobiltel. 077-2409510, Fax 0486-423742, www.bunyonyioverland.com) schöne Bandas (Kategorie B–C) mit warmen Duschen, Campingmöglichkeiten (4 Euro pro Person), Restaurant und Bar, Kanu-Exkursionen und Fahrrad-Verleih an. Der zugehörige Parkplatz ist bewacht. Buchungen und Anreise über das Highland Hotel in Kabale.
- **Lake Bunyonyi Safaris Resort** (Tel. 231000, bunyonyi@utlonline.co.ug) bietet insgesamt sechs kleine Cottages für Selbstversorger mit schönem Blick über den See.
- **Arcadia Cottages** (Tel. 426231, Mobiltel. 077-2981155, arcadiacottages@yahoo.com) verfügt über neue Cottages der Kategorie B in Hanglage mit fantastischem Blick über den See, mit Bar und sehr gutem Restaurant.

- Am ehemals **Karibuni Beach** genannten Abschnitt gibt es das recht neue **Kaleba's Camp** (Tel. 0312-294894) mit warmen Duschen und Restaurant/Bar, wo die Übernachtung in sauberen Zelten bzw. Bandas nur 7–15 Euro kostet. Ebenfalls bewachter Parkplatz.
- **Crater Bay Cottages** (PO Box 242, Kabale, Tel. 0486-426255, Mobiltel. 077-2643996, craterbay@yahoo.com) bietet kleine Chalets und Bandas der Kategorie D. Camping mit dem eigenen Zelt kostet hier 2 Euro.
- Das schöne **Nature's Prime Island Camp** (ehemals Far Out Camp, Kategorie B, große Safarizelte, schwedische Leitung, Mobiltel. 077-2423215), auf einer kleinen Insel gegenüber dem Lake Bunyonyi Overland Camp & Parking gelegen, wurde im Jahr 2004 eröffnet (gutes Restaurant).
- Auf der Insel Bushara Island gibt es das gut organisierte **Bushara Island Camp** (Kategorie B, Tel. 0486-422447, Mobiltel. 077-2464585, busharaisland@africaonline.co.ug), wo man in überteuerten Cottages oder großen Safarizelten übernachten kann und brauchbares Essen erhält. Camping mit eigenem Zelt kostet 6 Euro pro Person.
- Auf **Bwama Island** (oder Itambira Island) gibt es eine kleine Schule, deren Hauptfinanzierung über eine Abgabe der Tourismus-Einnahmen aus dem nahe gelegenen **Byoona Amagara Project & Island Retreat** (PO Box 1001, Kabale, Mobiltel. 075-2652788, www.lakebunyoni.net, Kategorie D) erfolgt – eine durchaus unterstützenswerte Sache. Das Übersetzen mit dem Fischerboot kostet 1–2 Euro pro Person.
- Auf den **benachbarten Inseln** kann man teilweise **campen** und so einige ungestörte Tage verbringen. Sie müssen mit den Fischern einen Rückholtermin vereinbaren und genügend Vorrräte und Wasser mitnehmen.
- Die **Heritage Lodge** (Mobiltel. 077-2357424 oder 078-2962633, reservations@tangazatours.co.ug) auf Ha'Buharo Island kann mit dem Motorboot (25 Min. ab der Landestelle Rutindo, Fahrtkosten 10 Euro pro Boot) erreicht werden. Sie weist geräumige Zelte und Cottages der Kategorie B mit Warmwasserduschen und WC auf. Gutes Restaurant mit Bar.

Bwindi Impenetrable National Park ♪ XVI, A3

Überblick

Der 331 km² große Bwindi Impenetrable National Park liegt in Südwestuganda am Rande des Zentralafrikanischen Grabens auf dem höchsten Block des **Rukiga-Hochlands.** Der 1991 geschaffene Park ist aus einem Forest Reserve hervorgegangen und wurde 1994 in die Weltnaturerbeliste der UNESCO aufgenommen. Er schützt den Lebensraum von etwa **340 Berggorillas** (laut Zensus von 2006). Dies sind fast 50% der Weltgesamtpopulation, deren Restbestand von ca. 380 Tieren etwas weiter südlich im Virungagebiet lebt. Beide Populationen leben durch Kulturland isoliert voneinander. Ein genetischer Austausch ist nicht mehr möglich. Da sich die Bwindi-Gorillas äußerlich und in ihrer Lebensweise stark von den Virunga-Gorillas unterscheiden, betrachten viele Wissenschaftler sie als eigene Unterart.

Bwindi liegt zwischen 1160 m und 2600 m hoch. Die Vegetation besteht aus dichten **Berg- und Regenwäldern** mit undurchdringlichem Unterwuchs. Daher erhielt der von zahlreichen Bachläufen gegliederte Waldkomplex auch den Namen Impenetrable Forest. In den Wald eingesprengt liegen mehrere **Sumpfgebiete,** das größte ist der 2 km² umfassende **Mubwindi Swamp** im Südosten des Parks bei Ruhija.

Das Naturschutzmanagement in Bwindi wird vom **International Gorilla**

Conservation Program (IGCP) gefördert und bestimmt. Beim Management des Parks versucht man, die Interessen der lokalen Bevölkerung in die Naturschutzarbeit miteinzubeziehen. Auf dem Park lastet ein erheblicher **Siedlungsdruck.** Das Bevölkerungswachstum in der Region liegt bei mindestens 5%. Ein Teil der Tourismuseinnahmen kommt der Infrastruktur der angrenzenden Gemeinden zugute (z.B. durch den Bau von Schulen).

Am **1. März 1999,** dem wohl erschütterndsten Tag in der jüngeren Tourismusgeschichte Ugandas, wurden mehrere amerikanische und britische Touristen sowie lokale Guides von ruandischen Hutu-Milizen im Bwindi Impenetrable Forest NP brutal ermordet. Die Bilder des **Massakers von Bwindi** gingen um die Welt und warfen Uganda im Kampf um eine Reputation als sicheres Reiseland um viele, viele Jahre zurück. Präsident *Museveni* erklärte die Angelegenheit zur Chefsache. Mit massivem Militäreinsatz wurden seitdem wesentliche Verbesserungen der Sicherheit in der Region erreicht. Daraus resultiert eine noch immer massive Militärpräsenz im Randbereich des Parks mit Errichtung zahlreicher Checkpoints.

Der Park lässt sich mit Allradfahrzeugen **ganzjährig** erreichen. Das Gorilla-Tracking erfordert geeignete Kleidung und feste Schuhe (siehe „Informationen zum Gorilla-Tracking").

Tier- und Pflanzenwelt

Neben den etwa 340 Berggorillas, die in etwa 30 Gruppenverbänden im Park leben, kommen neun **weitere Primatenarten** vor: Schimpansen, Guerezas, Anubis-Paviane, Diadem-, Weißnasen- und Vollbartmeerkatzen sowie mehrere nachtaktive Halbaffen. Der Bestand an **Waldelefanten** ist durch heftige Wilderei in der Vergangenheit auf weniger als 20 Tiere zusammengeschrumpft, die sich im Südosten des Parks aufhalten. Andere große Säuger, die im Park vorkommen, sind: Pinselohrschwein, Riesenwaldschwein, mehrere Duckerarten, Goldkatze, Streifenschakal, Zibetkatze und verschiedene Ginsterkatzenarten.

Mehr als 350 **Vogelarten** sind in Bwindi registriert, darunter etwa 180 Waldvogelarten. Hinzu kommen mindestens 14 **Schlangenarten** und weitere 43 **Reptilienarten.** Mehr als 200 **Schmetterlingsspezies** sind bekannt.

Von den mehr als 160 Baumarten sind 10 in Bwindi endemisch.

Bei den Berggorillas

Der Gorillatourismus wurde am 1. April 1993 gestartet. Anfang 2010 gab es für Besuchszwecke **sechs habituierte Gorillagruppen** im Bwindi Impenetrable NP. Die Gruppe „**Mubare**" (5 Mitglieder, ein Silberrücken) sowie die Gruppe „**Habinyanja**" (18 Mitglieder, 2 Silberrücken) sind am längsten an die Anwesenheit von Menschen gewöhnt. Die Gruppe „**Rushegura**" umfasste 19 Mitglieder (2 Silberrücken). Im Jahr 2004 wurde südlich von Buhoma bei Nkuringo die neu habituierte Gruppe „**Nkuringo**" (19 Mitglieder, zwei Silberrücken) für den Gorilla-Tourismus freigegeben. Diese Gruppe hält sich wohl zu über 70% der Zeit außerhalb der

Bwindi Impenetrable National Park

Nationalparkgrenzen und somit auch des Waldes auf. Ein großes Problem ist der Schaden, den die Tiere im landwirtschaftlichen Kulturland anrichtet. Überdies können dort aufgrund der Nähe zum Menschen leichter Krankheiten auf die Gorillas übertragen werden. Auch der direkte Kontakt mit in dieser Region zum Schutze des Nationalparks patrouillierenden Soldaten der ugandischen Armee UPDF kann gefährlich sein. Im Dezember 2008 wurde bei Ruhija im Südosten des Parks die neu habituierte Gruppe **„Bitukura"** (15 Mitglieder, bis zu 4 Silberrücken) für den Besucherverkehr geöffnet, im September 2009 folgte die Gruppe **„Shongi"** (36 Mitglieder, 3 Silberrücken) nahe Rushaga im äußersten Süden des Parks. Die fortschreitende Habituierung von Gorillagruppen für Touristen wird von den im Berggorillaschutz engagierten Organisationen mit Skepsis betrachtet und kontrovers diskutiert. Zuletzt sei noch die für Forschungszwecke habituierte Gruppe **„Kyaguliro"** erwähnt, die 2009 17 Mitglieder umfasste.

Pro Gorillagruppe werden täglich **acht Besucher** zugelassen. Die **Permits** werden vorab über die UWA-Zentrale in Kampala verkauft (und kosten stattliche 500 US-$ pro Person). Über viele Jahre waren vor Ort auch verbilligte Standby-Permits erhältlich, doch sind diese bei Vorabbuchungsraten um die 80% allein durch Reiseveranstalter nicht mehr zu bekommen.

Die Habituierung der Tiere ist gut, doch sind die Gorillagruppen der Virunga-Vulkane in der Regel besser zu

Bwindi Impenetrable National Park

sehen (weniger dichte Vegetation) und teilweise noch größer.

Die Gorillas können ganzjährig besucht werden, auch während der Ferien und an Feiertagen. Kinder unter 15 Jahren dürfen nicht am Tracking teilnehmen. Menschen mit Erkältungen und für die Gorillas gefährlichen Infektionskrankheiten erhalten keine Besuchserlaubnis. Der Aufenthalt bei den Tieren ist auf eine Stunde begrenzt, um ihre Verhaltensmuster nicht zu verändern.

Der **Ausgangspunkt** für das Gorilla-Tracking ist das **Park Headquarter in Buhoma.** Die Exkursionen zu den habituierten Gruppen starten um 8.30 Uhr morgens. Sie müssen Ihre Buchung/Quittung vom Hauptquartier der Uganda Wildlife Authority (UWA) in Kampala vorlegen. Im Preis für das **Permit** enthalten sind der Parkeintritt, ein Führer, Spurensucher, Pistenschläger sowie ein bewaffneter Wildhüter. Ein kleines Trinkgeld für jeden von ihnen am Ende

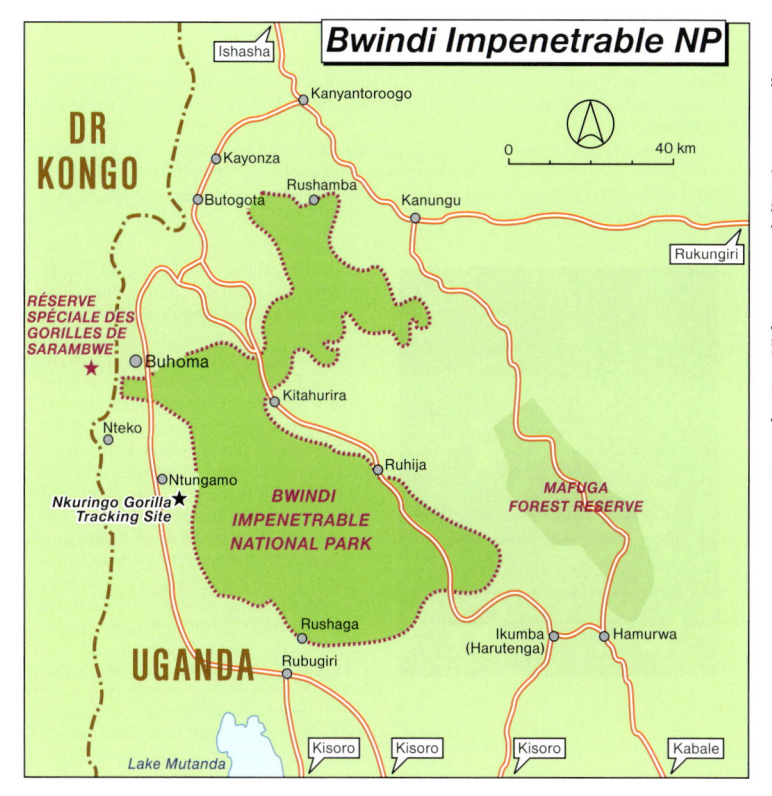

Berggorillas

Die Berggorillas *(Gorilla gorilla beringei)* wurden erst 1902 vom deutschen Hauptmann *Oskar von Beringe* an den Hängen der Virunga-Vulkane entdeckt und später vom Berliner Zoologen *Matschie* beschrieben. Es sind Vegetarier, die über 100 verschiedene Pflanzen (und einige Insekten) auf ihrem Speiseplan haben. Sie leben in festen Verbänden von 2-45 Tieren. Jede Gruppe wird von einem alten Männchen, einem sogenannten „Silverback" **(„Silberrücken"),** geführt (die Rückenhaare verfärben sich bei männlichen Tieren nach Erreichen der Geschlechtsreife mit ca. 10 Jahren silbern). Ein Silberrücken kann bis zu 2 Meter groß werden und dabei um die 200 Kilo wiegen. Die Tiere sind äußerst stark, aber nicht aggressiv. Ein Silberrücken greift nur an, wenn er sich und seine Familie akut bedroht fühlt. Der Gruppenpatriarch duldet meist kein weiteres erwachsenes Männchen (manchmal aber auch mehrere), daher gehören vor allem Weibchen und junge Tiere zu einer Gorillagruppe. Das Zusammengehörigkeitsgefühl unter den Tieren ist durch die sehr dauerhaften Beziehungen groß.

Männchen und Weibchen verlassen ihre Geburtsgruppe, wenn sie geschlechtsreif sind. Daher gibt es in Gruppenverbänden kaum Inzucht. Die von den dominanten Silberrücken vertriebenen Männchen verbringen einige Jahre allein, bevor sie Weibchen anlocken können, um eine eigene Familie zu gründen. Die Weibchen verlassen ihre Geburtsgruppen, sobald zwei Familien im Überlappungsgebiet ihrer Territorien aufeinandertreffen.

Mit 8-10 Jahren werden die Weibchen geschlechtsreif. Sie bekommen etwa alle 4 Jahre ein Baby. 30% sterben schon als Säuglinge. Gorillababys werden nach einer Tragzeit von 8½ Monaten geboren und saugen bis zum Alter von 2-3 Jahren, fressen jedoch schon mit 10 Wochen Pflanzen.

Aufgrund ihrer Größe und ihres Gewichts bewegen sich Berggorillas langsam und klettern sehr wenig auf Bäume. Tagsüber aktiv, schlafen Sie nachts in Nestern aus Blättern und Zweigen am Boden, manchmal auch in kleinen Bäumen. Sie erwachen normalerweise bei Sonnenaufgang, fressen dann einige Stunden und ruhen sich um die Mittagszeit etwas aus. Bis zum Tagesende verbringen Sie die Zeit dann wieder mit Fressen. Jeden Tag wechseln die Tiere innerhalb eines bestimmten Radius ihre Position. Nachts schläft die ganze Gruppe in einem Umkreis von 50 Metern. Gorillas kommunizieren miteinander über mehrere Grunzlaute und Schreie. Das gelegentliche Trommeln mit den Fäusten auf der Brust ist weithin hörbar.

Beim Gorilla-Tracking sind einige Verhaltensregeln zu beachten, u.a. auch beim Fotografieren

GORILLA-TRACKING 191

Informationen zum Gorilla-Tracking und Verhaltenshinweise

Die Dauer einer Gorillapirsch ist unterschiedlich. Normalerweise können Führer und Spurensucher die Tiere innerhalb von 1–2 Stunden lokalisieren, doch können auch 4–5 Stunden notwendig sein, manchmal auch nur 30 Minuten. Bei der Suche nach den Tieren geht man vom Standort des Vortages aus und versucht dann, anhand von Spuren die Schlafnester zu lokalisieren. Meist ist es von hier nicht mehr weit bis zum aktuellen Aufenthaltsort. Ihr Führer wird Ihnen noch einige Verhaltensmaßregeln einschärfen, bevor Sie dann plötzlich inmitten der Tiere sitzen:

- Verhalten Sie sich ruhig und unterhalten Sie sich nicht. Bleiben Sie in der Gruppe und umstellen Sie die Tiere nicht.
- Setzen Sie sich nach Möglichkeit. Der aufrechte Stand kann von den Tieren als bedrohlich empfunden werden. Der Mindestabstand beträgt 5 m, auch wenn er sich bei plötzlichen Aktionen der Gorillas nicht immer einhalten lässt.
- Es ist strengstens untersagt, in der Nähe der Gorillas zu essen oder gar zu rauchen, ebenso sie zu füttern.
- Versuchen Sie nicht, einen sich nähernden Gorilla zu berühren, sondern bewegen Sie sich langsam weg. Falls ein Gorilla Sie berühren sollte (was immer wieder vorkommt), ignorieren Sie ihn einfach.
- Folgen Sie bei Problemen mit den Silberrücken (Scheinangriffe kommen hin und wieder vor) den Anweisungen Ihres Führers, provozieren Sie auf keinen Fall den „Chef" der Gruppe.
- Schnelle, hektische Bewegungen beunruhigen die Tiere unnötig und müssen daher unbedingt vermieden werden.
- Fotografieren mit Blitzlicht ist nicht erlaubt.
- Stellen Sie Ihre Digitalkameras entsprechend empfindlich ein, oder nehmen sie hochempfindliche Filme mit (mind. 400 ASA). Es ist im Wald unglaublich dunkel, und nur selten hat man die Gelegenheit, die Gorillas auf einer freien Lichtung zu fotografieren.

des Trips ist üblich (nach persönlichem Ermessen, als Richtmarke seien 2–3 Euro genannt). Bei Bedarf können Sie auch Träger anheuern. Während der Ferien bieten sich meist Kinder der umliegenden Dörfer dafür an – um die Schulgebühren für das kommende Jahr zu verdienen. Abhängig von der Sicherheitslage ist eine Begleitung durch bewaffnete Soldaten der ugandischen Armee UPDF erforderlich.

Für **Besuche der Gorillagruppe „Nkuringo"** liegt der Ausgangspunkt ca. 15 km südlich von Buhoma. Die Anfahrt erfolgt über die Straße von Kabale nach Kisoro, von wo eine ausgeschilderte Piste über die Ortschaft Rubugiri zum Nkuringo-Wildhütercamp am Westrand des Impenetrable Forest führt. Die Entfernung ab Kabale beträgt ca. 80 km (Fahrzeit 3–4 Std.), von Kisoro sind es 35 km (1½ Std. Fahrzeit). Alternative: Fußmarsch von Buhoma nach Nkuringo (ca. 12 km, 30 US-$ Parkeintritt + 15 US-$ Ranger Fee). Vor Ort kann man seit 2008 in der Clouds Mountain Gorilla Lodge (Kategorie AA, ab 450 US-$ pro Person im DZ, Buchung über Wildplaces Africa in Kampala, www.wildplacessafari.com) übernachten oder alternativ in der Nkuringo Safari Lodge bei Kisoro (siehe „Kisoro"). Zelten vor Ort ist möglich auf dem Nkuringo Gorilla Campsite, wo auch einfache Bandas bereitgestellt werden. Sechs der acht Gorilla-Permits für Nkuringo werden jeden Tag ausschließlich an Gäste der Clouds Mountain Gorilla Lodge abgegeben. Für das Tracking der Nkuringo-Gruppe ist mit großen Anstrengungen zu rechnen, da das Revier dieser Gorillagruppe groß ist und eine Vielzahl steiler Berghänge umfasst. Sie müssen mit einer Ganztagestour rechnen, die nur für konditionsstarke Wanderer geeignet ist.

Bereiten Sie die anstrengende Tour mit der richtigen **Ausrüstung** gut vor: Feste Schuhe mit hohem Schaft sind ein Muss, ebenso Regenkleidung und ein leichter Pullover wegen der morgendlichen Kühle. Die steilen Hänge der bergigen Waldlandschaft sind nach Regenfällen häufig aufgeweicht und verschlammt, gelegentlich müssen auch kleinere Bachläufe überquert werden. Die dichte Vegetation enthält viele Nesseln und Pflanzen mit Dornen – passen Sie daher gut auf, wo Sie hingreifen. Die Mitnahme von leichten Handschuhen zum Schutz ist empfehlenswert.

Sonstige Aktivitäten im Park

Der Park bietet neben dem Gorilla-Tracking zahlreiche andere Attraktionen. Von Buhoma führen mehrere **Nature Trails** in den Wald, die mit einem Führer begangen werden können.

●Der **Munyaga River Trail** (ca. 30 Minuten) führt zum Munyaga River (bilharziosefrei), in dem Sie auch ein erfrischendes Bad nehmen können. Es ist der kürzeste Trail.
●Der **Waterfall Trail** (ca. 3 Std.) folgt dem Munyaga River flussaufwärts und erreicht ein System kleinerer Wasserfälle, die besonders nach Regenfällen beeindrucken.
●Der **Rushura Trail** (3 Std.) bietet von bestimmten Bergkuppen sehr schöne Ausblicke auf den weiter westlich liegenden Virunga-Nationalpark Kongos, an sehr klaren Tagen kann man auch den Lake Edward und das Ruwenzori-Gebirge sehen.

- Der **Muzabajiro Loop Trail** (3 Std.) bietet atemberaubende Blicke über die Waldlandschaft des Impenetrable Forest, das nahe gelegene Rift Valley und die Gruppe der Virunga-Vulkane.
- Der längste der Trails, der **River Ivi Trail**, erfordert einen ganztägigen Fußmarsch (6 Std.) und ist insbesondere für Vogelbeobachtungen geeignet.

Auf akzeptabler Piste kann man mit Allradfahrzeugen nach **Ruhija** im Südosten des Parks fahren – man quert dabei den ursprünglichsten Bereich des Impenetrable Forest –, wo in einem einfachen Guest House für Selbstversorger (Vorausbuchung über die Parkverwaltung) und zukünftig in drei Lodges bzw. Safaricamps übernachtet werden kann. Ende 2009 hatte offiziell bereits die Gorilla Safari Lodge geöffnet.

- In Ruhija gibt es den **Mubwindi Swamp Trail**, der zum gleichnamigen Sumpfgebiet führt (ca. 4 Std. Marschzeit) und den längeren **Bamboo Trail** (6 Std.), der durch 14 verschiedene Vegetationszonen des Parks führt und von seinem höchsten Punkt schöne Ausblicke auf den Lake Bunyonyi und den benachbarten Mafuga Forest bietet.

Anreise

Der Park liegt 450 km von Kampala entfernt (7–10 Std. Fahrtzeit mit dem eigenen Fahrzeug). Von Kabale nach Buhoma sind es 120 km (2–4 Std. Fahrtzeit). Die gut ausgeschilderte **Hauptpiste nach Buhoma** führt von Kabale über Hamurwa/Kanungu/Kanyantoroogo/Butogota. Der Pistenzustand ist akzeptabel. Lediglich nach Regenfällen ist unbedingt ein Fahrzeug mit Allradantrieb erforderlich. Auf dieser Strecke verkehrt unter der Woche ein **Bus von Kampala bis Butogota** (Gateway Coach; Abfahrt gegen 6 Uhr, Fahrpreis 15 Euro, Fahrtzeit ca. 12 Std., keine Abfahrten über das Wochenende). Ab Kabale verkehren unregelmäßig **Pickup-Matatus** (10 Euro pro Person, teilweise nur bis zur Ortschaft Butogota). Ab Butogota (einfachste Unterkünfte, z.B. Green Tree Hotel, Mobiltel. 077-2830878) fahren Pickup-Matatus weiter bis Buhoma (Preis Verhandlungssache, 7–10 Euro pro Fahrzeug). Die 17 km lange Strecke kann notfalls auch zu Fuß zurückgelegt werden.

Als **Alternative zur Anreise von Kampala via Kabale** bietet sich die kürzere Strecke Mbarara – Ntungamo – Kagamba – Rukungiri – Kanungu – Kanyantoroogo – Butogota an. Der Pistenzustand ab Ntungamo (Ende des Asphaltbandes) war 2009 akzeptabel. Die Fahrtzeit ab Kampala lässt sich so bei trockener Witterung um 1–1½ Std. verringern.

Es ist auch möglich, für die Anreise einen **Wagen in Kabale** zu **leihen** (Special Hire, ca. 100 Euro pro Fahrt).

Die direktere **Piste von Kabale über Ruhija nach Buhoma** (95 km) ist landschaftlich reizvoller, jedoch nur mit Allradfahrzeugen zu bewältigen.

Die **Anreise nach Rushaga** bzw. Nkuringo erfolgt per Allradfahrzeug auf ziemlich holpriger Piste ab Kisoro (ca. 35 km bis Nkuringo). Spektakuläre Blicke auf den Lake Mutanda, die Bwindi-Berge und die Kette der Virunga-Vulkane entschädigen für das Durchrütteln im Wagen. Bis Nkuringo muss man ab Kisoro ca. 1½ Std. Fahrtzeit einplanen.

Nkuringo Walking Safaris (Mobiltel. 077-4805580, www.nkuringowalkingsafaris.com) bietet geführte Wanderungen durch äußerst sehenswerte Landschaften von Nkuringo nach Kisoro und umgekehrt an (empfehlenswert, ab 130 US-$ für 2 Personen). Dabei werden ca. 20 km zu Fuß zurückgelegt, die Querung des Lake Mutanda findet in einem traditionellen Holzkanu statt.

Informationen

Vgl. auch die Listung der Parkgebühren und sonstiger Gebühren im Kapitel „Nationalparks und Wildreservate".

- Einen guten Überblick bietet das vom Uganda Tourist Board (UTB) verlegte Büchlein **Mgahinga & Bwindi Impenetrable Forest National Parks Guidebook** von *David Bygott* und *Jeanette Hanby*. Es sollte vor Ort oder in Kampala erhältlich sein.

- **Uganda Wildlife Authority (UWA)**
Plot 7 Kira Road, Kamwokya, PO Box 3530, **Kampala,** Tel. 0414-355000, Fax 0414-346291, www.ugandawildlife.org. Hier müssen die Gorillabesuche in Bwindi gebucht und auch bezahlt werden. Es ist sinnvoll, eine **Buchung bereits Monate vor dem geplanten Besuch** vorzunehmen, da die Nachfrage nach Permits hoch ist und ein Großteil des Kontingents vorab an Reiseveranstalter verkauft wird. Die Buchung von Gorilla Permits ist bis zu 24 Monate im Voraus möglich und muss nach Bestätigung durch UWA in voller Höhe per Auslandsüberweisung beglichen werden. Sollten Sie kein Permit mehr bekommen, bleibt Ihnen noch der – teurere – Weg über die Campbetreiber von Buhoma bzw. Safariunternehmen in der Hauptstadt.

Lohnenswert ist ein Besuch der von UWA initiierten Website **www.friendagorilla.org,** auf der u. a. alle habituierten Bwindi-Gorillas mit Einzelfoto sowie mehrere Community-Projekte in/um Buhoma vorgestellt werden.

- **Park Headquarter**
In **Buhoma,** PO Box 862, Kabale, Tel. (Kabale Office) 0486-424121. Aktuelle Hinweise zum Park. Führungen.

Hotels und Unterkünfte

Im Park

- Als einziges Luxuscamp (Kategorie AA) liegt das **Sanctuary Gorilla Forest Camp** innerhalb des Parks (PO Box 7799, Plot 4A, Katonga Road, Kampala, Tel. 0414-340290, Fax 0414-230254, gfcamp@utlonline.co.ug). Ab 410 US-$ pro Person im DZ (einschließlich der Mahlzeiten).

In Buhoma

- In Buhoma stehen mehrere Unterkünfte zur Verfügung: Die Luxuscamps **Engagi Lodge** (Kategorie AA, c/o Mantana African Safaris, Plot 17, Nambi Road, Entebbe, Tel. 0414-321552, Mobiltel. 077-2401391, Fax 0414-320152, www.kimbla-mantana.com), ab 215 US-$ pro Person, und **Volcanoes Bwindi Lodge** (Kategorie AA, c/o Volcanoes Safaris, PO Box 22818, Kampala, Tel. 0414-346464, Fax 0414-341718, www.volcanoessafaris.com), ab 400 US-$ pro Person im DZ, gehören Reiseveranstaltern, ebenso die angenehme **Buhoma Lodge** (Cottages der Kategorie AA, ab 165 US-$ pro Person) von Wild Frontiers/G & C Tours (PO Box 619, Entebbe, Tel. 0414-321479, Mobiltel. 077-2721479, Fax 0414-321479, www.wildfrontiers.co.ug).

- Das 2009 eröffnete **Gorilla Resort** (PO Box 27943, Kampala, Tel. 031-2288667, Mobiltel. 077-2419238, www.gorillaresort.com) bietet Cottages und Safarizelte der Kategorie AA mit eigener Badewanne (ab 275 US-$ pro Person im DZ, alles inklusive) für bis zu acht Personen.

- Die 2008 in exponierter Hanglage mit Traumblick über den Bwindi-Wald eröffnete **Silverback Lodge** (PO Box 2288, Kampala, Tel. 0414-258273, Mobiltel. 077-2419238, Fax 0414-233992, www.geolodgesafrica.com) hat Platz für bis zu 14 Gäste in 7 rustikalen Cottages (Kategorie AA, ab 150 US-$ pro Person im DZ).

- Das 2006 renovierte **Lake Kitandara Tented Camp** (Kategorie AA) nahe dem Parkeingang kann qualitativ mit den etablierten Camps nicht ganz mithalten.

- Das einfache und sehr saubere **Buhoma Community Rest Camp** (Mobiltel. 077-2384965, www.buhomacommunity.com, Kategorie C) ist an den Campingplatz angeschlossen und gehört der anliegenden Gemeinde. Das Geld kommt also der lokalen Bevölkerung zugute.

In Nkuringo

- Am Ausgangspunkt für Besuche der Nkuringo-Gruppe kann man auf dem 2090 m hoch gelegenen kommunalen **Nkuringo Gorilla Campsite** (Mobiltel. 077-4805580, campsite@nkuringowalkingsafaris.com) übernachten (Camping 4 Euro pro Person, Unterkunft in einfachsten Bandas ab 7 Euro pro Person, jeweils nur für Selbstversorger) oder auf die 2008 eröffnete **Clouds Mountain Gorilla Lodge** von Wildplaces Africa ausweichen (PO Box 23825, Kampala, Tel. 0414-251182, Mobiltel. 077-2489497, www.wildplacesafrica.com). Die sehr teure Lodge (ab 450 US-$ pro Person, alles inklusive) wurde als Gemeinschaftsprojekt des genannten Safariunternehmens, der African Wildlife Foundation (AWF) und der anliegenden Gemeinden entwickelt.

In Ruhija

● Neben dem vom Institute for Tropical Forest Conservation (IFTC) betriebenen einfachen **Ruhija Guesthouse** (Kategorie C–D) kann in zukünftig drei Lodges bzw. Safaricamps übernachtet werden. Ende 2009 hatte offiziell bereits die **Gorilla Safari Lodge** geöffnet (Kategorie AA, Buchung über Asyanut Tours & Travel, Plot 2, Parliament Avenue, Jumbo Plaza, PO Box 27707, Kampala, Tel. 503065, Mobiltel. 075-6000598, Fax 503064, www.gorillasafarilodge.travel).

Camping

Der hervorragend geführte **Buhoma Community Campground** gehört ebenfalls der Gemeinde und verfügt über einfache sanitäre Anlagen und eine kleine Kantine.

Essen und Trinken

● Die **Luxuscamps** von Buhoma bieten üppige **Buffets** – inzwischen auch für nicht dort übernachtende Tagesbesucher.
● Die **Kantine am Buhoma Community Campground** bietet einfache, günstige Gerichte und Getränke (Bier und „Sodas").
● **In Buhoma ist samstags Markttag.** Das Lebensmittelangebot ist recht gut und bietet eine große Auswahl für Selbstversorger.

Kisoro ⚲ XVI, A3

Die 2050 m hoch gelegene **Grenzstadt** Kisoro liegt **am Fuße der Virunga-Vulkane.** Der 4127 m hohe **Muhavura** und seine Nachbarn **Gahinga** und **Sabinyo** bilden im Süden eine beeindruckende Kulisse. Kisoro ist der Ausgangspunkt für Touren in den nahe gelegenen **Mgahinga Gorilla National Park** und Gorillabesuche im **Parc National des Virunga** in der DR Kongo bzw. im **Parc National des Volcans** in Ruanda. Die einst verschlafen und hoffnungslos verarmt wirkende Kleinstadt verzeichnete in den letzten Jahren einen erstaunlichen wirtschaftlichen Aufschwung, u.a. infolge des regen Handels mit der benachbarten DR Kongo und durch die positive touristische Entwicklung. Die Versorgungslage hat sich allerdings bislang nur unwesentlich verbessert. Die kleinen Lebensmittelläden haben nur eine spärliche Auswahl, Zucker und Schokolade sind ein kaum erhältlicher Luxus. Während des Bürgerkrieges im benachbarten Ruanda 1990–1993 beherbergte Kisoro auf dem kleinen Flugfeld zahlreiche ruandische Flüchtlinge. Bis 2004 kam es mehrmals zu Plünderungen und Überfällen in der Region durch aus der DR Kongo eingefallene Milizen, seitdem jedoch ist die Sicherheitslage stabil.

In der Umgebung Kisoros liegen der sehr reizvolle **Lake Mutanda** und der **Lake Mulehe.** Beide Seen sind über kleine Wege von der Hauptstraße Kabale – Bunagana aus zu erreichen. Die Fischer am See sind gerne bereit, Sie

KISORO

gegen eine geringe Gebühr (4–5 Euro) mit ihren Holzkanus am **Papyrusgürtel** entlangzurudern. Zahlreiche **Wasservögel,** u.a. mehrere Kingfisher- und Reiherarten, sowie Fischotter lassen sich beobachten.

Anreise und Weiterreise

● **Flugverbindungen:** Der kleine Flugplatz Kisoros wurde in den vergangenen Jahren ausgebaut und wird regelmäßig von **Chartergesellschaften** (z.B. Eagle Air) **ab Entebbe** angeflogen (Hin- und Rückflug um 170 Euro, Adressen der wichtigsten Chartergesellschaften siehe bei Kampala).

● **Busverbindungen:** Täglich verkehren **Busse** der Firmen Gateway und Horizon von Kampala über Kabale nach Kisoro und weiter zur Kongo-Grenze bei Bunagana (12 Euro, 8–9 Std. Fahrtzeit). In umgekehrter Richtung fahren die Busse bereits gegen 6.30 Uhr in Kisoro ab. Nach Kabale verkehren Busse (die bessere Wahl) und überfüllte **Pickup-Matatus** (4 Euro, 2–3 Std.). Pickups zur 9 km entfernten Kongo-Grenze kosten 1 Euro. Zum ruandischen Grenzübergang Cyanika verkehren nur sporadisch Matatus.

Weiterreise in die DR Kongo und nach Ruanda (PN des Volcans)

● Der **Grenzübergang Bunagana** in die DR Kongo ist mit gültigem Visum (oder einer ein-

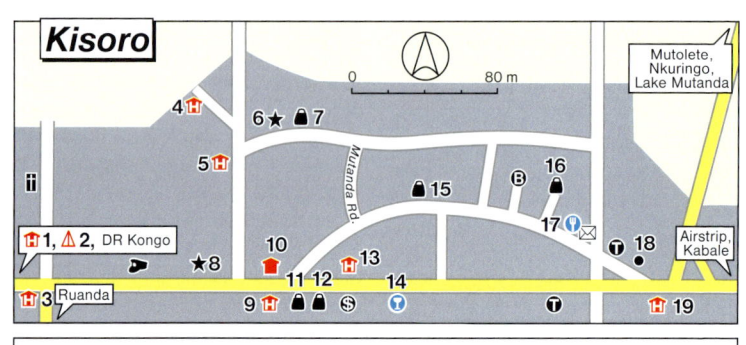

Kisoro

- 🏠 1 Countryside Guest House
- ⚠ 2 Rugigana Valley Campsite
- 🏠 3 Travellers' Rest
- 🏠 4 Mubano
- 🏠 5 Virunga
- ★ 6 Arts & Crafts Centre
- ▲ 7 Supermarkt
- ★ 8 Kisoro Craft Shop
- 🏠 9 Kisoro Tourist Hotel
- 🏠 10 Mgahinga Gorilla NP Office
- ▲ 11 Batwa Craft Shop
- ▲ 12 Kisoro Supermarket
- 🏠 13 Heritage Guest House
- ◉ 14 St. John's Pub
- ▲ 15 General Store
- ▲ 16 Markt
- ◉ 17 Ibrahim's Bakery
- ● 18 Kisoro Beekeepers Association
- 🏠 19 Skyblue Hotel

- ⊕ Tankstelle
- Ⓑ Bushaltestelle
- ⊠ Post
- ➤ Polizei
- Ⓢ Bank
- ⅱ Kirche

fachen Einreisegenehmigung gültig für max. 8 Tage, Kostenpunkt 35 US-$) problemlos zu passieren. Von dort sind es 7 km bis zur Berggorillastation Djomba im Parc National des Virunga (Gebühr für das Gorilla-Tracking: 400 US-$). 2010 wurde aus Sicherheitsgründen von Gorillabesuchen in der DR Kongo tendenziell abgeraten.

Ab dem Grenzübergang Bunagana erfolgten die Organisation des Gorilla-Trackings im Virunga-Park und der Transport zu den Stationen Djomba bzw. Bukima (ca. 30 km weiter südlich) bis ins Jahr 2009 hinein über ein – mittlerweile offensichtlich in Konkurs gegangenes – kongolesisches Unternehmen (Jambo Safari Tours), das auch die Gorilla-Permits verkaufte. Anfang 2010 war eine funktionierende Organisation solcher Touren inkl. Permit z.B. über das Unternehmen **Hakuna Matata Tours** (PO Box 111, Gisenyi/Rwanda, Mobiltel. 00243-99-7734710 oder 00250-78-8884822, www.hakunamatatatours.com) möglich. Hakuna Matata Tours unterhält ein eigenes einfaches Guest House für Touristen in Bunagana unweit der Grenzübergangsstelle.

- Die ruandische **Grenze bei Cyanika** ist ebenfalls ohne größere Probleme zu passieren. Nach Musanze (Ruhengeri), dem Ausgangspunkt für Gorillabesuche im Parc National des Volcans, sind es von hier noch 25 km (Details zu Park und Einreise siehe im Kapitel zu Ruanda).

Informationen

- **Mgahinga Gorilla NP Booking Office**
PO Box 124, Kisoro, Tel. 0486-430098, Mobiltel. 077-2383030. Aktuelle Informationen zum Park und zum Gorilla-Tracking. Öffnungszeiten: 8–17 Uhr.

Frau vom Volk der Batwa am Lake Mutanda

Unterkünfte, Hotels und Restaurants

Kategorie AA

- **Nkuringo Safari Lodge**
Tel. 0414-543481 oder +27-31-7622424, Fax +27-31-7622402,
www.nkuringosafarilodge.com.

Ursprünglich von dem Deutschen *Kurt Niedermeier* mit aufgebaute, jetzt an südafrikanische Betreiber übergegangene Lodge mit 7 überdachten Safarizelten und 2 kleinen Cottages am pittoresken Lake Mutanda 14 km nördlich von Kisoro mit fantastischem Blick über den See und die Kette der Virunga-Vulkane. Ab 100 US-$ pro Person im DZ inkl. aller Mahlzeiten. Guter Ausgangspunkt für Gorilla-Trackings im gut 20 km weiter nördlich gelegenen Nkuringo. Es werden Bootstouren auf dem Lake Mutanda und ein Fahrzeugverleih zu den Gorilla-Trackings in Nkuringo angeboten.

Kategorie B

●**Travellers' Rest Hotel**
Tel. 0486-430135, Mobiltel. 077-2533029, postmaster@gorillatours.com.

An der Abzweigung der Straße nach Cyanika (Grenze zu Ruanda) bzw. zum Mgahinga Gorilla NP. Großzügige Zimmer mit Bad/WC. Das legendäre, einst von dem Deutschen *Walter Baumgärtel* gegründete Travellers' Rest, in dem schon die Gorillaforscher-Größen *George Schaller* und *Dian Fossey* wohnten, wurde 2002 komplett renoviert und steht heute unter dem Management von Gorilla Tours in Kampala. Die Wirtsleute, ein Ehepaar aus den Niederlanden, sind sehr freundlich, die Küche ist ausgezeichnet. Ab 40 US-$ pro Person im DZ.

Kategorie C

●**Kisoro Tourist Hotel**
PO Box 225, Kisoro, Tel. 0486-430135, Mobiltel. 077-2480682, Fax 0486-430134.

Einfache, saubere Zimmer der gehobenen Kategorie mit Bad/WC.

●**Heritage Guest House**
Tel. 0486-430126, Mobiltel. 077-2517146, heritagekisoro@yahoo.co.uk.

Attraktives Guest House mit 9 sauberen Zimmern mit eigenem Bad/WC in zentraler Lage. Restaurant und Bar.

Kategorie D

●**Skyblue Hotel**
Tel. 0486-430076.

An der Hauptstraße in Richtung Kabale. Einfache Zimmer mit sauberen Toiletten. Kleine Bar.

●**Virunga Hotel**
Tel. 0486-430109, Mobiltel. 078-2360820.

An der Hauptstraße hinter dem Nationalpark-Büro. Einfache Zimmer, saubere Toiletten. Hilfsbereites und freundliches Personal. Zelten für 4 Euro auf dem Gelände möglich. Empfehlenswertes Restaurant. Organisation von Transporten zum Mgahinga Gorilla NP und zur ruandischen Grenze bei Cyanika. Vermittlung von lokalen Guides.

●**Mubano Hotel**
PO Box 198. Hinter dem Virunga Hotel.

Die Räume sind recht sauber, durch die viel besuchte Bar aber recht laut. Im Restaurant scheint der Salzstreuer regelmäßig auszurutschen ...

●**Countryside Guest House**
Mobiltel. 071-1412741, 078-2412741, countrysideguesthouse@yahoo.com.

Günstiges Guest House ca. 500 m außerhalb des Ortes an der Straße nach Bunagana. 14 Zimmer. Zeltmöglichkeit. Einfaches Restaurant.

Camping

●**Rugigana Tourist Valley Campsite**
Am Ortsausgang Richtung Kongo-Grenze. Zelten für 2 Euro pro Zelt möglich. Lagerplatz der Overland-Trucks, daher häufig recht voll und laut. Kleiner Barbereich.

Geldwechsel

●**Stanbic Bank** (mit ATM) an der Hauptstraße. Brauchbare Wechselkurse.

Einkaufen

●**Montags und donnerstags** ist in Kisoro **Markttag.** Das Angebot ist recht gut, und in dem kleinen Ort geht es dann ziemlich lebhaft zu.

●Die **Kisoro Beekeepers Association** neben der Agip-Tankstelle bietet hervorragenden Wildbienenhonig aus den Wäldern um Kisoro.

Bewaffneter Wildhüter als Begleiter im Mgahinga Gorilla National Park

Mgahinga Gorilla National Park ⌕ XVI, A3

Überblick

Der nur 33,7 km² große Mgahinga Gorilla National Park liegt im äußersten Südwesten Ugandas im **Grenzgebiet zu Ruanda und zur DR Kongo.** Der 1991 gegründete Park schützt den ugandischen Teil der **Virunga-Vulkane** und bietet **zwischen 15 und 50 Berggorillas** sicheren Lebensraum. Er bildet mit dem angrenzenden Parc National des Volcans in Ruanda (siehe „Ruanda") und dem Parc National des Virunga im Kongo (siehe „Ostkongo") eine ökologische Einheit von ca. 420 km² Größe, in der insgesamt ca. 380 Berggorillas (laut Zensus von 2003) leben; das ist mehr als die Hälfte des Weltgesamtbestandes. Weitere ca. 340 Individuen leben isoliert von der Virunga-Population im Bwindi Impenetrable Forest (siehe dort) ca. 25 km weiter nördlich.

Im Park liegen die **erloschenen Vulkane Muhavura** (4127 m), **Gahinga** (3475 m) und **Sabinyo** (3645 m). Ihre Hänge sind mit dichtem, afro-montanem Wald bestanden. Durch die Gipfel von Gahinga und Muhavura verläuft die Staatsgrenze zu Ruanda. Der Sabinyo bildet den Schnittpunkt der Grenzen zu Ruanda und zur Demokratischen Republik Kongo. Alle drei können von der ugandischen Seite aus in Tagestouren bestiegen werden.

Die Waldlandschaft des Parks ist in den vergangenen Jahrzehnten durch illegale Nutzung und Besiedlung erheblich zerstört worden, obwohl sie als Forest Reserve seit den 1930er Jahren formal geschützt war. Das Virungagebiet gehört zu den dichtbesiedeltsten Gegenden Afrikas, und der Nutzungsdruck durch das **Volk der Bafumbira** sowie die Minorität der **Batwa (Pygmäen)** ist enorm. Von 1989–1994 konnte die Situation durch ein vom Deutschen Tierschutzbund, der Berggorilla & Regenwald Direkthilfe, dem Förderkreis Ugandas Tierwelt und anderen Organisationen bzw. Institutionen gefördertes Schutzprojekt deutlich verbessert werden. Illegale Siedler wurden gegen Entschädigungszahlungen aus dem Gebiet umgesiedelt, andere Nutzungen unterbunden.

Als Nationalpark-Zone 2 erfolgt seit 1991 eine **Regeneration** der ehemals genutzten Regionen. Die Projektleitung hatte der deutsche Biologe *Klaus-Jürgen Sucker,* der am 20. Juni 1994 in seinem Haus in Kisoro erhängt aufgefunden wurde. Die Umstände seines Todes wurden bis heute nicht aufgeklärt. Unterschiedliche Vorstellungen, Intrigen und Streit zwischen den Projektbeteiligten spielen bei seinem Tod wohl eine wesentliche Rolle.

Der Park lässt sich **ganzjährig** erreichen, in den Regenzeiten allerdings nur mit geländegängigen Fahrzeugen.

Das Gorilla-Tracking erfordert geeignete Kleidung und feste Schuhe (siehe „Bwindi Impenetrable NP"). Für Besteigungen der Vulkane Muhavura, Gahinga oder Sabinyo ist eine ähnliche Ausrüstung erforderlich.

Tier- und Pflanzenwelt

Neben den Berggorillas, die sich in schwankender Größenordnung im Park aufhalten, da die Tiere häufig auf die kongolesische bzw. ruandische Seite der Virungas überwechseln, kommt die seltene **Goldmeerkatze** vor. Gelegentlich stößt man bei den Vulkanbesteigungen auf **Kaffernbüffel.** Selten werden auch **Waldelefanten** im Gebiet registriert. Ihr Bestand ist in den letzten Jahren durch Zuwanderung aus dem bürgerkriegsgeplagten kongolesischen

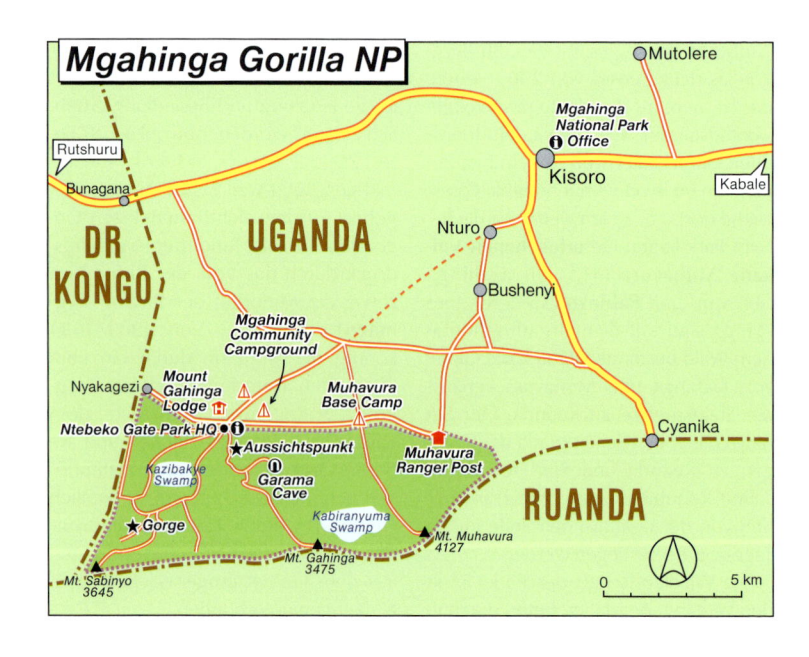

Parc National des Virunga etwas angewachsen. Zudem kommen Schwarzducker, Buschbock, Riesenwaldschwein, Streifenschakal, Goldkatze, Tüpfelhyäne, Serval und Leopard im Park vor, doch bekommt man Vertreter dieser Arten nur sporadisch zu Gesicht, da sie recht scheu und versteckt leben.

Mehr als 180 **Vogelarten** sind im Gebiet bekannt, darunter 12 endemische, z.B. der seltene Ruwenzori-Turako.

In der afro-alpinen Zone des Muhavura (4127 m) kommen ähnlich wie im Ruwenzori-Gebirge oder am Mt. Elgon **Riesenlobelien und -senezien** vor.

Aktivitäten im Park

Gorilla-Tracking

Wenn sich die in der DR Kongo habituierte **Gorillagruppe „Nyakagezi"** (8 Mitglieder, ein Silberrücken) im Park aufhält, werden täglich acht Personen zum Gorilla-Tracking zugelassen. Ausgangspunkt ist das Park HQ Ntebeko (siehe „Anreise"). Der Ablauf des gegen 8.30 Uhr startenden Trackings ist dem in Bwindi sehr ähnlich (siehe dort). Abhängig von der Sicherheitslage ist eine Begleitung durch bewaffnete Soldaten der ugandischen Armee UPDF erforderlich. Anfang 2010 lag die Gebühr für das Gorilla-Tracking bei 500 US-$ pro Person. Ein Teil des durch den Gorilla-Tourismus erwirtschafteten Geldes geht an die anliegenden Gemeinden.

Bedingt durch die häufigen Wechsel der „Nyakagezi"-Gruppe nach Ruanda und in die DR Kongo, mit bis zu zweijähriger Abwesenheit vom ugandischen Territorium, ist das Gorilla-Tracking im Mgahinga Gorilla NP bislang mehr als unkalkulierbar. Deswegen wurde in Abstimmung mit der ruandischen Naturschutzbehörde ORTPN festgelegt, dass das Gorilla-Tracking von ugandischer Seite bei Bedarf auch **grenzüberschreitend in Ruanda** durchgeführt werden kann. Nähere Auskünfte dazu erteilt das Booking Office des Parks in Kisoro.

Beobachtung von Goldmeerkatzen („Golden Monkey Tracking")

Seit dem Jahr 2004 wird im Park auch das gezielte Tracking von Goldmeerkatzen angeboten. Ihr Bestand liegt bei ca. 3000–4000 Tieren. Die Chancen, die Tiere zu sehen, liegen bei über 90%. Allerdings ist eine funktionierende Habituierung für touristische Besucher wie auf der ruandischen Seite der Virunga-Vulkane bislang nicht erfolgt. Die Unternehmung wird mit 50 US-$ pro Person (inkl. Parkeintritt) berechnet.

Besteigung des Muhavura (4127 m)

Der Ausgangspunkt für die Muhavura-Besteigung ist ein kleines Camp am Fuße des Berges (siehe „Anreise"). Diese recht anspruchsvolle Tagestour (Gesamtdauer 8–10 Std.) erfordert einen frühen Aufbruch bereits gegen 7 Uhr. Ein bewaffneter, mit Funk ausgerüsteter Führer ist erforderlich. Auch eine „Bergrettungsgebühr" (Rescue Fee) muss in Kisoro bezahlt werden. Feste Schuhe, Regenkleidung, ein warmer Pullover, genügend Wasser (für den ganzen Tag!), Wegproviant usw. dürfen ebenfalls nicht fehlen. Man durchwandert beim 5- bis 6-stündigen Aufstieg alle Vegetationszonen des Berges. Bis ca.

Mgahinga Gorilla National Park

3300 m Höhe bewegt man sich durch die ehemals genutzten, jetzt regenerierenden Wälder der Parkzone 2. Daran schließt sich eine karge Heidezone an. Von hier bieten sich wunderschöne Blicke auf den Lake Mutanda. Auf ca. 3700 m tritt man in die sehr feuchte afro-alpine Zone mit Senezien und Lobelien ein. Den Gipfel des Muhavura nimmt ein kleiner Kratersee ein.

Besteigung des Gahinga (3475 m)

Der Ablauf ähnelt dem der Besteigung des Muhavura. Die Tour startet am Park HQ und dauert 5–6 Std. Der ehemalige Vulkankrater wird von einem kleinen, tierreichen Sumpf ausgefüllt.

Besteigung des Sabinyo (3645 m)

Der Sabinyo ist abhängig von der Sicherheitslage nicht immer zu besteigen. Vier Gipfel können bestiegen werden, die alle fantastische Aussichten bieten. Die Tour (ab Park HQ) dauert 7–8 Std. Die dramatische Sabinyo Gorge ist von dichtem tropischen Bergwald bedeckt, an ihrem Kopfende ergießt sich ein romantischer Wasserfall.

Erkundung der Garama-Höhle

Die 342 m lange und bis zu 14 m hohe Garama-Höhle liegt 3 km vom Park HQ entfernt. Sie diente früher als Schutzhöhle für Jäger und Sammler vom Stamme der Batwa (Pygmäen). Der Höhlenbesuch dauert 3–4 Std. und erfordert eine gute Taschenlampe.

●Für alle Bergbesteigungen wird eine **Gebühr** von 50 US-$ (2010) erhoben, die Erkundung der Garama Cave kostet 40 US-$ (jeweils inkl. Parkeintritt von tägl. 30 US-$).

Andere Aktivitäten

Vom Park HQ bietet ein 13 km langer **Nature Trail** einen guten Gebietsüberblick und stellt das Ökosystem vor. Ca. 800 m vom Park HQ entfernt befindet sich eine **Beobachtungsplattform** für Vogel- und Wildbeobachtungen, deren Besuch jedoch wenig ergiebig ist. Eine **Wanderung zum Rugezi Swamp** lohnt wegen der Tierbeobachtungen vor allem in den frühen Morgenstunden und spätnachmittags.

Anreise

Der Park ist **von Kisoro** (2050 m) aus zu erreichen, wo sich auch das **Park Booking Office** befindet. Kisoro liegt nahe der kongolesischen Grenze, ca. 520 km von Kampala (mit eigenem Fahrzeug 6–8 Std. Fahrtzeit) entfernt. Nach Kabale sind es 85 km (2 Std. Fahrtzeit). Die Straße von Kabale nach Kisoro war 2009 in gutem Zustand und ganzjährig zu befahren. Mit Asphaltierungsarbeiten, die Mitte 2011 abgeschlossen sein sollen, wurde Ende 2007 begonnen. Die Straße windet sich malerisch durch das hügelige Hochland von Kigezi und bietet wunderschöne Blicke auf den Lake Bunyonyi (siehe „Der Südwesten"). Kisoro wird täglich von **Bussen** aus Kampala angefahren (12 Euro, 8–9 Std. Fahrtzeit), von Kabale aus verkehren täglich Busse (empfehlenswert) und überfüllte **Pickup-Matatus** (4 Euro, 2–3 Std.).

Von Kisoro führt eine knüppelharte **Piste** über 13 km **zum Park HQ Ntebeko**. Sie zweigt in Kisoro beim Travellers' Rest Hotel von der Hauptstraße ab und führt gleichmäßig bergauf (**Achtung:** Es gibt mehrere Abzweigungen, achten Sie immer gut auf die kleinen Hinweisschilder). Mit dem Auto sind es ½–¾ Std. bis zum Park HQ, zu Fuß ca. 3 Std. Auf der Strecke gibt es nur unregelmäßig öffentlichen Transport. Jedoch bietet das **Virunga Hotel in Kisoro** einen **täglichen Pickup-Shuttleservice zum Parkeingang** (siehe „Kisoro").

Das **Park HQ** ist der Ausgangspunkt für das Gorilla-Tracking und alle anderen Aktivitäten, mit Ausnahme der Besteigung des Muhavura. Interessenten für diese empfehlenswerte Tour müssen abweichend von der Route zum Park HQ zu einem weiter östlich gelegenen, kleinen Camp am Fuß des Berges auf ca. 2500 m Höhe aufsteigen. Die 10 km lange Piste ist zum Ende hin sehr schlecht und nur mit geländegängigen Fahrzeugen zu befahren, die letzten Meter müssen Sie zu Fuß gehen. Das Booking Office in Kisoro hält Skizzen für Sie bereit.

Informationen

Vgl. auch die Listung der Parkgebühren und sonstiger Gebühren im Kapitel „Nationalparks und Wildreservate".

● Einen guten Überblick bietet das vom Uganda Tourist Board (UTB) verlegte Büchlein **Mgahinga & Bwindi Impenetrable Forest National Parks Guidebook** von *David Bygott* und *Jeanette Hanby*. Es sollte vor Ort oder in Kampala erhältlich sein.
● **Uganda Wildlife Authority (UWA)** Plot 7 Kira Road, Kamwokya, PO Box 3530, **Kampala,** Tel. 0414-355000, Fax 0414-346291, www.ugandawildlife.org. Hier müssen die Gorillabesuche im Mgahinga Gorilla NP gebucht werden. Die Anwesenheit der habituierten Gorillagruppe „Nyakagezi" kann nicht garantiert werden, sondern muss vor dem Besuch über das Nationalparkbüro in Kisoro bestätigt werden. Es ist sinnvoll, eine Buchung bis zu 24 Monate (!) vor dem geplanten Besuch vorzunehmen, da die Nachfrage nach Permits hoch ist und bis zu 80% bereits vorab an Reiseveranstalter vergeben werden. Dazu ist eine Vorabzahlung per Auslandsüberweisung an das UWA-Headquarter in Kampala notwendig. Wenn die Nyakagezi-Gruppe für den gebuchten Zeitraum nicht im Park ist, erfolgt eine Rückerstattung der gezahlten Beiträge über UWA in Kampala.
● **Mgahinga Gorilla NP Booking Office** PO Box 124, Kisoro, Tel. 0486-430098, Mobiltel. 077-2383030. Aktuelle Infos zum Park und zum Gorilla-Tracking. Öffnungszeiten: 8–17 Uhr. Besucher mit einer Tracking-Buchung aus Kampala müssen hier am Vortag des geplanten Besuchs vorstellig werden und sich die Anwesenheit der habituierten Gorillagruppe bestätigen lassen. Auch alle anderen Aktivitäten im Park müssen hier gebucht und bezahlt werden. Die Quittungen sind an den jeweiligen Ausgangspunkten vorzulegen.

Unterkünfte

● Die komfortable **Mount Gahinga Lodge** (Kategorie AA, ab 350 US-$ pro Person im DZ inkl. Mahlzeiten, c/o Volcanoes Safaris, PO Box 22818, Kampala, Tel. 0414-346464, Fax 0414-341718, www.volcanoessafaris.com) ist die bislang einzige Luxusunterkunft am Rande des Nationalparks. Die Errichtung weiterer Camps durch Reiseveranstalter wie in Bwindi ist geplant.
● **In Kisoro** stehen mehrere einfache Unterkünfte zur Verfügung (siehe dort).
● **Mgahinga Community Campground** Mobiltel. 077-4954956. Einfache Bandas der Kategorie D und Campingmöglichkeiten direkt am Park HQ Ntebeko.

Camping

● Der **Mgahinga Community Campground** am Park HQ Ntebeko verfügt über einfache sanitäre Anlagen sowie eine kleine Kantine. Die Anlage ist gepflegt und sauber.
● **Am Ausgangspunkt für die Besteigung des Muhavura** kann man ebenfalls campen. Wasser, Feuerholz, Kerosinlampen und ein einfaches Eintopfgericht kann man von den Wildhütern bekommen. Auch ein stationäres Zelt mit einfachen Matrazen ist aufgebaut.

Essen und Trinken

● Die **Kantine des Mgahinga Community Campground** bietet einfache, günstige Gerichte und Getränke (Bier und „Sodas").
● **In Kisoro ist montags und donnerstags Markttag.** Das Lebensmittelangebot ist recht gut und bietet eine ausreichende Auswahl für Selbstversorger.

Der Westen und das Ruwenzori-Gebirge

Im Westen Ugandas liegen die **Nationalparks Queen Elizabeth** (QENP), **Kibale Forest** und **Semliki** sowie das 120 km lange und 50 km breite **Ruwenzori-Gebirge,** das seit 1991 ebenfalls Nationalparkstatus genießt. Ausgangspunkte für Touren in diese Parks sind **Kasese** bzw. **Fort Portal.** Im äußersten Nordwesten liegen der **Murchison Falls NP** (MFNP), der größte Nationalpark des Landes, und der geschützte **Budongo Forest** mit einem größeren Schimpansenvorkommen. Beide Gebiete können von **Masindi** aus erreicht werden. Zwischen Kampala und Murchison Falls NP liegt das **Ziwa Rhino Sanctuary,** eine „Rhinozeros-Farm", auf der 2005 mit der Zucht von Spitzmaul- und Breitmaulnashörnern begonnen wurde, um diese dann später im Kidepo Valley NP und im Murchison Falls NP wieder auszuwildern.

Die Landschaft im Westen ist sehr grün und fruchtbar, sanfte Hügel und Bergland wechseln mit Flussläufen und Ebenen ab. Die zahlreichen **Teefelder** hier gehören zu den besten des Landes. **Lake Edward** und **Lake Albert** am Boden des Zentralfrikanischen Grabens bieten grandiose See- und Sumpflandschaften, die zu den schönsten ihrer Art in Afrika zählen. Am Albertsee wurden jüngst größere Ölvorkommen erschlossen. Die ökologischen und politischen Folgen der massiv vorangetriebenen **Ölförderung** bleiben abzuwarten.

Westlich des Ruwenzori-Gebirges fällt das ostafrikanische Hochland zu den Ausläufern des Kongobeckens hin ab. Die Fahrt von Fort Portal zum **Semliki NP** gehört zu den spektakulärsten überhaupt in Ostafrika und bietet grandiose Panoramaausblicke auf ein Gebiet, in dem zwei sehr gegensätzliche Großlandschaften aufeinandertreffen. Die Landschaft am **Semliki River,** der die Grenze zur DR Kongo bildet, wird teilweise durch das sehenswerte **Semliki Valley Wildlife Reserve** geschützt, für das eine langfristige private Konzession vergeben wurde.

Beeindruckende Blicke über die Seenlandschaft des Lake Albert und die weiter westlich in der DR Kongo gelegenen Bergketten bietet die Piste zwischen **Butiaba** und der Einfahrt in den Murchison Falls NP. Einen großartigen Panoramablick über die Savannenlandschaft des Queen Elizabeth NP bis hinauf zu den vergletscherten Gipfeln des Ruwenzori-Gebirges gewährt auch die **Straße Ishaka – Kasese** bei der Querung des Zentralafrikanischen Grabenbruchs vor Katunguru.

Nebenreiseziele sind das **Kabwoya Wildlife Reserve** am Ostufer des Lake Albert nahe Hoima und das **Katonga Wildlife Reserve** südlich der Straße Mubende – Fort Portal.

An der 75 km langen Asphaltsraße Kasese – Fort Portal liegt **Hima** mit Sitz des gleichnamigen, unübersehbar großen Zementwerks (im Besitz des französischen Konzerns Lafarge), das sich – ähnlich wie die Nile Breweries in Njeru bei Jinja – jedem Reisenden durch zahlreiche mit dem Firmennamen versehene Kilometermarkierungen entlang der wichtigsten Überlandstrecken Ugandas ins Gedächtnis heftet.

An der Straße Katunguru – Kasese im Bereich der Nordwestgrenze des QENP quert man unweit der Siedlung **Kabirizi** den **Äquator.** An der Straße steht ein Äquatordenkmal in Form eines Betonringes.

Kalinzu und Kasyoha Kitomi Forest Reserves

Kalinzu FR ⇗ XVI, A2

Ca. 10 km nordwestlich von Ishaka (einfache Unterkünfte und Versorgungsmöglichkeiten) an der Straße nach Kasese liegt das Kalinzu Forest Reserve (ausgeschildert), das für den Ökotourismus erschlossen wurde. Neun verschiedene **Primatenarten** kommen im Gebiet vor, u.a. gut 230 teilweise habituierte Schimpansen. Vier **Trails** führen durch den tropischen Feuchtwald am Osthang des Zentralafrikanischen Grabens: River Trail (ca. 2½ km), Palm Trail (5 km), Valley Trail (3½ km) und Waterfall Trail (11 km). Auf geführten Waldwanderungen werden mehrere von der traditionellen **afrikanischen Medizin** genutzte **Bäume und Sträucher** vorgestellt, z.B. die potenzsteigernde Rinde der Baumart *Mutragyne rubrostipuleta* („Viagra Tree").

● Es gibt einen einfachen **Campingplatz für Selbstversorger** (Camping für 4 Euro).
● Die **Besuchsgebühr** liegt bei 15 Euro, **Führer** kosten 5 Euro.
● Weitere **Informationen** sind über die Nkombe Forest Station (PO Box 01, Bushenyi, Tel. 0485-442365) oder über das Kalinzu Forest Project (Mobiltel. 075-1360073, kalinzu@africaonline.co.ug) erhältlich.

Kasyoha Kitomi FR

25 km weiter nördlich liegt das Kasyoha Kitomi Forest Reserve (Abzweigung in Nyakashuru, ausgeschildert), das eine **ca. 400 Individuen umfassende Schimpansenpopulation** aufweist. Das Waldgebiet erstreckt sich zwischen den Kraterseen **Lake Chemo** und **Lake Mweru** am Osthang des Zentralafrikanischen Grabens. Innerhalb des Waldes liegt der glasklare **Lake Kamunzuku** mit guten Möglichkeiten für Vogelbeobachtungen. Mehrere **Trails** wurden für die Walderkundung im Rahmen eines Ökotourismusprojektes entwickelt: Lakeside Trail (3 km), Waterfall Trail (2 km) und Rurama Hill Trail. Der einen ganzen Tagesmarsch erfordernde River Trail führt tief in den Wald und verläuft über weite Strecken am **Kyambura River,** der weiter nördlich in die Kyambura Gorge eintritt. Leider wurde das Kasyoha Kitomi Ecotourism Project bereits vor einigen Jahren wieder eingestellt. Touristische Besuche des Gebietes sind daher nicht mehr möglich.

Queen Elizabeth National Park (QENP)
♪ XII, A3/XVI, A1/2

Überblick

Der 1978 km² große Queen Elizabeth National Park (QENP) wurde 1952 gegründet. Er verdankt seine Existenz einem epidemieartigen Ausbruch der **Schlafkrankheit** in der Region zu Beginn des 20. Jahrhunderts, wodurch viele Menschen das Gebiet verließen. Zwischen 1925 und 1947 wurden die verlassenen Gebiete am Kazinga-Kanal zu Wildschutzgebieten erklärt, aus denen 1952 der Kazinga NP hervorging. 1954 wurde der Park anlässlich eines Besuchs der englischen Königin *Elizabeth II.* zu ihren Ehren umbenannt. Unter *Idi Amin* galt vorübergehend die Bezeichnung „Ruwenzori National Park", doch hat sich heute wieder der alte Name durchgesetzt.

Queen Elizabeth NP – ugandischer Nachwuchs an der Mweya Safari Lodge

Der QENP umfasst eine sehr abwechslungsreiche Landschaft, die neben offener Savanne auch viel Buschland, Sümpfe, tropische Feuchtwälder, Flüsse und Seen enthält. Der **Kazinga-Kanal,** eine natürliche Wasserstraße zwischen dem **Lake Edward** im Westen und dem **Lake George** im Osten, teilt den Park in zwei Abschnitte. Teile der beiden Seen liegen innerhalb des Parks. Im Norden grenzt das Ruwenzori-Gebirge an. Im Nordwesten liegt das mit Grassavanne bestandene **Krater-Hochland,** das über 30 Krater enthält, die teilweise wassergefüllt sind. Im Südosten liegt der primatenreiche **Maramagambo Forest.** Im Osten grenzt das Kyambura Wildlife Reserve (häufig auch Chambura WR geschrieben) an den Park an. Die Grenze wird von der 16 km langen **Kyambura Gorge** gebildet. Ein direkter Kontakt besteht auch zum Kibale Forest NP im Nordosten. Im Westen geht der QENP in den kongolesischen Parc National des Virunga über.

Der Park lässt sich mit Allradfahrzeugen **ganzjährig** erreichen. In der Regenzeit sind jedoch vor allem im Südsektor viele Gebiete nur eingeschränkt befahrbar. Kommen Sie daher lieber in der relativ trockenen Zeit von Juni bis September oder Dezember bis März. In dieser Zeit kann die Region um Mweya auch mit Fahrzeugen ohne Allradantrieb bereist werden. Bringen Sie auf jeden Fall ein gutes Mückenschutzmittel mit. Ein Fernglas sollte ebenfalls nicht fehlen. Das **Park Headquarter** liegt auf der **Mweya-Halbinsel** im Nordsektor des Parks. Der Südsektor wird vom Sub-HQ in Ishasha aus betreut.

Tier- und Pflanzenwelt

Der QENP gehörte einst zu den tierreichsten und bestgeführten Nationalparks Afrikas. Ähnlich wie der MFNP wurde er von der wildernden Soldateska *Idi Amins* und seiner Nachfolger sowie den Truppen der tansanischen Besatzungsmacht in den 1970er und 1980er Jahren leergeschossen. Die Tierbestände haben sich seit 1986 aber wieder deutlich erholt, unter anderem durch Zuwanderung aus dem angrenzenden Virunga-Nationalpark Kongos. Gefahr droht den Tierbeständen heute in erster Linie durch immer wieder in den Park eindringende Hirten mit großen Viehherden, was in den vergangenen Jahren mehrfach zu unkontrollierter Wilderei und dem gezielten Vergiften von Löwen und anderen Großkatzen geführt hat.

Der ehemals mehr als 4000 Tiere umfassende Bestand an **Elefanten** war Mitte der 1980er Jahre auf unter 200 Individuen geschrumpft, liegt heute aber wieder bei ca. 3000 Tieren. Herden von **Uganda-Kobs** sind ein gängiger Anblick. Der Gesamtbestand liegt bei 30.000 Tieren. Auch größere Formationen von **Kaffernbüffeln** (insgesamt ca. 6000 Tiere) sind verbreitet. In der Ishasha-Region kommen größere **Topi-Bestände** vor. In Wassernähe sind **Defassa-Wasserböcke** häufig. Seltener und eher versteckt lebend sind Buschbock, Bohor-Riedbock, verschiedene Duckerarten und die scheue Sitatunga-Antilope. Neben dem Warzenschwein kommen das Pinselohrschwein und das Riesenwaldschwein vor. Die großen Raubtiere **Löwe** und **Leopard** sind selten geworden, haben aber gesicherte Bestände. In der Ishasha-Region gibt es noch immer Löwen, die gelegentlich auf Bäume klettern. Die Tüpfelhyäne ist etwas verbreiteter. Bei der Bootstour auf dem Kazinga-Kanal kann man vor allem **Flusspferde** in stattlichen Zahlen beobachten. Die Flusspferddichte in Afrika ist nirgendwo größer als hier. Der Gesamtbestand wird auf ca. 4000 Tiere geschätzt. Krokodile sind im QENP sehr selten, doch trifft man regelmäßig den **Nilwaran** an. Es kommen zehn Primatenarten im Park vor, darunter auch **Schimpansen.** Die besten Beobachtungsmöglichkeiten bestehen im Maramagambo Forest und am Ishasha River.

Mehr als 600 **Vogelarten** sind registriert. Beim Launch-Trip auf dem Kazinga-Kanal kann man zahlreiche Wasservögel beobachten, darunter einige hundert Rosapelikane, mehrere Kingfisherarten, Schreiseeadler, Goliathreiher, Uganda-Kormorane und verschiedene andere Storch- und Reiherarten.

Aktivitäten im Park

Der Launch Trip auf dem Kazinga-Kanal

Die zweistündige Fahrt mit einem der modernen Besucherboote auf dem Kazinga-Kanal ist sicherlich der Höhepunkt eines Besuchs im QENP (am empfehlenswertesten sind die Plätze di-

---

Milzbrand – tödliche Gefahr

Im Juli 2004 wurde ein rätselhaftes Sterben unter den sonst so vital erscheinenden Flusspferdherden des Queen-Elizabeth-Nationalparks beobachtet. Dutzende von Hippo-Kadavern, durch Fäulnisgase aufgebläht, trieben im Wasser des Kazinga-Kanals. Erst viele Wochen später wurde mit Hilfe von Referenz-Laboratorien wie dem deutschen Robert-Koch-Institut in Berlin zweifelsfrei festgestellt, dass die Tiere an Milzbrand verstorben waren. Erreger des Milzbrands ist **Bacillus anthracis,** ein im Erdboden beheimatetes Stäbchen-Bakterium, das Dauerformen (sog. Sporen) ausbilden kann. Die Erreger werden von den Tieren mit der Nahrung beim Grasen aufgenommen und verursachen ein schweres, septisches Krankheitsbild, das meist den Tod zur Folge hat.

Von Juli bis Dezember 2004 starben mindestens 200 Flusspferde, zwischen Januar und März 2005 nochmals über 70 Tiere. Damit fielen ca. 10% der Flusspferdpopulation im Park der Epidemie zum Opfer. Auch mehr als 60 Büffel und einige Uganda-Kobs sowie Wasserböcke verendeten nach Infektion mit dem Milzbranderreger. Welche lokalen klimatischen und ökologischen Faktoren zu der Milzbrandepidemie geführt haben, ist unklar. Es bleibt abzuwarten, ob das Problem im Park langfristig zum Erliegen kommt oder immer wieder epidemieartige Erkrankungen auftreten.

Milzbrand kann in seltenen Fällen durch Berührung oder Verzehr von befallenen Tieren auf den Menschen übertragen werden. Die Gefahren einer Milzbrandinfektion beim Menschen machten nicht zuletzt bioterroristische Anschläge mit *Bacillus anthracis* in den USA im Jahr 2001 deutlich. Reisende im Queen-Elizabeth-Nationalpark sollten daher **unter keinen Umständen kranke oder tote Tiere berühren** und Neusichtungen von Tierkadavern umgehend den Parkbehörden melden.

rekt auf der linken Seite des Bootes). Neben den oben erwähnten Flusspferden und Wasservögeln bestehen gute Möglichkeiten, Nilwarane, Kaffernbüffel, Elefanten und verschiedene Antilopen sowie gelegentlich einen Leoparden vom Boot aus zu beobachten. Auf einer Holztafel an der Mweya Safari Lodge sind die Startzeiten für den Bootstrip angekündigt, der normalerweise bei entsprechender Nachfrage viermal täglich um **9, 11, 15 und 17 Uhr** stattfindet. Die Gebühr beträgt umgerechnet ca. 11 Euro (zahlbar in USh).

Game Drives und Exkursionen im Nordsektor

Der Nordsektor des Parks verfügt über mehrere gute Pisten zur Tierbeobachtung, insbesondere in der Region um Mweya. Der **Royal Circuit** führt am Nordufer des Kazinga-Kanals entlang und eignet sich sehr gut für Elefantenbeobachtungen. Über die Straße nach Katwe gelangt man in die wunderschöne **Krater-Region.** Von den mehr als 30 Kratern sind zwei dauerhaft mit salzreichem Wasser gefüllt (Lake Nyamunuka und Lake Murumuli). Eine steile Auffahrt führt zum Aussichtspunkt **Baboon Cliffs,** der besonders gute Ausblicke über die Region bietet. Östlich der Asphaltstraße nach Kasese kann man auf einigen Pisten die wildreichen **Kasenyi Plains** und das den Lake George umgebende Sumpfland erkunden. Das Gebiet ist sehr vogelreich und enthält sogar einige Brutpaare des seltenen Schuhschnabelstorchs. Es gilt nach der Ramsar-Konvention als „Feuchtgebiet von internationaler Bedeutung".

Wer ohne eigenes Fahrzeug anreist, kann bei der Parkverwaltung in Mweya einen Leihwagen mit Fahrer bekommen (siehe „Informationen").

Schimpansen-Tracking in der Kyambura Gorge

Die 16 km lange und bis 400 m breite Kyambura Gorge im Osten bildet die Grenze zwischen QENP und Kyambura Game Reserve. Vom Fig Tree Camp (siehe „Anreise") starten **zweimal täglich um 8 Uhr und um 14 Uhr** geführte Touren (Gesamtdauer 3–4 Std.) in die bis zu 40 m tiefe, mit dichtem Tropenwald bestandene Bachschlucht, in der eine 20 Mitglieder starke Schimpansengruppe an Menschen gewöhnt werden konnte.

Die Tour muss im Informationszentrum des Parks in Mweya gebucht werden (Gebühr 50 US-$ pro Person, Mindestalter 15 Jahre). Pro Führung sind max. acht Besucher erlaubt, daher ist eine **Reservierung** (über das HQ in Kampala) zu empfehlen. Die Chancen, die Schimpansen zu sehen, liegen bei etwa 80%.

Beobachtungsfahrten im Südsektor

Die abgelegene Gegend um Ishasha ist bekannt für ihre **baumkletternden Löwen.** Das Gebiet ist neben dem Manyara-See in Tansania das einzige, in dem Löwen wissenschaftlich erwiesen regelmäßig auf Bäume klettern.

Mehrere **Pisten** erschließen Savanne und offenes Buschland um das Ishasha River Camp und am an Flusspferden reichen **Ishasha River.** Der North Circuit ist einfacher zu befahren als der South

QUEEN ELIZABETH NATIONAL PARK

Circuit. Benötigt wird ein Allradfahrzeug, um überall gut vorwärtszukommen. Ein mitfahrender Ranger ist beim Auffinden von „Baumlöwen" eine große Hilfe.

In Begleitung eines ortskundigen Wildhüters können Sie auch in den weiter östlich gelegenen unzugänglichen **Maramagambo Forest** und zum kleinen **Lake Nyamusingire** fahren. Es gibt ein kleines Wegesystem innerhalb des primatenreichen Waldes, sodass entsprechende **Fußexkursionen** (denken Sie an die Mitnahme von genügend Trinkwasser) möglich sind. Prinzipiell lohnenswert ist z.B. ein Abstecher zur **Bat Cave** (auch Python Cave genannt), einer von mehreren tausend Fledermäusen bewohnten Höhle. Ein Guide kann über die nahe gelegene Jacana Safari Lodge organisiert werden (Gebühr 10 US-$). Allerdings wurden die Touren dorthin eingestellt, nachdem eine holländische Touristin nach einem Höhlenbesuch am hämorrhagischen Marburg-Fieber verstarb.

Aktivitäten außerhalb des Parks

In der Ortschaft **Katwe** am Nordende des Lake Edward, gut 15 km von Mweya entfernt, bietet das **Katwe Tourism Information Centre** (PO Box 99, Lake Katwe, Mobiltel. 075-2618265 oder 077-2397354, katic_katwe@yahoo.com) im Rahmen eines Ökotourismusprojektes lokale Touren zur Landestelle der Fischer, zu kulturellen Tanzvorführungen der Kanyiginya Woman Drama Actors

Schimpansen-Tracking
in der Kyambura Gorge

Queen Elizabeth National Park

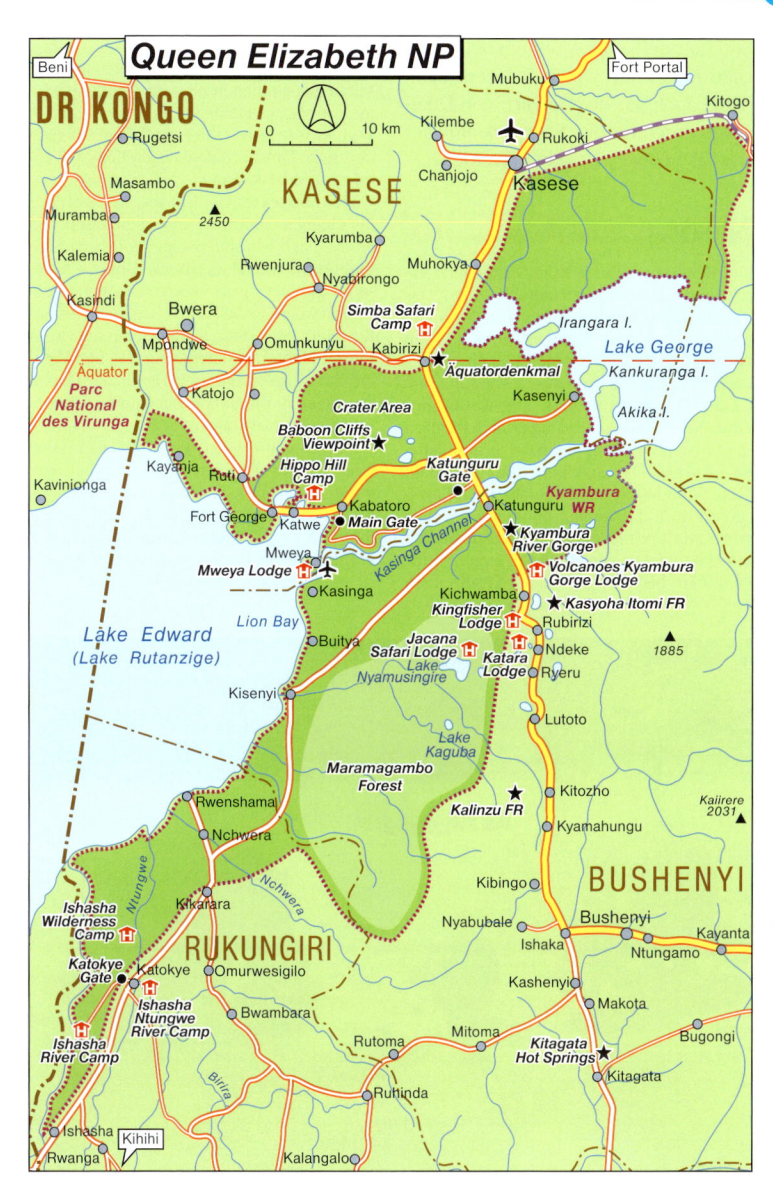

und zu den Salzgewinnungsstellen am Lake Katwe an. Unter anderem kann dabei auch das ursprünglich von Deutschen errichtete alte **Salzwerk** am Ufer des Lake Edward besichtigt werden.

Anreise

Der QENP befindet sich in Westuganda, direkt an der Landesgrenze zur DR Kongo. Das **Parkzentrum in Mweya** ist ca. 430 km von Kampala (5–6 Std. Fahrtzeit) bzw. 147 km von Mbarara entfernt. Nach Kasese sind es ca. 50 km. Mweya kann über zwei Zufahrten („Gates") erreicht werden. Das **Katunguru Gate** liegt direkt am Kazinga-Kanal nördlich der Ortschaft Katunguru an der Strecke **Ishaka – Kasese**. Das gängigere **Kabatoro Main Gate** befindet sich an der Straße nach Katwe (gute Piste), die wenige Kilometer nördlich von Katunguru links abzweigt. Auf beiden Strecken sind es von der Abzweigung noch ca. 20 km bis Mweya. Auf der **Straße nach Katwe** gibt es relativ viel Verkehr, sodass auch Reisende ohne eigenes Fahrzeug über Mifahrgelegenheiten bis zum Gate und weiter zur Mweya-Halbinsel gelangen können. Von Kasese aus fahren mehrmals täglich überfüllte Pickup-Matatus nach Katwe (2 Euro, ca. 1 Std. Fahrtzeit).

Der **Südsektor** bei Ishasha lässt sich nur mit eigenem Transport sinnvoll bereisen. Die Straße nach Ishasha zweigt südlich von Katunguru von der Hauptstrecke Ishaka – Kasese ab. Sie führt bis zur kongolesischen Grenze und weiter in die kongolesische Kleinstadt Rutshuru. Über diese Straße laufen seit vielen Jahren Nahrungsmitteltransporte des Welternährungsprogramms WFP für die Flüchtlingslager im bürgerkriegsgeplagten Ostkongo. Der Pistenzustand ist infolge der Instandsetzungsmaßnahmen recht gut, kann sich aber in der Regenzeit katastrophal verschlechtern. Das **Katokye Gate** liegt ca. 20 km vor der Grenze. Von hier sind es noch 9 km bis zum **Ishasha Camp**. Die Gesamtentfernung zur Hauptstrecke Ishaka – Kasese beträgt 94 km (Fahrtzeit 1½–2 Std.).

Die Abzweigung zur **Kyambura Gorge,** in der habituierte Schimpansen zu beobachten sind, befindet sich einige Kilometer südlich der Abzweigung nach Ishasha, ziemlich genau beim Eintritt der Hauptstraße in den Park (115 km nördlich von Mbarara). Nach 2 km erreicht man das **Fig Tree Camp,** von dem täglich Führungen in die Schlucht starten.

Informationen

Vgl. auch die Listung der Parkgebühren und sonstiger Gebühren im Kapitel „Nationalparks und Wildreservate".

●Park Headquarter
Das Herz des QENP ist die kleine Siedlung **Mweya** auf der gleichnamigen Halbinsel am Ufer des Lake Edward, wo sich neben dem Park HQ (Tel. 0483-444266) auch die Unterkünfte der Wildhüter, die Mweya Safari Lodge und das Hostel des Uganda Institute of Ecology (UIE) befinden. Die Launch-Trips auf dem Kazinga-Kanal starten von einer kleinen Anlegestelle unterhalb der Lodge. In Mweya kann man auch Fahrzeuge (mit Fahrer) von der Parkverwaltung leihen.

Hotels und Unterkünfte

●Die von der Madhvani-Gruppe geführte **Mweya Safari Lodge** (Kategorie AA) bietet 50 komfortable Zimmer und ein exzellentes Restaurant. Zu Stoßzeiten (Wochenenden/ Feiertage) ist eine Vorausbuchung erforderlich (PO Box 22, Lake Katwe, Tel./Fax 0483-444266, www.mweyalodge.com). Ab 140 US-$ pro Person im DZ inkl. Mahlzeiten.

●Das über viele Jahre von UWA geführte, mit zehnjähriger Konzession an einen privaten Betreiber vergebene **Mweya Hostel** (Tel. 0414-373050, Mobiltel. 078-2802650 oder 077-2609969, rift_hostelmweya@yahoo.co.uk) verfügt über 12 saubere Zimmer mit Moskitonetzen und Gemeinschaftsbad der Kategorie B–C.

Flusspferde am Kazinga-Kanal

●In der Nähe liegt das sog. **Student's Camp,** das Parkbesuchern bei entsprechenden Kapazitäten noch günstigere Räume bietet.

●Am Rande des Maramagambo Forest liegt die einfach gestaltete **Jacana Safari Lodge** (Kategorie AA), in der es deutlich ruhiger als in Mweya zugeht. Der Schwerpunkt der hier übernachtenden Gäste liegt auf Forest Walks, Schimpansen-Tracking sowie Bootsfahrten auf dem Lake Nyamusingire (c/o GeoLodges Uganda, PO Box 2288, Kampala, Tel. 0414-258273, Mobiltel. 077-2755855, Fax 0414-233992, www.geolodgesafrica.com). Ab 140 US-$ pro Person im DZ inkl. Mahlzeiten.

●Eine traumhafte Lage mit fantastischem Ausblick über den QENP hat die Mitte 2006 eröffnete **Kingfisher Lodge Kichwamba** zu bieten, die mit schwalbennestartig angeordneten kleinen Rundhütten auf den Klippen des Kichwamba Escarpment oberhalb des Grabenbruchs errichtet wurde. Insgesamt 25 Cottages der Kategorie A–AA (ab 65 US-$ pro Person inkl. HP) stehen bereit. Die Zufahrt von der Straße Ishaka – Kasese ist ausgeschildert. Empfehlenswert. Die Buchung erfolgt über das „Mutterschiff" Kingfisher Safaris Resort in Jinja (PO Box 608, Jinja, Mobiltel. 077-2632063 oder 077-2510197, www.kingfishersafaris.com) oder direkt vor Ort (Mobiltel. 077-4159579, kingfisher-kichwamba@gmx.net).

●Die 2008 weiter südlich in ebenso exponierter Hanglage mit Traumblick über die Savannenlandschaft im Grabenbruch eröffnete **Katara Lodge** (PO Box 29772, Kampala, Mobiltel. 077-3011648, www.kataralodge.com) bietet bislang 5 komfortable Cottages mit offenem Bad und eigener Badewanne sowie Sonnenterrasse. Holländisch-ugandische Leitung. Ab 150 US-$ pro Person im DZ inkl. aller Mahlzeiten.

●Für 2010/2011 hat der expandierende Rafting-Veranstalter Adrift (www.adrift.ug) die Eröffnung eines **Luxury Tented Camp** am Lake Chibwera (Crater Area) angekündigt.

●Für Juni 2010 ist die Eröffnung der **Kyambura Gorge Lodge** (Informationen bzw. Buchung über Volcanoes Safaris, PO Box 22818, Kampala, Tel. 0414-346464, Fax 0414-341718, www.volcanoessafaris.com) im Randbereich der gleichnamigen Schlucht an-

Queen Elizabeth National Park

gekündigt. 8 strohgedeckte Bandas der Kategorie AA sollen dann zur Verfügung stehen. Voraussichtlicher Preis: Ab 300 US-$ pro Person im DZ. Ein Teil der Einnahmen stellt der Betreiber im Rahmen des Kyambura Gorge Ecotourism Partnership Project für den Naturschutz zur Verfügung.

● Oberhalb von Katwe nahe dem Kabatoro Main Gate wurde im September 2006 das von Lake Kitandara Tours betriebene **Hippo Hill Camp** (Kategorie A–AA) eröffnet. Relativ einfach konzipierte, mit Bambus und Schilf verkleidete, geräumige Safarizelte bieten einen schönen Blick über die Salzseen von Katwe, den Lake Edward mit den Inseln Kitako und Kabazimu sowie den Munyanyange Crater Lake. Ab 100 US-$ pro Person im DZ inkl. aller Mahlzeiten. Buchung über Lake Kitandara Tours & Travel, Tel. 031-2277304, Mobiltel. 077-2515672, 078-2399235, www.adventurecamps.co.ug.

● Ende 2008 wurde unweit des Äquatordenkmals an der Straße nach Kasese das einfache **Simba Safari Camp** (Informationen bzw. Buchung über Great Lakes Safaris, PO Box 33024, Kampala, Tel./Fax 0414-267153, www.ugandalodges.com) eröffnet. Die etwas lieblos zusammengezimmerte Anlage für max. 68 Gäste bietet Unterkünfte inkl. Frühstück ab 60 US-$ pro Person im DZ, Camping ist für umgerechnet 5 Euro möglich. Kantinenähnliches Restaurant.

● In Ishasha gibt es einfache, aber gepflegte **Rundhütten (Bandas) der Parkverwaltung** (Buchung über UWA in Kampala, das Park HQ in Mweya oder direkt unter Mobiltel. 078-2308808), die jeweils zwei Betten mit Moskitonetzen enthalten. Kerosinlaternen, Bettwäsche, Wasser und Feuerholz werden von den Parkangestellten bereitgestellt. Auf Nachfrage können auch einfache Gerichte zubereitet werden.

● Im Jahr 2005 eröffnete die Firma Wild Frontiers Uganda das **Ishasha Wilderness Camp**, ein komfortables, aber relativ teures Luxury Tented Camp mit 8 Zelten der Kategorie AA am Ufer des Ntungwe River (Buchung über Wild Frontiers/G & C Tours, PO Box 619, Entebbe, Tel. 0414-321479, Mobiltel. 077-2502155, www.wildfrontiers.co.ug). Ab 190 US-$ pro Person im DZ, alles inklusive.

● Ob sich das Anfang 2009 eröffnete, östlich der Straße Katunguru – Ishasha am Ntungwe River gelegene und für seine schlichte Einrichtung völlig überteuerte **Ishasha Ntungwe River Camp** (www.treelionsafarilodge.com) längerfristig am Markt wird halten können, erscheint fraglich.

Camping

Es gibt **mehrere Campingplätze** für Selbstversorger mit eigenem Zelt im Park. Der gängigste liegt in Mweya, einige hundert Meter von der Lodge entfernt, und verfügt über einfache Sanitäranlagen. Der Platz ist für die ausgiebigen nächtlichen Besuche von Flusspferden und anderen Tieren bekannt. Zwei weitere Campsites liegen an den Ufern des Kazinga-Kanals, bieten aber außer Toiletten keine weiteren Einrichtungen. In Ishasha kann man drei Campsites am Ishasha River nutzen. Auch am Fig Tree Camp oberhalb der Kyambura Gorge ist Campen möglich.

Essen und Trinken

● In der **Mweya Safari Lodge** gibt es ein gutes Frühstücks-, Lunch- und Dinnerbuffet, das auch Nicht-Gästen offensteht (ca. 12 Euro). Eine kleine Bar mit Terrassencafé ist ebenfalls vorhanden.

● Im **Tembo Restaurant** (Kantine des Student's Camps) sind einfache Gerichte und Getränke erhältlich (Bier und „Sodas").

● Für Besuche **in Ishasha** sollten Sie eigenen Proviant mitnehmen. Eine Kantine der Parkverwaltung bietet einfache Gerichte. Getränke sind erhältlich.

● Selbstversorger finden in **Kasese** und **Mbarara** ein gutes Lebensmittelangebot.

Fahrt nach Ishasha über Kihihi

Viele Besucher fahren direkt nach einem Besuch im Bwindi Impenetrable Forest in den Queen Elizabeth NP. Die befestigte Piste nach Ishasha über Kihihi ist in der Regel auch nach kurzen Regenfällen problemlos zu befahren. Die Ortschaft **Kihihi** liegt ca. 11 km vom Katokye Park Gate im Ishasha-Sektor entfernt. Im **Savannah Resort Hotel** (Kategorie A–B, Mobiltel. 077-2645639) kann man notfalls zwischenübernachten oder im Restaurant eine nahrhafte Mittagspause einlegen. In Kihihi gibt es einfachste Versorgungsmöglichkeiten.

Kasese ♪ XII, A3

Kasese (1006 m) ist eine staubige Kleinstadt am Westrand des Ruwenzori-Gebirges und hat ca. **30.000 Einwohner.** Nach Kampala beträgt die Entfernung 433 km, nach Fort Portal sind es 75 km. Mbarara liegt 153 km entfernt, Kabale 224 km. Die Zerstörungen während des Krieges haben sich in Kasese in Grenzen gehalten, da die NRA die Stadt sehr frühzeitig unter Kontrolle bekam. Daher wirkt sie nicht ganz so heruntergekommen wie andere Kleinstädte im Land. Kasese ist der **wichtigste Ausgangsort für Touren in den Ruwenzori Mountains NP und den Queen Elizabeth NP.** Der klassische Aufstieg in den Ruwenzori beginnt allerdings von der Ortschaft Ibanda/Nyakalengija 25 km nordwestlich von Kasese (siehe „Ruwenzori Mountains NP"), die mit Matatus oder einem Zubringerdienst des RMS (Ruwenzori Mountaineering Services) zu erreichen ist.

Westlich von Kasese liegt die stillgelegte Kupfermine von **Kilembe** (13 km). In den 1970er Jahren war **Kupfer** der drittwichtigste Exportartikel Ugandas. Bei steigenden Weltmarktpreisen für das Erz wurde Ende 2009 über eine Wiedereröffnung der Mine spekuliert. Aus dem Abraum der Kupferförderung ist schon heute eine profitable Kobaltgewinnung möglich. Eine entsprechende Anlage wurde vor wenigen Jahren in Betrieb genommen und steht unter australischer Leitung. Sie ist von der Straße zum Queen Elizabeth NP aus sichtbar.

Die Region um Kasese wurde zwischen 1997 und 2001 immer wieder durch **Überfälle** der regierungsfeindlichen Rebellengruppierung ADF (= Allied Democratic Forces) erschüttert. Tausende von Menschen wurden aus ihren Dörfern am Fuße des Ruwenzori-Gebirges vertrieben. Der Ruwenzori Mountains NP musste vorübergehend geschlossen werden. Erst im Juli 2001 konnte der Park wiedereröffnet werden. Noch immer ist im Randbereich des Gebirges eine auffällige Militärpräsenz erforderlich, um die Sicherheit der Bevölkerung zu gewährleisten.

Anreise und Weiterfahrt

- **Flugverbindungen:** Der kleine Flughafen Kaseses wird zur Zeit nur von Chartergesellschaften angeflogen.
- **Zugverbindungen:** Kasese ist die Endstation der stillgelegten Kasese Line.
- **Busse und Matatus:** Die Matatustation liegt in der Nähe des Roundabout an der Hauptstraße Mbarara – Fort Portal. Überlandbusse fahren meist im Bereich der Shell-Tankstelle ab. Busse nach Kampala über Mbarara verkehren täglich (Abfahrten früh morgens) für 6 Euro, 5–6 Std. Fahrtzeit. Der empfehlenswerte EMS Post Bus nach Kampala verlässt Kasese um 8 Uhr (Fahrpreis 6 Euro). Es gibt auch Busse, die über Fort Portal nach Kampala fahren. Eine weitere Busver-

KASESE

bindung besteht nach Kabale. Zwischen Fort Fortal und Kasese verkehren den ganzen Tag über Minibusse (2 Euro, Fahrtzeit 1 Std.). Morgens verkehrt ein Pickup-Matatu nach Katwe. Sie können sich am Main Gate des Queen Elizabeth NP absetzen lassen. Matatu-Verkehr zur Kongo-Grenze bei Kasindi gibt es nur sporadisch. Es ist möglich, mit mehreren Leuten ein Matatu für die Fahrt nach Ibanda/Nyakalengija, dem Ausgangspunkt für die Ruwenzoribesteigung, zu chartern. Bei gutem Handeln bleibt man dabei unter dem Preis des vom RMS angebotenen „Zubringerdienstes".

Informationen

●**Rwenzori**
Mountaineering Services (RMS)
PO Box 933, Rwenzori Road (Saad House), Kasese, Tel. 444936, Mobiltel. 075-2598461 oder 078-2325431, www.rwenzorimountaineeringservices.com. Der RMS hat das **Monopol für die Organisation von Ruwenzori-Besteigungen** weitgehend an sich gezogen und hat dementsprechende Preise. Man kommt um die Inanspruchnahme der RMS-Leistungen (Hüttenmonopol, Führer, Träger, Brennstoffe am Berg etc.) jedoch kaum herum, zumal eine in Ibanda/Nyakalengija selbst organisierte Besteigung seit der Wiedereröffnung des Parks im Jahr 2001 nahezu unmöglich geworden ist.

●**Vorwahl von Kasese: 0483**

Hotels und Unterkünfte

Viele Unterkünfte in Kasese leiden unter der **schlechten Wasserversorgung** in der Stadt; mit häufigen Wasserausfällen ist zu rechnen.

Kategorie A-B
●**Hotel Margherita**
PO Box 41, Kilembe Road,
Tel. 444015, Fax 444380,
www.hotel-margherita.com.
 Ehemals staatliches Hotel mit geräumigen Zimmern mit Bad/WC. Restaurant. Bewachter Parkplatz. 3 km außerhalb an der Kilembe Road gelegen. Sehr schöne Lage mit Blick auf das Ruwenzori-Massiv. Erreichbar mit Motorradtaxis ab Kasese (ca. 2 Euro). Überteuert.

Kategorie C
●**New Saad Hotel**
PO Box 70, Plot 27/31 Stanley Street,
Tel./Fax 444139, Mobiltel. 077-2499552,
www.newsaadhotel.com.
 Saubere Zimmer mit Bad/ WC. Gutes Restaurant (kein Alkoholausschank). Zentral gelegen. Beliebtes Hotel bei Ruwenzori-Reisenden, 2003 generalüberholt.
●**Rwenzori International Hotel**
PO Box 280, Plot 1/3 Mbogo Road,
Tel. 444148, Mobiltel. 077-2462783,
Fax 444147.
 Hotel im Außenbezirk Kamaiba, ca. 3 km vom Ortszentrum entfernt an der Straße nach Fort Portal gelegen. 16 saubere Zimmer mit Bad/WC und Klimaanlage. Restaurant und Bar. Camping auf dem Gelände der gartenähnlichen Anlage ist möglich.

Kategorie D
●**Mariana Hotel**
Stanley Street, Mobiltel. 077-2537331.
 Einfaches Hotel mit geräumigen Zimmern mit Dusche/WC, leider sehr laut durch viele hier übernachtende Truck-Fahrer. Einfaches Restaurant mit Bar. Sichere Parkmöglichkeiten im Innenhof des Hotels.
●**Ataco Holiday Inn**
PO Box 42, Plot 26, Stanley Street,
Tel. 444429.
 Einfaches Guest House mit gemütlicher kleiner Bar.
●**White House Hotel**
Kilembe Road, Tel. 444706,
Mobiltel. 078-2536263.
 Empfehlenswertes Guest House mit sauberen Zimmern. Gutes Restaurant, Internetzugang.

Kategorie D-E
●**Moonlight Lodge**
Margherita Road. Einfaches Guest House mit kleinem Restaurant bzw. Bar.

Karte Atlas XII

KASESE 217

Kasese

- 🅃 Tankstelle
- 🅱 Bushaltestelle
- ⊗ Taxi Park
- ⊠ Post
- 🅢 Bank
- ➤ Polizei
- ♨ Golfplatz

Uganda: Der Westen und das Ruwenzori-Gebirge

🏠	1	Margherita Hotel (2,5 km)	🏠 9	White House Hotel
🔺	2	UWA / Rwenzori Mountains NP Office	🏠 10	Ataco Holiday Inn
			@ 11	Friend's Café
🔒	3	Titi's Supermarket	🏠 12	New Saad Hotel
🔒	4	Markt	• 13	Rwenzori Mountaineering Services (RMS)
🏠	5	Paradise Lodge		
☪	6	Moschee	🏠 14	Mariana
ℹ	7	Titi's Bakery	🏠 15	Rwenzori International Hotel
🏠	8	Moonlight Lodge		

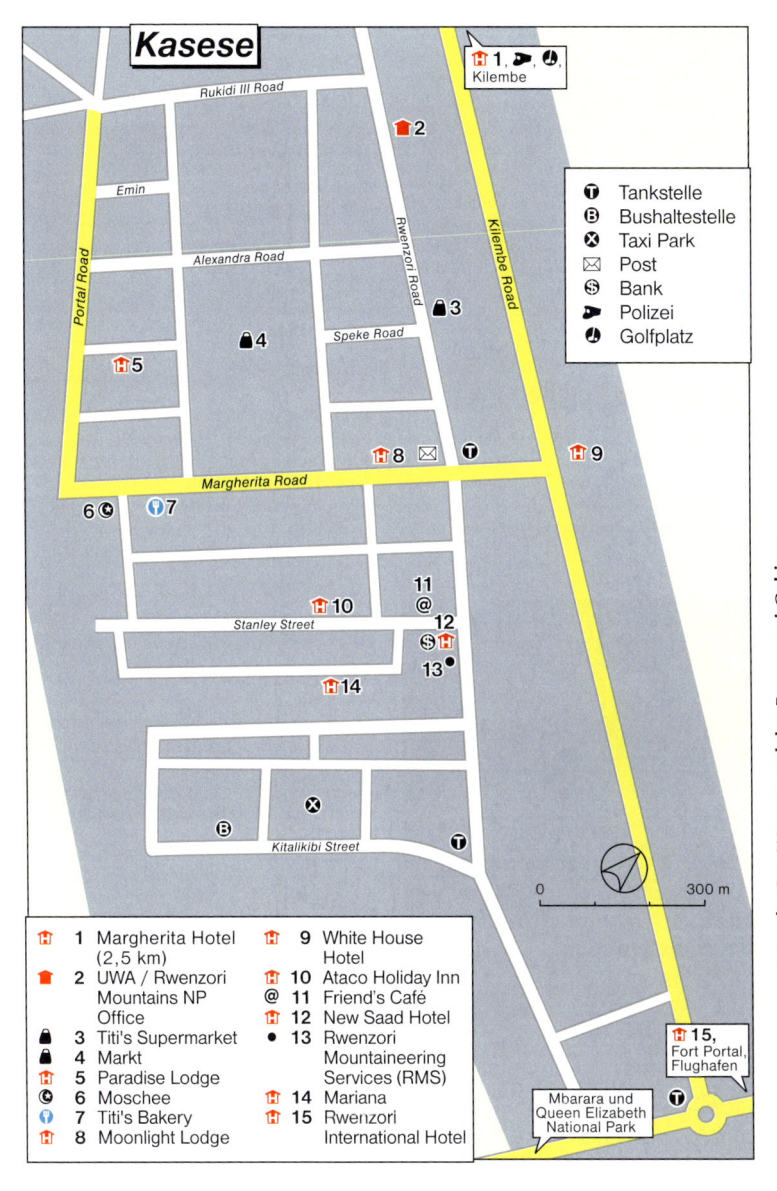

KASESE

- **Paradise Lodge**
PO Box 74, Speke Street. Sehr einfaches Guest House mit irreführendem Namen ...

Camping

- Zelten ist auf dem Gelände des **Hotels Margherita** möglich. Eine Gebühr wird nicht erhoben, solange man das Restaurant des Hotels benutzt. Gut 3 km außerhalb von Kasese bietet das **Rwenzori International Hotel** (Tel. 444148, Mobiltel. 077-2462783, Fax 444147) schöne Zeltmöglichkeiten im Garten (2 Euro pro Person).

Restaurants und Bars

Der Mangel an Touristen während der Jahre der ADF-Überfälle ist Kasese noch immer anzumerken – fast nirgendwo gibt es etwas Gutes zu essen. Lobenswerte Gerichte bietet allein das Restaurant im **White House Hotel** (mit angeschlossener Bar). Brauchbares, jedoch überteuertes Essen bekommt man auch im **Hotel Margherita.** Essbar sind auch die Gerichte im **New Saad Hotel** (kein Alkoholausschank). Deutlich einfacher sind die Speisen im **Mariana Hotel.**

Geldwechsel

- **Stanbic Bank** neben dem New Saad Hotel (mit ATM).

Post, Telefon und Internet

- Das **Postamt** liegt in der Rwenzori Road (gegenüber der Shell-Tankstelle).
- **Internetzugang** gibt es z.B. im Friend's Café in der Stanley Street.
- Es gibt mehrere **Telefonzellen** der südafrikanischen Firma MTN in der Stadt (Telefonkarten in Geschäften und an Tankstellen erhältlich).

Einkaufen

- Der **Markt** Kaseses liegt zentral in einem hofartigen, abgeschlossenen Komplex (siehe Stadtplan). Das Angebot an Lebensmitteln und Artikeln (z.B. Kochtöpfe, Decken, Gummistiefel etc.) ist recht gut.
- In der Margherita Road finden sich mehrere gut bestückte **Lebensmittelläden.**

Der Mubuku River im Ruwenzori Mountains National Park

Ruwenzori Mountains National Park ♪ XII, A2/3

Überblick

Der 996 km² große Ruwenzori Mountains National Park wurde 1991 geschaffen, um die ugandische Seite des im Westen des Landes an der Grenze zur DR Kongo liegenden, 120 km langen und 48 km breiten Gebirges zu schützen. 1994 wurde der Park in die Weltnaturerbeliste der UNESCO aufgenommen. Das **Gebirge** ist durch einen Auffaltungsprozess **am Ostrand des Zentralafrikanischen Grabenbruchs** („Albertine Rift Valley") entstanden. Seine heutige Gestalt ist maßgeblich durch Erosionsvorgänge geprägt worden. Das Massiv des **Mt. Stanley** enthält mit der Margherita (5109 m) den dritthöchsten Berg Afrikas. Die benachbarte Alexandra (5091 m) ist fast ebenso hoch. In den Massiven von **Mt. Speke** und **Mt. Baker** gibt es weitere, über 4800 m hohe Gipfel.

„Rwenzori" bedeutet in der Sprache des hier lebenden Bakonjo-Stammes so viel wie **„Regenmacher"** – für ein Gebiet, an dem es im Jahr an etwa 320 Tagen regnet bei einem mittleren Jahresniederschlag von über 3000 mm, eine durchaus treffende Bezeichnung. Da der Ruwenzori sich meist in Wolken hüllt, sind mehrere große Afrikaexpeditionen an dem Gebirge schlichtweg vorbeimarschiert. Erst **1888** wurden die **„Mountains of the Moon"**, die geheimnisvollen „Mondberge", vom medizinischen Betreuer einer Expedition des Amerikaners *Henry Stanley, Thomas Heazle Parke,* entdeckt und brieflich erwähnt. Der Herzog der Abruzzen, Prinz *Luigi di Savoia,* erkundete und vermaß das Gebiet im Jahre 1906 mit einer großen Expedition. Er fertigte die ersten, noch heute gültigen Karten an.

Das Ruwenzori-Gebirge hat bis heute einen Teil seiner **Unzugänglichkeit** und geheimnisvollen **Faszination** gewahrt. Die von zahlreichen Riesenlobelien und -senezien geprägte Berglandschaft mit ihren Gipfeln, Gletschern, Flussläufen, Seen, Mooren und moosbehangenen Wäldern ist eine der beeindruckendsten und fremdartigsten Regionen der Welt. Wohl nirgendwo sonst hat man so sehr das Gefühl, eine andere Welt zu betreten, wie hier. Die zahlreichen Flüsse und Wasserläufe, die im Gebiet entspringen, gelten als höchstgelegene Nilquellen.

Die fremdartige Schönheit des Ruwenzori ist äußerst zerbrechlich. Nach einer mehrjährigen Tourismuspause besuchen inzwischen wieder mehr als 1000 Reisende (vor allem aus Deutschland) jährlich das Gebiet. Eine Limitierung der Zahlen (die faktisch bereits über die hohen Gebühren stattfindet) wird langfristig erforderlich sein, um die Landschaftszerstörung durch den Tourismus in Grenzen zu halten. Mit multilateraler Hilfe staatlicher Entwicklungshilfeorganisationen sind seit Beginn der 1990er Jahre erhebliche Verbesserungen am zentralen Wegesystem vorgenommen worden (u.a. wurden die Kurt Schafer Bridge und die Kicucu Bridge über den Mubuku River errichtet).

Die Aktivitäten der regierungsfeindlichen Rebellengruppierung ADF (= Allied Democratic Forces) im Ruwenzori-Gebirge führten zur Schließung des Nationalparks von 1997 bis Juli 2001. Noch immer ist Militär präsent, um die Sicherheit der Besucher zu gewährleisten.

Die **trockensten Monate** im Ruwenzori sind gewöhnlich Dezember bis Februar und Juli bis September. Eine Besteigung ist dann am sinnvollsten. Sie müssen eine **gute Bergausrüstung** (feste Schuhe, Trekking-Stöcke, absolut wasserfeste Regenjacke, Regenhose, Handschuhe, Wollmütze, Schlafsack, Kocher/Kochgeschirr etc.) mitbringen (siehe „Praktische Reisetipps A–Z"). Für Gipfelbesteigungen ist eine **Gletscherausrüstung** notwendig (Steigeisen, Eispickel, Gletscherbrille, Seil, Klettergurt etc.). Diese kann vom RMS-Büro in Nyakalengija gegen geringe Gebühren geliehen werden, doch ist das Material relativ alt. Es ist empfehlenswert, bis zur Elena Hut mit **Gummistiefeln** zu gehen (mit darüber gezogenen Gamaschen), da der Weg durchgängig sumpfig und morastig ist. Diese können Sie in Kasese auf dem Markt kaufen (meist nur bis Größe 44) oder beim RMS-Büro in Nyakalengija gegen Gebühr leihen, ebenso wie Gamaschen.

Das **Wasser** am Berg ist sehr gut, trotzdem sollte es sicherheitshalber gefiltert oder abgekocht werden.

Die **Temperaturen** liegen nachts oberhalb von 3000 m um den Gefrierpunkt, an der Elena Hut auch deutlich darunter. Schneefälle kommen meist nur oberhalb von 4400 m vor.

Tier- und Pflanzenwelt

Etwa **70 Säugetierarten** sind im Ruwenzori-Gebirge bislang festgestellt worden. Dazu zählen fünf Primatenarten, darunter auch Schimpansen, Guerezas und der seltene Ruwenzori-Colobusaffe. Elefanten sind sehr selten, doch stößt man selbst auf dem Central Circuit Trail immer wieder auf Elefantenlosung. Ferner kommen das Riesenwaldschwein, die scheue Sitatunga-Antilope, der Südliche Baumschliefer, der Gelbrückenducker und der Leopard im Park vor. Mehr als **170 Vogelarten** sind registriert, darunter mehrere endemische. Gelegentlich sieht man auch das urzeitlich anmutende Dreihorn-Chamäleon.

Erheblich bemerkenswerter als die Fauna ist jedoch die **Fabelwelt der Pflanzen,** die das Gebirge so attraktiv macht. In den unteren Lagen bis 3000 m Höhe dominieren dichte tropische Feuchtwälder, die darüber von einer Baumheidezone mit den bis zu 8 m hohen Arten *Phillipia trimera* und *Philippia kingaensis* abgelöst wird. An den Ufern der Flüsse Mubuku und Bujuku trifft man häufig auf die pinkfarbenen Erdorchideen *Disa stairsii* und *Satyrium robustum*. Riesenlobelien und Riesensenezien (Senezien = Kreuzkräuter) prägen die Landschaft oberhalb von etwa 3800 m bis hinauf auf 4500 m. Die eindrucksvollen Exemplare von *Lobelia wollastonii* stehen mehr im offenen Moorland. Das baumartige Riesenkreuzkraut *Senecio johnstonii* bildet bis zu 15 m hohe, kleine Wälder. Hinzu kommt ein dichter Teppich von Moosen und Flechten in allen Vegetationsstufen, der selbst auf den Senezien so dicht ist, dass darauf wiederum Lobelien Fuß fassen können. Der Ruwenzori gilt als **vegetationsdichtestes Gebiet der Erde**.

Organisation der Ruwenzori-Besteigung

Der **Rwenzori Mountaineering Services (RMS)** bietet verschiedene „Tour Packages" an, die über die Booking Offices in Kasese oder Kampala (UWA Compound) gebucht und bezahlt werden müssen. Im Folgenden die aktuellen Preise für den **Central Circuit** aus dem Frühjahr 2010:

7-Tage/6-Nächte-Rundtrip auf dem Central Circuit (ohne Gipfel): 780 US-$ bzw. 560 Euro pro Person, aufgeschlüsselt nach: Parkeintrittsgebühren, Benutzungsgebühr für die Infrastruktur (Hütten, Wegesystem), Gehalt für einen alpinistisch geschulten Führer, Essen für den Führer, Gehalt für zwei Träger, Essen für die Träger, Brennstoffgebühr, Bergrettungsgebühr (Rescue Fee), Transport von/nach Ibanda.

Führer und Träger trifft man in Nyakalengija am RMS Headquarter. Träger tragen max. 12,5 Kilo Fremdgepäck. Dieses wird vor dem Abmarsch am RMS HQ genau gewogen. Die Bezahlung der Führer und Träger erfolgt nach Etappen, nicht nach Tagen.

Pflanzenwelt im Sumpf „Bigo Bog"

RUWENZORI MOUNTAINS NATIONAL PARK

Für die **Besteigung von Margherita, Alexandra, Mt. Speke und Mt. Baker** werden zusätzliche Gebühren für Führer und Träger berechnet (2–4 Tagesgehälter zzgl. Essen). Zur Elena Hut steigt in der Regel nur ein Träger mit auf, da die nächtliche Kälte dort gefürchtet wird.

Am **RMS HQ** in Nyakalengija können ferner Steigeisen (10 Euro), Kletterseil (10 Euro), Eispickel (10 Euro), Gummistiefel bis Größe 44 (5 Euro), Gletscherbrillen (5 Euro) und Gamaschen (5 Euro) ausgeliehen werden. Die genannten Gebühren gelten für die ganze Tour. Auch Bergschuhe, Schlafsäcke, Regenjacken und Isomatten werden verliehen (es handelt sich um altes Material aus Spendenbeständen).

Es sind auch **kürzere Rundtouren** möglich, die vorher mit UWA/RMS abgesprochen werden sollten. Dabei ist jedoch zu bedenken, dass die landschaftlich attraktivsten Kernzonen des Parks nur im Rahmen einer klassischen Rundtour auf dem Central Circuit Trail erreicht werden können.

Die **private Organisation von Touren** und Besteigungen von Nyakalengija aus ist durch die stringente Organisationspolitik von UWA **praktisch unmöglich** geworden. Dabei hat der Monopolist RMS das Rennen gegen den Versuch, eine unabhängig operierende Organisation von Bergführern und Trägern zu gründen, offenbar gewonnen. Aufgrund der extremen körperlichen Belastung sollten Sie selbst nicht mehr als 10–12 Kilo tragen. Ein bis zwei Träger pro Person sind daher unbedingt notwendig.

Central Circuit Trail

Der Central Circuit Trail beginnt am Ende des Dorfes **Nyakalengija** am Mubuku River. Park HQ und RMS-Büro liegen hier beieinander. In beiden Büros ist eine Registrierung erforderlich.

Achtung: In den letzten Jahren sind am Ruwenzori mehrfach **schwere Fälle der Höhenkrankheit** mit Höhenlungenödem vorgekommen, teils mit Todesfolge. Fordern Sie Ihrem Körper daher keine Höchstleistungen ab, wenn Sie das Gefühl haben, Höhenprobleme zu bekommen. Steigen Sie dann so lange nicht weiter auf, bis die Probleme verschwinden. Lesen Sie dazu bitte die entsprechenden Erläuterungen im Kapitel „Gesundheit" aufmerksam durch.

1. Etappe:
Nyakalengija bis Nyabitaba Hut
(10 km, 4–5 Std., 1035 m Aufstieg)

Von den Gebäuden des Park HQ und des RMS auf 1615 m führt der Weg gemächlich bergauf durch Siedlungen und Kulturland. Nach ca. 1½ Std. erreicht man die Nationalparkgrenze, wo die Parkeintrittsquittungen auf Verlangen vorzuzeigen sind, und dringt in die Waldzone ein. Der Weg führt nun direkt am **Mubuku River** entlang und quert dabei mehrere kleine Bachläufe (Brücken vorhanden). Der umgebende Busch ist sehr dicht und enthält zahlreiche Brombeeren und Nesseln, daher sind lange Hosen angebracht. Nach etwa 1½ Std. wird die Vegetation etwas lichter, und der Pfad führt steil durch Farnbestände auf einen Bergkamm hinauf. Nach weiteren 1½–2 Std. erreicht man die auf dem Grat gelegene Nyabitaba Hut (2650 m). Die Wasserleitung liegt etwas oberhalb.

2. Etappe:
Nyabitaba Hut bis John Matte Hut
(7 km, 6 Std., 830 m Aufstieg)

Oberhalb der Nyabitaba Hut führt der Weg hinunter in das Tal des Mubuku, der sich hier mit dem Bujuku River vereinigt. Nach ½ Std. erreicht man die Anfang der 1990er Jahre neu errichtete **Kurt Schafer Bridge.** Vor der Errichtung dieser Hängebrücke war die Querung des nach Regenfällen reißenden Flusses eine gefährliche Schlüsselstelle des Trails. Von der Brücke geht es an der Nordflanke des Bujuku-Tals steil bergauf durch dichte Vegetation. Häufig müssen Wurzeln und Steine überwunden werden. Etwa 3 Std. nach der Flussquerung erreicht man die verfallene **Nyamuleju Hut.** Der Weg führt weiter dem Talende entgegen. Auf ca. 3200 m erreicht man die erste offene Moorfläche mit größeren Lobelienbeständen *(Lobelia wollastonii)*. Über sehr sumpfiges Terrain gelangt man zu der im Jahr 1990 errichteten John Matte Hut (3480 m).

3. Etappe:
John Matte Hut bis Bujuku Hut
(6 km, 5–6 Std., 490 m Aufstieg)

Der Pfad führt durch Baumheidebestände hinunter zum **Bujuku River.** Nach kaum 100 m erreicht man den unteren „Bigo Bog"-Sumpf. Früher gehörte das Hüpfen von einem Horst des dicht stehenden Tussock-Grases zum nächsten zum Alltag des Moorwanderers, heute jedoch erleichtert ein Holz-

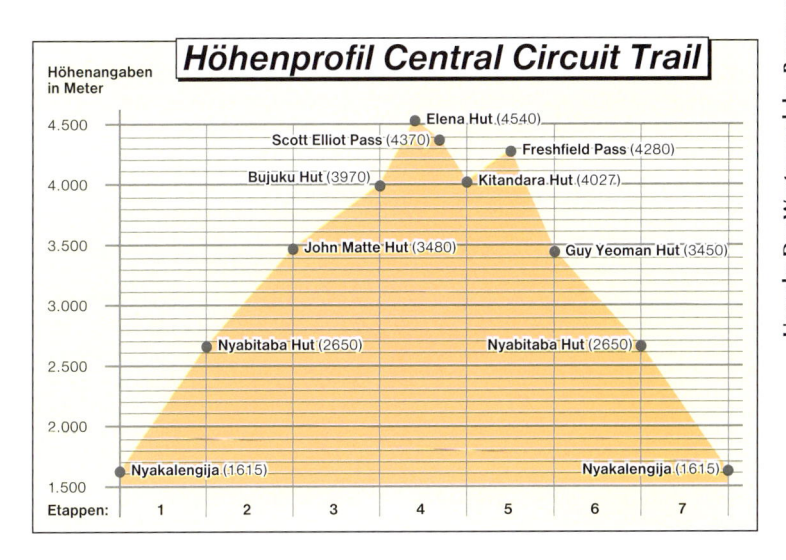

Höhenprofil Central Circuit Trail

Höhenangaben in Meter

- Elena Hut (4540)
- Scott Elliot Pass (4370)
- Freshfield Pass (4280)
- Bujuku Hut (3970)
- Kitandara Hut (4027)
- John Matte Hut (3480)
- Guy Yeoman Hut (3450)
- Nyabitaba Hut (2650)
- Nyabitaba Hut (2650)
- Nyakalengija (1615)
- Nyakalengija (1615)

Etappen: 1 2 3 4 5 6 7

steg die Querung des Moores erheblich. Nach kurzer Zeit erreicht man eine kleine Furt, durch die der Bujuku gequert werden muss. Bei gutem Wetter kann man von hier die Gipfel des westlich gelegenen Mt. Speke-Massivs erkennen. Am anderen Ufer des Bujuku führt der Pfad weiter durch das mit Riesenlobelien und Riesensenezien bestandene Moor. Nach einer weiteren ¾ Std. passiert man die kleine **Bigo Hut** (3440 m), die nur noch gelegentlich genutzt wird. Der Pfad wendet sich nach Südwesten und führt südlich des Bujuku wieder durch dichtere Vegetation. Etwa 1–1½ Std. sind es von der Bigo Hut bis an den Rand des oberen „Bigo Bog"-Sumpfes. Ein mit Hilfe der amerikanischen Entwicklungshilfeorganisation USAid errichteter – viel zu kurzer – Holzsteg erleichtert die Passage streckenweise, ist aber bereits wieder erneuerungsbedürftig. Am Ende des Moores führt der Weg steil ansteigend zum **Bujukusee** hinauf. Der Pfad verläuft dann am rechten Seeufer durch knöcheltiefen Schlamm und Morast bis zu der vor wenigen Jahren erneuerten Bujuku Hut (3970 m).

4. Etappe: Bujuku Hut bis Kitandara Hut (4 km, 4–5 Std., 400 m Aufstieg, 350 m Abstieg)

Zunächst muss man den Weg zur Bujuku Hut einige hundert Meter zurückgehen. An der **Cooking Pot Cave** (schmaler Felsüberhang) wendet sich der Pfad nach Süden und das Moor oberhalb des Bujuku-Sees wird gequert. Dann geht es für etwa 1 Std. durch Riesensenezienbestände sehr steil den Hang des Tales hinauf. Über eine Metallleiter erreicht man ein winziges Plateau, von dem man bei klarem Wetter die Gipfel und Gletscher des Mt. Stanley-Massivs greifbar nah sehen kann. Für die Besteigung von Margherita und Alexandra müssen Sie hier rechts zur Elena Hut abzweigen (siehe „Besteigung von Margherita und Alexandra"). Der Weg zur Kitandara Hut führt links weiter hinauf zum **Scott-Elliot-Pass** (4370 m) **zwischen Mt. Stanley und Mt. Baker** (2½–3 Std. von der Bujuku Hut). Von hier geht es angenehm bergab. Nach kurzer Zeit erreicht man einen kleinen Aussichtspunkt oberhalb der **Kitandara-Seen.** Dahinter blickt man auf den **Mt. Luigi di Savoia** (4627 m). Der Pfad passiert den oberen Kitandara-See am linken Ufer. 2–3 Std. vom Scott-Elliot-Pass stößt man auf die Grenze zwischen Uganda und der DR Kongo und erreicht zunächst die bereits im Kongo liegende Hütte der Träger, ca. 200 m dahinter die eigentliche Kitandara Hut (4027 m) am Ufer des unteren Kitandara-Sees.

5. Etappe: Kitandara Hut bis Guy Yeoman Hut (6 km, 6 Std., 250 m Aufstieg, 830 m Abstieg)

Der Weg führt hinter der Hütte sehr steil bergauf zum **Freshfield-Pass** (4280 m), den man nach ca. 1½ Std. Gehzeit erreicht. Dann geht es bergab über offenes, zur Abwechslung einmal etwas trockeneres Terrain, bis man nach

Querung des Bujuku River

einer Flussquerung wieder ein ausgedehntes Moor erreicht. Nach der Durchquerung gelangt man an den Felsüberhang der **Bujongolo-Höhle** (3780 m), in der 1906 die Expedition des Herzogs der Abruzzen lagerte. Entlang von Felswänden, die griffige Haltemöglichkeiten bieten, führt der schmale Pfad weiter steil bergab bis zum **Kabamba-Felsen** (3500 m) mit einem pittoresken Wasserfall. Diese Passage gehört sicherlich zu den schwierigsten, aber auch schönsten des ganzen Trails. Unten im Tal leuchten bereits die grünen Dächer der Guy Yeoman Hut. Nach mehreren Flussquerungen erreicht man eine landschaftlich beeindruckende größere Moorniederung am Mubuku River, an deren Ende die recht neue und saubere Hütte auf 3450 m liegt.

6. Etappe:
Guy Yeoman Hut bis Nyabitaba Hut
(6 km, 4–5 Std., 800 m Aufstieg)

Von der Hütte führt der Weg am Ufer des Mubuku entlang. Etwa ½ Std. hinter der Hütte muss man den Fluss queren. Kurz danach tritt man in ein Bachbett ein, das über eine steile Felsrinne nach unten führt. Der Abstieg durch diese Rinne ist nicht ungefährlich, und jeder Fehltritt hat fatale Folgen. Nach starken Regenfällen ist die Stelle unpassierbar. Unterhalb dieses Abschnitts liegt der **Kichuchu-Felsüberhang** (2990 m). Der Weg tritt in dichten Bambuswald ein und quert mehrfach kleine Bachläufe.

3–4 Std. nach der Guy Yeoman Hut erreicht man wieder den Mubuku River, der über eine neue Hängebrücke, die **Kicucu Bridge,** problemlos gequert werden kann. Am anderen Ufer geht es zunächst weiter durch sumpfiges Terrain, bis man nach ca. 1 Std. den bewaldeten Bergkamm erreicht, auf dem die Nyabitaba Hut (2650 m) liegt.

7. Etappe:
Nyabitaba Hut bis Nyakalengija
(10 km, 2–3 Std., 1035 m Abstieg)

(Siehe Wegbeschreibung der 1. Etappe.) Für Wanderer mit guter Kondition ist es kein Problem, an einem Tag von der Guy Yeoman Hut bis Nyakalengija abzusteigen.

Besteigung von Margherita und Alexandra

Von der **Abzweigung unterhalb des Scott-Elliot-Pass** (4370 m) (siehe „4. Etappe") führt der Weg über einen Bergrücken zu einer Steinrinne, in der der Pfad steil bergauf in südwestlicher Richtung verläuft. Auf etwa 4400 m erreicht man die weitgehend vegetationsfreie Felszone. Der Weg führt rechts über Felsplatten zur kleinen **Elena Hut** (4540 m, fasst bis zu sechs Personen).

Er ist mit Steinmännern nur notdürftig markiert.

Der Aufstieg zur Margherita-Spitze (5109 m) oder zur Alexandra (5091 m) dauert von hier ca. 4 Std. Geübte Alpinisten können beide Gipfel an einem Tag schaffen, sofern das Wetter mitspielt. In jedem Fall ist ein gletschererfahrener Führer erforderlich, der entsprechend am Seil zu sichern weiß. Man sollte bereits bei Sonnenaufgang von der Elena Hut aufbrechen. Der Weg führt über Felsterrassen zum **Elena-Gletscher.** Am Gletschereinstieg muss man die Steigeisen anlegen und sich anseilen. Die Spur führt auf dem Gletscher zum **Stanley-Plateau** hinauf und dann weiter in nördlicher Richtung auf die Alexandra zu. An der Südflanke des Berges bauen sich bizarre Eisgebilde auf. Die **Besteigung der Alexandra** erfolgt über den von Osten zum Gipfel führenden, teilweise vergletscherten Grat. Einige Kletterstellen im Schwierigkeitsgrad II–III müssen überwunden werden. Für die beliebtere **Besteigung der Margherita** muss man die Alexandra über eine Gletschermulde im Osten umgehen. Der weitere Aufstieg führt über steile und spaltenreiche Gletscherpassagen zum Pass zwischen Margherita und Alexandra hinauf, hinter dem die Grenze zwischen Uganda und der DR Kongo verläuft. Von hier muss man sich nach Norden zur Felslandschaft der Margherita-Spitze wenden. Man gelangt über einen steilen Gletscheraufschwung auf den Felsgrat (Schwierigkeitsgrad II–III), der von Osten her zum Gipfel führt. Der Felseinstieg ist notdürftig markiert und mit einem Seil behelfsmäßig gesichert. Bei gutem Wetter bieten sich vom höchsten Gipfel des Ruwenzori fantastische Blicke über die angrenzenden Gipfel und weit in den Kongo hinein. Die **kongolesische Albert-Spitze** (5087 m) liegt nur ½ Std. weiter nördlich und ist von der Margherita problemlos über einen schmalen Felsgrat zu erreichen. Die kurzzeitige Querung der grünen Grenze ist unproblematisch.

Der Abstieg zur Elena Hut dauert ca. 2 Std. Von hier sind es noch etwa 2½–3 Std. zur Kitandara Hut (siehe Wegbeschreibung der 4. Etappe).

Weitere Aktivitäten

Ambitionierte und ausdauernde Alpinisten können noch **weitere Gipfel im Mt. Baker- und im Mt. Speke-Massiv** erklimmen.

Es ist auch möglich, **Tagestouren in den Ruwenzori von Nyakalengija** aus durchzuführen. Dabei sehen Sie jedoch nur einen Ausschnitt der faszinierenden Gebirgswelt. Um in die interessantesten Vegetationszonen oberhalb 3500 m vorzudringen, sind 3- bis 4-tägige Touren notwendig.

Seit dem Jahr 2003 sind auch 1–2 Tage dauernde **Besteigungen des landschaftlich spektakulären Karangora Peak** (3014 m) am Nordwestrand des Ruwenzori-Massivs möglich. Ausgangspunkt ist die kleine Ortschaft **Kazingo** ca. 12 km westlich von Fort Portal an

Faszinierende Landschaft zwischen Freshfield-Pass und Bujongolo-Höhle der Straße nach Semliki (weitere Informationen über UWA oder Kabarole Tours in Fort Portal). Von Kazingo aus können Sie auch eine Ruwenzori-Überschreitung durchführen. Man trifft dabei nahe der Bigo Hut auf den klassischen Central Circuit Trail und steigt nach Nyakalengija hin ab. Die genehmigungspflichtige Tour muss im Expeditionsstil durchgeführt werden und setzt eine außerordentlich gute Vorbereitung in Rücksprache mit der ugandischen Naturschutzbehörde UWA voraus.

2005 wurde eine **neue Wanderroute** durch das südliche Ruwenzori-Gebirge freigegeben, **die bei Kilembe beginnt** und auf schmalen Pfaden, die traditionell von Jägern und Sammlern genutzt wurden, bis zur Kitandara Hut führt, wo sie auf den Central Circuit Trail stößt. Aktuelle Informationen sind über UWA erhältlich.

Über das Kampala Backpackers Hostel (www.backpackers.co.ug), das in der Ortschaft Kyanjuki oberhalb von Kilembe (ca. 12 km von Kasese entfernt) einen Ableger, das Rwenzori Backpackers Hostel (Mobiltel. 077-4199022), eröffnet hat, lassen sich empfehlenswerte **Community Walks** im Randbereich des Ruwenzori-Massivs organisieren. Es stehen verschiedene Trails zur Verfügung: Der zweitägige **Buwatha Trail** (Kostenpunkt ca. 20 Euro inkl. Verpflegung, Übernachtung im eigenen Zelt) beginnt direkt am Rwenzori Backpackers Hostel auf 1490 m und erreicht eine maximale Höhe von 2150 m. Er eröffnet fantastische Blicke über das Bergmassiv und die umgebende Savannenlandschaft. Der **Rucoochi Falls Trail** (Gebühr ca. 7 Euro) wird in einer Ganztageswanderung bewältigt und führt auf max. 2100 m Höhe. Der kürzere **Nyamwamba Trail** (ca. 7 Euro) mit max. 1850 m Höhe schlängelt sich überwiegend durch ein Flusstal.

Literatur und Karten

● *Henry Omaston,* „**Guide to the Rwenzori – Mountains of the Moon**" (2006), 288 S. Standardwerk. In Europa über EWP (www.ewp.com) für 27,50 Euro erhältlich.
● *Andrew Wielochowski,* „**Ruwenzori – Map and Guide**" **(1989)**, Maßstab 1:50.000. Gute Detail- und Übersichtskarten des Ruwenzori-Gebirges. In Kampala oder Nairobi erhältlich, in Europa über EWP (www.ewp.com) zu bestellen.
● *Guy Yeoman,* „**Africa's Mountains of the Moon – Journeys to the Snowy Sources of the Nile**", Universe Books/New York (1989), 176 S. Hervorragender Bildband über das Ruwenzori-Gebirge, inzwischen leider vergriffen. In Nairobi und Kampala manchmal noch im Buchhandel erhältlich.
● *David Pluth,* „**Uganda Rwenzori – A Range of Images**", Little Wolf Press (1996), 128 S. Bildband mit hervorragenden aktuellen und historischen Fotografien des Ruwenzori-Gebirges, inzwischen leider vergriffen. Restbestände in Kampala oder Nairobi erhältlich.
● *Henry M. Stanley, Ludwig A. von Savoyen, Franz Stuhlmann,* „**Auf dem Gipfel des Ruwenzori**", Edition Erdmann (2005), 320 S. Neuauflage des berühmten Ruwenzori-Expeditionsberichtes des Herzogs der Abruzzen aus dem Jahr 1909, ergänzt mit historischen Aufzeichnungen von *Stanleys* und *Stuhlmanns* Expeditionen 1888 bzw. 1891 – Entdeckung und Bezwingung des Ruwenzori in ihrer ganzen Spannungsbreite.
● *Reinhard Dippelreither,* „**Ruwenzori – Der Weg ist das Ziel**", Outdoor-Reihe, Stein-Verlag, 1. Auflage 2006, 238 S.
● *David Wenk,* „**Trekking in East Africa**", Lonely Planet „Walking Guide", 3. Auflage 2003, 288 S. Gute Detailinformationen zu allen ostafrikanischen Bergen.

Anreise

Ausgangspunkt für die Organisation der Ruwenzoribesteigung ist die Kleinstadt **Kasese** am Südostrand des Gebirges. Kasese liegt 433 km von Kampala entfernt. Es gibt auf dieser Strecke mehrmals täglich gute Bus- und Matatuverbindungen (siehe „Kasese"). Auch nach Fort Portal (75 km) und nach Mbarara (153 km) bestehen ähnlich gute Verbindungen. In Kasese liegt das Buchungsbüro des RMS, außerdem gibt es ein brauchbares Angebot an Unterkünften und neben vielen Lebensmittelläden einen sehr guten Markt.

Der Startpunkt für den Central Circuit Trail ist das kleine Dorf **Nyakalengija** (oberhalb von Ibanda), ca. 20 km nordwestlich von Kasese. Hier befindet sich das **Hauptquartier des RMS,** an das ein kleines Hostel angeschlossen ist. Vor dem HQ erfolgt die Einteilung der Führer und Träger sowie das Wiegen und die Verteilung des Gepäcks. Ibanda kann sporadisch mit Matatus von Kasese aus erreicht werden (1 Euro). Bei einer größeren Gruppe lohnt es sich, einen Wagen (Special Hire) an der Matatustation in Kasese zu leihen (10–15 Euro, Verhandlungssache). Die Tour Packages des RMS enthalten bereits die Anfahrt/Rückfahrt von/nach Kasese. Die kleine Piste nach Ibanda/Nyakalengija zweigt 12 km nördlich von Kasese von der Straße nach Fort Portal links ab (ausgeschildert).

Informationen

Vgl. auch die Listung der Parkgebühren und sonstiger Gebühren im Kapitel „Nationalparks und Wildreservate".

Oben links: Besteigung der Margherita-Spitze; rechts: Aufstieg zum Pass Scott Elliot

RUWENZORI MOUNTAINS NATIONAL PARK

- **Uganda Wildlife Authority (UWA)**
Plot 7, Kira Road, Kamwokya, PO Box 3530, Kampala, Tel. 0414-355000, Fax 0414-346291, www.ugandawildlife.org.
- **Rwenzori Mountaineering Services (RMS)**
PO Box 933, Rwenzori Road (Saad House), Kasese, Tel. 0483-444936, Mobiltel. 075-2598461, 078-2325431, Fax 0483-444235, www.rwenzorimountaineeringservices.com. Der RMS hat das **Monopol für die Organisation von Ruwenzori-Besteigungen** an sich gezogen und hat dementsprechende Preise. Man kommt um die Inanspruchnahme der RMS-Leistungen (Hüttenmonopol, Führer, Träger, Brennstoffe am Berg etc.) jedoch kaum herum, zumal eine in Ibanda/Nyakalengija selbst organisierte Besteigung seit der Wiedereröffnung des Parks im Juli 2001 nahezu unmöglich geworden ist. Das Buchungsbüro des RMS in Kampala (Tel. 0414-237497, Mobiltel. 075-2598461, www.rwenzorimountaineeringservices.com) befindet sich auf dem Gelände von UWA an der Kira Road im Stadtteil Kamwokya.
- **Adrift – The Adventure Centre**
Plot 7, Kira Road, UWA Compound, PO Box 7681, Kamwokya, Kampala, Tel. 031-2237438, Mobiltel. 077-2237438, www.adrift.ug. Komplett organisierte Touren ins Ruwenzori-Gebirge ab Kampala, inkl. Gipfelbesteigungen. Eine 9-Tagestour inkl. Margherita-Besteigung kostet 2530 US-$, eine elftägige Tour mit Besteigung weiterer Gipfel 2880 US-$. Adrift benutzt eigene, sehr gut ausgebildete Guides am Ruwenzori und stellt das komplette Material sowie Verpflegung und Getränke zur Verfügung. Dennoch muten die Preise überhöht an. Inzwischen bieten auch andere Rafting-Veranstalter (z.B. Nile River Explorers) Touren in den Ruwenzori an.

Hotels und Unterkünfte

- **In Kasese** gibt es ein ausreichendes Unterkunftsangebot (siehe „Kasese").
- **In Nyakalengija,** dem Startpunkt des üblichen Central Circuit Trail, kann man auf dem empfehlenswerten **Ruboni Community Campsite** (Mobiltel. 077-4195859) nahe dem Hauptquartier des RMS zelten oder die einfachen Unterkünfte des **RMS-Hostels** nutzen.
- **Am Berg selbst** stehen jeweils im Abstand von Tagesetappen einfache **Schutzhütten des RMS** zur Verfügung; ihr Zustand ist unterschiedlich, sie werden teilweise aber recht anständig geführt. Sie fassen bis zu 15 Personen. Die Hütten sind mittlerweile mit einfachen Schaumstoffmatratzen ausgelegt. Eine schrittweise Überholung aller Hütten ist vorgesehen.
- **In Ibanda** (ca. 4 km von Nyakalengija) bietet das recht neue **Rwenzori Basecamp Guest House** (Tel. 0483-422075, Mobiltel. 075-2796445, Fax 0483-444381, cobwa@yahoo.co.uk) gepflegte Unterkünfte der Kategorie D. Gutes einfaches Restaurant. Bewachte Parkplätze.

Camping

An allen Hütten kann auch gecampt werden. Dies ist jedoch nur eine Notlösung, falls diese überbelegt sind.

Essen und Trinken

- Das beste Lebensmittelangebot für den Einkauf vor der Ruwenzori-Besteigung bietet **Kasese,** empfehlenswert ist der große Markt in der Stadt.
- In **Nyakalengija/Ibanda,** dem Ausgangspunkt für den üblichen Central Circuit Trail, kann man Getränke („Sodas" und Bier), Früchte und Gemüse bekommen, z.B. Tomaten oder Bananen. Im **Mubuku Valley Restaurant** erhält man einfache Gerichte. Am Berg stellt der RMS an den Hütten Benzin- oder Kohlekocher bereit. Sie sollten sicherheitshalber noch mindestens einen privaten Kocher in Ihrer Gruppe dabeihaben.

Zwischen Kampala und Fort Portal

Die Straße von Kampala nach Fort Portal über Mubende ist seit 2006 durchgehend asphaltiert. Die über weite

Strecken mit Schlaglöchern übersäte Straße windet sich durch weitläufiges Hügelland mit lockeren Akazienwäldern und passiert immer wieder kleinere wassergefüllte Senken mit dichten Papyrus-Beständen. Bedeutende landschaftliche Sehenswürdigkeiten an der Strecke gibt es nicht. Für **archäologisch Interessierte** mag ein Abstecher von gut 50 km nach Süden zu den Ausgrabungsstätten von Bigo Bya Mugenyi lohnen. Weiter westlich kann man im **Katonga Wildlife Reserve** 42 km südlich der Straße Mubende – Fort Portal versuchen, eine der seltenen Sitatunga-Antilopen auszumachen.

Eine erwähnenswerte Möglichkeit zum Übernachten ist in **Mityana** (ca. 70 km westlich von Kampala) das gepflegte **Hotel Enro** (Kategorie B–C).

Katonga Wildlife Reserve ♪ XII, B3

Überblick

Das 207 km² große Katonga Wildlife Reserve liegt in Westuganda, ungefähr 60 km östlich der Nationalparks Queen Elizabeth und Kibale Forest. Einst entwässerte der Lake Victoria über den namengebenden **Katonga River** in den Lake George, bis Hebungsprozesse in der Umgebung des Zentralafrikanischen Grabenbruchs für eine Umkehrung der Strömungsverhältnisse sorgten. Das von **Papyrussümpfen** und **Buschland** geprägte Schutzgebiet wurde 1964 ins Leben gerufen und stellte seinerzeit einen wichtigen Migrationskorridor für Wildtiere dar, die auf ihren Wanderungen zwischen Westuganda, Tansania und dem Sudan nach ergiebigen Wasserquellen suchten. Die hemmungslose Wilderei der 1970er und 1980er Jahre hat jedoch auch im Katonga Wildlife Reserve die Wildbestände stark dezimiert.

Einzigartig für die ugandischen Nationalparks und Wildreservate ist eine **geführte Kanufahrt** durch die Sumpflandschaft am Katonga River.

In der Region überwiegen die Ackerbau treibenden **Bantuvölker der Batoro und Banyankole.** In den letzten Jahrzehnten sind jedoch immer mehr halbnomadisch lebende **Bahima** aus dem Hügelland von Ankole nach Norden gezogen, sodass man bei der Anreise große Herden von Ankole-Rindern mit ihren mächtigen Hörnern in der Umgebung des Reservates sehen kann.

Tier- und Pflanzenwelt

Neben kleinen Beständen an Uganda-Moorantilopen (oder Uganda-Kobs) kommen Wasser-, Ried- und Buschböcke, mehrere Duckerarten, Warzenschweine, Guerezas, Fischotter, Flusspferde und einige Elefanten im Reservat vor. Das Gebiet bietet die besten Beobachtungsmöglichkeiten in Uganda für die scheue **Sitatunga-Antilope.**

Mehr als 150 **Vogelarten** wurden bislang nachgewiesen, darunter zahlreiche Reiher- und Kingfisherarten sowie mehrere Storcharten.

Katonga Wildlife Reserve

Aktivitäten im Reservat

Es gibt kein mit Autos befahrbares Wegenetz im Reservat. Man kann den eigenen Wagen daher getrost gleich am **Besucherzentrum am Katonga River** stehenlassen. Dafür führen verschiedene **Fußtrails** in den erschlossenen Ostteil des Reservates. Der Kyeibale Trail führt in erster Linie durch Savannen- und Waldlandschaft und passiert dabei einige interessante Felsformationen. Der Sitatunga Trail verläuft überwiegend durch Sumpfland und bietet die besten Beobachtungsmöglichkeiten für Sitatunga-Antilopen (die Wahrscheinlichkeit, die extrem scheuen Tiere wirklich zu sehen, liegt bei nahezu 100%!). Auf diesem Trail wurden schon Gruppen von bis zu fünf Tieren beobachtet. Der Kisharara Trail schließlich bietet einen guten Querschnitt durch alle Landschaftstypen des Katonga-Reservates.

Lohnend ist auch ein **Bootsausflug** auf dem streckenweise leider vollkommen zugewachsenen **Wetlands Canal** mit einem 18 Personen fassenden Holzkanu, von einem lokalen Bootsführer per Hand durch Staken vorangetrieben. Auf der 2 km langen Strecke lassen sich vor allem diverse Kingfisher-Arten (Eisvögel), Reiher und Fischotter beobachten. Aber auch Wildtiere, die zum Trinken an den Kanal kommen, sind zu sehen. Der Bootsführer wird von einem Wildhüter begleitet. Für die Tour werden 5 US-$ pro Person berechnet.

Wer tiefer in das Reservat eindringen will, kann zwei- oder mehrtägige **Fußexkursionen** mit der Parkverwaltung vereinbaren. Diese setzen jedoch entsprechende körperliche Fitness, eine gute Campingausrüstung und ausreichende Lebensmittel- und Wasservorräte voraus. In der Regenzeit sind größere Wanderungen unmöglich. Am Besucherzentrum können einfache Zelte und Schlafsäcke entliehen werden.

Anreise

Die Anreise erfolgt über die gut ausgebaute Asphaltstraße von Kampala nach Fort Portal über **Mubende.** Die Abzweigung zum Katonga WR liegt bei **Kyegegwa** (48 km hinter Mubende) und ist ausgeschildert. Von hier führt eine 42 km lange Piste (nach Regenfällen Allradantrieb erforderlich) über die Dörfer Mpara und Karwenyi bis zum **Park Headquarter am Katonga River.** Die Gesamtfahrtzeit ab Kampala beträgt mit dem eigenen Fahrzeug ca. 3–4 Std. Öffentlicher Transport verkehrt auf der Strecke bis Karwenyi nur sehr unregelmäßig.

Alternativ kann man sich auch in Lyantonde an der Strecke Kampala – Mbarara nach Norden wenden und über den Ort Kaso auf einer kleinen Piste nach Kabagole am Südostrand des Reservates reisen. Auf dieser Strecke verkehren einfache Pickup-Matatus etwas regelmäßiger.

Reisende mit eigenem Fahrzeug, die von Süden her anreisen, nehmen die gut ausgebaute Straße von Mbarara nach Fort Portal über **Ibanda** (62 km von Mbarara). Von Ibanda führt dann eine anfänglich noch asphaltierte Piste nach Kaso (s.o.). Die Fahrtzeit nach Katonga ab Mbarara beträgt ca. 2 Std.

Informationen

Vgl. auch die Listung der Parkgebühren und sonstiger Gebühren im Kapitel „Nationalparks und Wildreservate".

- **Uganda Wildlife Authority (UWA)**
Plot 7, Kira Road, Kamwokya, PO Box 3530, Kampala, Tel. 0414-355000, Fax 0414-346291,

www.ugandawildlife.org. Allgemeine Informationen zum Reservat.
●**Besucherzentrum am Reserve Headquarter:** Detaillierte Hinweise zum Reservat und Hilfestellung bei allen Aktivitäten vor Ort.

Unterkünfte und Lodges

●Bislang sind keine festen Unterkünfte im Reservat vorhanden.
●**Im Dorf Kabagole** 2 km südlich des Besucherzentrums gibt es das einfache **Katonga View Hotel & Lodge** (Kategorie D) mit Restaurant (afrikanische Gerichte).

Camping

Es gibt einen schönen Campingplatz für Selbstversorger **oberhalb des Katonga River,** nahe dem Reserve HQ. Auf Nachfrage werden dort einfache afrikanische Gerichte von Frauen der lokalen Community zubereitet. Im Besucherzentrum des Reservates gibt es eine einfache Kantine.

Fort Portal ⚲ XII, B2

Fort Portal hat ca. **40.000 Einwohner** und liegt 75 km nördlich von Kasese. Die Entfernung nach Kampala beträgt 320 km. Atmosphärisch von vielen als angenehm empfunden, entspricht das Stadtbild dem vieler anderer ugandischer Kleinstädte und bietet kaum Besonderheiten. Umgeben wird Fort Portal von einer attraktiven hügeligen Landschaft mit zahlreichen Teefeldern. Bei klarem Wetter sind die Gipfel des Ruwenzori-Gebirges sichtbar. Fort Portal ist das **Zentrum des Königreichs Toro,** das unter *Idi Amin* zerschlagen wurde und unter Präsident *Museveni* seit 1993 kulturell und zeremoniell wiederauflebt. Die Stadt liegt 1525 m hoch, es kann daher abends und nachts recht kühl werden. Die **Moskitos** in der Stadt gehören zu den aggressivsten, die ich in Uganda antraf, scheinen aber ein saisonales Problem zu sein.

Aus Toro stammt die **Prinzessin Elizabeth Bagaya,** Tante des jetzigen Königs, ehemaliges Model und Außenministerin Ugandas unter *Idi Amin*. Als erste Frau hielt sie eine Rede vor der UNO-Vollversammlung in New York und widmet sich seit ihrer Rückkehr aus dem Exil der Niederschrift von Traditionen und Riten ihres Volkes.

Die **Ruinen** des namengebenden Forts befinden sich auf dem Gelände des heutigen Golfklubs. Die Errichtung erfolgte 1891–1893 zum Schutz des Königs von Toro gegen Einfälle der Banyoro. Es wurde nach *Sir Gerald Portal,* dem damaligen britischen Konsul auf Sansibar, benannt, der 1892 nach Uganda kam, um die Verwaltung des frisch kolonialisierten Landes mit aufzubauen. Oberhalb der Stadt liegt in beherrschender Stellung der im Jahr 2001 mit Geldern aus Libyen restaurierte **Palast der Könige von Toro (Omukama Palace),** der allerdings nur von außen begutachtet werden kann. Südlich der Stadt an der Straße nach Kasese können die **Karambi Tombs,** die Grabstätten der königlichen Familie von Toro, besichtigt werden. Lohnend ist auch ein Besuch der **Tooro Botanical Gardens** (Mobiltel. 075-2500630, http://toorobotanicalgardens.org, Eintritt 2 Euro), der die einheimische Flora des Albertine Rift Valley dokumentiert. Der Garten liegt 2 km außerhalb des Zentrums

FORT PORTAL

an der Straße nach Kampala und bietet u.a. verstreute Baumhäuser, die sich gut für interessante Vogelbeobachtungen eignen. Im Kräutergarten können als ganz besondere ugandische Souvenirs medizinische Tees, Heilpflanzen, exotische Gewürze oder spezielle Gemüsesorten erworben werden.

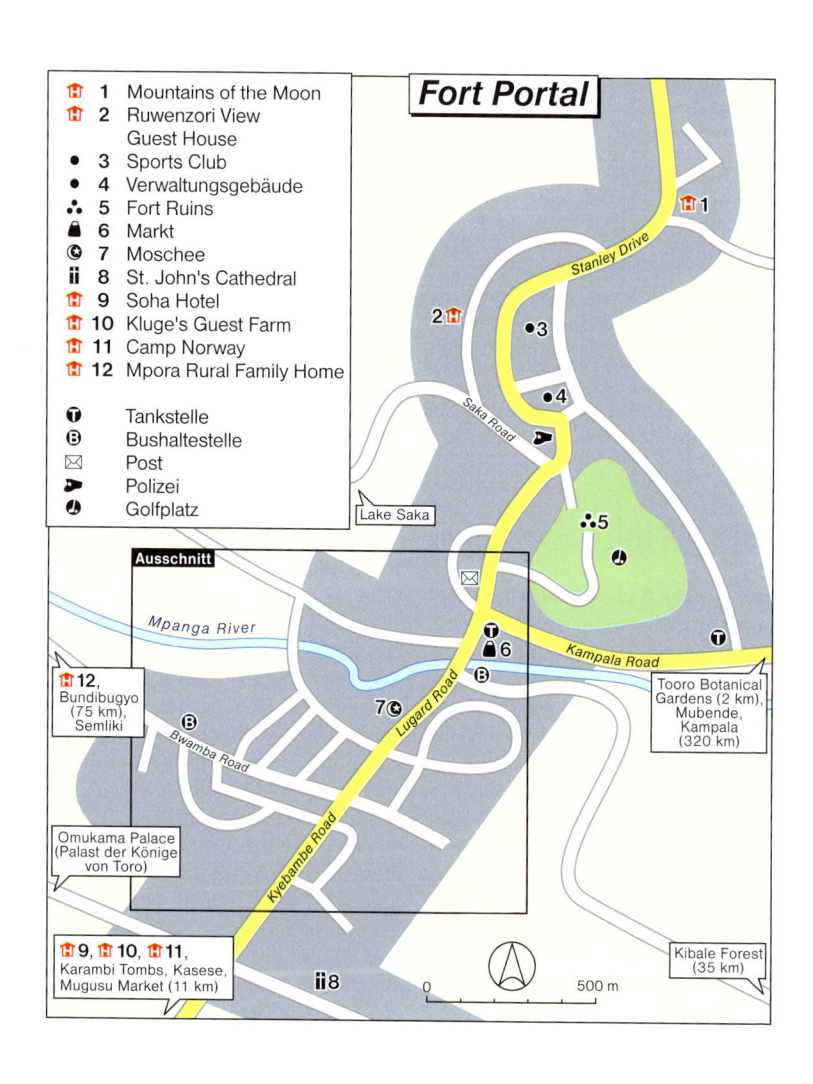

Fort Portal

1. Mountains of the Moon
2. Ruwenzori View Guest House
3. Sports Club
4. Verwaltungsgebäude
5. Fort Ruins
6. Markt
7. Moschee
8. St. John's Cathedral
9. Soha Hotel
10. Kluge's Guest Farm
11. Camp Norway
12. Mpora Rural Family Home

- Tankstelle
- Bushaltestelle
- Post
- Polizei
- Golfplatz

Ausschnitt

Mpanga River

12, Bundibugyo (75 km), Semliki

Lake Saka

Stanley Drive

Saka Road

Kampala Road

Lugard Road

Bwamba Road

Kyebambe Road

Omukama Palace (Palast der Könige von Toro)

Tooro Botanical Gardens (2 km), Mubende, Kampala (320 km)

9, 10, 11, Karambi Tombs, Kasese, Mugusu Market (11 km)

Kibale Forest (35 km)

ii 8

0   500 m

… Karte Atlas XII

FORT PORTAL 235

Fort Portal Ortskern

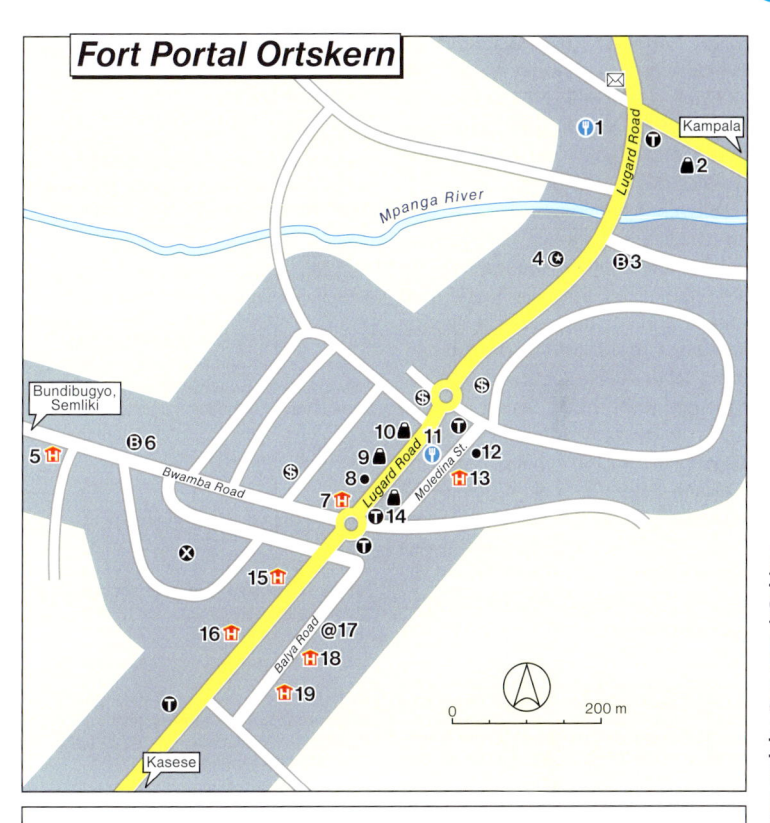

Uganda: Der Westen und das Ruwenzori-Gebirge

- ❶ 1 Gardens Restaurant
- 🛆 2 Markt
- Ⓑ 3 Matatus nach Kamwenge und Rwaihamba
- Ⓒ 4 Moschee
- 🏠 5 Brightman Executive Lodge
- Ⓑ 6 Minibusse nach Bundibugyo
- 🏠 7 Continental
- • 8 Demo Forex Bureau
- 🛆 9 Andrew's & Brothers Supermarket
- 🛆 10 Mary's Craft Shop
- ❶ 11 Don's Plaza
- • 12 Kabarole Tours
- 🏠 13 Exotic Lodge
- 🛆 14 Nina's Supermarket
- 🏠 15 Wooden
- 🏠 16 Rwenzori Traveller's Inn
- @ 17 Mugasa Stationery Shop
- 🏠 18 New Linda Guest House
- 🏠 19 Christian Guest House

- ✉ Post
- ⛽ Tankstelle
- Ⓢ Bank
- ✖ Taxi Park

FORT PORTAL

Fort Portal ist **Ausgangspunkt für Fahrten in das Semliki Valley WR (33 km), den Semliki NP (52 km), den Kibale Forest NP (36 km)** und die zauberhafte Landschaft der **Crater Lakes** westlich des Kibale Forest.

Eine sehr lohnenswerte, bislang nahezu gänzlich unbekannte Tour führt zu den wunderschönen **Mpanga Falls,** die als Tagesausflug über die Straße nach Ibanda und Mbarara erreicht werden können. Gut 15 km vor der Einmündung in den Lake George bildet der Mpanga River beim Eintritt in eine Schlucht am 1200 m hohen Mt. Karubaguma eine ca. 50 m hohe malerische Kaskade. Ausgangspunkt für einen Besuch der Fälle ist das Rwengo Trading Centre ca. 15 km südlich von Kamwenge, wo man lokale Führer findet, die den ca. 2 km langen Weg zu den Wasserfällen weisen.

Anreise und Weiterfahrt

Die Matatustandplätze liegen an der Bwamba Road (nahe dem Wooden Hotel), die Busstation ist nicht weit davon entfernt. **Überlandbusse** nach Kampala über Mubende und Mityana fahren morgens gegen 6 Uhr ab (7 Euro, 4–5 Std. Fahrtzeit), der EMS Post Bus (Fahrpreis 7 Euro) gegen 7.30 Uhr vom Postamt. Die Straße nach Kampala ist durchgehend asphaltiert. Auch **Minibusse** bedienen diese Strecke mehrmals täglich (10–11 Euro). Nach Kasese verkehren den ganzen Tag über unregelmäßig Minibusse (2 Euro, 1 Std.), nach Hoima gibt es ebenfalls Matatus (Pickups und Minibusse). Die bislang nicht asphaltierte Straße nach Hoima/Masindi ist nach Regenfällen nur mit Allradfahrzeugen befahrbar. Nach Bundibugyo (und zum Semliki NP) fahren täglich **Pickup-Matatus,** ebenso nach Kanyanchu (Kibale Forest NP; 2 Euro, 1–2 Std. Fahrtzeit).

Informationen

●**Kabarole Tours**
PO Box 845, Molledina Street, Tel. 425156, Mobiltel. 077-2661752, Fax 422636, www.kabaroletours.com. Lokaler Reiseveranstalter, der zugleich die **Kabarole Tourism Association** beherbergt, in der lokale Gruppen und Gemeinden zusammengeschlossen sind. Die angebotenen Pauschaltouren in die Nationalparks Westugandas kosten 80–150 Euro pro Person und Tag bei einer Mindestteilnahme von vier Personen. Empfehlenswerte Tagestouren in die Umgebung Fort Portals sind weitaus billiger und beinhalten sachkundige lokale Führer. Gegen eine geringe Gebühr kann Gepäck aufbewahrt werden.

●**Vorwahl von Fort Portal: 0483**

Hotels und Unterkünfte

Fast alle Unterkünfte in Fort Portal leiden unter der **schlechten Wasserversorgung** in der Stadt. Stellen Sie sich u.U. auf Kübelduschen und Wasserkanister ein.

Kategorie A
●**Mountains of the Moon Hotel**
PO Box 36, Nyaika Avenue, Tel. 423200, Mobiltel. 071-2200800, Fax 422631, www.mountainsofthemoon.co.ug.
Zimmer mit Bad/WC. Restaurant. Bewachter Parkplatz. 2 km außerhalb auf einem Hügel am Nordrand der Stadt gelegen. Privatisiertes Hotel der einst staatlichen Uganda-Hotels-Kette. Alter Kolonialbau, das Hotel wurde 2007 nach dreijähriger Generalüberholung wiedereröffnet.

Kategorie A–B
●**Fort Motel**
Mobiltel. 077-2731307, 071-2220259, www.fortmotel.com.
Im Jahr 2006 eröffnetes ruhiges Hotel ca. 500 m hinter dem Postamt oberhalb des Golfplatzes. Moderne Zimmer mit Bad/WC und Sat-TV.

FORT PORTAL

Kategorie B

- **Kluge's Guest Farm**
PO Box 334, Fort Portal,
Tel. 038-2275623, Mobiltel. 077-2440099,
www.klugesguestfarm.com.

2007 für den Tourismus geöffnete Gästefarm unter deutscher Leitung von *Stefan Kluge* in Kabahango, ca. 15 km südlich von Fort Portal in traumhaft grüner, fruchtbarer Garten- und Farmlandschaft gelegen. Es stehen 8 moderne Bungalows mit Bad/WC, ein größeres „VIP"-Gästehaus mit eigener Küche, 5 geräumige Safarizelte und ein Campingplatz mit WC, Warmwasserduschen und Stromanschluss zur Verfügung. Restaurant und Bar. Swimmingpool. Es werden farmeigene Produkte wie Gemüse, selbst gebackenes Brot oder frisch gemolkene Milch angeboten. Schöner Blick auf das Ruwenzori-Massiv. Die Anfahrt erfolgt über die Straße Kasese – Fort Portal (Abzweigung am Kasusu Trading Center oder am Buhessi Sub County Head Quarters). Die Zufahrt ist ausgeschildert. Abholservice ab Fort Portal. Empfehlenswert.

- **Hotel Cornerstone**
Plot 24, Ruhandika Street, Tel./Fax 422222,
www.hotelcornerstone.com.

Modernes Hotel im Stadtzentrum. Saubere Zimmer mit Bad/WC und Balkon mit Blick auf den Ruwenzori. Restaurant mit der im Ort beliebten Sports Bar. Relativ laut.

- **Ruwenzori View Guest House**
PO Box 709, Lower Kakiiza Road,
Tel. 422102, Mobiltel. 077-2722102,
ruwview@africaonline.co.ug.

Liegt etwas abseits der Hauptstraße ca. 500 m vor dem Mountains of the Moon Hotel (ausgeschildert). Sehr saubere Zimmer mit Bad/WC. Restaurant, Parkplatz. Gepflegte Anlage unter holländisch-englischer Leitung. Empfehlenswert.

Kategorie B–C

- **Tooro Resort**
PO Box 861, Plot 22–25, Rwaheeru Road,
Tel. 0382-275363, Mobiltel. 077-2671508,
toororesort@yahoo.com.

Angenehme gartenähnliche Anlage mit schönen Cottages sowie Zimmern im Hauptgebäude. Restaurant und Bar. 4 km außerhalb im Vorort Kitumba an der Hauptstraße nach Kampala gelegen (ausgeschildert). Erweiterungsbau mit Konferenz- und Sportmöglichkeiten geplant. Empfehlenswert.

- **Rujuna Hilltop Guest House**
Tel. 425077, rujunaguesthouse@yahoo.com.

7 geräumige Zimmer mit Bad/WC. Restaurant. Bewachter Parkplatz. 6 km außerhalb an der Hauptstraße nach Kasese.

Kategorie C

- **Rwenzori Traveller's Inn**
PO Box 736, Kyebambe Road,
Tel. 422075, Mobiltel. 071-2400570,
travellersinn2000@yahoo.com.

Ende 2002 eröffnetes komfortables Guest House oberhalb des Wooden Hotel. Geräumige Zimmer mit Bad/WC. Restaurant und (laute) Bar. Parkmöglichkeiten. Internet-Café. Empfehlenswert.

- **Hotel Soha**
Mobiltel. 077-2472330.

Sauberes kleines Hotel 2 km außerhalb direkt an der Hauptstraße Richtung Kasese. Zimmer mit Bad/WC. Restaurant und Parkplatz.

Kategorie C–D

- **Wooden Hotel**
PO Box 560, Stadtzentrum,
Tel. 422513, Mobiltel. 077-2402770.

Zimmer mit Bad/WC (Wasser aus Kübeln). Parkplatz. Geräumige, mäßig saubere Zimmer. Sehr lauter Nachtclub. Schlechtes Restaurant.

- **Palace View Motel**
Plot 33, Muzosi Road,
Mobiltel. 077-2837226 oder 077-26776677.

Sauberes kleines Hotel am südlichen Stadtrand auf einem Hügel oberhalb der Bushaltestelle. Zimmer mit Bad/WC. Restaurant und Bar.

- **Kenneth Inn**
Rukidi III Street, Mobiltel. 077-2992076.

Relativ einfache, aber saubere und empfehlenswerte Unterkunft im Stadtzentrum. Zimmer mit Bad/WC und Moskitonetzen.

Fort Portal

Kategorie D–E

● **Continental Hotel**
Zentral gelegen, Mobiltel. 077-2484842.
Zimmer mit Bad/WC und Sat-TV sowie günstigere Räume mit Gemeinschaftsbad. Gewann im Jahr 2000 den Preis für das sauberste Gebäude in Fort Portal, hat diesen Standard aber leider nicht halten können.

● **New Linda Restaurant & Lodging**
PO Box 253, 15 Balya Road, Tel. 422664.
EZ bzw. DZ mit Bad/WC. Recht sauberes Guest House, in dem man zwischen zwei Zimmerkategorien wählen kann. Die teureren Räume sind sehr angenehm und liegen im rückwärtigen Hofbereich, daher etwas ruhiger. Freundliches Personal.

● Mehrere einfache Guest Houses, z.B. **Exotic Lodge, Economic Guest House, Christian Guest House**. Alle im Stadtzentrum (siehe Karte).

Empfehlenswerte Unterkünfte außerhalb

● In der Siedlung Nyankuku nahe dem Ort Kichwamba ca. 15 km westlich von Fort Portal an der Straße nach Bundibugyo bietet die Familie des Uganders *Morence Mpora* empfehlenswerte Unterkünfte im **Mpora Rural Family Home** an (PO Box 317, Fort Portal, Mobiltel. 075-2555732, Fax 0483-422636, www.ugandahomestay.com). Am Nordhang des Ruwenzori-Massivs kann man hier im Sinne eines Community Tourism in sauberen strohgedeckten Bandas übernachten und zugleich die Arbeit dieser seit 1987 tätigen lokalen Hilfsorganisation bei der Versorgung von mehr als 140 Waisen und anderen hilfsbedürftigen Kindern kennen lernen, die auf Schulbildung und medizinische Versorgung fokussiert. Ab 10 US-$ pro Person inkl. aller Mahlzeiten, zusätzlich wird eine Spende an das Projekt erwartet. Anfahrtszeit mit eigenem Wagen ab Fort Portal ca. 20 Minuten. Mit Matatus ab Fort Portal zu erreichen (Halt am Kichwamba-Kihondo Trading Centre, Fahrpreis ca. 1 Euro).

● In der kleinen Ortschaft Mitandi an der Ostflanke des Ruwenzori-Massivs (Zufahrt über die Straße Fort Portal – Kasese) auf ca. 1800 m Höhe kann man im **Camp Norway** (Mobiltel. 078-2500979 oder 071-3348475, www.mitandi.com) inmitten wunderschöner Landschaft komfortabel in strohgedeckten Rondavels mit eigenem Bad/WC übernachten. Die norwegische Leitung des Camps fördert die lokale Bakonjo-Community. Ein perfekter Ort, um eine Ruwenzori-Besteigung vorbereiten oder ausklingen zu lassen. Ab 80 US-$ pro Person inkl. Frühstück. Anfahrtszeit ab Fort Portal ca. 35 Minuten. Abholservice.

Camping

● Empfehlenswert: **Kluge's Guest Farm**, ca. 15 km südlich von Fort Portal.
● Gegen eine geringe Gebühr kann man auch auf dem **Gelände des Hotels Mountain of the Moon** zelten.

Restaurants und Bars

Ein vernünftiges Essen erhalten Sie in den **Restaurants von Ruwenzori View Guest House, Rwenzori Traveller's Inn** und **Mountains of the Moon Hotel** (z.B. leckeren Tilapia). Das empfehlenswerte **Gardens Restaurant** gegenüber dem Markt bietet gute und dabei günstige Gerichte (u.a. pikante Fleischspieße). Für ein abendliches Bier sind die kleinen **Bars der genannten Hotels** oder **Don's Plaza** geeignet. Einfachere Gerichte werden auch im **New Linda Restaurant** serviert.

Geldwechsel

Neben den Banken **Stanbic Bank** und **Centenary Bank** (jeweils mit ATM) gibt es das **Demo Forex Bureau** in der Lugard Road, das etwas bessere Wechselkurse bietet.

Post und Internet

● Das **Postamt** liegt nördlich des Mpanga River an der Abzweigung der Hauptstraße nach Kampala (siehe Stadtplan).
● **Internetzugang** bietet z.B. der **Mugasa Stationery Shop** gegenüber dem Rwenzori Traveller's Inn.

Karten Atlas XII, S. 240

KASENDA CRATER LAKES

Einkaufen

● **Andrew's & Brothers Shopping Centre** in der Lugard Road dürfte zu den am besten ausgestatteten Supermärkten in ganz Uganda gehören.
● Der benachbarte **Mary's Craft Shop** bietet schöne Schnitzereien, handgefertigte Musikinstrumente und Postkarten.

Reiseveranstalter

● **Kabarole Tours** (siehe „Informationen")

Fahrt zum Kibale Forest National Park

Die Straße (gute Piste) zum Kibale Forest NP zweigt in Fort Portal nördlich des Mpanga River ab. Sie führt zunächst durch hügelige Kulturlandschaft mit zahlreichen Teefeldern. Im Dorf **Kigarama** zweigt eine Piste nach **Rwaihamba/Kasenda** ab, die in die Kasenda-Region führt (siehe unten). Nach ca. 30 km tritt die Piste in den Kibale Forest ein, nach insgesamt 36 km erreicht man **Kanyanchu,** wo sich die Nationalparkstation und mehrere Campingplätze befinden (siehe „Kibale Forest NP"). Einige Kilometer weiter befindet sich die Siedlung **Nkingo** mit Camping- und Unterkunftsmöglichkeit. 6 km von Kanyanchu entfernt liegt das Dorf **Bigodi** mit einem einfachen, aber sehr guten Guest House und kleinen Lebensmittelläden. Bei Bigodi verlässt die Straße den Kibale Forest wieder und führt weiter nach Kamwenge und Mbarara.

Kasenda Crater Lakes ♪ XII, B2

Zwischen der Straße von Fort Portal nach Kasese und dem Kibale Forest National Park liegt ca. 30 km südlich von Fort Portal entfernt eine Ansammlung von **mehr als 40 Kraterseen,** das sogenannte **Kasenda Crater Lake Field.** Die Seen, jeder mit einem eigenen Farbton auf der Skala von Tiefblau bis Grünschwarz, sind von einer abwechslungsreichen Natur- und Kulturlandschaft umgeben, die sehr vogelreich ist und sich hervorragend für **Tageswanderungen** eignet (Kartenskizzen sind an den unten genannten Camps erhältlich). In den eingestreuten Waldparzellen leben verschiedene Primatenarten (z.B. Guerezas und Meerkatzen).

Vielleicht am reizvollsten ist der waldumsäumte **Lake Nkuruba** (25 km von Fort Portal) nahe dem Dorf **Rwaihamba,** der als Lake Nkuruba Nature Reserve (ein Projekt der lokalen Community) erschlossen ist. In Rwaihamba ist montags und donnerstags Markttag. An diesen Tagen ist es überhaupt kein Problem, mit Matatus (1 Euro) von Fort Portal nach Rwaihamba zu gelangen. Am Lake Nkuruba gibt es drei schöne **Campingplätze** (Gebühr 2,50 Euro pro Person) und **Bandas** (Kategorie D), wo auch Getränke und einfache Mahlzeiten erhältlich sind.

Achtung: In allen Seen der Kasenda-Region besteht ein erhebliches Risiko, sich **beim Baden** eine **Bilharziose** zuzuziehen!

KASENDA CRATER LAKES

Weiter nordöstlich am **Lake Nyamirima** bietet das **Lake Nyamirima Tented Camp** (Mobiltel. 078-2532533) fest installierte Safarizelte der Kategorie C sowie einfache Kantinenmahlzeiten. Am unweit gelegenen **Lake Nyinabulitwa** wurde vor wenigen Jahren das gehobenere **Nyinabulitwa Country Resort** (Mobiltel. 071-2984929, info@nyinabulitwaresort.com) mit drei Bandas und Cottages der Kategorie B eröffnet (DZ ab 80 US-$ pro Person).

Am **Lake Nyabikere** („See der Frösche") unweit der Straße zum Kibale Forest liegt das über viele Jahre etablierte **Crater Valley Kibale Resort,** wo man für 4 Euro pro Person zelten oder in kleinen Bandas (10–20 Euro pro Per-

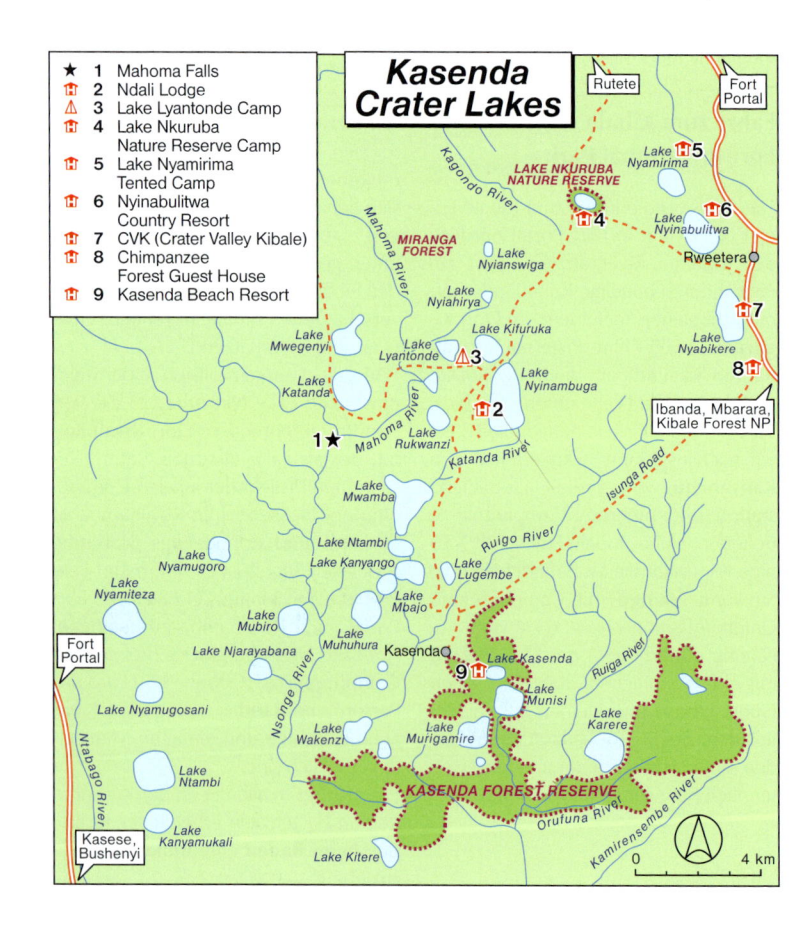

★ 1 Mahoma Falls
🏠 2 Ndali Lodge
△ 3 Lake Lyantonde Camp
🏠 4 Lake Nkuruba Nature Reserve Camp
🏠 5 Lake Nyamirima Tented Camp
🏠 6 Nyinabulitwa Country Resort
🏠 7 CVK (Crater Valley Kibale)
🏠 8 Chimpanzee Forest Guest House
🏠 9 Kasenda Beach Resort

son, je nach Größe und Komfort) übernachten kann; Kontakt: Mobiltel. 077-2492274/2906549, cvk.resortbeachlodge@infocom.co.ug.

Etwas weiter südwestlich liegt der blaugrüne **Lake Nyinambuga.** Etwa 100 m oberhalb wurde das Anwesen einer alten Teefarm zur romantischen **Ndali Lodge** (Mobiltel. 077-2221309 oder 077-2487673, Fax 0483-422636, www.ndalilodge.com) um- bzw. ausgebaut. Sie bietet rustikale, überteuerte Cottages der Kategorie A (ab 165 US-$ pro Person im DZ, Mahlzeiten inkl.) mit Panoramablick auf den Lake Nyinambuga, den Lake Rukwanzi und das Ruwenzori-Massiv im Westen. Das Restaurant zeichnet sich durch eine nostalgisch-stilvolle Atmosphäre aus. Die Belegung erfolgt in erster Linie über Reiseagenturen. Transport ab Fort Portal kann über die Lodge arrangiert werden.

Am benachbarten **Lake Lyantonde** existieren sehr einfache **Campingmöglichkeiten.** Vor Ort sind afrikanische Gerichte erhältlich. Ein Fußweg führt zu den pittoresken **Mahoma River Waterfalls** (Besuchsgebühr 2,50 Euro).

Am abgeschiedenen **Lake Kasenda** hat sich das ruhige **Kasenda Beach Resort** (Mobiltel. 075-2391826) mit Bandas der Kategorie D, einfachen Campingmöglichkeiten (Gebühr 3 Euro) und einer kleinen Kantine entwickelt.

Ndali Lodge am Lake Nyinambuga

Eine **weitere touristische Entwicklung** bislang nicht erschlossener Kraterseen mit Ansiedelung neuer Camps, so z.B. nördlich des Lake Nyabikere, ist erkennbar.

Kibale Forest National Park ♪ XII, B3

Überblick

Der 766 km² große Kibale Forest National Park (häufig auch kurz Kibale NP genannt) liegt in Westuganda in der Nähe von Fort Portal. Der 1993 geschaffene Nationalpark schützt das Ökosystem des Kibale-Waldes, der vorher ein Forest Reserve war. Es handelt sich um ein **Berg- und Regenwaldsystem** mit eingeschlossenen Sumpf- und Graslandabschnitten, das in direkter Verbindung zu den Savannengebieten des Queen Elizabeth National Park im Süden steht. Das Klima ist relativ angenehm, da das Gebiet zwischen 1110 m und 1590 m hoch liegt. Nachts wird es empfindlich kühl. Die Bäume im Kibale Forest können Höhen bis zu 55 m erreichen. Darunter befinden sich auch viele **Eisenbäume,** deren Holz zu den härtesten Hölzern überhaupt zählt. Manche Baumarten werden von der lokalen Bevölkerung medizinisch genutzt. Diese werden auf den Führungen vorgestellt.

Der Park lässt sich mit Allradfahrzeugen auch während der Regenzeiten erreichen, ist dann aber nur mit festen Schuhen oder Gummistiefeln begehbar. Kommen Sie daher lieber in der relativ trockenen Zeit von Juni bis September oder Dezember bis März. Bringen Sie auf jeden Fall ein gutes Mückenschutzmittel mit, da die **Mücken** hier sehr aggressiv sind und Stiche erst nach mehreren Tagen abschwellen. Wichtig ist auch vernünftige **Regenkleidung.** Ein **Fernglas** sollte ebenfalls nicht fehlen.

Tier- und Pflanzenwelt

Der Kibale Forest NP besitzt **eine der höchsten Primatendichten weltweit** und enthält die meisten Primatenarten in ganz Uganda. Darüber hinaus kommen über 300 **Vogelarten** und mehr als 140 verschiedene **Schmetterlingsarten** vor. Der Wald beherbergt große Herden von **Waldelefanten,** die man aber fast nie zu Gesicht bekommt. Buschböcke, Ducker, Pinselohrschwein, Zibetkatze, Kaffernbüffel und Riesenwaldschweine kommen ebenfalls vor. Von den 13 Primatenarten sieht man Guerezas, Diademmeerkatzen, Bushbabys, Schwarzbackige Weißnasen, Vollbartmeerkatzen und Rote Colobusaffen am häufigsten. Die größte Attraktion des Gebietes sind aber die durch Forscher an die Anwesenheit von Menschen gewöhnten (habituierten) **Schimpansengruppen,** deren Anblick allerdings nicht hundertprozentig garantiert werden kann. Seit Aufnahme einer engen Kooperation mit Primatologen des Jane Goodall Institute, aus der das **Kibale Primate Habituation Project** resultierte, haben sich die Beobachtungschancen eines Schimpansen-Trackings in Kibale jedoch auf mehr als 90% verbessert. Mehr als 1400 Schimpansen kommen im Kibale-Ökosystem vor.

Aktivitäten im Park

Die morgendlichen und nachmittäglichen **Führungen** (ca. 2–4 Std. Dauer, für das **Schimpansen-Tracking** (Mindestalter 15 Jahre) werden 90 US-$ berechnet zzgl. 30 US-$ Parkeintrittsgebühr pro Tag) bieten einen guten Überblick und stellen das Ökosystem „Regenwald" umfassend vor. Gute Beobachtungen diverser Primaten sind problemlos möglich. Sie sollten sich jedoch nicht zu sehr auf den Anblick von Schimpansen aus nächster Entfernung „einschießen", da deren Habituierung noch nicht vollständig abgeschlossen ist und die Fluchtdistanz entsprechend groß sein kann.

Eine von der Naturschutzbehörde UWA angebotene **mehrtägige Teilnahme an der Habituierung von Schimpansen** („Chimpanzee Habituation Experience") schlägt mit 400–550 US-$ (Parkeintrittsgebühren, Unterkunft und Verpflegung mit eingeschlossen) zu Buche. Ein einzelner derartiger Tag kostet 200 US-$.

2002 wurde ein neues **Besucherzentrum bei Sebitoli** (mit Übernachtungsmöglichkeit) an der Hauptstraße nach Kampala errichtet, 17 km von Fort Portal entfernt. Geboten werden gute Beobachtungsmöglichkeiten für Primaten bzw. Waldvögel sowie Unterkünfte in einfachen Bandas mit Verpflegung (Vorausbuchung nötig) und schöne Campingmöglichkeiten.

Ein 64 km langer **Long Distance Walk** führt durch alle Lebensräume des Parks. Für die Strecke werden 3–4 Tage Marschzeit veranschlagt. Unterwegs zeltet man auf gemeindeeigenen Campingeinrichtungen am Waldrand, Getränke und Verpflegung werden gestellt. Die Parkverwaltung stellt bei Bedarf auch Träger bereit. Eine solche Wanderung durch das Waldsystem und angrenzendes Kulturland bietet gute Möglichkeiten, mit Menschen der hier lebenden Völker Batoro und Bakiga in Dialog zu treten. Der Long Distance Walk kann wahlweise in Kanyanchu oder in Sebitoli begonnen werden.

Außerhalb des Parks lohnt das **Bigodi Wetland Sanctuary** (5 km von Kanyanchu entfernt) einen Besuch. Geführte Wanderungen (seit 1992 laufendes Ökotourismus-Projekt der anliegenden Gemeinden) durch den ca. 3 km² großen **Magombe Swamp** ermöglichen exzellente Beobachtungen von Primaten und Vögeln innerhalb eines offenen Sumpfgebietes. Bei Bedarf können dafür Gummistiefel in Bigodi entliehen werden. Die Eintrittsgebühr inkl. Führer beträgt 12 Euro pro Person. Infos unter Mobiltel. 077-2792274, 077-2886865.

Anreise

Der Park kann von Fort Portal aus auf der **Straße nach Kamwenge** erreicht werden. Die **Besucherstation in Kanyanchu** liegt 36 km von Fort Portal entfernt (¾–1 Std. Fahrtdauer mit dem eigenen Wagen). Die Straße (befestigte Piste) führt durch hügelige Kulturlandschaft mit zahlreichen Teefeldern, passiert einen kleinen Kratersee und tritt nach ca. 30 km in den Kibale Forest ein. Einige Kilometer weiter befindet sich die Sied-

KIBALE FOREST NATIONAL PARK

lung Nkingo. 6 km von Kanyanchu entfernt liegt das Dorf Bigodi. Bei Bigodi verlässt die Straße den Kibale Forest wieder und führt weiter nach Kamwenge und Mbarara.

Um die herrliche Landschaft an dieser Strecke voll auskosten zu können, sollten Sie nach Möglichkeit mit einem eigenen Fahrzeug anreisen. Es fahren allerdings auch täglich mehrere **Minibusse und Pickup-Matatus** von Fort Portal nach Kamwenge, die das Besucherzentrum Kanyanchu passieren (Fahrpreis nach Kanyanchu ca. 2 Euro).

Informationen

Vgl. auch die Listung der Parkgebühren und sonstiger Gebühren im Kapitel „Nationalparks und Wildreservate".

●Einen guten Überblick bietet das vom Uganda Tourist Board (UTB) verlegte Büchlein **„Kibale Forest National Park Guidebook"** von Sarah Prinsloo. Es sollte vor Ort in Kanyanchu oder beim UTB in Kampala erhältlich sein.
●**Uganda Wildlife Authority (UWA)**
Plot 7 Kira Road, Kamwokya, PO Box 3530, Kampala, Tel. 0414-355000, Fax 0414-346291, www.ugandawildlife.org. Allgemeine Informationen zum Park und aktuelle Hinweise zur Anreise.
●**Besucherzentrum Kanyanchu**
PO Box 699, Fort Portal, Tel. 0483-422202, Fax 0483-422196, knp@uwa.or.ug. Hier erhalten Sie Informationen zum Park bzw. zu möglichen Aktivitäten. Jeden Morgen gegen 8 Uhr und nachmittags gegen 14 Uhr starten **geführte Wanderungen** (2–3 Std.) in den Wald, u.a. zu habituierten Schimpansengruppen (max. 8 Teilnehmer). Die Führer sind sehr gut ausgebildet und in ihrer Sachkenntnis manchem Hochschulabsolventen der Biologie überlegen. Sie können eine Vielzahl von Vogelarten anhand des Gesanges bestimmen. Auf Anfrage sind Führungen auch zu anderen Tageszeiten möglich.

Hotels und Unterkünfte

●Das **Mantana Kibale Camp** (Kategorie AA) wird von Mantana African Safaris betrieben, Plot 17 Nambi Road, Entebbe, Tel. 0414-321552, Mobiltel. 077-2401391, Fax 0414-320152, www.kimbla-mantana.com. Belegung vor allem über Reiseagenturen. Ab 150 US-$ pro Person im DZ, alles inklusive.
●In Nkingo (zwischen Kanyanchu und Bigodi) bietet das **Safari Camp & Guest House** (Kategorie D, Mobiltel. 077-2468113) einfache Zimmer mit „Buschduschen" und Campingmöglichkeiten mit Grillvorrichtung (Feuerholz wird gestellt).
●Das 2005 eröffnete **Chimpanzee Forest Guest House** (Kategorie C–D, Mobiltel. 077-2486415, chimpguest@yahoo.com) liegt unweit des Kibale National Park Headquarter südlich des Nyabikere Crater Lake ca. 10 km vom Besucherzentrum Kanyanchu entfernt. Rustikales und romantisches Farmhaus inmitten einer großen Gartenanlage mit Blick über die Kraterseenlandschaft und Teeplantagen. Übernachtung in einer schönen Banda. Campingmöglichkeit. Saubere Sanitäreinrichtungen und gutes lokales Essen.
●Nahe dem Bigodi Wetland Sanctuary bietet das **Tinka's Homestay** (Mobiltel. 077-2468113) einfache Unterkünfte und Gelegenheiten zum Campen.
●Im Jahr 2007 wurde zwischen Kanyanchu und dem Bigodi Wetland Sanctuary das **Chimpanzee Valley Resort** (Mobiltel. 077-2554602 oder 077-2694482) eröffnet. Dieses bietet einfachen Lodge-Standard der Kategorie C–D. Parkähnliche Anlage mit gutem Restaurant. Campingmöglichkeit.
●Die **Primate Lodge** (Kategorie AA–B) ist aus dem ehemals von UWA betriebenen Kanyanchu River Camp hervorgegangen und wurde mit zehnjähriger Konzession an das Safariunternehmen Great Lakes Safaris (PO Box 33024, Kampala, Tel. 0414-267153, Mo-

Führer einer Waldwanderung im Kibale Forest National Park

biltel. 077-2426368, www.safari-uganda.com) vergeben. Bislang stehen 5 einfache Bandas, 2 als Schlafplattformen angelegte „Baumhäuser", 8 geräumige möblierte Safarizelte und ein gut geführter Campingplatz, umgeben von dichtem Wald, zur Verfügung. Mit angeschlossener einfacher Kantine. Überteuerte Bandas ab 40 US-$ pro Person im DZ, Übernachtung im „Tree House" für 25 US-$ pro Bett, Unterkunft im Safarizelt ab 120 US-$ pro Person im DZ, jeweils alle Mahlzeiten inklusive. Campinggebühr 5 Euro.

- Anfang 2008 wurde die Anlage **Chimps' Nest** eröffnet (Kategorie B–C, PO Box 611, Fort Portal, Mobiltel. 077-4669107, Fax 0483-427511, www.chimpsnest.com). Die empfehlenswerte Unterkunft unter holländischer Leitung liegt direkt am Waldrand des Kibale Forest bei Nyabubale, einer kleinen Siedlung zwischen Nkingo und Bigodi. Die Fahrtzeit nach Kanyanchu beträgt ca. 15 Minuten. Es stehen 6 saubere strohgedeckte Cottages, 3 „Baumhäuser", Backpacker-Zimmer und gute Campingmöglichkeiten mit sauberen sanitären Einrichtungen sowie Zugang zu Warmwasserduschen zur Verfügung. Cottages ab 28 US-$ pro Person im DZ, Treehouse-Übernachtung für 45 US-$ pro Person im DZ (jeweils mit Frühstück), Bett im Backpacker-Bereich umgerechnet 5 Euro pro Person, Campinggebühr 5 Euro. Gutes Restaurant mit europäisch orientierter Küche.

Camping

Aus dem über viele Jahre von UWA betriebenen Kanyanchu River Camp ist die von Great Lakes Safaris in Konzession geführte **Primate Lodge** hervorgegangen. Der angeschlossene Campingplatz (Übernachtungsgebühr 5 Euro) ist gut in Schuss und verfügt über eine angeschlossene Kantine. Alternativ kann man z.B. das **Hamerkop Nest Camp** (Mobiltel. 077-2933706) ca. 1,5 km südlich von Kanyanchu (über die Straße nach Nkingo zu erreichen, Zufahrt ausgeschildert) nutzen, in schöner Lage mit einfachen sanitären Einrichtungen, Duschwasser kann auf Nachfrage erhitzt werden. Campinggebühr 2 Euro.

KIBALE FOREST NATIONAL PARK

Weitere Campingoptionen sind das Gelände des **Safari Camp & Guest House** (auch: „Safari Hotel") in Nkingo (Campinggebühr 2,50 Euro), die Anlage des **Chimpanzee Valley Resort** zwischen Kanyanchu und Bigodi, das Gelände des **Chimps' Nest** bei Nyabubale (Campinggebühr 5 Euro) oder das ca. 10 km nördlich von Kanyanchu gelegene **Chimpanzee Forest Guest House** (Campinggebühr 3 Euro).

Essen und Trinken

In **Kanyanchu** sind Getränke wie Bier und „Sodas" erhältlich. Lebensmittel sollten Selbstversorger besser selber mitbringen, bei der Zubereitung von Gerichten kann u.U. die Hilfe der Angestellten der Primate Lodge in Anspruch genommen werden. In Bigodi bekommen Sie einfache Lebensmittel (z.B. Reis, Kekse u.a.) und Getränke. Sowohl das **Safari Camp & Guest House** (einfach) in Nkingo als auch das neue **Chimpanzee Valley Resort** (gehoben) sowie das **Chimps' Nest** bei Nyabubale verfügen über Restaurants mit schmackhaften Gerichten. Für einen längeren Aufenthalt sollten Sie zusätzlichen Wegproviant aus Fort Portal mitbringen.

Die Straße nach Bundibugyo und zum Semliki National Park

Die sich am Nordrand des Ruwenzori-Gebirges entlangschlängelnde Straße bietet nach der Abzweigung zum Semliki Valley Wildlife Reserve (30 km von Fort Portal, s.u.) faszinierende Blicke über das **Tal des Semliki River** und die Ausläufer des regenwaldbestandenen Kongobeckens. Das ostafrikanische Hochland endet hier. Zwei großartige, vollkommen verschiedene Großlandschaften treffen aufeinander, überragt von den 5000er-Gipfeln des Ruwenzori. Hauptattraktion des Semliki NP (52 km von Fort Portal) sind die als **Bwamba Forest** bezeichneten östlichsten Ausläufer des kongolesischen Ituri-Regenwaldes sowie die **heißen Quellen von Sempaya** (Details siehe „Semliki National Park").

Im Dorf **Bundimusoli** ca. 2 km südwestlich von Ntandi am Ostrand des Semliki NP können in Abstimmung mit der Verwaltung des Parks **Batwa-Pygmäen** besucht werden, die aus dem Bwamba Forest dorthin umgesiedelt wurden. Doch hat sich hier vor allem in den 1990er Jahren in erschreckendem Maße ein zerstörerischer Einfluss des Tourismus offenbart, der zu einer völligen Abhängigkeit von den Tourismuseinnahmen führte und immer wieder militant-forderndes Verhalten seitens der Pygmäen provozierte.

Von **Bundibugyo** (bzw. **Kazingo** weiter nördlich) aus können Sie Tagestouren in das Ruwenzori-Gebirge organisieren. Es ist auch möglich, eine Ruwenzori-Überschreitung von hier aus zu starten. Man trifft dabei auf den klassischen Ruwenzori-Rundweg und steigt nach Nyakalengija/Ibanda hin ab. Die Tour muss im Expeditionsstil durchgeführt werden und erfordert eine außerordentlich gute Vorbereitung in Abstimmung mit der ugandischen Naturschutzbehörde UWA. Neuerdings bietet **Kabarole Tours** (PO Box 845, Fort Portal, Tel. 0483-425156, Mobiltel. 077-2661752, Fax 0483-422636, safari@kabaroletours.com) entsprechende Touren an.

Bundibugyo verfügt über einfache Hotels und Guest Houses sowie eine dörfliche Lebensmittelversorgung.

In Kazingo kann im einfachen **Kamugha Guest House** (PO Box 845, Fort Portal, Mobiltel. 077-2621397, azolibahati@yahoo.com) übernachtet werden.

Semliki Valley Wildlife Reserve ⚑ XII, B2

Überblick

Das 548 km² große Semliki Valley Wildlife Reserve (kurz: Semliki WR, früher unter dem Namen Toro Game Reserve bekannt) liegt in Westuganda **zwischen Albertsee und Ruwenzori-Gebirge.** Es gilt als eines der ältesten Schutzgebiete in ganz Uganda. Erste Schutzanstrengungen wurden bereits 1913 von den Kolonialbehörden in die Wege geleitet. Das landschaftlich attraktive Reservat auf dem Boden des Zentralafrikanischen Grabens schützt weite Teile der wildreichen Niederungslandschaft am mäandrierenden **Semliki River.** In den ugandischen Bürgerkriegswirren wurden die meisten Tiere gewildert. Die einst so beliebte und noch in vielen Karten eingezeichnete Semliki Safari Lodge im Herzen des Reservates wurde geplündert und bis auf die Grundmauern niedergebrannt.

Im Jahr 1992 vergaben die Naturschutzbehörden eine langfristige private Konzession an **kanadische Investoren,** die sich sofort mit viel Engagement und Ausdauer an die Sicherung und touristische Erschließung des Gebietes machten. Seitdem kam die Wilderei weitgehend zum Erliegen, und eine wunderschöne Lodge konnte errichtet werden, die heute zu den touristischen Kleinoden Ugandas zählt.

Gefahr droht der Region derzeit eher aus windigen Geschäften um **Öl,** denn im Gebiet um den Lake Albert werden Ölvorkommen von etwa zwei Milliarden Barrel vermutet (siehe Exkurs „Schwarzes Gold unter dem Albertsee"). Im Umfeld des Semliki Valley WR wurde auf ugandischer Seite bereits ein potenzielles Ölfeld von der kanadischen Firma Heritage Oil erschlossen – der Bohrlärm war bis zur Semliki Wildlife Lodge zu hören. Die Firma, die dem britischen Ex-Söldnerführer *Tony Buckingham* gehört, ist auch in den benachbarten Kriegszonen der DR Kongo aktiv. Die Absicherung der dortigen Explorationsunternehmungen durch „unternehmenstreue" Soldaten und Söldner ist für den Arbeitsstil von Heritage Oil selbstverständlich (siehe auch den Exkurs „Die kopflosen Krieger").

Tier- und Pflanzenwelt

In der Vergangenheit war das Gebiet für sein großes Vorkommen an Uganda-Moorantilopen (oder Uganda-Kobs) berühmt, doch sind die Bestände seit den späten 1970er Jahren durch Wilderei stark zusammengeschrumpft. Im Jahr 2009 kamen erfreulicherweise wieder über 1000 **Uganda-Kobs** im Gebiet vor. Darüber hinaus kann man **Kaffernbüffel** (150–200 Tiere) und mehrere kleine **Antilopenarten** beobachten. Im Semliki River und im Lake Albert kommen **Flusspferde** vor. Etwa 10 **Löwen**

Semliki Valley Wildlife Reserve

Blick über das Semliki
Valley Wildlife Reserve

kann das Gebiet ernähren, die Zahl der Leoparden wird auf 20–30 geschätzt. In den Wäldern des Reservates sind neben anderen Primatenarten etwa 60 **Schimpansen** heimisch, die seit 1996 durch amerikanische Biologen an die Anwesenheit von Menschen gewöhnt werden. Gut 200 **Elefanten** haben die Raubzüge der Wilderer überlebt.

Mehr als 320 **Vogelarten** sollen im Gebiet vorkommen. In den ausgedehnten **Borassus-Palmenwäldern** zwischen Semliki River und der kongolesischen Grenze brütet der **Palmengeier,** der dem Schreiseeadler sehr ähnelt und daher auch Geierseeadler genannt wird. In den Papyrussümpfen am Südende des Albertsees brüten mehrere Paare des seltenen **Schuhschnabelstorchs.** Sehr selten wird im Gebiet auch die sonst rare **Fischeule** beobachtet, die nachts über flache Gewässerarme gleitet, um Fische zu greifen.

Aktivitäten im Reservat

Für die Gäste der Semliki Wildlife Lodge werden **Game Drives** in offenen Fahrzeugen angeboten. Auf nächtlichen Game Drives („Night Drives") bestehen die wohl besten Möglichkeiten in Uganda, **Leoparden** zu beobachten.

Bei geführten **Wanderungen** (festes Schuhwerk erforderlich) im tropischen Feuchtwald am Osthang des Zentralafrikanischen Grabens können verschiedene Primatenarten (z.B. Guerezas, Diademmeerkatzen, Rote Colobusaffen) und auch Schimpansen beobachtet werden. Die Habituierung einer ca. 50 Tiere umfassenden Schimpansengruppe macht nur langsam Fortschritte. Derzeit liegt die Wahrscheinlichkeit, die Tiere auf einer Waldexkursion (Gebühr 30 US-$) zu Gesicht zu bekommen, bei 40–50%.

Die Semliki Wildlife Lodge organisiert auch **Bootsfahrten** auf dem Lake Albert **ab dem Fischerdorf Ntoroko,** auf denen man zahllose Wasservögel (z.B. Pelikane, Kingfisher, Kormorane, mehr als ein halbes Dutzend Reiherarten) sowie den seltenen Schuhschnabelstorch beobachten kann. Ein Problem stellt allerdings die Störung der letztgenannten Spezies durch Fischer dar, sodass sich nur selten Bruterfolg einstellt.

Angelexkursionen für Sportfischer auf der Jagd nach Nilbarschen, Tilapia oder Tigerfisch auf dem intensiv befischten See sind aus eigener Erfahrung relativ unergiebig.

Anreise

Die Anreise erfolgt über die befestigte **Straße nach Bundibugyo.** Die Abzweigung zum Semliki Valley WR liegt bei Karugutu (30 km von Fort Portal, ca. 45 Min. Fahrtzeit) und ist ausgeschildert. Von hier führt eine Piste zum Fischerdorf Ntoroko am Südende des Albertsees, auf der regelmäßig Pickup-Matatus verkehren. Etwa auf halber Strecke zweigt rechts eine Piste zur Semliki Wildlife Lodge ab (ausgeschildert). Die Gesamtfahrtzeit zur Lodge ab Fort Fortal beträgt ca. 1½ Std. Für Gäste der Lodge wird ein Abholservice ab Fort Portal angeboten.

Informationen

Vgl. auch die Listung der Parkgebühren und sonstiger Gebühren im Kapitel „Nationalparks und Wildreservate".

- **Uganda Wildlife Authority (UWA)**
Plot 7 Kira Road, Kamwokya, PO Box 3530, Kampala, Tel. 0414-355000, Fax 0414-346291, www.ugandawildlife.org. Allgemeine Informationen zum Reservat.
- **Wildplaces Africa**
PO Box 23825, Kampala, Tel. 0414-251182, Mobiltel. 077-2489497, www.wildplacesafrica.com. Detaillierte Informationen zum Reservat, zur Unterbringung in der Semliki Wildlife Lodge und aktuelle Hinweise zur Anreise.

Unterkünfte und Lodges

- **Die Semliki Wildlife Lodge** (Mobiltel. 077-2707007) ist eine komfortable Lodge mit insgesamt 8 luxuriösen Safarizelten auf festen Plattformen (Kategorie AA), die von Wildplaces Africa (s.o.) betrieben wird. Ein exzellentes Restaurant mit überdachter Veranda sowie eine großzügige Pool-Anlage runden das Safari-Erlebnis gekonnt ab. Die Preise beginnen bei 360 US-$ pro Person im DZ inklusive Mahlzeiten.
- **Bei Ntoroko** am Südende des Albertsees kann man in neuen **Bandas der Parkverwaltung** übernachten (umgerechnet 10 Euro pro Person, mit Toiletten und Duschen, Reservierung über UWA in Kampala).
- Anfang 2010 vergab UWA eine 15-jährige Konzession an das Reiseunternehmen Asyanut Safaris (Kampala) für die Errichtung eines privaten Luxury Tented Camp in Ntoroko mit angeschlossenem Campsite.
- Direkt am Ufer des Lake Albert befindet sich auch ein von UWA betreuter schöner, schattiger **Campingplatz**.

Die kopflosen Krieger

von *Dominic Johnson*, Berlin, Juni 2003

In Ituri im Nordosten Kongos herrscht seit Jahren Krieg, aber erst jetzt nimmt die Welt ihn zur Kenntnis. Es lockt das Öl.

Seit mittelalterliche Kartografen auf ihre Weltkarten jenseits des Nils Menschen ohne Köpfe mit Gesichtern auf der Brust malten, ist das Gebiet der Wasserscheide zwischen den Flusssystemen von Kongo und Nil mit Mythen behaftet. Die Bambuti-Pygmäen der undurchdringlichen Regenwälder am Ituri-Fluss sind Stoff einiger der schönsten ethnologischen Studien der Völkerkunde geworden. Aber statt wie die Südseevölker Polynesiens als lebende Überbleibsel des Garten Eden bestaunt zu werden, mussten die Völker Nordostkongos später als Hüter steinzeitlicher Grausamkeit herhalten. „Betrunkene Kongolesen töten 300 bei Hexenjagd", titelte die britische Times noch vor zwei Jahren leicht amüsiert, als unter dem Alur von Ituri gerade blutige Fehden tobten.

An Eingreiftruppen dachte damals keiner. Heute genügen knapp 400 Massakeropfer in Ituris Hauptstadt Bunia, damit die Welt den Kongo plötzlich zur Kenntnis nimmt. Daraus schlussfolgern viele Kongolesen, dass dieser plötzliche Aktionismus weniger die Zustände beruhigen soll als das schlechte UN-Gewissen. Ein kongolesischer Kulturverband zitiert in seiner Stellungnahme zu den neuen UN-Kampftruppen ironisch den 2. Psalm: „Warum toben die Heiden, und die Völker reden so vergeblich? Die Könige der Erde lehnen sich auf, und die Herrn ratschlagen miteinander."

Das „Toben der Heiden" meint hier die Zerstörung einer Gesellschaft. Die Massaker in Bunia in der ersten Maihälfte begannen, als Uganda die Stadt Milizen des Lendu-Volkes überließ. Die jagten Angehörige des Hema-Volkes, bis die Hema-dominierte UPC (Union kongolesischer Patrioten), die die Stadt schon einmal beherrscht hatte, Bunia am 12. Mai zurückeroberte und die UNO am 16. Mai einen Waffenstillstand aushandelte. Es waren nicht die ersten Massaker in Bunia, aber die ersten seit Ankunft von UN-Blauhelmen. Zum ersten Mal sah die „internationale Gemeinschaft" in Echtzeit, wie einer der kongolesischen Vernichtungskriege eine Großstadt erreichte.

Wie überall im Kongo bewegen sich Ituris bewaffnete Gruppen in den Ruinen eines Staates und einer Gesellschaft. Die Region könnte potenziell reich sein. Die größten Goldminen des Kongo, einträgliche Kaffeeplantagen, unerschöpfliche Tropenholzvorkommen – alles ist da. Aber die Wirtschaft liegt seit 20 Jahren am Boden. Heute wühlen in den verlassenen Halden der Goldminen nur noch informelle Schürfer. Streit um die Kontrolle über den Zugang zu den Bergwerken, den Ankauf des Goldstaubs und sein Export über Bunia ist ein Kriegsgrund. *Mobutus* früherer Goldminenchef *Jean Tibasima* arbeitet heute für eine Kabila-treue Gruppe, die Lendu-Milizen unterstützt; zugleich haben ruandische Geschäftsleute durch Unterstützung der Hema-Seite ihr Auge auf das Gold geworfen. Uganda, dessen Armee von 1999 bis Anfang Mai 2003 in Ituri stand, ist groß im Geschäft mit Tropenholz. Indem ugandische Generäle nacheinander und manchmal auch parallel alle rivalisierenden Gruppen mit Waffen ausstatteten, beförderten sie die Verwandlung lokaler Macht- und Markttrivialitäten in einen Bürgerkrieg.

Ohne Ugandas Hilfe wären in Ituri seit 1999 nicht über 50.000 Menschen gestorben; aber ohne kongolesische Interessen hätten sich dafür nicht die Mörder finden lassen. Schon zu *Mobutus* Zeiten wurde beklagt, der Run auf das Gold von Ituri zerstöre die Gesellschaft. Der Kongokrieg hat das vollendet. Kaum eine Familie in Ituri hat keine Todesopfer zu beklagen. Überleben kann man fast nur noch mit Loyalität zu einer bewaff-

DIE KOPFLOSEN KRIEGER

neten Gruppe. Es gibt Berichte über Warlords, die von jeder Familie in ihrem Machtbereich wahlweise eine Ziege oder einen Sohn als Tribut verlangten. Nach Angaben von Hilfswerken sind inzwischen die Hälfte aller Kämpfer quer durch alle Fraktionen in Ituri Kinder.

Über eine robuste internationale Eingreiftruppe in Ituri wird schon länger diskutiert, aber nicht angesichts der Massaker. Die Idee kam auf, nachdem Kongos Präsident *Kabila* im Juni 2002 den an Uganda angrenzenden Teil Ituris als Ölkonzession an die kanadische Ölfirma Heritage Oil vergab. Heritage Oil, das bereits in Uganda nach Öl sucht, will in Absprache mit den Regierungen Ugandas und Kongos auch Ituri erschließen. Das hat Ituris Kriege verschärft. Noch ist Ituris Öl nur ein Mythos wie die Fabelwesen der mittelalterlichen Landkarten, aber die Gier danach wirkt schon heute. Jeder Warlord hat jetzt externe Verbündete – in Uganda, in Ruanda, in Kongos Hauptstadt Kinshasa. Aus Milizen mit primitiven Waffen sind Armeen mit schwerer Artillerie, komplizierten Namen und politischen Programmen geworden.

Schon zu Jahresbeginn wurde zur Sicherung der Ölgebiete eine Eingreiftruppe aus Angola erwogen. Nun ist daraus eine aus Frankreich geworden – ein besser angesehener Freund *Kabilas* mit einer nach außen hin respektableren Motivation. Doch es braucht keinen strategischen Weitsinn, um zu wissen, dass ein auf Bunia beschränkter Militäreinsatz an Ituris Problemen nichts ändern wird. Die Kriege zwischen Hema und Lendu begannen vor vier Jahren in den Dörfern und sind dort bis heute viel blutiger als in der Großstadt. Erfahrungsgemäß aber beschränkt sich die Wahrnehmungsfähigkeit der internationalen Gemeinschaft im Kongo auf Orte, von denen aus man vor Einbruch der Dunkelheit in sichere Quartiere zurückfindet. Der allergrößte Teil Ituris gehört nicht dazu.

Der Artikel wurde der Tageszeitung „taz" vom 04.06.2003 entnommen und ist in seinen Kerninhalten immer noch aktuell (Internet: www.taz.de).

Semliki National Park ♪ XII, A2

Überblick

Der 220 km² große Semliki National Park (häufig auch Semliki NP genannt) liegt im äußersten Westen Ugandas **an der Landesgrenze zur DR Kongo,** die hier vom Semliki River gebildet wird. Der im Oktober 1993 geschaffene Nationalpark schützt den sogenannten **Bwamba Forest,** der mit den Wäldern des Kongobeckens in Verbindung steht und als **östlichster Ausläufer des kongolesischen Ituri-Waldes** zu betrachten ist. Es handelt sich um den einzigen echten **Tiefland-Regenwald** in Uganda. Das Klima im Bwamba Forest ist tropisch-feucht und sehr heiß. Es ähnelt dem des Kongobeckens. Der Bwamba Forest ist ein recht gut erhaltenes, tropisches Waldgebiet, das über eine sehr große Artenfülle verfügt, da sich hier zwei vollkommen verschiedene Großlandschaften mit ihrer jeweils spezifischen Artenvielfalt überschneiden: Der ostafrikanische Hochlandsschild senkt sich zum Talsystem des Semliki River und endet hier, während das Ökosystem des Kongobeckens gerade beginnt. Direkt angrenzend befindet sich das mächtige Ruwenzori-Massiv, das den Ostrand des Nationalparks markiert und dessen schneebedeckte 5000er bei klarem Wetter zu sehen sind.

Der Park lässt sich während der Regenzeiten nur mit Mühe erreichen und ist dann auch kaum begehbar. Kommen Sie daher lieber in der trockenen Zeit von Juni bis September oder Dezember bis März und bringen Sie auf jeden Fall ein gutes **Mückenschutzmittel** mit. Ein **Fernglas** für Tierbeobachtungen ist empfehlenswert.

Zwischen 1997 und 2001 musste der Park **mehrfach für die Öffentlichkeit gesperrt** werden, weil sich regierungsfeindliche Rebellen der Gruppierung ADF (= Allied Democratic Forces) im Gebiet aufhielten und von dort Anschläge auf Dörfer und Siedlungen verübten. Vor einer Fahrt in den Semliki NP sollten daher stets aktuelle Sicherheitshinweise eingeholt werden.

Tier- und Pflanzenwelt

Der Semliki NP zählt zu den artenreichsten Gebieten Ugandas. Neben 63 Säugetierarten kommen über 400 Vogelarten und **mehr als 300 verschiedene Schmetterlinge** vor. Auf Waldwanderungen kann man manchmal ganze Wolken prächtig gefärbter Schmetterlinge beobachten. Von den neun **Primatenarten** sieht man Guerezas, Grüne Meerkatzen, Diademmeerkatzen, Schwarzbackige Weißnasen und Anubis-Paviane am häufigsten. Auch ca. 50 Schimpansen kommen im Gebiet vor. In den **Borassus-Palmenwäldern** am Semliki verfolgt den Besucher der laute Flügelschlag von **Nashornvögeln** auf Schritt und Tritt. Hier brütet auch der dem Schreiseeadler ähnliche **Palmengeier,** der überwiegend von den Früchten der Borassus-Palme lebt. Im Semliki River tummeln sich **Krokodile** und **Nilpferde.**

SEMLIKI NATIONAL PARK

Aktivitäten im Park

Von Sempaya aus führt eine halbstündige Wanderung durch den Wald zu den **Hot Springs**, ca. 106°C heißen Quellen, von denen die zwei größten Geysir-Charakter haben. Kaum 15 Min. von Sempaya entfernt liegt der kleine **Mulingo-Wasserfall**, der von der Nordwestflanke des Ruwenzoris herabstürzt. Die Gumpe unterhalb des Wasserfalles lädt zu einem erfrischenden Bad ein.

Bislang gibt es **zwei Nature Trails**, die beide zum Semliki River führen. Der kürzere verläuft von **Sempaya** aus 8 km entlang der nördlichen Parkgrenze (Gesamtdauer der Tour 5–6 Std.). Der Pfad verläuft teilweise außerhalb des Waldes, daher ist eine gute Kopfbedeckung notwendig. In der offenen Niederungslandschaft des Semliki-Tals lassen sich häufig Uganda-Kobs und andere Tiere beobachten. Der zweite Trail beginnt südlich von **Ntandi**. Er führt über 12 km durch dichten Wald und offene Sumpflandschaft zum Semliki River (Gesamtdauer der Tour 6–8 Std.). Wenn Sie die Tour über zwei Tage durchführen wollen, können Sie hier zelten. Für beide Touren ist ein Führer notwendig. Tragen Sie nach Möglichkeit langärmelige, helle Kleidung wegen der zahlreich vorkommenden **Tsetse-Fliegen**. Nehmen Sie ausreichend Wasser und Proviant mit, feste Schuhe und Regenkleidung sind ebenfalls sinnvoll.

Im Dorf **Bundimusoli** ca. 2 km südwestlich von Ntandi leben noch einige **Batwa-Pygmäen**, die aus dem Wald dorthin umgesiedelt wurden. Alkoholismus und Konsum anderer Drogen sind unter den Pygmäen weit verbreitet, Natürlichkeit und Lebensfreude jedoch dahin. Ihre Tanzvorführungen wirken gestellt und ohne Esprit. Sie sollten überlegen, ob Sie diese Entwicklung durch Ihren Besuch unterstützen möchten.

Anreise

Der Park kann von Fort Portal aus auf der befestigten **Straße nach Bundibugyo** erreicht werden. Die **Parkstation** an den Hot Springs **in Sempaya** liegt 52 km von Fort Portal entfernt (1½ Std. Fahrtdauer), zum **Park Headquarter in Ntandi** sind es noch einmal 5 km. Die Straße schlängelt sich von Fort Portal bis Sempaya am Nordrand des Ruwenzori-Gebirges entlang. Auf halber Strecke bei Isojo zweigt rechts eine Piste zum Semliki Valley WR ab (ausgeschildert). Etwa 15 km dahinter hat man die Nordflanke des Ruwenzoris umrundet, und die schmale Piste führt steil hinunter ins Semliki-Tal. Von hier aus bieten sich faszinierende Blicke über das Tal, den Bwamba Forest und die Ausläufer des regenwaldbestandenen Kongobeckens. Auch die heißen Quellen und ihre Dampffahnen sind aus der Vogelperspektive erkennbar.

Um die herrlichen Blicke auf dieser Strecke auskosten zu können, sollten Sie nach Möglichkeit mit einem eigenen Fahrzeug anreisen. Es fahren auch täglich mehrere Pickup-Matatus von Fort Portal nach Bundibugyo und sogar täglich ein Bus von Kampala über Fort Portal nach Bundibugyo, die aber an der spektakulären Landschaft vorbeibrausen.

Informationen

Vgl. auch die Listung der Parkgebühren und sonstiger Gebühren im Kapitel „Nationalparks und Wildreservate".

● **Uganda Wildlife Authority (UWA)**
Plot 7 Kira Road, Kamwokya, PO Box 3530, Kampala, Tel. 0414-355000, Fax 0414-346291, www.ugandawildlife.org. Aktuelle Sicherheitshinweise zum Park und Hinweise zur Anreise.

SEMLIKI NATIONAL PARK

- **Besucherzentrum Sempaya ("Hot Springs Office")**
Hier erhalten Sie Infos zum Park bzw. zu möglichen Aktivitäten und können Führer für kurze Waldwanderungen zu den Hot Springs oder Trekkingtouren im Park finden.
- **Park Headquarter in Ntandi**
Tel. 0382-276424. Aktuelle Informationen zum Park. Führer für Touren zum Semliki River können hier organisiert werden.

Unterkünfte

- **In Bumaga,** gut 3 km vom Sempaya Park Gate entfernt, wurden **einfache Bandas** der Parkverwaltung innerhalb des Nationalparks mit einer angeschlossenen Kantine errichtet. Der Übernachtungspreis liegt bei 7 Euro pro Person, Camping kostet 5 Euro.
- **In Bundibugyo** (ca. 12 km von Sempaya entfernt) stehen **einfache Hotels und Guest Houses** bereit.

Camping

- 200 m oberhalb der Parkstation in Sempaya am Rand des Waldes liegt ein privater **Tourist Campsite** mit Toiletten und überdachtem Picknickplatz. Feuerholz wird bereitgestellt, Wasser bekommen Sie von der Parkstation. Pro Person kostet die Übernachtung 5 Euro, für ein Fahrzeug sind nochmals umgerechnet 2 Euro fällig.
- **In Bumaga** bietet die Parkverwaltung einen **einfachen Campsite** innerhalb des Nationalparks.
- Bei längeren Touren **innerhalb des Parks** können Sie **am Semliki-Fluss** zelten.

Essen und Trinken

An der **Besucherstation Sempaya** sind Getränke wie Bier und „Sodas" erhältlich. Essen müssen Sie selber mitbringen. **In Bumaga**

gibt es eine einfache Kantine, die von Parkangestellten betrieben wird. **In Ntandi** bekommen Sie einfache Lebensmittel (z.B. Reis) und Getränke. Der kleine Ort **Bundibugyo** hat ein etwas besseres Angebot. Bei einem längeren Aufenthalt sollte man genügend zu essen aus **Fort Portal** mitbringen.

Bundibugyo ♪ XII, A2

Die Bevölkerungszahl der kleinen Ortschaft Bundibugyo am Nordwestrand des Ruwenzori-Massivs hat sich in den Jahren der Rebellenaktivität der ADF (= Allied Democratic Forces) zwischen 1997 und 2001 durch den **Zustrom von Flüchtlingen** deutlich erhöht. Nach 2001 hat sich die Sicherheitslage in der Region entspannt. Seit 2003 sind 1–2 Tage dauernde Besteigungen des landschaftlich spektakulären **Karangora Peak** (3014 m) am Nordwestrand des Ruwenzori-Massivs möglich. Ausgangspunkt ist die kleine Ortschaft **Kazingo** 12 km westlich von Fort Portal (weitere Informationen über UWA). Von Kazingo aus können Sie auch eine Ruwenzori-Überschreitung durchführen. Man trifft dabei nahe der Bigo Hut auf den klassischen Central Circuit Trail und steigt nach Nyakalengija hin ab. Die genehmigungspflichtige Tour muss im Expeditionsstil durchgeführt werden und erfordert eine sehr gute Vorbereitung in Rücksprache mit der ugandischen Naturschutzbehörde UWA.

Semliki National Park – Führerin inmitten von Schmetterlingen

Weltweit Schlagzeilen machte Bundibugyo Ende 2007, als ein Ausbruch des tückischen **Ebola-Fiebers** in der Region bekannt wurde. 149 Menschen erkrankten, von denen 37 starben, darunter Krankenschwestern, Pfleger und Ärzte. Wissenschaftler gehen von einer neuen, weniger aggressiven Variante des Virus aus, da die Sterblichkeit mit ca. 30% relativ gering blieb, verglichen mit den sonst beobachteten 50–90%.

Unterkunft

Bundibugyo verfügt über einfache Hotels und Guest Houses sowie eine dörfliche Lebensmittelversorgung. Das relativ neue **Vanilla Hotel** (Kategorie D) bietet saubere Zimmer und ein brauchbares Restaurant, deutlich älter und einfacher ist das **Picfare Hotel** (Kategorie E). Noch immer ist der Ort nicht an das ugandische Stromnetz angeschlossen.

Verkehrsverbindungen

Zwischen Bundibugyo und Fort Portal verkehren täglich ein **Bus** mit Weiterfahrt nach Kampala sowie **Pickup-Matatus.**

Hoima ♪ VI, B3

Hoima (1160 m), eine Kleinstadt mit ca. **30.000 Einwohnern,** gilt als **Zentrum der Banyoro.** Die Stadt liegt 198 km nordöstlich von Fort Portal bzw. 56 km südwestlich von Masindi. Nach Kampala sind es 203 km auf bislang schlechter Piste. Es gibt keine besonderen Attraktionen in Hoima, lohnenswert sind in der Umgebung allein die Blicke über die Gebirgsmassive am Rande des Zentralafrikanischen Grabenbruchs und

Schwarzes Gold unter dem Albertsee – Fluch oder Segen für Uganda?

Die Nachricht kam einer Sensation gleich: Im ugandischen Albertgraben, tief unter dem Lake Albert, lagern riesige Ölvorkommen, schätzungsweise zwei Milliarden Barrel. Nach Nigeria, dem Tschad und Angola will nun auch Uganda ab 2010 groß in das florierende Ölgeschäft einsteigen. Die Regierung in Kampala, u.a. von deutschen Beratern umgeben, lässt dabei verlautbaren, sie lege größten Wert darauf, die von den anderen afrikanischen Ölnationen gemachten Fehler zu vermeiden. Vielmehr sollen die Einkünfte aus dem Schwarzen Gold allen Menschen in Uganda zugute kommen.

Ugandas Energieminister *Daudi Migereko* ließ im August 2007 mitteilen, mit dem Öl werde man nicht nur den Eigenbedarf decken können, sondern auch den Export schon bald massiv ankurbeln. Er hofft, schon **ab 2010 täglich 10.000 Barrel Rohöl** aus den bislang fünf potenziellen Ölfeldern (siehe Abbildung) am und unter dem Lake Albert fördern zu können. Über eine bis dahin mit libyscher Finanzierung zu erbauende Pipeline vom westugandischen Hoima nach Kenia soll das Öl **über den kenianischen Hafen Mombasa ausgeführt** werden. **In Hoima soll eine Raffinerie für Diesel und Kerosin entstehen,** später auch ein kleines Kraftwerk. Erweiterungen der Ölpipeline nach Ruanda und in die DR Kongo werden in Erwägung gezogen.

60–80% der **Gewinne** aus dem Ölgeschäft könnten an den ugandischen Staat gehen, der Rest an die beteiligten Ölfirmen, in erster Linie Tullow Oil (Irland) sowie die Heritage Oil Corporation (Kanada), meint das Energieministerium. Die Ausbeutung soll in Übereinstimmung mit der Umwelt und unter Einbeziehung der an den Ölfeldern siedelnden Menschen erfolgen, die direkt von den Geldern aus der Ölförderung profitieren sollen. Die Regierung will einen **Öl-Fonds** einrichten, der u.a. Schulen, Krankenhäuser und Straßen finanzieren soll. Vorbild dabei ist Norwegen, das mit seinen Öleinnahmen vor allem soziale Investitionen tätigt.

Die ugandischen **Naturschützer** bekommen Sorgenfalten, wenn sie von den ehrgeizigen Ölplänen der Regierung hören, denn bei einer Ölkatastrophe im Albertgraben gerieten in den Explorationsblöcken 1, 2 und 3A/B neben dem Lake Albert selbst auch etablierte Schutzgebiete wie das Kabwoya WR, das Semliki Valley WR oder Teile des Murchison Falls NP in Gefahr. Ölbohrungen in den weiter südlich gelegenen Explorationsblöcken 3C/D und 4 würden den Semliki NP, den Ruwenzori Mountains NP sowie die Perle der ugandischen Nationalparks, den Queen Elizabeth NP, potenziell gefährden.

Ein zusätzlicher Konfliktpunkt ist die **grenzüberschreitende Ausbeutung** der Ölfelder, denn auch auf der kongolesischen Seite des Albertgrabens ist Öl vorhanden, jedoch keine nennenswerte Infrastruktur, sodass die Erschließung kongolesischer Ölresourcen vermutlich über Uganda abgewickelt werden würde. So kam es im Juli und August 2007 bereits zu **Konflikten** in den Gewässern um die Insel Rukwanzi im Albertsee, die von Uganda und der DR Kongo beansprucht und von Heritage Oil als Ausgangsbasis für die Erdölexploration genutzt wird. Dabei kam es zur Entführung ugandischer Soldaten, die die Ölexplorationsarbeiten absichern sollen, durch kongolesische Militärs und wenig später zu offenen Artillerieangriffen kongolesischer Truppen auf Ölboote von Heritage Oil mit Todesfolge.

Neben Tullow Oil und Heritage Oil sind die Ölfirmen Tower Resources und Dominion Petroleum (beide Großbritannien) an der **Erdölexploration in insgesamt fünf Blöcken** beteiligt (siehe Karte). Bislang wichtigste Ölförderstation ist die Kingfisher-Station im Block 3A, schon bald könnte die Station Pelican im gleichen Block folgen. Weiter nördlich

Schwarzes Gold unter dem Albertsee

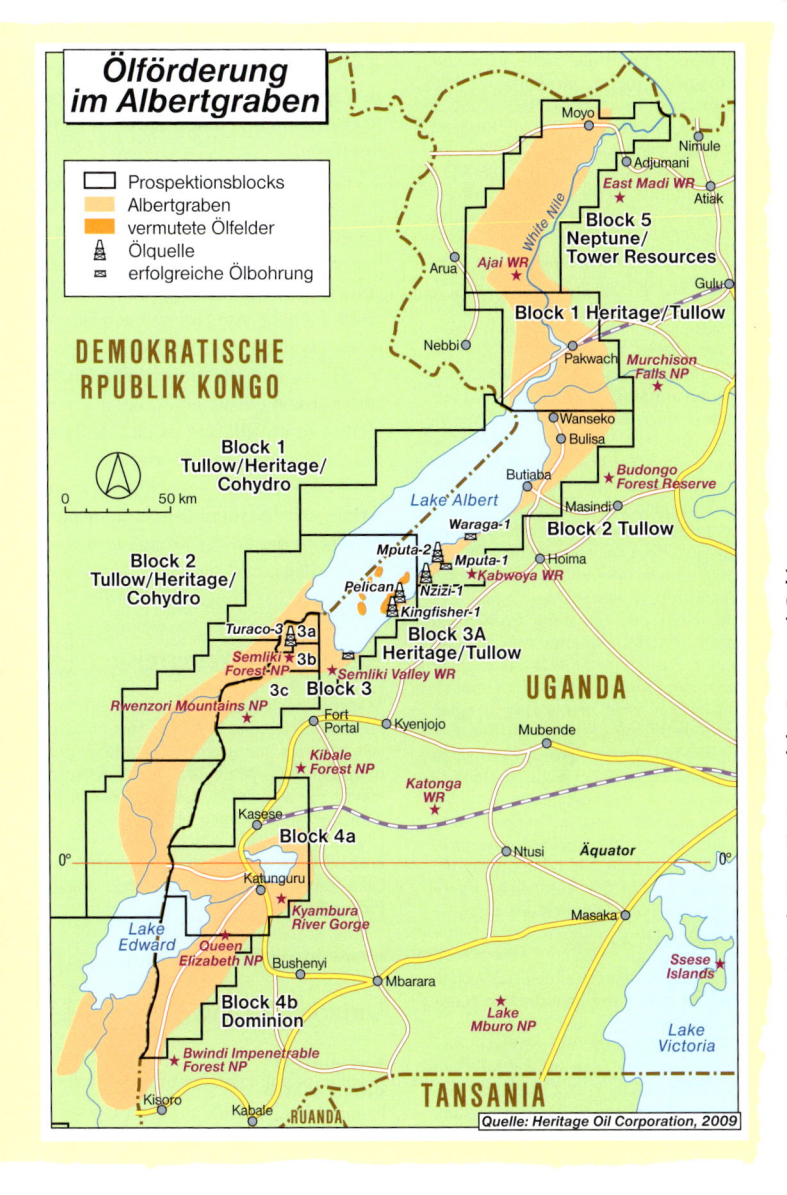

Ölförderung im Albertgraben

- ☐ Prospektionsblocks
- Albertgraben
- vermutete Ölfelder
- ⛽ Ölquelle
- ✉ erfolgreiche Ölbohrung

DEMOKRATISCHE RPUBLIK KONGO

0 — 50 km

Block 1 Tullow/Heritage/Cohydro

Block 2 Tullow/Heritage/Cohydro

Turaco-3 · 3a
Semliki Forest NP · 3b
3c
Rwenzori Mountains NP

Block 3

Block 4a

Lake Edward
Queen Elizabeth NP
Bushenyi
Bwindi Impenetrable Forest NP
Kisoro · Kabale

Block 4b Dominion

Moyo · Nimule · Adjumani · Atiak
East Madi WR
Block 5 Neptune/Tower Resources
Arua · Ajai WR
Gulu
Block 1 Heritage/Tullow
Nebbi · Pakwach
Murchison Falls NP
Wanseko · Bulisa
Budongo Forest Reserve
Butiaba · Lake Albert · Masindi
Waraga-1 · **Block 2** Tullow
Mputa-2 · Mputa-1 · Hoima
Pelican · Nzizi-1 · Kabwoya WR
Kingfisher-1
Block 3A Heritage/Tullow
Semliki Valley WR

UGANDA

Fort Portal · Kyenjojo · Mubende
Kibale Forest NP
Katonga WR
Kasese
Katunguru · Ntusi · Äquator · 0°
Kyambura River Gorge
Masaka
Mbarara
Lake Mburo NP
Ssese Islands
Lake Victoria

RUANDA · **TANSANIA**

Quelle: Heritage Oil Corporation, 2009

Uganda: Der Westen und das Ruwenzori-Gebirge

im Block 2 bohrt die irische Tullow Oil erfolgreich mitten im Kabwoya WR (Bohrungen Mputa 1–4, Nzizi 1 und 2) bzw. in Nachbarschaft zum Reservat (Waraga 1 und 2, Ngassa 1–3). Die Bohrungen von Heritage Oil im Block 3A am Südende des Lake Albert (Bohrlöcher Turaco 1–3) ergaben eine starke Kohlendioxiddurchmischung des dort gefundenen Ölfeldes, sodass eine kommerzielle Förderung in diesem Bereich weitgehend ausscheidet. Ab 2010 sind Off-Shore-Bohrungen im Lake Albert vorgesehen.

Schon heute haben die Ölfunde die **Region am Albertsee fundamental verändert:** Präsident *Museveni* spielt die infolge des Erdölreichtums verbesserte geostrategische Position Ugandas im Konfliktmanagement mit den Nachbarländern offen aus, das westugandische Königreich Bunyoro-Kitara fordert bereits 10% der Öleinnahmen für sich, und Viehhirten wandern aus anderen Teilen Ugandas bzw. Kongos ans Ostufer des Albertsees ein, um beim eventuellen Landkauf durch Ölfirmen mit abzukassieren. Positiv macht sich das Engagement der Ölfirmen für die Gemeinden im Bohrgebiet bemerkbar: Sie erhalten neue Brunnen, Schulen, Straßen, Gesundheitsstationen und Arbeitsplätze und sind entsprechend gut auf die Ölaktivitäten zu sprechen. Camps und Safari Lodges in den Nationalparks und Wildreservaten der Region werden vorsichtig ausgebaut und neue gegründet. Man verspricht sich zusätzliche Kundschaft, wenn die Ölfirmen erst in größerem Maßstab Ingenieure, Facharbeiter und andere gut bezahlte Fachkräfte an den Bohrstationen ansiedeln, die sich in ihrer Freizeit in der ugandischen Natur erholen wollen.

Ob es Uganda als erste Nation in Afrika schaffen wird, den sprichwörtlichen Fluch des afrikanischen Öls in einen Segen für die ugandische Bevölkerung umzuwandeln, bleibt abzuwarten.

den Albertsee. Dazu müssen Sie allerdings auf Pisten nach Butiaba am Ufer des Sees fahren. An dieser Strecke befinden sich auch **heiße Quellen** („Hot Springs").

Infolge der **Erdölbohrarbeiten** westlich und nordwestlich von Hoima hat es bereits erste Verbesserungen der Verkehrsinfrastruktur gegeben. Bis 2010 soll eine maßgeblich von Libyen finanzierte Pipeline von Hoima nach Eldoret in Westkenia fertig sein. Langfristig soll in Hoima eine **Raffinerie für Diesel und Kerosin** entstehen, später auch ein kleines Kraftwerk (vgl. Exkurs „Schwarzes Gold unter dem Albertsee").

4 km außerhalb von Hoima an der Straße nach Masindi liegen die **Mparo Tombs,** in denen der König der Banyoro, *Kabalega,* und sein Sohn *Tito Wimyi* 1923 bzw. 1971 begraben wurden.

Anreise und Weiterreise

Matatus nach Masindi (2 Euro) und nach Fort Portal. Die Strecke nach Fort Portal ist sehr schlecht und nach heftigem Regen nur mit modernen Allradfahrzeugen passierbar. Häufig müssen Sie auf halber Strecke in Kagadi das Matatu wechseln. Mehrmals wöchentlich verkehren auch direkte **Busse** nach Fort Portal bzw. Masindi. Nach Butiaba am Lake Albert verkehren mehrmals täglich **Pickup-Sammeltaxis.**

● Vorwahl von Hoima: 0465

Unterkünfte und Hotels

Kategorie B
● **Hotel KonTiki**
Kampala Road, PO Box 447, Tel. 442890, Mobiltel. 077-2775005 oder 077-3304752, www.hoimakontiki.com.

Führendes Hotel in Hoima, 2 km außerhalb des Zentrums an der Straße nach Kampala gelegen. 12 schöne Cottages mit Bad/WC und Sat-TV. Gutes Gartenrestaurant mit Bar.

Kategorie B–C
● **Crown Hotel**
Kizungu Mandela Road,
Mobiltel. 077-2970150 oder 071-2206093.
　Modernes kleines Hotel am Rande des Stadtzentrums unweit des Postamts mit geräumigen sauberen Zimmern mit Bad/WC. Swimmingpool. Schlechtes Restaurant.

Kategorie C
● **African Village Guest Farm**
PO Box 230, Mobiltel. 077-2335115.
　Gartenähnliche Anlage mit Cottages und Bandas, ca. 10 Min. außerhalb Hoimas im Westen an der St. Peter's Anglican Cathedral gelegen (ausgeschildert). Restaurant. Bewachter Parkplatz.
● **Kolping House**
PO Box 76, Butiaba Street,
Tel. 440167, Fax 440313.
　Exzellente, kirchlich geführte Unterkunft der Uganda Kolping Society. Gartenähnliche Anlage mit empfehlenswertem Restaurant. Bewachter Parkplatz.

Kategorie E
● **Nsamo Hotel**
PO Box 131, Fort Portal Road.
　Einfaches und sauberes Hotel zentral gegenüber der Busstation. Zimmer mit Bad/WC. Restaurant.

Restaurants und Bars

● Das **Restaurant des Kolping House** bietet hervorragende Küche, u.a. frischen Fisch.
● Das **Nsamo Hotel** hat ein brauchbares Restaurant und eine kleine Bar.
● Afrikanisches Essen und gegrillte Fleischspieße gibt es z.B. in der **Ebony Bar**.

Kabwoya Wildlife Reserve ⌕ XIII, C1

Überblick

Das nur 87 km² große Kabwoya Wildlife Reserve liegt direkt am Lake Albert in Westuganda, ca. 70 km südwestlich von Hoima und 215 km nördlich von Fort Portal. Das von einer flachen Savannenlandschaft zwischen dem Ostufer des Albertsees und dem sich weiter östlich erhebenden Bunyoro Escarpment geprägte Schutzgebiet wurde erst 2002 ins Leben gerufen, um die besseren Überreste des einst 227 km² umfassenden **Kaiso-Tonya Controlled Hunting Reserve** für den Naturschutz zu retten, dessen Grasland früher einen wichtigen **Migrationskorridor** für Wildtiere auf ihren Wanderungen zwischen der Semliki-Region und dem Murchison Falls NP darstellte. Die verbleibenden Reste des ehemaligen Jagdreservates gingen in der aus Naturschutzsicht bedeutungslosen Kaiso-Tonya Community Wildlife Area auf. Für das Kabwoya WR wurde wie im Semliki WR weiter südlich eine **private Konzession** mit langjähriger Laufzeit erteilt.

Durch hemmungslose **Wilderei** wurden auch die Wildbestände im heutigen Kabwoya WR stark dezimiert. Bei Einrichtung des Reservates im Jahr 2002 fanden die Betreiber der Lake Albert Lodge kaum noch Wild, sondern in erster Linie große Viehherden vor. Mit erheblichem Aufwand und der Unterstützung des Königreichs Bunyoro-Kita-

KABWOYA WILDLIFE RESERVE

ra sowie lokaler Politiker gelang es, alle **Nutztiere** in die angrenzende **Kaiso-Tonya Community Wildlife Area** umzusiedeln. Überraschend schnell beginnen sich die Wildbestände innerhalb des Kabwoya WR zu erholen.

Ein schlecht kalkulierbarer Gefahrenpunkt sind sicherlich die **Erdölförderaktivitäten** in und um das Reservat. Innerhalb des Prospektionsblocks 2 haben die australische Firma Hardman Resources und die irische Tullow Oil bereits im Kabwoya WR gebohrt (Bohrlöcher Mputa 1–4, Nzizi 1 und 2). Über eine Ölförderung innerhalb des Reservates war Ende 2009 allerdings noch nicht endgültig entschieden (vgl. Exkurs „Schwarzes Gold unter dem Albertsee").

Tier- und Pflanzenwelt

Neben kleinen Beständen an **Uganda-Moorantilopen** (oder Uganda-Kobs) kommen **Wasser-, Ried- und Buschböcke,** mehrere Duckerarten, Warzenschweine, **Fischotter, Flusspferde** und einige **Kaffernbüffel** im Reservat vor. Weitere Antilopenarten sollen schrittweise aus anderen Schutzgebieten wie dem Bugungu WR transloziert werden. Angeblich sollen auch noch Löwen und Leoparden im Gebiet leben. Es sind mehrere **Primatenarten** im Kabwoya WR vertreten, u.a. Paviane, Meerkatzen, Guerezas und sogar Schimpansen, die in erster Linie an den Flussläufen Hoywa und Wambabya anzutreffen sind. Mehr als 200 **Vogelarten** wurden bislang nachgewiesen, darunter zahlreiche Reiher- und Kingfisherarten sowie mehrere Storcharten.

Aktivitäten im Reservat

Es gibt ein kleines Wegenetz im Reservat, das mit Autos befahren werden kann. Da es sich um ein privates Konzessionsgebiet handelt, muss man den eigenen Wagen an der Lake Albert Lodge stehenlassen. Für 15 US-$ pro Person kann man an **geführten Wildbeobachtungsfahrten** auf einem offenen Lodge-Fahrzeug teilnehmen.

Es führen **verschiedene Fußtrails** durch das Reservat, die im Rahmen individueller Wanderungen erkundet

Fischer am Lake Albert

KABWOYA WILDLIFE RESERVE

werden können. Ferner werden von der Lake Albert Lodge **Reitausflüge** (25 US-$), **Angelausfahrten** auf dem Lake Albert (auf Nachfrage), **geführte Waldwanderungen** im Bugoma Forest, **Besuche anliegender Dorfgemeinschaften** und sogar **Mountainbike-Touren** durch das Reservat (auf Nachfrage) angeboten.

Anreise

Die Anreise erfolgt über die bislang unzureichend ausgebaute **Straße von Hoima** nach Fort Portal. 26 km südlich von Hoima biegt man auf Höhe der Siedlung **Kiziranfumbi** von der Hauptstraße auf eine Piste nach Westen ab (ausgeschildert). Nach weiteren 26 km hält man sich an einer Weggabelung links, bis man nach 9 km die Ortschaft **Kaseta** erreicht. Von hier passiert man nach 8 km die Reservatsgrenze am **Bunyoro Escarpment** und gelangt nach weiteren 14 km zur **Lake Albert Lodge** (ausgeschildert). Die Fahrtzeit zum Kabwoya WR ab Hoima beträgt 1–1½ Std.

Von Fort Portal aus folgt man zunächst über 50 km in östlicher Richtung der Asphaltstraße nach Kampala. An der Ortschaft **Kyenjojo** biegt man nach Norden auf die Straße nach Hoima ein, über die man nach 121 km auf schlechter Piste Kiziranfumbi erreicht. Die weitere Fahrt entspricht der Anreise ab Hoima.

Ein **Ausbau des Straßensystems** in der Region, angetrieben von den ehrgeizigen Ölförderplänen am Lake Albert, ist in Umsetzung begriffen. Finanziert von den Ölfirmen, wurde bereits eine neue direkte Zufahrt durch das Bunyoro Escarpment zum Reservat geschaffen. Eine stetig aktualisierte optimierte Wegführung zur Lake Albert Safari Lodge findet sich auf der Homepage der Lodge (s.u.), wo auch entsprechende Anfahrtsskizzen heruntergeladen werden können.

An der Lake Albert Lodge befindet sich ein kleiner **Airstrip,** der mit Charterflugzeugen z.B. ab Entebbe angeflogen wird.

Informationen

Vgl. auch die Listung der Parkgebühren und sonstiger Gebühren im Kapitel „Nationalparks und Wildreservate".

●**Uganda Wildlife Authority (UWA)**
Plot 3 Kintu Road, Nakasero, PO Box 3530, Kampala, Tel. 0414-355000, Fax 0414-346291, www.ugandawildlife.org. Allgemeine Informationen zum Reservat.

●**Lake Albert Safari Lodge**
Detaillierte Hinweise zum Reservat und Hilfestellung bei allen Aktivitäten vor Ort. An der Lodge wird auch die Eintrittsgebühr von 10 US-$ pro Person eingesammelt.

Unterkunft

●Eine traumhafte Lage mit fantastischem Ausblick über den Albertsee und die etwas über 40 km entfernten kongolesischen Blue Mountains im Westen bietet die 2006 eröffnete **Lake Albert Safari Lodge** (Buchung über Lake Albert Safaris, PO Box 72326, Kampala, Mobiltel. 077-2221003, www.lake-albertlodge.com), die am Uferhang ca. 60 m oberhalb des Albertsees steht. 5 großzügige strohgedeckte Cottages mit Bad/WC sowie 4 große Safarizelte mit Gemeinschaftsbad stehen zur Verfügung. Ab 75 US-$ pro Person im DZ, alle Mahlzeiten inklusive. Exzellentes Restaurant mit stilvollem Barbereich. Kleiner Swimmingpool. Die Zufahrt ab Hoima ist ausgeschildert. Empfehlenswert.

Camping

Man kann gegen eine Gebühr von 15 US-$ pro Person **auf dem Lodge-Gelände** sein eigenes Zelt aufschlagen. Für 45 US-$ kann man an allen Buffet-Mahlzeiten in der Lodge teilnehmen.

Masindi

♪ VI, B3

Die Kleinstadt Masindi (1175 m) hat ca. **25.000 Einwohner** und liegt 254 km nordöstlich von Fort Portal bzw. 56 km nordöstlich von Hoima. Nach Kampala sind es 217 km auf Asphalt mit vielen Schlaglöchern, weiter nördlich bis Gulu 178 km. Masindi ist ein **Zentrum des Tabakanbaus,** besitzt als Stadt jedoch keine nennenswerten Reize. Lohnenswert ist in der Umgebung allein die sehr **abwechslungsreiche Landschaft.** Auf der Fahrt zum **Fischerdorf Butiaba,** einem ehemaligen Baumwollhafen am Ufer des Lake Albert, bieten sich sehr schöne Blicke über die Gebirgsmassive am Rand des Zentralafrikanischen Grabens und den viertgrößten See Ostafrikas. Ca. 40 km westlich von Masindi liegt der **Budongo Forest,** der als eines der größten und besterhaltenen Regenwaldgebiete Ostafrikas gilt. An der Station „Kaniyo Pabidi" starten jeden Tag Führungen zu habituierten (an Menschen gewöhnte) **Schimpansengruppen** (siehe „Budongo Forest Reserve"). Masindi ist auch der Ausgangspunkt für Fahrten in den nördlich gelegenen (92 km bis Paraa) Murchison Falls National Park (s.u.).

Anreise und Weiterreise

Nach Kampala verkehren täglich **Busse** (Abfahrt frühmorgens), die 4–5 Std. für die gut 200 km benötigen (Fahrpreis 4 Euro). Der empfehlenswerte EMS Post Bus verlässt Masindi gegen 7 Uhr am Postamt (Fahrpreis 5 Euro). Nach Gulu verkehren **Matatus** (Minibusse). Nach Hoima und nach Fort Portal gibt es Minibusse und **Pickup-Matatus.** Auf dieser Strecke verkehren auch regelmäßig Busse. Die Straße nach Fort Portal (Asphaltierung ab Ende 2010 projektiert) ist ab Hoima sehr schlecht und nach heftigen Regen nur mit modernen Allradfahrzeugen passierbar. Nach Butiaba am Lake Albert verkehren mehrmals täglich **Pickup-Sammeltaxis.**

Für **Fahrten in den Murchison Falls NP** brauchen Sie in jedem Fall ein eigenes Fahrzeug, mit viel Glück bekommt man eine Mitfahrgelegenheit bei anderen Touristen. Seit 2003 wird von den Betreibern des Red Chilli Rest Camp in Paraa (Mobiltel. 077-2709150 oder 077-2800636, www.redchillihideaway.com) ein Zubringerservice zum Camp ab Masindi angeboten (Fahrpreis 5 Euro pro Person, mindestens 20 Euro pro Fahrzeug, Abfahrt am Restaurant Traveller's Corner in Masindi, Mo und Sa um 15 Uhr). Bequemer ist es, eine dreitägige Komplettsafari ab dem Red Chilli Hideaway in Kampala zu buchen (210 US-$ pro Person, alles inklusive).

Zum Budongo Forest Reserve müssen Sie eines der Matatus nach Butiaba nehmen und in Busingiro aussteigen.

● Vorwahl von Masindi: 0465

Informationen

● Das **Informationszentrum für die Murchison Falls Conservation Area** (PO Box 455, Masindi, Tel./Fax 420428, mfnp@uwa.or.ug) liegt hinter den Gebäuden der Stadtverwaltung, unweit des Postamts (ausgeschildert). Das freundliche Personal hilft bei der Organisation von Fahrten in den Murchison Falls NP und in den Budongo Forest.

Unterkünfte und Hotels

Kategorie B

● **Masindi Hotel**
PO Box 11, 28/34 Butiaba Road, Tel. 420023, Mobiltel. 077-2420130, Fax 420501, www.masindihotel.com.

Etwa 1 km außerhalb der Stadt in Richtung Murchison Falls NP. Zimmer mit Bad/WC. Restaurant, Bar, bewachter Parkplatz. Ehemaliges Hotel der staatlichen Uganda-Hotels-Kette mit nostalgischem Flair, geschmackvoll renoviert. Sehr geräumige Zimmer.

Kategorie C

●**New Court View Hotel**
Nyanga Road, Tel. 420461,
Mobiltel. 077-2799969,
courtview@utlonline.co.ug.

Zimmer mit Bad/WC. Restaurant und Bar. Eigener Parkplatz. Angenehmes Hotel mit 15 rustikalen Rundhütten ca. 200 m westlich des Postamtes. Freundliches Personal.

Kategorie D

●**Kolping House**
Ntuha Road, Tel. 420458,
Mobiltel. 077-2394942.

Kirchlich geführte Unterkunft der Uganda Kolping Society. Relativ neue Anlage am Ortsrand mit Restaurant. Bewachter Parkplatz.

●**Alinda Guest House**
Masindi Port Road,
Mobiltel. 077-2550710 oder 077-2520382.

Zentral gelegen. Saubere Zimmer mit Moskitonetzen. Freundliches Personal.

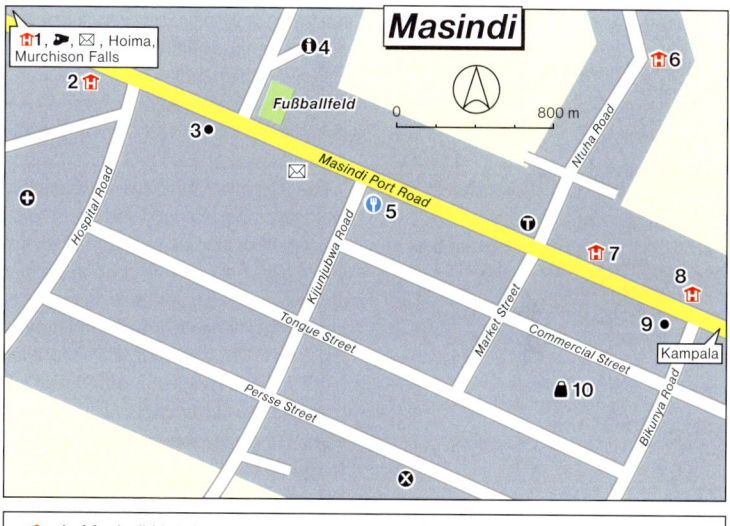

Masindi

- 1 Masindi Hotel
- 2 New Court View
- 3 Town Council
- 4 Murchison Falls NP Tourist Office
- 5 Traveller's Corner
- 6 Kolping House
- 7 Aribas Hotel
- 8 Alinda Guest House
- 9 Yebo Tours
- 10 Markt
- Tankstelle
- Taxi Park
- Post
- Polizei
- Krankenhaus

Kategorie E

● **Hotel Aribas**
Tel. 427472, im Zentrum,
neben dem Alinda Guest House.
 Einfach. Gemeinschaftsbad mit kalten Duschen.

Restaurants und Bars

● **Traveller's Corner** in Masindi (Zentrum, an der Hauptstraße) ist sicherlich ein Geheimtipp unter Ugandas günstigen Restaurants. Serviert werden europäische Köstlichkeiten wie Pizza, Lasagne und Spaghetti sowie vorzügliche Fisch- und Fleischgerichte. Die Küche ist tadellos sauber.
● Das **Masindi Hotel** und das **New Court View Hotel** haben recht gute Restaurants und eine angenehme Bar.
● Afrikanisches Essen gibt es in **mehreren kleinen Restaurants** nahe der Bus- und Matatustation.

Reiseagentur und Mietwagenverleih

● **Yebo Tours**
PO Box 213, Masindi Port Road, Tel. 420029, Mobiltel. 077-2637493, Fax 420411. Ugandische Reiseagentur, die Fahrten in den Murchison Falls NP und in den Budongo Forest ab Masindi organisiert. Ein normaler Leihwagen ist für 55 US-$ pro Tag (ab 2 Tagen Mietdauer deutliche Rabatte) zu bekommen, auch ein Geländewagen für 85 US-$ pro Tag kann verliehen werden.

Ziwa Rhino Sanctuary ♪ VII, C3

Das früher weit verbreitete **Spitzmaulnashorn** und die nördliche Unterart des **Breitmaulnashorns** gelten in Uganda heute als ausgerottet. Im Jahr 2000 wurde ein von der Europäischen Union (EU) gefördertes Projekt begonnen, das die Wiedereinführung beider Nashornarten in Uganda vorsieht. Diese sollen auf einer 70 km² großen „Rhinozeros-Farm" in Ziwa (ca. 50 km östlich von Masindi unweit des Ortes **Nakitoma** an der Asphaltstraße nach Kampala gelegen), dem **Ziwa Rhino Sanctuary,** gezüchtet werden, um sie dann später im Kidepo Valley NP und im Murchison Falls NP auszuwildern. Die Anlage wurde am 1. Mai 2005 im Beisein des ugandischen Präsidenten *Museveni* eröffnet. Um die derzeit vorhandenen Zuchtpaare des Südlichen Breitmaulnashorns und des Spitzmaulnashorns, die aus Kenia, Südafrika und amerikanischen Zoobeständen nach Ziwa überführt wurden, kümmern sich ca. 40 Angestellte. 2008 und 2009 wurden die ersten Nashornbabys in Ziwa geboren.

Die Farm ist mit einem speziellen Elektrozaun gesichert und weist eine touristische Einrichtung für Besucher auf (Campingplatz und schöne Bandas an einem Teich). Aktuelle Informationen sind über den **Rhino Fund Uganda** (PO Box 71020, Kampala, Mobiltel. 077-2713410, www.rhinofund.org) erhältlich. Die Eintrittsgebühr beträgt 20 US-$. Für das – lohnenswerte – **geführte Rhino-Tracking** werden 15 US-$ pro Person verlangt. Eine Campingübernachtung im eigenen Zelt schlägt ebenfalls mit 15 US-$ zu Buche. Tagesausflüge nach Ziwa ab Kampala inkl. Rhino-Tracking und Verpflegung werden von mehreren Veranstaltern ab 65 US-$ angeboten.

Budongo Forest Reserve ↗ VI, B3

Der ca. 825 km² große Budongo Forest westlich von Masindi gilt als **eines der größten und besterhaltenen Regenwaldgebiete in Ostafrika.** Neben mehreren anderen Primatenarten beherbergt der Wald ca. 650 **Schimpansen.** Die Station „Busingiro" eignet sich für schöne Waldwanderungen und Vogelbeobachtungen. Schimpansen-Tracking wird hier nicht mehr angeboten. An der Station „Kaniyo Pabidi" starten zweimal am Tag Führungen zu mittlerweile drei an Menschen gewöhnte Schimpansengruppen, deren Habituierung durch ein von der Europäischen Union, der GTZ und USAid finanziertes Projekt seit 1992 möglich wurde. Die Führungen am frühen Morgen (man startet am besten schon bei Sonnenaufgang) sind für das Schimpansen-Tracking günstiger, da sich die Tiere durch ihr morgendliches Rufen besser lokalisieren lassen.

Die Chancen, die Schimpansen wirklich zu sehen, liegen bei 50–80%. Bislang kommt man allerdings nur bis auf ca. 10–20 m an die Tiere heran. Ein **Fernglas** ist daher sinnvoll, ebenso lange Brennweiten für das Fotografieren. Hochempfindliche Filme sind erforderlich. Sie müssen eine **gute Ausrüstung** (feste Schuhe, Regenjacke und Fernglas, für Übernachtungen auch Schlafsack, Zelt, Kocher und Kochgeschirr etc.) mitbringen.

Busingiro liegt im Herzen des eigentlichen Waldreservats und bietet insbesondere im Gebiet der sog. **Royal Mile,** einer Waldallee gut 14 km vom Besucherzentrum entfernt, hervorragende Beobachtungsmöglichkeiten für bestimmte Vogelarten (z.B. seltene Kingfisher), während **Kaniyo Pabidi** eine weiter nördlich gelegene, isolierte Waldinsel ist, in der man besonders viele (bis über 500 Jahre) alte **Mahagonibäume** findet. In beiden Gebieten existiert ein exzellentes Wegesystem. Die Führer sind sehr sachkundig und können z.B. viele Vogelarten anhand des Gesanges identifizieren. Im Budongowald kommen mehrere Baumarten vor, die von der lokalen Bevölkerung medizinisch genutzt werden. Diese werden auf den Führungen ebenfalls vorgestellt. Die mehr als 2000 Elefanten, die früher im Wald lebten, sind in den 1970er und 1980er Jahren fast alle gewildert worden. Der Restbestand ist in den nahe gelegenen Murchison Falls NP abgewandert.

Informationen

- **Budongo Forest Ecotourism Project**
c/o Nyabyeya Forestry College, Private Bag, Masindi, Mobiltel. 077-2358755 oder 077-2536108, nfc@infocom.co.ug. Informationen zum Schutzprojekt.
- **Budongo Conservation Field Station (BCFS)**
PO Box 362, Masindi, Tel./Fax 0465-20411, www.budongo.org.
- **Busingiro Ecotourism Site**
Busingiro liegt 40 km westlich von Masindi an der Straße nach Butiaba und zum Lake Albert. Es ist mit Matatus von Masindi aus zu erreichen. Täglich verkehrt auch ein Bus auf dieser Strecke.
- **Kaniyo Pabidi Ecotourism Site**
Südlich des Murchison Falls NP (an der Strecke Masindi – Paraa) 29 km von Masindi ent-

MURCHISON FALLS NATIONAL PARK

fernt gelegen. Es handelt sich bei Kaniyo Pabidi um einen isolierten Block des Budongowaldes mit besonders vielen alten Bäumen. Öffentlichen Transport gibt es auf dieser Strecke keinen. Manchmal bekommt man eine Mitfahrgelegenheit bei Touristen, die auf dem Weg zum Murchison Falls National Park sind.

Gebühren

Die Gebühren für den Reservatseintritt liegen bei 15 US-$, jeweils inkl. Führer. Besucher von Kaniyo Pabidi müssen prinzipiell auch den Parkeintritt für den Murchison Falls NP (30 US-$ pro Person) entrichten. Das Schimpansen-Tracking (Mindestalter 15 Jahre) schlägt mit 40 US-$ zu Buche, eine ganztägige Teilnahme am Habituierungsprogramm mit 100 US-$.

Unterkünfte und Camping

- Im September 2009 wurde das touristische Management des Kaniyo Pabidi Ecotourism Site vom bis dato federführenden Jane Goodall Institute Uganda an das Unternehmen Great Lakes Safaris/Uganda Lodges übergeben. Für 2010 ist in Kaniyo Pabidi die Eröffnung der **Budongo Eco Lodge** angekündigt (Informationen/Buchung über Great Lakes Safaris, PO Box 33024, Kampala, Tel./Fax 0414-267153, www.ugandalodges.com). Die aus einfachen Holzkabinen bestehende Anlage wird Unterkunft inkl. Frühstück ab 60 US-$ pro Person im DZ bieten, Camping ist für 5 Euro möglich. Kantinenähnliches Restaurant.
- In Busingiro stehen **Campingplätze** mit Toiletten und Tischen zur Verfügung (Campinggebühr 5 Euro) sowie **einfache Bandas** (Preise je nach Qualität zwischen 6 und 12 Euro pro Person).
- Das **Nyabyeya Forestry College Guest House** (Mobiltel. 077-2358755 oder 077-2536108, nfc@infocom.co.ug) in Businginro, ca. 2 km von der Royal Mile entfernt, hat einfache Zimmer der Kategorie D.

Essen und Trinken

In Busingiro sind keine Lebensmittel, aber Getränke („Sodas", manchmal Bier) erhältlich. Das beste Lebensmittelangebot für den Einkauf in der Nähe bietet Masindi.

Murchison Falls National Park (MFNP)

♪ VI/VII

Überblick

Der 3877 km² große Murchison Falls National Park (MFNP) wurde 1952 geschaffen, um die sehr tierreiche Savannenlandschaft an den Murchison-Fällen des Viktoria-Nils zu schützen. Der Park verdankt seine Existenz vor allem einer **Epidemie der Schlafkrankheit** in der Region zu Beginn des 20. Jahrhunderts, wodurch ein Gebiet von insgesamt 13.000 km² evakuiert werden musste und lange Zeit menschenleer blieb. Aus den später gegründeten Wildschutzgebieten gingen der Nationalpark und die angrenzenden **Wildlife Reserves Bugungu** und **Karuma** hervor. Der Komplex des Schutzgebiets von MFNP, der angrenzenden Wildlife Reserves und des benachbarten Teils des Budongo Forest wird als **Murchison Falls Conservation Area** (MFCA) bezeichnet.

Die namensgebenden **Murchison Falls** liegen im Westteil des Parks. Der **Viktoria-Nil** zwängt sich hier durch eine 7 m breite Schlucht und stürzt 43 m in die Tiefe. Der Nil teilt den Park in zwei Hälften, wobei der südliche Abschnitt zwar wesentlich größer als der nördliche Teil ist, aber weniger Tiere aufweist. Beide bestehen aus offenem Grasland und verbuschender Savannenlandschaft, die durch viele Hügel sehr abwechslungsreich erscheint. Im Südosten des Parks liegt der **Rabongo Forest,** ein tropischer Feuchtwald mit zahlreichen Eisenbäumen. Der etwa 50 bis 100 m breite Nil ist häufig von kleinen Feuchtgebieten umgeben. Im Westen grenzt der Park an den Albertsee. Der Viktoria-Nil bildet bei der Mündung in den See ein kleines, sehr vogelreiches Delta. **Kaniyo Pabidi,** eine Waldinsel des Budongo Forest, liegt südlich des Parks und kann über die Piste von Masindi nach Paraa erreicht werden (siehe „Budongo FR").

Der Park lässt sich mit Allradfahrzeugen auch während der Regenzeiten erreichen, ist dann aber nur eingeschränkt befahrbar. Kommen Sie daher lieber in der relativ trockenen Zeit von Juni bis September oder Dezember bis März. Bringen Sie auf jeden Fall ein gutes **Mückenschutzmittel** mit. Ein **Fernglas** sollte ebenfalls nicht fehlen.

Tier- und Pflanzenwelt

Insbesondere der Murchison Falls NP ist von der heftigen **Wilderei** in den 1970er und 1980er Jahren betroffen gewesen. Die ehemals guten Vorkommen des Spitzmaulnashorns und der nördlichen Unterart des Breitmaulnashorns sind seit 1983 komplett vernichtet. Über zehn Jahre (1993–2003) versuchte ein Projekt der deutschen GTZ (Gesellschaft für technische Zusammenarbeit, PO Box 10346, Kampala, Tel. 0414-303901, Fax 0414-234685, www.gtz.de), das Murchison Falls National Park Rehabilitation Project, eine effiziente Reorganisation des Parks mit wirksamer Kontrolle der Wilderei und konsekutiver Erholung der Wildtierbestände zu erreichen.

Das Gros der verbliebenen Tiere lebt im Nordteil des Parks. Der vor 1970 noch mehr als 12.000 Tiere umfassende Bestand an **Elefanten** ist auf ca. 1400 Individuen geschrumpft. Der Bestand scheint sich jedoch wieder zu erholen. Kleine Herden von Kaffernbüffeln, Uganda-Kobs und Jackson's Kuhantilopen sind verbreitet. Der MFNP beherbergt auch noch einen größeren Bestand der **Rothschildgiraffe** (229 Tiere wurden im Jahr 2002 gezählt). An den Ufern des Nils sind Defassa-Wasserböcke und Oribis häufig. Seltener und eher versteckt lebend sind Buschbock, Bohor-Riedbock, verschiedene Duckerarten und die scheue **Sitatunga-Antilope.** Neben dem Warzenschwein kommt das Pinselohrschwein vor. Die großen Raubtiere **Löwe** und **Leopard** sind selten geworden, haben aber gesicherte Bestände. Die Tüpfelhyäne ist etwas verbreiteter. Am Viktoria-Nil kann man **Krokodile** und **Flusspferde** in stattlichen Beständen beobachten. Es kommen sechs Primatenarten im Park vor. Der Rabongo Forest beherbergt eine kleine **Schimpansenpopulation.**

Mehr als 420 **Vogelarten** sind registriert. Beim Launch-Trip auf dem Nil kann man zahlreiche Wasservögel beobachten, unter anderem den farbenprächtigen Sattelstorch, mehrere King-

MURCHISON FALLS NATIONAL PARK

fisherarten, Schreiseeadler, Goliathreiher und sogar den seltenen Schuhschnabelstorch. Auch sehr seltene Arten wie der Rotkehlspint sind zu sehen.

Aktivitäten im Park

Game Drives sind vor allem im Nordsektor lohnenswert. Vor Fahrten in der Region nördlich des Nils sollte jedoch am Park Headquarter in Paraa die aktuelle Sicherheitssituation geklärt werden, da es bis 2008 immer wieder Überfälle von regierungsfeindlichen Rebellen der LRA (= Lord's Resistance Army) gegeben hat. Der **Buligi Circuit** führt von Paraa zum Austritt des Albert-Nils aus dem gleichnamigen See. Auf dem **Wankwar Drive** hat man gute Chancen, Löwen zu sehen. Eine kleine Piste zweigt zum **Nyamsika Cliff** ab, von wo sich sehr gute Aussichten auf die tierreiche Niederung des **Nyamsika River** bieten.

Im Südteil des Parks lohnt ein Abstecher zum **Rabongo Forest** (1½ Std. ab Paraa). Dort werden inzwischen auch **geführte Wanderungen** angeboten, auf denen man verschiedene Primatenarten, u.a. Schimpansen (bislang keine Habituierung), beobachten kann.

Wer ohne eigenes Fahrzeug anreist, kann **organisierte Game Drives** im Red Chilli Rest Camp buchen (12 Euro

Murchison Falls – hier stürzt der Viktoria-Nil 43 m in die Tiefe

MURCHISON FALLS NATIONAL PARK

pro Person, mindestens 60 Euro pro Fahrzeug) oder gleich eine direkte 3-Tage-Safari in den MFNP ab dem Red Chilli Hideaway Hostel & Campsite in Kampala buchen (ab 210 US-$).

Der Höhepunkt eines Aufenthalts im MFNP ist zweifelsohne der **Launch Trip auf dem Viktoria-Nil flussaufwärts** bis zu den Murchison-Fällen. Jeden Tag um 9 Uhr und um 14 Uhr startet das moderne Besucherboot **ab Paraa** (Gebühr ca. 12 Euro pro Person, zahlbar in USh). Auf der 17 km langen Strecke zu den Fällen kann man neben zahlreichen Wasservögeln vor allem riesige Nilkrokodile und große Flusspferdherden sehen (zu empfehlen sind die Sitzplätze auf der linken Seite des Bootes). In der Regel wird auf einer sumpfigen Nilinsel auch der seltene **Schuhschnabelstorch** beobachtet. Elefanten kommen besonders um die Mittagszeit zum Trinken an den Fluss. Wenn Sie bei der Abfahrt in Paraa eine entsprechende Absprache getroffen haben, hält das Boot einige Zeit direkt unterhalb der Fälle und Sie können mit einem Führer zu einem oberhalb gelegenen Aussichtspunkt aufsteigen. Die Gesamtdauer des Trips beträgt etwa 3 Std.

Es lassen sich auch Bootsfahrten **flussabwärts ins „Nildelta"** (Mündungsgebiet in den Albertsee) buchen, wo u.a. exzellente Beobachtungschan-

Blick über den Nil in der Dämmerung (unterhalb der Murchison Falls)

MURCHISON FALLS NATIONAL PARK

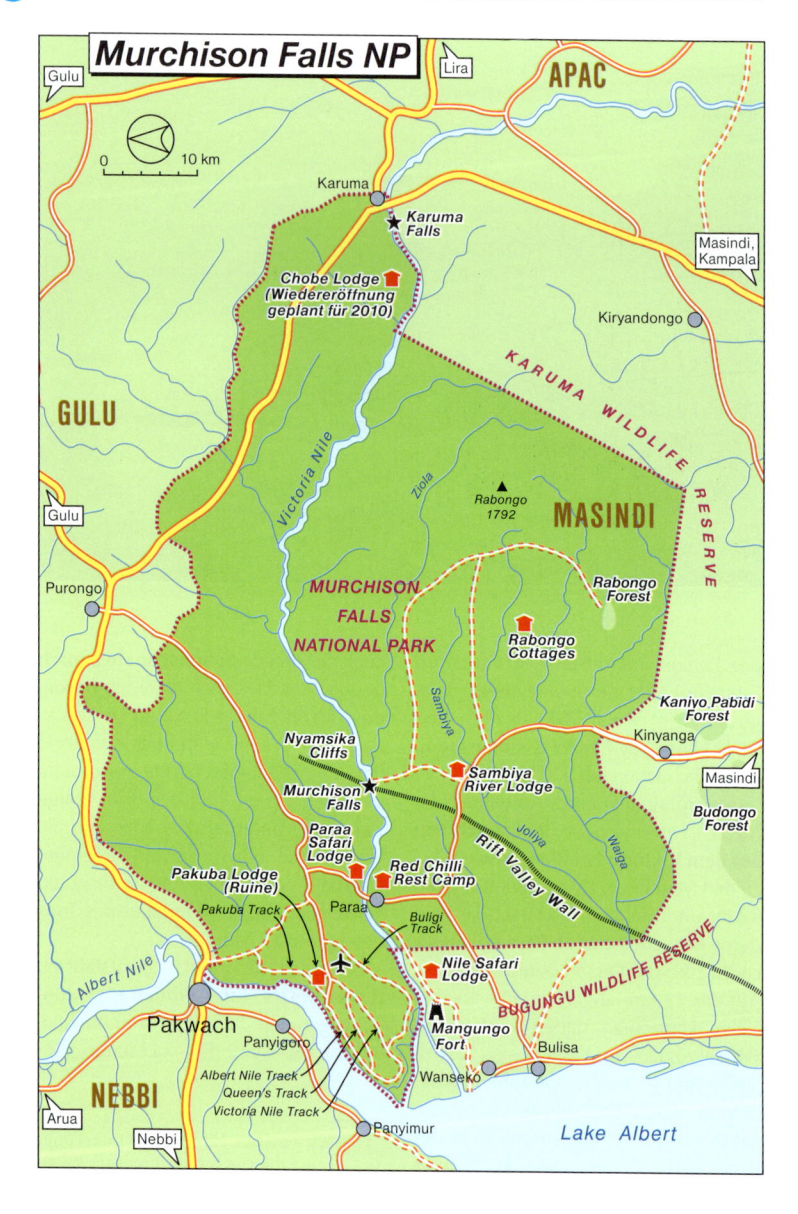

cen für den Schuhschnabelstorch und andere Wasservögel bestehen, abends verbunden mit wildromantischen Sonnenuntergangsstimmungen.

Es ist ferner möglich, in einigen Parkabschnitten zu **angeln.** Insbesondere Nilbarsche, Tilapia, große Welse und Tigerfisch locken in den sehr fischreichen Gewässern. Für die beliebte Sportfischerei werden von der Parkverwaltung Gebühren berechnet (Tagespermit 50 US-$ p.P., 4-Tage-Permit 100 US-$ p.P., Jahrespermit 300 US-$ p.P.).

Das Unternehmen Nile Navigation (Tel. 0414-572838, Mobiltel. 078-2169474, www.nilenavigation.com) bietet **Bootsfahrten ab Pakuba** auf dem selten befahrenen Albert-Nil an. Es werden Tagestouren und auch mehrtägige Fahrten weiter nördlich bis an die sudanesische Grenze (mit Campingübernachtung) angeboten (Kontakt vor Ort im Murchison Falls NP: Mobiltel. 077-7152067).

Anreise

Das **Park Headquarter in Paraa** liegt 92 km nördlich von Masindi. Von Kampala bis nach Paraa sind es 309 km. Der MFNP ist von Masindi aus über zwei Zufahrten („Gates") erreichbar. Die **Route über Butiaba und Bulisa** ist landschaftlich spektakulär, da sie auf den Berghängen an der Ostflanke des Lake Albert entlangführt und sehr gute Aussichtspunkte über den See und die angrenzenden Bergketten in der DR Kongo bietet. Sie ist jedoch länger (Entfernung Masindi – Bulisa – Paraa: 136 km), und der Pistenzustand ist teilweise schlecht. Die Einfahrt in den Park erfolgt über das **Bugungu Gate.** Die direkte Piste führt über das **Wairingo Gate** in den Park (Entfernung Masindi – Paraa: 92 km). Beide Pisten sind nach starken Regenfällen nur mit Allradfahrzeugen befahrbar. Der nördliche Parksektor ist über das **Wangkwar Gate** von Gulu und Pakwach aus erreichbar. Diese Anreise war in den letzten Jahren aufgrund der instabilen Sicherheitslage in Norduganda nicht zu empfehlen. Alternativ ist der Nordteil auch über die Nil-Fähre (gebührenpflichtig) bei Paraa erreichbar.

Für **Reisende ohne eigenes Fahrzeug** wird von den Betreibern des Red Chilli Rest Camp in Paraa (Mobiltel. 077-2509150 oder 077-2800636) ein Zubringerservice ab Masindi angeboten (Fahrpreis 5 Euro pro Person, mind. 20 Euro pro Fahrzeug, feste Abfahrten am Restaurant Traveller's Corner in Masindi, Mo und Sa 15 Uhr).

Informationen

Vgl. auch die Listung der Parkgebühren und sonstiger Gebühren im Kapitel „Nationalparks und Wildreservate".

- Einen guten Überblick bietet das vom Uganda Tourism Board (UTB) verlegte Büchlein **„Murchison Falls Conservation Area Guidebook"** von *Shaun Mann*. Es sollte vor Ort in Paraa oder in Kampala erhältlich sein.
- **Uganda Wildlife Authority (UWA)**
Plot 7, Kira Road, Kamwokya, PO Box 3530, Kampala, Tel. 0414-355000, Fax 0414-346291, www.ugandawildlife.org. Allgemeine Informationen zum Park, zur Sicherheitslage nördlich des Nils und zur Anreise.
- **Park Information Centre Masindi**
PO Box 455, Masindi, Tel./Fax 0465-420428, mfnp@uwa.or.ug. Das freundliche Personal hilft bei der Organisation von Fahrten in den Murchison Falls NP und in den Budongo Forest ab Masindi.
- **Park Headquarter**
Das Herz des MFNP ist die kleine Siedlung **Paraa** an den Ufern des Nils im Westen des Parks, wo sich neben dem Park HQ die Unterkünfte der Wildhüter, die Paraa Safari Lodge und das Red Chilli Rest Camp befinden. Die Launch-Trips auf dem Nil zu den Murchison-Fällen starten von hier. Eine kleine Fähre verbindet die beiden durch den Nil getrennten Parkteile (siehe „Anreise").

Hemingway an den Murchison Falls

Als ein Weihnachtsgeschenk an seine Frau *Mary* organisiert *Ernest Hemingway* Ende 1953 einen **Rundflug vom Wilson Airport in Nairobi nach Westuganda und in den Belgisch-Kongo**. Geflogen von dem befreundeten Piloten *Roy Marsh*, brechen sie am 23. Januar 1954 von Entebbe mit einer Cessna 180 zum Südende des Lake Albert auf, steuern entlang der Uferlinie weiter nach Norden, um schließlich dem Viktoria-Nil bis zu den Murchison Falls zu folgen. Gegen 1 Uhr nachmittags kreist die Maschine mehrmals über den Fällen, um Hemingways Ehefrau Mary gute Luftaufnahmen der Fälle zu ermöglichen. Dabei touchiert die Maschine einen Telegrafenmast, sodass das Propellerblatt, das Höhenruder der Maschine und die Antenne der Funkanlage beschädigt werden. Der Pilot Roy Marsh kann die Maschine jedoch abfangen und bewerkstelligt eine erfolgreiche **Notlandung im Busch.** Später wird Hemingway behaupten, die Maschine sei in einen fliegenden Trupp Heiliger Ibisse geflogen, um seinem Freund Marsh den Vorwurf fliegerischer Nachlässigkeit zu ersparen.

Nachdem Marsh die Antenne der Funkanlage wieder funktionstüchtig gemacht hat, sendet er mehrere **Notrufe.** Niemand antwortet. Der Pilot einer den Park auf dem Weg nach Europa überfliegenden Maschine ortet zufällig das Wrack, ohne jedoch Personen auszumachen. Er meldet das Flugzeug als abgestürzt, ohne Anhaltspunkt für Überlebende. Bereits am nächsten Tag verbreiten die Zeitungen in der Welt, Hemingway sei bei einem Flugzeugabsturz in Westuganda ums Leben gekommen.

Die Hemingways und Marsh schlagen unterdessen ein einfaches Zeltlager im Busch auf. Die einzige Flasche Wasser wird rationiert, ebenso vier Flaschen Carlsberg-Bier und eine Flasche schottischen Whiskys. Umgeben von Elefanten, verbringen die drei eine kühle Nacht am Lagerfeuer. Am nächsten Morgen werden sie auf das Signalhorn eines überraschend am Nilufer anlegenden Schiffes aufmerksam. Die **SS Murchison** mit Heimathafen Butiaba am Albertsee ist von einem in Kampala praktizierenden Chirurgen, *Dr. McAdam*, anlässlich der Goldenen Hochzeit seiner Schwiegereltern für eine Fahrt auf dem Nil bis zu den Murchison-Fällen gechartert worden. Die drei verschollen Geglaubten gelangen an Bord und fahren mit dem Schiff zurück nach Butiaba. Hemingway soll während der Bootsfahrt mit der SS Murchison vom Bootsführer zu einem exorbitanten Preis eine Flasche Gordon's Dry Gin, sein persönliches Allheilmittel in Afrika, erstanden haben.

In Butiaba warten bereits ein Polizeioffizier aus Masindi und Flugkapitän *Reginald Cartwright* vom Wilson Airport aus Nairobi auf die Gestrandeten. Cartwright überredet die Hemingways und Marsh, noch am gleichen Abend mit ihm in seiner Maschine **zurück nach Entebbe** zu fliegen, wo bereits die Presse auf Hemingway wartet. Sie benutzen dafür einen nahe gelegenen Luftlandestreifen, den zwei Jahre vorher die Filmcrew des Klassikers „The African Queen" angelegt hat für Drehaufnahmen auf dem Lake Albert und dem Viktoria-Nil. Die Startbahn ist mittlerweile verbuscht und durch die tropischen Niederschläge mit wellblechartig verhärtetem Untergrund reich gesegnet. Während des Starts kommt die **Maschine** ins Trudeln und **fängt** schließlich

Hemingway an den Murchison Falls

Feuer. Alle Insassen können rechtzeitig aus dem brennendem Flugzeug entkommen, allein Hemingway passt nicht durch die schmale Notausstiegsluke und muss stattdessen eine Flugzeugtür eintreten, um den Flammen zu entrinnen. Das gesamte Gepäck inklusive der persönlichen Papiere und 30 belichteter Filmrollen verbrennt. Polizeioffizier *Williams* bringt die erneut Gestrandeten später ins Masindi Railway Hotel. Am nächsten Morgen unterziehen sich alle vier einer ärztlichen Untersuchung und versenden mehrere „Überlebenstelegramme". Roy Marsh treibt einen alten Ford Zephyr auf, mit dem die Gruppe zurück nach Entebbe reisen kann. Bevor die Hemingways am 28. Januar 1954 nach Nairobi zurückkehren, erholen sie sich noch einige Tage im komfortablen Lake Victoria Hotel in Entebbe, wo sie auch Gepäck zurückgelassen hatten.

Im Oktober des gleichen Jahres erhält Ernest Hemingway den Nobelpreis für Literatur zuerkannt. Seine später veröffentlichte **Erzählung „True at first light"** beschreibt die Ereignisse des Januars 1954. Pilot Roy Marsh findet sich darin in der Figur des „Willie" wieder.

Uganda: Der Westen und das Ruwenzori-Gebirge

Murchison Falls National Park

Gebühren

Für die **Querung des Nils** im MFNP mittels Fähre fallen folgende Gebühren an (Ferry Crossing Fee):
- Busse und LKW: 95.000 USh
- Pickups, Minibusse: 35.000 USh
- Gewöhnliche PKW: 20.000 USh
- Pro Person: 2000 USh

Hotels und Lodges

Im Nordteil des Parks
- **Paraa Safari Lodge**

Kategorie AA, Marasa Central Reservations, Pan Africa House, Shop 9 Ground Floor, Kimathi Avenue, PO Box 22827, Kampala, Tel. 031-2260260/1 oder 0414-255992, Fax 031-2260262, www.paraalodge.com. Ab 110 US-$ pro Person im DZ inkl. Mahlzeiten. Die während der 1980er Jahre zerstörte und geplünderte Paraa Safari Lodge wurde von der kenianischen Sarova-Gruppe renoviert und 1996 wiedereröffnet. Bald darauf wurde die traditionsreiche Herberge (u.a. übernachtete hier die englische Königin *Elizabeth II.*) von der ugandischen Madhvani-Gruppe übernommen. Sie bietet 54 komfortable Zimmer, einen großzügigen Swimmingpool und ein exzellentes Restaurant. Zu Stoßzeiten (Wochenenden/Feiertage) ist eine Vorausbuchung erforderlich.
- Die ugandische Madhvani-Gruppe, der bereits die Paraa Safari Lodge und die Mweya Safari Lodge im QENP gehören, unterzeichnete im Jahr 2008 konkrete Verträge, um die im äußersten Osten des Parks ca. 8 km westlich der Karuma Falls spektakulär oberhalb des Nils gelegene, seit Jahrzehnten geschlossene und größtenteils zerstörte **Chobe Safari Lodge** nach einer umfassenden Renovierung 2010 wiederzueröffnen. Die Lodge war einst weltberühmt für die exzellenten Angelmöglichkeiten im Nil zwischen Karuma und Murchison Falls sowie für Wildbeobachtungen im nordöstlichen Teil des MFNP.

Im Südteil des Parks

- **Nile Safari Lodge**
Kategorie AA, c/o GeoLodges Uganda, PO Box 2288, Kampala, Tel. 0414-258273, Mobiltel. 077-2755855, Fax 0414-233992, www.geolodgesafrica.com. Ca. 11 km außerhalb des Parks an der Straße nach Bulisa gelegen, nur mit Allradfahrzeugen zu erreichen. Geräumige Safarizelte und schöne Holzbandas in traumhafter Lage am Ufer des Nils (insbesondere Banda Nr. 12), ideal für ornithologisch Interessierte. Mit gutem Restaurant, angenehmer Bar und Swimmingpool. U.a. werden Bootstouren auf dem Nil, geführte Vogelbeobachtungen und Besuche eines benachbarten Dorfes angeboten. Eine direkte Straße von der Lodge nach Paraa wurde angelegt. Ab 90 US-$ pro Person im DZ inkl. aller Mahlzeiten. Da außerhalb des Nationalparks gelegen, muss für die Übernachtung keine Parkgebühr entrichtet werden.

- **Sambiya River Lodge & Tented Camp**
Kategorie A, c/o Afri Tours & Travel, PO Box 5187, Kampala, Tel. 0414-233596, Fax 0414-344855, www.afritourstravel.com. Mitten im Park ca. 10 km südlich der Murchison-Fälle am Sambiya River gelegen. Inzwischen ziemlich in die Jahre gekommene steinerne Cottages bzw. Safarizelte mit Bad/WC. Schöne strohgedeckte Veranda mit Restaurant. Kleiner Swimmingpool. Kein Blick über den Nil, doch ruhige Atmosphäre. Ab 70 US-$ pro Person im DZ inkl. aller Mahlzeiten. Überholungsbedürftig.

- Das einst von der Parkverwaltung geführte Paraa Rest Camp wurde bereits vor Jahren privatisiert und in **Red Chilli Rest Camp** umbenannt (Kategorie C–D, c/o Red Chilli Hideaway Hostel & Campsite, Kampala, Mobiltel. 077-2509150, 077-2800636, www.redchillihideaway.com). Für Reisende ohne eigenes Fahrzeug wird ein Zubringerservice ab Masindi angeboten. Es stehen 14 kleine Rundhütten (Bandas) zur Verfügung, tadellos sauber mit jeweils zwei Betten inkl. Moskitonetz und Gemeinschaftsbad. Eine Vorausbuchung ist unbedingt erforderlich.

- Die von der Parkverwaltung geführten **Rabongo Forest Cottages** am Rabongo Forest Ecotourism Centre bieten einfache Unterkünfte ohne Restaurant.

Camping

- Es gibt **drei Campingplätze im Park.** Der romantischste von ihnen liegt an den Murchison-Fällen. Einfache sanitäre Einrichtungen und Feuerholz werden bereitgehalten.
- **Am Red Chilli Rest Camp** kann man ebenfalls gegen eine Gebühr zelten und dabei die Einrichtungen des Camps (Duschen, Kantine etc.) nutzen.
- Im Rabongo Forest gibt es einen **Campingplatz am Ufer des Wairingo River.**
- Ein schöner Campingplatz mit sauberen Sanitäranlagen befindet sich an der **Nile Safari Lodge** außerhalb der NP-Grenzen (10 US-$ pro Person).

Essen und Trinken

Die **Paraa Lodge sowie die genannten Safaricamps** südlich des Nils bieten gute, aber recht teure Buffets auch für nicht übernachtende Tagesgäste. Im **Red Chilli Rest Camp** sind Getränke wie Bier und „Sodas" erhältlich. Einfache, aber wohlschmeckende Gerichte werden auf Bestellung zubereitet. Selbstversorger finden **in Masindi** ein gutes Lebensmittelangebot.

Am Pool der Paraa Safari Lodge

Der Norden und Nordosten

Über **40% der Landesfläche Ugandas** werden von den **ariden Savannen- und Halbwüstengebieten** des Nordens und Nordostens eingenommen. Die spektakuläre, ausgesprochen sehenswerte Landschaft erhält ihre raue Schönheit durch den Wechsel von Gebirgsmassiven und Inselbergen mit schier endlosen Ebenen.

In den ehemaligen Provinzen West Nile, Northern und Karamoja leben etwa **25% der ugandischen Gesamtbevölkerung.** Die Bewohner gehören verschiedenen nilotischen und sudanesischen Gruppen an (meist Flüchtlinge aus dem benachbarten Südsudan). Als besonders ursprünglich lebend und sehr kriegerisch gelten die **Karamojong** im äußersten Nordosten.

Norduganda gilt seit jeher als das vernachlässigte **Armenhaus des Landes.** Fruchtbare Gebiete gibt es lediglich westlich des Albert-Nils und am Lake Kyoga, wo Baumwolle, Kaffee und Tabak in Form von cash crops angebaut werden. Trockenheit, Erosion, Bürgerkrieg, politische Unbeugsamkeit und daraus resultierende Benachteiligung gehören zu den Hauptgründen für die mangelhafte Entwicklung der gesamten Region.

Schon die Briten sahen im Norden, der mehr Gemeinsamkeiten mit dem Sudan als dem übrigen Uganda hat, vorwiegend ein Reservoir für billige Arbeitskräfte und Soldatenaushebungen. Nach der Unabhängigkeit war der Norden Schauplatz ethnischer Auseinan-

Ausgetrockneter Kidepo River

dersetzungen zwischen Langi, Teso, Acholi, Karamojong, sudanesischen „Nubiern" und „West Nilers". **Kriege, Plünderungen verschiedener Armeen, Rachefeldzüge, Zwangsrekrutierungen** (gerade in **Karamoja**) und der Zustrom hunderttausender Kriegsflüchtlinge aus dem Sudan führten zu Hungersnöten. Gruppen schwer bewaffneter Viehdiebe („Cattle Rustlers") suchten vor allem Karamoja und die angrenzenden Distrikte heim und führten untereinander erbitterte Kämpfe. Zuletzt kam es 2005 und 2007 zu erbitterten bewaffneten Auseinandersetzungen um Viehbestände in Karamoja, in deren Folge mehrere hundert Menschen starben. 2001 startete die ugandische Regierung ein groß angelegtes **Entwaffnungsprogramm,** um eine dauerhafte Befriedung Karamojas zu erreichen. Das Programm musste jedoch 2002 als **gescheitert** beendet werden – nur 9000 der geschätzt ca. 100.000 Handfeuerwaffen in Karamoja konnten konfisziert werden. Nach neuerlichen blutigen Auseinandersetzungen in Nordkaramoja im Zusammenhang mit dem von der Zentralregierung in Kampala befürworteten Goldabbau bei Kaabong durch einen südafrikanischen Minenbetreiber wurde Ende 2006 ein weiteres Entwaffnungsprogramm gestartet. Auch diesmal stehen die Chancen der Regierungssoldaten schlecht, ihr Ziel mit Gewalt zu erreichen, zumal den von spärlichen Einkünften aus der Landwirtschaft und Viehzucht abhängigen Karamojong-Kriegern alternative Einkommensmöglichkeiten zu gewaltsamem Viehdiebstahl, Waffenhandel oder Schmuggel fehlen.

Die in der Umgebung von Moroto liegenden **Wildlife Reserves Matheniko, Pian-Upe** und **Bokora** können heute bestenfalls mit landschaftlichen Reizen aufwarten. Große Teile der Tierwelt wurden gewildert – ein Resultat der weiten Verbreitung von Handfeuerwaffen in Karamoja.

Die seit Ende der 1970er Jahre schlechte **Sicherheitslage im Norden und Nordosten** hatte sich Mitte der 1990er Jahre vorübergehend entspannt. Ende 1995 wurde nirgends mehr gekämpft, und der Norden galt mit leichten Einschränkungen als voll bereisbar. Im Februar 1996 fielen jedoch erneut einige hundert Rebellen der von *Joseph Kony* geführten **LRA** (Lord's Resistance Army) in das Gebiet nördlich des Viktoria-Nils ein. Sie erschütterten insbesondere die Region um Gulu durch Terrorakte. In den folgenden Jahren machte die LRA weite Teile des Nordens unsicher und fiel auch mehrfach in den Nordteil des Murchison Falls National Park ein. Insbesondere Schulen und christliche Missionen fielen den Überfällen der Gruppe zum Opfer. Tausende von Kindern wurden zwangsrekrutiert, Mädchen zur Prostitution innerhalb der Rebellenarmee gezwungen.

Die Verfolgung der LRA-Rebellen durch ugandische Regierungstruppen blieb lange Zeit durch die Nutzung von Rückzugsbasen im Südsudan erschwert. Da Uganda die im Südsudan operierende **SPLA** (= Sudan People's Liberation Army) militärisch unterstützte, gewährte die sudanesische Regierung gegen *Museveni* agierenden Rebellengruppen traditionell Rückzugsmöglichkeiten auf sudanesischem Territorium. Erst die politische Aussöhnung mit dem Regime in Khartoum im Dezember 1999 ermöglichte Militäraktionen, die auch den Südsudan einbezogen. Nach einem Abkommen mit der Regierung des Sudan im März 2002 begann die **„Operation Iron Fist"** mit bis zu 10.000 ugandischen Soldaten, die im Süden Sudans die LRA aufzureiben versuchten. Allerdings gab es weiterhin Anschläge im Norden Ugandas (so im Juli 2002 auf ein Flüchtlingscamp der Vereinten Nationen), wenn auch die LRA militärisch geschwächt wurde.

Es gelang den ugandischen Truppen jedoch nicht, die LRA entscheidend in die Knie zu zwingen. Erst mit dem Friedensschluss der sudanesischen Kriegsparteien im Südsudan im Jahr 2005 verlor die LRA ihre Basen und Nachschublinien im Sudan. Die friedliche Entwicklung im Südsudan zwang *Joseph Kony,* sein Hauptquartier in den Nordosten der DR Kongo, ab 2008 weiter nördlich in die Zentralafrikanische Republik und zuletzt auch in die angrenzende Region Darfur im Südwestsudan zu verlagern. Im Jahr **2006** handelte die ugandische Regierung mit der LRA eine **Waffenruhe** aus und trat in Verhandlungen um ein Friedensabkommen ein, dessen Unterzeichnung im April 2008 von *Joseph Kony* verweigert wurde. Geplant war eine juristische Aufarbeitung der LRA-Verbrechen vor ugandischen Gerichten. Der mit Haftbefehl des Internationalen Strafgerichtshofs in Den Haag gesuchte *Kony* hoffte auf diesem Weg eine Auslieferung nach Den Haag zu verhindern. Parallel durchgeführte **heimliche Militäraktionen**, die auf eine direkte Ausschaltung der LRA-Kommandostrukturen ausgerichtet waren, sind mehrmals gescheitert. Für ihre Bereitschaft, *Kony* im Falle eines Friedensabkommens tatsächlich nicht nach Den Haag auszuliefern, wurde die ugandische Regierung von den Vereinten Nationen Ende 2007 heftig kritisiert.

Von den ca. **1,7 Mio. Binnenflüchtlingen** in Norduganda ist bislang weniger als die Hälfte in ihre oftmals zerstörten Heimatdörfer zurückgekehrt. Zu groß ist die Angst, der Frieden könnte brüchig und nur von kurzer Dauer sein. Zudem sind die vielschichtigen gewaltbeladenen Konflikte in Karamoja weiter ungelöst.

Auch wenn die Aktivitäten der LRA in Uganda seit dem Jahr 2008 fast vollständig zurückgedrängt werden konnten, gilt es, bei Fahrten in den Norden Ugandas **vor Reiseantritt genaue Erkundigungen** bei den Botschaften in Kampala sowie bei Kirchen, die Missionsstationen in der Region unterhalten, einzuholen. Militärkontrollen, Fahrten im Konvoi und Ausgangssperren sind beim Reisen zu berücksichtigen. Von den genannten militärischen Konflikten in Karamoja nicht unbeschadet, galt die Zufahrt zum landschaftlich grandiosen **Kidepo Valley NP** durch Karamoja über Moroto und Kotido Anfang 2010 als **nicht sicher.**

Seit dem Friedensvertrag von Januar 2005 wird der **Südsudan als autonome Region** entwickelt. Der Vertrag übertrug der mit dem Westen kooperierenden **SPLM** (Sudanese People's Liberation Movement = Sudanesische Volksbefreiungsbewegung) bzw. ihrem militärischen Arm, der SPLA unter Rebellenchef *John Garang,* der am 30. Juli 2005 bei einem Hubschrauberabsturz ums Leben kam, offiziell die Macht im Süden des Staates. *Garang* bzw. sein Nachfolger *Salva Kiir Mayardit* wurden zusätzlich Vizepräsident des Gesamtstaates. Der Süden hat nun Anspruch auf die Hälfte der Einnahmen aus dem Erdölgeschäft, um die sich die Regierung in Khartum im Norden des Landes und die SPLM/SPLA in der Vergangenheit heftige Kämpfe lieferten. Nach einer Übergangszeit von sechs Jahren darf der Süden 2011 laut Vertrag über den Verbleib oder die Abspaltung von der Republik Sudan abstimmen. Beobachter rechnen mit einer Abspaltung des rohstoffreichen Südsudan und erwarten eine Annäherung an das westlich orientierte Kenia.

Gulu ⌨ III, C3

Gulu (1110 m), mit ursprünglich ca. **50.000 Einwohnern** die größte Stadt in Norduganda, gilt als **Zentrum der Acholi.** Zählt man die zahlreichen inzwischen hier ansässigen **Flüchtlinge** hinzu, kommt Gulu leicht auf 120.000 Einwohner und wäre damit nach Kampala und Jinja/Njeru die drittgrößte Stadt Ugandas. Die staubige Stadt ist Durchgangs- bzw. Übernachtungsort für Reisende in die DR Kongo, in den Sudan, in den Nordteil des Murchison Falls NP und zum Kidepo Valley NP. Die

Ebola – tödliches Fieber

Das Ebola-Virus verursacht ein hämorrhagisches, also Blutungen auslösendes, **Fieber, das in 50–90% der Fälle zum Tode führt.** Es kommt nur in Afrika vor.

Übersicht der Ebola-Epidemien

1976 brach am Ebola-Fluss in Nord-Zaire erstmals eine schwere Epidemie aus und rückte die bis dahin unbekannte Infektionskrankheit in das Bewusstsein der Weltöffentlichkeit. Bis 2003 wurden sieben größere Ausbrüche verzeichnet; Anfang Oktober 2000 brach eine Ebola-Epidemie in Norduganda aus und forderte 169 Todesopfer, im Februar 2003 trat die bislang letzte größere Epidemie ca. 800 km nördlich von Brazzaville/Republik Kongo auf. Dabei starben laut Weltgesundheitsorganisation WHO bis zum 6. Mai von 143 Infizierten 128 Personen (Sterblichkeitsrate: 90%). Zeitgleich verendeten dort zahllose Gorillas und Schimpansen (siehe Exkurs „Ebola bedroht Gorillas").

Für Menschen, die tief in risikobehafteten Waldregionen Ost-, Zentral- und Westafrikas eindringen oder von dort stammendes „Bushmeat" verzehren, besteht ein unkalkulierbares Infektionsrisiko, denn bis heute ist die primäre Infektionsquelle des Ebola-Virus nicht sicher bekannt. Als Infektionsquelle vermuten Wissenschaftler Tierarten (Fledermäuse), die den Erreger beherbergen, ohne selbst zu erkranken. Es gilt als wahrscheinlich, dass sich Menschen durch den Genuss von Affenfleisch infizieren. Die Tiere kommen als Primärwirte aber nicht in Frage, da sie selbst an der Krankheit versterben.

Übertragung und Krankheitsverlauf

Das Virus wird durch Körperflüssigkeiten erkrankter Personen übertragen. Krankenhauspersonal, Patienten, die mit infizierten Spritzen/OP-Bestecken behandelt wurden, oder Angehörige sind daher besonders gefährdet. Ebola kann zudem durch sexuellen Kontakt übertragen werden. Viele Betroffene infizieren sich bei den Begräbniszeremonien für Ebola-Opfer, da der Kontakt mit den hoch infektiösen Toten dabei oft sehr eng ist. Eine Ansteckung durch Tröpfcheninfektion über die Atemwege gilt als unwahrscheinlich.

Die Symptome beginnen 2 bis 21 Tage nach der Infektion: Fieber, Schüttelfrost, Kopfschmerzen, Muskelschmerzen und Appetitverlust. Dann folgen Erbrechen, Durchfall, Magen- und Darmkrämpfe sowie starke Brustschmerzen. Es kommt zu ausgeprägten Gerinnungsstörungen und die Patienten beginnen überall zu bluten: im Magen-Darm-Trakt, an Haut und Schleimhäuten, aus den Einstichstellen von Injektionsnadeln und angelegten Infusionslösungen sowie im Bereich lebenswichtiger innerer Organe (Leber, Milz, Lunge, Nieren). Am 5. bis 7. Tag tritt ein masernartiger Hautausschlag auf. Neurologische Symptome mit Lähmungen und psychische Veränderungen sind häufig. Der Tod tritt in der Regel bis zum 10. Krankheitstag durch Multiorganversagen ein.

Diagnose und Behandlung

Ebola wird klinisch und durch den frühen molekulargenetischen Virusnachweis mittels Polymerase-Kettenreaktion (PCR) diagnostiziert. Bislang ist eine spezifische Therapie oder Heilung nicht möglich. Die Betroffenen sind deshalb konsequent zu isolieren. Nach dem deutschen Infektionsschutzgesetz sind Personen bereits beim bloßen Verdacht meldepflichtig. In speziell dafür eingerichteten infektiologischen Kompetenzzentren können Ebola-Patienten in Deutschland auf speziellen Sonderisolierstationen behandelt werden.

Ein wirksamer Schutz vor Ebola ist ohne die Kenntnis des Hauptwirtes oder des Übertragungsweges nicht möglich. Eine Impfung gibt es bislang nicht, es wird aber weltweit an der Entwicklung eines Impfstoffes gearbeitet.

Gegend hat durch die über Jahre hinweg **schlechte Sicherheitslage** seit langem kaum Touristen gesehen und wurde seit 1996 als wichtigster Vorposten der ugandischen Armee UPDF im Kampf gegen die Rebellengruppe LRA militärisch ausgebaut.

Im Oktober 2000 brach im Distrikt Gulu die bislang größte Epidemie des tückischen **Ebola-Fiebers** aus (siehe Exkurs). Mehr als 400 Personen erkrankten, 169 starben. Auch die Distrikte Masindi und Mbarara waren betroffen. Die ugandische Regierung und die durch zahlreiche Fachkräfte der Weltgesundheitsorganisation WHO unterstützten Gesundheitsbehörden zeichneten sich dabei durch ein vorbildliches Krisenmanagement aus, durch das eine weit höhere Zahl von Erkrankten und Todesopfern vermieden werden konnte.

27 km nördlich von Gulu liegt die Ruine des 1872 von *Samuel Baker* errichteten und später von *Emin Pascha* genutzten **Fort Patiko (Baker's Fort).** Der Nordteil des Murchison Falls NP ist von der Strecke Gulu – Pakwach aus erreichbar. Diese Anreise ist jedoch nicht üblich (Alternative: Von Paraa im Südteil des Parks aus gibt es eine Fährverbindung über den Nil zum Nordteil), gilt aber seit 2008 als sicher.

●**Vorwahl von Gulu: 0471**

Anreise und Weiterreise

●**Flugverbindungen:** Gulu verfügt über einen kleinen Flughafen (Airstrip). Mehrmals wöchentlich fliegt z.B. Eagle Air ab Entebbe nach Gulu (mit Weiterflug nach Kitgum und vice versa).

●**Zugverbindungen:** Gulu liegt an der stillgelegten Northern Line, die von Mbale über Soroti, Lira und Gulu bis nach Pakwach führt.
●**Überlandbusse, Matatus und Trucks:** Täglich verkehren Express-Busse nach Kampala (Asphaltstraße, Fahrpreis 6 Euro). Nach Lira und Arua/Nebbi/Pakwach existieren Bus- und Matatuverbindungen (Asphalt- bzw. Schotterstraße). Zur sudanesischen Grenze bei Nimule und nach Kitgum verkehren ebenfalls Busse und Matatus.

Weiterreise in die DR Kongo und in den Sudan

Die Sicherheitslage und die Grenzsituation erlaubten im Frühjahr 2010 keine touristischen Reisen in die DR Kongo und in den Südsudan. Eine Grenzquerung in beide Länder ist möglich, wird aber in erster Linie von Mitarbeitern von Hilfsorganisationen genutzt. Bei entspannter Lage gibt es relativ viel Truck-Verkehr auf der Strecke Nimule – Juba (Sudan). Nach Aru (DR Kongo) kann man mit Trucks über Pakwach/Arua gelangen. Ab Aru kommt man im Kongo auf miserabler Piste allerdings nur noch schwer vorwärts.

Unterkünfte, Hotels und Restaurants

Kategorie B–C
●**Acholi Inn**
PO Box 239, 4/6 Elizabeth Road,
Tel. 235915, Mobiltel. 077-2404228,
lizotema@yahoo.co.uk.
 Einfache EZ bzw. DZ mit Bad/WC. Restaurant, Swimmingpool. Ehemals staatliches Hotel, jetzt privat geführt.
●**Hotel Pearl Afrique**
8 Paul Odongo Road, Mobiltel. 077-2435032.
 Saubere Zimmer mit Dusche/WC. Restaurant und Bar.
●**Hotel Roma**
PO Box 779, 16 Coronation Road,
Mobiltel. 077-2502366.
 EZ bzw. DZ mit Dusche/WC. Bar. An manchen Tagen laute Disco. Sauber und empfehlenswert.

- **JoJo's Place**
5 Market Street, Tel. 435770.
Relativ neues Hotel mit einfachen, sauberen Zimmern. Restaurant, Bar.

Kategorie D
- **Luxor Lodge**
Gegenüber den Standplätzen für die Überland-Lkw. Sehr einfach.

Arua ⌅ II, A3

Das durch Flüchtlingszustrom inzwischen ca. **50.000 Einwohner** zählende Arua (1204 m) liegt abgelegen etwa 500 km nordwestlich von Kampala im Nordwesten Ugandas an der Grenze zur DR Kongo. Es ist eine sich dynamisch entwickelnde Kleinstadt mit großer Bedeutung als Durchgangsort für Reisende und Trucks auf ihrem Weg von und nach dort. Die Gegend hat durch die über Jahre hinweg **schlechte Sicherheitslage** seit längerer Zeit kaum europäische Reisende gesehen. In den letzten Jahren hat sich die Sicherheitslage in der Region allerdings deutlich verbessert. Unrühmliche Bekanntheit erlangte Arua als **Geburtsstadt des Diktators Idi Amin.**

Bemerkenswert ist der **große Markt** im Stadtzentrum, auf dem z.B. zahlreiche Vitenge-Tücher (kongolesische Sarongs), gewachste Batikarbeiten und andere Güter aus dem benachbarten Kongo (wie z.B. Gold) verkauft werden. Die Stadt kann über ein gutes Asphaltstraßennetz erkundet werden und verfügt über mehrere kleine Hotels, lokale Restaurants, Moscheen, ein Krankenhaus und sogar über einen kleinen touristisch orientierten Souvenirshop.

Anreise und Weiterreise

- **Flugverbindungen:** Der kleine Airstrip Aruas wird täglich von privaten Fluggesellschaften ab Entebbe angesteuert, beispielsweise von Eagle Air, PO Box 7392, Kampala, Tel. 0414-344292 oder 0414-320601 (Entebbe Airport), Fax 0414-344501, eagle@swift-uganda.com. Regelmäßig finden auch Versorgungsflüge der vor Ort vertretenen Hilfsorganisationen statt.
- **Busse und Matatus:** Regelmäßig verkehren Busse nach Gulu über Nebbi und Pakwach (mehrmals täglich sogar weiter bis Kampala, Fahrpreis 10 Euro). Matatus fahren nach Nebbi, Pakwach, Gulu und in mehrere kleine Orte in der Umgebung.

Kaffeefrüchte liegen zum Trocknen aus

- Vorwahl von Arua: 0476

Unterkünfte, Hotels und Restaurants

- **White Castle Hotel**
Kategorie B–C, Nebbi Road,
Mobiltel. 077-2880830,
www.whitecastlehotel.com.
Führendes Hotel Aruas, 4 km außerhalb des Zentrums an der Straße nach Nebbi gelegen. 29 empfehlenswerte Zimmer mit Bad/WC und Sat-TV. Mit eigenem Swimmingpool. Gutes Restaurant.
- **Hotel Delambiance**
Kategorie C, 15 Afra Road,
Mobiltel. 077-464311.
Zweites Haus am Platz, zentral und unweit des Dolphin Guesthouse gelegen. Deutlich einfacher als das White Castle Hotel, aber sauber.
- **Dolphin Guesthouse**
Kategorie C–D, 30 Afra Road,
Mobiltel. 071-2190206.
Sauberes Guesthouse, mit kleinem Restaurant (u.a. chinesische und indische Küche).
- Es gibt eine Fülle anderer einfacher Hotels im Stadtzentrum, brauchbar sind z.B. **Heritage Gardens Hotel, Shade Inn** oder das **Heritage Bamboo Guesthouse.**
- Für Mitteleuropäer akzeptable Gerichte bekommt man z.B. im **Oasis Inn, White Castle Hotel** oder im **Dolphin Guesthouse.** Darüber hinaus finden sich noch einige kleine, sehr einfache Guest Houses und Restaurants mit afrikanischem Essen in der Stadt.

Pakwach ♪ VI, B1

Pakwach ist eine Kleinstadt am Westrand des Murchison Falls NP, die über die einzige Nilbrücke der Region verfügt. Die reizvolle Lage **am Ufer des Albert-Nils** hilft ein wenig über die **katastrophale Wasserversorgung** hinweg. Im Ort gibt es mehrere einfache Gästehäuser der Kategorien C–E, einen kleinen Markt und kleine Restaurants und Essstände mit einfachen afrikanischen Gerichten, Bier und „Sodas".

Vor Beginn der andauernden Kriegswirren im Kongo/Zaire war Pakwach ein Knotenpunkt für Reisende auf dem Weg in den Kongo und zum kongolesischen Parc National de la Garamba. Nach Aru (DR Kongo) und eventuell auch weiter kann man von Pakwach und Nebbi mit Trucks gelangen, allerdings ist von Reisen in den Nordostkongo derzeit (2010) wegen der schlechten Sicherheitslage dringend abzuraten. Die **Grenze** ist für kongolesische Verhältnisse relativ einfach zu queren. Ab Aru kommt man auf miserabler Piste allerdings nur noch mühsam vorwärts. Die Piste weiter zum **Garamba-Park** führt über die kleinen Orte Aba und Faradje (Straßenverlauf häufig unklar). Mit eigenem Transport und guter Vorbereitung ist eine Reise zum Parc National de la Garamba (inzwischen leider vollständig erloschene Restpopulation der seltenen nördlichen Unterart des Breitmaulnashorns) prinzipiell ohne Weiteres durchführbar. Da der Garamba-Park seit 2005 als Rückzugsgebiet der LRA-Rebellen gilt, wird von Reisen dorthin allerdings dringendst abgeraten!

Überfliegungen durch die amerikanische Wildlife Conservation Society (WCS) im Jahr 2007 zeigten, dass im Südsudan trotz des jahrzehntelangen Bürgerkrieges mit großen Wildtierbeständen zu rechnen ist, vor allem im Boma National Park. **Safaris auf dem Albert-Nil** bzw. Weißen Nil bis in den Südsudan hinein wurden Anfang 2010 vom Safariunternehmen Bahr El Jebel Safaris (Mobiltel. 077-2906938 oder 070-1906938, www.bahr-el-jebel-safaris.com) angeboten, das in Uganda auch ein eigenes Safaricamp am Albert-Nil nördlich von Pakwach unterhält (River Camp, Mobiltel. 070-1998444 oder 070-2757000). Einreisegenehmigungen für Touristen sind an der sudanesischen Grenze für 25 US-$ erhältlich.

Moyo und Adjumani ♫ II, B2

Die Distriktstadt **Moyo** ist ein exponierter Außenposten der ugandischen Autoritäten im äußersten Norden des Landes, nur 7 km von der **Grenze zum Sudan** (Grenzübergang) entfernt. Über viele Jahre war der Geschützlärm der bewaffneten Auseinandersetzungen im Südsudan bis über die Grenze zu hören – wie gut, dass Moyo schon damals über ein kleines Krankenhaus verfügte.

Das weiter südlich gelegene Städtchen **Adjumani** an der Strecke nach Gulu ist ein wichtiger Handelspunkt in der Region. Die Versorgungssituation ist überraschend gut, da sudanesische Flüchtlingskader und Mitarbeiter von UN-Organisationen wie anderer vor Ort engagierter Nichtregierungsorganisationen dafür sorgen, dass neben Grundnahrungsmitteln auch stets ausreichend Kaffee, Whisky, Zeitungen oder Zigaretten erhältlich sind.

Die **Gegend um Moyo** gehört zu den schönsten Landschaften in ganz Uganda. Am Horizont einer trockenen Savannenlandschaft, die vom Albert-Nil zerteilt wird, kann man im Norden bereits die Gebirgsketten des Südsudan erkennen. Seit den 1960er Jahren andauernde Flüchtlingsströme aus den Bürgerkriegsgebieten im Südsudan haben ihren Beitrag zur kompletten **Entwaldung** der Region geleistet. In den späten 1970er und frühen 1980er Jahren, während des ugandischen Bürgerkrieges, waren auch endlose Militäroperationen und Flüchtlingsbewegungen auf ugandischer Seite an der Tagesordnung. Wirtschaftlich musste die Region den Kollaps der einst gut gehenden Baumwollindustrie verkraften.

Die über viele Jahre **schlechte Sicherheitssituation** hat sich in Form eines katastrophalen Straßensystems, eines fehlenden Telefonnetzes, mangelnder Wasserversorgung und unzureichender Stromversorgung niedergeschlagen. Eine funktionierende Notstromversorgung über Generatoren erfolgt in Moyo und Adjumani in den Abendstunden von 19–22.30 Uhr.

Die Region am Albert-Nil gilt als eines der besten **Angelgebiete** für mächtige Nilbarsche. Ferner werden Welse, Karpfen und Tigerfisch gefangen. Über die Arra Fishing Lodge bei Adjumani (s.u.) können entsprechende Touren für Sportfischer auf dem Nil organisiert werden.

Seit dem Friedensschluss der Kriegsparteien im Südsudan 2005 sind ab der Arra Fishing Lodge auch mehrtägige **Bootsexkursionen auf dem Nil** bis weit in den Sudan hinein möglich. Lohnenswert ist auch eine Fahrt ins bislang wenig erschlossene **East Madi WR** südlich von Adjumani, im dem noch größere Restbestände von Uganda-Kobs und anderen Antilopen vorkommen.

Anreise und Weiterreise

- **Flugverbindungen:** Die Airstrips von Adjumani, Moyo und Arua werden täglich von Eagle Air sowie von Versorgungsflügen des Flüchtlingshilfswerks der Vereinten Nationen (UNHCR) angesteuert. Für Gäste der Arra Fishing Lodge können Charterarrangements ab Entebbe getroffen werden (Tel. 0414-258711). Eagle Air (PO Box 7392, Kampala, Tel. 0414-344292, Fax 0414-344501, eagle@swiftuganda.com) fliegt regelmäßig nach Moyo und Adjumani.
- **Busse und Matatus:** Busse und Matatus verkehren täglich zwischen Gulu und Adjumani bzw. Moyo. Die Sicherheitslage auf der Strecke sollte vor Fahrtantritt gründlich geprüft werden. Adäquate Auskünfte erteilt z.B. das UNHCR in Kampala. Von Kampala gibt es direkte Busverbindungen nach Adjumani und Moyo (10 Euro) und vice versa.

Unterkünfte, Hotels und Restaurants

- **Arra Fishing Lodge**
Kategorie A–B, PO Box 150, Adjumani, Mobiltel. 077-374560 oder 077-2374560, Fax 075-627187 (c/o Metropolitan Travel Bureau, Kampala), www.nileperch.com. Luxury Tented Camp unter österreichischer Leitung für begeisterte Sportfischer am Ufer des Albert-Nils südlich von Moyo. Die Anreise zur Lodge erfolgt vom ca. 30 Minuten entfernten Airstrip von Adjumani.
- **Oyo Inn,** Kategorie D, Moyo.
- Es gibt darüber hinaus noch einige kleine, sehr einfache **Guest Houses und Restaurants** mit afrikanischem Essen in der Stadt.

Lira ♪ VIII, A2

Das durch Flüchtlingszustrom mittlerweile ca. **90.000 Einwohner** zählende Lira (1090 m) liegt zwischen Soroti und Gulu und ist das **Zentrum der Langi.** Die Entfernung nach Kampala (via Karuma Falls) beträgt 356 km. Der Hauptarbeitgeber in der sehr armen Region ist die vor einigen Jahren generalüberholte Lira Spinning Mill. Die dynamische Stadt weist kein besonderes Profil auf, verfügt jedoch über eine Bank, mehrere Tankstellen und einen gut bestückten **Markt.** Eine Stichstraße nach Süden führt zum **Lake Kyoga,** wo man mit Fischerbooten durch dichten Papyrus-Sumpf auf das Wasser hinausfahren kann (der Preis ist Verhandlungssache).

Anreise und Weiterreise

- **Flugverbindungen:** Der kleine Flughafen Liras wird durch Chartergesellschaften von Entebbe aus angeflogen.
- **Bahnverbindungen:** Lira liegt an der stillgelegten Northern Line, die früher von Mbale über Soroti, Lira und Gulu bis nach Pakwach führte.
- **Busverbindungen:** Von Lira gibt es gute Verbindungen mit Bussen und Sammeltaxis nach Gulu, Soroti und Mbale. Nach Kampala existieren tägliche Expressbus-Verbindungen (7 Euro). Die Asphalt- bzw. Schotterstraßen nach Gulu und Soroti sind gut befahrbar.

- **Vorwahl von Lira: 0473**

Unterkünfte, Hotels und Restaurants

- **Lillian Towers Hotel**
Kategorie B–C, Inomo Road, Tel. 20954/5, lilliantowers@lilliantowers.co.ug.

Beliebtes Hotel mit 20 Zimmern. Restaurant und Bar. Internet-Verbindung.
- **Lira Hotel**
Kategorie B–C, PO Box 350, Lira, Tel. 20024, Mobiltel. 077-2594184, Fax 235915.

Privatisiertes Hotel der ehemals staatlichen Uganda-Hotels-Kette. Relativ laut. Akzeptables Restaurant mit einfachen Speisen.
- **Hotel Pan Afric**
Kategorie B–C, Plot 25, Kyoga Road, Mobiltel. 078-2369140 oder 071-2961552.

14 saubere Zimmer mit Sat-TV. Zubringer zur Bushaltestelle.
- **Pauline Hotel**
Kategorie B–C, Plot 4,
Omondo Anyuru Road,
Mobiltel. 078-2203714.

10 saubere Zimmer außerhalb des Stadtzentrums, daher angenehm ruhig.
- Darüber hinaus gibt es **mehrere einfache Guest Houses** in der Stadt, recht spartanisch und häufig ohne fließendes Wasser. An der Hauptstraße werden in **kleinen Restaurants** einfache afrikanische Gerichte zubereitet.

Soroti

♪ VIII, B2/3

Soroti (1125 m) liegt zwischen Mbale und Lira (128 km) im Osten Ugandas, hat über **40.000 Einwohner** und ist das **Zentrum der Teso**. Die Stadt hat etwas von der **Atmosphäre einer verlassenen Grenzstadt**. Die Gegend um Soroti ist bereits erheblich heißer und trockener als im nur 100 km entfernten Mbale und dementsprechend auch landschaftlich vollkommen anders. Neben einigen kleinen Hotels, Restaurants, Lebensmittelgeschäften, Tankstellen und Verwaltungseinrichtungen befindet sich hier die **Soroti Flying School,** in der Piloten für die gesamte ostafrikanische Region ausgebildet werden. Ende der 1990er Jahre schien die Flugschule wegen Finanzierungsnöten zu verwahrlosen, doch wurden mittlerweile Renovierungspläne des Transportministeriums in Angriff genommen.

An der Strecke nach Mbale befinden sich im Kumi-Distrikt die **Nyero Rock Paintings** (Ausmalungen von drei kleinen Höhlen), die zwischen 300 und 1000 Jahre alt sein sollen und zu den besterhaltenen Felsmalereien in Ostafrika zählen.

Auf der Strecke nach Mbale passiert man auch die Sümpfe um den **Lake Bisina.** Es lohnt sich, hier nach Wasservögeln wie dem seltenen Schuhschnabelstorch Ausschau zu halten.

Anreise und Weiterreise

- **Flugverbindungen:** Der kleine Flughafen Sorotis wird durch Chartergesellschaften von Entebbe aus angeflogen.
- **Bahnverbindungen:** Soroti liegt an der stillgelegten Northern Line, die früher von Mbale über Soroti, Lira und Gulu bis nach Pakwach führte.
- **Busverbindungen:** Von Soroti gibt es gute Verbindungen mit Bussen und Sammeltaxis nach Mbale, Lira und Gulu. Nach Kampala existieren mehrere Expressbus-Verbindungen (4 Euro) sowie eine tägliche Verbindung mit dem EMS Post Bus (5 Euro). Die Asphaltstraße nach Mbale/Tororo ist in exzellentem Zustand, auch die Schotterstraße nach Lira (ab 2010 sind Asphaltierungsarbeiten vorgesehen) ist gut befahrbar. Die Piste nach Moroto (hier sind ab 2010 ebenfalls Asphaltierungsarbeiten vorgesehen) war 2009 in passabler Verfassung.

- **Vorwahl von Soroti: 0454**

Landschaftsimpressionen
aus der Provinz Karamoja

Karte Atlas VIII

SOROTI 287

Uganda: Der Norden und Nordosten

Unterkünfte, Hotels und Restaurants

● **Soroti Hotel**
Kategorie B–C, PO Box 1,
Serere Road, Tel. 561269.
   Einst staatliches Hotel, inzwischen privatisiert und generalüberholt. Saubere EZ bzw. DZ mit Bad und WC. Gutes Restaurant und Bar.
● **Golden Ark Hotel**
Kategorie B–C, Mbale Road, Tel. 561341 oder 561195, Mobiltel. 077-2235038.
   Relativ neues Hotel mit geräumigen, sauberen Zimmern mit Bad/WC und Sat-TV. Internetanschluss. Restaurant und Bar.
● **Landmark Hotel**
Kategorie C, Plot 29/31 Solot Avenue,
Tel. 561301, Mobiltel. 078-2515959,
landmarkhtl@yahoo.com.
   32 Zimmer. Restaurant und Bar.
● **Eneku Village**
Kategorie C–D. Über die Moroto Road zu erreichen (ausgeschildert), gegenüber der Blindenschule St. Madera. Ca. 5 km außerhalb der Stadt an der Straße nach Moroto. Saubere Zimmer mit Frühstück. Restaurant und Bar.
● Darüber hinaus gibt es **mehrere einfache Hotels und Guest Houses** in der Stadt, häufig ohne fließendes Wasser. An der Hauptstraße servieren mehrere **kleine Restaurants** meist afrikanische Gerichte.

Moroto ⚐ IX, D1

Moroto (1370 m) liegt **am Rande der** noch sehr wilden und ursprünglichen **Provinz Karamoja** in Nordostuganda. Es ist über eine mit Allradfahrzeugen gut zu befahrende, 168 km lange Piste von Soroti aus zu erreichen (Asphaltierung projektiert ab Ende 2010).

In der kleinen Stadt scheint die Zeit seit Jahrzehnten stehen geblieben zu sein. Es gibt einige kleine Lebensmittelgeschäfte, Tankstellen, ein Hotel sowie mehrere einfache Gästehäuser, Postamt und sogar ein Gefängnis. Östlich der Stadt erhebt sich der 3084 m hohe **Mt. Moroto** an der Grenze zu Kenia. Die umgebende aride Akazien-Dornbuschsavanne wird von grandiosen **Tafelbergen** wie dem **Napak** und dem **Akisim** überragt. Beide markieren die Westgrenze Karamojas. Die Piste von Soroti nach Moroto führt genau zwischen beiden Bergen hindurch. Sie eröffnet auch spektakuläre Blicke auf den **Vulkankegel** des **Alekilek.**

Die in der Umgebung von Moroto liegenden **Wildlife Reserves Matheniko, Pian-Upe** und **Bokora** können heute allenfalls mit landschaftlichen Reizen aufwarten. Große Teile der Tierwelt wurden gewildert, Folge der weiten Verbreitung von Handfeuerwaffen in Karamoja. Das Pian-Upe WR weist angeblich noch einen kleinen Restbestand der seltenen Pferde-Antilope auf.

Eine durchaus lohnende Tour für Abenteurer führt zum etwa 80 km südlich von Moroto gelegenen **Mt. Kadam** (3068 m), einem erloschenen Vulkan von beeindruckender Schönheit, von dem sich spektakuläre Ausblicke über die Landschaft im südlichen Karamoja sowie auf das Massiv des Mt. Elgon bieten. Ausgangspunkt der Tour ist das kleine Dorf **Nakapiririt** am Fuße des Berges, wo sich Führer und Träger für die 3-tägige Gipfelbesteigung organisieren lassen.

Achtung: Die Strecke nach Kotido/Kidepo Valley NP zweigt bereits 15 km vor Moroto links ab (schlechte Beschilderung).

Die Karamojong – kriegerische Herren Karamojas

Die Karamojong bewohnen vor allem den **südlichen Teil der Provinz Karamoja.** Sie bilden **sechs verschiedene ethnische Gruppen,** die in einem komplizierten Clansystem zusammenleben, das für einen Europäer kaum durchschaubar ist. Die Karamojong leben halbnomadisch und sprechen einen jeweils eigenen ostnilotischen Dialekt, der von den eng verwandten Völkern der Turkana, Toposa, Dodoth oder Jie verstanden wird.

Was für die Karamojong zählt, ist ihr **Vieh** – das ganze Denken um Werte und Bezahlungen spielt sich in Stück Vieh ab. Der Viehdiebstahl war über Jahrzehnte hinweg für viele Karamojong-Clans ein alltäglicher Vorgang, ja sogar ein Sport. Untereinander, aber auch von anderen Stämmen und sogar über die Grenze zu Kenia hinweg stahlen die „Cattle Rustlers" in nächtlichen Aktionen ganze Viehherden. Es entwickelte sich ein regelrechter Viehkrieg, der durch die weite Verbreitung von automatischen Gewehren des Typs AK-47 (insbesondere nach der Plünderung der Arsenale *Idi Amins* in Moroto Ende der 1970er Jahre) von Gewalt und moderner Waffentechnik geprägt war. Stämme und Gruppen, die nicht über moderne Waffen verfügten, wurden einfach überrannt.

Versuche des ugandischen Staates, die Karamojong in die Selbstverwaltung ihrer Region einzubinden und auf diese Weise eine Befriedung der Region zu erreichen, haben sich als Trugschluss erwiesen. Zwar konnte so in den 1990er Jahren ein Teil der Waffen der Hirten registriert werden, und der Staat zahlte ihnen sogar ein kleines Gehalt für ihre „Wachentätigkeit". In den Jahren 1999 und 2000 kam es aber bereits wieder zu erheblichen **bewaffneten Auseinandersetzungen** um Viehbestände in Karamoja, in deren Folge abermals mehrere hundert Menschen starben. Im Jahr 2001 startete die ugandische Regierung daher ein groß angelegtes Entwaffnungsprogramm, um eine dauerhafte Befriedung Karamojas zu erreichen. Das Programm musste bereits 2002 als gescheitert beendet werden, da nur 9000 der geschätzt ca. 100.000 Handfeuerwaffen in Karamoja konfisziert werden konnten.

Nach neuerlichen blutigen Auseinandersetzungen in Nordkaramoja im Zusammenhang mit dem von der Zentralregierung in Kampala unterstützen Goldabbau bei Kaabong durch einen südafrikanischen Minenbetreiber wurde Ende 2006 ein weiterer **Entwaffnungsversuch** gestartet. Auch diesmal stehen die Chancen der Regierungssoldaten schlecht, ihr Ziel mit Gewalt zu erreichen, zumal den Karamojong-Kriegern alternative Einkommensmöglichkeiten zu den spärlichen Einkünften aus der Viehzucht und Landwirtschaft in einer von chronischer Dürre geplagten Region fehlen. Neben der natürlichen Anziehungskraft der Macht des Gewehres sind es gerade diese Umstände, die zu gewaltsamem **Viehdiebstahl, Waffenhandel** oder **Schmuggel** führen.

Ein positiver Nebeneffekt der nur vorübergehend erfolgreichen Befriedungsmaßnahmen Karamojas war die Bereisbarkeit dieser wunderschönen und unter vielen Aspekten hochinteressanten Region. Überlandfahrten zum Kidepo Valley National Park durch Karamoja waren Mitte der 1990er Jahre problemlos möglich. Dabei ließen die sehr ursprüngliche Landschaft und ihre faszinierenden Bewohner das Herz eines jeden Afrikaliebhabers höher schlagen. Mit der erneuten Verschlechterung der Sicherheitslage in Karamoja seit 2005 kann **von Überlandfahrten und Besuchen zurzeit nur abgeraten** werden. Im Jahr 2009 war in Karamoja Fahren im Konvoi mit Militäreskorte üblich!

MATANY, KOTIDO UND KAABONG

Anreise und Weiterreise

- Der kleine **Flughafen** (Airstrip) Morotos kann per Charter von Entebbe aus angeflogen werden.
- Moroto ist eine wichtige Zwischenstation auf der **Fahrt in den Kidepo Valley National Park.** Benzin und Diesel können hier nachgetankt werden. Öffentlichen Verkehr (täglich fahrende Busse und Pickup-Sammeltaxis) gibt es zwischen Soroti und Moroto, inzwischen täglich mit dem Gateway Coach auch bis nach Kampala (Fahrpreis 9 Euro). Mit etwas Glück erhält man Mitfahrgelegenheiten auf Trucks, die gelegentlich auf dieser Strecke und weiter bis Kotido verkehren.

Unterkünfte, Hotels und Restaurants

- **Mt. Moroto Hotel**
Kategorie B–C, Box 54, Tel. 0269-61269, am Fuße des Mt. Moroto ca. 2 km außerhalb der Stadt gelegen (ausgeschildert).
  Privatisiertes Hotel der einst staatlichen Uganda-Hotels-Kette. Nur DZ mit Duschen und WC. Wasserprobleme. Mäßig sauber, trotzdem noch am komfortabelsten in Moroto. Abends Generatorstrom. Restaurant mit sehr durchschnittlichem Essen. Bar. Bewachter Parkplatz.
- **Guluna Lodge**
Kategorie D. Einfache Zimmer. Sicher und sauber. Waschwasser in Kübeln erhältlich. Kleines Restaurant.
- Darüber hinaus gibt es mehrere einfache **Guest Houses** in der kleinen Stadt, meist ohne Strom und fließendes Wasser.

Matany ♪ IX, C1

Matany, eine Kleinstadt ca. 40 km westlich von Moroto, 4 km abseits der Hauptstrecke nach Soroti, verfügt über ein italienisch geführtes **Missionskrankenhaus (St. Kizito Hospital)**, das eine der wenigen Anlaufadressen für medizinische Probleme in der Region darstellt (Kontakt: c/o Comboni Missionaries, PO Box 3872, Kampala, Tel. 0414-221001, Fax 0414-221576, E-Mail: info@matany.org, Internet: www.matany.org). Im Ort gibt es ein vom Krankenhaus geführtes sauberes **Gästehaus** der Kategorie D, einen lebhaften kleinen **Markt** und **Essstände** mit einfachen afrikanischen Gerichten.

Kotido und Kaabong ♪ V, C2/3

Kotido ist ein kleiner Ort in der **Provinz Karamoja** auf der Strecke zum Kidepo Valley NP (KVNP). Die Entfernung zum KVNP beträgt 134 km (3–4 Std. Fahrzeit), nach Moroto sind es 95 km (2–3 Std. Fahrzeit). Es gibt wenige **einfache Unterkünfte** (z.B. Skyline Hotel, La Maison Hotel), einige Lebensmittelläden und zwei Tankstellen. Mehr noch als in Moroto scheint die Zeit stillzustehen. Achtung: In Kotido zweigt sich die Straße an einem unübersichtlichen Kreisel strahlenförmig auf. Wenn Sie zum KVNP (über Kaabong) wollen, müssen Sie sich (von Moroto kommend) an diesem Kreisel links halten, einige Kilometer hinter Kotido geht es dann rechts ab (schlechte Ausschilderung). Erkundigen Sie sich vor Ort nochmals genau, welche der zur Verfügung stehenden **Pisten zum KVNP** den aktuell besten Zustand aufweist. Am gebräuchlichsten ist die **Zufahrt über Kanawauat** (nicht über Losilang, wie in den meisten Karten angegeben). In **Kaabong** (72 km vor Kidepo) kann man im kleinen Gästehaus des Krankenhauses oder in dem der katholischen Mission unterkommen. Die Siedlung bietet außerdem Gelegenheit, die Treibstoffvorräte aufzufrischen.

Zwischen Kotido und Kidepo

Man durchfährt auf guten Sandpisten eine wilde, spektakuläre Landschaft. Inselberge und Felsmassive erheben sich über der von Dürre gezeichneten Savanne. Dornengesäumte Kraals markieren die wenigen nomadischen Siedlungen. Häufig sieht man kriegerisch anmutende **Hirten vom Volk der Karamojong** am Pistenrand. Die Maschinengewehre vom Typ AK-47 auf ihren Schultern stammen zum Teil noch aus Waffenarsenalen bei Moroto, die die Karamojong bei der Flucht der Truppen *Idi Amins* plünderten. Die Sicherheitslage auf dem Weg zum KVNP ist davon nicht unbeeinträchtigt. Während die Karamojong-Hirten nur spärlich bekleidet sind, blinken die Gewänder der Frauen umso farbenfroher. Sie ähneln denen der kenianischen Maasai.

Landschaft auf der Strecke von Moroto zum Kidepo Valley National Park

Kidepo Valley National Park (KVNP)

♪ IV, B1/V, C1

Überblick

Der 1442 km² große Kidepo Valley National Park (KVNP) wurde 1962 geschaffen, um ein sehr artenreiches und landschaftlich herausragendes **Savannengebiet im Dreiländereck Uganda/Sudan/Kenia** zu schützen. Die Landschaft im Park ist ein Ausschnitt der sudanesischen Trockensavanne, überragt von beeindruckenden Bergmassiven, die sich bis 2749 m hoch erheben. Der KVNP liegt sehr abgelegen und gilt mancherorts als vielleicht unzugänglichster und **vom Tourismus wohl unberührtester Nationalpark der Welt.** Dies und die sehr wilde, ursprüngliche Landschaft machen einen Aufenthalt zum Erlebnis und vermitteln einen Hauch von Abenteuer.

Der Park wird in erster Linie durch zwei ausgedehnte Talsysteme gegliedert, das **Narus-Tal** und das **Kidepo-Tal.** Während der kleine Narus River ganzjährig Wasser führt, trocknet der Kidepo River in der Trockenzeit aus. Daher sammeln sich die Tiere in dieser Zeit im Narus-Tal, in unmittelbarer Nähe zum Camp Apoka. Die beiden Täler werden von mächtigen Bergzügen flankiert. Der **Mt. Morungole** (2749 m) im Südosten des Parks ist die höchste Erhebung auf ugandischer Seite. Von der

KIDEPO VALLEY NATIONAL PARK

östlichen Parkhälfte aus kann man den **Mt. Lotuke** (2797 m) sehen, der schon im Sudan liegt. In Kidepo gibt es nur eine große Regenzeit, die von April bis September andauert. Die Monate Oktober bis März eignen sich für Besuche daher am besten.

Über viele Jahre arbeitete der Deutsche **Peter Möller** im Park. Sein Bruder *Wilhelm* und er kamen erstmals 1977 nach Uganda und drehten seitdem mehrere Naturfilme im Land. Sie mussten feststellen, dass die Nationalparks durch Wilderei und andere illegale Aktivitäten in ihrer Existenz bedroht waren. Sie blieben, um den Naturschutz im Land tatkräftig voranzutreiben. Inzwischen sind beide mit ihren Familien nach Deutschland zurückgekehrt. Ihr Engagement wird in Deutschland durch die Frankfurter Zoologische Gesellschaft, den Förderkreis für Ugandas Tierwelt (FUT) und den Verein Rettet die Elefanten Afrikas (REA) unterstützt (siehe „Ökologie und Naturschutz").

Ein letztes Wort noch zur **Sicherheit:** Über viele Jahre galt der KVNP als unsicheres Gebiet mit hoher Rebellen- und Wildereraktivität. Diese Zeiten sind mittlerweile vorbei, und die Sicherheitslage innerhalb des Parks gilt als ausgezeichnet.

Kidepo Valley National Park – der wohl unberührteste Nationalpark der Welt

Tier- und Pflanzenwelt

Die sehr vielfältige Tierwelt im KVNP hat unter der **Wilderei** der vergangenen beiden Jahrzehnte erheblich gelitten. Besonders schwerwiegend war in der Vergangenheit die von Sudanesen im Nordteil des Parks verübte Wilderei. Die Parkverwaltung hat die Wilderei heute jedoch unter Kontrolle. Seit 1994 kann im KVNP auch ein von der Frankfurter Zoologischen Gesellschaft zur Verfügung gestelltes Flugzeug zur Überwachung aus der Luft eingesetzt werden.

Der KVNP besitzt **hinsichtlich größerer Säugetiere** das **größte Artenspektrum aller Nationalparks** in Uganda. Zahlreiche Tierarten kommen nur hier vor. 2007 betrug der Bestand an **Elefanten** wieder über 400 Tiere, die überwiegend in kleineren Herden im Narus-Tal zu finden sind, den Park zeitweise aber auch verlassen und bis in den Sudan oder nach Kenia wandern. Etwa 25 **Löwen** leben im Park (seit 2005 immer wieder auf Bäumen kletternd gesichtet). Geparde werden nur selten und unregelmäßig beobachtet, kommen aber noch vor. Leopard, Serval und Karakal sind gleichfalls selten. Der Bestand an **Kaffernbüffeln** betrug ca. 1800 Tiere, während 150 Steppenzebras und etwa 250 Jackson's Kuhantilopen gezählt wurden. Es gibt noch ca. zehn **Elenantilopen,** während der Bestand an Pferdeantilopen vollständig erloschen ist. Die Bestände dieser beiden Arten sollten durch Translokation von Elenantilopen aus dem Lake Mburo NP sowie Wiedereinführung von Pferdean-

KIDEPO VALLEY NATIONAL PARK

tilopen aus dem Pian-Upe Wildlife Reserve ergänzt werden. Bislang wurden aber nur wenige Elenantilopen aus dem Lake Mburo NP überführt. Der Bestand an **Rothschildgiraffen** ist von drei Tieren im Jahr 1994 auf über 20 Individuen (davon mehrere translozierte Tiere aus dem kenianischen Nakuru NP) angewachsen, die rund um die Uhr bewacht werden. Defassa-Wasserböcke und kleine Antilopen wie Oribi oder Buschducker sind verbreitet ebenso wie Riedböcke, Günther-Dikdik, Klippspringer und Warzenschweine. Neben Streifenschakal und Schabrackenschakal kommen sowohl die Tüpfelhyäne als auch die Streifenhyäne (sehr selten) vor.

Äußerst seltene Arten wie Beira-Oryx oder Bright's Gazelle wurden bereits Mitte der 1980er Jahre ausgerottet.

Die mit bislang 465 dokumentierten Arten sehr reichhaltige **Vogelwelt** zeichnet sich durch das Vorkommen vieler Greifvogelarten aus. Der auf Nahrungssuche stets schreitende Sekretär oder der farbenfrohe Gaukler sind ein gängiger Anblick. Im Norden des Parks kommen auch Strauße und Weißbauchtrappen vor. Die Riesentrappe wird als seltener Besucher im Gebiet registriert.

Im Park unterwegs

Um **Apoka** herum gibt es mehrere Pisten für **Game Drives** im Narus-Tal. Der Zustand ist recht gut, da die Parkverwaltung regelmäßig einen „Grader" (Pistenschieber) einsetzt. Trotzdem ist ein Allradfahrzeug notwendig. In abgelegenere Bereiche des Parks sollten Sie überdies nur mit zwei Fahrzeugen aufbrechen und einen sachkundigen Führer mit Funkgerät mitnehmen. Lohnenswert ist auch die Fahrt in den Nordteil des Parks zu den **Kananarok Hot Springs** und nach **Pierre,** wo man das Flussbett des Kidepo River durchfährt, das von Borassus-Palmen gesäumt wird. Die Piste bis zu den Hot Springs und nach Pierre wurde neu geschoben und befindet sich in gutem Zustand.

Westlich von Apoka liegt die **verfallene Katurum Lodge.** Sie wurde 1972 kurz vor der Vollendung von den Besitzern aufgegeben, als unter dem Regime *Idi Amins* eine Atmosphäre der Angst und Vertreibung aufkam.

Fußsafaris im KVNP sind mit der Parkverwaltung abzusprechen.

Anreise

●Der KVNP lässt sich **auf dem Landweg über verschiedene Strecken** erreichen, die in den vergangenen Jahren aufgrund der gewaltbeladenen Konflikte in Karamoja alle mit Sicherheitsproblemen behaftet waren. Die Route Kampala – Mbale – Soroti – Moroto – Kidepo (792 km) ist zwar die längste, galt aber über viele Jahre als relativ sicher, jedoch nicht mehr seit 1999. Sie führt durch die noch sehr wilde Provinz Karamoja und bietet zahlreiche landschaftliche Höhepunkte. Die Strecken Kampala – Lira – Kotido – Kidepo (705 km) und Kampala – Mbale – Sironko – Kotido – Kidepo (740 km) sind zwar etwas kürzer, weisen aber ebenfalls Sicherheitsprobleme auf, genauso die deutlich kürzere Strecke über Gulu und Kitgum (600 km). Für alle Strecken ist ein **geländegängiges Allradfahrzeug** erforderlich. Vor Antritt einer Reise mit dem eigenen Fahrzeug sollte man in jedem Fall die entsprechende Botschaft in Kampala sowie die Naturschutzbehörde UWA wegen möglicher Sicherheitsrisiken kontaktieren.

KIDEPO VALLEY NATIONAL PARK

● Prinzipiell bieten die Chartergesellschaften Eagle Air und KAFTC (Adressen siehe unter „Kampala") **Flüge nach Kidepo** ab Entebbe an (1½-2 Std. direkte Flugzeit). Eagle Air offeriert laut eigener Webseite (www.flyeagle-uganda.com) am Fr und Mo eine Verlängerung seiner Linienflüge nach Arua, Moyo, Gulu bzw. Pakuba nach Kidepo. Bei einem vollbesetzten Flugzeug wären dafür dann 220 US-$ pro Person fällig. Den Flug muss man mit einer individuellen Buchung in der Apoka Safari Lodge oder im Apoka Rest Camp der Parkverwaltung kombinieren.

Alternativ kann man ein ganzes **Kleinflugzeug** für einen Kurztrip in den Kidepo Valley NP **chartern** (Kostenpunkt ca. 4600 US-$). Die genannten Chartergesellschaften boten in den vergangenen Jahren hin und wieder auch komplette Tour-Packages nach Kidepo an, die Flug, Übernachtung im Apoka Rest Camp, Game Drives und Game Walks umfassten (400–600 US-$ pro Person inkl. Parkeintritt sowie Getränke/Verpflegung, ein vollbesetztes Kleinflugzeug vorausgesetzt).

Der **Airstrip von Lomej** liegt 3 km südlich des Park HQ von Apoka. Es gibt Pläne der ugandischen Flugaufsicht, Kidepo den Status eines internationalen Flughafens zuzuerkennen, um so Touristen direkt aus den Nachbarländern Ugandas einfliegen zu können.

● **In Apoka** kann ein **Laster mit Fahrer** von der Parkverwaltung geliehen werden, für den eine Kilometerpauschale von 4000 USh (siehe „Nationalparks und Wildreservate – Eintrittspreise und Gebühren") berechnet wird.

Informationen

Vgl. auch die Listung der Parkgebühren und sonstiger Gebühren im Kapitel „Nationalparks und Wildreservate".

● **Uganda Wildlife Authority (UWA)**
Plot 7 Kira Road, Kamwokya, PO Box 3530, Kampala, Tel. 0414-355000, Fax 0414-346291, www.ugandawildlife.org. Informationen zum Park und aktuelle Hinweise zur Anreise.
● **Park Headquarter**
Das Herz des KVNP ist die kleine Siedlung **Apoka,** wo sich das Park HQ, die Unterkünfte der Wildhüter, eine Werkstatt mit Treibstoffversorgung und verschiedene Besucherunterkünfte befinden.

Unterkünfte und Lodges

● Die **Apoka Safari Lodge** ist eine exklusive Lodge der Kategorie AA, für die eine private Konzession an Wildplaces Africa (PO Box 23825, Tel. 0414-251182, Mobiltel. 077-2489497, www.wildplacesafrica.com) vergeben wurde. Das Unternehmen führt auch das über Konzessionsvergabe privatisierte Semliki Valley Wildlife Reserve in Westuganda. Ab 405 US-$ pro Person im DZ, alles inklusive.
● Günstiger sind die kleinen **Bandas** des von der Parkverwaltung geführten **Apoka Rest Camp.** Es handelt sich um sehr saubere kleine Rundhütten mit zwei Betten, Moskitonetzen und einer Duschgelegenheit. Insgesamt 12 Bandas stehen zur Verfügung. Ab 9 Euro pro Person im DZ. Nur für Selbstversorger.

Camping

Im Park sind zwei **Zeltplätze mit Toilette und Wasserversorgung** vorhanden (Wasser wird von der Parkverwaltung in Fässern gebracht). Die Anweisung erfolgt über die Parkverwaltung in Apoka.

Essen und Trinken

In Apoka sind Getränke wie Bier und „Sodas" erhältlich. Nahrungsmittel müssen selbst mitgebracht werden. Auf Nachfrage sind Ihnen die Parkangestellten bei der Zubereitung von Gerichten behilflich.

Der Osten und Mt. Elgon

Der Osten Ugandas reicht vom Austritt des Nils aus dem Viktoriasee, dem zweitgrößten See der Welt, bis zur kenianischen Grenze und hinauf zur Südgrenze Karamojas. Die Region ist sehr fruchtbar und daher dicht besiedelt.

Die Asphaltstraße nach Jinja passiert bei der **Ausfahrt aus Kampala** das 60.000 Zuschauer fassende **Mandela Stadium,** ein „Herzstück" der ugandischen Fußballkünste. Nach Durchfahrt der kleineren Orte **Mukono** (Verwaltungssitz des gleichnamigen Distrikts) und **Lugazi** (schöner Markt) taucht die Straße in das sehenswerte **Mabira Forest Reserve,** eine gut erhaltene Insel tropischen Sekundärwaldes, ein. Nach Verlassen des Waldreservates schlängelt sich das Asphaltband durch Zuckerrohrfelder und Teeplantagen bevor die Kleinstadt **Njeru** erreicht wird, Sitz der bekannten Nile Breweries.

In **Jinja** gibt es mehrere Industriezweige. Nahe der Stadt, etwa 3 km vom Austritt des Viktoria-Nils flussabwärts, liegen die **Owen Falls.** Oberhalb davon befindet sich der 1954 errichtete Owen-Falls- oder **Nalubaale-Damm,** an den ein Kraftwerk angeschlossen ist, das einen Großteil Ugandas mit Strom versorgt. Etwa 1 km weiter stromaufwärts wird am 1999 errichteten **Kiira-Damm** erneut Strom gewonnen. Der Plan zum Bau eines weiteren Dammes zur Stromgewinnung an den **Bujagali-Fällen** führte in den vergangenen Jahren zu einer heftigen Kontroverse zwischen Damm-Befürwortern und Naturschützern. Nachdem die Weltbank eine Finanzierung des Projekts zugesagt hat, wurde Ende 2007 mit dem Bau begonnen, bis 2011 sollen die Arbeiten abgeschlossen sein.

Die Stadt **Mbale** liegt am Fuße des 4321 m hohen **Mt. Elgon** und ist der Ausgangspunkt für Touren in den wunderschönen **Mt. Elgon National Park.** Am Nordrand des Berges liegen die sehenswerten **Sipi Falls.** Die kleine Stadt **Tororo** und die Grenzorte **Busia** und **Malaba** sind Durchgangsorte für Reisende von und nach Kenia und bieten nichts Sehenswertes.

Mabira Forest Reserve ♪ XV, C1/2

Der Mabira Forest liegt 54 km östlich von Kampala (ca. 1 Std. Fahrtzeit) an der Hauptstraße nach Jinja. Es handelt sich um einen 306 km² großen **tropischen Feuchtwald,** der über ein ausgezeichnetes Wegesystem gute Tierbeobachtungen (vor allem von Primaten und Vögeln) ermöglicht. Das als Forest Reserve geschützte Gebiet liegt zwischen 1070 m und 1340 m hoch. Es zeichnet sich durch eine **Fülle farbenprächtiger Schmetterlingsarten** aus, die bei Exkursionen zu Fuß oder mit dem Fahrrad in Augenschein genommen werden können.

Das Waldreservat wird seit 1994 vom Forest Department mit Mitteln der Weltbank und der Europäischen Union zu einem Tourismusziel entwickelt. An der **Forststation Najembe** (500 m nördlich der Straße Kampala – Jinja, Mobiltel. 071-2487173, 071-2955671) stehen kleine **Bandas** (Übernachtung 6–10 Euro pro Person) und ein sehr angenehmer **Campingplatz** mit sauberen sanitären Anlagen (u.a. heiße Duschen) zur Verfügung (Gebühr 2 Euro pro Person). Mitgebrachte Lebensmittel werden auf Anfrage von den Campangestellten zubereitet. Auch Feuerholz und ein nächtlicher *askari* (Wächter) werden gestellt.

Für individuelle **Waldbesuche** auf einem gut ausgebauten Wegesystem wird ein Tageseintritt von 2,50 Euro pro Person erhoben. Ein Zweitages-Permit (z.B. für Wochenendbesuche) kostet 4 Euro. Für 4 Euro am Tag kann man Fahrräder (mäßige Qualität) leihen.

Das **Dorf Najembe,** an dem die Station liegt, ist bequem mit Minibus-Matatus von Jinja oder Kampala aus zu erreichen (Fahrpreis ab Kampala 2 Euro, ab Jinja 0,50 Euro). Dort gibt es auch einen kleinen Markt mit den nötigsten Nahrungsmitteln.

Unterkunft

● 2005 eröffnete mit der **Mabira Forest Lodge** (c/o GeoLodges Uganda, PO Box 2288, Kampala, Tel. 0414-258273, Mobiltel. 077-2755855, Fax 0414-233992, www.geolodgesafrica.com) eine komfortable Unterkunft (Kategorie AA, ab 150 US-$ pro Person im DZ, Mahlzeiten inklusive) in dem herrlichen Waldgebiet.

Alt werden in Afrika

Von *Hartmut Krause,* Missionswerk Frohe Botschaft e.V. (Großalmerode)

Alt werden in Afrika ist anders als in Deutschland – es hat nichts mit Rente und sozialer Absicherung zu tun. Wurden früher die alten Menschen von ihren Familien versorgt, so stehen sie heute sehr oft aufgrund von HIV/AIDS allein da, wenn ihre eigenen Kinder bereits gestorben sind und eine Schar von verwaisten Enkeln zurücklassen. In dieser aussichtslosen Lage versucht die Organisation ROTOM verarmten und einsamen Senioren in Uganda zu helfen.

ROTOM (Reach One – Touch One – Ministries) wird vom ugandischen Sozialarbeiter *Kenneth Mugayehwenkyi* und einem engagierten einheimischen Team geleitet. *Kenneth* war es auch, der ROTOM im Oktober 2003 gegründet hat. Mittlerweile wird die Organisation von ehrenamtlichen Freunden in Deutschland, Kanada und den USA unterstützt. Seit Anfang 2007 arbeitet das deutsche Missionswerk Frohe Botschaft (MFB e.V.) im Bereich „Senioren-Patenschaften" sehr eng mit ROTOM zusammen.

ROTOM ist bislang nur in zwei Regionen Ugandas tätig: Ein Seniorenprojekt befindet sich in der Stadt **Mukono,** ca. 60 km östlich der Hauptstadt Kampala gelegen. Das zweite Arbeitsgebiet ist die Gegend um **Kabale,** ganz im Südwesten Ugandas, nahe der Grenze zu Ruanda und zum Kongo. Das dortige Kontaktbüro befindet sich an der Hauptstraße in Muhanga. Bei ROTOM besteht die Möglichkeit, eine **persönliche Patenschaft** für einen alten Menschen in Uganda zu übernehmen. Für 25 Euro im Jahr erhält ein Senior dann medizinische Betreuung, die nötigen Dinge des alltäglichen Lebens und ein gesundes Zuhause. Viel Hoffnung und Lebensfreude vermitteln auch die wöchentlichen Treffen mit den ehrenamtlichen ROTOM-Mitarbeitern und anderen alten Menschen. Dort haben sie Zeit für Gespräche, zum Singen und sogar zum Tanzen. Die ROTOM-Mitarbeiter sind stets darum bemüht, in ganz praktischen Fragen individuell zu helfen. Jeder Pate in Deutschland bekommt einen Personalbogen mit einem aktuellen Foto „seines" Seniors. Darüber hinaus erhält er/sie einen Jahresbericht sowie die Möglichkeit zum persönlichen Briefkontakt. Der Briefkontakt erfolgt in Englisch, ggf. hilft das MFB bei der Übersetzung ins Deutsche. Als nächste Projekte sind eine Klinik und ein erstes Hospiz im Land für Sterbenskranke geplant. Dafür sind dem MFB auch Einmalspenden sehr willkommen.

Vielen Dank, wenn Sie diese so wichtige und doch oft vergessene Gruppe der alten und einsamen Menschen in Uganda tatkräftig unterstützen!

Informationen zu ROTOM:
- **www.mfb-info.de** und **www.rotom-uganda.org**
- **Missionswerk Frohe Botschaft (MFB e.V.),** Nordstraße 15, D-37247 Großalmerode. Bankverbindung: Konto 00094, BLZ 52060410, EKK Kassel, Stichwort: ROTOM.

Jinja

♪ XV, C2

Mit ca. **100.000 Einwohnern** ist Jinja (1170 m) die **zweitgrößte Stadt Ugandas** und ein wichtiger Handels- und Industriestandort. Zusammen mit dem **Vorort Njeru** westlich des Nils beträgt die Einwohnerzahl ca. 160.000. Nach Kampala sind es 80 km, zur kenianischen Grenze 143 km. Jinja liegt am Ufer des 68.000 km² großen Viktoriasees, direkt am Austritt des Nils aus dem See, der eigentlichen **Nilquelle** („Source of the Nile"). Am Westufer des Nils liegt ein kleiner **Besichtigungspunkt** (Ripon Falls Leisure Centre, Eintritt 4 Euro), an dem sich bis zur Errichtung des Owen-Falls-Dammes die kleineren Ripon Falls befanden. Er ist vom Stadtzentrum mit Matatus und Boda-Bodas (Fahrradtaxis) zu erreichen. Um zum **Speke Memorial** zu gelangen, wo eine Tafel an die Entdeckung des Flussaustritts durch den Engländer *John Hanning Speke* 1862 erinnert, können Sie auch den Nil mit einem Boot von der Stadtseite aus queren. Das Gelände der **Source of the Nile Gardens** (geringe Eintrittsgebühr) ist einen Blick wert.

Einige Kilometer flussabwärts liegt der **Owen-Falls-/Nalubaale-Damm,** über den die Straße nach Kampala verläuft (die Bahnverbindung Kampala – Nairobi besitzt eine eigene Brücke). Er hat die ehemaligen Owen Falls verdrängt, doch befinden sich unterhalb des Dammes nun neue Wasserkaskaden, die durch den 1954 errichteten Staudamm und das angeschlossene **Kraftwerk** jedoch gezähmt und unspektakulär wirken. Mit dem hier und ca. 1 km weiter flussabwärts am Kiira-Damm erzeugten Strom werden fast ganz Uganda sowie Teile des Nachbarlandes Kenia versorgt. Ein Ausbau des Kraftwerks mit Errichtung einer neuen Staustufe an den Bujagali Falls wird gerade umgesetzt.

Jinja selbst wirkt noch immer etwas heruntergekommen, obwohl intensive Anstrengungen zur „Aufarbeitung" des Stadtbildes laufen. Attraktive Gebäude aus der Kolonialzeit und die Häuser der 1972 unter *Idi Amin* vertriebenen asiatischen Geschäftsleute lassen die einstige Prosperität erahnen. Viele der damals ausgewiesenen indischen Familien sind mittlerweile zurückgekehrt, u.a. die mächtige Madhvani-Familie, der zahllose Unternehmen und Hotels in ganz Uganda gehören.

Ein touristischer Meilenschritt nach vorn war die Etablierung von **White-Water-Rafting-Touren** auf dem Nil unterhalb der **Bujagali Falls.** Diese Unternehmung wird inzwischen von diversen Veranstaltern angeboten. Die neueste Errungenschaft Jinjas ist ein spektakulärer **Bungeejump** aus 44 m Höhe mit Eintauchen in das klare Nilwasser. Andere touristische Aktivitäten sind **Bootsfahrten** („Sunset Cruises") auf dem Viktoriasee oder **Besichtigungen der** nahe gelegenen **Nile Breweries** (Informationen in allen Hotels).

Anreise und Weiterfahrt

● **Zugverbindungen:** Jinja liegt an der Main Line, die von Kampala über Jinja/Iganga/Tororo bis nach Kenia führt, seit 1997 jedoch ausschließlich und sehr sporadisch Frachtverkehr bedient.

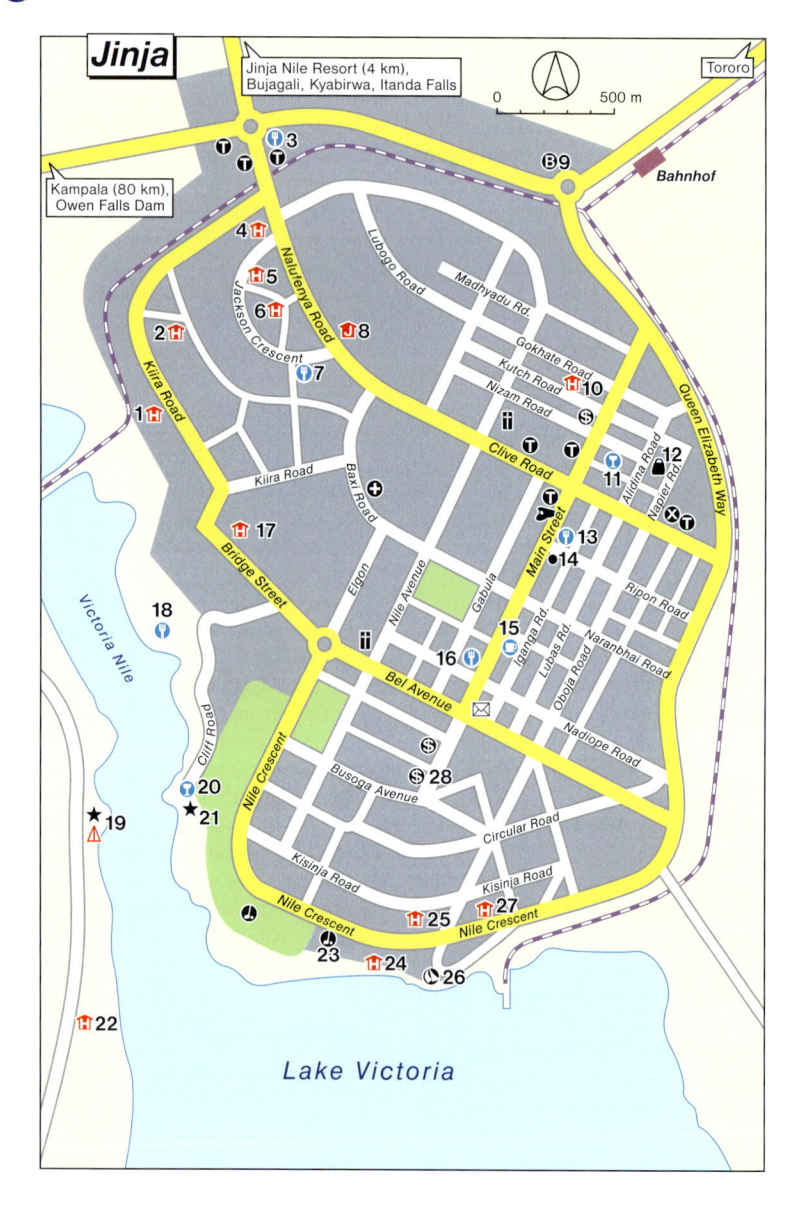

JINJA

JINJA

🏠	1	Sunset International	★	19 Source of the Nile Gardens,
🏠	2	Nile River Explorers	⚠	Speke Memorial
		Backpackers Lodge	🎧	20 Rumours Pub + Sports Bar
🎧	3	Ling Ling	★	21 Ripon Falls Leisure Centre
🏠	4	Safari Inn	🏠	22 Kingfisher Safaris Resort
🏠	5	Timton	⚫	23 Jinja Golf Club
🏠	6	Crested Crane	🏠	24 Hotel Triangle
🎧	7	2 Friends	🏠	25 Palm Tree
🏠	8	YMCA	☾	26 Jinja Sailing Club (geschlossen)
Ⓑ	9	Busse nach Kampala	🏠	27 Gately on the Nile
🏠	10	Bellevue Hotel	Ⓢ	28 Stanbic Bank
🎧	11	Mango Bar		
🛒	12	Markt	⛪	Kirche
🎧	13	Barazza's Pizza	⛽	Tankstelle
•	14	Trend Forex Bureau	✕	Taxi Park
○	15	Source Café	🚩	Polizei
🎧	16	Leoz	⊕	Krankenhaus
🏠	17	Bridgeway Guest House	✉	Post
🎧	18	Ginger on the Nile	⚫	Golfplatz

●**Busverbindungen und Matatus:** Die Bus- und Matatustation liegt am Nordostrand der Stadt nahe dem Markt. Überlandbusse nach Kampala bzw. nach Mbale halten in Jinja. Minibusse fahren den ganzen Tag über nach Kampala (2 Euro, 1–1½ Std. Fahrtzeit). Gute Bus- und Minibusverbindungen bestehen auch nach Mbale und nach Tororo sowie zu den Grenzorten Busia und Malaba (4 Euro, 2–3 Std. Fahrtzeit).

●**Vorwahl von Jinja: 0434**

Unterkünfte und Hotels

Alle Unterkünfte an den Bujagali Falls bzw. am gegenüberliegenden Westufer des Nils und weiter flussabwärts sind weiter unten im Abschnitt „Bujagali Falls" aufgeführt.

Kategorie A

●**Jinja Nile Resort**
Bujagali Road, PO Box 1553, Jinja,
Tel. 122190/1/2, Mobiltel. 077-2503820,
Fax 122581, www.madahotels.com.

Großzügige Bungalows mit Blick auf den Nil, etwa 4 km außerhalb des Ortes an der Bujagali Road. Gutes Restaurant mit großem Terrassen- und Barbereich. Swimmingpool, Tennis- und Squashplätze, Fitnessbereich, Billardtische, Übungsbereich für Golfer, bewachter Parkplatz, Konferenzmöglichkeiten. Ab 65 Euro pro Person im DZ. Angeschlossen ist das **Nile High Bungee Camp** (Bungee-Sprung von einer Plattform aus 44 m Höhe über dem Nil; siehe auch weiter unten).

●**Gately on the Nile**
Kisinja Road, PO Box 1300, Jinja,
Tel. 122400, Mobiltel. 077-2469636,
Fax 4122400, www.gately-on-nile.com.

Hinter dem Gebäude des Jinja Sailing Club oberhalb des Piers liegt diese schöne alte Kolonialvilla mit 12 Räumen, die unter australischer Leitung wiederhergerichtet wurde. Sehr gutes Restaurant, Laundry-Service, Internetverbindung, kleiner Wellness-Bereich mit Massage, Kosmetik und Reflexzonen-Therapie. Bed & Breakfast nach australischem Vorbild. Vorausbuchung für Hotel und Restaurant empfohlen. Ab 45 Euro pro Person im DZ.

Kategorie B

● **Kingfisher Safaris Resort**
PO Box 608, Jinja, Tel. 121063,
Mobiltel. 077-2632063,
www.kingfishersafaris.com.

Schönes, kinderfreundliches Resort unter ugandisch-deutscher Führung mit relativ nah beieinander stehenden strohgedeckten Cottages in ruhiger Lage am Westufer des Nils, direkt am Austritt aus dem Viktoriasee, ca. 1 km unterhalb der Source of the Nile Gardens. Mehrere Swimmingpools. Restaurant und Bar. Zeltmöglichkeit. Mit Schwestercamp am Rande des Queen Elizabeth NP. Ab 25 Euro pro Person im DZ. Empfehlenswert.

● **Samuka Island Retreat**
PO Box 2161, Jinja,
Mobiltel. 077-2401508/0, Fax 122581,
island@source.co.ug.

Cottages mit Bad/WC und Solarstromanlage auf einer 4 Hektar großen Insel inmitten des Viktoriasees. 40-minütige Anfahrt mit Motorbooten. Restaurant und Bar. Bootstouren und Angelausflüge möglich. Für entspannende Tage auf einer Insel empfehlenswert, aber nicht gerade billig. Treffpunkt für die Abholung per Boot ist Rumours Pub & Sports Bar (Tel. 077-2401508) am Austritt des Nils aus dem See.

● **Palm Tree Guest House**
24 Kisinja Road, Jinja, Tel. 123412,
Mobiltel. 077-2500400 oder 077-2563636,
palmtreejinja@yahoo.com.

Villa im Kolonialstil zwischen dem Jinja Sailing Club und dem Hotel Gately on the Nile. Schöne Zimmer mit Bad/WC, teilweise mit Balkon. Kleiner Swimmingpool. Umgebautes ehemaliges Gästehaus des ugandischen Präsidenten (hier schliefen also einst die Gäste von *Idi Amin* und *Milton Obote*). Gutes Restaurant mit leckerer mexikanischer Küche. Ab 18 Euro pro Person im DZ, inklusive Frühstück. Das Hotel unterstützt das nahe gelegene, kirchlich geführte Waisenhaus Amani Baby Cottage Orphanage (www.amanibabycottage.org) sowie das Good Shepherds Fold Orphanage (www.goodshepherdsfold.org).

● **Sunset International Hotel**
Kiira Road, Jinja, Tel. 120115,
Mobiltel. 071-2120155, Fax 120741,
sunset@utlonline.co.ug.

Schöne Lage oberhalb des Nilufers mit Blickrichtung Owen Falls. Relativ einfache, etwas in die Jahre gekommene Zimmer mit Bad/WC und Sat-TV. Kleines Restaurant.

Kategorie C

● **Crested Crane Hotel**
4–6 Hannington Square, PO Box 444,
Jinja, Tel. 121954.

Saubere und geräumige Zimmer mit Sat-TV. Kleines Restaurant. Manchmal mit Konferenzgruppen belegt. Gehörte einst zur staatlichen Uganda-Hotels-Kette, inzwischen privatisiert und ansprechend generalüberholt. Im gleichen Gebäude befindet sich das Uganda Hotel & Tourist Training Institute.

● **Bilkon Hotel**
Nalufenya Road, PO Box 984, Jinja,
Tel. 123944, Mobiltel. 077-2504452,
www.bilkonhotel.com.

Relativ neues Hotel mit sauberen Zimmern schräg gegenüber dem YMCA. Direkt an der Nalufenya Road findet man zahlreiche Fahrrad- und Motorradtaxis für Ausflüge zu den Bujagali Falls oder an den Austritt des Nils aus dem Viktoriasee.

● **Paradise on the Nile
(Sunset International Hotel Annex)**
Kiira Road, Jinja, Tel. 121912,
Mobiltel. 077-2426707,
hotelparadiseuga@yahoo.com.

Relativ neuer Ableger des Sunset International Hotel. 47 saubere Zimmer mit Sat-TV. Kleines Restaurant. Entgegen der Namensgebung befindet sich das Hotel nicht direkt am Nil, sondern ca. 250 m oberhalb des Flusses.

● **2 Friends Guest House**
Plot 5 Jackson Crescent, Jinja,
Tel. 122999, Mobiltel. 077-2984821.

An das gleichnamige Restaurant mit Bar angeschlossen. Sauberes kleines Hotel mit schöner Gartenanlage. Zimmer mit Bad/WC. TV-Lounge, Internetanschluss. Bewachter Parkplatz.

● **Hotel Triangle**
PO Box 515, Plot 26, Nile Crescent,
Tel. 122091, Mobiltel. 077-2500874,
Fax 122090, www.hoteltriangle.co.ug.

Großes Hotel mit solidem Standard am Nile Crescent nahe dem Jinja Sailing Club. Saubere, aber unpersönlich wirkende Zimmer mit Bad/WC. Restaurant und Bar. Konferenzmöglichkeiten. Swimmingpool.

Kategorie D

●**Timton Hotel**
PO Box 341, Plot 15 Jackson Crescent, Jinja, Tel. 121233, Mobiltel. 071-2485087.

Zimmer mit Bad/WC. Restaurant. Bewachter Parkplatz. Gepflegte Anlage am Nordwestrand der Stadt, unweit der Nile River Explorers Backpackers Lodge. Zelten auf dem Gelände ist erlaubt (Gebühr 2 Euro).

●**Ling Ling Guest House**
Mobiltel. 077-2489616,
lingling@source.co.ug.

Ca. 2 km außerhalb des Zentrums am Hang oberhalb des Nils, schräg gegenüber den Source of the Nile Gardens gelegen. Einfache Zimmer mit Bad/WC.

●**Bridgeway Guesthouse**
34 Bridge Street, Mobiltel. 077-2480142,
bridgewayguesthouse@yahoo.com.

Sauberes Guesthouse.

Kategorie D–E

●**Nile River Explorers Backpackers Lodge**
Plot 41 Wilson Avenue, PO Box 2155, Jinja, Tel. 120236, Mobiltel. 077-2422373, Fax 121322, www.raftafrica.com.

In der ganzen Stadt bekannter Backpacker-Treff. Saubere Unterbringung in Räumen mit Gemeinschaftsbad oder im Schlafsaal. Essen (Gemeinschaftsgericht, 4 Euro) muss vorbestellt werden. Eigene Telefonzelle der Firma MTN mit Telefonkartenverkauf. Sat-TV, Billard, Darts, großes Mitteilungsboard für Traveller. Zelten ist für 4 Euro auf dem Gelände möglich. Für Rafting-Teilnehmer des Unternehmens ist die erste Übernachtung gratis.

●**Bellevue Hotel**
Tel. 120328, Mobiltel. 071-2889900,
bellevue@yahoo.com.

Zentral gelegen, unweit der Bus- und Matatustation. Saubere Zimmer mit Gemeinschafts-WC oder mit eigenem Bad/WC. Relativ laut.

●Ansonsten gibt es **mehrere einfache Hotels und Guest Houses** im Stadtzentrum, die sich nicht wesentlich voneinander unterscheiden, z.B. das **Victoria View Inn** oder das bessere **Safari Inn**. Wohl günstigste Übernachtungsmöglichkeit ist das **YMCA** (Tel. 420365) an der Nalufenya Road.

Camping

●Möglich für 2,50 Euro pro Person auf dem Gelände der **Explorers Backpackers Lodge,** am **Timton Hotel** (hier nur 1,50 Euro) oder dem **Kingfisher Safaris Resort**. Ein ruhiger Platz zum Zelten (Campinggebühr 2 Euro pro Person) ist auch die Anlage der **Source of the Nile Gardens** am Westufer des Nils, wo jedoch keine sanitären Einrichtungen vorhanden sind.

Restaurants und Bars

●Empfehlenswerte Restaurants mit europäisch orientierter Küche befinden sich in den Hotels **Kingfisher Safaris Resort, Gately on the Nile** (stimmungsvolle Dinners, Vorausbuchung empfohlen) und **Palmtree Guest House** (mexikanische Küche), chinesisch speist man gut im **Ling Ling Chinese Restaurant,** leckere Pizza erhält man im **2 Friends Restaurant.** Das relativ neue **Ginger on the Nile** beeindruckt mit einer breiten internationalen Speisekarte und verschiedenen Cocktails. Nach einem kleinen Fußmarsch bietet sich in Hangpassage oberhalb des Restaurants ein schöner Blick über den Ausstrom des Nils aus dem Viktoriasee.

●Im Stadtzentrum bekommen Sie wohlschmeckende Snacks und kleinere Gerichte beispielsweise im **Leoz** (Main Road), im **Flavours** (Main Road), im beliebten **Source Café** oder im **Barazza's Restaurant** (Steinofenpizza).

●Einen entspannten Drink kann man z.B. in der zuletzt ungepflegt wirkenden **Rumours Pub & Sports Bar** (Tel. 077-2401508/9, am Austritt des Nils aus dem See) nehmen, in den **Source of the Nile Gardens** (Mobiltel. 071-2860691) oder evtl. im **Jinja Sailing Club** (seit 2006 für Renovierungsarbeiten geschlossen, Wiedereröffnung ungewiss).

Geldwechsel

Im Stadtzentrum in der Main Street gibt es **mehrere Banken** (z.B. Crane Bank, Standard Chartered Bank, Stanbic Bank) und das **Trend Forex Bureau.**

Post und Internet

● Das **Postamt** liegt im Stadtzentrum in der Main Street. Es hat einen **Internet-Service** für 0,05 Euro pro Minute.
● Die **Internet-Cafés The Source Café** in der Main Street (schnurlose Verbindung für Laptop-Besitzer) oder das nahe gelegene **Cyber Café** im Biashara Building bieten Surfen im Internet für 0,02–0,05 Euro pro Minute, dazu leckere Getränke und Snacks.

Medizinische Versorgung

● **International Medical Centre Jinja**
Plot 14 Circular Road, Tel. 122499, www.img.co.ug. Kleine Ambulanz der in Kampala ansässigen International Medical Group.

Leihwagen

● **Walter Egger Landrover 4x4 Hire**
PO Box 933, Jinja, Tel. 121314, Mobiltel. 077-2221113, engineering@wemtec.biz oder wemtec@source.co.ug. Verleih von Fahrzeugen des Typs Landrover 109 (Soft Top) und 110 (Hard Top oder Station Wagon) mit Fahrer. Ab 65 Euro pro Tag, alles inklusive. Empfehlenswert.

Fahrradverleih

● **FABIO (First African Bicycles Information Organization)**
Plot 9, Main Street, PO Box 1527, Jinja, Tel. 121255, fabio-bikes@utlonline.co.ug. Gemeinnütziger Verleih von günstigen Fahrrädern (sowohl von Mountain-Bikes als auch herkömmlichen Rädern indischer oder chinesischer Bauart). Ausleihgebühr ca. 2,50 Euro pro Tag.

Sport und Aktivitäten

● Der **Jinja Golf Club** am Ufer des Viktoriasees südlich der Stadt bietet einen 9-Loch-Golfplatz, Tennis- und Squash-Plätze sowie einen (algenfreundlichen ...) Swimmingpool.
● Am Pier des (zurzeit wegen Renovierung geschlossenen) **Jinja Sailing Club** werden Motorbootfahrten, gemütliche Sunset Cruises und Segeltörns auf dem Viktoriasee angeboten (u.a. durch Nile River Explorers).
● Die Besitzer der **Rumours Pub & Sports Bar** (PO Box 2161, Mobiltel. 077-2401508/9) bieten Angelausflüge auf dem Viktoriasee an (14 Euro pro Person).
● Zu **White-Water Rafting und Kajak-Touren** siehe „Bujagali Falls".

Bungeejumping

Die wohl spektakulärste Attraktion Jinjas ist ein Bungee-Sprung **aus 44 m Höhe zwischen Owen-Falls-Damm und Bujagali Falls** mit tiefem Eintauchen in das Wasser des Nils. Fachleute aus Neuseeland und Australien haben bei der Errichtung der Anlage geholfen, sodass das Ganze als sicherste Unternehmung dieser Art in Afrika bezeichnet wird.

● Informationen dazu über das **Nile High Camp** („Bungee Adrift"), c/o Jinja Nile Resort, Bujagali Road, PO Box 1553, Jinja, Mobiltel. 077-2237438 oder 077-2454206, www.adrift.ug. Der Sprung schlägt mit 65 US-$ zu Buche. Das Angebot kann mit Rafting-Touren (von Adrift, aber auch anderer Veranstalter) kombiniert werden.

Bujagali Falls ♪ XV, C2

8 km nördlich von Jinja liegt der Stromschnellenkomplex der Bujagali Falls am Viktoria-Nil. Der einst malerische Platz mit einer Vielzahl von Wasservögeln hat sich nach **Beginn der Bauarbeiten am Bujagali Hydro Power Plant** weiter

flussabwärts zum Teil in eine Bauzone verwandelt. Er ist mit Motorrad-Taxis für 1 Euro von Jinja aus zu erreichen und lohnt einen kurzen Besuch, auch wenn man nicht an einer Rafting-Exkursion teilnimmt. Schon in den 1990er Jahren hat sich hier ein **lokales Zentrum der Freizeitindustrie** entwickelt mit heute vier Anbietern von White-Water Rafting und längeren Kanuexkursionen auf dem Viktoria-Nil flussabwärts.

Die 2007 begonnene Errichtung des ca. 30 m hohen und 850 m langen **Bujagali-Dammes** mit angeschlossenem Wasserkraftwerk (siehe Exkurs „Powercut – wie Uganda seine Stromprobleme lösen will") wird neben den Bujagali Falls selbst auch viele der für Wildwasserexkursionen wichtigen Stromschnellen so verändern, dass alle Rafting-Unternehmen spätestens ab Mitte 2010 umdenken müssen. Perspektivisch wird man auf Nilabschnitte weiter flussabwärts ausweichen und den Schwerpunkt der Aktivitäten vermutlich von den Bujagali Falls zum so genannten „Kalagala Offset" verlagern.

Rafting kann Spaß machen – zu dieser Einsicht ist auch der Autor gekommen, der dem scheinbaren Aktionismus mit gekonnter Stimulierung der Adrenalin-Ausschüttung zunächst eher ablehnend gegenüberstand. Körperliche Fitness, entsprechende Achtsamkeit beim Rafting, um Verletzungen zu vermeiden, sowie eine gute Sonnenbrandprophylaxe sind Voraussetzungen für entsprechenden Spaß auf dem Wasser. Gutes Eincremen mit Lichtschutzfaktor 30 oder mehr ist notwendig, um nicht krebsrot wieder an Land zu kommen –

gerade bei den Ganztages- und Mehrtagestouren. Eine **Bilharziose-Infektion** (siehe Kapitel „Gesundheit") soll nach Auskunft der Rafting-Unternehmen bei all dem Wasserkontakt (schnell strömendes Wasser) mehr als unwahrscheinlich sein, doch stimmen eigene Erfahrungen da skeptisch.

Die **Rafting-Strecke** ab den Bujagali Falls ging im Rahmen von Tagestouren bislang über 20–25 km und schloss die **Itanda Falls** sowie die **Kyabirwa Rapids** mit ein. Die meisten Touren werden bislang an der Stromschnelle „The Bad Place" oder weiter flussabwärts an den mächtigen **Kalagala Falls** beendet. Bis zum Schwierigkeitsgrad 5 wird selbst geraftet, Stromschnellen höherer Schwierigkeitsgrade werden umtragen. **Kentern** ist häufig, die Kollision mit Felsen bzw. Treibholz im oder unter Wasser jedoch selten. Alle **Stromschnellen** tragen kreative Eigennamen („Whirlpool", „Bermuda", „Silverback", „Nile Special", „G-Spot" etc.). Die Wartung der Gummischlauchboote obliegt den Betreibern, Helme und Schwimmwesten sind obligatorisch. Für entsprechend Geschulte werden von allen Rafting-Unternehmen auch **Kajak-Touren** oder **River Boarding** (Surfen auf den Stromschnellen) angeboten. Andere Aktivitäten, die von Bujagali aus angeboten werden, sind **Quadbike-Fahrten,** Mountainbike-Touren oder geführte Reitausflüge.

Neben den Wildwasseraktivitäten lohnt die Region einen Besuch wegen der **fantastischen Natur- und Landschaftseindrücke.** Im Randbereich der Flusslandschaft des Nils mit ihren Inseln, Wasserfällen und Galeriewäldern lassen sich eine Fülle von Wasservögeln, Fischotter oder Primatenarten wie Guerezas oder Rotschwanzmeerkatzen beobachten.

Das von einer Britin 1998 initiierte, unterstützenswerte **Entwicklungshilfeprojekt „Soft Power Education"** (Internet: www.softpowereducation.com), das eng mit Nile River Explorers, aber auch anderen unten genannten „Adventure"-Anbietern zusammenarbeitet, hat die Lebens- und Ausbildungsbedingungen für Kinder und AIDS-Waisen aus den anliegenden Gemeinden sowie die Gesundheitsfürsorge in den Dörfern vor Ort deutlich verbessert. Reisende sind herzlich eingeladen, sich spontan für einige Tage mit ihren persönlichen Fähigkeiten (z.B. als Lehrer oder Handwerker) in die Projektarbeit einzubringen. Die Kontaktaufnahme erfolgt via Internet oder über das Büro von Nile River Explorers in Jinja.

Unterkünfte

An den Bujagali Falls

●**The Nile Porch**
PO Box 2155, Jinja, Mobiltel. 078-2321541, 077-2990815, www.nileporch.com.

Von Nile River Explorers betriebenes Luxury Tented Camp neben dem Speke Camp in traumhafter Lage auf einer waldbestandenen Felsklippe oberhalb der Bujagali Falls. Geräumige möblierte Safarizelte mit Blick auf den Nil und kleine Family Cottages. Swimmingpool. Das angeschlossene, empfehlenswerte Black Lantern Restaurant mit wohlschmeckenden Gerichten à la carte ist auch bei Tagesausflüglern aus Jinja sehr gefragt. Ab 40 Euro pro Person im DZ, inkl. Frühstück.

●**Eden Rocks Resort**
Tel. 0434-131476, Mobiltel. 077-2504059, www.edenrocknile.com.

Zwischen Nile River Explorers und Speke Camp gelegen. Schöne Bandas (Kategorie B–C, ab 18 Euro pro Person im DZ) mit à-la-carte-Restaurant und Bar, Zelten für 2,50 Euro möglich.

●**Nile River Explorers Campsite**
Tel. 0434-120236, Mobiltel. 077-2422373, Fax 0434-121322, www.raftafrica.com.

Unterbringung in Bandas für 11 Euro pro Person, Camping für 4 Euro. Großer, lebhafter Barbereich. Zelt- und Mountainbike-Verleih. Kunden von Nile River Explorers können eine Nacht kostenfrei übernachten.

●**Speke Resort**
Tel. 0414-252105, Mobiltel. 077-2379566, www.equatorrafts.com.

Einziger Übernachtungsplatz direkt an den Bujagali Falls. Einfache Bandas (Kategorie D) mit Restaurant und Bar. Campingplatz. Mit angeschlossener Kajak-Schule. Zwei freie Übernachtungen beim Rafting mit Equator Rafting.

Weiter flussabwärts

●**The Haven**
PO Box 1713, Jinia, Mobiltel. 070-2905959, www.thehaven-uganda.com.

Relativ neues Camp der Kategorie B–C unter britisch-deutscher Leitung ca. 15 km nördlich von Jinja, in traumhafter Lage auf einer Landzunge inmitten des Nils, nahe der Stromschnelle „Overtime". Schöne Zelte, Bandas und Cottages mit eigenem Bad/WC oder sanitären Gemeinschaftseinrichtungen. Campingplatz. Solarstrom. Sehr gutes Restaurant (deutscher Küchenchef) und Bar. Schöne Beobachtungsmöglichkeiten von Wasservögeln, Fischottern und Rotschwanzmeerkatzen. Die Anreise erfolgt von Westen über die Kayunga Road ab Jinja/Njeru. Nach ca. 15 km bei Njeru gelangt man an eine Abzweigung, von der eine ausgeschilderte 3 km lange Piste zum Camp führt. Vorausbuchung notwendig. Abholservice ab Jinja auf Nachfrage.

●**The Hairy Lemon**
Mobiltel. 077-2828338 oder 075-2828338, www.hairylemonuganda.com.

Powercut – wie Uganda seine Stromprobleme lösen will

Jeder Reisende lernt das Problem rasch kennen: In ganz Uganda fällt nahezu täglich der Strom aus. 80 bis 100 Megawatt Strom fehlen dem Land derzeit, um ein stabiles, ausbaufähiges Stromnetz zu gewährleisten. Langfristig ein großes Hemmnis für wirtschaftliches Wachstum und Entwicklung, sagen Experten, und empfehlen **neue Wasserkraftwerke am Oberlauf des Nils.**

Fast zehn Jahre lang wurde über ein ca. 800 Mio. US-$ teures 250-Megawatt-Kraftwerk an den Bujagali Falls diskutiert, bis die Weltbank 2002 wegen massiver Korruption und grundlegender Zweifel am Sinn des Projektes ihre Unterstützung für das vom amerikanischen Stromgiganten AES getragene Bauvorhaben zurückzog. Doch schon 2005 übernahm ein amerikanisch-kenianisches Konsortium, Bujagali Energy Ltd., das **Bujagali Hydro Power Project.** Nach einer neuen Umweltverträglichkeitsprüfung stieg die Weltbank wieder ein und sagte im April 2007 gut 360 Mio. US-$ in Krediten und Garantien für den Bau zu. Somit scheint festzustehen, dass die Bujagali-Wasserfälle wohl spätestens 2011 unwiederbringlich von einem großen Stausee überspült sein werden.

Seit 1954 steht in Jinja am Ausfluss des Nils aus dem Viktoriasee an den ehemaligen Owen Falls der **Owen-Falls-Damm** (auch **Nalubaale-Damm** genannt) mit angeschlossenem Wasserkraftwerk, nur 1 km flussabwärts nutzt der 1999 komplettierte **Kiira-Damm** das gleiche Wasser. Der 8 km weiter flussabwärts geplante, 30 m hohe und 850 m lange **Bujagali-Damm** soll die gleiche Wassermenge dann zum dritten Mal nutzen. Dabei hat Uganda Ägypten vertraglich zugesichert, nur wenig Seewasser zu entnehmen, damit der Nil weiter ungehindert fließen kann. Doch sieht die Wirklichkeit anders aus, legt eine Studie des International Rivers Network (IRN, Internet: www.irn.org) nahe. Schon heute entnimmt Uganda viel mehr Flusswasser als erlaubt, um zusätzlichen Strom zu produzieren. **Der Wasserspiegel des Viktoriasees sinkt.** Von den technisch möglichen 380 Megawatt produzieren die beiden bereits vorhandenen Kraftwerke weniger als ein Drittel, daher die ständigen Stromausfälle. Grund ist der zu geringe Wasserdruck. Kritiker befürchten, dass ein dritter Damm den Austrocknungsprozess des zweitgrößten Binnengewässers der Erde weiter beschleunigen wird, mit verheerenden ökologischen Folgen für die Seeanliegerstaaten. Die für den Bujagali-Damm errechnete Stromerzeugung von 250 Megawatt sei unrealistisch, gerade einmal 100 Megawatt könne man erreichen, womit der errechnete Strompreis erheblich steigen würde.

Dass sich die Investition in das Bujagali-Wasserkraftwerk nur rentieren wird, wenn man noch mehr Wasser aus dem Viktoriasee entnimmt, liegt für **Kritiker** auf der Hand. Sie halten Investitionen in das veraltete Stromnetz und in dezentrale, erneuerbare Energien wie Solarenergie oder Windkraft für sehr viel sinnvoller. Ohnehin würden derzeit (2010) nur ca. 5% der Ugander vom zentralen Stromnetz erreicht. Viele könnten den **überteuerten Strom aus dem Netz** sowieso nicht bezahlen und würden daher z.B. von dezentraler Solarenergie deutlich mehr profitieren. Wirtschaftlich sinnvoller und ökologisch verträglicher sei ein Wasserkraftwerk überdies an einem anderen Standort, den Karuma Falls in Nordwestuganda.

Mit dem Verlust der artenreichen Flusslandschaft an den Bujagali Falls wäre auch ein direkter **ökologischer Aderlass** zu verzeichnen. 6000 bis 7000 Menschen verlören ihre Heimat und müssten umgesiedelt werden. Der gut ausgebauten, profitablen und Arbeitsplätze schaffenden Tourismus- und White-Water-Rafting-Industrie an den Fällen wäre die Existenzgrundlage teilweise entzogen. Prinzipiell gibt es für Wildwasser-Touren auf dem Nil alternative Optionen weiter flussabwärts, jedoch nicht in gleicher Rafting-Qualität.

BUJAGALI FALLS

Schönes und bei Familien wie Rucksackreisenden beliebtes Camp der Kategorie C in romantischer Lage auf einer waldbestandenen Insel inmitten des Nils gut 30 km nördlich von Jinja, unweit der Stromschnellenfolge „Nile Special". Campingplatz, einfache, saubere Bandas und Zelte mit Solarstrom, ferner gasbetriebene Kühlschränke und Kochmöglichkeiten. Restaurant und Bar. Gute Vogelbeobachtungs- und Angelmöglichkeiten (Verleih von Angelausrüstungen auf Nachfrage). Bilharziosefreie Badestelle. Viele Rafting- und Kajak-Gäste. Die Anreise erfolgt von Westen über die Kayunga Road ab Jinja/Njeru. Vom Kayunga Trading Centre (33 km von Njeru) fährt man weiter zur 7 km entfernten Ortschaft Nazigo und von dort z.B. mit dem Fahrradtaxi zum ca. 1 km entfernten Nilufer. Hier angekommen ruft man einfach ein Boot vom Camp zum Übersetzen. Vorausbuchung notwendig. Tagesgäste unerwünscht.

● **Kalagala Falls Tented Camp**
c/o Adrift, Tel. 031-2237438, Mobiltel. 077-2237438, www.adrift.ug.

Ende 2009 eröffnetes Camp der Kategorie C von Adrift mit Bandas und komfortablen strohgedeckten Rundhütten an den Kalagala Falls, gut 36 km nördlich von Jinja. Ab 25 Euro pro Person im DZ. Campingmöglichkeit.

In direkter Nähe zu den Kalagala Falls soll nach Angaben von Adrift auf einer von Stromschnellen umsäumten kleinen Insel im Nil bis Mitte 2010 die **Wildwaters Lodge** eröffnen (Kategorie AA–A). Die Anreise erfolgt voraussichtlich von Westen über die asphaltierte Kayunga Road, die in Njeru auf Höhe der Nile Breweries von der Straße Jinja – Kampala abzweigt und sich um den Mabira Forest windet. Die Zufahrt zur Lodge zweigt dann ca. 26 km von Njeru in Höhe der kleinen Ortschaft Kangulumira rechts ab. Am Ufer des Nils angekommen, muss ein Boot zum Übersetzen gerufen werden.

Sport und Aktivitäten

Anbieter von White-Water Rafting

● **Adrift – The Adventure Centre**
Plot 7, Kira Road, UWA Compound, PO Box 7681, Kamwokya, Kampala, Tel. 031-2237438, Mobiltel. 077-2237438, www.adrift.ug. Etabliertester Raftinganbieter, seit 1997 vor Ort aktiv. Ganztagestouren (ca. 30 km Rafting) beginnen an den Bujagali Falls bzw. an den Kalagala Falls und kosten 125 US-$, verkürzte Halbtagestouren sind für 115 US-$ zu haben. Längere Zweitagestouren mit Zeltübernachtung auf einer Nilinsel schlagen mit 250 US-$ zu Buche. Die Anreise mit einem eigenen Overlandtruck erfolgt von Kampala aus (verschiedene Treffpunkte, u.a. Sheraton Hotel und Kampala Backpackers Hostel). Lunch und Getränke im Preis inbegriffen.

● **Nile River Explorers (NRE)**
Plot 41 Wilson Avenue, PO Box 2155, Jinja, Tel. 0434-120236, Mobiltel. 077-2422373, Fax 0434-121322, www.raftafrica.com. Gleiche Preise wie Adrift, doch wird eine andere Strecke befahren, die angeblich weniger schwere Stromschnellen aufweist. Ganztagestouren kosten 125 US-$, Halbtagestouren 115 US-$. Für weniger draufgängerische Erstlinge wohl besser geeignet. Nach Meinung vieler persönlichere Betreuung, abends vor Ort gemeinsames Grillen mit den (teils sehr schrillen) Guides. Kostenloser Shuttle-Transport zwischen Kampala (Abholpunkte: Kampala Backpackers, Lugogo Shopping Mall/ Game Department Store, Red Chilli Hideaway) und den Bujagali Falls.

● **Equator Rafting**
Speke Resort, Bujagali Falls, Tel. 0414-252105, Mobiltel. 077-2379566 oder 077-2318072, www.equatorrafts.com. Rafting-Anbieter mit bislang deutlich günstigeren Preisen (Tagestour: 75 US-$, Zweitagestour: 150 US-$) als Adrift und NRE, mit kostenfreier Foto-CD und reichlicher Verpflegung (kurzes Frühstück, Lunch und abendliches Barbecue). Die Rafting-Strecke beträgt ca. 27 km. Transport ab Jinja oder Kampala sowie zwei freie Campingübernachtungen im Speke Resort im Preis mit inbegriffen.

● **Nalubale Rafting**
Plot 41, Wilson Avenue, Jinja, Mobiltel. 078-2638938/9, www.nalubalerafting.com.

Der neueste Rafting-Anbieter mit etwas günstigeren Touren als Adrift und NRE, jedoch enge Zusammenarbeit mit NRE. Die Rafting-Strecke ähnelt denen der anderen

Anbieter. Tagestouren sind ab 95 US-$ zu bekommen, Zweitagestouren kosten 199 US-$.

Alle Anbieter dokumentieren ihre Touren in Bild und Ton. Entsprechende Videos, CDs mit Digitalaufnahmen und DVDs können dann abends (zu ziemlich gesalzenen Preisen) erstanden werden, ebenso wie Souvenirartikel (T-Shirts etc.). Adrift bietet seinen Kunden auch ein Coupon-Heft, das in Kampala und anderswo viele Vergünstigungen (z.B. in Restaurants) ermöglicht.

Anbieter von Kanu-Touren
- **Kayak the Nile (KTN)**
c/o Nile River Explorers (NRE), Plot 41, Wilson Avenue, PO Box 277, Jinja, Mobiltel. 077-2880322, www.kayakthenile.com. Ganztagestouren auf dem Viktoria-Nil sind ab 75 US-$ zu haben. Gut organisierte Kajak-Schule. Mehrtagestouren (auch in Kombination mit Rafting) und komplette Safaripackages können vereinbart werden. Der Schwerpunkt dieser deutlich ruhigeren Unternehmung liegt auf Vogelbeobachtungen, Angeln, Schwimmen und lockerem kulturellem Austausch mit der Bevölkerung am Fluss. Denken Sie an wasserdichte Verpackung von Dokumenten, Kameras und Ferngläsern.

Quadbiking
- **All Terrain Adventures**
PO Box 1879, Jinja, Mobiltel. 077-2377185, 077-2869037, www.atadventures.com. An den Bujagali Falls gegenüber dem NRE Campsite gelegen. Enge Kooperation mit den Raftinganbietern, vor allem mit Nile River Explorers. Organisation von Exkursionen mit 4WD-Quadbikes im Umland der Bujagali Falls. Halbtagestouren kosten 70 US-$, Ganztagestouren 140 US-$, Ausfahrten in der Abenddämmerung ab 17 Uhr 70 US-$ – eine echte Geschmacksfrage.

Reiten
- **Nile Horseback Safaris**
Mobiltel. 077-4101196, www.nilehorsebacksafaris.com. Reitsafaris am Westufer des Nils auf Höhe der Bujagali Falls, ca. 7 km nördlich von Jinja/Njeru. Ab 50 US-$ für 2 Stunden Reiten.

Bungee-Springen
- Siehe oben im Kapitel „Jinja".

Tororo XI, D3

Tororo (205 km östlich von Kampala) ist eine Kleinstadt nahe der kenianischen Grenze an der Ost-West-Achse nach Nairobi und ein Durchgangsort auf dem Weg nach Mbale weiter nördlich. Die Stadt bietet wenig Sehenswertes außer dem namengebenden **Tororo Rock,** einem mächtigen Felsblock, der die Stadt im Süden mit einer Höhe von gut 1800 m überragt. Die Ausblicke von dort über die umgebende Landschaft sind fantastisch, reichen jedoch nicht bis zum Lake Victoria.

Unterkunft

- Man kann in Tororo z.B. im **Rock Classic Hotel** (Kategorie B, schöne parkähnliche Anlage) oder im **Crystal Hotel** (Kategorie C) übernachten. Beide Hotels sind bei der Organisation von Besteigungen des Tororo Rock behilflich. Auf dem Gelände des Rock Classic Hotel darf man zelten.
- Es gibt darüber hinaus **mehrere einfache Hotels und Guest Houses,** z.B. La Jolla Guest House und Deluxe Guest House.

Sonstiges

In den besseren Hotels gibt es jeweils gute **Restaurants**. Ferner besitzt Tororo ein **Internet-Café** sowie ein **Forex Bureau**. Matatus **zur kenianischen Grenze** bei Malaba kosten 0,50 Euro.

Busia und Malaba ♪ XI, D3

Diese beiden kleinen Orte direkt an der **Grenze zu Kenia** sind eher charakterlose **Schmugglerparadiese.** Wechseln Sie nach Möglichkeit kein Geld bei den Geldwechslern an der Grenze, die zum Trickbetrug neigen. Es gibt jeweils kleine Forex-Büros an den Grenzposten. Sollten Sie über Nacht in Busia oder Malaba stecken bleiben, können Sie aus einem kleinen Angebot an einfachen Hotels und Guest Houses wählen.

Mbale ♪ XI, D2

Das über **70.000 Einwohner** umfassende Mbale (1150 m) ist eine **lebhafte Stadt am Fuße des Mount Elgon,** die sich durch angenehmes Klima, viel Grünfläche und eine **exzellente Sicherheitslage** auszeichnet. Mbale gilt als **Zentrum des Kaffeeanbaus** und ist Sitz der 1988 gegründeten **Islamic University in Uganda.** Die Entfernung nach Kampala beträgt 250 km, nach Tororo 45 km und zur kenianischen Grenze bei Malaba 63 km. Die Stadt ist Ausgangspunkt für alle Aktivitäten im Mt. Elgon National Park und Sitz des Park HQ. Auch die sehenswerten Sipi Falls am Nordhang des Berges können von hier aus erreicht werden. Der **große Markt** im Stadtzentrum ist sehenswert und bietet gute Einkaufsmöglichkeiten. Ein Teil der günstigen Waren entstammt den verbreiteten Schmuggelgeschäften über die Grenze zu Kenia.

Etwa 25 km nördlich von Mbale liegen die **Kakoro Rock Paintings,** die man über die Asphaltstraße nach Soroti erreicht. Die kleine Piste dorthin führt über ca. 10 km durch ansprechende Landschaft. Die eher enttäuschenden Felszeichnungen liegen auf einem kleinen Felshügel, der verbuscht ist.

Nördlich von Mbale zweigt von der Hauptstraße nach Soroti eine 224 km lange **Piste nach Moroto** (Provinz Karamoja) ab. Die mit Allradfahrzeugen gut befahrbare Piste ist landschaftlich sehr reizvoll und führt am 3068 m hohen **Mt. Kadam** vorbei, der eine Fülle spektakulärer landschaftlicher Eindrücke bietet. Wegen anhaltender Unruhen in Karamoja konnte die Strecke allerdings in den letzten Jahren teilweise nur im Konvoi befahren werden.

Anreise und Weiterfahrt

- **Zugverbindungen:** Mbale ist Ausgangspunkt der mittlerweile stillgelegten Northern Line, die über Soroti, Lira und Gulu bis nach Pakwach führt.
- **Busverbindungen und Matatus:** Die Bus- und Matatustation liegt am Südrand der Stadt unweit des Marktes. Überlandbusse nach Kampala über Jinja fahren bereits frühmorgens ab (4 Euro, 4–5 Std. Fahrtzeit). Empfehlenswert ist der EMS Post Bus (Abfahrt um 8 Uhr). Minibusse fahren den ganzen Tag über nach Kampala (6 Euro), Tororo, Jinja und Soroti. Der kenianische Akamba Bus stoppt auf seinem Weg von Kampala nach Nairobi gegen 17 Uhr am Bambuli House in der Mumias Road (Fahrpreis nach Nairobi ca. 10 Euro).
- **Matatus zum Mt. Elgon:** Diese fahren von der Matatustation am Clocktower ab: nach Budadiri (1,50 Euro), Sipi (2,50 Euro), Kapchorwa, Kapkwata (ca. 3 Euro) und Suam.

Stadtplan S. 312; Karte Atlas XI

MBALE

Verkehrsverbindungen innerhalb von Mbale

Die weitläufig angelegte Stadt gilt als „Hauptstadt" der **Fahrradtaxis** (Boda-Bodas) in Uganda. Fahrten innerhalb der Stadt kosten ca. 0,10–0,50 Euro.

Informationen

- **Mt. Elgon National Park Tourist Office**
PO Box 135, 19/21 Masaba Road (gegenüber dem Mt. Elgon Hotel), Tel. 433170, Fax 433332, uwaface@imul.com. Informationen und Organisation von Besteigungen und Touren am Mt. Elgon. Bezahlung des Parkeintritts und Hilfe bei der Organisation von Führern/Trägern möglich. Verleih von Zelten und Schlafsäcken. Die eigentliche Kompetenz liegt jedoch bei den Rangern der Besucherzentren vor Ort am Beginn des jeweiligen Trails (siehe „Mt. Elgon NP").
- **Salem Brotherhood**
PO Box 1558, Tel. 433368, Mobiltel. 077-2505595, Fax 434461, www.saleminternational.org. 10 km außerhalb des Zentrums an der Kumi Road (ausgeschildert). Auf dem Gelände der gemeinnützigen Salem Brotherhood finden sich u.a. ein sehr gutes **Guest House** und ein kleines **Krankenhaus.** In einem **Craft Shop** kann man lokales Kunsthandwerk (z.B. Schnitzereien) erstehen. Die Einnahmen aus diesen Leistungen fließen in den Unterhalt des Krankenhauses und angeschlossene Einrichtungen.

- **Vorwahl von Mbale: 0454**

Unterkünfte und Hotels

Kategorie B

- **Mbale Resort Hotel**
50 Bungoho Road, PO Box 1621, Tel. 433920, Fax 433922, www.mbaleresorthotel.com.
Komfortable Zimmer mit Bad/WC. Modernes Hotel mit Pool, Fitnessbereich, Sat-TV. Gutes Restaurant mit Bar. Bewachter Parkplatz.

- **Mt. Elgon Hotel**
30 Masaba Road, PO Box 670, Tel. 433454, Fax 433717, www.mountelgonhotel.com.
EZ bzw. DZ mit Bad/WC. Restaurant. Bewachter Parkplatz. Das empfehlenswerte Hotel am Ostrand der Stadt ca. 2 km außerhalb des Zentrums wurde seit Mitte der 1990er Jahre nach der Privatisierung zweimal umfassend renoviert. Größere Gartenanlage, sehr ruhig, Swimmingpool und Spa. Mit Fahrradtaxis (Boda-Bodas) für 0,30 Euro vom Zentrum aus zu erreichen.
- **Hotel Restville**
Plot 43, Bumboi Road, Busamaga, Wanale Division, Tel. 431028, Mobiltel. 077-4870559, www.hotelrestville.com.
Neues Hotel mit 11 komfortablen Zimmern und Suiten mit Bad/WC sowie Sat-TV. W-LAN. Restaurant und Bar. Bewachter Parkplatz.
- **Kayegi Hotel**
Plot 45B, Masaba Road, Tel. 432118, Mobiltel. 077-3464286, Fax 431001, www.kayegihotel.co.ug.
25 Zimmer und Suiten mit Bad/WC, Kühlschrank und Sat-TV.

Kategorie C

- **Landmark Inn**
Wanale Road, Tel. 433880, Mobiltel. 078-2751016.
Attraktive Villa im Kolonialstil inmitten einer grünen Gartenanlage, einige hundert Meter östlich des Stadtzentrums. Nur drei sehr geräumige saubere Zimmer mit Bad/WC. Gutes indisches Restaurant. Campingmöglichkeit.

Kategorie C–D

- **Sunrise Inn**
Nakhupha Road, PO Box 2607, Tel. 433090, Mobiltel. 077-2494968, Fax 433863.
Mitte der 1990er Jahre eröffnetes Hotel mit Gartenanlage ca. 500 m hinter dem Mt. Elgon Hotel. Saubere Zimmer mit Frühstück. Beliebtes Restaurant. Mit Fahrradtaxis (Boda-Bodas) vom Zentrum aus zu erreichen.

MBALE

Kategorie D

- Mehrere einfache Hotels und Guest Houses im Stadtzentrum, z.B. **Mt. Elgon View Hotel, Sayona Hotel** und **Hotel Eldima.** Einen sauberen Eindruck hinterlassen dabei vor allem das Mt. Elgon View Hotel und das Hotel Eldima.
- Weit besser als die Guest Houses im Zentrum ist das etwa 10 km außerhalb an der Kumi Road gelegene **Salem Guest House** (ausgeschildert), das von der Salem Brotherhood (s.o.) geführt wird. Ein kleines Restaurant und ein Coffee Shop sind angeschlossen.

Restaurants und Bars

- Ein gutes, wenn auch etwas ideenloses Dinner erhalten Sie im **Mt. Elgon View Hotel**, wo es auch eine Bar gibt.

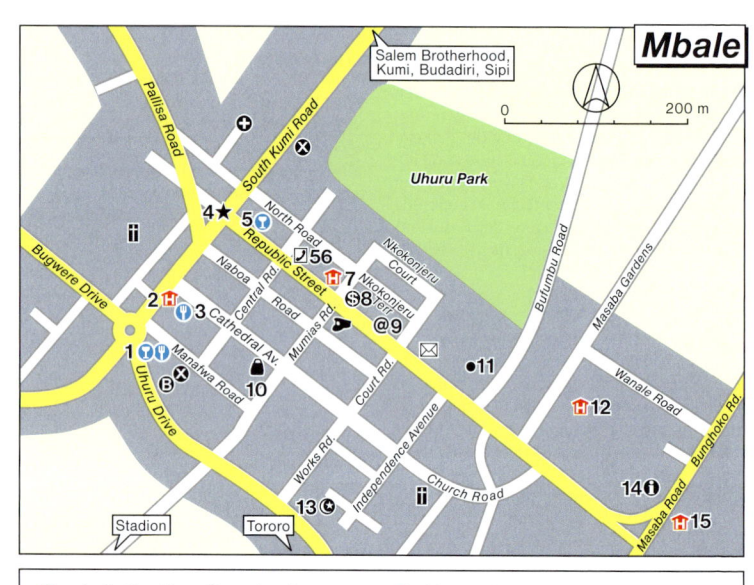

- 1 Coffee Tree Complex Bar & Restaurant
- 2 Mt. Elgon View
- 3 Nurali's Restaurant
- ★ 4 Clocktower
- 5 Twiga Bar
- 6 MTN (Telefonkarten)
- 7 Eldima
- 8 Standard Chartered Bank
- @ 9 Cyber Café
- 10 Markt
- 11 District Office
- 12 Landmark Inn
- 13 Moschee
- 14 Mt. Elgon NP Tourist Office
- 15 Mt. Elgon

- ✚ Krankenhaus
- ✖ Taxi Park
- Ⓑ Bushaltestelle
- Polizei
- ✉ Post
- ⅱ Kirche

NP-Plan S. 317; Karten Atlas IX, XI **MOUNT ELGON NATIONAL PARK**

- Gute Alternativen sind **Tom's Joint,** das **Restaurant im Landmark Inn** oder das recht neue **Nurali's Restaurant** im Gebäude des Hotels Mt. Elgon View, wo man in den Genuss exzellenter indischer Küche kommt.
- Im Stadtzentrum gibt es einfache, günstigere Gerichte, auch nach europäischer Machart, z.B. im **Coffee Tree Complex Bar & Restaurant** unweit von Busstation und Taxipark, im empfehlenswerten **Hotel Eldima,** in der **Twiga Bar** oder dem **New East Nile Restaurant,** allesamt zentral gelegen.
- Im **Club Oasis,** einem afrikanischen Nachtclub in der Cathedral Avenue, kann man sich ein Bier bei dröhnender Musik gönnen.

Medizinische Versorgung

- **Salem Brotherhood Medical Services,** PO Box 1558, Tel. 433368, Mobiltel. 077-2505595, Fax 434461, www.saleminternational.org. 10 km außerhalb des Zentrums an der Kumi Road (ausgeschildert).

Geldwechsel

- Es gibt **mehrere Banken im Stadtzentrum,** die unterschiedliche Wechselkurse haben. Die Standard Chartered Bank, die Stanbic Bank (mit ATM) und die Crane Bank bieten leider nur Kontoinhabern akzeptable Kurse für US-$, Euro und britische Pfund.
- Besser ist der Geldtausch im **Mount Elgon Forex Bureau** zwischen Clocktower und Polizeistation (kein Wechsel von Reiseschecks).
- Grundsätzlich ist zu empfehlen, vor einer Reise nach Ostuganda ausreichend Bargeld **in Kampala oder Jinja** (zu wesentlich besseren Kursen) zu wechseln.

Post und Internet

- Das **Postamt** liegt im Stadtzentrum in der Masaba Road. Es bietet einen Internet-Service für 0,05 Euro pro Minute, auch können für 0,50 Euro pro Seite Faxe empfangen werden (Fax 433891).
- Ein gutes **Internet-Café** ist z.B. das **Cyber Café** in der Republic Street.

Mount Elgon National Park ♪ IX, D3/XI, D2

Überblick

Der 1145 km² große Nationalpark wurde im Oktober 1993 geschaffen, um die ugandische Seite des im äußersten Osten an der Grenze zu Kenia liegenden Vulkanmassivs zu schützen. Die Grundlagen für den Park schuf die Arbeit des **Mt. Elgon Conservation & Development Project** in Mbale.

Der **4321 m hohe Mount Elgon,** fünfthöchster Berg Ostafrikas und achthöchster Berg Afrikas, hat eine bewegte geologische Geschichte. Es handelt sich um einen sehr alten **Vulkan,** dessen Aktivität vor ca. 24 Mio. Jahren begann und der vor ca. 10 Mio. Jahren das letzte Mal ausbrach. Seitdem haben Erosionsprozesse die Gestalt des Berges erheblich verändert, sodass die klassische konische Vulkanform nur noch schwer zu erkennen ist. Aufgrund des großen Durchmessers (ca. 50–80 km) an der Basis des Vulkans nehmen Geologen heute an, dass der Mt. Elgon ursprünglich sogar höher als der Mt. Kenia und der Kilimanjaro war, und man bezeichnet ihn als den „ausgedehntesten erloschenen Vulkan überhaupt".

Der Name „Elgon" geht auf die Bezeichnung „Oldoinyo Ilgoon" der am Ostrand des Massivs lebenden lokalen Maasai zurück, die so viel wie „Busen-Berg" bedeutet. Der Berg wird von der lokalen Bevölkerung auch „Masaba" genannt.

Mount Elgon National Park

Die Geografie des Berges gleicht der einer flachen Kuppel. Am höchsten Punkt der Kuppel befindet sich eine ausgedehnte **Caldera** mit einem Durchmesser von ca. 8 km, die den Rest des ehemaligen Vulkankraters darstellt. Das in der Caldera aufgefangene Niederschlagswasser fließt durch die spektakuläre **Suam Gorge** über den gleichnamigen Fluss nach Osten hin ab. Der höchste Punkt des Kraterrandes, **Wagagai (4321 m),** liegt auf der ugandischen Seite, kann aber sowohl von Kenia als auch von Uganda aus erreicht werden. Ein weiterer viel bestiegener Punkt, genannt **Jackson's Summit (4160 m),** liegt westlich davon. In der Sprache der lokalen Bagusu (oder Gusi) wird er „Bamasaba" genannt. „Wagagai" und „Bamasaba" bedeuten „Vater" und „Mutter".

Wie an anderen Bergen Ostafrikas werden beim Aufstieg verschiedene klassische **Vegetationszonen** durchschritten. Bis in ca. 2000–2300 m Höhe bewegt man sich durch Kulturland, bevor man in die Waldzone mit großen Bambusbeständen eintaucht. Oberhalb 3200–3400 m erreicht man die afro-alpine Zone mit riesenhaften Senezien und Lobelien und kleineren Mooren. In der Kontaktzone zum Wald dominieren Baumheidebestände. Die afro-alpine Zone reicht bis zu den Gipfeln Wagagai und Jackson's Summit hinauf, eine Fels- und Flechtenzone fehlt.

Der Mount Elgon ist ein sehr wilder, auf der ugandischen Seite auch recht einsamer Berg. Es handelt sich unzweifelhaft um eines der attraktivsten Berggebiete in Ostafrika und ist dabei nahezu unbekannt. Die **Besteigung** erfordert eine gute Vorbereitung und ausreichende Kondition, besondere alpinistische Kenntnisse sind nicht notwendig. Hütten stehen auf der ugandischen Seite bislang keine zur Verfügung, stattdessen gibt es an den Tagesetappen ausgerichtete Campingmöglichkeiten mit Wasserversorgung und Toiletten. Nehmen Sie in jedem Fall einen **Führer** mit, um nicht verloren zu gehen. Der Mt. Elgon lässt sich am besten in der Trockenzeit besteigen (Dezember bis März und Juni bis August), aber auch in der Regenzeit sind Touren möglich.

Sie müssen eine **gute Bergausrüstung** (feste Schuhe, Regenjacke, Schlafsack, Zelt, Kocher und Kochgeschirr etc.) mitbringen, ähnlich der für das Ruwenzori-Gebirge (siehe „Praktische Tipps A–Z"). Das **Wasser** am Berg ist sehr gut, sollte aus Sicherheitsgründen aber trotzdem immer gefiltert oder abgekocht werden. Die **Temperaturen** liegen nachts um den Gefrierpunkt. Schnee ist sehr selten. Beim Park Headquarter in Mbale kann man Ausrüstungsgegenstände (z.B. Zelte für 5 Euro und Schlafsäcke für 1 Euro pro Tag) leihen, ebenso am ugandisch geführten Camp The Crow's Nest an den Sipi Falls (siehe weiter unten).

Ein letztes Wort noch zur **Sicherheit:** Bis Anfang der 1990er Jahre galt der Mt. Elgon als sehr unsicheres Gebiet mit Rebellengruppen, Wilderern und Schmugglern. Anders war es zwischen 1992 und 2008, als die Sicherheitslage als ausgezeichnet galt. Die nächtliche Erschießung einer belgischen Touristin am Mt. Elgon Anfang 2008, vermutlich durch marodierende Viehdiebe, rief das schon als abgehakt angesehene Sicherheitsproblem jedoch wieder in Erinnerung. Daraufhin wurde die militärische Präsenz in der Region verstärkt und eine Militär-Eskorte für Mt. Elgon-Besteigungen verfügt. Seither wurden keine weiteren Vorfälle verzeichnet. So mancher ehemalige Schmuggler hat einen neuen Job als Führer oder Träger am Berg gefunden, und ihre vorzügliche Ortskenntnis kommt nun den Nationalparkbesuchern zugute.

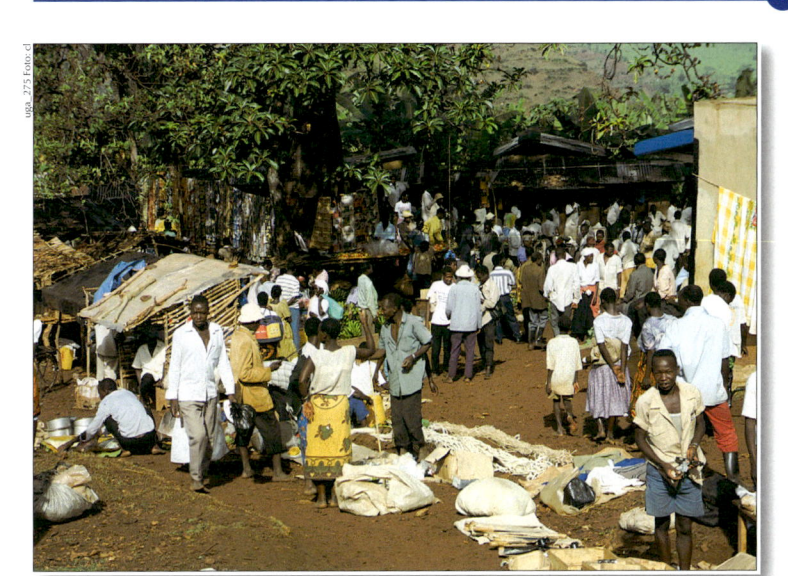

Tier- und Pflanzenwelt

Das Gebiet hat unter der **Wilderei** der 1970er und 1980er Jahre gelitten. Die Tiere sind dementsprechend scheu. **Elefanten** kommen nur noch auf der kenianischen Seite vor, scheinen von dort aus aber wieder zuzuwandern. In der Caldera kann man selten **Kaffernbüffel** beobachten. Gelegentlich zu sehen sind Buschbock, Pinselohrschwein, Baumschliefer (ein Verwandter des Klippschliefers) oder der Schwarzstirnducker, eine kleine Waldantilope. **Leoparden** und **Hyänen** kommen im Gebiet vor. In den Wäldern sieht man häufig verschiedene **Primatenarten,** z.B. Guerezas (schwarz-weiße Kolobusaffen) oder Diademmeerkatzen. **Vögel** wie Turakos und Tokos oder Nektarvögel kommen vor allem in den Wäldern

Markttag am Mt. Elgon

und den unteren Lagen der afro-alpinen Zone vor.

Verschiedene **Senezien- und Lobelienarten** prägen die weite Moorlandschaft oberhalb der Baumgrenze. Die Arten Senecio barbatipes und Senecio elgonensis sind nur hier anzutreffen. Besonders attraktiv ist die silbergraue Straußenfeder-Lobelie. Lobelien wachsen phallusartig empor, während Senezien zur Verholzung und Verzweigung neigen.

Aufstieg über den Sasa Trail

●**Achtung – gültig für alle Trails:** Seit 2008 ist aus Sicherheitsgründen eine **Militär-Eskorte** für alle Mt. Elgon-Besteigungen obligatorisch!

Ausgangspunkt für den Sasa Trail ist **Budadiri** (siehe „Informationen") auf 1250 m Höhe. Von Budadiri sind es ca. 5 km (1½–2 Std. Marschzeit, alternativ Transport mit Matatu) bis **Bumasola,** dem **Beginn des Trails.** In Budadiri müssen Sie sich im Besucherzentrum des Nationalparks nach Trägern erkundigen. Diese sind von der Parkverwaltung unabhängig organisiert (Mt. Elgon Mountaineering Association). Ein ortskundiger Führer ist bereits in der Parkeintrittsgebühr von 50 US-$ pro Tag enthalten. Das Tagesgehalt für einen Träger betrug Anfang 2010 ca. 4 Euro pro Etappe. Die Gewichtsobergrenze liegt bei 18 kg pro Träger. Verpflegung und Kleidung stellen diese selbst. Wenn

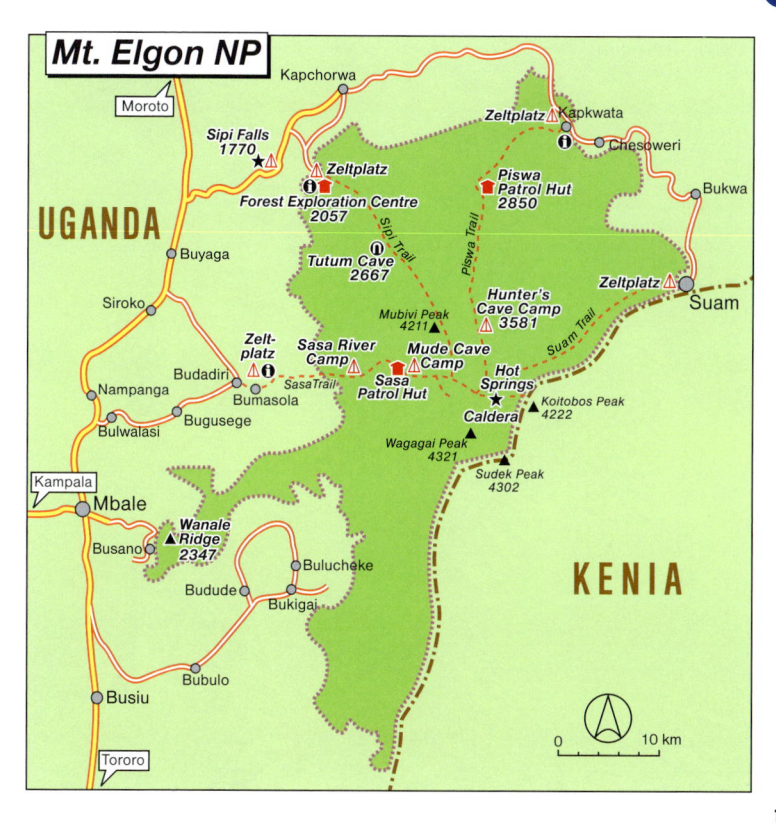

MOUNT ELGON NATIONAL PARK

Mount Elgon National Park – Senezien und Lobelien unterhalb des Wagagai

Sie zwei Aufstiegsetappen an einem Tag schaffen wollen, erwarten Führer/Träger auch eine entsprechende Bezahlung. Für deren Parkeintritt müssen Sie aufkommen.

1. Etappe:
Budadiri bis Sasa River Camp
(10,5 km, 5–6 Std., 1650 m Aufstieg)

Die Piste von Budadiri nach Bumasola ist bei Trockenheit unproblematisch zu begehen/befahren, jedoch ist nach Regenfällen auf schlüpfrigem Untergrund entsprechende Vorsicht geboten. Vom Bumasola aus führen mehrere Pfade sehr steil aufwärts durch Kulturland, dabei passiert man immer wieder klei-

Mount Elgon National Park

ne Siedlungen. Ein Führer ist unbedingt notwendig, um den richtigen Weg „herauszufischen". Auf etwa 2200 m Höhe gelangt man zur mit Schildern gekennzeichneten Grenze des Nationalparks. Nach ca. 15 Minuten erreichen Sie das steil aufragende **Mudangi Cliff,** eine mächtige Felswand, deren Schlüsselstelle zwei lang gestreckte „Holzleitern", d.h. zahlreiche übereinander geschichtete Äste, sind. Oberhalb des Mudangi Cliff wird der Weg flacher und lässt sich sehr gut begehen. Anfangs geht man durch lockeren Bergwald, in dem zeitweise sehr viele Bremsen vorkommen (lange Hosen und Ärmel sind sinnvoll). Dieser geht bald in dichte Bambusbestände über. 15 m hohe Bambuspflanzen sind dabei keine Seltenheit. Nach 2 Std. (vom Oberrand des Mudangi Cliff) erreichen Sie den orchideengesäumten **Sasa River** und kurz dahinter das Sasa River Camp (2900 m).

2. Etappe: Sasa River Camp bis Mude Cave Camp (6 km, 3–4 Std., 600 m Aufstieg)

Sie müssen ihre Wasserflasche am Sasa River gut auffüllen, da es auf dieser Tagesetappe kaum Wasserquellen gibt. Der Weg vom Sasa River Camp führt zunächst sanft aufwärts durch dichten Bambuswald. Bald gelangen Sie an eine Weggabelung, an der man sich links halten muss. Nach 30–40 Minuten erreichen Sie dichtes, waldartiges Buschland. Der Weg wird steiler, der Untergrund schlüpfrig und schlammig. Mehrmals quert man größere Baumwurzeln. Nach insgesamt 2½–3 Std. wird auf ca. 3400 m Höhe die Baumgrenze erreicht und offene Baumheidelandschaft breitet sich aus. Linker Hand befindet sich die **Sasa Patrol Hut,** wo man sich registrieren lassen und seine Eintrittsquittungen vorzeigen muss. Für Wanderungen innerhalb der Caldera muss ein bewaffneter Ranger mitgenommen werden (wegen der Kaffernbüffel). Wenn Sie eine solche Tour planen, muss dies an der Sasa Patrol Hut mit den Wildhütern vereinbart werden. Sie treffen den Ranger am betreffenden Tag dann morgens am Mude Cave Camp. Von der Sasa Patrol Hut bis zur Mude Cave (3500 m) sind es noch ca. ½–1 Std. Am Mude Cave Camp wurde von der Parkverwaltung mittlerweile eine **einfache Schutzhütte** errichtet.

3. Etappe: Mude Cave Camp bis Wagagai und zurück (18 km, 5–7 Std., 800 m Aufstieg)

Der Weg führt zunächst durch Moorland. Nach ca. 1–1½ Std. gabelt sich der Weg (ausgeschildert), zum Wagagai muss man sich rechts halten. Der linke Weg stellt die Verbindung zum Sipi Trail bzw. Piswa Trail her und führt später als **Smugglers' Path** durch die Caldera. Zur Rechten erscheint bald Jackson's Summit. Der Weg zum Wagagai führt jedoch links daran vorbei. Man passiert dabei den **Bergsee**

Bergführer John Wodayia

Jackson's Tarn. Immer dichter werden die Senezienbestände, fremdartig anmutende Lobelien säumen gelegentlich den Weg. Nach einem steilen Anstieg errreicht man schließlich den Rand der Caldera, von hier ist es noch ca. 1 Std. bis zum höchsten Punkt Wagagai (4321 m). Auf dem Rückweg kann man über einen kleinen, zum Ende hin sehr steilen Felspfad auch noch Jackson's Summit besteigen (ca. 1 Std., Aufstieg 100 m).

4. Etappe: Mude Cave Camp bis Sasa River Camp
(6 km, 2–3 Std., 600 m Abstieg)

Der Abstieg zum Sasa River Camp dauert etwa 2–3 Std. Vorsicht ist beim Passieren größerer Baumwurzeln geboten, die zum Stolpern geradezu einladen.

5. Etappe:
Sasa River Camp bis Budadiri
(10,5 km, 3–4 Std., 1650 m Abstieg)

Der weitere Abstieg dauert etwa 3–4 Std. Häufig ist der Weg sehr schlüpfrig und gute Schuhe sowie vorsichtiges Auftreten mit der ganzen Sohle sind ein Muss. Insbesondere der Abstieg vom **Mudangi Cliff** ist sehr steil und fordert Unfälle geradezu heraus. Nach dem Passieren der Nationalparkgrenze gelangt man wieder auf den bereits beschriebenen Weg nach Bumasola und weiter nach Budadiri.

Alternativ kommt der Abstieg über den Sipi Trail oder den Piswa Trail in Frage. Diese Überschreitung des Berges dauert insgesamt 5–7 Tage. Bei gutem Wetter ist es überaus lohnenswert, einen weiteren Tag im Mude Cave Camp zu bleiben, um in Begleitung eines bewaffneten Rangers eine Tagestour durch die Caldera zu unternehmen. Der so genannte **Smugglers' Path** tritt am **Western Gap** in die Caldera ein und führt zu den Hot Springs am Austritt der **Suam Gorge** aus dem Krater. Die Weitläufigkeit und Schönheit der Landschaft in der Caldera und die wilde Suam Gorge machen diese tagesfüllende Tour zu einer ungemein lohnenden Unternehmung.

Aufstieg über den Piswa Trail

Seit Anfang der 1990er Jahre bestehen die Voraussetzungen, den Mt. Elgon auch von Norden her zu besteigen. **Ausgangspunkt** für den Piswa Trail ist **Kapkwata** (2190 m) an der Straße nach Suam, die am Nordrand des Berges verläuft und die sehenswerten Sipi Falls passiert (siehe „Mbale" und „Sipi Falls"). Von den Sipi Falls sind es noch ca. 45 km (1 Std. Fahrtzeit) bis Kapkwata. Langfristig wird die bislang nur bis Kapkwata befestigte Straße komplett bis zur kenianischen Grenze asphaltiert sein. Es kann täglich mit öffentlichen Verkehrsmitteln (Minibusse und Pickup-Matatus) von Mbale nach Kapchorwa und von dort weiter nach Kapkwata gefahren werden. In Mbale müssen Sie sich im Park Headquarter des Nationalparks nach Führern und Trägern erkundigen und dort auch die Eintrittsgebühren entrichten. Sie können Führer/Träger für den Piswa Trail dann in Kapkwata finden. Die Tagesgehälter gleichen denen in Budadiri.

1. Etappe: Kapkwata bis Piswa Patrol Hut Camp
(11 km, 3-4 Std., 650 m Aufstieg)

An der Piswa Patrol Hut (2850 m) müssen Sie sich registrieren lassen und die Quittungen für den Parkeintritt vorzeigen. Wanderungen innerhalb der Caldera muss ein bewaffneter Ranger begleiten (wegen der Kaffernbüffel). Wenn Sie eine solche Tour planen, muss dies bereits an der Piswa Patrol Hut mit den Wildhütern vereinbart werden.

2. Etappe: Piswa Patrol Hut bis Hunters' Cave Camp
(16 km, 5-6 Std., 1020 m Aufstieg)

Lange Tagesetappe, die über weite Strecken durch das Tal des **Siti River** bis zum Hunters' Cave Camp (3870 m) im Randbereich der Caldera führt.

3. Etappe: Hunters' Cave Camp bis Suam Gorge und zu den Hot Springs

Das Erreichen der Suam Gorge, des schluchtartigen Austritts des **Suam River** aus der Caldera, stellt einen landschaftlichen Höhepunkt dar. Ein 3 km langer, wenig lohnender Abstecher führt zu den Hot Springs, eher unscheinbaren heißen Quellen. Am Ende des Tages müssen Sie in der Suam Gorge campen (vorherige Absprache erforderlich) oder über den Sasa Trail bis zum Mude Cave Camp auf 3500 m absteigen.

4. Etappe: Mude Cave Camp bis Wagagai und zurück
(18 km, 5-6 Std., 800 m Aufstieg)

Diese Etappe entspricht der dritten Etappe des Sasa Trails, wenn am Abend zuvor am Mude Cave Camp übernachtet wurde.

5. und 6. Etappe: Abstieg über den Sasa Trail nach Budadiri

Die Wegbeschreibung entspricht der des Sasa Trails.

Aufstieg über den Sipi Trail

Seit dem Jahr 2002 kann der Mt. Elgon auch über den sog. Sipi Trail bestiegen werden. **Ausgangspunkt** sind die **Sipi Falls** (1770 m) an der Straße nach Suam. Von hier führt ein 6 km langer Weg (Marschzeit ca. 2-3 Std.) zum **Forest Exploration Centre in Kapkwai** (2047 m), wo man Führer und Träger findet (Voranmeldung über das Park HQ in Mbale empfohlen). Die Tagesgehälter gleichen denen in Budadiri.

1. Etappe: Sipi Falls bis Tutum Cave Camp
(17 km, 6-8 Std., 900 m Aufstieg)

Der Weg führt von den Sipi Falls durch Kulturland in das Dorf Kapkwai, wo sich das Forest Exploration Centre befindet. Vom Forest Exploration Centre geht es auf einem schmalen Pfad durch üppigen Bergwald und Bambusdickicht hinauf zum Höhlensystem der **Tutum Cave** (2667 m). An der Höhle liegt ein einfacher Campsite mit Wasserversorgung. Etwas unterhalb der Höhle befindet sich ein Aussichtspunkt mit schönen Blicken über die Ausläufer des Elgon-Massivs sowie das umgebende Kulturland.

2. Etappe – Tutum Cave Camp bis Muyembe Camp
(12 km, 6–7 Std., 1400 m Aufstieg)

Eine genaue Wegbeschreibung dieser relativ neuen Trekking-Etappe, die bis an den Rand der Caldera führt, ist über die Parkverwaltung erhältlich. Das Muyembe Camp liegt auf über 4000 m Höhe und wird aufgrund der hier herrschenden nächtlichen Kälte von Führern und Trägern nicht besonders geliebt. Als alternativer Übernachtungsort wird daher häufig auch das **Kajeri Camp** (3383 m) auf halber Strecke vorgeschlagen.

Alle weiteren Etappen

Nach Erreichen des Wegesystems des Sasa Trails ist eine Besteigung von Wagagai und Jackson's Summit wie bereits geschildert möglich, ebenso ein späterer Abstieg über den Sasa Trail oder den Piswa Trail.

Weitere Aufstiegsrouten

In den letzten Jahren wurden durch die Parkverwaltung zusätzlich der **Suam Trail** (Beginn in der kleinen Ortschaft Suam nahe der kenianischen Grenze), der entlang des Suam River durch die spektakuläre Suam Gorge hinauf zu den Hot Springs an der Ostseite der Caldera führt, und der **Bushiri Trail** (Dreitagesroute zum Wagagai) für den Tourismus entwickelt.

Grenzüberschreitende Touren

In Zusammenarbeit mit der Verwaltung des Nationalparks auf kenianischer Seite sind nach Voranmeldung über das Park Headquarter in Mbale auch grenzüberschreitende Touren möglich, bei denen Führer und Träger an der Grenze jeweils wechseln. Dieser Teamwechsel soll an den Hot Springs stattfinden.

Andere Aktivitäten im Nationalpark

Lohnenswerte **Tageswanderungen von 3–7 km Länge** können über drei verschiedene Wegesysteme vom Forest Exploration Centre (2057 m) in Kapkwai aus gestartet werden, u.a. zu den malerisch gelegenen **Chebonet Falls.** Auch eine Tagestour zum ausgedehnten Höhlensystem der 11 km entfernten **Tutum Cave** (Taschenlampe nicht vergessen) ist möglich.

Kürzere **Tageswanderungen** (zwei Trails über 3 bzw. 6 km) können auch am **Wanale Ridge,** einem Ausläufer des Elgon-Massivs 20 km nördlich von Mbale, unternommen werden, das mit steilen Felskliffs und kleineren Wasserfällen lockt.

Mt. Elgon – Vegetation
  am Rand der Caldera

Höhlensysteme wie die **Numagabwe Cave** bei Budadiri sollten nur in Begleitung eines lokalen Führers erkundet werden.

Am **Nagudi Rock** zwischen Mbale und Budadiri ist Felsklettern (für organisierte Sportkletterer mit eigenem Equipment) möglich. Genaue Informationen und Kartenmaterial dazu erhalten sie beim Park Headquarter in Mbale.

Literatur und Karten

- *Andrew Wielochowski,* „**Mt. Elgon – Map and Guide" (1989),** Maßstab 1:50.000. Detail- und Übersichtskarten des Elgon-Gebietes. In Kampala oder Nairobi erhältlich, in Europa über EWP (Internet: www.ewpnet.com) zu bestellen.
- *David Wenk,* „**Trekking in East Africa",** Lonely Planet „Walking Guide", 3. Auflage 2003, 288 S. Gute Detailinformationen zu allen ostafrikanischen Bergen.
- *Gunter Schramm,* **Trekking-Handbuch,** Reise Know-How. Allgemeine Informationen und Tipps rund ums Thema Trekking.
- Beim Department of Lands & Surveys in Entebbe ist eine aktuelle **topografische Karte** des Mt. Elgon-Gebietes erhältlich (Adresse siehe im Abschnitt zu Entebbe), Kostenpunkt ca. 6 Euro.

Anreise

Ausgangspunkt für alle Aktivitäten am Berg ist **Mbale,** das man den ganzen Tag über mit Bussen und Matatus ab Kampala (250 km, 3–4 Std. Fahrtzeit) erreichen kann (siehe auch weiter vorn im Kapitel zur Stadt).

Der **Sasa Trail** startet in der kleinen Ortschaft **Budadiri,** die 29 km nördlich von Mbale liegt. Anfahrt von Mbale: Man fährt zunächst einige Kilometer auf der großen Asphaltstraße Richtung Soroti und zweigt dann nach Moroto rechts ab; nach wenigen Kilometern geht rechts die Piste nach Budadiri ab

MOUNT ELGON NATIONAL PARK

(ausgeschildert). Matatus (Minibusse) zwischen Mbale und Budadiri verkehren mehrmals täglich (Matatustand am Clocktower, 1,50 Euro).

Für den **Piswa Trail** muss man nach **Kapkwata** an der Straße nach Suam reisen. Der Ort ist mit Minibussen und Pickup-Sammeltaxis von Mbale über Sipi zu erreichen.

Der noch relativ neue **Sipi Trail** beginnt an den **Sipi Falls.** Diese sind über eine gut asphaltierte Straße mit Matatus ab Mbale problemlos erreichbar (Matatustand am Clocktower in Mbale, Fahrtzeit ca. 1½ Std., Fahrpreis 2,50 Euro).

Der neue **Suam Trail** beginnt an der Ortschaft **Suam** unweit der kenianischen Grenze. Suam ist mit Matatus ab Mbale bzw. Kapchorwa (Asphaltierung der Strecke Kapchorwa – Suam ab Ende 2010 vorgesehen) gut zu erreichen.

Informationen

Vgl. auch die Listung der Parkgebühren und sonstiger Gebühren im Kapitel „Nationalparks und Wildreservate".

- **Uganda Wildlife Authority (UWA)**
Plot 7 Kira Road, Kamwokya, PO Box 3530, Kampala, Tel. 0414-355000, Fax 0414-346291, www.ugandawildlife.org. Infos zum Park und aktuelle Hinweise zur Nutzung der einzelnen Trails.
- **Mt. Elgon National Park
Tourist Information Office**
PO Box 135, 19/21 Masaba Road (gegenüber dem Mt. Elgon View Hotel), Tel. 0454-433170, Fax 433332, uwaface@imul.com. Infos und Organisation von Besteigungen und Touren am Mt. Elgon. Bezahlung des Parkeintritts und Hilfe bei der Organisation von Führern/Trägern möglich. Die eigentliche Kompetenz liegt jedoch bei den Rangern der Besucherzentren vor Ort am Beginn des jeweiligen Trails.
- **Besucherzentren in Budadiri, Kapkwata und im Forest Exploration Centre von Kapkwai** (täglich von 9–17 Uhr geöffnet). Bezahlung der Eintrittsgelder, wenn noch nicht in Mbale vorgenommen. Die freundlichen Wildhüter der Besucherzentren stellen geschulte Führer (Gebühr bereits in der täglichen Parkeintrittsgebühr von 50 US-$ enthalten) bereit und vermitteln den Kontakt zu Trägern, die sich von der Nationalparkbehörde unabhängig organisiert haben.

Obwohl von UWA anders ausgeschrieben, ist eine **Abrechnung der Parkgebühren** am Mt. Elgon nach Trekking-Tagen unüblich. In der Regel werden von den Besucherzentren die klassische 5-Tages-Tour mit Option der Gipfelbesteigung (Gebühr 250 US-$) oder einfache Tagestouren für 50 US-$ angeboten.

Unterkünfte und Camping

- **In Budadiri** (Ausgangsort für den Sasa Trail) gibt es einfache Unterkünfte: **Wagagai Hotel, Rose's Last Chance** (Kategorie D). **Auf dem Gelände des Besucherzentrums** kann man gegen eine Gebühr **zelten.**
- **In Kapkwata** (Ausgangsort für den Piswa Trail) und **Suam** (Ausgangsort für den Suam Trail) gibt es ebenfalls einfache **Unterkünfte der Parkverwaltung** (Hostel, Übernachtung 5 Euro pro Person).
- **In Kapkwai** (Ausgangspunkt für den Sipi Trail) **am Forest Exploration Centre** kann man in den angenehmen **Mount Elgon Forest Cottages** (Kategorie D) sowie im **Gästehaus der Parkverwaltung** schlafen (5 Euro pro Person). **Zelten** auf dem Gelände ist möglich.
- An den malerischen **Sipi Falls** gibt es eine kleine Auswahl von Unterkünften und Zeltmöglichkeiten (siehe „Sipi Falls").
- **In Kapchorwa** (12 km von den Sipi Falls, 40 km ab Mbale) kommt man im einfachen **Masha Hotel** (Kategorie C–D, Mobiltel. 077-7254690) oder im deutlich größeren **Noah's Ark Hotel** (Kategorie C, Mobiltel. 077-2646364 oder 077-2800440) unter.

Unterkünfte innerhalb des Nationalparks

Am Mt. Elgon stehen bis auf die neu errichtete Schutzhütte am Mude Cave Camp bislang keine Berghütten zur Verfügung, jedoch gibt es seit Jahren entsprechende Planungen. An den verschiedenen Trails wurden im Abstand von Tagesetappen **einfache Campsites mit Toiletten und natürlicher Wasserversorgung** errichtet. Die Übernachtungsgebühr beträgt ca. 5 Euro pro Tag.

Essen und Trinken

- In **Budadiri** sind Lebensmittel, Getränke und einfache afrikanische Gerichte erhältlich, ebenso am **Sipi Falls Trading Centre** und eingeschränkt auch **in Kapkwata**. Besser ist das Angebot in **Kapchorwa**, wo es einen großen Markt gibt.
- Das beste Lebensmittelangebot für den Einkauf vor der Elgon-Besteigung bietet jedoch **Mbale**, empfehlenswert ist der große Markt in der Stadt.

Sipi Falls ♪ IX, C3

Der Komplex der Sipi Falls besteht aus **vier voneinander getrennten Wasserfällen**, deren unterster und mit ca. 60 m höchster auf zahlreichen in Ugandas Hotels und Behörden hängenden Plakaten und Kalendern abgebildet ist, sodass man schon vor einem Besuch eine gewisse Vorstellung von den Fällen hat. Die Sipi Falls liegen auf 1770 m Höhe **am Nordhang des Mt. Elgon an der Straße nach Suam**. Von Mbale sind es ca. 60 km bis dorthin. Man fährt zunächst einige Kilometer auf der großen Asphaltstraße Richtung Soroti und zweigt dann Richtung Moroto rechts ab. Einige Kilometer hinter der Ortschaft Siroko geht die spektakuläre Piste nach Suam, die sich am Nordhang des Mt. Elgon entlangwindet, rechts ab. Bei klarem Wetter bieten sich fantastische Blicke nach Norden, unter anderem auf den **Mt. Kadam** (3068 m).

Vor der Asphaltierung der Straße bis Kapchorwa war sie nach Regenfällen tagelang kaum befahrbar, heute kommt man auch in der Regenzeit problemlos voran. **Matatus** zwischen Mbale und Sipi/Kapchorwa verkehren mehrmals täglich (Fahrtzeit ca. 1½ Std. Fahrpreis 2,50 Euro, Abfahrt am Clocktower in Mbale). Langfristig ist eine Asphaltierung bis **Suam** vorgesehen, wo ein kleiner **Grenzübergang zu Kenia** existiert.

Unterkünfte

- **Sipi Falls Resort**
Sipi Trading Centre, Mobiltel. 075-3153000, Fax 0486-423072, sipiresort@yahoo.com.
Rustikale Lodge der Kategorie A–AA, die ursprünglich vom Reiseunternehmen Volcanoes Safaris aufgebaut und mittlerweile an einen anderen Betreiber abgegeben wurde. Romantisches Resort in Toplage, unweit des Hauptwasserfalles (mit dem wohl besten Blick auf Wasserfälle und Umgebung). Die Anlage ist aus einem Ferienhaus für den Gouverneur der britischen Kolonialbehörden hervorgegangen und inzwischen deutlich erweitert worden. Ab 70 US-$ pro Person im DZ inkl. Mahlzeiten. Mit gutem Restaurant und Barbereich. Für 5–6 Euro können Tagesbesucher am Dinnermenü teilnehmen (zusätzlich ca. 2 Euro Eintrittsgebühr). Zelten ist leider nicht möglich.

- **Sipi River Lodge**
Kategorie A–B, PO Box 276, Kapchorwa, Mobiltel. 075-1796109, www.sipiriver.com.
  2009 eröffnete rustikale kleine Lodge unter britischer Leitung am Sipi River. Schöne Cottages und Bandas mit Bad/WC. Internetanschluss. Ab 50 US-$ pro Person im DZ.

- **Lacam Lodge**
Kategorie A–B, Mobiltel. 075-2292554, www.lacamlodge.co.uk.
Relativ neue, rustikale Lodge direkt an den Wasserfällen. Insgesamt 3 Cottages mit Du-

Sipi Falls

schen und Kompost-WC, ab 40 US-$ pro Person im DZ, inkl. aller Mahlzeiten (wohlschmeckend). Zusätzlich kann man im Schlafsaal übernachten (18 US-$), auch Camping ist auf dem Gelände möglich.

● **The Crow's Nest**
Kategorie D, PO Box 867, Mbale,
Mobiltel. 075-2286225 oder 077-2800705.

Etwas südlich des Dorfes Sipi (der Weg ist ausgeschildert). Ebenfalls direkt an den Hauptfällen, mit schönem Blick. Camp unter ugandischer Leitung mit einfachen Bandas und Warmwasserduschen. Barbereich (einfache Speisen), jedoch kein Restaurant. Beliebter Backpacker-Treff.

● **Twalight Campsite**
Kategorie D, Mobiltel. 077-2625199 oder 077-7071363, www.twalightsipicampsite.com.

Neben dem The Crow's Nest. Ähnliche Campsite-Konzeption, aber etwas ruhiger.

● **Moses' Campsite**
Kategorie E. Hier kann man in einfachen Bandas übernachten oder für 3 Euro pro Person campen. Das Grundstück liegt neben dem Sipi Falls Rest Camp, ca. 500 m vom Sipi Trading Centre entfernt. Ohne jeden Komfort, kein Restaurant.

An den genannten Unterkünften finden Sie **Führer,** die Tagestouren zu allen vier Fällen begleiten. **Achtung:** Vorsicht ist geboten, wenn vermeintliche Führer und Träger an den Sipi Falls ihre Dienste für Bergtouren am Mt. Elgon anbieten. Es handelt sich um Betrüger, die Sie im schlimmsten Fall schon vor Erreichen des Nationalparks komplett ausrauben. Hier ist **allein die Mt. Elgon Mountaineering Association zuständig,** die eng mit der Parkverwaltung und der Naturschutzbehörde UWA zusammenarbeitet.

Klettern

● Für Freunde des Klettersports und solche, die es werden wollen, bietet **Rob's Rolling Rock Adventure Centre** (PO Box 2341, Mbale, Mobiltel. 075-2369536 oder 077-2800705) an den Sipi Falls Sportklettern, komplette Kletterkurse (Klettergarten) und Abseiling-Unternehmungen an allen Wasserfallstufen an.

Sipi Falls

Ruanda

Ruanda

Berggorillas im Parc National des Volcans

In der Kirche von Nyamata
(Genozid-Gedenkstätte)

Pyrethrum-Gewinnung
am Fuße des Vulkans Visoke

Einführung

Die Kriegsgeschehnisse in Ruanda im Frühjahr 1994 und die nachfolgende Flüchtlingskatastrophe haben dieses kleine Land im Herzen Afrikas vor nicht allzu langer Zeit für mehrere Monate in den Blickpunkt der Öffentlichkeit gerückt – um dann rasch wieder in Vergessenheit zu geraten. Unter dem neuen Regime, das von der Tutsi-dominierten FPR (= Front Patriotique Rwandais – Patriotische Front Ruandas) bestimmt wird, hat **seit 1994** ein rascher **Konsolidierungsprozess** eingesetzt. Der Parc National des Volcans mit seinen Berggorillas, die langjährige Wirkungsstätte *Dian Fosseys,* ist seit 2001 wieder problemlos bereisbar, und mehrere habituierte Gorillagruppen können besucht werden. Die besten Ausgangspunkte für eine kurze Reise nach Ruanda sind die ugandischen Orte Kabale und Kisoro, von denen aus man in wenigen Stunden Kigali und Musanze (Ruhengeri) in Ruanda erreichen kann.

Im vorliegenden Reiseführer finden Sie eine **übersichtliche Darstellung aller Landesteile**, der Städte Kigali, Gitarama, Musanze (Ruhengeri), Gisenyi, Kibuye, Huye (Butare) und Kamembe/Cyangugu sowie der ruandischen Nationalparks, ferner alle notwendigen Informationen für die Organisation eines Gorillabesuchs im Parc National des Volcans.

Praktische Reisetipps A–Z

Anreise

Der **Hauptgrenzübergang** zwischen Uganda und Ruanda liegt bei **Katuna** (Strecke Kabale – Kigali). Problemlos zu passieren ist auch der kleine Übergang **Cyanika** (Strecke Kisoro – Musanze; Vorsicht: In den letzten Jahren gab es zeitweise Sicherheitsprobleme auf der Strecke, im Frühjahr 2010 war die Situation in Ordnung!), ein weiterer Übergang existiert bei **Kagitumba** im äußersten Nordosten Ruandas. Katuna und Cyanika sind von beiden Seiten der Grenze mit Sammeltaxis zu erreichen. **Zwischen Kampala und Kigali** gibt es eine **tägliche Busverbindung** via Katuna (z.B. mit Kampala Coach oder Jaguar Executive Coach; Fahrpreis ca. 12 Euro, Fahrtzeit 10–12 Std.). **Innerhalb Ruandas** kommt man auf hervorragenden Asphaltstraßen mit guten **Minibusverbindungen** zügig vorwärts.

Flüge: Rwandair Express fliegt täglich von Entebbe/Uganda nach Kigali (einfacher Flug 200 US-$, Hin- und Rückflug 300 US-$). Von Europa aus wird Kigali von SN Brussels Airlines, Ethiopian Airlines (über Addis Abeba) und KLM/Kenya Airways (via Nairobi) ange-

> Zu den **praktischen Reisetipps** vgl. auch die entsprechenden Punkte im gleichnamigen **Kapitel zu Uganda.**

flogen. Der **internationale Flughafen** liegt in **Kanombe**, ca. 10 km außerhalb von Kigali. Ein Taxi vom Stadtzentrum Kigalis nach Kanombe kostet ca. 10 Euro. Es ist eine Verlagerung des internationalen Flughafens nach Bugesera (40 km südlich von Kigali) geplant.

Diplomatische Vertretungen

In Deutschland
- **Botschaft der Republik Ruanda**
Jägerstr. 67–69, 10117 **Berlin**
Tel. 030-20916590, Fax 030-209165959,
www.rwanda-botschaft.de

In Österreich
- In Österreich gibt es **keine eigene ruandische Botschaft.** Österreicher können sich an die **Botschaft in Berlin** wenden.

In der Schweiz
- **Botschaft der Republik Ruanda**
93 Rue de la Servette, 1202 **Genf,**
Tel. 022 -9191000, Fax 9191001,
ambageneve@minaffet.gov.rw

In Uganda
- **Embassy of the Republic of Rwanda**
2 Nakaima Road (gegenüber dem Nationalmuseum), Kampala,
Tel. 0414-344045, Fax 0414-258854,
ambakampala@minaffet.go.rw

In Ruanda
- **Deutschland** (Ambassade d'Allemagne)
10 Avenue Paul VI, Kiyovu, Kigali,
Tel. 0252-575222, 0252-575141 und in dringenden Notfällen Tel. 078-8301491,
Fax 0252-577267, 0252-502087,
www.kigali.diplo.de
- **Schweiz** (Ambassade de Suisse)
Boulevard de la Révolution 38, Kigali,
Tel. 0252-575534, Fax 0252-572461,
kigali@sdc.net

Zuständig für **Österreicher** ist die Botschaft in Nairobi/Kenia:
- **Austrian Embassy**
2nd floor City House, Corner Wabera St./Standard St., Tel. 00254-20-319076, 319077, 319078, Fax 00254-20-342290,
nairobi-ob@bmeia.gv.at

Einreise

Bei der Einreise von Uganda aus ist prinzipiell ein gültiges **Gelbfieberimpfzeugnis** erforderlich. Den internationalen Impfausweis mit Eintrag über die Gelbfieberimpfung muss man jedoch nur sehr selten vorzeigen.

Deutsche benötigen kein Visum, auch wenn Grenzbeamte und manche ruandischen Botschaften im afrikanischen Ausland manchmal das Gegenteil behaupten.

Österreicher und Schweizer können das benötigte **Visum** z.B. bei der ruandischen Botschaft in Kampala bekommen (60 US-$, 2 Passbilder erforderlich, Ausstellung am selben Tag, Gültigkeit 1 Monat). Bei der Einreise über Ruandas internationalen Flughafen Kanombe sowie über die Grenzübergänge zu Uganda (Katuna und Cyanika) werden **Visa on Arrival** (Gültigkeit: 15 Tage, Gebühr: 60 US-$) erteilt. Visa-Anträge zum Ausfüllen können neuerdings auch vorab via Internet (www.migration.gov.rw) heruntergeladen werden.

- **Hinweis:** Da sich die **Einreisebedingungen kurzfristig ändern** können, raten wir, sich kurz vor Abreise beim Auswärtigen Amt (www.auswaertiges-amt.de bzw. www.bmaa.gv.at oder www.dfae.admin.ch) oder der jeweiligen Botschaft zu informieren.

Feiertage und Feste

- 1. Januar (Neujahr)
- 28. Januar (Tag der Demokratie)
- 7. April (Gedenktag des Völkermordes)
- 1. Mai (Tag der Arbeit)
- 1. Juli (Unabhängigkeitstag)
- 4. Juli (Tag der Nationalen Befreiung)
- 1. August (Erntedankfest)
- 15. August (Mariä Himmelfahrt)
- 8. September (Tag der Kultur)
- 25. September (Tag der Republik)
- 1. Oktober (Heldengedenktag)
- 1. November (Allerheiligen)
- 25./26. Dezember (Weihnachten)
- Achtung: Der letzte Samstag eines jeden Monats ist nationaler **„Umuganda Day"**, an dem im ganzen Land auf Anweisung der Regierung von allen Ruandern gemeinschaftlich gemeinnützige Arbeiten verrichtet werden – wichtiger Bestandteil der nationalen Strategieplanung „Vision 2020" und Teil der Aufarbeitung des Genozids von 1994. Am Umuganda Day ruht zwischen 8 und 11 Uhr fast der gesamte Straßenverkehr, viele Geschäfte sind geschlossen (vgl. auch Exkurs „Umuganda Day").

Fotografieren

Fotografieren Sie bitte keine offiziellen Einrichtungen! Direkt nach dem Bürgerkrieg gab es bereits Ärger beim Aufnehmen vom Kriege gezeichneter Straßenschilder.

Geld und Preise

Die ruandische Währung ist der **Rwanda Franc (RFr).** Im März 2010 entsprach **1 US-$ 560 RFr;** für **1 Euro** erhielt man **770 RFr.** Die Mitnahme von ausreichend Bargeld (Euro oder nach 2003 gedruckte US-Dollar) für den schnellen, unkomplizierten Geldtausch ist zu empfehlen, Reiseschecks können nur bei den Banken in Kigali, Huye (Butare) und Musanze (Ruhengeri) getauscht werden, und auch dies nur gegen relativ hohe Gebühren. Kleinere Beträge (bis etwa 50 US-$) werden in Rwanda Franc abgerechnet, alle größeren Beträge müssen in US-Dollar (alternativ in Euro) bezahlt werden. Restaurants, Hotels, Fluggesellschaften und Reiseveranstalter akzeptieren die gängigen Kreditkarten.

Das **Preisniveau** in Ruanda ist relativ hoch, unter anderem wegen der massiven Präsenz der gut bezahlten Mitar-

Gorilla-Tracking im PN des Volcans

Umuganda Day – der Staat ruft zu wohltätiger Gemeinschaftsarbeit auf

von Arlette-Louise Ndakoze

„Umuganda" bedeutet in der deutschen Übersetzung so viel wie „öffentliche Gemeinschaftsarbeit". Zwar wurde der Umuganda Day als Tag der kollektiven Arbeitsanstrengung der ruandischen Gesellschaft ins Leben gerufen, jedoch hat die Bezeichnung im Laufe der Zeit einen Wandel erfahren. In den 1990er Jahren benutzte der damalige Präsident *Juvenal Habyarimana* das Wort, um Anhänger der Hutu-Power-Ideologie zum Morden aufzurufen. „Arbeiten" hatte in diesem Kontext einen zynischen, makabren Unterton.

Die Regierung unter dem aktuellen Präsidenten *Paul Kagame* führte den Umuganda-Tag an seinen Ursprung zurück: Ruandas Bevölkerung engagiert sich für die Entwicklung ihres Landes. Zu Beginn legte man den Umuganda-Tag auf jeden Samstag. Schnell sah man aber ein, dass eine wöchentliche Festsetzung zu Ablehnung in der Bevölkerung führte. Aus diesem Grund findet er heute **an jedem letzten Samstag des Monats** statt.

Die Umuganda-Idee sorgt heute für **Ordnung und Sauberkeit** im ganzen Land. Auch ethnisch stiftet der Tag Ordnung, denn die Menschen kommen volksgruppenübergreifend zusammen, lernen einander besser kennen und fühlen sich als Einheit. Nicht zuletzt soll der Umuganda-Tag jeden Bürger für die Probleme und Mängel seines Landes sensibilisieren.

Woran wird regelmäßig gearbeitet? Vor allem an der Instandhaltung der Genozid-Gedenkstätten. Außerdem werden Straßen ausgebessert, Bäume gepflanzt, und es wird allgemein für Sauberkeit gesorgt. Nach der Arbeit versammeln sich die Arbeitsgruppen, um gemeinsam über Missstände in ihrem Ort zu sprechen: Man beklagt beispielsweise den Mangel an Sitzbänken in einer Schule, aber auch die allgemeine Sicherheitslage des Landes oder gesundheitliche Probleme kommen auf den Tisch.

Hauptzielgruppe des Umuganda-Tages ist die Jugend des Landes – schließlich liegt die Zukunft Ruandas in ihren Händen. Experten helfen bei der Ausführung komplexer Arbeiten, wie etwa Bauarbeiten an Brücken. Nichtsdestotrotz sollen sich alle Bürger beteiligen. Um dies zu demonstrieren, nimmt auch Präsident *Kagame* regelmäßig an den Arbeiten teil. Auf dem Hügel von Rebero in Kigali half er unlängst – zusammen mit dem Senatspräsidenten und dem Bürgermeister von Kigali – Erdreich für Bauprojekte zu verarbeiten.

Damit will die Regierung die Ernsthaftigkeit ihres Projektes bezeugen und vor mangelnder **Akzeptanz im Volk** warnen. „Die Zahl der Teilnehmer am Umuganda-Tag steigt, auch wenn noch nicht alle mitmachen. Die Autoritäten müssen dafür Sorge tragen, dass die Verweigerer in die Pflicht genommen werden", so *Kagame* Anfang 2008. Vor allem die Hirten in den Dörfern kommen ihren Pflichten bislang nicht nach – sie fühlen sich nicht angesprochen.

Bis der Umuganda-Tag im Bewusstsein jeder sozialen Schicht verankert ist, bleibt noch Einiges zu tun. Um Unregelmäßigkeiten zu verhindern, erinnern sogenannte Umuganda-Ankündigungen in jeder Provinz daran. Bis 13 Uhr bleiben am Umuganda Day alle Geschäfte geschlossen. Außerdem sorgen Polizei, Armee und die lokalen Autoritäten für die Umsetzung der Kollektivarbeiten. Wer sich nicht beteiligt, zahlt 500 RFr (umgerechnet etwa 0,60 Euro) Strafe.

beiter von Hilfsorganisationen. Ein Zimmer in einem guten Mittelklassehotel kostet 40–100 Euro, ein Essen in einem gehobenen Restaurant schlägt mit umgerechnet 8–15 Euro zu Buche.

Gesundheit

Für Ruanda ist neben der normalen Impfvorbereitung (siehe „Praktische Reisetipps A–Z" zu Uganda und im Anhang) eine **Malariaprophylaxe** erforderlich.

Informationen

Umfassende und aktuelle Informationen über Ruanda und seine Nationalparks sind über das **Rwanda Development Gateway** (www.rwandagateway.org) sowie die Internetseite des **Office Rwandais du Tourisme et des Parcs Nationaux,** kurz **ORTPN,** erhältlich (siehe unter www.rwandatourism.com). Über die letztgenannte Seite sollen in Zukunft auch Online-Buchungen für die Nationalparks sowie das Gorillatracking im Parc National des Volcans möglich sein.

Post und Telekommunikation

Das Post- und Telekommunikationssystem ist gut ausgebaut, die Durchwahl nach Europa ist von Hotels, Postämtern und Telefonzellen aus möglich. Die **ruandische Vorwahl** ist **00250.**

Achtung: Im Februar 2009 erfolgte eine Umstellung im ruandischen Telefonsystem auf Nummern mit zehn Ziffern: Ab sofort ist vor allen konventionellen Telefon- und Faxnummern des Hauptanbieters Rwandatel eine **0252** zu ergänzen, bei Mobilfunknummern (bislang Beginn mit 08xxxxxx oder 03xxxxxx) eine **078** (dann die 0 der alten Nummer weglassen). Entsprechende Veränderungen wurden in diesem Buch berücksichtigt.

Wer aus Ruanda **ins Ausland** telefoniert, muss zunächst 000 wählen, gefolgt von der Landesvorwahl.

Die drei **ruandischen Mobilfunkanbieter** MTN Rwandacell, Rwandatel und TIGO Rwanda bieten **Prepaid-Karten** an, deren Verwendung dann sinnvoll ist, wenn Ihr Mobiltelefon SIM-lock-frei ist (keine Sperrung anderer Provider vorhanden ist) und Sie viele Telefonate innerhalb Ruandas führen möchten. Die Kosten für eine SIM-Karte liegen bei 1–2 Euro, hinzu kommen aufladbare gestaffelte Gesprächsguthaben.

Das **Roaming** mit europäischen Handy-Karten funktioniert zumindest beim Anbieter MTN Rwandacell mittlerweile problemlos. Damit es nicht zu teuer wird, siehe „Telefon/Fax" in den „Praktischen Reisetipps A–Z" zu Uganda.

Reiseagenturen

Fast alle ruandischen Reiseagenturen operieren von **Kigali** aus (Adressen siehe im Abschnitt zu Kigali).

●Die Preise für das **Gorilla-Tracking im Parc National des Volcans** liegen für die üblichen 3-Tage-Touren (Übernachtung in Kigali bzw. Musanze/Kinigi) bei 1200–1400 Euro/1 Person, 900–950 Euro/2 Personen, 700 Euro/3 Personen, 650 Euro/4 Personen (Preise jeweils pro Person, alles inklusive).

• **5-Tage-Touren ab Kigali** (2 Tage **Gorilla-Tracking plus Schimpansen-Tracking im Nyungwe-Reservat**) kosten ca. 2800 Euro/1 Person, 2000 Euro/2 Personen, 1700 Euro/3 Personen, 1600 Euro/4 Personen, 1450 Euro/6 Personen.

Reisen im Land

Ruanda verfügt über ein exzellentes Straßensystem mit guten **Minibus-Verbindungen** (Matatu-System, wie in Uganda). Der Fahrpreis liegt bei 2 Euro pro 100 km. Sicherer als öffentliche Minibus-Matatus sind z.B. die **Kleinbusse** der Firma Okapi Travel (BP 1715, Kigali, Tel. 0252-571667, Fax 0252-574413, www.okapi.co.rw), die zu den touristischen Zielen im Nordwesten und am Lac Kivu verkehren („Okapicar") bzw. andere Minibusse privater Firmen.

Leihwagen mit Fahrer können nur in Kigali oder Musanze (Ruhengeri) entliegen werden (Adressen siehe in den entsprechenden Stadtkapiteln).

Die **touristische Infrastruktur** ist der Größe des Landes angemessen, in allen Städten bekommen Sie vernünftige Unterkünfte und finden Restaurants vor, die – dank der flächendeckenden Präsenz der Hilfsorganisationen – wohlschmeckende europäisch ausgerichtete Küche anbieten, die mit so manchem Restaurant in Europa durchaus mithalten kann.

Reisezeit

Durch das gute Asphaltstraßensystem ist Ruanda prinzipiell ganzjährig bereisbar. Die **große Trockenzeit,** in der durchgehend die Sonne scheint, dauert von **Juni bis September** und eignet sich besonders gut für Gorilla-Tracking und Waldexkursionen. Eine kleine Trockenphase erstreckt sich erfahrungsgemäß von Ende November bis Ende Januar. In dieser Zeit ist es überwiegend trocken, doch fällt hin und wieder auch leichter Regen.

Die Tagesdurchschnittstemperaturen in der großen Trockenzeit liegen bei **24–27°C.** Tagsüber kann es bis über 30°C warm und nachts bis zu 15°C kühl werden. Im relativ hoch gelegenen Musanze (Ruhengeri) sinken die Temperaturen nachts um den Gefrierpunkt, in den Höhenlagen der Virunga-Vulkane fällt gelegentlich Schnee.

Sicherheit und Kriminalität

Die Sicherheitslage in Ruanda ist sehr gut. Allein die Grenzregion zur DR Kongo und zum südwestlichsten Teil Ugandas sollte als sensible Zone betrachtet werden. Vereinzelte **Ausweis- und Fahrzeugkontrollen** durch **Militär- und Verkehrspolizei** wurden 2009 sehr gründlich durchgeführt. Die dabei agieren-

Entfernungen
Kilometer auf Straßen

Kigali								
135	Huye (Butare)							
60	210	Byumba						
53	82	128	Gitarama					
112	247	187	165	Kibungo				
144	129	219	91	256	Kibuye			
187	237	173	177	299	108	Gisenyi		
164	29	240	112	277	258	366	Gikongoro	
118	190	104	108	230	199	69	220	Musanze (Ruhengeri)
293	158	349	221	386	130	248	128	307	Cyangugu

LAND UND LEUTE

ABATARI ABASIRIKARI BATARWANA:
JYA UMENYA KUBUBAHA
UBAZIRIKANE

Publié par le Comité International de la Croix-Rouge (CICR) 1993

den Soldaten und Polizisten verhielten sich fast immer höflich und korrekt.

Zeit(-verschiebung)

Die Zeitrechnung in Ruanda beträgt **MEZ (Winterzeit) + 1 Stunde** (wie im benachbarten Kongo), damit hängt das Land gegenüber der ugandischen Zeit eine Stunde zurück (bei Grenzquerungen daran denken!).

Stromversorgung

Das Stromversorgungssystem (230/240 Volt) ist **äußerst instabil.** Es muss mit täglichen Stromausfällen gerechnet werden. Das liegt in der Hauptstadt Kigali zum Teil daran, dass hier das sogenannte „Cash-Power"-System üblich ist: Man zahlt dem Stromversorger eine bestimmte Summe und bekommt für eine begrenzte Zeit Strom. Je nach persönlicher finanzieller Kapazität kann man mehr oder weniger bezahlen und bekommt dementsprechend Strom für längere oder kurze Zeit. Private Stromausfälle entstehen meist dann, wenn nicht rechtzeitig nachgezahlt wird. In Huye (Butare), wo der Strom monatlich abgelesen wird und die Rechnung je nach Verbrauch variiert, kommen private Stromausfälle sehr viel seltener vor.

Land und Leute

Allgemeines

Das nur 26.338 km² große Ruanda liegt im zentralen Afrika **zwischen Kivusee und Viktoriasee** und wird im Norden von Uganda, im Osten von Tansania, im Süden von Burundi und im Westen von der DR Kongo (ehemaliges Zaire) umgeben. **Hauptstadt ist Kigali** (mit ca. 1 Mio. Einwohnern). Ruanda weist die höchste Siedlungsdichte in Afrika auf (bis zu 450 Einwohner pro km²).

Das gebirgige **„Land der tausend Hügel"** erstreckt sich auf Höhen zwischen 1400 m und 4507 m (Karisimbi in der Gruppe der Virunga-Vulkane) und verfügt über ein sehr ausgeglichenes, relativ niederschlagsarmes (900–1600 mm Jahresniederschlag) Klima mit mitt-

Flüchtlingsplakat (1993)

leren Tagestemperaturen von 20–24°C (vgl. auch die Klimatabelle bei Uganda). Die fast völlig entwaldete Berglandschaft Ruandas ist von Aufsehen erregender Schönheit – schon allein deshalb ist das Land eine Reise wert.

Neben dem **Parc National des Volcans,** der vornehmlich dem Schutz der Berggorillas auf der ruandischen Seite der Virunga-Vulkane dient, sind vor allem das **Nyungwe-Waldreservat** im Südwesten des Landes und die tierreiche Savannenlandschaft des **Parc National de l'Akagera** im äußersten Osten sehenswert.

Geschichte, Politik und Gesellschaft

Ruanda war in der Zeit von **1884–1918** ein **Teil Deutsch-Ostafrikas,** danach wurde es als Völkerbundmandat Belgien zugesprochen. Am 1. Juli **1962** erlangte das Land die **Unabhängigkeit.**

Die ursprünglichen Bewohner, jagende **Pygmäen** vom Stamme der **Batwa,** wurden seit der Zeitenwende zunehmend von Ackerbau betreibenden **Bahutu** (einer Bantu-Gruppe) verdrängt. Ab dem 14. Jahrhundert n. Chr. zogen halbnomadische **Batutsi** in das „Gebiet der Großen Seen". Im 15. Jahrhundert, um 1450, wurde die Monarchie eingeführt. In dieser Zeit interagierten Hutus, Tutsis und Twas innerhalb bestimmter Clans und betrieben vor allem Landwirtschaft und Viehzucht. Die Gesellschaft basierte auf strikt **feudalistischen Verhältnissen.** Die Klasse der **Tutsi** bekam schon in dieser Zeit eine kapitalistische Prägung, während als **Hutu** diejenigen bezeichnet wurden, die sich in der Arbeiterklasse befanden. Die Twas, die weniger als 1% der Bevölkerung ausmachten, erhielten kein eigenes „Etikett", sondern wurden je nach Vermögen der Klasse der Hutus oder der Tutsis zugesprochen. In dieser Logik wurde ein Tutsi, der arm wurde, als Hutu bezeichnet – ein Hutu, dessen Kapital wuchs, wurde ein Tutsi.

Erst mit der Ankunft deutscher Expeditionen wurden aus Hutu und Tutsi **rassische und moralische Begriffe.** So war der deutsche Offizier *von Goetzen,* als er 1884 in einigen Wochen das heutige Ruanda durchreiste, erstaunt über das gut organisierte Land. Im Rahmen seiner Herrenmenschen-Ideologie erklärte er das Phänomen damit, dass die Tutsis von der „weißen Rasse" (den Hamiten) abstammen mussten. Seine Theorie beinhaltete auch, dass die Tutsis aus den Hutus ein unterwürfiges Volk machten und in die Sklaverei trieben. Die späteren Kolonisatoren führten die Ideologie weiter, indem sie die Völker Ruandas laienhaft ihrer Herkunft nach zu unterscheiden versuchten. Ihren physikalischen Merkmalen nach zu urteilen, mussten die Tutsis einer „weißen Rasse" abstammen und den Hutus und Twas überlegen sein.

1919 wurde die **belgische Kolonie Ruanda-Urundi** errichtet. Die belgische Kolonialverwaltung folgte derselben Ideologie wie ihre deutschen Vorgänger. Sie bildete eine Tutsi-Elite aus und entließ die Hutus systematisch aus der Verwaltung. Weiter führten die Belgier einen ethnischen Pass ein, der den Rassenkonflikt massiv vorantrieb und die

Ruander manipulierte: Tutsis, Hutus und Twas fühlten sich nun offiziell moralisch über- bzw. unterlegen. Als um 1950 die Tutsi-Elite nach Unabhängigkeit verlangte, kehrten ihr die enttäuschten Kolonisatoren abrupt den Rücken zu und verbannten sie aus der Verwaltung, um nunmehr die Hutus zu favorisieren. Diese verhängnisvolle Konstellation wurde während der Kolonialzeit bis 1962 nicht nennenswert verändert.

Die aufgestauten Hassgefühle der jahrhundertelang unterdrückten Hutu-Mehrheit entluden sich im Zuge der Unabhängigkeit, und es kam nachfolgend zur **Vertreibung** mehrerer 100.000 Tutsis in die Nachbarländer, insbesondere nach Uganda. **Gewaltausbrüche** zwischen den beiden Bevölkerungsgruppen ziehen sich wie ein roter Faden durch die Geschichte des postkolonialen Ruandas (1959, 1961, 1963, 1973). Nach 1973 schien sich das Verhältnis der verfeindeten Volksgruppen zu normalisieren, doch wurde den Tutsis der Zugang zu führenden Positionen in Staat und Gesellschaft verwehrt. Auch für die große Zahl der rückkehrwilligen Tutsi-Altflüchtlinge in den Nachbarländern wurde keine Lösung gefunden.

Im Oktober 1990 fiel die Tutsi-geführte **FPR** (Ruandische Patriotische Front) von Uganda aus in den Norden Ruandas ein, um militärisch eine Rückkehr der Tutsis und grundlegende Änderungen in der Staatsführung Ruandas zu erzwingen. Die FPR fand bei ihren Operationen umfangreiche Unterstützung durch den ugandischen Präsidenten *Museveni,* dessen NRA (National Resistance Army) in den 1980er Jahren viele Tutsis rekrutiert hatte. Der **Friedensvertrag von Arusha,** der im August 1993 unterzeichnet wurde, beendete den Konflikt vorübergehend. Der Beschluss beinhaltete u.a. die Einrichtung einer Übergangsregierung (Gouvernement de Transition à Base Èlargie, GTBE), eines transitorischen Parlaments (Assemblée Nationale de Transition) und vereinter militärischer Kräfte. Ohne dass es zur Umsetzung der Beschlüsse von Arusha kam, bereiteten extremistische Hutukreise in Ruanda, vom Ausland kaum bemerkt und beachtet, einen Völkermord an Tutsis und auf Ausgleich bedachten Hutu-Oppositionellen vor, da der Vertrag von Arusha Teilung von Macht und Verlust von Privilegien für sie bedeutete. Ein **System parastaatlicher Hutu-Milizen,** der sogenannten **Interahamwe** (= „Die, die zusammen kämpfen"), wurde aufgebaut.

Bis heute umstritten ist **Frankreichs Rolle** vor und während des Genozids. Seit 1962 hatte die französische Regierung mit Ruanda ein Abkommen. Danach sollte Frankreich für den Schutz Ruandas sorgen, aber keineswegs aktiv in Konflikte eingreifen. Unbestritten aber ist, dass französisches Personal die Soldaten der Forces Armées Rwandaises (FAR) vor dem Genozid ausbildete und später sogar, als FAR-Soldaten getarnt, im Krieg intervenierte. Angesichts dieser Bedrohung forderte die FPR mit dem Vertrag von Arusha den Abzug der französischen Truppen und stattdessen eine **UN-Blauhelm-Mission.** Am 5. Oktober 1993 wurde diese als „United Nations Assistance Mission in Rwanda" (UNAMIR) offiziell verabschiedet und gestartet.

Mit dem Abschuss des Flugzeugs des ruandischen Präsidenten *Habyarimana* am 6. April 1994 begann im Schatten des wieder aufflammenden Krieges zwischen Regierungsarmee und FPR ein minutiös geplanter **Völkermord,** dem ca. 800.000 Tutsis und zahlreiche gemäßigte Hutus zum Opfer fielen. Zynischerweise wurden die Geschehnisse in Ruanda von April bis Mai 1994 von der internationalen Völkergemeinschaft hilflos und ohne Mut zur Intervention verfolgt. Schlimmer noch: Auf dem Höhepunkt des Mordens wurde die überwiegende Zahl der zu diesem Zeitpunkt in Ruanda stationierten 2400 Blauhelmsoldaten einfach abgezogen. Der Tatbestand des Genozids, der die internationale Gemeinschaft zum militärischen Eingreifen gezwungen hätte, wurde schlichtweg negiert.

Maßgebliche Beeinflussung ging von den **USA** aus, die sich weigerten, in den ruandischen Konflikt einzugreifen – aus Angst, ein ähnliches Desaster wie 1992 in Somalia zu erleben. Als im Mai 1994, einen Monat nach Beginn der Massaker, die Zahl der Morde ins Unermessliche stieg, handelte die **UNO** endlich, wenn auch viel zu spät: Sie schickte eine zweite Blauhelmtruppe und wurde dabei nach entsprechender Aufforderung von Juni bis August 1994 von französischen Truppen unterstützt, in der militärischen **„Opération Turquoise".** Das Schlimmste konnten diese Hilfstruppen nicht verhindern, immerhin aber haben zur Versorgung vieler Ruander in Flüchtlingslagern beitragen.

Die zu jener Zeit passive Rolle der ruandischen **Kirche** erscheint ebenfalls schockierend. Auch der Vatikan reagierte zu spät. Dafür sind vor allem hochrangige ruandische Kirchenvertreter verantwortlich zu machen: Sie kollaborierten sogar mit Völkermördern unter dem Dach der Kirche und dementierten in Berichten deren Schuld. Erst nach dem Krieg war es Papst *Johannes Paul II.,* der als erster hoher Kirchenvertreter den ruandischen Genozid als solchen deklarierte. In der internationalen Gemeinschaft wird dieser Begriff zum Teil noch heute vermieden oder gar negiert (beispielsweise von Frankreich).

Mehr als drei Millionen Menschen flohen in die Nachbarländer Kongo/Zaire, Tansania und Burundi. Der militärische **Sieg der FPR im August 1994** beendete das grausame Morden. Die neue, von der FPR dominierte Regierung erreichte mit umfangreicher ausländischer Unterstützung eine **rasche Konsolidierung** und einen beachtlichen Wiederaufbau des Staates. Schon Anfang 1995 konnten die ersten ausländischen Touristen wieder zu den Gorillas im Parc National des Volcans reisen.

Die **Rückkehr der ruandischen Flüchtlinge** aus den Flüchtlingslagern in Kongo/Zaire gegen Ende des Jahres 1996 brachte eine abermalige Verschlechterung der Sicherheitslage mit sich. Über längere Zeit machten Hutu-Milizen der Interahamwe den Nordwesten des Landes unsicher, der Parc National des Volcans musste vorübergehend geschlossen werden. Erst im Laufe des Jahres 2001 kehrte dort wieder Ruhe ein.

Meinungs- und Pressefreiheit in Ruanda

Interview (2008) mit Sylivanius Karemera (Radio Rwanda)

von *Arlette-Louise Ndakoze*

Wenn in Ruanda von **Medien** die Rede ist, dann ist **vor allem** das **Radio** gemeint. „Wir haben keine Tradition der Printmedien", leitet *Sylivanius Karemera* das Thema ein. Das liegt vor allem daran, dass ungefähr 30% der Bevölkerung Analphabeten sind. Andererseits trägt die lange Tradition der „oralen Literatur", bei der man vor Publikum Legenden erzählte, viel zur Popularität des Radios bei.

Karemera ist Nachrichtenredakteur bei Radio Rwanda, dem informativsten staatlichen Sender Ruandas. Er hat sich Zeit genommen, um zu erklären, welche Rolle das Medium Radio in Ruanda spielt. „Vor dem Krieg und währenddessen missbrauchten die ehemaligen Politiker dieses Medium als Mittel zur Propaganda, indem sie über Funk die Ethnien gegeneinander aufhetzten. Heute, durch die Pluralität der Radiosender, können wir von Meinungs- und Pressefreiheit sprechen", fasst *Karemera* die Situation zusammen.

Arlette-Louise Ndakoze: Herr Karemera, können Sie sich zunächst vorstellen?

Sylivanius Karemera: Ich arbeite seit über fünf Jahren als Journalist und Bibliothekar für Radio Rwanda, bei ORINFOR (Office Rwandais de l'Information, also das staatliche Nachrichtenbüro Ruandas). Hier werden neben Zeitungen vor allem Sendungen für Fernsehen und Radio produziert.

Ndakoze: Beziehen sich Ihre Themen überwiegend auf Ruanda?

Karemera: Meine Reportagen umfassen alle Gebiete, die das Land charakterisieren. Ich präsentiere täglich Nachrichten über Politik, Gesundheit, Gesellschaft – alle Themen, die das menschliche Leben betreffen. Außerdem berichte ich über internationale Ereignisse, die hier stattfinden. Wie Sie wissen, trägt die neue Regierung seit dem Genozid in 1994 zur schnellen Entwicklung Ruandas bei, sodass viele internationale Meetings hier stattfinden.

Ndakoze: Wie Sie sagen, hat sich das Land seit 1994 enorm entwickelt. Auch die Mediensituation hat sich drastisch verändert. Können Sie zunächst erklären, welche Bedeutung Medien für den Genozid hatten?

Karemera: In der Tat ist es heute anders als vor und während des Genozids. 20 bis 30 Jahre vor dem Völkermord gab es im Land eine ethnische und hassgeladene Ideologie, die darauf basierte, eine Ethnie gegen die andere aufzuhetzen. In dieser Zeit dienten die Medien dazu, diese Ideologie zu propagieren. Es gab zudem nur einen Radiosender, der die Ansichten der Regierung wiedergab. Durch diesen Sender verbreitete sich der Hass gegen die Tutsis. Die Medien trugen eine Menge zur Ermordung der Tutsis bei.

Während des Völkermordes hielt die Situation an. Zu jener Zeit entstand ein zweiter Radiosender: RTLM (Radio Television Libre des Mille Collines, übersetzt also „Freies Radio und Fernsehen der tausend Hügel"). Dieser Sender berichtete nur über Ruanda, die Sendungen betrafen keine internationalen Themen. Im Grunde verbreitete er weiter die Hass schürende Ideologie des Landes und ermutigte weitere Morde, die bereits seit über hundert Jahren stattfanden.

Nach dem Genozid aber trugen die Medien zur Vereinigung des Landes bei. Heute, 13 Jahre nach dem Krieg, haben wir wieder mehr als 13 Radiostationen, wovon die meisten über UKW zu empfangen sind. Das haben wir vorher nie gehabt. Durch Unterhaltung und informative Sendungen bringen die Sender das Land voran.

Vor dem Genozid hatten wir nur drei Zeitungen, heute sind es 15. Die Journalisten können frei schreiben, worüber sie möchten. Konnte man damals die Anzahl der Journalisten an zwei Händen abzählen, sind es heute mehr als hundert im Land. Vor dem Genozid hatten wir zwar eine Journalismus-Schule an der Nationalen Universität von Ruanda in Butare (NUR), diese war aber für mehrere Jahre geschlossen. Nach dem Genozid öffnete diese Schule wieder und existiert nun schon seit 13 Jahren. Und noch etwas: Eine neue Journalismus-Schule wurde 2007 in Kigali gegründet. Die Studenten beginnen jetzt ihr erstes Jahr. Viele Journalisten, die bisher ohne Ausbildung arbeiteten, nehmen jetzt Kurse an dieser Schule, die von Rektoren der NUR gehalten werden.

Außerdem haben verschiedene internationale Radiostationen in Kigali ihre afrikanischen Studios, sodass wir sie empfangen können. Dazu zählen Radio Deutsche Welle oder die britische BBC. Zudem haben diese Sender Außenkorrespondenten, die über hier stattgefundene Ereignisse berichten. Seit dem Eintritt Ruandas und Burundis in die East African Community (in der sich bislang Kenia, Tansania und Uganda zusammengeschlossen hatten) im Juli 2007 sind beide Länder auch in der East African Broadcasting Association Mitglied. Das hat den Vorteil, dass Ereignisse, die in einem der fünf Länder stattfinden, auch in Ruanda live gesendet werden. Zum Beispiel das Commonwealth-Gipfeltreffen 2007 in Uganda – wir haben es hier alle im Fernsehen live gesehen.

Ndakoze: Es klingt plausibel, dass durch all diese Entwicklungen die Meinungsfreiheit in Ruanda wuchs. Wie können Sie sich aber erklären, dass Ihre Hörer nach dem Missbrauch der Medien vor 13 Jahren wieder Vertrauen dazu gewonnen haben?

Karemera: Wir haben in der Tat noch einen langen Weg vor uns, bis zur vollständigen Rückgewinnung unserer Hörer. Trotzdem können wir sagen, dass sie über die letzten Jahre an Vertrauen gewonnen haben. Grund dafür ist die Transparenz, die wir in unseren Beiträgen zu bewahren versuchen. Zum Beispiel machte Radio Rwanda es möglich, die Präsidentschaftswahlen im Jahr 2003 für jeden via Funk zugänglich zu machen. Wir versuchen, die Bürger an dem teilhaben zu lassen, was im Land passiert. Vor allem gilt der Verdienst auch den vielen anderen Radiostationen: Radio Rwanda versucht über jedes Event zu berichten, weil uns sonst ein anderer Sender zuvorkommt. Diese Konkurrenz unter den Radiosendern fördert die Leistungen der Journalisten. So gewinnen wir nach und nach das Vertrauen unserer Zuhörer.

Ndakoze: Herr Karemera, vielen Dank für dieses Interview.

Faktisch wurden durch die seit 1996 im Kongo-Konflikt involvierten ruandischen Truppen weite Teile der ostkongolesischen Nachbarprovinz **Kivu** besetzt. Der endgültige Abzug der ruandischen Truppen aus der DR Kongo Ende 2002 verlief weitgehend reibungsfrei. Bei Bewertung der seitdem erhalten gebliebenen Stabilität in der Grenzregion zum Kongo ist zu berücksichtigen, dass das im Kivu herrschende ruandatreue Regime mittlerweile einen eigenen repressiven Armee- und Verwaltungsapparat installiert hat, der von Ruanda kontrolliert wird.

Die derzeitige Stabilität in Ruanda unter der starken Hand von **Präsident Paul Kagame** wird mit einem hohen Maß an **autoritärer Herrschaft** erkauft. Die juristische Bewältigung des Genozids von 1994 über ein internationales Kriegsverbrechertribunal in Arusha (Tansania) kommt nur schleppend voran, obwohl eine Vielzahl der seinerzeit agierenden Akteure gefasst und ein Teil bereits verurteilt werden konnte. Allerdings sitzen noch immer zehntausende mutmaßliche Völkermörder in ruandischen Gefängnissen ein. Durch die Zulassung **traditioneller Versammlungsgerichte ("Gacaca")** auf kommunaler Ebene bei der juristischen Aufarbeitung des Genozids soll eine beschleunigte Bewältigung vieler Verfahren erreicht werden.

Die Verteilung von Hutu-Besitz an zurückgekehrte Tutsi-Altflüchtlinge, die allgemeine Bevorzugung der Tutsi, ungelöste Flüchtlingsprobleme in der Region der Großen Seen, die Verwicklung von Regierung und ruandischer Armee in den benachbarten Kongo-Konflikt, die stetig voranschreitende Landverknappung sowie Angst und Unsicherheit der Menschen vor der Zukunft lassen den Frieden in Ruanda trotz aller Anstrengungen zur **Aussöhnung** zwischen Tutsis und Hutus zerbrechlich erscheinen. Aufbau und Festigung einer unablässig zur Aussöhnung ermunterten Zivilgesellschaft sind im „neuen" Ruanda unter der Regierung *Kagame* zweifelsohne weit vorangeschritten. Dass es auf Dauer gelingen wird, ein von stetiger Landverknappung bedrohtes Volk, in dem Tausende der Täter von 1994 weitgehend ungestraft ihr Dasein fristen, in friedlicher Koexistenz und ohne ethnische Polarisierung zusammenzuhalten, erscheint kaum vorstellbar.

Am **25. August 2003** wurde in der ersten freien (nach Meinung unabhängiger Beobachter aber keinesfalls fairen) **Präsidentenwahl** in Ruanda nach dem Genozid der Amtsinhaber *Kagame* mit gut 95% der Stimmen im Amt bestätigt. Sein Herausforderer, der ehemalige Premierminister und Hutu-Politiker *Faustin Twagiramungu,* der vor mehreren Jahren ins belgische Exil gegangen war, kam lediglich auf 3,62%.

Dass der autoritär durchregierende *Kagame* dennoch nicht so fest im Sattel zu sitzen scheint, wie das Wahlergebnis glauben machen könnte, zeigen die seit 2003 kolportierten Gerüchte über mehrere versuchte Attentate bzw. vereitelte Staatsstreiche. Die im Februar und März **2006** auf allen unteren Verwaltungsebenen (Distrikt bis Bürgermeister) durchgeführten **Lokalwahlen** verliefen nach Ansicht der anwesenden in-

LAND UND LEUTE

Ruanda

ternationalen Beobachter insgesamt zufriedenstellend, wobei allerdings die regierenden Parteien die Kandidatenauswahl im Vorfeld stark beeinflusst hatten.

Die **innenpolitische Agenda** wird nach offizieller Einschätzung des deutschen Auswärtigen Amtes derzeit von folgenden Themen dominiert: Fortführung des Prozesses nationaler Einheit und Versöhnung, der weiteren Umsetzung der nationalen Armutsbekämpfungsstrategie, insbesondere aber von der im Januar 2005 angelaufenen Hauptphase der zur juristischen Aufarbeitung des Genozids durchgeführten **Gacaca-Prozesse.** Der letzte Samstag eines jeden Monats ist seit 2006 nationaler **„Umuganda Day",** an dem im ganzen Land auf Anweisung der Regierung von allen Ruandern gemeinschaftlich gemeinnützige Arbeiten verrichtet werden (siehe „Feiertage und Feste").

Wichtigste gesellschaftliche Themen bleiben die Aufarbeitung des Völkermords, die Bekämpfung militanter Hutu-Milizen in der Grenzregion des Nachbarlandes DR Kongo, das Dezentralisierungsprogramm der Regierung sowie der wirtschaftliche Wiederaufbau des Landes. Der **Dezentralisierungsprozess** stellt einen wichtigen Faktor der politischen Demokratisierung dar, weil er die Bevölkerung durch Kommunal- und Bürgermeisterwahlen sowie

Kinderschar am Lac Bulera

Kompetenzverlagerung und horizontalen Finanzausgleich auf untere Ebenen in den politischen Entscheidungsprozess einbinden soll. Ein weiterer Bestandteil des Dezentralisierungsprozesses ist die zahlenmäßige Verringerung der nachgeordneten Verwaltungsebenen sowie die 2005 in Kraft getretene **Landreform,** durch die es erstmalig in Ruanda ein individuell belastbares, verbrieftes Recht auf Grundbesitz gibt.

Im Zuge der von Weltbank und Internationalem Währungsfond zur administrativen Verschlankung geforderten **Verwaltungsreform** gibt es seit Januar 2006 nur noch fünf statt zwölf Provinzen (Nord mit Hauptsitz Byumba, Ost/Rwamagana, Süd/Nyanza, West/Kibuye und die Hauptstadtprovinz Kigali) sowie 30 statt 106 Distrikte. Die Kleinstadt Ruhengeri (Ausgangspunkt für Besuche des Parc National des Volcans) und der gleichnamige Distrikt im Nordwesten des Landes wurden in Musanze umbenannt und Butare (Universitätsstadt und Sitz des Nationalmuseums) mit dem gleichnamigen Distrikt im Süden in Huye, jedoch scheinen sich die neuen Namen nur langsam zu etablieren, sodass zumindest für die Städte weiter parallel die alten Namen verwendet werden.

Die Verbindung Ruandas zu **Deutschland** ist eng, nicht zuletzt durch die seit 1982 bestehende **Partnerschaft** (= Jumelage) **Ruanda-Rheinland-Pfalz** (Infos online unter www.rlp-ruanda.de), innerhalb derer ein intensiver Austausch von Städten und Gemeinden, Schulen, Hochschulen, Vereinen, Kirchen und Privatpersonen in Rheinland-Pfalz mit entsprechenden Partnern in Ruanda stattfindet. Die besonderen Beziehungen Deutschlands zu Ruanda wurden zuletzt durch einen Staatsbesuch des Bundespräsident *Horst Köhler* im Februar 2008 untermauert, jedoch im November desselben Jahres unerwartet durch die Verhaftung der ruandischen Spitzenpolitikerin *Rose Kabuye* auf dem Frankfurter Flughafen schwer belastet. Gegen *Kabuye* lag ein in Frankreich erlassener Haftbefehl wegen mutmaßlicher Beteiligung am Abschuss der Maschine von Ruandas Präsident *Habyarimana* am 6. April 1994, bei der auch der französische Pilot ums Leben kam, vor. Inzwischen wurde *Rose Kabuye* an Frankreich ausgeliefert. Dort wurde Anklage gegen sie erhoben. Sie wurde allerdings vorläufig auf freien Fuß gesetzt, unter der Auflage, Frankreich nicht verlassen zu dürfen.

Kabuyes Verhaftung war der Auftakt für eine diplomatische Krise, wie sie die deutschen Beziehungen zu einem afrikanischen Land selten bis nie zuvor erlebt haben. Der öffentlich echauffierte ruandische Präsident *Paul Kagame* verwies den deutschen Botschafter des Landes und berief gleichzeitig seinen Botschafter in Deutschland zu Konsultationen zurück. Tausende Ruander protestierten vor der deutschen Vertretung in Kigali, befeuert von regierungstreuen Medien. Deutschland wiederum berief sich darauf, dass die Behörden zur Vollstreckung des gültigen Haftbefehls juristisch verpflichtet waren, und dass die ruandische Regierung sowie *Rose Kabuye* selbst mehrfach und eindringlich gewarnt worden waren. Erst im Januar 2009 wurden die bis dahin unterbrochenen diplomatischen Beziehungen zwischen Deutschland und Ruanda vollständig wiederaufgenommen.

Die Beziehungen zwischen Ruanda und **Frankreich** gestalten sich sehr schwierig. Am 7. April 2004, während der Gedenkzeremonien zum 10. Jahrestag des Genozids, beschwerte sich *Paul Kagame* öffentlich bei der französischen Regierung, dass sich diese bislang nicht für ihre Rolle im Genozid entschuldigt habe und trotzdem an den Gedenkzeremonien teilnehme. Im Juli 2004 einigten sich die Außenminister beider Länder darauf, gemeinsam zu untersuchen, ob Frankreich tatsächlich als Komplize in den Krieg involviert war. So wurde in Ruanda eine unabhängige Kommission eingesetzt, die entsprechende Beweise sammelt.

Am 27. November 2004 ließ Frankreich parlamentarisch erklären, dass es „das ruandische Volk um Entschuldigung bittet, keineswegs aber vorhabe, sich bei der ruandischen Regierung zu entschuldigen". Im Februar 2005 wurden Zeugenaussagen mehrerer Ruander veröffentlicht, die nachhaltig französische Soldaten beschuldigten, als Komplizen im Genozid agiert zu haben. Die Überprüfung dieser Zeugenaussagen ist bis heute nicht abgeschlossen.

Im November 2006 eskalierten die Auseinandersetzungen zwischen Ruanda und Frankreich: Ein französischer Richter hatte Haftbefehl gegen neun, teilweise hochrangige ruandische Offizielle ausgestellt und Präsident *Kagame* öffentlich vorgeworfen, hinter dem Abschuss des Flugzeuges des ehemaligen Präsidenten *Habyarimana* im April 1994 zu stehen. Ruanda brach unmittelbar darauf für mehr als drei Jahre die diplomatischen Beziehungen zu Frankreich ab. Seit August 2007 zeichnet sich eine vorsichtige Wiederannäherung ab. Im Januar 2010 wurde die französische Botschaft in Kigali wiedereröffnet.

Die Beziehungen zum Nachbarland **Kongo** (ehemals Zaïre) gelten seit dem Genozid 1994 als äußerst angespannt. Der Führer der proruandischen, in den Kivu-Provinzen agierenden Rebellengruppe *Congrès National pour la Défense du Peuple,* CNDP (Nationalkongress zur Verteidigung des Volkes), *Laurent Nkunda,* ein Banyamulenge, machte u.a. durch die blutige Besetzung der Stadt Bukavu im Juni 2004 und durch die teilweise Besetzung des Parc National des Virunga 2008 von sich reden. Anfang Januar 2009 wurde *Nkunda* in einem Machtkampf innerhalb der Führung der CNDP von seinem Militärchef *Bosco Ntaganda* gestürzt. *Ntaganda* unterzeichnete einen Waffenstillstand und ging gemeinsam mit kongolesischen und ruandischen Regierungstruppen gegen *Nkunda* vor. Am 22. Januar 2009 wurde *Laurent Nkunda* auf ruandischem Gebiet festgenommen.

Mit gemeinsamen Militäroperationen gegen die im Ostkongo operierenden ruandischen Hutu-Milizen der *Forces Démocratiques de Libération du Rwanda,* **FDLR,** im Januar und Februar 2009 hat sich das Verhältnis Ruandas zur DR Kongo spürbar verbessert. Beide Länder begannen in der zweiten Jahreshälfte 2009 mit der formellen Wiederaufnahme diplomatischer Beziehungen.

Ruanda – fremde Heimat

von *Arlette-Louise Ndakoze*

Ruanda, das ist mein Herkunftsland. Das Land meiner Wurzeln. Aber Heimat, das ist ein anderer Ort. Der Ort nämlich, in dem ich aufgewachsen bin und in dem ich heute lebe: Deutschland, konkreter, Berlin. Eine gewisse Neugierde, mich selbst und die Geschichte meiner Familie, meine eigene Geschichte, besser kennen zu lernen, hat mich nach über zwanzig Jahren in Deutschland nach Ruanda gebracht. Ein Studienjahr an der Nationalen Universität von Ruanda gibt mir die Gelegenheit, in Ruhe die verschiedenen Facetten des Landes mit eigenen Augen zu erkennen.

Was mich vor meiner Ankunft beschäftigt hat: Wie leben die Völker heute miteinander, nachdem sie eine jahrhundertelange Krise hinter sich gebracht haben? Zu meiner Überraschung sieht man **kaum Spuren eines ehemaligen ethnischen Konfliktes.** Der Konflikt, der Ruanda in den Völkermord geführt hat, scheint wie weggewischt. Angefangen damit, dass die Ruander nicht mehr in Ethnien klassifiziert werden. Das ist verständlich, war die ethnische Unterscheidung doch ein Motor des Genozids. Hier wird man niemanden antreffen, der einen fragt, ob man Hutu oder Tutsi ist. Das hieße eine Wunde öffnen, die gerade noch verheilt. Andererseits tabuisiert niemand die Begebenheiten des Krieges und spricht offen über seine Erlebnisse. Über menschliche Verluste und damalige politische Konflikte. Ob man das Thema anspricht, hängt natürlich vom Gegenüber ab, von seiner Bereitschaft, zu erklären, und von der Beziehung, die man zu ihm hat. Ich war aber positiv überrascht, dass viele Menschen von selbst offen darüber reden.

Der ethnische Konflikt zieht sich wie ein roter Faden durch die Geschichte Ruandas. Aus diesem Grund fragen sich viele, ob ein friedliches Zusammenleben der Völker auf Dauer möglich ist. Aber der erste Schritt ist getan: Jeder ist bereit dafür. Viele Ruander der älteren Generation sagen mir, dass sie versuchen, einiges zu reparieren, indem sie ihren Kindern die Geschichte ihres Landes erklären und sie davor warnen, dieselben Fehler zu begehen. Ich habe auch viele Kinderbücher entdeckt, die Kindern den Krieg auf illustrative Art erklären. Die junge Generation hat es in ihren Händen. Und in der Tat, es scheint, als wehe ein neuer Wind in Ruanda, die Jugend ist bereit für eine Veränderung und ein **Leben in Frieden.** Das merkt man sehr stark in der Universität. Die Studenten helfen einander, unterstützen sich in den Hausarbeiten und bei den Referaten. Von Konkurrenzdenken ist nichts zu spüren. Man versteht sich in der Uni als Einheit.

Die Ruander legen großen Wert auf das soziale Leben, sie sind äußerst kommunikativ, scherzen viel und sind vor allem hilfsbereit. Das mag daran liegen, dass die Familie als eine der höchsten Institutionen geschätzt wird, so wird das familiäre Leben auf das **Miteinander in der Gesellschaft** übertragen. Zwischenmenschliche Beziehungen werden gepflegt, indem man sich mindestens hin und wieder anruft, wenn man sich nicht besuchen kann. Begegnet man sich irgendwo, tauscht man einige Wörter aus, um zu wissen, wie es geht. Und man erzählt sich auch, wenn es einem nicht gut geht. Die Leute haben immer ein Ohr offen und wollen helfen. Im selben Schema wickeln sich Behördengänge ab: Sie sind für afrikanische Verhältnisse unkompliziert, das Personal ist höflich und geduldig.

Weniger erfreulich ist die Tatsache, dass **Probleme mit einer konkreten Person** für gewöhnlich nicht angesprochen werden. Viele Ruander haben mir erklärt, dass es Teil der ruandischen Kultur sei, dass man Auseinandersetzungen nicht in der Öffentlichkeit bespricht. Selten tut man es unter vier Augen. Das macht es in einigen Fällen schwierig zu wissen, wie die Leute zueinander stehen. In dieser Hinsicht sind die Ruander sehr introvertiert. Teil der ruandischen Kultur ist auch die Tatsache, dass Paare sich nicht in der Öffentlichkeit zeigen. So lange nicht, bis sie vorhaben zu heiraten. Zwar können alle von ihrer Beziehung wissen (Eltern und Angehörige), aber man stellt die gegenseitige Zuneigung nicht zur Schau. Ich habe selten ein Paar Händchen halten, geschweige denn sich küssen sehen. Das hat weniger mit dem Charakter der Ruander als mit ihrer Tradition zu tun: Wenn das Paar noch nicht verlobt ist, gilt es den Eltern gegenüber als respektlos, die Beziehung in der Öffentlichkeit zu zeigen, da sie quasi noch nicht ernst ist.

Auf der materiellen Seite sind eine durchgehende Stromversorgung und fließendes Wasser in Haushalten keine Selbstverständlichkeit. Um sich vor Bakterien zu schützen, kocht man das Wasser, bevor man es in Fässern in den Kühlschrank stellt, um später davon zu trinken oder sich die Zähne zu putzen. Zum Kochen benutzt man Kohle, die nicht gerade günstig ist. Ein Elektro- oder Gasherd wäre zu teuer. Es versteht sich also von selbst, dass auch warmes Wasser in Haushalten ein Sonderfall ist, denn den Strom können sich nur die wenigsten Menschen leisten.

Kulturell hat Ruanda verglichen mit Europa sehr wenig zu bieten: Die Kinos müssen sich mit DVD-Vorstellungen zufriedengeben, neue Filme laufen hier nicht, und die Auswahl der Filme auf DVD ist limitiert: Es sind in der Regel amerikanische Blockbuster, die von den meisten Kinogängern bereits gesehen wurden. Theatervorstellungen habe ich in Huye (Butare) nur während eines Kunstfestivals sehen können. Das universitäre Kunstzentrum in Huye (Butare) arbeitet seit Jahren daran, ein Kunstnetzwerk zu entwickeln, das Kunstreihen in Ruandas Kulturstadt ermöglichen würde. In Kigali kann man unterschiedliche Konzerte genießen (Jazz, Gospel, R'n'B, Hip Hop und traditionelle Musik sind an der Tagesordnung) oder die Galerie in Kaciyru besuchen. Einige regelmäßige Ausstellungen, in denen Handgemachtes – wie afrikanischer Schmuck, Kleidung und Töpferei – gezeigt wird, sind ebenfalls sehenswert, um sich mit der schönen traditionellen Kunst vertraut zu machen. Sehr viel größer ist die Bandbreite an Kunst jedoch nicht.

Andererseits gibt es unheimlich viele Anregungen, **selbst etwas** zu **kreieren:** So haben Studenten der NUR-Uni in Huye (Butare) einen Schreibwettbewerb ins Leben gerufen. Die Essays werden von ihnen betreut und evaluiert. Außerdem wurde ein bedeutendes Sportevent von Radioproduzenten zur Förderung der Jugend initiiert: der alljährliche Streetball-Contest, der in der großen Basketballhalle in Kigali im Stadtteil Remera stattfindet und Sport und Musik vereint. Streetballspiele, Tanzshows, ein Breakdance- und Freestyle-Wettbewerb wechseln sich an einem langen Tag ab, und zum Schluss werden Gewinner ausgepreist.

Wie in jeder Kultur, gilt es als Herausforderung, mit all ihren Facetten zu leben. Was an Ruanda fasziniert: Zwar mangelt es den Menschen an materiellen Dingen, trotzdem erfreuen sie sich an dem, was sie haben. Sie strahlen, scherzen miteinander und sind sehr gastfreundlich.

Meine Entdeckungsreise ist noch lang und die Erlebnisse endlos. Heute habe ich zumindest eine Frage beantworten können: Ob Ruanda, meine fremde Heimat, oder Deutschland, meine Heimat in der Fremde, der Ort ist, in dem ich mich wohl fühle. Es ist dazwischen.

Im November 2009 wurden zwei hochrangige FDLR-Führer, *Ignace Murwanashyaka* und *Straton Musoni,* die seit vielen Jahren in Deutschland im Exil lebten, in Mannheim bzw. bei Nürtingen verhaftet. Ihnen werden schwere Verbrechen gegen die Menschlichkeit vorgeworfen. Für die späte Festnahme der beiden langjährig verdächtigen Kriegsverbrecher wurden die deutschen Behörden international kritisiert. Die Vereinten Nationen zeigten sich insbesondere darüber verwundert, dass der in Mannheim lebende *Murwanashyaka* mehrfach von Deutschland aus mit einem ugandischen Pass in den Kongo einreisen konnte. Offiziell hatten die deutschen Behörden gegen ihn ein politisches Betätigungsverbot verhängt.

Die Verhaftung der FDLR-Führungsleute in Deutschland hat die Moral der FDLR-Milizionäre wohl entscheidend untergraben. Mit einer neuerlichen konzertierten Militäraktion, der Operation „Amani Leo" (= Frieden noch heute), geht die kongolesische Armee FARDC zusammen mit der MONUC (Mission de l'ONU en RD Congo) seit Januar 2010 gegen die noch verbliebenen FDLR-Einheiten im Ostkongo vor.

Bevölkerung und Sprache

Ende 2009 betrug die Bevölkerungszahl mehr als **9 Millionen** Menschen und hatte damit das Niveau aus dem Jahr vor dem Genozid überschritten. Langfristig wird mit einer Verdoppelung der Bevölkerungszahl bis 2050 gerechnet. Ruanda ist mit bis zu **450 Einwohnern pro km²** das am dichtesten besiedelte Land Afrikas. Die Menschen leben zu 90% von der Landwirtschaft.

Bahutu (Hutu) machten 2009 ca. **84%** der Bevökerung aus, **Batutsi (Tutsi) ca. 15%,** 1% wurden den Batwa zugeordnet. Hinzu kommen mehrere tausend Europäer (meist Entwicklungshelfer) und Asiaten. Die ethnische Trennung wird in Ruanda heute bewusst vermieden – es gibt nur noch Ruander, keine Hutu oder Tutsi! Mit der Abkehr vom früheren tribalistischen Denken wollen sich die Ruander als Einheit definieren. Um keine dunklen Erinnerungen wachzurufen, ist es deshalb ratsam, einen Ruander nicht nach seiner ethnischen Zugehörigkeit zu fragen.

Kinyarwanda, Französisch und **Englisch** sind die offiziellen Sprachen, auch Suaheli ist weit verbreitet. Viele Beamte und Soldaten des „neuen" Staatssystems sprechen mittlerweile gut englisch – eine Entwicklung, die das Ende der Frankophonie im Land verdeutlicht. Die zunehmende **anglophone Orientierung** des Landes wurde durch die nachhaltige Bewerbung um eine Commonwealth-Mitgliedschaft Ruandas unterstrichen. Am 29. November 2009 schließlich wurde der Beitritt Ruandas zum **Commonwealth of Nations** vollzogen. Damit ist Ruanda neben Mosambik der einzige Mitgliedsstaat ohne vorhergehende koloniale Beziehungen zum Vereinigten Königreich. Eine bedeutende Rolle spielt auch die Rückkehr der Flüchtlinge aus den anglophonen Ländern Uganda und Tansania.

Laut einer Erklärung der Regierung vom Oktober 2008 soll in den kommenden Jahren der Schwerpunkt im ruandischen **Bildungswesen** komplett **von Französisch auf Englisch verlagert** werden. Seit 2009 werden Schulprüfungen und Unterricht in englischer Sprache abgehalten. Damit soll das Land politisch und wirtschaftlich enger an Ostafrika gebunden werden. In den Handelszentren wird auch das ebenfalls zu den Bantusprachen gehörende Kisuaheli gesprochen, das in Ruanda nur als Fremdsprache erlernt wird.

Das **Verhalten der ruandischen Bevölkerung gegenüber Fremden** ist freundlich, bei vielen Offiziellen spürt man jedoch eine vorsichtige Zurückhaltung, manchmal gar Ablehnung gegenüber Europäern, insbesondere Belgiern und Franzosen, deren Ursachen in der belgischen Kolonialgeschichte und dem anhaltenden Konflikt zwischen Ruanda und Frankreich zu suchen sind. Besucher mit deutscher Staatsangehörigkeit sind aufgrund des starken entwicklungspolitischen Engagements der Bundesrepublik grundsätzlich willkommen.

Die statistische **Lebenserwartung** liegt bei **nur ca. 50 Jahren** (2009), mindestens 5% der Ruander gelten als HIV-positiv. Dank gut organisierter medizinischer Hilfe aus dem Ausland gibt es für **HIV-Infizierte** in Ruanda mittlerweile gute antiretrovirale Therapieangebote.

Etwa 65% der Ruander hängen christlichen **Religionen** an (v.a. katholisch), 25% Naturreligionen, 10% sind moslemischen Glaubens.

Wirtschaft und Tourismus

Mehr als 90% der Ruander leben von der **Subsistenz-Landwirtschaft.** Wichtigste landwirtschaftliche Exportgüter sind Kaffee und Tee mit entsprechender Abhängigkeit von den Weltmarktpreisen. Andere landwirtschaftliche Exportgüter sind Pyrethrum (pflanzliches Insektizid einer Chrysanthemen-Art), Bananen, Bohnen und Kartoffeln. Die ruandische Regierung ist um eine **Industrialisierung** des Landes und eine Diversifizierung der agrarisch geprägten Wirtschaft bemüht. Industrielle Schwerpunkte sind die Zementherstellung, die Tabakindustrie sowie die Erzeugung von Seife, Möbeln, Schuhen und Textilien. Nennenswerte **Bodenschätze** sind bis auf Zinnvorkommen im Akagera-Gebiet nicht vorhanden. Bescheidenere Vorkommen an Wolfram, Beryllium und Coltan (Columbit-Tantalit), das u.a. bei der Herstellung von Mobiltelefonen Verwendung findet, sind nur teilweise erschlossen. Größter Arbeitgeber des Landes ist die Brauerei Bralirwa (= Brasseries et Limonaderies du Rwanda).

Wirtschaftlich blickt Ruanda bis zur Weltwirtschaftskrise 2008/09 auf eine **anhaltende Boomphase** mit jährlichen Wachstumsraten von 5–7% zurück, nicht zuletzt getragen von umfangreicher wirtschaftlicher Unterstützung aus den USA und vom relativ hohen Preis für ruandischen **Kaffee,** der sich z.B. im Sortiment der amerikanischen Kaffeehauskette Starbuck's einen festen Platz erobert hat. Vorausgegangen ist eine umfangreiche Modernisierung der ruandischen Kaffeeplantagen mit entsprechenden Qualitätsverbesserungen, sodass mittlerweile Exportkriterien für das Hochpreissegment erfüllt werden. Im Großraum Kigali boomt der Dienstleistungssektor, und auch Maßnahmen zum Ausbau der Industrialisierung kommen gut voran. Seit dem gesetzlichen **Verbot von Plastiktüten** 2005 (das auch gegenüber Touristen streng kontrolliert wird!), flankiert von nationalen „Straßensäuberungstagen" im Rahmen des Umuganda-Konzeptes, die monatlich stattfinden und an denen auch Minister teilnehmen, hat sich das Land in eines der saubersten in Afrika verwandelt – mit entsprechend anziehender Wirkung für Investoren.

Das **Bruttoinlandsprodukt** (BIP) betrug 2007 etwa 2,9 Milliarden US-$ (353 US-$ pro Kopf) bei einem realen Wirtschaftswachstum von ca. 6%. Die Inflationsrate lag unter 8%. Haupthandelspartner sind die Europäische Union (vor allem Deutschland), die Nachbarländer Kenia, Tansania und Uganda, ferner die USA, Pakistan, die VR China und Indien.

Im Jahr 2007 reisten nach Auskunft der Naturschutzbehörde ORTPN fast 40.000 **Touristen** aus Übersee nach Ruanda – und die Besucherzahlen steigen weiter. Seit der politischen Stabilisierung erfährt der Tourismus staatlicherseits eine starke Forcierung. Dazu gehören der Wiederaufbau und die Verbesserung der touristischen Infrastruktur, gezielte Bemühungen um die Sicherheit von Touristen und verstärkte Aktivitäten um die Publizität der Attraktionen des Landes. Die langfristigen Planungen zielen auf einen Qualitätstourismus. Sie fokussieren vor allem auf das Gorilla-Tracking im Parc National des Volcans, Ökotourismus im tropischen Feuchtwald des Nyungwe-Nationalparks sowie klassische Safaris in dem für den Naturschutz verbliebenen Teil des Akagera-Nationalparks. Großes touristisches Potenzial besitzt auch die landschaftlich sehr reizvolle Region am Kivusee.

Die touristische Entwicklung Ruandas ist mit **ehrgeizigen Zielen** versehen. Ende 2010 sollen die ausländischen Besucherzahlen in den Nationalparks des Landes auf ca. 70.000 Touristen aus Übersee steigen, verbunden mit direkten Tourismuseinnahmen von mehr als 100 Mio. US-$. Schon 2007 erreichten die direkten Erlöse aus dem Tourismussektor mit 42,3 Mio. US-$ einen neuen Höchststand und übertrafen sogar die Einnahmen aus dem Export von Tee (31,5 Mio. US-$) und Kaffee (35,7 Mio. US-$). Einen entscheidenden Schub sollen die ca. 230 Mio. US-$ schweren **Investitionen der Dubai World Holding** bringen. 2007 unterzeichnete die ruandische Regierung ein Abkommen mit dieser Gruppe, hinter der das Emirat Dubai steht; viele Projekte sind vorgesehen, u.a. die Übernahme und Modernisierung der Akagera Game Lodge, eine Beteiligung am Management des Parc National de l'Akagera, die Generalüberholung und Modernisierung der Gorilla's Nest Lodge bei Kinigi am Parc National des Volcans, der Aufbau eines 5-Sterne-Luxury Tented Camps in Kinigi, die Übernahme der Nyungwe Lodge am Parc National de Nyungwe bei Gisakura, die Errichtung eines 5-Sterne-Hotels mit 150 Betten am Kigali Golf Course in Nyarutarama sowie der Bau eines neuen Clubhauses an diesem Golfplatz. Im Zuge der Weltfinanzkrise und eigener Geldsorgen machte Dubai World jedoch Ende 2009 einen erheblichen Rückzieher und beschränkt sein Engagement als Investor voraussichtlich auf die Gorilla's Nest Lodge und die Nyungwe Forest Lodge.

Neben zahlreichen inländischen Safariunternehmen bieten mittlerweile auch verschiedene internationale Reiseveranstalter wieder **Reisen nach Ruanda** an. Angesichts seiner imageträchtigen blutigen Vergangenheit wird das Land aber noch über viele Jahre ein Eldorado bleiben für Afrikareisende, die großartige Natur und Landschaft abseits der Massenströme erleben wollen.

Kigali – die Hauptstadt ♪ XIX, C2

Ruandas Hauptstadt Kigali (ca. **1 Mio. Einwohner,** 1540 m) breitet sich zwischen Mt. Kigali (1850 m) und Mt. Jali (2000 m) aus und gleicht einer **riesigen Streusiedlung,** die über viele kleine grüne Hügel inmitten einer reizvollen Landschaft verteilt ist. Vor der Unabhängigkeit Ruandas 1962 erstreckte sich die Stadt nur über die Hügel von Nyarugenge und Nyamirambo, heute umfasst sie auch die Stadtteile Kiyovu, Gikondo, Kicukiro, Kacyiru, Kimihurura, Remera und Nyarutarama. Ihren Namen erhielt die Stadt von dem deutschen Arzt und Expeditionsreisenden **Richard Kandt.** Sein Interesse für Naturwissenschaften und den Ursprung des Nils führte ihn 1897 nach Ruanda.

1908 wurde Kigali unter seiner Führung das Verwaltungszentrum der Deutschen und entwickelte sich bald zu einem wichtigen Handelsplatz in der Region der Großen Seen. 1914 verließ *Richard Kandt* Ruanda, um im Ersten Weltkrieg freiwillig in der deutschen Armee als Chirurg zu dienen (detaillierte Informationen zu *Kandt* bekommt man in Kigalis Museum für Naturgeschichte: **La Maison de Richard Kandt/Musée de l'Histoire Naturelle,** www.museum.gov.rw). Während der belgischen Völkerbundsmandatszeit stand Kigali im Schatten von Bujumbura am Nordende des Lake Tanganjika. Erst nach 1962 – damals mit gut 5000 Einwohnern – entwickelte es sich zur Metropole.

Herzstück von Kigali ist der Hügel **Nyarugenge** mit der Hauptgeschäftsstraße **Avenue du Commerce.** Diese führt in einem Bogen vom Kreisverkehr am Place de l'Unité National an der zentralen Minibusstation und am Markt vorbei durch das geschäftige Stadtzentrum. Die verschachtelte Architektur im Zentrum Kigalis spiegelt das in Ruanda so verbreitete Problem des Zusammenlebens vieler Menschen auf engstem Raum gut wider. Am parkartig angelegten **Place de l'Indépendance** liegt u.a. das Büro der Nationalparkbehörde ORTPN. Dort trifft die Avenue du Commerce auf den **Boulevard de la Révolution,** eine Prachtstraße, an der sich verschiedene Banken, Ministerien und mehrere Botschaften befinden. Die Hauptregierungsgebäude mit dem Sitz des Präsidenten liegen einige Kilometer außerhalb des Zentrums am Boulevard de l'Umuganda.

KIGALI – DIE HAUPTSTADT

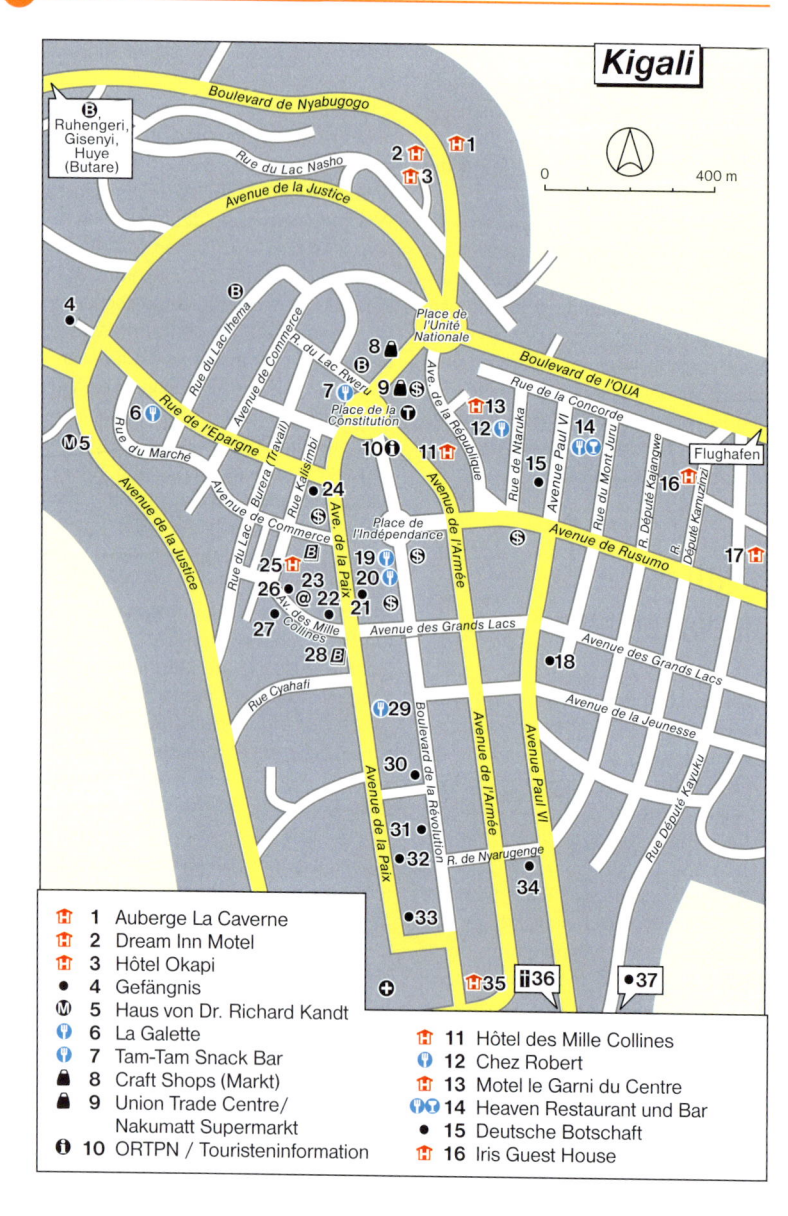

🏠 1	Auberge La Caverne
🏠 2	Dream Inn Motel
🏠 3	Hôtel Okapi
• 4	Gefängnis
Ⓜ 5	Haus von Dr. Richard Kandt
🍴 6	La Galette
🍴 7	Tam-Tam Snack Bar
🛍 8	Craft Shops (Markt)
🛍 9	Union Trade Centre/ Nakumatt Supermarkt
ℹ 10	ORTPN / Touristeninformation
🏠 11	Hôtel des Mille Collines
🍴 12	Chez Robert
🏠 13	Motel le Garni du Centre
🍴 14	Heaven Restaurant und Bar
• 15	Deutsche Botschaft
🏠 16	Iris Guest House

KIGALI – DIE HAUPTSTADT

Stadtplan S. 355; Karte Atlas XIX

Südlich der Stadt befinden sich die erschütternden **Genozid-Gedenkstätten Ntarama** und **Nyamata,** denen man unbedingt einen Tagesbesuch abstatten sollte (s.u.). Im April 2004 wurde am Stadtrand von Kigali im Vorort **Gisozi** das Mémorial National du Génocide de Gisozi offiziell eröffnet, wo mehr als 250.000 Opfer des Genozids begraben wurden. Eine umfassende Ausstellung über die Hintergründe des Völkermords sowie eine Bildungseinrichtung sind angeschlossen.

● **Mémorial National du Génocide de Gisozi,** geöffnet täglich von 8–16 Uhr, Infos und Kontakt unter www.kigalimemorialcentre.org, Eintritt frei.

Informationen

● **Office Rwandais du Tourisme et des Parcs Nationaux (ORTPN)**
Boulevard de la Révolution 1, BP 905, Kigali/Ruanda, Tel. 0252-573396, 0252-576514, Fax 0252-576515, www.rwandatourism.com. Infos zur aktuellen Situation in den ruandischen Nationalparks und Reservaten. Hier erfolgt die Buchung und Bezahlung der Gorillabesuche im Parc National des Volcans. Geöffnet Mo bis Fr von 7–17 Uhr, Sa und So von 8–12 Uhr. In Zukunft sollen über die Internetseite des ORTPN auch Online-Buchungen für die Nationalparks sowie das Gorillatracking im Parc National des Volcans möglich sein.

Das ORTPN bietet eine sehr gute, jedoch nur unregelmäßig stattfindende **Stadtführung durch Kigali** an, die **„Kigali City Tour"** (20 US-$). Mit einem Kleinbus besichtigt man u.a. das ehemalige Wohnhaus von *Dr. Richard Kandt,* dem deutschen Gründer Kigalis, das Gisozi Genocide Memorial, das Parlament, Souvenirshops etc.

● **The Eye Rwanda Magazine**
Sofaru Building, Muhima Road, Mobiltel. 084-96897, www.theeye.co.rw. Alle drei Monate erscheinender „Insider's Guide to Rwanda", Auflage ca. 7000 Stück. Liegt in vielen Hotels und Restaurants aus.

Unterkünfte und Hotels

Kigali verfügt über eine umfassende Unterkunftsauswahl. Dennoch sind die Hotelbetten bei größeren Konferenzen bzw. Veranstaltungen in der Stadt häufig sehr knapp. **Das Preisniveau liegt relativ hoch.** Weitere Hotels sollen entstehen bzw. eröffnen, z.B. ein ursprünglich von der Dubai World Hol-

---

- 🏠 17 Centre d'Accueil de l'Eglise Episcopale
- ● 18 Präsidentenpalast
- ◐ 19 Le Poseidon
- ◐ 20 La Sierra
- ● 21 Primate Safaris
- ● 22 Kiboko Tours
- @ 23 Internet Cafés
- ● 24 Forex Bureaus
- 🏠 25 Hôtel Isimbi
- ● 26 Magic Safaris
- ● 27 Belgische Schule
- 📘 28 Ikirezi Bookshop
- ◐ 29 Restaurant Karibu
- ● 30 Belgische Botschaft
- ● 31 Schweizer Botschaft
- ● 32 Ugandische Botschaft
- ● 33 Botschaft der VR China
- ● 34 Französische Botschaft
- 🏠 35 Kigali Serena Hotel
- ℹ️ 36 Eglise Episcopale au Rwanda
- ● 37 British High Commission

- ⛽ Tankstelle
- Ⓑ Bushaltestelle
- ✉ Post
- Ⓢ Bank
- ✚ Krankenhaus
- 📘 Buchladen
- ✖ Taxi Park

ding projektiertes 5-Sterne-Hotel am Nyarutarama Golf Course, das voraussichtlich von der amerikanischen Marriott-Gruppe getragen werden wird.

Kategorie AA

●Kigali Serena Hotel
Boulevard de la Révolution, BP 7469,
Tel. 0252-597100, Fax 0252-597101,
www.serenahotels.com.

Bislang einziges 5-Sterne-Hotel Kigalis, 2007 von Serena Hotels übernommen. 104 geschmackvoll eingerichtete Zimmer und Suiten mit Bad/WC und Klimaanlage. Sehr gutes Restaurant mit Bar. Swimmingpool. Konferenzmöglichkeiten. Bewachter Parkplatz. Schöne gartenähnliche Anlage. Ab 105 Euro pro Person im DZ inkl. Frühstück.

Kategorie A

●LAICO Umubano Hotel Kigali
Boulevard de l'Umuganda, BP 874,
Tel. 0252-593500, Fax 0252-582957,
www.laicohotels.com.

Das ehemalige Novotel Umubano Kigali wurde kürzlich von der libysch-tunesischen LAICO-Gruppe übernommen und teilweise renoviert. Das 4-Sterne-Hotel liegt ca. 4 km außerhalb des Zentrums. Mehr als 100 geräumige Zimmer mit Bad/WC und Klimaanlage. Gutes Restaurant mit Bar. Swimmingpool, bewachter Parkplatz, schöner Blick auf Kigali. Ab 80 Euro pro Person im DZ.

●Top Tower Hotel
Boulevard de l'Umuganda,
Tel. 0252-592600, Mobiltel. 078-8487540,
www.toptowerhotel.com.

Neues Hotel im Stadtteil Kacyiru, nahe dem Kigali Business Centre. Relativ steril anmutendes achtstöckiges Gebäude mit angeschlossenem Spielcasino. Moderne Zimmer mit Bad/WC, Klimaanlage und Sat-TV. Restaurant. Lebhafte Bar. Ab 60 Euro pro Person im DZ. Überteuert.

Kategorie B

●Motel le Garni du Centre
BP 548, Tel. 0252-572652, Fax 0252-572654,
www.garni.co.rw.

Zentral am Boulevard de la Révolution gelegen. 11 komfortable Zimmer mit Bad/WC. Kein Restaurant. Sichere Parkmöglichkeiten. Ab 55 Euro pro Person im DZ.

●Stipp Hotel
BP 2834, Kiyovu, Tel. 0252-587031,
Mobiltel. 078-8305682, Fax 0252-587031,
www.stippag.co.rw.

2005 eröffnetes Hotel mit 50 Zimmern (Bad/WC, Klimaanlage, Sat-TV) im ruhigen Stadtteil Kiyovu, ca. 1 km östlich des Zentrums. Ab 55 Euro pro Person im DZ.

●Hôtel des Mille Collines
BP 1322, Tel. 0252-576530,
Fax 0252-576541, www.millecollines.net.

Traditionsreiches 4-Sterne-Hotel im Stadtzentrum an der Avenue de la République. 113 geräumige Zimmer und Suiten mit Bad/WC und Klimaanlage. Gutes Restaurant mit Bar. Swimmingpool. Bewachter Parkplatz. Angenehme gartenähnliche Anlage, 2009 teilweise renoviert. **Schauplatz des Kinofilms „Hotel Ruanda",** in dem die Geschichte des damaligen Hotelmanagers *Paul Rusesabagina* erzählt wird, der während des Genozids 1994 mehr als 1200 vor den Interahamwe-Milizen ins Hotel geflüchteten Ruandern das Leben retten konnte. Ab 50 Euro pro Person im DZ.

●Banana Guest House
Rue des Parcs, Tel. 0252-500154,
Mobiltel. 078-8826777.

2009 eröffnetes Hotel im Boutique-Stil im ruhigen Stadtteil Kiyovu. 8 Zimmer mit Bad/WC und Sat-TV. Eigenes Restaurant. Ab 50 Euro pro Person im DZ. Überteuert.

●Hôtel Gorillas
BP 1782, Rue des Parcs, Tel. 0252-501716/17/18, Mobiltel. 078-8300473,
Fax 0252-501716, www.gorillashotels.com.

Im Wohnviertel Kiyovu ca. 1 km östlich des Stadtzentrums. Recht neues Hotel der gehobenen Mittelklasse mit 31 geräumigen Zimmern mit Bad/WC und Sat-TV. Exzellentes Restaurant. Sichere Parkmöglichkeiten. Ab 50 Euro pro Person im DZ. Empfehlenswert.

Im Jahresverlauf 2010 soll ein komfortablerer (und entsprechend teurerer) Ableger des Hotels am Golfplatz Nyarutarama eröffnen (Hôtel Gorillas Golf, Informationen dazu unter www.gorillashotels.com). Weitere Depen-

KIGALI – DIE HAUPTSTADT

dancen bestehen mittlerweile in Musanze (Ruhengeri) und Gisenyi.

Kategorie B

● **Hôtel Ninzi Hill**
BP 378, Kacyiru, Tel. 0252-587711,
Fax 0252-587716, ninzi@rwanda1.com.

Ca. 4 km außerhalb des Zentrums im Vorort Kacyiru am Boulevard de l'Umuganda. Solides Hotel mit 15 geräumigen sauberen Zimmern mit Bad/ WC und Sat-TV. Schöne gartenähnliche Anlage. Ab 35 Euro pro Person im DZ.

● **Hôtel Okapi**
BP 1775, Tel. 0252-571667,
Fax 0252-574413.

Modernes Hotel mit angeschlossener Reiseagentur. Zentral unterhalb der Place de l'Unité National gelegen. Saubere Zimmer mit Bad/WC und Sat-TV. Die etwas günstigeren Zimmer im Erdgeschoss sind allerdings we-

Kigali Umgebung

- 🏨 1 Hôtel Baobab
- ● 2 Stadion
- 🏨 3 Hôtel Kigali
- ☪ 4 Moschee
- Ⓑ 5 Nyabugogo Minibusstation
- ● 6 Gisozi Memorial Centre
- 🏨 7 Hôtel Gorillas
- 🏨 8 Stipp Hotel
- ⓘ 9 Republika Lounge
- ⓘ 10 Restaurant Karisimbi
- 🏨 11 One Love Guest House
- ⓘ 12 New Cadillac Club
- ⓘ 13 Restaurant Hellenique
- ⓘ 14 Restaurant Flamingo
- ● 15 Präsidialamt
- ● 16 Amerikanische Botschaft
- 🏨 17 Hôtel Le Petit Prince
- ✚ 18 King Faisal Hospital
- 🏨 19 LAICO Umubano Kigali
- ✉ 20 Postamt
- 🏨 21 Top Tower Hotel
- ● 22 Kigali Business Centre
- ● 23 Parlament
- 🏨 24 Hôtel Chez Lando

KIGALI – DIE HAUPTSTADT

Blick auf das Zentrum von Kigali

nig empfehlenswert. Schönes Terrassenrestaurant. Die Reiseagentur Okapi Travel operiert mit zuverlässigen kleinen Minibussen, die zu den touristischen Zielen im Nordwesten und am Lac Kivu verkehren („Okapicar"). Ab 35 Euro pro Person im DZ.

● **Hôtel Alpha Palace**
BP 2632, Remera,
Tel. 0252-582981, Fax 0252-584134,
alphapalace@rwanda1.com.

Ca. 5 km außerhalb des Zentrums im Vorort Remera am viel befahrenen Boulevard de l'OUA unweit des Flughafens gelegen. Relativ neues Hotel mit 38 sauberen Zimmern mit Bad/ WC und Sat-TV. Swimmingpool. Angeschlossener Nachtklub. Ab 30 Euro pro Person im DZ.

● **Iris Guest House**
BP 228, Tel. 0252-501181, Fax 0252-576929,
iris1@rwanda1.com.

Rue Député Kajangwe, nahe dem Gästehaus der Presbyterianischen Kirche. 17 saubere Zimmer mit Bad/WC. Gutes Restaurant. Ab 28 Euro pro Person im DZ.

● **Hôtel Chez Lando**
BP 1519, Boulevard de l'Umuganda, Remera,
Tel. 0252-582050, Fax 0252-584380,
www.hotelchezlando.com.

Etwas außerhalb im Vorort Remera gelegen. Kleine Villen inmitten einer schönen Gartenanlage. 52 saubere Zimmer mit Bad/WC und Sat-TV. Gutes Restaurant. Sichere Parkmöglichkeiten. Internetzugang. Angeschlossener Nachtclub. Ab 26 Euro pro Person im DZ.

Kategorie C

● **Auberge d'Accueil
de l'Eglise Presbyterienne au Rwanda**
Tel. 0252-578915, Fax 0252-578919,
epr@rwanda1.com.

Bei Reisenden beliebte kirchliche Unterkunft an der Rue Député Kamuzinzi etwas außerhalb des Zentrums (ca. 15 Minuten zu

Fuß bis zur Busstation). 30 saubere Zimmer mit Dusche/WC. Schließt um 22 Uhr. Ab 19 Euro pro Person im DZ.
- **Hôtel Isimbi**
Rue Kalisimibi, BP 1163, Tel. 0252-572578, Fax 0252-575109, isimbi@rwanda1.com.

Zentral gelegen. 26 einfache Zimmer mit Bad/WC. Einfaches Restaurant und Bar. Ab 14 Euro pro Person im DZ.
- **Hôtel Baobab**
BP 1406, Tel. 0252-575633, Fax 0252-571048, baobabhot@rwanda1.com.

Etwas außerhalb des Zentrums in der Nähe des Islamischen Kulturzentrums. 9 einfache Zimmer mit Bad/WC. Restaurant mit guten Grillgerichten. Sichere Parkmöglichkeiten. Ab 12 Euro pro Person im DZ.
- **Dream Inn Motel**
Boulevard de Nyabugogo,
Tel. 0252-503988, dreaminn7@yahoo.fr.

Neues kleines Hotel mit 17 Zimmern im Stadtteil Rugenge, gegenüber der in die Jahre gekommenen Auberge La Caverne. Zimmer mit Bad/WC, Moskitonetzen und Sat-TV. Eigenes Restaurant. Ab 12 Euro pro Person im DZ. Empfehlenswert.

Kategorie D

- **One Love Guest House**
Avenue des Poids Lourds, BP 3032, Kigali, Tel. 0252-575412, www.oneloveproject.org.

Kleines Guest House der japanischen NGO „Mulindi – Japan One Love Project", die seit 1997 behinderte Menschen und Invaliden in Ruanda unterstützt (wobei deren verstümmelnde Verletzungen oftmals während des Genozids 1994 beigebracht wurden). Etwas außerhalb des Zentrums gelegen. 10 saubere Zimmer mit Bad/WC und Moskitonetzen. Eigenes Restaurant. Ab 8 Euro pro Person im DZ. Sämtliche Einnahmen des Gästehauses und des Restaurants werden in die Projektarbeit gesteckt. Empfehlenswert.
- **Auberge La Caverne**
BP 2093, Tel. 0252-574549,
www.hotelcaverne.com.

Zentrale Lage am Boulevard de Nyabugogo nahe dem Hôtel Okapi. Klein und einfach. 11 mäßig saubere Zimmer mit Bad/WC. Restaurant. Ab 8 Euro pro Person im DZ.

- **Hôtel Kigali**
Avenue de la Justice, Tel. 0252-571384.

Am Ende der Avenue de la Justice ca. 3 km außerhalb des Stadtzentrums unweit der Nyiamirambo-Moschee. 18 saubere Zimmer mit Dusche/ WC. Kein Restaurant. Ab 6 Euro pro Person im DZ.
- **Centre d'Accueil de l'Eglise Episcopale**
Tel. 0252-576340, Fax 0252-573213.

Einfache kirchliche Unterkunft an der Avenue Paul VI im Distrikt Biryogo etwas außerhalb des Zentrums (ca. 30 Minuten zu Fuß bis zur Busstation). Sehr einfache Zimmer mit kalten Duschen/WC. Schlafsaal.

Restaurants

Restaurants der gehobenen Kategorie

- **Restaurant Diplomates,** Kigali Serena Hotel, Boulevard de la Révolution, Tel. 0252-597100. Exzellente (und teure) internationale Küche.
- **Restaurant Panorama,** Hôtel des Mille Collines, Tel. 0252-576530. Hervorragende belgisch-französische und internationale Küche. Teuer.
- **LAICO Umubano Hotel Kigali,** internationale Küche, gute Buffets. Teuer.
- **Restaurant Le Dos Argenté,** Hôtel Gorillas, Rue des Parcs, Tel. 0252-501717. Sehr gute französische Küche.
- **Heaven Restaurant & Bar,** 5 Rue du Mont Juru, Kiyovu, Tel. 0252-500234, Mobiltel. 078-8486581, www.heavenrwanda.com. Internationale Küche, lebhafte Bar. Restaurantbereich auf einer großen Holzplattform mit schönem Blick auf Kigali. Im Mai 2008 eröffnet. Angeblich eines der besten Restaurants Ruandas. Manchmal Filmvorführungen und Live-Events.
- **Restaurant Hellenique,** Tel. 0252-583731. Gutes griechisches Restaurant im Stadtteil Kimihurura unweit des Nachtclubs New Cadillac.
- **Restaurant Chez Robert,** Avenue de la République, Tel. 0252-501305. Schönes Ambiente. Französische und afrikanische Spezialitäten. Mo geschlossen.

KIGALI – DIE HAUPTSTADT

- **Restaurant L'Atelier,** Kimuhurura, nahe dem New Cadillac Night Club. Sehr gute französische Küche.
- **New Cactus Restaurant,** Rue Député Kayuku, Tel. 0252-572572. Beliebtes Restaurant mit großer Terrasse, die einen herrlichen Blick über Kigali bietet. Gute Pizzen und französische Küche. Di geschlossen.
- **Restaurant Flamingo,** Kimuhurura, Tel. 0252-501944. Bester „Chinese" Kigalis.
- **Restaurant Khazana,** Rue Député Kajangwe, Mobiltel. 078-8772087. Bestes indisches Restaurant Kigalis.
- **Papyrus Lounge,** Kimuhurura, nahe dem New Cadillac Night Club, Mobiltel. 078-8220671. Beliebtes Restaurant mit italienischer Küche, mit Catering- und Lieferservice.
- **Restaurant Karisimbi,** Avenue de la Kiyovu, Tel. 0252-575128. Beliebtes Restaurant mit internationaler Küche, etwas außerhalb des Zentrums.
- **Restaurant Chez John,** Rue de Masaka, Kiyovu, Tel. 0252-571678. Sehr gute traditionelle afrikanische Küche, ca. 1,5 km außerhalb des Stadtzentrums.

Einfache Restaurants/Gerichte

- Schmackhafte Gerichte der unteren und mittleren Preisebene bekommt man z.B. im **Africa Bite** (Mobiltel. 078-8685184) im Stadtteil Kimihurura (angeblich die beste ruandische Küche Kigalis, gute Lunchbuffets), im **Lalibela** (Mobiltel. 078-8505293) im Stadtteil Remera nahe dem Amahoro-Stadion (gute äthiopische Küche), im beliebten **Restaurant Karibu** (Tel. 0252-501793) an der Avenue de la Paix, im zentral gelegenen **Bourbon Café** (neuer Coffeeshop im Union Trade Center Shopping Plaza) oder im etwas gehobeneren **Restaurant Sol e Luna** (Tel. 0252-583062, gute Pizza) am Boulevard de L'Umuganda etwas außerhalb im Vorort Remera, nahe dem Hôtel Chez Lando.
- Im Stadtzentrum gibt es eine Fülle von Restaurants und Snack-Bars, die u.a. afrikanische, französische, italienische, äthiopische, chinesische oder indische Küche zu akzeptablen Preisen anbieten (2–3 Euro pro Gericht), z.B. das **Ice & Spice** (Tel. 0252-570608, indische Küche), die **Tam-Tam Snack Bar** (Snacks und Fruchtsäfte), das **La Sierra** (Tel. 0252-575486, mit großem Lebensmittelgeschäft), das günstige **Le Poseidon** (Tel. 0252-501564) oder **Amy's Restaurant** (Tel. 0252-517004, Snacks und Fastfood).
- **Baba's Café,** gute Snacks ab 2,50 Euro im Kigali Business Centre.
- **Le Glacon,** empfehlenswerter und beliebter Eisladen im Zentrum.

Nachtleben

- Als bestbesuchte **Diskothek** der Stadt gilt seit vielen Jahren der **New Cadillac Club** im Stadtteil Kimihurura (separater VIP-Bereich, Di bis So ab 18 (VIP-Bereich) bzw. 21 Uhr geöffnet, Eintritt 5 Euro).
- Ebenfalls angesagt sind der **Planète Club** im Kigali Business Centre sowie **Memories** (teurer Eintritt) nahe dem Hotel Umubano.
- Das **Hôtel Chez Lando,** das **Sky Hotel** (Avenue de la Justice) und das **Hôtel Alpha Palace** verfügen über **kleine Nachtclubs**.
- **Republika Lounge,** Avenue des Grands Lacs, Kiyovu, Tel. 0252-504051. Belebte Bar mit gutem Restaurantbereich.
- **Heaven Restaurant & Bar,** 5 Rue du Mont Juru, Kiyovu, Tel. 0252-500234, Mobiltel. 078-8486581, www.heavenrwanda.com. Angenehme Atmosphäre.

Transport und Verkehr

Flughafen

- Der **internationale Flughafen** liegt in **Kanombe** ca. 10 km außerhalb von Kigali. Ein Taxi vom Stadtzentrum nach Kanombe kostet ca. 10 Euro. Es ist eine Verlagerung des internationalen Flughafens nach Bugesera (ca. 40 km südlich von Kigali) vorgesehen.

Fluggesellschaften (Auswahl)

- **Air Tanzania,** www.airtanzania.com BP 2111, Avenue du Commerce, Tel. 0252-572643, Fax 0252-572231.

Mémorial National du Génocide de Gisozi

KIGALI – DIE HAUPTSTADT

- **Ethiopian Airlines,** www.flyethiopian.com BP 385, Boulevard de la Révolution, Tel. 0252-575045, 0252-570440, Fax 0252-570441.
- **Kenya Airways,** www.kenya-airways.com BP 757, Union Trade Centre (UTC), Boulevard de la Révolution, Tel. 0252-577972, Fax 0252-576426.
- **Rwandair Express,** www.rwandair.com BP 7275, Union Trade Centre (UTC), Boulevard de la Révolution, Tel. 0252-575757, 0252-503691, Fax 0252-503689, rwandair@rwandair.com.
- **SN Brussels Airlines,** www.flysn.com BP 96, Hôtel des Mille Collines, Tel. 0252-575290, 0252-585897, Fax 0252-573082.
- **South African Airways,** www.flysaa.com Boulevard de la Révolution, Tel. 0252-577777, Fax 0252-578565.

Busse und Matatus

Fast alle Bus- und Matatustandplätze für Fahrten außerhalb Kigalis liegen an der Nyabugogo-Minibusstation (**Gare routière Nyabugogo**) ca. 2 km nördlich des Stadtzentrums. Den ganzen Tag über bis in die späten Nachmittagsstunden gibt es Verbindungen nach Musanze (Ruhengeri), Gisenyi, Goma (DR Kongo), Kibuye und Huye (Butare) sowie frühmorgens grenzüberschreitend nach Kampala (Uganda) (mit Jaguar Executive Coach, Mobiltel. 078-8614838, oder Kampala Coach, Mobiltel. 078-8501035) und Bujumbura (Burundi). Minibusse zum ugandischen Grenzübergang Katuna verkehren den ganzen Tag über (Fahrpreis 2 Euro).

Private Transportunternehmen

- Es gibt eine ganze Reihe von privaten Transportunternehmen, die hier nur teilweise genannt werden können. Neben **Okapi Car** (Tel. 0252-571667, tgl. nach Musanze (Ruhengeri), Huye (Butare), Gisenyi und Kibuye) fahren z.B. **Volcano Express** und **Trans Express 2000** nach Huye (Butare), **Virunga Express** nach Musanze (Ruhengeri) und **Atraco Express** nach Gisenyi. Abfahrten früher von eigenen Haltestellen nahe dem Place de l'Unité. Inzwischen wurden alle Ferntaxis mit

ihren Haltestellen aus der City nach außen verbannt.
● Empfehlenswert ist das **Taxi de la Poste**, das regelmäßig alle größeren Städte im Land ansteuert. Abfahrten vom Hauptpostamt am Boulevard de l'Umuganda.

Taxis

● Taxifahrten **innerorts** kosten zwischen 2 und 5 Euro, je nach Streckenlänge.

Mietwagen

(mit Fahrer, ab 50 Euro pro Tag)

● **Europcar,** Kigali Serena Hotel, Tel. 0252-512022; LAICO Umubano Hotel Kigali, Tel. 0252-572983.
● **Auto World Company,** Tel. 0252-573138 und 0252-574390.
● **Taxi Service Mille Collines,** Hôtel des Mille Collines, Tel. 0252-576530.
● Alle unten genannten **Reiseagenturen** können Ihnen Wagen mit Fahrer vermieten.

Krankenhaus

● **King Faisal Hospital,** PO Box 2534, Kigali, Tel. 0252-582421, 0252-585397 und 0252-582469, Fax 0252-583203, www.kfh.rw, Notfalltel. 0252-588888. 1991 errichtetes Krankenhaus im Regierungsviertel nahe dem Golfplatz. Hält alle wichtigen Fachabteilungen vor, mit der besten medizinischen Versorgung in Ruanda, jedoch trotz laufender Ausbau- und Verbesserungsmaßnahmen nicht mit Kliniken in Europa vergleichbar. Mit angeschlossener Apotheke.

Geldwechsel

● Die **Hauptbanken** des Landes sind Banque Commerciale du Rwanda (BCR), Banque Continentale Africaine Rwanda (BACAR) und Banque de Kigali. Alle drei besitzen größere Niederlassungen im Zentrum Kigalis, in denen **Bargeld** (in erster Linie US-Dollar und Euro) gewechselt werden kann. Das Einwechseln von **Reiseschecks** ist mit hohen Kommissionsgebühren verbunden und nur auf Nachfrage möglich. In den genannten Banken kann man mit internationalen **Kreditkarten** (VISA, Mastercard, Amex) bei Vorlage des Reisepasses problemlos Bargeld bekommen.
● Im Union Trade Centre (UTC) am Boulevard de la Révolution befindet sich eine Filiale der **Access Bank mit Geldautomat** (VISA, MasterCard), an dem Direktabhebungen bis max. 1500 US-$ möglich sind.
● Private **Forex Bureaus** bieten, ähnlich wie in Uganda, meist deutlich **bessere Wechselkurse** als die Banken. Die meisten dieser Einrichtungen befinden sich im oberen Bereich der Rue de l'Epargne sowie im Union Trade Centre (UTC) am Boulevard de la Révolution.
● Nicht unüblich ist es, **kleinere Geldbeträge auf der Straße oder in Geschäften zu wechseln** (Vorsicht vor Trickbetrügern!). Ein relevanter Schwarzmarkt ist jedoch nicht vorhanden.
● **Geldsendungen** aus der Heimat lassen sich schnell und unkompliziert über die Filialstellen der Western Union Bank abwickeln.

Post, Telekommunikation und Internet

● **Hauptpostamt** am Boulevard de l'Umuganda, geöffnet Mo bis Fr 8–17 und Sa 8–12 Uhr. **Telefongespräche** sind von modernen Apparaten aus möglich. Nach Europa kann durchgewählt werden. Für ein **Fax** nach Europa werden ca. 2,50 Euro pro Seite berechnet. Ein eingehendes Fax aus Europa schlägt mit ca. 0,50 Euro zu Buche (Faxnummer +250-252-576574).
● Im Stadtzentrum gibt es zahlreiche kleine **Internet-Cafés,** z.B. an der Avenue des Mille Collines; Gebühr ca. 0,01 Euro pro Min.

Reiseagenturen und Safariveranstalter (Auswahl)

● **Concord International Travel Bureau – Magic Safaris,** Chadel Building, Avenue des Mille Collines, BP 4152, Tel. 0252-575566,

KIGALI – DIE HAUPTSTADT

Fax 0252-574452, www.magic-safaris.com. Empfehlenswerte Safaris im mittleren und gehobenen Preissegment. Außenstelle des gleichnamigen Mutterunternehmens in Kampala.
- **ITT Tours,** SORAS Building, Boulevard de la Révolution, BP 924, Tel. 0252-574057, 0252-578831, Fax 0252-575582, www.itt.co.rw.
- **Kiboko Tours & Travel,** BP 6628, Avenue de la Paix, Tel. 0252-520118, Fax 0252-501741, Mobiltel. 078-8300502, www.kibokotravels.org.rw. Mit eigenem Speedboat für den Wasserverkehr zwischen Gisenyi, Kibuye und Cyangugu auf dem Kivusee.
- **Kivu Eastern African Service (KEAS)** c/o *Christine Nkulikiyinka,* Eltvillerstr. 13, 53175 Bonn, www.keas-ruanda-tours.de. In Bonn beheimatete Agentur einer ruandischen Ex-Diplomatin, die seit 2007 in Ruanda operiert und individuell betreute Reisen und Safaris anbietet (Personal ist vor Ort, ein eigenes Büro in Kigali in Planung). Empfehlenswert.
- **New Dawn Associates,** Boulevard de la Révolution, UTC Building, BP 1343, Mobiltel. 075-5332003, 078-8558880, 078-8513652, www.newdawnassociates.com. Seit 2007 aktiver lokaler Veranstalter, der sich auf interaktiven Community Based Tourism spezialisiert hat und dafür maßgeschneiderte Touren anbietet. Empfehlenswert.
- **Okapi Travel,** Hôtel Okapi, BP 1715, Tel. 0252-576765 und 0252-571667, Fax 0252-578565, okapi@rwanda1.com.
- **Primate Safaris,** BP 4158, Avenue de la Paix, Tel. 0252-503428/9, Mobiltel. 078-8520106, 078-8520103, Fax 0252-574513, www.primatesafaris-rwanda.com. Safaris der gehobenen Preisklasse.
- **Rwanda Eco-Tours,** Avenue de la Justice, Manumetal Building, BP 6292, Tel. 0252-500047 oder 0252-500331, Mobiltel. 078-8352009, www.rwandaecotours.com.
- **Thousand Hills Expeditions,** c/o Hôtel des Mille Collines, BP 3090, Tel. 0252-504330, Mobiltel. 078-8351000, Fax 0252-578565, www.thousandhills.rw.
- **Top Travel Tours,** BP 10, Boulevard de la Révolution, Tel. 0252-578646 oder 0252-572552, Mobiltel. 078-8503606, Fax 0252-573853, socor@rwanda1.com.
- **Volcanoes Safaris,** c/o Hôtel des Mille Collines, BP 1322, Tel. 0252-576530, Mobiltel. 078-8302069, Fax 0252-576541, www.volcanoessafaris.com. Luxus-Safaris.

Einkaufen

- In einer Art „Planquadrat" zwischen Boulevard de la Révolution, Avenue de Commerce, Avenue des Mille Collines und Rue de l'Epargne finden sich alle wichtigen Geschäfte. Die Versorgungslage in Kigali ist gut.
- In der **Union Trade Centre (UTC) Shopping Mall** am Boulevard de la Révolution (zwischen Place de l'Unité Nationale und Place de la Constitution) eröffnete im Jahr 2008 eine für ruandische Verhältnisse riesige Filiale der kenianischen Supermarktkette **Nakumatt,** die sieben Tage die Woche rund um die Uhr geöffnet hat. Das große Warensortiment enthält auch zahlreiche (teure) europäische Produkte. Im Supermarkt sind eine gute Bäckerei und Metzgerei vorhanden. Im UTC finden sich weiter mehrere Fastfood-Läden, Internet-Café, Forex Bureau, Boutiquen, Büros von Reiseveranstaltern, ein Mobiltelefonshop der Firma MTN, eine Filiale der Access Bank mit Geldautomat (VISA, MasterCard) sowie das Buchungsbüro der nationalen Fluglinie Rwandair Express. Gegenüber dem UTC befindet sich eine einfache überdachte **Markthalle** mit zahlreichen Verkaufsständen für Holzschnitzereien und andere Souvenirs.
- Der **Supermarkt La Galette** (Tel. 0252-575434) an der Rue du Marché im Zentrum bietet u.a. eine Fülle an hochwertigen deutschen Lebensmitteln und verfügt über ein angeschlossenes leckeres **Schnellrestaurant** (schließt bereits um 19 Uhr).
- Ein empfehlenswerter Buchladen ist der **Ikirezi Bookshop** (Tel. 0252-571314, ikirezi @rwanda1.com) an der Avenue de la Paix.

Besuch der Genozid-Gedenkstätten Ntarama und Nyamata

Zwei erschütternde Genozid-Gedenkstätten befinden sich **südlich von Kigali,** beide im Rahmen eines **Tagesaus-**

flugs (am besten mit eigenem Transport) zu erreichen.

Die kleine **Kirche von Ntarama** liegt gut 30 km südlich von Kigali. Man fährt ca. 30 km auf der 2008 durchgehend asphaltierten Straße nach Nyamata und biegt dann rechts nach Ntarama ab (ausgeschildert). Auf einer befestigten Piste gelangt man nach ca. 3 km zur kleinen Kirche des Ortes, in der im April 1994 mehr als 5000 Menschen, vor allem Frauen und Kinder, erschlagen wurden. Man kann erkennen, dass sich die Mörder u.a. mit Granaten Zutritt zur Kirche verschafften. In der Kirche liegen noch die Gebeine der Schutzsuchenden, zusammen mit den Resten von Matratzen, Kleidung, Tellern und Trinkgefäßen sowie einige aufgeschlagene Bibeln. Mehrere hundert Schädel sind in einem benachbarten Gebäude aus Bambusstangen aufgebahrt. Ein französischsprachiger Führer memoriert die Ereignisse des Jahres 1994 andächtig und präzise. Eine Geldspende an die Gemeinde und eine Eintragung ins Gästebuch werden erbeten.

Die größere **Kirche von Nyamata** liegt ca. 40 km südlich von Kigali und ist auf einer exzellenten Straße in Richtung der burundischen Grenze zu erreichen. Die Kirche war Ort eines Massakers an 2500 Menschen, wurde mittlerweile jedoch von den Überresten des Mordens bereinigt. Man kann die Spuren von Granateinschlägen erkennen, an den Wänden sind noch vereinzelt Blutspritzer sichtbar. Die Schädel und Gebeine der Verstorbenen wurden in einer Grabkammer direkt neben der Kirche beerdigt, die besichtigt werden kann. Zahlreiche Kränze zum Gedenken an verstorbene Familien sind im Innern der Kirche niedergelegt. Ein Führer berichtet über die Ereignisse des Jahres 1994 (auf Französisch). Auch hier wird um eine Geldspende und eine Eintragung ins Gästebuch gebeten. Nyamata ist mit Minibussen ab der Nyabugogo-Minibusstation zu erreichen.

Ntarama ist der ergreifendere von beiden Orten, da die Überreste des Massakers bislang nur unvollständig be-

Genozid-Gedenkstätte Ntarama

seitigt wurden. Der Anblick der noch unverblichenen Gebeine erinnert sehr an einen Besuch der kambodschanischen Killing Fields bei Phnom Penh. Bei der Querung des lieblichen **Akagera-Tales** auf dem Weg hin zu beiden Gedenkstätten kann man sich kaum vorstellen, dass der friedlich vor sich hin mäandrierende Fluss im Jahr 1994 mit Zehntausenden von verstümmelten Leichen gefüllt war.

Gitarama ♪ XVIII, B2

Gitarama, mit ca. **100.000 Einwohnern** die zweitgrößte Stadt Ruandas, liegt **51 km südwestlich von Kigali** an der Aufzweigung der Straßenverbindung nach Huye (Butare) im Süden und nach Kibuye am Kivusee im Westen. In Gitarama wurde am 28. Januar 1961 die Republik Ruanda ausgerufen. Auch der erste Präsident des postkolonialen Ruanda, *Grégoire Kayibanda,* stammt von hier.

Die Stadt ist in erster Linie ein **Verkehrsknotenpunkt,** besondere Sehenswürdigkeiten bietet sie keine.

3 km südlich der Stadt liegt die beeindruckende **Kathedrale von Kabgayi,** die um das Jahr 1925 von katholischen Missionaren errichtet wurde.

Das Gitarama umgebende Sumpfland ist Gegenstand eines von der Deutschen Welthungerhilfe geförderten **Modellprojekts zum Reisanbau.** Nach Entwässerung und Umwandlung eines Teils der Sümpfe in Kulturland kann mit bis zu drei Reisernten pro Jahr gerechnet werden.

Unterkünfte

Wer in Gitarama übernachten muss/will, kann z.B. auf das **Real Motel** (Kategorie B–C) 4 km außerhalb an der Hauptstraße nach Kigali, auf das **Hôtel Tourisme** (Kategorie C) am Ortsausgang Richtung Kigali, das zentral gelegene **Le Palmier** (Kategorie C) oder die einfacheren Hotels **Motel de Gitarama** (Kategorie D) und **Concorde** (Kategorie D) zurückgreifen.

Minibusse

Minibusse verkehren nach **Kigali, Huye (Butare)** und **Kibuye** (Fahrpreis je nach Strecke zwischen 1,50 und 3 Euro).

Sonstiges

Es gibt eine Filiale der **Banque de Kigali,** mehrere gut bestückte **Läden** und einige **Bars** und **Restaurants** (empfehlenswert sind Tranquilleté und Exotica Classic).

Der Nordwesten

Der Nordwesten Ruandas wird geprägt duch die Gruppe der **Virunga-Vulkane,** die sich vom Nordufer des Kivusees bis nach Uganda erstrecken. Von Südwesten nach Nordosten bilden die Vulkane **Karisimbi** (4507 m), **Visoke** (oder Bisoke, 3711 m), **Sabinyo** (3645 m), **Gahinga** (3475 m) und **Muhavura** (4127 m) ein beeindruckendes Panorama. An kalten Tagen weist die Spitze des Karisimbi manchmal ein kleines Schneehäubchen auf. Weiter westlich in der DR Kongo liegen der **Mikeno** (4437 m) sowie die noch aktiven Vulkane **Nyiragongo** (3470 m) und **Nyamulagira** (3056 m). Einen Teil der Waldlandschaft an den

MUSANZE (RUHENGERI)

Hängen der Vulkane schützt der ruandische **Parc National des Volcans,** der Wirkstätte der Primatologin *Dian Fossey* war und über ihre Arbeit mit den Berggorillas weltweite Bekanntheit erlangte. Ausgangspunkt für Besuche der habituierten Gorilla-Gruppen im Park ist die Ortschaft Musanze (Ruhengeri).

Musanze (Ruhengeri) ♪ XVIII, B1

Musanze (bis 2006 Ruhengeri genannt, dann im Zuge einer Verwaltungsreform Umbenennung in Musanze) hat ca. **90.000 Einwohner** und liegt am Fuße der Virunga-Vulkane im Nordwesten Ruandas. Es ist Ausgangspunkt für das **Gorilla-Tracking im Parc National des Volcans** und verfügt über Banken, Postamt und ein größeres Krankenhaus. Musanze ist Distrikthauptstadt. Neben dem Verwaltungsgebäude des Distrikts gibt es eine Armeekaserne sowie ein Gefängnis.

Bei klarem Wetter bietet sich ein großartiger Blick auf das Panorama der Virunga-Vulkane – von West nach Nord sieht man die Gipfel von Karisimbi, Mikeno, Visoke, Muside, Sabinyo, Gahinga und Muhavura. In der Umgebung liegen die Seen **Lac Ruhondo** und **Lac Bulera.** Insbesondere der wunderschöne Lac Ruhondo lohnt einen Besuch.

Anreise und Weiterreise

●**Busverbindungen und Matatus:** Minibusse von/nach Kigali bzw. Katuna und zum Grenzübergang Cyanika. Der Abfahrtsstand liegt an der Hauptstraße im Ortskern (u.a. private Minibusse von Okapi Car und Virunga Express). Den ganzen Tag über verkehren Minibusse nach Kigali (100 km, Fahrpreis 2 Euro, Fahrtzeit 2 Std.), von dort gibt es regelmäßige Verbindungen zum Grenzübergang Katuna (Kigali – Katuna 79 km, Fahrpreis 2 Euro, Fahrtzeit 2 Std.). Von Musanze (Ruhengeri) verkehren Minibusse auch regelmäßig nach Gisenyi (65 km, Fahrpreis 2 Euro, Fahrtzeit 1½ Std.). Zum Park Headquarter des Parc National des Volcans in Kinigi (13 km) verkehren sporadisch Taxis (6,50 Euro) und Motorrad-Taxis (3 Euro).

Informationen

●**ORTPN-Büro Musanze**
Avenue du 5 Juillet, Tel. 0252-546645, Mobiltel. 078-8519874. Das Büro ist nicht ausgeschildert und daher schwer zu finden. Sie können die Mitarbeiter des Parc National des Volcans nachmittags gegen 17 Uhr nach ihrer Rückkehr aus dem Park im Gebäudekomplex der Distriktverwaltung antreffen und eventuell auch kurzfristig nach Rücksprache mit der ORTPN-Zentrale in Kigali eine Besuchserlaubnis erhalten, wenn entsprechende Kapazitäten frei sind. Die Exkursionen zu den habituierten Gorillagruppen starten vom Park HQ in Kinigi bereits um 7 Uhr morgens. Der früher übliche Treffpunkt von Touristen und Parkangestellten am ORTPN-Büro in Musanze vor der Auffahrt nach Kinigi ist nicht mehr aktuell.

●**Amahoro Tours**
BP 87, Musanze, Tel. 0252-546877, Mobiltel. 078-8687448, www.amahoro-tours.com. Empfehlenswerter lokaler Anbieter von Reisen durch Ruanda und kann bei der Organisation von Touren in den Parc National des Volcans oder an den Kivusee behilflich sein.

●**Highland Gorilla Tour & Travel**
Tel. 0252-546765, Mobiltel. 078-8414488, ngyiroger@yahoo.fr. Im gleichen Gebäude wie das Ishema Hôtel (Centre d'Accueil de l'Eglise Episcopale). Bietet lokale Touren und die Vermittlung von Leihwagen z.B. nach Kinigi an.

Unterkünfte und Hotels

Musanze verfügt über eine bescheidene Unterkunftsauswahl. Die Preise liegen etwas niedriger als im teuren Kigali.

MUSANZE (RUHENGERI)

● Ikoro Tented Camp
Kategorie AA, Mobiltel. 078-8671572, www. elegantafrica.com.

Für 2010 angekündigtes Luxury Tented Camp unter britischer Führung mit insgesamt 10 Zelten an der Straße von Musanze nach Cyanika/Kisoro, ca. 1 km hinter der Abzweigung nach Kinigi. Das Campareal liegt am Rande eines Eukalyptuswäldchens und bietet einen schönen Blick auf die Kette der Virunga-Vulkane. Mit Restaurant, Bar und Internetanschluss. 100 US-$ pro Person im DZ, alle Mahlzeiten inklusive. Ein weiteres Projekt der Gruppe ist die Kumuremure Lodge (Kategorie AA) östlich von Musanze oberhalb des Lac Ruhondo (bislang kein Eröffnungszeitpunkt bekannt).

● Hôtel Gorillas Volcanoes
Kategorie A, BP 94, Tel. 0252-546700/1, Fax 0252-546751, www.gorillashotels.com.

Ende 2008 eröffnetes Hotel an der Av. de 5 Juillet gegenüber dem Hôtel Muhabura. 31 saubere Zimmer mit Bad/WC, Klimaanlage, Sat-TV und WLAN. Swimmingpool. Ab 38 Euro pro Person im DZ.

● Hôtel La Palme
Kategorie B, Tel. 0252-546428/9, palmehotel02@yahoo.fr.

Neues Hotel an der Av. de 5 Juillet oberhalb des Hôtel Gorillas Volcanoes. 14 saube-

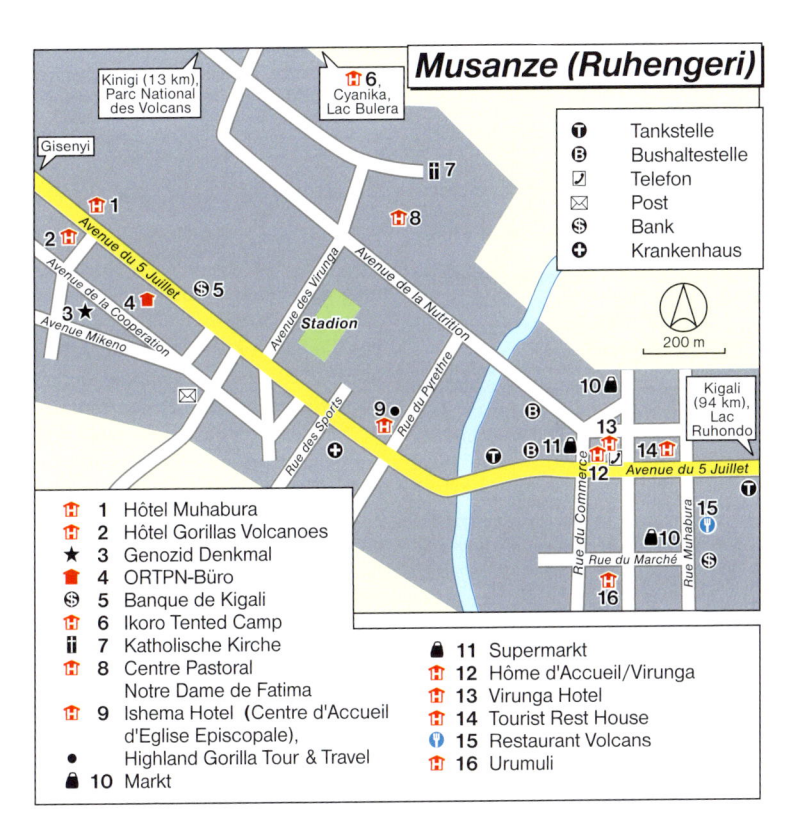

Musanze (Ruhengeri)

T	Tankstelle
B	Bushaltestelle
J	Telefon
⊠	Post
S	Bank
⊕	Krankenhaus

- 1 Hôtel Muhabura
- 2 Hôtel Gorillas Volcanoes
- 3 Genozid Denkmal
- 4 ORTPN-Büro
- 5 Banque de Kigali
- 6 Ikoro Tented Camp
- 7 Katholische Kirche
- 8 Centre Pastoral Notre Dame de Fatima
- 9 Ishema Hotel (Centre d'Accueil d'Eglise Episcopale), Highland Gorilla Tour & Travel
- 10 Markt
- 11 Supermarkt
- 12 Hôme d'Accueil/Virunga
- 13 Virunga Hotel
- 14 Tourist Rest House
- 15 Restaurant Volcans
- 16 Urumuli

PARC NATIONAL DES VOLCANS

re Zimmer mit Bad/WC und Sat-TV. Internetanschluss. Ab 34 Euro pro Person im DZ
- **Ishema Hôtel**
(Centre d'Accueil de l'Eglise Episcopale)
Kategorie B, Av. de 5 Juillet
(zwischen Zentrum und Hôtel Muhabura),
Tel. 0252-546857, www.ishemahotel.com.

Mittlerweile zum Hotel ausgebaute kirchliche Unterkunft. Swimmingpool. Ab 28 Euro pro Person im DZ. Überteuert.
- **Virunga Hotel**
Kategorie B, BP 121, Mobiltel. 078-8301462, www.virungahotel.com.

25 saubere Zimmer mit Bad/WC und Sat-TV in der Nähe des Marktes. Brauchbares Restaurant. Ab 28 Euro pro Person im DZ.
- **Hôtel Muhabura**
Kategorie B–C, BP 118,
Tel./Fax 0252-546296,
Mobiltel. 078-8322313,
www.hotelmuhabura.com.

Bis 2008 das einzige „richtige" Hotel im Ort (an der Hauptstraße gelegen, Ortsausgang Richtung Gisenyi). Sehr sauber, nettes Personal. Geräumige Zimmer mit Bad/WC (heißes Wasser). Gutes Restaurant mit Bar. Bewachter Parkplatz.
- **Centre Pastoral Notre Dame de Fatima**
Kategorie C, BP 45, Musanze,
Tel. 0252-546784, Fax 0252-546783,
cpndefatima@yahoo.fr.

2004 eröffnetes katholisches Gästehaus gegenüber dem Stadion von Musanze (Ruhengeri) direkt neben einer Kirche. 35 saubere Zimmer mit Bad/WC. Restaurant und Bar. Internet-Anschluss.
- **Tourist Rest House**
Kategorie D, Rue de Muhabura,
Tel. 0252-546635, Mobiltel. 078-8520758.

Einfache, saubere Unterkunft in Marktnähe. Zimmer mit Bad und relativ schmalen Betten für 5 Euro pro Person im DZ.

- **Hôme d'Accueil Virunga**
Kategorie D, Tel. 0252-546904, Fax 0252-546905. Liegt an der Hauptstraße im kleinen Stadtzentrum (Ortsausgang Richtung Kigali).

Klein und einfach. Saubere Zimmer mit Dusche/WC und Moskitonetzen. Restaurant. Sichere Parkmöglichkeiten.
- **Hôtel Urumuli**
Kategorie D, BP 89, Tel. 0252-546820. In der Nähe des Marktes. Einfach und etwas überteuert. Zimmer mit Gemeinschaftsbad.

Restaurants

Sehr gute, etwas teurere Gerichte gibt es im **Hôtel Gorillas Volcanoes**, im **Hôtel Muhabura** (schöne Veranda) und im **Restaurant des Hôme d'Accueil Virunga**. Günstiges, einfaches Essen bekommt man im **Hôtel Urumuli** oder dem **Restaurant Volcans** nahe dem Markt.

PN des Volcans ♪XVIII, B1

Der Parc National des Volcans geht auf den 1925 von der belgischen Regierung gegründeten Albert-Nationalpark zurück, der 1960 in den Parc National des Virunga in Zaire und den Parc National des Volcans in Ruanda zergliedert wurde. Seitdem ist der Park auf ruandischer Seite **mehrfach verkleinert worden,** um landwirtschaftliche Anbaufläche für die dicht besiedelte Region zu gewinnen. 1969 fielen allein 8900 Hektar einem Pyrethrum-Projekt der Europäischen Gemeinschaft zum Opfer (Pyrethrum ist ein pflanzliches Insektizid, das aus bestimmten Chrysanthemen-Arten gewonnen wird). Die heutige Parkgröße beträgt 125 km². Der Nationalpark wurde durch eine mächtige Steinmauer umgeben und gegenüber dem Kulturland abgegrenzt, um lokalen Anliegern den Beginn des Schutzgebie-

Blick auf die Virunga-Vulkane
(auf der Strecke Kigali – Musanze)

tes aufzuzeigen und immer wieder illegal in den Park eindringende Hirten mit ihren Weidetieren aufzuhalten.

Von 1967–1985 lebte die amerikanische **Gorillaforscherin** und engagierte Naturschützerin **Dian Fossey** in der Forschungsstation Karisoke an den Hängen des Vulkans Visoke. Sie wurde dort am zweiten Weihnachtstag 1985 vermutlich von Wilderern ermordet.

FPR-Einheiten nutzten den Park im **Krieg** von 1990–1993 als Rückzugsgebiet. Nach Räumung aller Explosivstoffe wurde der Park Ende 1993 wieder zugänglich, um dann während der Kriegsereignisse 1994 erneut geschlossen zu werden. Anfang 1995 wurde der Park wiedereröffnet, musste in der ersten Zeit wegen der kriegerischen Aktivität von Interahamwe-Milizen aber immer wieder gesperrt werden. Seit dem Jahr 2001 ist ein Besuch des Parc National des Volcans wieder möglich. Allerdings werden Besucher zum Teil noch immer von einer mit Maschinengewehren bewaffneten Militäreskorte begleitet.

Lage und Lebensräume des Parks

Der Park liegt im äußersten Nordwesten Ruandas und kann von Musanze (Ruhengeri) aus am besten erreicht werden (siehe dort). Die Staatsgrenze zwischen Ruanda und der DR Kongo bzw. Uganda verläuft durch die Gipfel der Kette der nicht mehr aktiven Virunga-Vulkane Karisimbi, Visoke, Muside, Sabinyo, Gahinga und Muhavura. Auf der ruandischen Seite schützt der Parc

National des Volcans 125 km² des tropischen Bergwaldes an den Hängen der bis 4507 m hohen Vulkane. Mit dem direkt angrenzenden Parc National des Virunga in der DR Kongo und dem Mgahinga Gorilla National Park in Uganda umfasst der geschützte Lebensraum immerhin noch 420 km².

Die **Wälder** des Virungagebietes bestehen in 2500 m bis etwa 3000 m Höhe vorwiegend aus dichtem Bambus, darüber trifft man auf flechtenbehangenen Bergnebelwald mit Lobelien und Senezien, über 4000 m Höhe liegt die afro-alpine Trockenzone mit Baumheide, Strohblumen u.a.

Das Virunga-Gebiet ist **sehr niederschlagsreich.** Am trockensten sind noch die Monate Juni bis September und Dezember bis Februar. Die Tagestemperaturen liegen abhängig von der Höhe zwischen 20°C und 5°C. Nachts wird es empfindlich kühl, am Gipfel des 4507 m hohen Karisimbi schneit es manchmal sogar.

Ablauf und Organisation der Besuche bei den Berggorillas

Es konnten Anfang 2010 **sieben habituierte Gorillagruppen** besucht werden. Durch häufige Grenzquerungen in die DR Kongo stehen sie jedoch nicht immer alle für Besuche „zur Verfügung". Am größten ist die am Karisimbi lebende Gruppe **„Susa"**, die 2009 41 Mitglieder (darunter 4 Silberrücken) umfasste. Die kleineren Gruppen **„Sabinyo"** (9 Mitglieder, ein Silberrücken), **„Amahoro"** (17 Mitglieder, ein Silberrücken), **„Umubano"** (11 Mitglieder, ein Silberrücken), sowie die **„Gruppe 13"** (26 Mitglieder, 2 Silberrücken) sind einfacher zu erreichen als die „Susa"-Gruppe. Weiter können die aus der DR Kongo zugewanderte Gruppe **„Kwitonda"** (18 Mitglieder, ein Silberrücken) sowie die im Jahr 2006 u.a. durch Abspaltung von Gorillas aus den Gruppen 13 und Sabinyo neu entstandene Gruppe **„Hirwa"** (11 Mitglieder, ein Silberrücken) besucht werden. Die Gruppe **„Nyakagezi"** (8 Mitglieder, ein Silberrücken) pendelt zwischen Ruanda und Uganda und kann zeitweise im ugandischen Mgahinga Gorilla NP besucht werden. Ferner gibt es sieben habituierte Forschungsgruppen im Park, die nicht in das touristische Gorilla-Tracking einbezogen werden: **„Pablo"** (45 Mitglieder), **„Ugenda"** (19 Mitglieder), **„Intambara"** (10 Mitglieder), **„Kuryama"** (15 Mitglieder), **„Isabukuru"** (10 Mitglieder), **„Inshuti"** (6 Mitglieder) und **„Bwenge"** (6 Mitglieder). Zahlenmäßig wohl am beeindruckendsten ist ein Besuch der Gruppe „Susa". Die Gruppe „Sabinyo" hingegen weist als besondere Attraktion den mit gut 220 kg größten bekannten Silberrücken, genannt „Guhonda", auf. In der Regel lassen sich die Gruppen „Sabinyo" und „Gruppe 13" am schnellsten und leichtesten zu Fuß erreichen, unter Umständen in weniger als 20–30 Minuten ab der Waldgrenze, sodass diese Gruppen Tracking-Teilnehmern empfohlen werden, die „weniger gut zu Fuß sind".

Die Tiere können **ganzjährig** besucht werden, auch während der Ferien und an Feiertagen. Kinder unter 15 Jahren werden nicht zugelassen. Menschen mit Erkältungen und für die Gorillas ge-

PARC NATIONAL DES VOLCANS

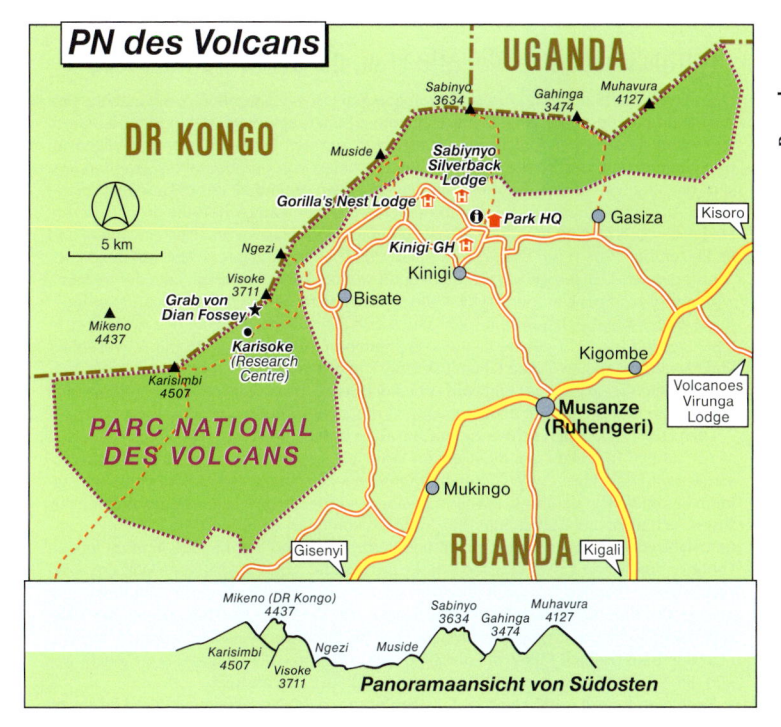

PN des Volcans

Panoramaansicht von Südosten

fährlichen Infektionen erhalten keine Besuchserlaubnis. **Maximal acht Personen pro Gruppe** sind erlaubt. Der Aufenthalt bei den Gorillas ist auf eine Stunde begrenzt, um ihre Verhaltensmuster nicht zu verändern. Seit Mitte 2007 kostet eine Besuchsgenehmigung **500 US-$.** Bei der Bezahlung mit Reiseschecks wird ein Aufschlag berechnet. Enthalten sind die Parkeintrittsgebühr, ein Führer, Pisteure und Spurensucher. Ein kleines Trinkgeld für jeden von Ihnen am Ende des Trips ist üblich (nach persönlichem Ermessen, als Richtmarke seien umgerechnet 2–3 Euro genannt). Sie sollten dabei mit einbeziehen, dass die Arbeit der Wildhüter in Ruanda nach dem Bürgerkrieg durch die Aktivität von Milizen in der Region noch immer sehr gefahrvoll ist.

Die Exkursionen zu den habituierten Gorillagruppen starten vom Park Headquarter in Kinigi bereits mit der Registrierung um 7 Uhr morgens. Der früher übliche gemeinsame Treffpunkt von Touristen und Parkangestellten am ORTPN-Büro an der Präfektur in Musanze vor der Auffahrt nach Kinigi ist

„Nyiramachabelli" – die alte Frau, die allein im Wald lebt

Dian Fossey (1932–1985) wurde 1932 in San Francisco/USA geboren. Sie machte eine Ausbildung als Beschäftigungstherapeutin und arbeitete später mit behinderten Kindern. 1963 kam sie auf einer Afrikareise das erste Mal mit den Berggorillas im damaligen Albert-Nationalpark des Kongo in Berührung. Fasziniert von den bedrohten „sanften Riesen" der Virunga-Vulkane, bemühte sie sich bei einem Aufenthalt des bekannten kenianischen Anthropologen *Louis Leakey* in den USA um eine **Langzeitstudie** an den Tieren. Dr. Leakey konnte Gelder vom National Geographic für dieses Vorhaben gewinnen, und im Dezember 1966 reiste Dian Fossey nach Afrika. Sie begann ihre Arbeit, auf den Beobachtungen von *Dr. George Schaller* aufbauend, auf der kongolesischen Seite der Vulkane, wo sie sehr bald bei Unruhen im Kivu von Soldaten vertrieben wurde. In Ruanda gründete sie die Forschungsstation „Karisoke" und setzte die im Kongo begonnene Arbeit fort. In der Folgezeit bis 1979 gelang es ihr, verschiedene Gorillagruppen an die Anwesenheit von Menschen zu gewöhnen („Habituierung"). In mehreren tausend Beobachtungsstunden erstellte sie ein genaues Bild vom Leben der Berggorillas. Sie wurde eine international anerkannte Kompetenz auf dem Gebiet der Primatenforschung.

Dian Fossey, die einen **schwierigen Charakter** besaß und von den Ruandern nur „Nyiramachabelli" (die alte Frau, die allein im Wald lebt) genannt wurde, führte ein von Einsamkeit und dem Hass auf Wilderer geprägtes Leben. Sie hatte zwei Affären mit verheirateten Fotografen, in denen sie jeweils schwanger wurde. Beide Male ließ sie abtreiben aus Angst, sich nicht mehr genug um „ihre" Gorillas kümmern zu können. Sie nahm die meisten Mahlzeiten allein zu sich, rauchte ununterbrochen und verbrauchte in ihren letzten Lebensjahren einen ganzen Kasten Whisky pro Woche. Von ihr gefangene Wilderer wurden teilweise bestialisch gequält und nach schwer zu überprüfenden Informationen sogar getötet. Die Errichtung von Galgen, das Bestreichen der Genitalien mit brennenden Nesseln oder das Spritzen von Urin waren für Dian bei ihrem verzweifelten Kampf für die Gorillas durchaus probate Mittel. Im Jahr 1978 wurde sie von einem ruandischen Gericht wegen der Misshandlung eines Wilderers zu einer Geldstrafe verurteilt.

Sie verließ Karisoke 1979 für eine **Gastprofessur** an der New Yorker Cornell University, und um ihr Buch „Gorillas in the Mist" zu schreiben. 1983 kehrte sie nach Ruanda zurück. Am 26. Dezember 1985 drang ihr Mörder abends in die kleine Hütte in Karisoke ein und spaltete Dian Fossey mit einer Machete den Schädel. Ihr Grab liegt an der Station Karisoke, zusammen mit zahlreichen von ihr bestatteten Gorillas. Ohne ihren unermüdlichen Einsatz für den Parc National des Volcans und seine Berggorillas, insbesondere die von ihr aufgebaute, konsequente Wildererbekämpfung durch ein Patrouillensystem, gäbe es in Ruanda heute vermutlich keine Gorillas mehr.

Die Berggorillas haben die Kampfhandlungen 1990–1993 und 1994 sowie die immer wiederkehrende Heimsuchung durch Interahamwe-Milizen erstaunlich gut überstanden. Der Silberrücken *Mrithi,* Star des Filmes „Gorillas im Nebel", wurde leider ein Opfer des Krieges.

nicht mehr aktuell. Der Transport zum Ausgangspunkt für den Aufstieg zu den Gorillas muss selbst bereitgestellt werden. Im Jahr 2009 kostete das **Anmieten eines Pickups** dafür 60–80 Euro. Die Startpunkte für den Aufstieg sind in der Regel über Kinigi zu erreichen. Lediglich für Besuche der Gruppe „Susa" muss man unter Umständen noch ca. 25 km bis zum Dorf Gashiya fahren (erreichbar zunächst über die Straße von Musanze nach Gisenyi, nach Gashiya zweigt dann eine schlechte, sehr steile Lavapiste ab). Die Lokalisation der Gorillagruppen erfolgt funkkoordiniert (Spurensucher steigen bereits frühmorgens zu den Gorillas auf und geben deren Position dann über Funk an die Führer der Besuchergruppen durch). Planen Sie 4–6 Stunden für die ganze Exkursion ab Musanze ein, bei der Gruppe „Susa" mindestens 7–8 Stunden (hier dauert allein der Aufstieg schon 2½–5 Stunden).

Bereiten Sie die anstrengende Tour mit der richtigen **Ausrüstung** gut vor: Feste Schuhe mit hohem Schaft sind ein Muss, ebenso Regenkleidung und ein leichter Pullover wegen der morgendlichen Kühle. Die steilen Hänge der bergigen Waldlandschaft sind nach Regenfällen häufig aufgeweicht und verschlammt, gelegentlich müssen auch kleinere Bachläufe überquert werden. Die Mitnahme von leichten Handschuhen zum Schutz gegen Nesseln und Dornen ist empfehlenswert.

Weitere Informationen zum Gorilla-Tracking und Verhaltenshinweise entnehmen Sie dem gleichnamigen Exkurs bei Uganda/Bwindi Impenetrable NP.

Organisation der Buchung

Normalerweise ist eine feste Buchung **beim ORTPN in Kigali** Besuchsvoraussetzung. Wenn Sie Probleme haben, nach Kigali zu kommen, können Sie sich auch im **ORTPN-Büro in Musanze** oder direkt im **Park Headquarter in Kinigi** erkundigen. Über Telefon kann man sich dort mit Kigali verständigen, und Sie können in Kinigi eine Buchung für einen der Folgetage vornehmen lassen, wenn Kigali signalisiert, dass noch Plätze frei sind.

Achtung: Es scheint gelegentlich vorzukommen, dass die Parkverwaltung mehr als die vorgeschriebenen acht Personen pro Gorillagruppe zulässt, vermutlich um Mehreinnahmen zu erwirtschaften. Insbesondere dann, wenn mehrere habituierte Gruppen die Grenze zur DR Kongo gequert haben, legt man mehrere Besucherkontingente zusammen, um allen Touristen das Gorillaerlebnis zu ermöglichen. Auch Doppelbesuche (d.h. eine Gorillagruppe wird an einem Tag zweimal von Besuchern „heimgesucht") sind vorgekommen. Unterstützen Sie diese für die Gorillas sehr belastende Praxis auf keinen Fall, sondern versuchen Sie aktiv, diese zu unterbinden!

Zahlreiche **Reiseveranstalter in Kampala und Kigali** (z.B. Volcanoes, Primate Safaris, Magic Safaris) bieten **organisierte Touren** in den Parc National des Volcans an und haben dafür Teile des Besucherkontingents aufgekauft.

Andere Aktivitäten

Die **Vulkane** Karisimbi, Visoke, Sabinyo, Gahinga und Muhavura können

PARC NATIONAL DES VOLCANS

von Ruanda aus bestiegen werden, Führer und Träger finden Sie am Park HQ in Kinigi. Der Zweitagestrip auf den Karisimbi mit Übernachtung in einer einfachen Berghütte unterhalb des Gipfels kostet 175 US-$ (inkl. Parkeintritt und Führer). Tagestouren zum Gipfel des Visoke oder zum Grab von *Dian Fossey* schlagen mit 100 US-$ zu Buche. Die **Grabstätte von Dian Fossey** liegt am Südhang des Vulkans Visoke, wo auch mehrere der von ihr so geliebten Gorillas begraben sind.

Seit 2003 ist auch die Beobachtung von **zwei habituierten Gruppen der Goldmeerkatze** („Golden Monkey Tracking") möglich. Die lohnenswerte Unternehmung kostet 100 US-$.

Informationen

● **Office Rwandais du Tourisme et des Parcs Nationaux (ORTPN)**
Boulevard de la Révolution 1, BP 905, Kigali, Tel. 0252-573396, 0252-576514, Fax 0252-576515, www.rwandatourism.com. Informationen zur aktuellen Situation in den ruandischen Nationalparks und Reservaten. Hier erfolgt die Buchung und Bezahlung der Gorillabesuche im Parc National des Volcans.

● **Park-Hauptquartier in Kinigi**
Mobiltel. 078-8771633. Kinigi liegt 13 km nördlich von Musanze und ist über eine asphaltierte Straße zu erreichen (ausgeschildert). Das Park HQ ist während des Krieges, ebenso wie die Forschungsstation „Karisoke", mehrfach geplündert worden, konnte inzwischen aber wieder komplett neu errichtet weden. Sie können sich hier nach der Buchungssituation für die Gorillas erkundigen (telefonische Abstimmung mit dem ORTPN in Kigali möglich). Von Musanze nach Kinigi

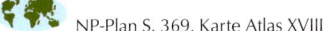

verkehren sporadisch Taxis (6,50 Euro) und Motorrad-Taxis (3 Euro).

Unterkünfte im Randbereich des Nationalparks

● **Sabyinyo Silverback Lodge**
Kategorie AA, Buchung über Governor's Camps Kenya, Tel. +254-20-2734000, Fax +254-20-27354023,
www.governorscamp.com.

Im Juli 2007 eröffnete rustikale, aber sehr teure Lodge für max. 20 Gäste am Fuße des Vulkans Sabinyo unter Führung der legendären Governor's-Camp-Gruppe in Kenia, mit komfortabel ausgestatteten Cottages und Suiten (mit Badewanne) und gehobenem Service. Das Lodgeareal liegt am Rande eines Eukalyptuswäldchens und bietet einen schönen Blick auf die Kette der Virunga-Vulkane. Mit Restaurant, Bar und Internetanschluss. Ab 426 US-$ pro Person im DZ, alles inklusive (in der Hochsaison Preiserhöhung bis auf 754 US-$). Die Lodge gehört dem ruandischen SACOLA Community Trust, der an den hohen Übernachtungseinnahmen wesentlich beteiligt ist.

● **Gorilla's Nest Lodge**
Kategorie AA–A, BP 79, Musanze,
Tel. 0252-546331, Mobiltel. 078-8308250 oder 078-8305708,
www.gorillasnestlodge.com.

2003 eröffnete Lodge nahe den Ausgangspunkten für das Gorilla-Tracking bei Kinigi. Restaurant, Bar. Bewachter Parkplatz. Angeschlossener 9-Loch-Golfplatz. Bis Mitte 2010 war eine Übernahme der Lodge durch den Hauptinvestor Dubai World Holding vorgesehen, verbunden mit einer (nötigen) Modernisierung und Generalüberholung. Das Management geht dann an die renommierte südafrikanische Mantis Collection über (Infos via Mantis Collection, Port Elizabeth, Südafrika, Tel. 0027-41-4071000, Fax 0027-41-4071001, www.mantiscollection.com). Buchungen sollten zunächst vor Ort in Ruanda getätigt werden. Der Übernachtungspreis wird je nach Zimmerkategorie 100–150 US-$ pro Person im DZ betragen, alle Mahlzeiten inklusive.

● **Kinigi Guesthouse**
Kategorie C, BP 565 (Kigali),
Tel. 0252-547156, Mobiltel. 078-8422606, Fax 0252-84413,
www.rwanda-kinigi-guesthouse.com.

Kleine Holzchalets in Kinigi am Fuße des Vulkans Sabinyo nahe dem Park HQ. Einfache Zimmer. Restaurant mit Bar. Freundliches Personal. Gute Küche. Bewachter Parkplatz. Zelten auf dem Gelände ist gegen eine kleine Gebühr möglich. Unzuverlässiges Reservierungssystem. Ab 18 Euro pro Person im DZ.

● Die Firma **Volcanoes Safaris** (c/o Hôtel des Mille Collines, BP 1322, Tel. 0252-502452, Mobiltel. 078-8536908, Fax 0252-576541, www.volcanoessafaris.com) eröffnete 2004 die komfortable **Volcanoes Virunga Lodge** (Kategorie AA), gut 10 km südöstlich des Parks an einer Landbrücke zwischen Lac Bulera und Lac Ruhondo gelegen. Von der Lodge bietet sich ein fantastischer Panoramablick auf die Seen und die Kette der Virunga-Vulkane. Ab 500 US-$ pro Person im DZ, alles inklusive.

Naturschutzmanagement

● **Dian Fossey Gorilla Fund International**
800 Cherokee Avenue, SE Atlanta/Georgia 30315-1440, USA, Tel. 800-851-0203 (innerhalb der USA) oder +1-404-624-5881, Fax +1-404-624-5999, www.gorillafund.org. Dies ist die einflussreichste und finanzstärkste internationale Naturschutzorganisation, die sich im Parc National des Volcans engagiert.

● **Morris Animal Foundation**
10200 East Girard Ave. B430, Denver, CO 80231, USA, Tel. 800-243-2345 (innerhalb der USA), Fax +1-303-790-4066, www.morrisanimalfoundation.org. Tierärztliche Betreuung der Gorillas mit eigenem veterinärmedizinischen Zentrum am Rande des Nationalparks.

Gorillaweibchen der Gruppe 13

Gisenyi ♪ XVIII, A1

Die Kleinstadt Gisenyi (ca. **70.000 Einwohner**) liegt auf 1480 m Höhe am Nordende des 2650 km² großen **Lac Kivu**, der als landschaftlich schönster See des Zentralafrikanischen Grabenbruchs gilt. Traditionell ist Gisenyi ein für ruandische Verhältnisse mondäner **Badeort**, in dem sich vor dem Bürgerkrieg die Reichen ein Stelldichein gaben, um bei nahezu mediterranem Klima Wassersportarten wie Windsurfen oder Wasserski zu frönen. Seit dem Krieg hat Gisenyi jedoch nicht wieder zu seiner alten Ausstrahlung gefunden. Landschaftlich liegen Kibuye und auch Cyangugu weiter südlich am Kivusee wesentlich reizvoller als Gisenyi.

Vorzeigestraße Gisenyis ist die **Uferpromenade** mit Palmen, mächtigen Kapok-Bäumen und einer Reihe herrschaftlicher Villen mit Blick auf den Kivusee. Im südlichen Bereich liegen die Hotels Lake Kivu Serena und Palm Beach sowie eine kleine Bootsanlegestelle. Parallel zur Uferpromenade verläuft die Hauptstraße mit dem Postamt, Banken und Geschäften. Östlich der Uferpromenade, etwas oberhalb des Sees, befindet sich die afrikanische **Stadtmitte** mit einem Markt, mehreren Tankstellen und der Minibusstation.

6 km südlich vom Stadtzentrum liegt der **Vorort Rubona** mit dem Hafen Gisenyis und dem Betriebsgelände des wichtigsten Arbeitgebers, der Brauerei Bralirwa (= Brasseries et Limonaderies du Rwanda).

In der **Nachbarstadt Goma in der DR Kongo** hat sich zwischen dem Genozid von 1994 und 2009 eine ganze Reihe von Krisen und humanitären Katastrophen abgespielt, über die die Medien in Auszügen immer wieder berichtet haben. Als im Juli 1994 weit über eine Million ruandische Bürgerkriegsflüchtlinge binnen weniger Stunden über die Grenze nach Goma drangen, gingen ergreifende Bilder von choleragezeichneten Flüchtlingen inmitten heruntergekommener Straßenzüge, von französischen Soldaten, die Massengräber mit Planierraupen schoben, und den verzweifelten Anstrengungen der Hilfsorganisationen und Ärzte inmitten des Elends um die Welt. Kaum anders war das Bild, als dieselben Flüchtlinge dem bürgerkriegsgeplagten Kongo/Zaire nach Schließung der politisch instrumentalisierten Flüchtlingslager Ende 1996 den Rücken zuwandten und wieder nach Ruanda zurückkehrten.

Der **Ausbruch des nördlich der Stadt gelegenen Vulkans Nyiragongo** (3470 m) am 17. Januar **2002** und die Zerstörung großer Teile von Goma haben ein neuerliches, weltweit beachtetes Schlaglicht auf die schwierigen Lebensumstände im Afrika der Großen Seen geworfen, das seit Beginn der 1990er Jahre von Kriegen und allen möglichen Krisen heimgesucht wird.

Im Dezember 2007 waren erneut heftige **Bürgerkriegsgefechte** westlich und nördlich von Goma zu verzeichnen. Dabei schlugen gut 4000 Rebellen des aus der kongolesischen Regie-

Strand bei Gisenyi

rungsarmee desertierten Warlords *Laurent Nkunda* ca. 20.000 kongolesische Regierungssoldaten in die Flucht, nachdem sich diese in die Rebellen-Hochburgen in den Masisi-Bergen westlich von Goma vorgewagt hatten. Eine nach der militärischen Niederlage der Regierungstruppen eilig einberufene **Kivu-Friedenskonferenz** in Goma mit mehr als 1600 Teilnehmern wurde am 23. Januar 2008 mit einem formal respektablen Friedensvertrag zwischen allen beteiligten Bürgerkriegsparteien abgeschlossen – obwohl von den Beteiligten kaum jemand ernstlich an eine dauerhafte Friedenslösung glaubte. Skandalös erschien internationalen Beobachtern auch die im Dokument festgehaltene Generalamnestie für alle Konfliktparteien, die sich in den vergangenen Jahren sämtlich schwerster Verbrechen gegen die Menschlichkeit schuldig gemacht haben. Die proruandische Rebellengruppe *Congrès National pour la Défense du Peuple*, **CNDP** (Nationalkongress zur Verteidigung des Volkes), unter Führung von *Laurent Nkunda*, einem Tutsi vom Stamm der Banyamulenge, hatte bereits durch die blutige Besetzung der Stadt Bukavu in Süd-Kivu im Juni 2004 von sich reden gemacht. Im Juni 2008 beendete die CNDP ihre aktive Beteiligung am Goma-Friedensprozess aufgrund der nicht erfolgten Amnestiebekundung für Mitglieder der CNDP durch die kongolesische Regierung. Es kam zu schweren Zusammenstößen zwischen der CNDP und kongolesischen Hutu-Milizen mit etlichen Toten in Nord-Kivu. Die CNDP besetzte u.a. den südlichen Sektor des Virunga-Nationalparks und drohte damit, auch Goma unter ihre Kontrolle bringen zu wollen, woraufhin im Oktober 2008 erneut schwere Kämpfe mit Tausenden von Toten ausbrachen. Anfang Januar 2009 wurde *Nkunda* in einem Machtkampf innerhalb der Führung der CNDP von seinem Militärchef *Bosco Ntaganda* gestürzt. *Ntaganda* unterzeichnete einen Waffenstillstand und ging gemeinsam mit kongolesischen und ruandischen Regierungstruppen gegen *Nkunda* vor. Am 22. Januar 2009 wurde dieser auf ruandischem Gebiet festgenommen. Am 23. März 2009 unterzeichnete die CNDP ein **Friedensabkommen** mit der kongolesischen Regierung und stimmte einer schrittweisen Integration in die kongolesische Armee FARDC *(Forces Armées de la République Démocratique du Congo)* zu.

Gemäß einem bilateralen Abkommen zwischen Ruanda und der DR Kongo startete im Januar 2009 ein gemeinsames militärisches Vorgehen gegen die in Ostkongo operierende ruandische **Hutu-Miliz FDLR.** Zu diesem Zweck überquerten über 5000 ruandische Soldaten vorübergehend die Grenze zum Kongo. Der MONUC, die nicht an der Aktion beteiligt war, wurde der Zugang zum Operationsgebiet verweigert; laut offiziellen Angaben wurde die zunächst auf 15 Tage angesetzte Operation von der FARDC geleitet.

Es gelang jedoch nicht, die FDLR in die Knie zu zwingen. Mit militärischer und logistischer Hilfe der MONUC (Mission de l'ONU en RD Congo) starteten FARDC und ruandische Verbände Ende August 2009 eine neue Offensive, „Kimia II" (übersetzt aus dem Kisuaheli: Ruhe), die zu einer weiteren Schwächung der FDLR führte. Doch erst die Verhaftung der FDLR-Führungsspitze in Deutschland Ende 2009 schien die Moral der FDLR-Milizionäre entscheidend zu untergraben. Mit einer neuerlichen Militäraktion, der Operation „Amani Leo" (= Frieden noch heute), geht die kongolesische Armee FARDC zusammen mit der MONUC seit Januar 2010 gegen die noch verbliebenen FDLR-Einheiten im Ostkongo vor.

Goma

Anfang 2010 war es gegen eine Gebühr von 35 US-$ möglich, die Grenze nach Goma für **Aufenthalte bis zu acht Tagen** zu queren. In der auf inzwischen ca. 500.000 Einwohner angewachsenen lebhaften Stadt traf man auf eine rege Bautätigkeit, die auch den Lavastrom von 2002 als Baugrund mit einschloss. Über die aktuelle Sicherheitslage sollten Sie sich vor Ort gründlich informieren. **Im Frühjahr 2010 wurde von allen Reisen in den Osten der DR Kongo grundsätzlich abgeraten.**

Imbabazi Orphanage

Nahe Gisenyi kann das **Waisenhaus** Imbabazi Orphanage (BP 98, Gisenyi, Mobiltel. 078-8521371) besucht werden, das von der 2006 im Alter von 94 Jahren verstorbenen Amerikanerin *Rosamond Halsey Carr* gegründet und bis zu ihrem Tod geleitet wurde. Sie hat ihre Lebenserinnerungen im lesenswerten Bestseller „Land der tausend Hügel. Ein Leben in Afrika" (deutsche Ausgabe

Der Nordwesten
GISENYI

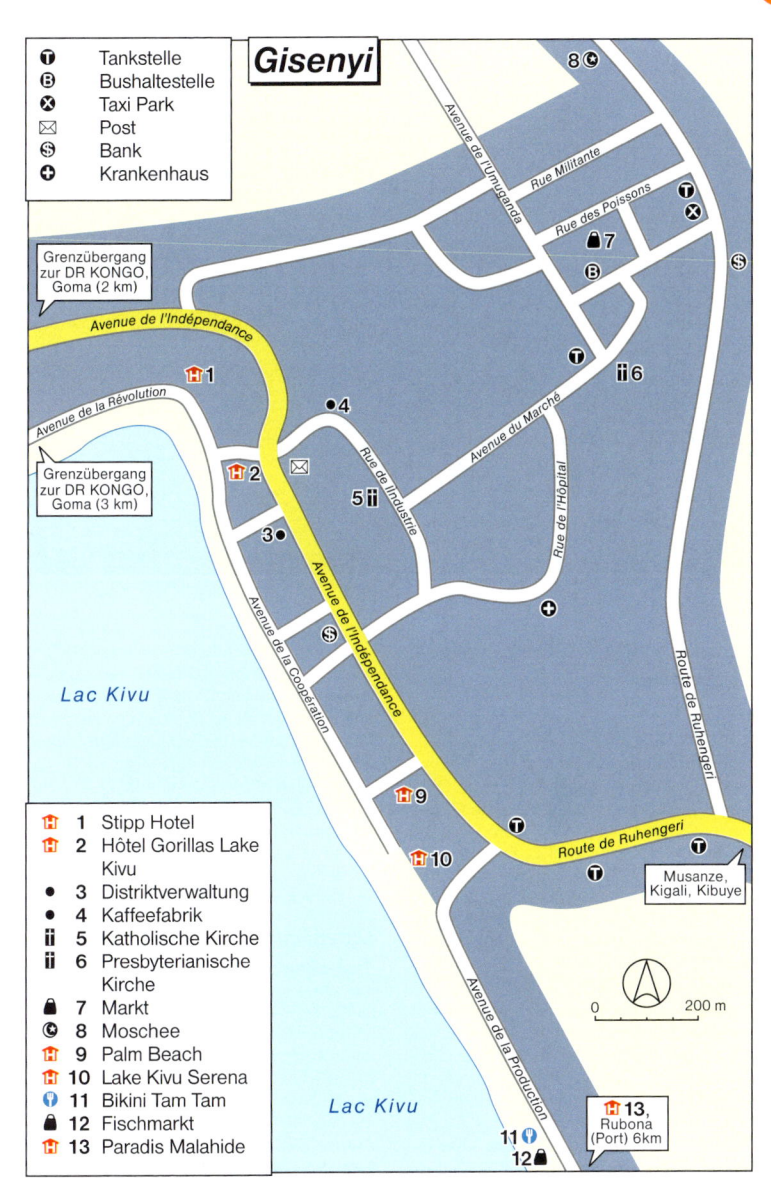

Karte Atlas XVIII

Gisenyi

- 🅣 Tankstelle
- 🅑 Bushaltestelle
- ⊗ Taxi Park
- ⊠ Post
- Ⓢ Bank
- ⊕ Krankenhaus

Grenzübergang zur DR KONGO, Goma (2 km)

Grenzübergang zur DR KONGO, Goma (3 km)

Avenue de l'Indépendance
Avenue de la Révolution
Avenue de l'Umuganda
Rue Militante
Rue des Poissons
Avenue du Marché
Rue de l'Industrie
Rue de l'Hôpital
Avenue de la Coopération
Avenue de l'Indépendance
Route de Ruhengeri
Avenue de la Production

Lac Kivu

Musanze, Kigali, Kibuye

Rubona (Port) 6km

Ruanda

0 — 200 m

- 🏠 1 Stipp Hotel
- 🏠 2 Hôtel Gorillas Lake Kivu
- ● 3 Distriktverwaltung
- ● 4 Kaffeefabrik
- ℹ 5 Katholische Kirche
- ℹ 6 Presbyterianische Kirche
- 🔒 7 Markt
- ☪ 8 Moschee
- 🏠 9 Palm Beach
- 🏠 10 Lake Kivu Serena
- 🛈 11 Bikini Tam Tam
- 🔒 12 Fischmarkt
- 🏠 13 Paradis Malahide

im Diana-Verlag München, 2001) niedergeschrieben.

Anreise und Weiterreise

- **Busverbindungen und Matatus:** Den ganzen Tag verkehren Minibusse (privat: Okapi Car, Atraco Express) nach Musanze (Ruhengeri) (65 km, Fahrpreis 2 Euro, Fahrzeit 1½ Std.) und Kigali (165 km, Fahrpreis 4 Euro, Fahrzeit 3 Std.). Nach Kibuye (110 km) ist die Verbindung auf einer befestigten Piste deutlich schlechter (wenige Abfahrten vormittags, Fahrzeit 4 Std., Fahrpreis 3 Euro).
- **Bootsverkehr auf dem Lac Kivu:** Für die Verbindung zwischen Gisenyi, Kibuye und Cyangugu kann ein Schnellboot gechartert werden (Erkundigungen in den Hotels in Cyangugu, Kibuye und Gisenyi oder direkt beim Centre Béthanie in Kibuye unter Tel. 0252-568235). Für die Strecke Gisenyi – Kibuye werden ca. 300 Euro für das gesamte Boot berechnet, für die Strecke Kibuye – Cyangugu ca. 700 Euro.

Die ruandische Tourismusbehörde ORTPN versucht, die Boote der Hotels und Tourunternehmen auf dem Kivusee zu koordinieren und einen Fährdienst für Touristen zwischen Gisenyi, Kibuye und Cyangugu anzubieten. Nähere Informationen dazu beim ORTPN in Kigali (Tel. 0252-576514 und 0252-573396, Fax 0252-576515, www.rwandatourism.com). Im Jahresverlauf 2010 ist die Aufnahme eines regelmäßigen touristischen Bootsverkehrs auf dem Kivusee vorgesehen.

Unterkünfte und Hotels

- **Lake Kivu Serena Hotel**
Kategorie AA, BP 7469, Tel. 0252-541101, Fax 0252-541102, www.serenahotels.com.

Bestes Hotel Gisenyis, an der Uferpromenade direkt am See gelegen. Sehr sauber, freundliches Personal. 60 geräumige Zimmer mit Bad/WC und Sat-TV. Gutes Restaurant mit Bar. 2004 als Kivu Sun Hotel eröffnet und Anfang 2007 an Serena Hotels verkauft. Ab 100 US-$ pro Person im DZ.

- **Hôtel Gorillas Lake Kivu**
Kategorie A, BP 452, Tel. 0252-540600/1,
Fax 0252-5400602, www.gorillashotels.com.
   Ende 2008 eröffnetes Hotel an der Uferpromenade am ehemaligen Standort des Hotels Regina. 35 saubere Zimmer mit Bad/WC, Klimaanlage, Sat-TV und WLAN. Swimmingpool. Ab 35 Euro pro Person im DZ.
- **Stipp Hotel**
Kategorie A–B, Tel. 0252-540450,
Mobiltel. 078-8304335, Fax 0252-540335,
www.stippag.co.rw.
   Kleines, 2005 eröffnetes Hotel mit 26 Zimmern (Bad/WC, Klimaanlage, Sat-TV) an der Uferstraße zum Grenzübergang nach Goma, ca. 1 km nördlich des Lake Kivu Serena Hotel. Swimmingpool, Internetanschluss. Mit empfehlenswertem Restaurant und Bar.
- **Palm Beach Hotel**
Kategorie B, BP 347, Tel. 0252-540765,
Mobiltel. 078-8500407.
   Ebenfalls an der Uferpromenade, etwas oberhalb des Serena Hotel, gelegen. Art-déco-Gebäude mit 25 geräumigen Zimmern mit eigenem Bad/WC (heißes Wasser). Sehr gutes Restaurant mit Bar. Bewachter Parkplatz. Das Anfang 2008 geschlossene Hotel soll im Jahresverlauf 2010 wiedereröffnen.
- **Paradis Malahide**
Kategorie C, Mobiltel. 078-8648650 oder 078-8756204, www.paradismalahide.com.
   Empfehlenswerte Privatlodge im Vorort Rubona ca. 6 km südlich des Stadtzentrums, direkt am Ufer des Lake Kivu, mit bislang 6 Zimmern (Ausbau geplant). Schöne Gartenanlage mit herrlichem Blick über den See und vorgelagerte Inseln. Angenehmes Restaurant (z.B. mit gegrillten Fischspezialitäten) und Bar. Exzellentes Preis-Leistungsverhältnis.
- **Motel La Bella**
Kategorie C, BP 132, Mobiltel. 078-8510714,
jamgisen@yahoo.com.
   Kleines, äußerst angenehmes, verträumtes und idyllisch gelegenes Gasthaus direkt am Lake Kivu mit Übernachtungsmöglichkeit und Frühstück. Wurde 2008 geschlossen, Wiedereröffnung ungewiss.

Der Lac Kivu südlich von Kibuye

- **Auberge de Gisenyi**
Kategorie D, BP 318, Mobiltel. 078-8490254.
   Einfache Auberge mit Kaltwasserduschen im Zentrum nahe der Minibusstation.

Restaurants

Sehr gute und dabei bezahlbare Gerichte gibt es im **Hôtel Gorillas Lake Kivu** sowie im teureren Restaurant des **Lake Kivu Serena Hotel**. Alternativ kann man im exzellenten Restaurant des **Stipp Hotel** speisen. Das kleine **Paradis Malahide** im Vorort Rubona serviert frisch gegrillten Fisch und andere Gerichte direkt am Ufer des Kivusees, ebenso das günstigere **Bar-Restaurant Bikini Tam-Tam**.

Der Westen und der Lac Kivu

Der Westen Ruandas wird geprägt von einer **pittoresken Kulturlandschaft** entlang der intensiv landwirtschaftlich genutzen Uferlinie des Kivusees. Der 1450 m hoch gelegene See wird von Afrikakennern als reizvollster See des Zentralafrikanischen Grabens angesehen. **Zahllose Inseln und gewaltige Bergketten** an der Westflanke des Sees in der DR Kongo sorgen für eine spektakuläre landschaftliche Kulisse, die Besuchern noch nach Jahren in greifbarer Erinnerung bleibt.

Bootsfahrten zwischen den kongolesischen Städten Goma und Bukavu (tägliche Fährverbindung) oder den ruandischen Orten Cyangugu, Kibuye und Gisenyi (Schnellboot-Charter, siehe bei „Gisenyi", und regelmäßige Frachtverbindungen) bieten im Norden des Sees auch gewaltige Blicke auf den „Hausberg" der Stadt Goma, den aktiven Vulkan Nyiragongo (3470 m), und die weiter östlich gelegene Gruppe der Virunga-Vulkane.

Auf ruandischer Seite schlängelt sich eine ca. 230 km lange befestigte **Piste zwischen Gisenyi und Cyangugu** am Osthang des Zentralafrikanischen Grabens entlang. Von den vielen Siedlungen ist allein **Kibuye** auf halber Strecke zwischen Gisenyi und Cyangugu touristisch ausgebaut.

Kibuye ♫ XVIII, B2

Das Städtchen Kibuye (ca. **50.000 Einwohner**) am östlichsten Zipfel des Lac Kivu wird von vielen in Ruanda lebenden Ausländern als landschaftlich eindrucksvollster Ort des ganzen Sees gerühmt. Tief eingeschnittene Buchten, steil aufragende Bergketten und vorgelagerte Inseln bieten ein **grandioses Panorama,** das zweifelsohne zu den schönsten Ostafrikas gehört.

Seitdem die Strecke von Gitarama nach Kibuye asphaltiert wurde und somit eine durchgehende, schnell befahrbare Verkehrsverbindung nach Kigali zur Verfügung steht, ist der Fremdenverkehr in dem einst verschlafenen Örtchen deutlich aufgelebt. Kibuye zählt mittlerweile mehr Besucher als die beiden anderen ruandischen Badeorte Gisenyi und Cyangugu und bietet einen **schönen Strand,** an dem trotz der Gefahr einer Bilharziose-Infektion fleißig gebadet wird ...

Vor dem Genozid 1994 wies die Präfektur von Kibuye einen herausragend hohen Tutsi-Anteil von mehr als 20% der Bevölkerung auf. Etwa 90% der ca. 60.000 Tutsi wurden zwischen April und Juni 1994 ermordet. Viele von ihnen sind in Massengräbern verscharrt, die teilweise durch Gedenktafeln gekennzeichnet sind. An einer der Kirchen Kibuyes wurde eine Genozidgedenkstätte eingerichtet.

Anreise und Weiterreise

●**Busverbindungen und Matatus:** Minibusse (privat: Atraco Express, Okapi Car) von und nach Kigali (113 km, Fahrpreis 3 Euro, Fahrtzeit 2–2½ Std.) fahren den ganzen Tag via Gitarama. Die Verbindung nach Gisenyi (110 km, Fahrpreis 3 Euro, Fahrtzeit 4 Std.) ist deutlich unregelmäßiger. Nach Kamembe/Cyangugu verkehrt täglich um 8 Uhr ein Bus (120 km, Fahrpreis 4 Euro, Fahrtzeit 5 Std.).
●**Schiffsverbindung:** siehe „Gisenyi"

Unterkünfte und Hotels
●**Moriah Hill Resort**
Kategorie A, BP 24, Karongi,
Tel. 0252-568667, Mobiltel. 078-8512222 oder 078-8307660, www.moriah-hill.com.

Hotel der gehobenen Kategorie am Uferhang, mit schönem Blick über den Kivusee. 18 komfortable Zimmer und Suiten mit Bad/WC und Moskitonetzen. Gutes Restaurant und Bar. Ende 2007 eröffnet, derzeit das führende Hotel am Ort.
●**Hôtel Golf Eden Rock**
Kategorie B, BP 2593, Kigali,
Tel. 0252-568524, Mobiltel. 078-8847675,
hgolfedenrock@yahoo.fr.

Ansprechendes Hotel nahe dem Kibuye Guest House mit schönem Blick über den Kivusee. Saubere Zimmer mit Bad/WC und Moskitonetzen. Restaurant und Bar.
●**Kibuye Guest House**
Kategorie B–C, BP 55, Karongi,
Tel. 0252-568554, 0252-568555,
Mobiltel. 078-8323555, 078-8501645,
Fax 0252-568360,
www.kibuyeguesthouse.co.rw.

Gehobene Unterkunft direkt am Kivusee. Kleine Rundhütten mit Bad/WC (heißes Wasser). Gutes Restaurant mit Bar. Bewachter

Parkplatz. Die Freizeitmöglichkeiten umfassen Tennis, Bootsfahrten und Wasserskifahren. Die Unterkunft wurde 2006 geschlossen und soll nach einer Renovierung und Erweiterung mit Hilfe neuer Investoren im Laufe des Jahres 2010 wiedereröffnen.

● **Hôtel Centre Béthanie**
Kategorie C, BP 9, Tel. 0252-568509,
Fax 0252-568509, bethanie@epr.org.rw.

Ebenfalls direkt am Kivusee gelegen, auf einer Anhöhe unter Eukalyptusbäumen (ca. 800 m weiter südlich). Aus der ehemals kirchlichen Unterkunft hat sich ein schönes Resort der gehobenen Kategorie entwickelt. 42 saubere Zimmer mit Bad/WC. Restaurant und Bar. Empfehlenswert. Es werden Bootstouren auf dem Kivusee angeboten.

● **Hôme St. Jean**
Kategorie D, Tel. 0252-568526,
homesaintjean@yahoo.fr.

Einfache, saubere Unterkunft an der Kirche nahe dem Genozid-Mahnmal.

Restaurants

● Gutes Essen europäischen Zuschnitts bekommt man im **Moriah Hill Resort**, im **Hôtel Golf Eden Rock** und im **Hôtel Centre Béthanie**.

● Verschiedene lokale **Restaurants** nahe dem kleinen Krankenhaus von Kibuye bieten afrikanische Snacks und einfachere Gerichte.

Der Südwesten

Der Südwesten Ruandas wird geprägt von einer gebirgigen Kulturlandschaft, die von den Ufern des 1450 m hoch gelegenen Kivusees bis zu den höchsten Erhebungen im **Nyungwe-Wald** auf 2950 m reicht. Von Kigali kommend, erreicht man zunächst die **Universitätsstadt Huye (ehemals Butare),** das intellektuelle Zentrum Ruandas. Sehenswert ist dort vor allem das Nationalmuseum mit einer umfangreichen ethnografischen Sammlung. Der **Parc National de Nyungwe** zwischen Huye und Lac Kivu umfasst eines der ältesten und artenreichsten Bergwaldgebiete Ostafrikas. Der weiter westlich gelegene Doppelort **Kamembe/Cyangugu** am Südende des Kivusees ist eine Streusiedlung, die sich über flache Hügelkuppen an der Einmündung des **Rusizi-Flusses** in den See erstreckt. Cyangugu bietet Zugang zum Kivusee mit guten Wassersportmöglichkeiten. Von Cyangugu ist eine **Grenzquerung nach Bukavu in der DR Kongo** möglich. Bukavu ist der Ausgangspunkt für Besuche im kongolesischen **Parc National de Kahuzi-Biéga,** in dem seit den 1970er Jahren diverse Gruppen von Östlichen Flachlandgorillas (Gorilla gorilla graueri) an den Besuch von Menschen gewöhnt wurden.

Huye (Butare) ♪ XVIII, B3

Die ruandische Universitätsstadt Huye (bis 2006 Butare, dann Umbenennung in Huye im Zuge einer Verwaltungsreform) hat ca. **100.000 Einwohner** und gilt als **intellektuelles und kulturelles Zentrum Ruandas.** Der Ort wurde 1928 unter dem Namen Astrida (nach der damaligen belgischen Königin Astrid) gegründet und war bis zur Unabhängigkeit Ruandas **Sitz der belgischen Kolonialverwaltung.** Während des Genozids 1994 wurde der kulturelle und intellektuelle Einfluss der Stadt auf die Probe gestellt. Zunächst konnte der Präfekt von Butare, der einzige Tutsi in diesem Amt in ganz Ruanda, mit seiner Autorität und seinem Charisma Massaker an den in großer Zahl in der

Huye (Butare) – Ruandas Wissenschafts- und Kulturstadt

von *Arlette-Louise Ndakoze*

Die Nationale Universität von Ruanda (NUR)

1963 gründete die ruandische Regierung mit Unterstützung der Provinzverwaltung von Québec (Kanada) die Nationale Universität von Ruanda (NUR) in Butare (heute Huye). Zählte die Universität zu dieser Zeit nur um die 50 Studenten und 16 Professoren, so sind es heute über **9000 Studenten** (mit einem weiteren jährlichen Anstieg der Studentenzahl) und über **400 Professoren.** Zu den wichtigsten Fachbereichen zählen Medizin, Jura, Kunst-, Medien- und Sozialwissenschaften.

Bemerkenswert sind die vielen **studentischen Vereinigungen.** Als wichtigste gilt die Association Générale des Etudiants de l'Université Nationale du Rwanda (AGEUN). Außerdem gibt es Fachschaftsräte, Präsidenten und Vizepräsidenten der jeweiligen Fakultäten, die alljährlich von den Studenten selbst gewählt werden.

Auf dem Universitätscampus befinden sich mehrere **wissenschaftliche Einrichtungen** wie das Forschunginstitut Institut de Recherche Scientifiques et Techniques (IRST), das Center for Conflict Management (CCM) oder die Abteilung für ruandische Geschichtsschreibung, Collection Rwandaise, innerhalb der Universitätsbibliothek.

Das Campusradio der Universität

2004 initiierten die UNESCO und die Europäische Kommission an der NUR den Aufbau des ersten Campusradios Ruandas: **Radio Salus.** Angesichts der Manipulation durch die Medien während des Genozids 1994 sollten die Hörer durch Beteiligung an dieser Radiostation neues Vertrauen in das Medium Radio gewinnen.

Heute werden die **Journalismus-Studenten** der NUR bei Radio Salus ausgebildet. Der Sender hat nur wenige Festangestellte, die meisten Redakteure sind Studenten. Da die Radiomacher ihre Sendungen frei gestalten können, ist die Beteiligung der Hörer an den Sendungen durch Anrufe enorm, und Radio Salus wird nicht nur in ganz Ruanda, sondern auch in Bujumbura (Burundi) und in der angrenzenden Provinz Südkivu (DR Kongo) gehört. Über die Jahre ist Radio Salus ein wichtiges Gestaltungsinstrument für die junge Demokratie Ruandas geworden.

Ein gutes Beispiel dafür bildet das **Programm „Generation Grands Lacs"** (übersetzt „Generation der Großen Seen"). Junge Radioredakteure Ruandas, Burundis und der DR Kongo stellen jeden Samstag eine Sendung zusammen, die Probleme der Region der Großen Seen behandelt. Durch Unterstützung verschiedener Radiostationen, darunter Radio Salus (Huye), Radio Contact (Kigali), Radio Isanganiro (Burundi) und Radio Maendeleo in der DR Kongo, gehen die jungen Journalisten abwechselnd in Ruanda, in Burundi und in Südkivu (DR Kongo) auf Sendung, empfangen können das Programm zudem alle Bewohner der genannten Regionen. Die Sendung findet große Resonanz bei jungen wie älteren Hörern, denn sie fördert die Konfliktbewältigung in der Region der Großen Seen.

Kultur und Festivals in Huye (Butare)

Wenn in Huye (Butare) von Kultur die Rede ist, bezieht man sich vor allem auf das **universitäre Kunstzentrum (Centre Universitaire des Arts).** Das Zentrum liegt in der Innenstadt und umfasst ein Theater (Théâtre de Verdure), ein Kino, eine Bibliothek sowie ein Kunstatelier. 2008 war das Zentrum nur teilweise in Betrieb, sodass keine regelmäßigen Theaterveranstaltungen oder Kinovorstellungen stattfanden. Jedes Jahr stellt das Zentrum ein lokales Kunstfestival, das **Festival Inter-universitaire des Arts de Butare (FIAB),** auf die Beine. Der Staat, in erster Linie repräsentiert durch die First Lady Ruandas, *Jeannette Kagame,* engagiert sich für das Zentrum. Wie *Jeanette Kagame* bekanntgab, ist der heutige Direktor des Kunstzentrums, Professor *Kayishema*, in den 1980er Jahren Regisseur ihrer einstigen Theater- und Tanzgruppe gewesen.

2008 fand in Ruanda zum vierten Mal das **Nationale Filmfestival** statt. Das Festival beginnt in Kigali und zieht dann nach Huye (Butare) weiter. Auf dem Programm standen vor allem Dokumentarfilme, die Diskussionsrunden eröffnen sollen, u.a. die Dokumentation „Retour à Kigali" vom französischen Journalisten *Jean-Christophe Klotz,* das Drama „Dans le cœur existe" von *Andrea Lopez-Saez* und der deutsche Klassiker „Les trois vies de Rita Vogt" von *Volker Schlöndorff* (in französischer Synchronisation).

Die Studenten der NUR engagieren sich enorm für das kulturelle Leben ihrer Universitätsstadt. Beispielsweise organisierten Studenten verschiedener Fachrichtungen im März 2008 die **erste Ausstellung der Nationalen Universität** von Ruanda. Ziel der Ausstellung – vergleichbar einem „Tag der offenen Tür" in Deutschland – war es, die Angebote der NUR sowie ihre Visionen einem breiten Publikum (eingeladen waren Schüler von weiterführenden Schulen, Professoren anderer Universitäten und Privatfirmen – nahezubringen.

2008 fand auch das **Festival Arts Azimut** erstmals in Huye (Butare) statt und versetzte die Stadt für wenige Tage in Ekstase. *Odile Gakire*, die Organisatorin des Festivals, stellte ein Programm auf, das Theaterstücke, Konzerte und Workshops für junge Künstler vereinte. „Azimut", was so viel wie „in alle Richtungen" bedeutet, war in dieser Hinsicht nicht nur den Künstlern, die aus den USA, Europa und westlichen Teilen Afrikas einreisten, Programm, sondern auch dem bunten Publikum, unter das sich Kinder, Eltern, Studenten und Dozenten mischten. Die Frage, warum man für solch ein bedeutendes Ereignis nicht die Hauptstadt Kigali als Spielort wählte, konnte die Organisatorin eindeutig beantworten: „Kigali mag die Hauptstadt sein, aber Butare bleibt mit der Nationalen Universität von Ruanda, dem Nationalmuseum und der langen Geschichte, die sie verkörpert, Ruandas kulturelle Hauptstadt."

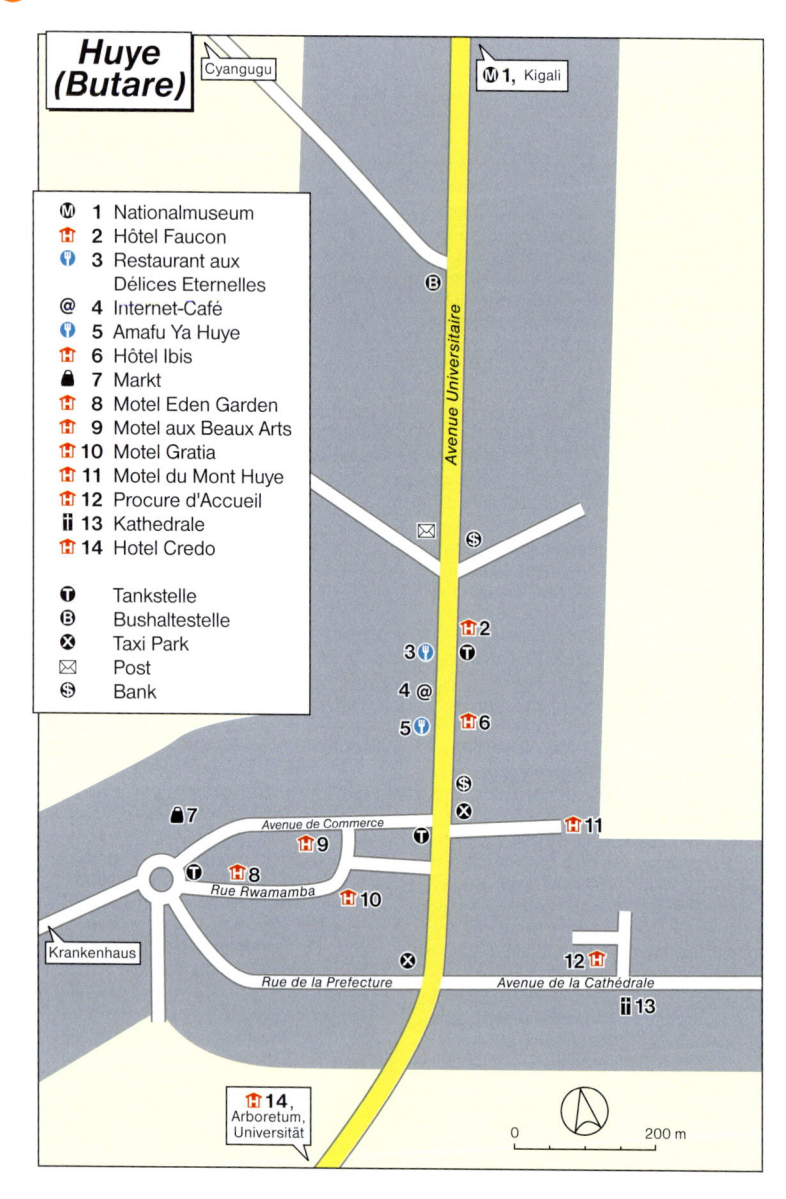

Huye (Butare)

- Ⓜ 1 Nationalmuseum
- 🏠 2 Hôtel Faucon
- 🍴 3 Restaurant aux Délices Eternelles
- @ 4 Internet-Café
- 🍴 5 Amafu Ya Huye
- 🏠 6 Hôtel Ibis
- 🔒 7 Markt
- 🏠 8 Motel Eden Garden
- 🏠 9 Motel aux Beaux Arts
- 🏠 10 Motel Gratia
- 🏠 11 Motel du Mont Huye
- 🏠 12 Procure d'Accueil
- ⓘ 13 Kathedrale
- 🏠 14 Hotel Credo

- 🅣 Tankstelle
- Ⓑ Bushaltestelle
- ⓧ Taxi Park
- ✉ Post
- Ⓢ Bank

Stadt Schutz suchenden Menschen verhindern. Nach zwei Wochen wurde er jedoch abgesetzt und ermordet, woraufhin der regimetreue Oberstleutnant *Tharcisse Muvunyi* seinen Posten einnahm und den Mörderbanden der Interahamwe in Butare freien Lauf ließ. Im Februar 2000 wurde *Tharcisse Muvunyi* in Großbritannien festgenommen und dem internationalen Kriegsverbrechertribunal im tansanischen Arusha zugeführt. Der Prozess begann im März 2005, im September 2006 wurde er wegen Völkermordes zu 25 Jahren Gefängnis verurteilt.

Die **Anlage des Ortes** ist übersichtlich: Entlang der Hauptdurchgangsstraße von Kigali zur Grenze nach Burundi liegen von Norden nach Süden das Postamt, mehrere Banken, Hotels und Restaurants sowie der Markt und die kleine Busstation. Etwas außerhalb im Südwesten liegt die 1963 gegründete **Nationale Universität von Ruanda** (Internet-Homepage: www.nur.ac.rw), deren Studenten und Professoren 1994 zu den Hauptopfern der Massaker von Butare gehörten. Unweit der Busstation erhebt sich die beeindruckende **Römisch-katholische Kathedrale** des Ortes, an die ein kirchliches Gästehaus angeschlossen ist.

Das 1988 eröffnete sehenswerte **Nationalmuseum** liegt am Ortseingang (von Kigali kommend), ca. 1,5 km nördlich des Postamts (ausgeschildert). Es bietet einen guten naturkundlichen, kulturellen und ethnologischen Überblick des Landes. Die Öffnungszeiten sind Mo bis So 9–17 Uhr (Infos unter Tel. 0252-553131, Fax 0252-530211, www.museum.gov.rw). Es wird eine Eintrittsgebühr von ca. 4 Euro erhoben.

In dem Ort **Ruhango** (zwischen Gitarama und Huye) findet **jeden Freitag der größte Landmarkt Ruandas** statt.

Die **kulturelle Bedeutung** der Huye-Region verdeutlicht ein Besuch der nahe gelegenen Ortschaft **Nyabisindu** (früher **Nyanza**), dem traditionellen Sitz der ruandischen Feudalmonarchie. Der beeindruckende königliche Palast von Nyanza aus dem 19. Jahrhundert wurde restauriert und in ein Museum umgewandelt.

In **Murambi** (nahe der Ortschaft Gikongoro, ca. 20 km westlich von Huye an der Straße nach Kamembe/Cyangugu) wurde in einer Schule, in der 1994 mehr als 27.000 Menschen umgebracht wurden, ein **Genozid-Mahnmal** eingerichtet. Mehr als 1800 mumifizierte Körper aus einem Massengrab wurden konserviert und wieder in einem der Schulgebäude ausgebreitet – sie bieten einen ergreifenden Anblick.

Anreise und Weiterreise

● **Busverbindungen und Matatus:** Minibusse von/nach Kigali (136 km, Fahrpreis 4 Euro, Fahrzeit 2 Std.) verkehren den ganzen Tag via Gitarama. Die Verbindung nach Kamembe/Cyangugu (153 km) ist ähnlich gut (Fahrpreis 4 Euro, Fahrzeit 2½–3 Std.). Ab Kigali verkehren auch private Minibusse nach Huye (Butare) (z.B. Volcano Express Taxi oder Okapi Cars).

Unterkünfte und Hotels

● **Hôtel Le Petit Prince**
Kategorie B, BP 405, Tel. 0252-531307, Mobiltel. 078-8358681,
petitprincehotel@yahoo.fr.

Hotel mit 25 schönen Zimmern mit Bad/WC und Balkon. Blick auf einen gepflegten

Garten. Funktionierende Warmwasserversorgung. Internet-Anschluss (WLAN). Swimmingpool. Konferenzräume. Restaurant mit internationaler Küche. Hier kam Bundespräsident *Köhler* während seines Besuchs in Huye 2008 unter.

- **Hôtel Credo**
Kategorie B, BP 310, Tel. 0252-530505, Mobiltel. 078-8504176, Fax 0252-530201, credohotel@yahoo.fr.

Sehr sauberes und ansprechendes Hotel im Süden der Stadt an der Hauptstraße zum Universitätscampus. Insgesamt 58 Zimmer mit Bad/WC, Telefon und Sat-TV, teilweise mit Balkon. Restaurant und Bar. Kleiner Pool. Empfehlenswert.

- **Hôtel Faucon**
Kategorie B, BP 366, Tel. 0252-531126, Fax 0252-532061, faucon@yahoo.fr.

Etwas komfortabler als das Hôtel Ibis, mit kolonialem Touch. 11 saubere Zimmer mit Bad/WC, gruppiert um einen Innenhof mit Grünanlage. Restaurant und Bar. Parkmöglichkeiten. Frisch renoviert.

- **Hôtel Ibis**
Kategorie B, BP 103,
Tel. 0252-530005, Fax 0252-530335, campionibis@hotmail.com.

Kleines Hotel der gehobenen Mittelklasse. 14 Zimmer mit Bad/WC und Sat-TV stehen zur Verfügung. Gutes Restaurant mit Bar. Parkmöglichkeiten. Ab 15 Euro pro Person im DZ.

- **Motel du Mont Huye**
Kategorie C, Tel. 0252-530765, Mobiltel. 078-8561005.

Angenehmes kleines Hotel in einer Seitenstraße. 20 gepflegte Zimmer mit Dusche/WC. Restaurant.

- **Motel aux Beaux Arts**
Kategorie C–D, BP 262, Tel. 0252-530037.

10 saubere Zimmer mit Dusche/WC. Restaurant.

- **Motel Gratia**
Kategorie D, Tel. 0252-531044.

11 einfache, saubere Zimmer mit Dusche/WC. Restaurant.

- **Motel Eden Garden**
Kategorie D, Tel. 0252-530446.

Relativ neues Guesthouse mit 13 sauberen Zimmern. Gemeinschaftsbad.
- **Procure d'Accueil**
Kategorie D, BP 224, Tel. 0252-530993.
Unweit der Kathedrale an der Straße zur Universität. Einfache kirchliche Unterkunft mit sauberen Zimmern mit Waschbecken und Gemeinschaftsbad/WC. Gemeinschaftsverpflegung. Bewachter Parkplatz.

Restaurants

- Essen europäischen Zuschnitts bekommt man in den **Hotels Ibis, Le Petit Prince** und **Faucon.**
- In der Nähe bietet das **Restaurant aux Délices Eternelles** deutlich einfachere Küche.
- Im 2009 eröffneten **Restaurant Amafu Ya Huye** (gegenüber dem Hotel Ibis) bekommt man empfehlenswerte ruandische Gerichte, aber auch internationale Küche.
- In verschiedenen **lokalen Restaurants** entlang der Hauptstraße von Huye werden afrikanische Snacks und andere einfache Mahlzeiten serviert.

PN de Nyungwe XVIII, A/B3

Überblick

Der 970 km² große Parc National de Nyungwe liegt in Südwestruanda zwischen Huye (Butare) im Osten und dem Kivusee im Westen. Im Süden wird er von der Asphaltstraße Huye – Kamembe/Cyangugu zerschnitten. Der Park ist aus einem bereits 1933 gegründeten Waldschutzgebiet hervorgegangen und bekam erst 2005 Nationalparkstatus zuerkannt. Er schützt das Ökosystem eines der besterhaltenen Bergwälder in ganz Ostafrika.

Ruwenzori-Colobusaffe

Es handelt sich um ein **Berg- und Regenwaldsystem** mit mehreren großen Bergbächen, die eine Vielzahl pittoresker **Wasserfälle** bilden. Das Klima ist **relativ kühl,** da das Gebiet zwischen 1600 m und 2950 m hoch liegt. Nachts kann es empfindlich kalt werden. Mehr als 200 verschiedene Baumarten kommen im Park vor sowie viele hundert Arten an Farn- und Blütenpflanzen, darunter **mehr als 100 Orchideenarten.** Aufgrund der Höhenlage findet man sogar einige Riesensenezien. Die Bäume des Nyungwe-Waldes können Höhen bis zu 60 m erreichen. Manche Baumarten werden von der lokalen Bevölkerung medizinisch genutzt. Diese werden auf den Führungen vorgestellt.

Der Park lässt sich auch in der Regenzeit erreichen, ist dann aber nur mit festen Schuhen oder Gummistiefeln begehbar. Kommen Sie daher lieber in der trockenen Zeit von Juni bis September, sonst brauchen Sie in jedem Fall vernünftige Regenkleidung. Ein gutes Fernglas sollte ebenfalls nicht fehlen.

Tier- und Pflanzenwelt

Der Parc National de Nyungwe besitzt mit 13 hier vorkommenden **Primatenarten** eine der höchsten Primatendichten weltweit, das entspricht ca. 25% aller auf dem schwarzen Kontinent vorkommenden Primaten. Dazu gehören für Ostafrika seltene Arten wie Mantelaffen (vertreten durch die Unterart des Ruwenzori-Colobusaffen), Grauwangenmangaben und Vollbartmeerkatzen. Ca. **500 Schimpansen** kommen im Gebiet vor. Darüber hinaus sind 275 **Vogelarten** und ca. 120 verschiedene

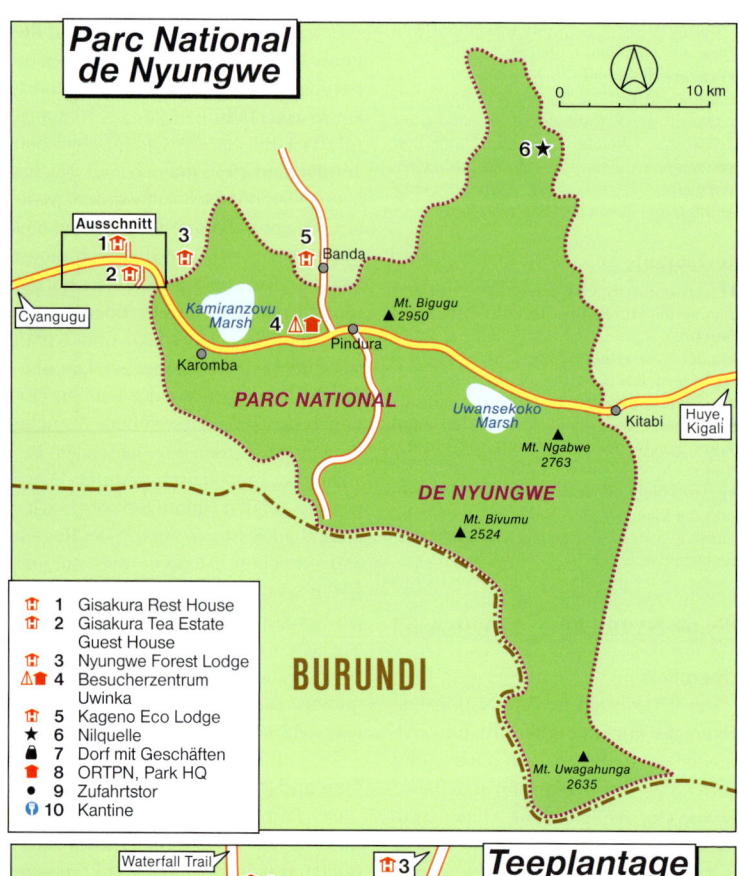

PARC NATIONAL DE NYUNGWE

Parc National de Nyungwe

- 🏠 1 Gisakura Rest House
- 🏠 2 Gisakura Tea Estate Guest House
- 🏠 3 Nyungwe Forest Lodge
- ⛺ 4 Besucherzentrum Uwinka
- 🏠 5 Kageno Eco Lodge
- ★ 6 Nilquelle
- 🏘 7 Dorf mit Geschäften
- 🏠 8 ORTPN, Park HQ
- • 9 Zufahrtstor
- ℹ 10 Kantine

Teeplantage Gisakura

Schmetterlingsarten beschreiben. Von den 75 in Nyungwe festgestellten Säugetierarten sind allein Buschbock, verschiedene Ducker-Arten, Mangusten und Baumschliefer regelmäßig zu sehen. Elefanten sind im Park seit Jahren nicht mehr beobachtet worden, Leoparden nur sehr selten.

Eine Habituierung der Schimpansen wird seit Jahren versucht, doch liegen die Beobachtungschancen während der täglichen Primaten-Führungen bislang noch immer deutlich unter 80%.

Darüber hinaus gibt es mehrere semihabituierte Primatengruppen von **Ruwenzori-Colobusaffen** und **Grauwangenmangaben.** Am besten lassen sich eine ca. 400 Tiere umfassende Gruppe von Ruwenzori-Colobusaffen an der Station Uwinka sowie eine kleinere Gruppe von gut 30 Tieren in einem separaten Waldstück auf der Teeplantage Gisakura beobachten.

Aktivitäten im Park

Die morgendlichen (6.30 und 9 Uhr) und nachmittäglichen (15 Uhr) **Primaten-Führungen** durch den für Touristen erschlossenen Teil des Waldes dauern 2–4 Stunden (Gebühr: 70 US-$ pro Person, Schimpansen-Tracking 90 US-$). Sie bieten einen guten Überblick über den Wald und stellen das Ökosystem umfassend vor. Die besten Beobachtungsmöglichkeiten für Schimpansen bestehen bei zeitigem Aufbruch bereits zwischen 5.30 und 6 Uhr.

Ein exzellentes Wegesystem mit farblich markierten **Trails** von 1–10 km Länge führt durch die wichtigsten Regionen des Parks (Besuchsgebühr von 40 US-$ pro Person für Waldwanderungen ohne zusätzliche Primaten-Führung). Die Mitnahme eines ortskundigen Wildhüters von der **Besucherstation Uwinka** oder dem **Park Headquarter bei Gisakura** ist dabei sinnvoll. Wer auf eigene Faust in den Wald eindringen will, kann sich an den Farbmarkierungen der Trails orientieren und bei der Parkverwaltung auch einfache Skizzen des Wegesystems bekommen. Lohnenswert ist auch der Waterfall Trail ab Gisakura im Westen des Parks.

Herden von 300–400 Ruwenzori-Colobusaffen sind auf Exkursionen durch den Nyungwe-Wald kein ungewöhnlicher Anblick. Immer wieder passieren die Trails schöne Wasserfälle, die kleine Gumpen bilden, in denen man baden kann. An die Mitnahme eines ausreichenden Trinkwasservorrates ist bei mehrstündigen Wanderungen durch die steile Berglandschaft zu denken.

Die ruandische Parkverwaltung betreibt einen Ausbau der touristischen Infrastruktur des Nationalparks. Neben der Erneuerung, **Erweiterung** und z.T. Umbenennung des Wegenetzes waren Ende 2009 ein Ausbau der Parkstation Uwinka sowie die Einrichtung eines mindestens 200 m langen sog. **Canopy Walkway** mit Hängebrücken und Aussichtsplattformen in den Baumkronen des Nyungwe-Waldes bei Uwinka in Umsetzung begriffen.

Anreise

Die Zufahrt zum Park erfolgt über die **Asphaltstraße von Huye nach Kamembe/Cyangugu.** Die **Besucherstation in Uwinka** liegt 90 km von Huye entfernt (ca. 1½ Std. Fahrtzeit mit dem eigenen Wagen). Die Straße führt ab Huye durch hügelige Kulturlandschaft mit zahlreichen Teefeldern, passiert den Ort Gikongoro und tritt nach ca. 50 km in den Nyungwe-Wald ein.

Um die herrliche Landschaft auf dieser Strecke mit ihren guten Aussichtspunkten voll auskosten zu können, sollten Sie nach Möglichkeit mit einem eigenen Fahrzeug anreisen. Es fahren aber auch täglich Minibusse zwischen Huye und Kamembe/Cyangugu, die das Besucherzentrum Uwinka passieren (Fahrpreis von Huye nach Uwinka ca. 2,50 Euro, von Kamembe/Cyangugu ca. 2 Euro).

Informationen

- **Office Rwandais du Tourisme et des Parcs Nationaux (ORTPN)** Boulevard de la Révolution 1, BP 905, Kigali/Ruanda, Tel. 0252-573396, 0252-576514, Fax 0252-576515, www.rwandatourism.com. Informationen zur Anreise und zur aktuellen Situation im Park.
- **Besucherzentrum Uwinka** Mobiltel. 078-8436763 oder 078-886625, Fax 0252-537215. Primatenbesuche am Wochenende müssen bis Freitagmorgen telefonisch reserviert werden.
- **Park Headquarter** Im Park HQ bei **Gisakura** (neben dem Rest House) ist auch eine ca. 60-seitige Infobroschüre über den Nyungwe-Wald erhältlich.

Unterkünfte und Lodges

- Im Park gibt es keine festen Unterkünfte. Im **Teeanbaugebiet von Gisakura** (ca. 18 km von Uwinka) am Westrand des Nyungwe-Waldes gibt es ein **einfaches Gästehaus** (Kategorie C-D, Mobiltel. 078-8489251) sowie 1 km weiter nördlich das solide **Gisakura Rest House,** das ein privater Betreiber jüngst von der Naturschutzbehörde ORTPN übernommen hat (Mobiltel. 078-8675051, ghuyungere@yahoo.com, 12-14 Euro pro Person im DZ). Beide sind über die Straße nach Kamembe/Cyangugu erreichbar.
- Die nahe gelegenen Städte **Cyangugu** (36 km) und **Huye** (108 km) verfügen jeweils über eine gute Hotelauswahl.
- Bis Mitte 2010 soll am Standort Gisakura die **Nyungwe Forest Lodge** (Kategorie AA, Mobiltel. 078-3004914, www.nyungweforestlodge.com) eröffnen. Hauptinvestor ist die Dubai World Holding. Das Management der Lodge erfolgt durch die renommierte südafrikanische Mantis Collection (Infos via Mantis Collection, Port Elizabeth, Südafrika, Tel. 0027-41-4071000, Fax 0027-41-4071001, www.mantiscollection.com). Buchungen sollten zunächst vor Ort in Ruanda getätigt werden. Vorgesehen sind 29 luxuriöse Zimmer und Suiten in Holz-Chalets mit Bad/WC, Sat-TV und WLAN. Beheizter Swimmingpool. Kleines Spa. Gutes Restaurant. Ca. 400 US-$ pro Person im DZ, alle Mahlzeiten inklusive.
- Ebenfalls Mitte 2010 wird oberhalb der kleinen Ortschaft Banda an der nördlichen Parkgrenze die als US-amerikanisches Community Project konzipierte **Kageno Eco Lodge** (Kategorie AA, Anfragen an: Kageno Worldwide, 261 Broadway #10 D, New York, NY 10007, USA, Tel. 001-212-227-0509, www.kageno.org) eröffnen. Bislang sind nur zwei geräumige Gästezimmer in gemauerten Bungalows vorgesehen. Ca. 260 US-$ pro Person im DZ, alle Mahlzeiten inklusive.
- An der östlichen Zufahrt zum Nyungwe-Park hält das Kitabi College of Conservation & Environmental Management (KCCEM) ein einfaches **Guesthouse** (Kategorie C-D, Mobiltel. 078-8501583) vor, das auch touristischen Besuchern offensteht.

Camping

- **Am Besucherzentrum Uwinka** auf 2300 m Höhe gibt es einen gut ausgebauten Campingplatz für Selbstversorger. Die Campinggebühr beträgt 20 US-$, soll aber auf 40 US-$ angehoben werden (Achtung: Die Nächte in Uwinka sind sehr kalt!). Vor Ort sind Getränke (Mineralwasser, Bier und Softdrinks) erhältlich. Wasser aus dem Wald muss vor dem Trinken abgekocht werden.

Kamembe/ Cyangugu ♪XVIII, A3

Der Doppelort Kamembe/Cyangugu (ca. **60.000 Einwohner**) liegt am Südende des Lac Kivu. Das oberhalb des

KAMEMBE/CYANGUGU

Sees gelegene dörfliche Zentrum mit der Busstation, einem Markt, zahlreichen Läden und lokalen Restaurants und Bars heißt Kamembe und liegt gut 5 km vom **Grenzfluss Rusizi** entfernt, der bei Cyangugu in den Kivusee mündet. Über die Hügelketten direkt am Kivusee verteilt liegt die Streusiedlung Cyangugu (gesprochen: „Schangugu") mit schönem Blick über den See.

Über den Ruzizi-Fluss führt eine große **Holzbrücke,** an der sich die Grenzstation zur **kongolesischen Nachbarstadt Bukavu** (ca. 1 Mio. Einwohner) befindet. Im Frühjahr 2010 war es möglich, gegen eine Gebühr von 35 US-$ die Grenze nach Bukavu zu queren (Aufenthalt bis zu acht Tage). Von Bukavu aus sind Besuche von habituierten Gruppen des Östlichen Flachlandgorillas *(Gorilla gorilla graueri)* im ca. 30 km nordwestlich gelegenen **Parc National de Kahuzi-Biéga** möglich (Besuchsgebühr 400 US-$ pro Person). In Bukavu ist dazu das Büro der kongolesischen Naturschutzbehörde ICCN (Institute Congolaise pour la Conservation de la Nature) im Stadtteil Nyawera zu kontaktieren (Mobiltel. 00243-81-0649729, Avenue Lumumba, die Adresse kennt jeder Taxifahrer). Alternativ kann man um 8 Uhr direkt an der **Parkstation Tshivanga** am Eingang des Nationalparks erscheinen, um am Gorilla-Tracking teilzunehmen. Über die aktuelle Sicherheitslage sollten Sie sich vor einer Grenzquerung vor Ort gründlich informieren. Anfang 2010 galt die Reise zum Gorilla-Tracking im Parc National de Kahuzi-Biéga ab Bukavu als sicher. Der Transport per Taxi zu der von Bukavu 33 km entfernten Station Tshivanga kostet ca. 50 US-$. Trinkgelder für die unter sehr gefahrvollen Bedingungen arbeitenden Führer und Spurensucher werden erbeten.

Grundsätzlich wird von allen Reisen in das Landesinnere im Osten der DR Kongo aus Sicherheitsgründen abgeraten!

Im Februar 2008 kam es zu einem **Erdbeben** der Stärke 6,1 auf der Richterskala mit Epizentrum im Ostkongo, ca. 20 km nördlich von Bukavu. Unzählige Häuser in der Region stürzten ein. Dabei wurden im ruandischen Rusizi-Distrikt und im benachbarten Bukavu mehr als 40 Menschen getötet und über 500 verletzt. Die Erdstöße waren bis ins ca. 200 km entfernte Kigali und im Nachbarland Burundi zu spüren.

Anreise und Weiterreise

- **Busverbindungen und Matatus:** Minibusse von/nach Huye (153 km, Fahrpreis 4 Euro, Fahrtzeit 2½–3 Std.) verkehren den ganzen Tag über. Nach Kibuye verkehrt täglich morgens um 7.30 Uhr ein Bus (120 km, Fahrpreis 4 Euro, Fahrtzeit 5 Std.).
- **Schiffsverbindung:** siehe „Gisenyi".

Unterkünfte und Hotels

- **Paradise Ten to Ten Hotel**
Kategorie B–C, BP 377, Rusizi,
Tel. 0252-537796, Mobiltel. 078-8645390,
tentoten2001@yahoo.fr.
  Modernes, sauberes, aber wenig ansprechendes Hotel im Zentrum von Kamembe, daher auch relativ laut. Insgesamt 30 Zimmer mit Bad/WC, Telefon und Sat-TV, teilweise mit Balkon. Restaurant und Bar. Nachtclub.
- **Hôtel du Lac Kivu**
Kategorie C, BP 235, Tel. 0252-537172,
Mobiltel. 078-8300518.
  Renovierungsbedürftiges Mittelklassehotel am Rusizi-Fluss. Geräumige Zimmer mit Bad/

WC (heißes Wasser). Gutes Terrassenrestaurant mit Bar, in der kaltes kongolesisches Primus-Bier serviert wird. Bewachter Parkplatz.
- **Hôtel des Chutes**
Kategorie C, BP 235, Tel. 0252-537405, Mobiltel. 078-8829807.

Schöne Lage am Hang über dem Kivusee ca. 500 m östlich des Rusizi-Flusses. 17 geräumige Zimmer mit Bad/WC (heißes Wasser). Gutes Balkonrestaurant mit Bar. Bewachter Parkplatz.
- **Peace Guesthouse**
Kategorie C, BP 52, Tel. 0252-537799, Mobiltel. 078-8522727,
www.peaceguesthouse.org.

Ca. 1 km außerhalb Kamembes an der Straße nach Cyangugu auf einem Hügel mit Blick über den Kivusee. Klein, sehr angenehm. Wird von der Anglikanischen Kirche unterhalten. Saubere Zimmer mit Dusche/WC. Restaurant (kein Alkoholausschank). Sichere Parkmöglichkeiten.
- **Hôme St. Francois**
Kategorie D, BP 97,
Tel. 0252-537915, Fax 0252-546905.

Sehr empfehlenswerte kirchliche Unterkunft gegenüber dem Hôtel du Lac Kivu. 24 saubere Zimmer mit Dusche/WC. Restaurant. Gutes Preis-Leistungsverhältnis. Sichere Parkmöglichkeiten.

Restaurants
- Gutes Essen europäischen Zuschnitts bekommt man im **Hôtel du Lac Kivu** und im **Hôtel des Chutes**.
- Diverse lokale **Restaurants** an der Hauptstraße von Kamembe haben afrikanische Snacks und einfachere Gerichte im Angebot.

Der Osten

Im Osten Ruandas fällt das hügelige Kernland am Rande des Zentralafrikanischen Grabenbruchs zur Ebene des Lake Victoria hin ab. Auf Höhen zwischen 1100 und 1800 m trifft man auf eine ausgedehnte **Savannenlandschaft mit vielen kleineren Sumpfsystemen,** die einer intensiven Beweidung durch große Rinderherden von Tutsi-Hirten unterworfen ist. Tagsüber wird es häufig **sehr heiß** (Temperaturen bis über 35°C). **Malaria** kann ein saisonales Problem darstellen, daher sollten Besucher der östlichen Landesteile auf eine adäquate Malariaprophylaxe achten (siehe „Praktische Reisetipps A–Z/Gesundheit und medizinische Versorgung").

Landschaftlich bestimmend ist das Tal des intensiv mäandrierenden **Akagera-Flusses,** der als Zufluss des Nils an der Grenze zu Uganda in den Lake Victoria mündet. Das Flusssystem bildet die Grenze zum Nachbarland Tansania. Lohnenswert ist ein Besuch im landschaftlich vielfältigen **Parc National de l'Akagera,** dem einzigen geschützten Savannengebiet Ruandas. Die Kaskade der **Rusumo Falls** im äußersten Südosten des Landes an der Grenze zu Tansania ist eher unspektakulär.

PN de l'Akagera XIX, D1/2

Überblick

Der ehemals rund 2500 km² große Parc National de l'Akagera wurde bereits 1934 von den belgischen Kolonialbehörden gegründet, um die sehr wildreiche Region am namengebenden Akagera-Fluss zu schützen. Der Park liegt zwischen 1280 und 1800 m hoch und umfasst ausgedehnte akazienbestandene **Grassavannen** im Norden, **Busch- und Baumsavanne** im Süden sowie vom Akagera-System gespeiste **Feuchtgebiete und Sümpfe** im Südosten. 1998 wurde der Nationalpark im

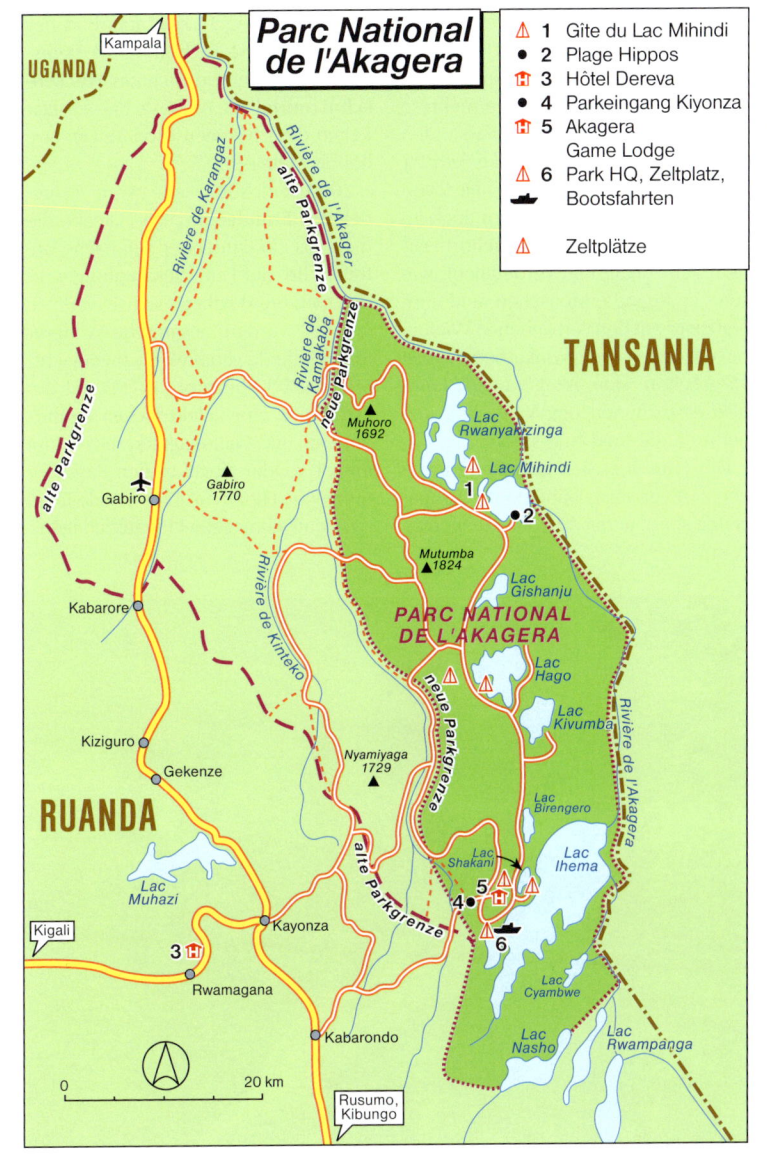

Parc National de l'Akagera

Karte Atlas XIX — 393

Legende:
- △ 1 Gîte du Lac Mihindi
- ● 2 Plage Hippos
- 🏨 3 Hôtel Dereva
- ● 4 Parkeingang Kiyonza
- 🏨 5 Akagera Game Lodge
- △ 6 Park HQ, Zeltplatz, ⛴ Bootsfahrten
- △ Zeltplätze

Orte und geografische Merkmale:

- UGANDA
- Kampala
- Rivière de Karangaz
- Rivière de l'Akager
- alte Parkgrenze
- Rivière de Kamakaba
- neue Parkgrenze
- Muhoro 1692
- Lac Rwanyakizinga
- Lac Mihindi
- Gabiro
- Gabiro 1770
- Kabarore
- Rivière de Kinteko
- Mutumba 1824
- Lac Gishanju
- TANSANIA
- PARC NATIONAL DE L'AKAGERA
- Lac Hago
- Lac Kivumba
- Rivière de l'Akagera
- Kiziguro
- Gekenze
- Nyamiyaga 1729
- Lac Birengero
- Lac Shakani
- Lac Ihema
- RUANDA
- Lac Muhazi
- Kigali
- Kayonza
- Rwamagana
- Kabarondo
- Lac Cyambwe
- Lac Nasho
- Lac Rwampanga
- Rusumo, Kibungo

0 — 20 km

Norden und Westen um mehr als zwei Drittel der Fläche verkleinert, auf derzeit etwa 900 km², in erster Linie um zusätzliches **Weideland** für die mehrere hunderttausend Rinder umfassenden Herden aus Uganda zurückgekehrter Exil-Tutsi zu gewinnen. Der Anblick von langhornigen **Ankole-Rindern** auch innerhalb des Nationalparks gehört seitdem zum Alltag und verdeutlicht, wie sehr in Ruanda Menschen und ihre Nutztiere mit den verbliebenen Wildtieren um Lebensraum konkurrieren. Es ist vorgesehen, den Akagera-Park komplett einzuzäunen, um Wild- und Nutztierbestände strikt zu trennen.

Der Park lässt sich ganzjährig erreichen, ist vor allem während der Regenzeiten aber nur mit Allradfahrzeugen zu befahren. Er eignet sich aufgrund der geringen Größe auch für einen **Tagesbesuch.** Bringen Sie ein gutes **Mückenschutzmittel** mit. Als beste Besuchszeit gelten die trockenen Monate Dezember bis Mitte April.

2004 und 2007 kam es zu ausgedehnten **Bränden** im Nationalpark, die mehr als ein Drittel der Parkfläche betrafen. Bei der Feuerbekämpfung wurden mehrere Wildhüter schwer verletzt. Offiziell wurden tansanische Wilderer für die Brände verantwortlich gemacht.

Ende 2009 begann ORTPN mit der **Errichtung eines elektrischen Zaunes** entlang der Nationalparkgrenze, um immer wieder illegal in den Park eindringende Hirten mit ihren Weidetieren aus dem Schutzgebiet herauszuhalten.

Tier- und Pflanzenwelt

Die Tierbestände des Parks haben unter der mit Beginn der 1990er Jahre ausufernden **Wilderei** und der erzwungenen **Lebensraumverkleinerung** stark gelitten. Spitzmaulnashörner und Afrikanische Wildhunde wurden im Gebiet ausgerottet, die Zahl der Löwen sank unter die für das Überleben der Population kritische Grenze. Ein Teil des Löwenbestandes ist in der zweiten Häfte der 1990er Jahre über die Grenze zu Uganda in das Hügelland von Ankole und in den ugandischen Lake Mburo NP abgewandert, wurde dort jedoch alsbald von Farmern und Hirten getötet. Mitte 2006 wurde das letzte Spitzmaulnashorn verendet aufgefunden. Eine **Translokation von Nashörnern** aus Kenia bzw. Südafrika ist in Planung.

Kleine Herden von Impalas und Steppenzebras sind verbreitet, und auch Kaffernbüffel werden bei fast jeder Beobachtungsfahrt gesichtet. Defassa-Wasserböcke sind eher am Wasser und in den Sümpfen zu finden, ebenso die scheue und seltene Sitatunga-Antilope. Buschducker und Riedböcke leben ebenfalls zurückgezogen. Häufiger werden Gruppen von Topis und die kleinen Oribis beobachtet. Selten sind Herden der Elenantilope und der Pferdeantilope zu sehen. Darüber hinaus kommen Warzenschweine, Anubis-Paviane, Grüne Meerkatzen und Fischotter im Park vor. Etwa 80 Elefanten haben die Raubzüge der Wilderer überlebt, ebenso etwa 60 **Masai-Giraffen,** die Mitte der 1980er Jahre aus Kenia eingeführt worden waren. Es tummeln sich noch wenige Leoparden im Gebiet, die aber sehr versteckt leben, ebenso Tüpfelhyänen und Streifenschakale.

In den Gewässersystemen des Parks leben **Krokodile** und gut erhaltene Bestände an **Flusspferden.** Am Wasser kann man auch den farbenprächtigen Sattelstorch, Schreiseeadler und selten sogar den Schuhschnabelstorch beobachten. Im offenen Grasland kommt der metergroße Kaffernhornrabe vor. Mehr als 420 verschiedene Vogelarten wurden im Gebiet verzeichnet.

Aktivitäten im Park

Der Park ist durch mehrere Pisten für **Game Drives** erschlossen. Der Pistenzustand ist gut, sodass man in der Trockenzeit auch ohne Allradfahrzeug gut vorankommt. Die Mitnahme eines ortskundigen Wildhüters zur Lokalisation der tierreichsten Parkregionen ist empfehlenswert.

Eine typische Beobachtungsfahrt durch den südlichen Akagera-Park führt vom **Park Gate Kiyonza** zunächst zum **Lac Ihema,** an dem auch das **Hauptquartier** des Parks liegt. 4 km weiter nördlich liegt der **Lac Shakani,** an dem viele Flusspferde vorkommen und wo sich ein schöner Campingplatz befindet. Gut 8 km weiter nördlich erstreckt sich der **Lac Birengiro,** an dem insbesondere Wasservögel zu beobachten sind. Für Wildbeobachtungen von Büffeln, Zebras, Impalas und Elefanten am ergiebigsten ist die Region um den **Lac Hago** 15 km weiter nördlich. Der meh-

Anubispavian

rere hundert Flusspferde aufweisende See kann auf einer Piste umrundet werden. Weiter nördlich wird das Buschland wieder offener und geht in akazienbestandenes Grasland über. In der Region um die **Mutumba Hills** bestehen beste Chancen für die Beobachtung von Giraffen, Topis, Oribis oder gar Elenantilopen. Die Region westlich des **Lac Rwanyakizinga** im Nordsektor des Parks bietet gute Beobachtungsmöglichkeiten für Warzenschweine, Zebras und kleinere Topi-Herden. In dieser Region bekommt man auch am ehesten Löwen zu Gesicht.

Theoretisch lassen sich auch **Bootsfahrten auf dem Lac Ihema** durchführen, sofern Boote oder Motoren nicht gerade defekt sind. Aktuelle Erkundigungen dazu können Sie am Park Headquarter einholen.

Im Laufe des Jahres 2010 sollen nächtliche **Wildbeobachtungsfahrten** mit starken Scheinwerfern (sog. „Night Drives") möglich sein.

Anreise

Die Anreise erfolgt über die gut ausgebaute **Asphaltstraße von Kigali nach Kayonza** (72 km) **und Kibungo** (107 km). Zwischen Kayonza und Kibungo liegt der Ort **Kabarondo,** von wo eine 28 km lange Piste zum **Parkeingang Kiyonza** (einzige zugelassene Zufahrt) an der Akagera Game Lodge führt. Nach heftigen Regenfällen ist auf dieser Strecke mitunter Allradantrieb erforderlich. Die Gesamtfahrtzeit ab Kigali beträgt mit dem eigenen Fahrzeug 2–2½ Std. Öffentlichen Transport in den Park gibt es keinen.

Informationen

- Der Park ist **von 8–18 Uhr geöffnet.** Es wird eine Eintrittsgebühr von 10 US-$ pro Person erhoben (Kinder unter 7 Jahren frei). Die Zufahrtsgebühr für einfache PKW beträgt 10 US-$, für Allradfahrzeuge werden 20 US-$ fällig. Für Game Drives werden nochmals 20 US-$ berechnet. Als Ausfahrtstore zugelassen sind die Punkte Karangazi, Kizirankombe und Nyamiyaga. Das Park Gate am Gabiro Guest House (nicht mehr in Betrieb) ist geschlossen.
- **Office Rwandais du Tourisme et des Parcs Nationaux (ORTPN)**
Boulevard de la Révolution 1, BP 905, Kigali/Ruanda, Tel. 0252-573396, 0252-576514, Fax 0252-576515, www.rwandatourism.com. Informationen zur Anreise und zur aktuellen Situation im Park. Es ist eine farbige Faltkarte des Gebietes erhältlich.
- **Park HQ am Lac Ihema**
Zuweisung von Campingplätzen und Vermittlung ortskundiger Wildhüter als Führer.

Grüne Meerkatze

Unterkünfte und Lodges

- Im Jahr 2003 eröffnete mit der **Akagera Game Lodge** (BP 2288, Kigali, Tel. 0252-567805, Fax 0252-567808, www.akagera-lodge.co.rw) eine feste Unterkunft innerhalb des Parks. Die mit Hilfe einer südafrikanischen Betreibergesellschaft durch Renovierung des alten Akagera-Hotels entstandene Unterkunft der Kategorie AA–A (ab 75 US-$ pro Person im DZ) gleicht mehr einem Hotel als einer altehrwürdigen Safari-Lodge. Ein Restaurant mit Bar, Konferenzmöglichkeiten, Pool und Tennisplätze sind vorhanden. Mitte 2005 zogen sich die südafrikanischen Betreiber leider wieder aus dem Projekt zurück. Die bis zum Jahr 2010 projektierte Übernahme der Akagera Game Lodge durch die Dubai World Holding, verbunden mit einem Upgrade und Ausbau, kommt infolge der weltweiten Finanzkrise und ihrer Auswirkungen auf das Emirat nicht zustande.
- Im Dorf **Rwamagana** (ca. 55 km außerhalb des Parks) gibt es das angenehme **Hôtel Dereva** (Kategorie C, BP 126, Tel. 0252-567244, derevahotel@yahoo.fr), in **Kibungo** (ca. 40 km außerhalb des Parks) kann man im einfachen **Umbrella Motel** (Kategorie C, Tel. 0252-566269) oder im **Centre St. Joseph** (Kategorie D, BP 30, Tel. 0252-566303) übernachten. An beide Hotels sind Restaurants angeschlossen.

Camping

Es gibt mehrere **schöne Campingplätze für Selbstversorger,** die von der Parkverwaltung zugewiesen werden. Die Campinggebühr beträgt umgerechnet ca. 7,50 Euro. Camping ist z.B. am Park Headquarter am Lac Ihema oder am schöneren Lac Shakani (einige Kilometer weiter nördlich) möglich.

Ostkongo

Nach dem Völkermord in Ruanda und der Flüchtlingskatastrophe in den Regionen Goma und Bukavu im Sommer 1994 sowie dem Beginn eines blutigen Bürgerkrieges, der zunächst ein vorläufiges Ende mit dem Sturz des Diktators *Mobutu* erreichte, um dann ab Ende 1998 eine bis heute andauernde Serie von **Kriegshandlungen** nach sich zu ziehen, kam der früher rege Reiseverkehr in die weltberühmten ostkongolesischen Nationalparks Parc National des Virunga und Parc National de Kahuzi-Biéga mit ihren habituierten Gorillafamilien völlig zum Erliegen.

Das 1997 in **Demokratische Republik Kongo (DR Kongo)** umbenannte **ehemalige Zaire** erstickt an einem **Zerfall der staatlichen Institutionen,** denen längst die Kontrolle über weite Regionen im Osten des Landes entglitten ist. Die rohstoffreichen Provinzen Ostkongos gehören heute zur Einflusssphäre Ruandas und Ugandas, die bis ins Jahr 2003 mit eigenen Truppen im Kongo militärisch aktiv waren und sich eine Wiederentsendung von Kampftruppen zur Bekämpfung von aus dem Kongo heraus operierenden gegnerischen Rebellengruppierungen vorbehalten. Lokale Warlords und Stammesmilizen betreiben im Ostkongo – nicht selten im Auftrag multinationaler Konzerne – einen **hemmungslosen Raubbau** an den reichen Bodenschätzen des Landes, zu denen auch große, bislang unerschlossene Ölvorkommen zählen, und tyrannisieren die verarmte und von Flucht

OSTKONGO

gezeichnete Zivilbevölkerung. **Vergewaltigung und Mord,** oftmals ethnisch motiviert, gelten als wichtiges und alltäglich angewandtes Terrorinstrument aller in den Kivu-Provinzen operierenden militanten Gruppierungen. Insbesondere die von der Hutu-Miliz FDLR (= Forces Democratiques de Libération du Rwanda, also „Demokratische Kräfte zur Befreiung Ruandas"), einer Sammelbewegung der 1994 aus Ruanda vertriebenen Interahamwe-Milizen, verübten Massenvergewaltigungen sind auf die komplette psychische und physische Zerstörung kongolesischer Frauen und ihrer Familien angelegt. Dabei werden die Frauen systematisch im Genitalbereich so schwer verletzt, dass Gebärunfähigkeit resultiert.

Bis zu fünf Millionen Menschen fielen dem erbittert geführten **Krieg um Macht und Ressourcen** bislang zum Opfer, der oftmals als „Erster afrikanischer Weltkrieg" bezeichnet wurde und in den bis ins Jahr 2003 hinein große Truppenkontingente aus Kongos Nachbarländern, vor allem Simbabwe, Angola, Namibia, Ruanda, Uganda und Burundi, verwickelt waren. Eine im Jahr 2003 auf Basis der **Friedensverträge** von Lusaka und Pretoria gebildete kongolesische Übergangsregierung unter Führung von **Joseph Kabila,** an der die wichtigsten Rebellen- und Oppositionsgruppen beteiligt waren, versuchte mit internationaler Hilfe eine Abkehr von den diversen verbissen geführten militärischen Konflikten im Land einzuleiten und einen Demokratisierungsprozess zu ermöglichen. 2006 wurde *Joseph Kabila* in den ersten freien, von einer internationalen Eingreiftruppe abgesicherten Wahlen seit der Unabhängigkeit mit offiziell 58,05% der Stimmen als Staatspräsident bestätigt. Seine mehr als 50 Minister und Vize-Minister umfassende Regierung führt seit Oktober 2008 Premierminister *Adolphe Muzito* an. Wahlverlierer *Jean-Pierre Bemba,* direkter Widersacher *Kabilas,* flüchtete 2007 nach blutigen Unruhen in der Hauptstadt Kinshasa ins Exil nach Portugal, wo er im Mai 2008 mit internationalem Haftbefehl festgenommen und im Juli 2008 an den Internationalen Strafgerichtshof in Den Haag überstellt wurde. Ihm werden schwere Verbrechen gegen die Menschlichkeit vorgeworfen.

Unterstützung erhält der Übergangsprozess zu einer zivilen Ordnung im Kongo durch die **größte UN-Mission der Geschichte, MONUC** (= Mission de l'ONU en RD Congo), bei der mehr als 17.000 bewaffnete Blauhelmsoldaten u.a. die Entwaffnung der im Osten des Landes aktiven Milizen und einen wirksamen Schutz der Zivilbevölkerung herbeiführen sollen. In vielen Regionen des Ostkongo konnten diese Ziele bislang (2010) jedoch noch nicht erreicht werden.

Informationen zu den Hintergründen der Konflikte im Kongo und der teilweise massiven ruandischen und ugandischen Einflussnahme sowie Überlegungen zu den unlösbar erscheinenden Problemen im Afrika der Großen Seen finden Sie auch in den Artikeln des taz-Redakteurs *Dominic Johnson,* die in diesem Kapitel sowie auf S. 250/251 abgedruckt sind.

Der andauernde Bürgerkrieg hat einen **Besuch der Nationalparks Parc National de Kahuzi-Biéga** bei Bukavu unweit der Grenze zu Ruanda sowie Parc National des Virunga an der Grenze zu Ruanda/Uganda stark erschwert und zeitweise sogar unmöglich gemacht. In diesen Gebieten konnten vor Beginn des Bürgerkrieges im Oktober 1996 habituierte Gruppen von Berggorillas bzw. Östlichen Flachlandgorillas (Gorilla gorilla graueri) besucht werden. Nach Rücksprache mit der Parkverwaltung können diese prinzipiell auch weiterhin besucht werden, sofern die jeweils aktuelle Sicherheitslage es zulässt.

Internationale Schlagzeilen machte insbesondere ein von kriminellen Elementen der im Virunga-Park agierenden **„Holzkohle-Mafia"** an der habituierten Gorillagruppe „Rugendo" unter Beteiligung korrupter ICCN-Mitarbeiter verübtes Massaker, bei dem im Juli 2007 sechs Gorillas regelrecht abgeschlachtet wurden.

Die Gebühr für das Gorilla-Tracking im Parc National des Virunga lag im Jahr 2010 bei 400 US-$ pro Person, ebenso im Parc National de Kahuzi-Biéga. Die entsprechende Zuständigkeit durch die lokalen Vertretungen der kongolesischen **Naturschutzbehörde ICCN** (= Institute Congolaise pour la Conservation de la Nature) in Goma bzw. Bukavu ist trotz relativer Loslösung der östlichen Landesteile von der Zen-

Gewalt ist im Ostkongo an der Tagesordnung

Demokratische Republik Kongo – kein Staat zu machen

"Failed states", Staaten, die eigentlich keine mehr sind, werden zahlreicher auf der Welt. Ihr "Wiederaufbau" ist eine Herausforderung. Das gängige Muster: Aufbau eines Zentralstaats, der da weitermacht, wo die internationale Hilfe aufhört. Im Kongo ein gefährlich falsches Muster.

Von *Dominic Johnson*, Goma

Wolken hängen über Goma. Wenn es trocken ist und der schweflige Rauch vom nahen Vulkan nach unten drückt, lässt es sich schwer atmen auf den staubigen Straßen aus erkalteter Lava. Wenn es regnet, verwandeln sich die Wege in schwarzen Matsch. **Goma, die Halbmillionenstadt im Osten der Demokratischen Republik Kongo**, direkt an der Grenze zu Ruanda, liegt am Fuße des Nyiragongo. Vor drei Jahren zog eine Feuersbrunst aus einem Spalt des Vulkans mitten durch Goma, und noch heute ragen dort, wo die Lava alles zerstörte, Ruinen aus der Tiefe, obwohl das Straßennetz längst einige Meter höher neu entstanden ist.

Goma erfindet sich neu. Wenig internationale Hilfe ist in die einstige Hauptstadt von Kongos Rebellen geflossen. Aber kilometerweit erstrecken sich völlig neue Stadtviertel ins Hinterland: Blockhütten unter Bananenstauden, Villen mit Seeblick. Bald wird das gesamte Nordufer des Kivusees, an dem Goma liegt, auf seinen ganzen 30 Kilometer Länge parzelliert sein.

Gebaut wird auch auf der anderen Seite der Grenze, in Ruanda. Das kleine, beschauliche **Gisenyi** mit seinen lauschigen Stränden, die ruandische Zwillingsstadt zum großen Goma, wuchert die Berghänge hinauf. Aus dem Feldweg hinter dem Flughafen von Goma Richtung Ruanda ist ein lebhafter Boulevard geworden, der die Märkte beider Städte verbindet. Das Afrika der Großen Seen mag ein Dauerkrisengebiet sein – hier, zwischen Kongo und Ruanda, entsteht im Staub neuer Aufschwung.

Wenn sich hier nicht einige Leute mit verbissener Willenskraft und Mut zur Improvisation gegen den Zerfall jeglicher Ordnung gestemmt hätten, würde nichts mehr funktionieren. Die **Provinz Nordkivu**, deren Hauptstadt Goma ist, wurde in den 90er-Jahren zum Ausgangspunkt eines Krieges, der das ganze Land und schließlich ganz Zentralafrika ergriff und dessen Folgen 3,8 Millionen Menschenleben gekostet haben sollen. Rechtlosigkeit herrschte hier schon vorher, und auch heute, da der Kongokrieg offiziell erloschen ist, kennt Ostkongo keinen Frieden. Dass jetzt trotzdem hier die Leute eine Aufbauleistung schaffen, die man in friedlicheren Teilen des Kongo vergeblich sucht – das ist das Erbe jener harten Jahre, als jeder lernen musste, im Überlebenskampf zu bestehen, denn auf Beistand von außen hoffte man vergeblich.

Keiner dieser Menschen wird sich jemals wieder von einer fremden Macht etwas sagen lassen. Nicht vom nahen Nachbarn Ruanda, nicht von der fernen Hauptstadt Kinshasa. Aber die internationalen Konfliktlösungsexperten, für die Kongo einer von zahlreichen wieder aufzubauenden **"failed states"** auf der Welt ist, sehen nur Kinshasa. Vorrang hat für sie gemäß dem Muster von Ländern wie Afghanistan, Irak oder Liberia der Aufbau eines Zentralstaates. Der soll dann das Land aufbauen.

Goma – Fahrzeugwracks ragen aus erkalteter Lava

DR Kongo – kein Staat zu machen

Im Kongo bedeutet das, Massenmörder und Ausplünderer zu stärken. Kongos international vermittelter, von der weltgrößten UN-Blauhelmmission abgesicherter **Friedensprozess** belohnt Verbrecher mit Regierungsposten und Hilfsgeldern. Die Erfahrungen und Leistungen der Menschen in Regionen wie Kivu, wo der Staatszerfall seinen Ausgang nahm, zählen nicht.

Die gesamte Energie der internationalen Gemeinschaft im Kongo, klagt ein ausländischer Experte, geht dafür drauf, eine unfähige **Regierung in Kinshasa** am Leben zu halten. Für nützliche Dinge – Verbesserung der katastrophalen Lebensbedingungen, Aufbau von Infrastruktur, Demobilisierung der Bürgerkriegskämpfer, Vorbereitung freier Wahlen – haben die Ausländer keine Zeit und die Regierenden keine Lust. Kinshasa ist ein Raumschiff ohne Bodenkontakt, in Dauererwartung eines Putsches.

So ist Kongo ein Lehrstück für falsch angepackten Staatsaufbau. Ein Geschäftsmann in Goma bringt das Problem auf den Punkt: Wenn ich mich gründlich wasche, kippe ich mir ja auch nicht einfach eimerweise Wasser auf den Kopf, in der Hoffnung, dass unten etwas ankommt. Ich schrubbe mich überall gründlich ab.

Das ist nicht nur eine theoretische Diskussion. Kongos Realität besteht darin, dass der Frieden unten nicht ankommt. Im Gegenteil: Palastintrigen in Kinshasa bedeuten Blutvergießen im Osten. Dreimal erlebten die Kivu-Provinzen im Jahr 2004 neue Kriegsrunden. Ende des Jahres schickte erst Ruanda kurzzeitig Soldaten nach Nordkivu, und dann flog Kinshasa Truppen ein, die hemmungslos plünderten. Das größte Entwicklungsprojekt Nordkivus, der Wiederaufbau der Straße ins Landesinnere durch die Deutsche Welthungerhilfe, wurde eingestellt. Lokale **Milizen**, die sogenannten Mayi-Mayi, kämpfen gegen die Armee der Provinzregierung, die aus den einstigen Rebellenkämpfern der proruandischen RCD besteht (Kongolesische Sammlung für Demokratie). Stark sind auch die ruandischen Hutu-Milizen, geführt von Tätern des ruandischen Völkermordes von 1994. Auf der Lagekarte der UN-Mission in Goma hat die RCD-Armee in Nordkivu 18 Fähnchen, die ruandischen Hutu-Milizen 23, die Mayi-Mayi mit ihren Verbündeten 33. Frieden kann so nicht entstehen.

Immerhin hat Nordkivu eine **Provinzregierung.** Gouverneur *Eugene Serufuli* thront in der verlassenen Residenz des früheren Diktators *Mobutu* und wird bei Fahrten durch Goma von finsteren Soldaten mit Raketenwerfern begleitet. Sich selbst zahlt er ein fürstliches Gehalt, aber im öffentlichen Dienst verdienen die Leute gar nichts. Aber die ruandischsprachige Bevölkerungsgruppe, die Hälfte der Bevölkerung Nordkivus, fühlt sich von ihm geschützt. Sein neuer Militärchef, der junge und stahlharte General *Tango Fort,* gilt als Saubermann. Er bringt die rivalisierenden Truppen in der Provinz in gemischten Einheiten zusammen – erster Schritt zu einer Demobilisierung. In Goma sponsert er einen Fußballclub, und als neulich ein beliebter Spieler starb, legten zehntausende Trauernde die Stadt lahm – Zivilisten und Militärs bunt gemischt.

Nordkivus populistische Provinzdiktatur gehorcht den Erfordernissen eines Kriegszustandes, nicht denen eines Friedens. Sie ist eine Miniaturausgabe des Scheins vom Staat, den die Kongolesen von früher kennen. Für Spiele mag es reichen, für Brot nicht. Wer in Goma wirklich etwas bewegen will, hält sich vom Staat fern. Aber in der Kinshasa-treuen Nachbarprovinz Südkivu, zum Vergleich, gibt es nicht einmal eine wahrnehmbare Provinzverwaltung. Der Gouverneur, unter Korruptionsverdacht, ist kaum bekannt und fast nie da. Dutzendfach wuchern Steuereintreibungsstellen mit dubioser Legitimität. In Südkivu, sagt ein dortiger UN-Verantwortlicher, haben wir weder Demobilisierung noch Entwaffnung, sondern Remobilisierung und Wiederaufrüstung.

Besonders bedrohlich sind auch dort die ruandischen Hutu-Milizen, die neuerdings massiv aufgerüstet werden. In ihren Hochburgen, so im Distrikt Walungu, herrschen sie nach UN-Angaben über eine Viertelmillion Menschen, kassieren Steuern und vergewaltigen Frauen zu hunderten. Südkivu ist auf dem besten Weg, der nächste Kriegsherd des Kongo zu werden.

Die **UN-Mission** sieht das gelassen. Die indischen UN-Generäle in Goma, Kaschmir-geschult, haben einen langen Atem: Erst kommt die Verschmelzung der kongolesischen Bürgerkriegsarmeen, sagen sie, dann die Entfernung der ausländischen Kämpfer und erst danach die Herstellung von Sicherheit und der Beginn eines politischen Friedensprozesses. Das ist Lichtjahre vom offiziellen UN-Diskurs entfernt, wo der Erfolg immer gleich um die Ecke liegt und man nur noch schnell ein paar Soldaten schicken und den diplomatischen Druck erhöhen muss, damit alles gut wird.

Aber langfristiges Denken ist gerade nicht gefragt. Ende März läuft das gegenwärtige Mandat der UN-Mission im Kongo (Monuc) aus und muss neu beschlossen werden. Die Ausgangsposition ist ungünstig: Die Monuc steckt wegen Sexskandalen in der Krise, ihr Chef *William Swing* ist nur noch auf Abruf da, und im nordostkongolesischen Ituri starben am 25. Februar neun UN-Soldaten in einem Hinterhalt – die schwersten Verluste unter Blauhelmen weltweit seit Ruanda 1994. Die Monuc steht nun unter Druck. Sie sucht griffige Rezepte mit Sofortwirkung.

In Ituri ergreift die UN-Mission die Flucht nach vorn. Sie fliegt mit Kampfhubschraubern in die Berge, macht für Kollateralschäden unter Zivilisten den Gegner verantwortlich und verweigert hinterher die Auskunft – wie eine richtige Armee eben. Manche Diplomaten hoffen, dass diese neue harte Linie der UNO auch in Kivu Schule macht. Denn Kivu wird nie zum Frieden finden, wenn die ruandischen Hutu-Milizen mit ihren 8000 bis 15.000 Kämpfern dort bleiben. Sie sind in Kongos Friedensprozess nicht eingebunden, terrorisieren die Kongolesen, sie sickern neuerdings in Grenzregionen Ruandas ein und bedrohen Leute, die bei Völkermordprozessen aussagen wollen. Wenn im Kongo robustes Eingreifen überfällig ist, dann gegen die Milizenführer, die zum Teil vom UN-Ruanda-Tribunal als Kriegsverbrecher gesucht werden und deren strafloses Agieren im Kongo die Glaubwürdigkeit der internationalen Gemeinschaft unterminiert.

So forsch die UNO allerdings mit Ituri umgeht, so gelassen sieht sie das Milizenproblem in Kivu. Die Monuc weigert sich, gegen die ruandischen Hutu-Milizen zu kämpfen. Bei UN-Verantwortlichen in Goma werden dafür politische Gründe genannt: Die Milizionäre könne man nicht einfach zur Kapitulation zwingen. Ihre Kommandanten seien wichtige Persönlichkeiten mit berechtigten Ansprüchen, ihre politische Bewegung FDLR (Demokratische Kräfte zur Befreiung Ruandas), deren Führung zum Teil in Deutschland lebt, müsse von Ruandas Regierung als Verhandlungspartner anerkannt werden. Aus Sicht Ruandas – nicht nur der Regierung, sondern auch der Völkermordüberlebenden – ist das skandalös. Die Sympathie von Teilen der Monuc gegenüber Nostalgikern des Genozids eröffnet ein neues, schwieriges Kapitel in den gespannten Beziehungen zwischen Ruanda und der UNO.

Ruanda will Krieg gegen die Milizen. Weil die UNO das nicht tut, soll die Afrikanische Union (AU) eine Eingreiftruppe schicken. Innerhalb von drei Monaten könnte diese Truppe stehen, mit UN-Mandat, sagt Ruandas Präsident *Paul Kagame*. Die AU ist dafür, die EU will es bezahlen. Andere ruandische Regierungsmitglieder halten ein UN-Mandat für überflüssig: Es genüge, wenn Kongo die Truppe einlade.

Das ruandische Modell für die afrikanische Eingreiftruppe sieht so aus wie das, was die Monuc gerade in Ituri macht: Den Milizenführern ein Ultimatum setzen, damit sie ihre Kämpfer gehen lassen; danach werden sie als Feinde behandelt. Dabei geht es nicht so sehr um militärische Schlagkraft: Demobilisierte Exmilizionäre, die jetzt in Ruanda leben, sollen dabei helfen, Freunde und Verwandte im kongolesischen Busch aufzuspüren und zur Aufgabe zu bewegen. Ruanda und auch die UNO gehen davon aus, dass die meisten ruandischen Hutu-Kämpfer im Kongo unfreiwillig da sind, als Geiseln ihrer Kommandeure. Wenn diese kaltgestellt wären, würden die Milizen zerfallen.

Es spricht einiges dafür, dass dies die letzte Gelegenheit bietet, im Ostkongo Stabilität zu befördern, bevor die Konflikte der Region erneut auf breiter Front aufflammen. Ansonsten droht nicht nur der UNO ein immenses Debakel. Ähnlich wie beim US-Rückzug aus Somalia 1993 wäre das ganze Konzept, zerfallende Staaten mit ausländischer Intervention zu stabilisieren, über Jahre hinaus diskreditiert.

Der Artikel wurde der Tageszeitung „taz" (Internet: www.taz.de) vom 21.03.2005 entnommen und ist in seinen Grundinhalten noch immer aktuell, auch wenn sich mittlerweile deutliche personelle, politische und situative Veränderungen vollzogen haben.

OSTKONGO

tralgewalt in Kinshasa stets erhalten geblieben. Es ist unbedingt notwendig, vor einem Abstecher in den Osten der DR Kongo aktuelle Informationen über die Lage vor Ort einzuholen! Diese sind in ausreichender Qualität und Aktualität in den **Grenzorten Kisoro** (Uganda) und **Gisenyi bzw. Cyangugu** (Ruanda) zu bekommen. Die für Gorillabesuche wichtigsten Anlaufpunkte sind die **Station Tshivanga** im Parc National de Kahuzi-Biéga sowie die **Stationen Djomba und Bukima** im Parc National des Virunga. Bei regulärer Öffnung der Nationalparks für den **Gorillatourismus** treffen Sie bereits direkt an der Grenze auf Kontaktleute des ICCN. Der Transport per Taxi zu der von Bukavu 33 km entfernten Station Tshivanga im Kahuzi-Biéga-Park kostet ca. 50 US-$. Eine sichere und komfortable Übernachtungsmöglichkeit in Bukavu ist die neue **Lodge Co-Co** unter kongolesisch-schweizerischer Führung (Kategorie AA, ab 75 US$ pro Person im DZ, mit eigenem Restaurant, Avenue Lundula 28, Stadtteil Muhumba, Tel. 00243-99-8707344, lodgecoco@kivuonline.com), deren Leitung zuverlässige Exkursionen in den Parc National de Kahuzi-Biéga organisiert. Trinkgelder für die unter sehr gefahrvollen Bedingungen arbeitenden Führer und Spurensucher werden erbeten.

Ab dem Grenzübergang **Bunagana** bei Kisoro in Südwestuganda erfolgten die Organisation des Gorilla-Trackings im Virunga-Park und der Transport nach Djomba bzw. Bukima in der DR Kongo bis ins Jahr 2009 hinein über ein – mittlerweile offensichtlich in Konkurs gegangenes – kongolesisches Unternehmen (Jambo Safari Tours), das auch die Gorilla-Permits verkaufte. Anfang 2010 war eine funktionierende Organisation solcher Touren inkl. Permit z.B. über das Unternehmen **Hakuna Matata Tours** (PO Box 111, Gisenyi/Ruanda, Mobiltel. 00243-99-7734710 oder 00250-78-8884822, www.hakunamatatatours.com) möglich. Das Unternehmen unterhält ein eigenes einfaches Guest House für Touristen in Bunagana unweit der Grenzübergangsstelle.

Sowohl Hakuna Matata Tours als auch das in der Hauptstadt Kinshasa ansässige Unternehmen **Go Congo** (Mukonga 14, Kinkole, Kinshasa, DR Kongo, Tel. 00243-81-1837010, www.gocongo.com) boten Anfang 2010 laut Internet-Homepage neben Kurzreisen in die östlichen Nationalparks Virunga und Kahuzi-Biéga auch längere Touren zum Okapi-Reservat Epulu in Ituri, in den kongolesischen Teil der Ruwenzori-Berge sowie die Vermittlung von Bootsfahrten auf dem Kongo-Fluss an.

Die **Einreisebestimmungen** werden an jedem Grenzübergang separat geregelt. In den unterschiedlichen Machtsphären im Osten des Landes sind bei Reisen ins Landesinnere jeweils eigene Sichtvermerke im Pass notwendig. Der **US-Dollar** gilt als wichtigste Währung des Landes. Mit der 1998 neu eingeführten Landeswährung **Franc Congolais (FC)** können letztlich nur kleinere Beträge beglichen werden. Der Wechselkurs zum US-Dollar ist von einer relativ hohen Inflationsrate gekennzeichnet. Im März 2010 erhielt man für 1 US-$ ca. 900 FC, für 1 Euro ca. 1230 FC. Als grobe Orientierung für den Fall einer rasch voranschreitenden Inflation mag der Preis einer Flasche kongolesischen Primus-Biers in Franc Congolais gelten – dieser entspricht ungefähr 1 US-$.

Ein **Besuch der DR Kongo** ist verbunden mit einer Bürokratie, die von moralischen Verfallserscheinungen geprägt ist, mit massiven organisatorischen Schwierigkeiten, einem schwer zu verkraftenden Bild allgemeinen menschlichen Elends und dem Erleben kaum vorstellbarer Schicksalsschläge des Einzelnen. Vor dem Bürgerkrieg wurde ein Landesbesuch trotz aller Schwierigkeiten stets mit großartigen Naturerlebnissen belohnt und hinterließ auf diese Weise unvergessliche Erinnerungen an das wohl letzte wirklich „wilde" Land Afrikas. Es macht heutzutage jedoch keinen Sinn, sich dafür unter anarchischen, bürgerkriegsähnlichen Umständen sehr ernst zu nehmenden **Gefahren für Leib und Leben** auszusetzen.

Praktische Informationen

- **Einreisegenehmigungen** zum Besuch der östlichen Kivu-Provinzen sind in Kisoro/Bunagana, Gisenyi/Goma und Cyangugu/Bukavu an der Grenze erhältlich und kosten 35 US-$ für einen Aufenthalt bis zu acht Tagen.
- **Visa** müssen bei den kongolesischen Botschaften bzw. Konsulaten im Ausland beantragt werden.
- **www.kongo-kinshasa.de,** die besten Informationen in deutscher Sprache zur aktuellen Lage in der DR Kongo sowie eine Datenbank der in den letzten Jahren in der Tageszeitung „taz" über die Region erschienenen Zeitungsartikel lassen sich über diese von *Gertrud Kanu* und *Iseewanga Indongo-Imbanda* aufgebaute und betreute Webseite abrufen.

Diplomatische Vertretungen

- **Ambassade de la République Fédérale d'Allemagne**
82 Avenue du Roi Baudouin, Kinshasa/Gombe, DR Kongo, Tel. 00243-81-556-1380/81/82, Mobiltel. 00243-99-9925943, www.kinshasa.diplo.de. Die Zuständigkeit der Botschaft in Kinshasa für die östlichen Landesteile ist aufgrund der schwierigen politischen Lage begrenzt.
- **Botschaft der Demokratischen Republik Kongo**
Im Meisengarten 133, D-53177 Bonn, Tel. 0228-9349237 oder 858160, Fax 0228-9349237, ambardc-rfa@t-online.de. Die kongolesische Botschaft ist bei Reisen in den Osten des Landes wenig hilfreich und auch ansonsten recht chaotisch organisiert. Wie in anderen Botschaften des Landes auch, müssen sich die Mitarbeiter in Deutschland mangels geordneter Gehaltszahlungen aus dem Mutterland zumindest teilweise über die hohen Gebühren für die Ausstellung von Visa finanzieren.

Anhang

Anhang

Souvenirshop in Buhoma

Bergführer im Mt. Elgon National Park

Blick auf die Virunga-Vulkane

Literatur

Literatur über Uganda, Ruanda und Ostkongo

Einen guten gedanklichen Einstieg für eine Reise nach Uganda bzw. Ruanda und in die Demokratische Republik Kongo bieten die folgenden Romane und Erzählungen:

- *Tania Blixen:* **„Afrika, dunkel lockende Welt"**, Manesse/Zürich (1986), 348 S. Verfilmung als „Jenseits von Afrika".
- *Tim Butcher:* **„Blood River – Ins dunkle Herz des Kongo"**, Malik Verlag – National Geographic Adventure Press (2008), 352 S. Der britische Journalist *Tim Butcher* macht sich im Jahr 2004 auf in den Kongo der Neuzeit, den Spuren der großen Entdecker des 19. Jahrhunderts folgend. Mit Motorrad, Pirogen und von der UN gecharterten Booten durchquert er das Land von Ost nach West. Der so entstandene mitreißende Augenzeugenbericht über das Leben und Überleben in einer der am schwersten zugänglichen Regionen Afrikas wurde mehrfach ausgezeichnet. Er vermittelt ein düsteres Bild von einem weitgehend zusammengebrochenen Land ohne funktionierenden Staat. Empfehlenswert.
- *Rosamond Halsey Carr:* **„Land der tausend Hügel. Ein Leben in Afrika"**, Diana-Verlag/München (2001), 384 S. Beeindruckende Autobiografie über ein Leben, das mehr als 50 Jahre in Ruanda stattfand.
- *Joseph Conrad:* **„Herz der Finsternis"**, Insel Verlag/Frankfurt a.M. (1995), 181 S. Eindrucksvoller Bericht einer Fahrt zum „Mittelpunkt des Bösen" im tiefsten Innern des afrikanischen Kontinents (Kongo). Klassiker. Vorlage für *Francis Ford Coppolas* nach Vietnam „verlegten" Film „Apocalypse Now".
- *Immaculée Ilibagiza:* **„Aschenblüte"**, Ullstein-Taschenbuchverlag, Berlin (2006), 283 S. Unter die Haut gehende Geschichte einer jungen Tutsi-Überlebenden, die als 22-jährige Studentin während des Genozids in Ruanda zusammen mit sieben anderen Frauen 91 Tage lang versteckt und zusammengepfercht im Badezimmer eines befreundeten Hutu-Pastors ausharrt, während ihre Familie, Freunde und Nachbarn abgeschlachtet werden.
- *Moses Isegawa:* **„Abessinische Chronik"**, Karl Blessing-Verlag/München (2000), 608 S. Das Erstlingswerk des in die Niederlande emigrierten jungen ugandischen Autors wurde ein Welterfolg. Eine Familiensaga führt wie ein roter Faden durch die jüngere Geschichte Ugandas.
- *V. S. Naipaul:* **„An der Biegung des großen Flusses"**, Ullstein-Taschenbuchverlag (2002), 411 S. Einfühlsame Darstellung des Lebens eines Kaufmanns von der ostafrikanischen Küste im Kongo. Einer der besten Romane, die in Afrika spielen.
- *Sönke C. Weiss:* **„Das Mädchen und der Krieg"**, Brendow-Verlag, Moers (2006), 141 S. Der Autor zeichnet ein erschütterndes Bild vom Schicksal der 12-jährigen Kindersoldatin *Hope*, die von Kämpfern der Rebellenarmee LRA in Nordugunda entführt, zur Soldatin ausgebildet und einem der Rebellenführer zur achten Frau gegeben wird. Der biografische Roman beschreibt, wie *Hope* dabei kaum vorstellbare Grausamkeiten erlebt, beobachtet und selbst ausführen muss. *Sönke C. Weiss* schildert realistisch und eindrucksvoll die abgefeimte Besessenheit des LRA-Chefs *Joseph Kony*, der sich selbst zum Herrn über Leben und Tod ernannt hat. Die Hauptfigur des Romans steht nicht nur stellvertretend für die rund 20.000 von *Kony* entführten Kinder, sondern ist auch ein Symbol für den unbedingten Überlebenswillen der Acholi, jenes vernachlässigten Volkes, dem der Massenmörder *Kony* und *Hope* angehören.

Lesenswerte Reportagen, Dokumentationen und Biografien

- *Dolores Bauer:* **„Mein Uganda"**, Mandelbaum-Verlag, Wien (2006), 255 S. Die langjährige ORF-Redakteurin *Dolores Bauer* aus Österreich versucht einen Querschnitt durch mehr als 25 Jahre persönlicher Erfahrungen in und mit Uganda. Das Buch ist informativ, zeigt jedoch eine stark von Sympathien für *Museveni* und die Arbeit der katholischen Kirche in Uganda geprägte Sicht auf das Land.

LITERATUR

- *Georg Brunold, Andrea König & Guenay Ulutuncok:* **„Ruanda – nichts getan, nichts gesehen, nicht darüber reden. Zehn Jahre seit dem Genozid"**, Schmidt von Schwind Verlag, Köln (2004). Eine Sammlung von Reportagen und Analysen aus Ruanda zehn Jahre nach dem Genozid.
- *Romeo Dallaire & Brent Beardsley:* **„Shake Hands With the Devil"**, Carroll & Graf Publishers (2005), 584 S. Erschütternder Bericht des kanadischen Generals *Romeo Dallaire*, der 1994 als Kommandeur der UN-Mission in Ruanda hilflos mit ansehen musste, wie ca. 800.000 Menschen innerhalb von drei Monaten abgeschlachtet wurden.
- *Dian Fossey:* **„Gorillas im Nebel – Mein Leben mit den sanften Riesen"**, Kindler/München (1989), 415 S. Autobiografie. Das Buch ist unter dem gleichnamigen Titel verfilmt worden.
- *Jane Goodall:* **„Grund zur Hoffnung"**, Goldmann (2001), 349 S. Autobiografie der berühmten Primatologin, deren bahnbrechende Feldforschung an den Schimpansen von Gombe in Tansania bis heute Vorbildcharakter für Generationen von Wissenschaftlern besitzt.
- *Bartholomäus Grill:* **„Ach, Afrika – Berichte aus dem Inneren eines Kontinents"**, Siedler Verlag/Berlin (2003), 384 S. Der Afrika-Korrespondent der Wochenzeitung „Die Zeit" zeichnet ein aktuelles, realistisches und facettenreiches Bild des Schwarzen Kontinents nach Ende des Kalten Krieges und gibt sich dabei als einer der derzeit besten Kenner der Materie zu erkennen.
- *Jean Hatzfeld:* **„Nur das nackte Leben – Berichte aus den Sümpfen Ruandas"**, Psychosozial-Verlag, Gießen (2004), 251 S. Sammlung von Berichten, die der Journalist *Jean Hatzfeld* vor Ort in Ruanda mittels Interviews von Überlebenden der Massaker von Nyamata 1994 gesammelt hat. Die sprachlich einfach gehaltenen Schilderungen sind von erdrückender Authentizität.
- *Harold Hayes:* **„Dian Fossey. Die einsame Frau des Waldes"**, Droemer Knaur (1993), 381 S. Lebens- und Leidensgeschichte der berühmten Gorillaforscherin.
- *Lieve Joris:* **„Der Tanz des Leoparden"**, Piper/München (2004), 400 S. Die bekannte belgische Reiseschriftstellerin *Lieve Joris* berichtet in einer fesselnden Reportage aus dem „neuen" Kongo nach dem Sturz *Mobutus*.
- *Ryszard Kapuscinski:* **„Afrikanisches Fieber"**, Eichborn Verlag/Frankfurt a.M. (1999), 324 S. Abriss einer bewegten Korrespondenten-Tätigkeit in Afrika seit den 1950er Jahren. Packend geschrieben, aus der Perspektive eines Journalisten, der stets wie geringstem finanziellen Background berichten musste. Trotz aller geschilderten Schrecken – *Kapuscinskis* Herz gehört Afrika.
- *China Keitetsi:* **„Sie nahmen mir die Mutter und gaben mir ein Gewehr. Mein Leben als Kindersoldatin"**, Ullstein-Taschenbuchverlag (2002), 336 S. Erschütternder Bericht einer nach Dänemark emigrierten Uganderin, die als Zehnjährige von den NRA-Truppen des heutigen Staatspräsidenten *Museveni* zum Waffendienst in der Guerillabewegung gezwungen wurde. Das Buch hinterlässt große Zweifel an der politischen Integrität *Musevenis*.
- *David Lamb:* **„Afrika, Afrika"**, Marino Verlag/München (1994), 370 S. Einer der bekanntesten Journalisten der USA berichtet über seine Zeit als Korrespondent in Afrika und zeichnet dabei ein humoristisch-schauriges Bild.
- *Keith B. Richburg:* **„Jenseits von Amerika"**, Quell Verlag/Stuttgart (1998), 334 S. Konfrontation eines schwarzen amerikanischen Journalisten mit dem Kontinent seiner Vorfahren – eine Abrechnung mit Afrika, die nicht immer auf solide recherchierten Füßen steht.
- *Paul Rusesabagina:* **„Ein gewöhnlicher Mensch: Die wahre Geschichte hinter Hotel Ruanda"**, Berliner Taschenbuch Verlag (2008), 252 S. Der ruandische Hotelmanager *Paul Rusesabagina*, der 1994 während des Genozids 1268 Menschen im Hôtel des Mille Collines in Kigali vor dem sicheren Tod bewahrte, erzählt seine persönliche, im Kinofilm „Hotel Ruanda" verarbeitete Lebensgeschichte und gibt eine Fülle von Hintergrundinformationen, wie es in Ruanda zum Genozid kommen konnte. Empfehlenswert.
- *Peter Scholl-Latour:* **„Afrikanische Totenklage"**, Bertelsmann Verlag/München (2001), 480 S. Bilanzierende Darstellung persönlicher Erlebnisse in Afrika in den späten

1990er Jahren, eng verflochten mit dem Text des älteren Werkes „Mord am großen Fluss".
- *Peter Scholl Latour*: **„Mord am großen Fluss"**, Deutscher Taschenbuch Verlag/München (1989), 557 S. Zusammenfassende Darstellung persönlicher Erlebnisse als Journalist in Afrika.
- *Sakia Scholten*: **„Ruanda Tagebuch"**. Iatros-Verlag, Nierstein (2005), 124 S. Gedruckt erhältliches Internet-Tagebuch einer jungen Praktikantin aus Landau, die mehrere Monate in der ruandischen Ortschaft Ruhango, der Partnerstadt ihrer rheinland-pfälzischen Heimatgemeinde, gelebt und gearbeitet hat. Die Erlöse aus dem Buchverkauf kommen einem Waisenhausprojekt in Ruanda zugute.
- *Henry M. Stanley, Ludwig A. von Savoyen, Franz Stuhlmann*: **„Auf dem Gipfel des Ruwenzori"**, Edition Erdmann (2005), 320 S. Eine Neuauflage des berühmten Ruwenzori-Expeditionsberichtes des Herzogs der Abruzzen aus dem Jahr 1909, ergänzt mit historischen Aufzeichnungen *Stanleys* und *Stuhlmanns*, die 1888 bzw. 1891 Expeditionen in das Gebiet unternahmen. Entdeckung und Bezwingung des Ruwenzori in ihrer ganzen Spannungsbreite.
- *Bill Weber & Amy Vedder*: **„In the Kingdom of Gorillas"**, Simon & Schuster (2001), 384 S. Die amerikanischen Autoren, langjährige Mitarbeiter von *Dian Fossey* und Begründer des Gorillatourismus in Ruanda, berichten über ihre Jahre am Fuße der Virunga-Vulkane und versuchen, eine Prognose für das langfristige Überleben von Naturschutzprojekten im kriegsgeplagten Gebiet der Großen Seen zu zeichnen.
- *Michela Wrong*: **„Auf den Spuren von Mr. Kurtz: Mobutus Aufstieg und Kongos Fall"**, Edition Tiamat/Berlin (2002), 334 S. Packender Bericht der ehemaligen BBC-Korrespondentin *Michela Wrong* über die Herrschaft des Diktators *Mobutu* und das auch nach dessen Tod weiterlebende kleptokratische System des Mobutismus in Kongo/Zaire.

Monografien

Eine detaillierte Aufarbeitung des Genozids in Ruanda sowie der blutigen Geschichte des Kongo bieten folgende Monografien:

- *Alison DesForges*: **„Kein Zeuge darf überleben. Der Genozid in Ruanda"**, Hamburger Edition (2002), 950 S. Kritische Aufarbeitung der Hintergründe und Geschehnisse des Völkermordes in Ruanda 1994.
- *Linda Melvern*: **„Ruanda"**, Diederichs-Verlag (2004), 288 S. Mit großer Sachlichkeit und beängstigender erzählerischer Präzision erläutert die britische Journalistin Genese und Durchführung der strategischen Planung, die dem Genozid in Ruanda 1994 vorausging.
- *Adam Hochschild*: **„Schatten über dem Kongo"**, Klett-Cotta-Verlag/Stuttgart (2000), 494 S. Detaillierte Aufarbeitung der Schreckensherrschaft des belgischen Königs *Leopold II.* im Kongo in der Zeit von 1885–1908.

Bildbände

- *Andreas Klotz* (Hrsg.): **„Perle Afrikas – Impressionen aus Uganda: Berggorillas, Ruwenzori-Mondberge, Safari"**, Tipp 4 Medienproduktion (2009), gebundene Ausgabe, 208 S. Hochwertiger aktueller und fotografisch überzeugender Bildband über die wichtigsten Sehenswürdigkeiten Ugandas, mit einem Schwerpunkt auf den Nationalparks Bwindi, Ruwenzori Mountains, Queen Elizabeth und Murchison Falls. Im Selbstverlag erschienen. Unbedingt empfehlenswert.
- *David Pluth*: **„Uganda Rwenzori – A Range of Images"**, Little Wolf Press (1996), 128 S. Übersichtlicher Bildband mit hervorragenden aktuellen und historischen Fotografien des Ruwenzori-Gebirges, inzwischen leider vergriffen. Restbestände in Kampala oder Nairobi erhältlich.
- *Guy Yeoman*: **„Africa's Mountains of the Moon – Journeys to the Snowy Sources of the Nile"**, Universe Books/New York (1989), 176 S. Hervorragender Bildband mit Berichten und Beschreibungen zum Ruwenzori-Gebirge und dem Gebiet der Virunga-Vulkane, inzwischen leider vergriffen. In Nairobi manchmal noch im Buchhandel erhältlich, sonst antiquarisch zu bekommen.
- *Volker Sommer/Karl Ammann*: **„Die großen Menschenaffen"**, BLV-Verlagsgesellschaft/München (1998), 160 S. Schöne Abbildungen der Berggorillas.

LITERATUR

Reiseführer

Empfehlenswerte (**englischsprachige**) Reiseführer über die Region sind:

- *Philip Briggs:* „**Uganda**", Bradt Travel Guide, 5. Auflage 2007, 488 S. Umfassende Darstellung Ugandas, besonders für Rucksackreisende zu empfehlen.
- *Michael Hood & Angela Roche:* „**Uganda Handbook**", Footprint Handbooks, 1. Auflage 2002, 248 S. Gute Detailinformationen auch zu Nebenreisezielen in Uganda.
- *Philip Briggs & Janice Booth:* „**Rwanda**", Bradt Travel Guide, 4. Auflage 2010, 288 S. Umfassende Darstellung Ruandas.
- *Andrew Roberts:* „**Uganda's Great Rift Valley**", Kampala (2006), 184 S. Ausführliche, mit Unterstützung durch das Uganda Tourism Board im Selbstverlag erschienene Monografie der interessantesten Regionen des Zentralafrikanischen Grabenbruchs in Westuganda, mit aktuellen Darstellungen von Queen Elizabeth NP, Semliki NP, Toro-Semliki WR und Kabwoya WR. Bezug z.B. über den Internet-Buchhändler Amazon.de oder über die Internet-Homepage des Autors: www.ugandariftvalley.com.

Wanderführer

- *David Wenk:* „**Trekking in East Africa**", Lonely Planet „Walking Guide", 3. Auflage 2003, 288 S. Gute Detailinformationen zu allen ostafrikanischen Bergen.

Sprechführer

- *Karel Dekempe:* „**Kinyarwanda für Ruanda und Burundi – Wort für Wort**", Reihe Kauderwelsch im REISE KNOW-HOW Verlag, Bielefeld.
- *Christoph Friedrich:* „**Kisuaheli – Wort für Wort**", Reihe Kauderwelsch im REISE KNOW-HOW Verlag, Bielefeld (auch digital auf CD-ROM und als AusspracheTrainer auf Audio-CD erhältlich).
- *Doris Werner-Ulrich:* „**Englisch – Wort für Wort**", Reihe Kauderwelsch im REISE KNOW-HOW Verlag, Bielefeld (auch digital auf CD-ROM und als AusspracheTrainer auf Audio-CD erhältlich).
- *Gabriele Kalmbach:* „**Französisch – Wort für Wort**", Reihe Kauderwelsch im REISE KNOW-HOW Verlag, Bielefeld (auch digital auf CD-ROM und als AusspracheTrainer auf Audio-CD erhältlich).

Zeitschriften

Besonders empfehlenswerte Artikel über die Region in Zeitschriften:

- Geo-Special „**Ostafrika**" (1994), Gruner & Jahr/Hamburg. Gut recherchierte Artikel zu allen Ländern Ostafrikas.
- Geo 5/1981: „**Ruwenzori – Gullivers Reise**", von *Uwe George*. Faszinierende Bilder einer Expedition in das Gebiet.
- Geo 10–12/1995: „**Afrikareise**" von *Bartholomäus Grill*. Darstellung der Situation verschiedener Länder in Ost- und Zentralafrika.
- National Geographic 5/1990: „**Africa's Great Rift Valley**", von *Curt Stager*. Darstellung von Geologie, Landschaft und Natur des ost- und zentralafrikanischen Grabens.
- Berge 64/1994: „**Ostafrika**", mit ausführlicher Darstellung von Kilimanjaro, Mt. Kenia und Ruwenzori.
- Tours 4/2002: „**Uganda – Hakuna Matata**", mit Darstellung einer Rundreise durch die schönsten Regionen des Landes.
- Eine exzellente Quelle für aktuelle Bildreportagen und Reiseberichte aus Uganda und Ruanda ist die in Großbritannien erscheinende Zeitschrift „**Travel Africa**"; Kontaktadresse für Abonennten: Travel Africa Ltd, 4 Rycote Lane Farm, Milton Common, Oxford, OX9 2NZ, UK, Fax 0044-1844-278893, Internet-Homepage: www.travelafricamag.com.
- Gute Hintergrundinformationen zu Wildlife und Naturschutz im südlichen und östlichen Afrika erhält man auch durch Lektüre der südafrikanischen Journals „**Africa – Geographic**" und „**Africa – Birds and Birding**". Kontaktadresse für Abonnenten: Freepost No. CB 0566, PO Box 44223, Claremont 7735, Cape Town, South Africa, Tel. 0027-21-7622180, Fax 0027-21-7622246, E-Mail: wildmags@blackeaglemedia.co.za, im Internet: www.africa-geographic.com.

Bestimmungsliteratur für Safaris

- *Martin B. Withers & David Hosking:* **„Wildlife of East Africa"**, Princeton University Press (2002), 226 S. Darstellung der gängigsten 475 Tier- und Pflanzenarten, gute Farbillustrationen.
- *Wolfgang Denzer:* **„Kenia, Tansania, Uganda"**, Geocenter Natur- und Tierverlag, Stuttgart (2006), 407 S. Vorgestellt werden alle bedeutenden Naturseheswürdigkeiten in den Ländern Ostafrikas. Mit zahlreichen Farbbildern, Reisehinweisen, Tier- und Pflanzenführer sowie Routenvorschlägen.
- *Jonathan Kingdon:* **„The Kingdon Field Guide to African Mammals"**, Academic Press (1997), 494 S. Standardwerk für die Großtierbeobachtung in Afrika.
- *Richard D. Estes & Daniel Otte:* **„The Safari Companion – A Guide to Watching African Mammals"**, Chelsea Green Publishing (1999), 458 S. Tierführer mit umfangreichen verhaltensbiologischen Anmerkungen.
- *Terry Stevenson & John Fanshawe:* **„Field Guide to the Birds of East Africa"**, Poyser Publications (2002), 600 S. Standardwerk über 1388 Vogelarten, exzellente Farbillustrationen.
- *Ber van Perlo:* **„Birds of Eastern Africa"**, Princeton University Press (2001), 304 S. Kompakte Darstellung von 1488 Vogelarten, die in Ostafrika nachgewiesen wurden. Mäßige Abbildungen und Verbreitungskarten.
- *Jonathan Rossouw/Marco Sacchi:* **„Where to Watch Birds in Uganda"**. Uganda Tourist Board Publications (1998), 100 S. Enthält detaillierte Wegbeschreibungen in 14 verschiedene Gebiete Ugandas. Für passionierte Ornithologen ein Muss.
- *Stephen Spawls:* **„A Field Guide to the Reptiles of East Africa"**, Academic Press (2001), 543 S. Behandelt ausführlich alle Reptilien und Schlangenarten Ostfrikas und geht auch auf den Umgang mit Schlangen und Schlangenbissen detailliert ein.
- *Robert H. Carcasson:* **„Handguide to the Butterflies of Africa"**, Collins/London. Älteres Standardwerk.
- *Michael Blundell:* **„Field Guide to the Wild Flowers of East Africa"**, Collins/London. Älteres Standardwerk.

Manche der angegebenen Titel sind vergriffen und nur noch antiquarisch zu bekommen.

Karten

- **world mapping project**, REISE KNOW-HOW, **Uganda** (2009), Maßstab 1:600.000; **Tansania, Ruanda, Burundi** (2009), Maßstab 1:1.200.000.
- **ITMB Publishing, Rwanda & Burundi** (2007), Maßstab 1:300.000.
- **Michelin, Übersichtskarte Africa – Central and South,** Maßstab 1:4.000.000
- **Macmillan, Kampala Tourist Map** (2007), Maßstab 1:8500 bzw. 1:100.000. Detaillierter Stadtplan von Kampala und Umgebung. In Kampala erhältlich.
- **Andrew Wielochowski, Ruwenzori – Map and Guide** (1989), Maßstab 1:50.000. Gute Detail- und Übersichtskarten des Ruwenzori-Gebirges. In Kampala oder Nairobi erhältlich, in Europa über EWP (www.ewpnet.com).
- **Andrew Wielochowski, Mt. Elgon – Map and Guide** (1989), Maßstab 1:50.000. Detail- und Übersichtskarten des Elgon-Gebietes. In Kampala oder Nairobi erhältlich, in Europa über EWP (s.o.) zu bestellen.

Beim **Tourism Uganda Information Office** in Kampala sind weitere Touristen-Karten erhältlich.

Beim **Department of Lands & Surveys** in Entebbe können Sie topografische Karten von Städten und Landesteilen Ugandas im Maßstab 1:50.000 bekommen (ca. 5 Euro pro Blatt) sowie Kopien der guten Kigezi Tourist Map der touristisch interessanten Gebiete Südwestugandas (Maßstab 1:125.000).

In Ruanda sind einfache touristische Karten über die Büros der **Naturschutzbehörde ORTPN** am Flughafen Kanombe sowie in der Innenstadt von Kigali erhältlich.

Buchtipp – Praxis-Ratgeber:
- Wolfram Schwieder
Richtig Kartenlesen
(REISE KNOW-HOW Verlag)

HILFE!

Dieser Reiseführer ist gespickt mit unzähligen Adressen, Preisen, Tipps und Infos. Nur vor Ort kann überprüft werden, was noch stimmt, was sich verändert hat, ob Preise gestiegen oder gefallen sind, ob ein Hotel, ein Restaurant immer noch empfehlenswert ist oder nicht mehr, ob ein Ziel noch oder jetzt erreichbar ist, ob es eine lohnende Alternative gibt usw. Unsere Autoren sind zwar stetig unterwegs, aber auf die Mithilfe von Reisenden können sie nicht verzichten.

Darum: Schreiben Sie uns, was sich geändert hat, was besser sein könnte, was gestrichen bzw. ergänzt werden soll. Nur so bleibt dieses Buch aktuell und zuverlässig. Wenn sich die Infos direkt auf das Buch beziehen, würde die Seitenangabe uns die Arbeit sehr erleichtern. Gut verwertbare Informationen belohnt der Verlag mit einem Sprechführer Ihrer Wahl aus der Reihe „Kauderwelsch" (s.u.).

Bitte schreiben Sie an: REISE KNOW-HOW Verlag Peter Rump GmbH, Pf 14 06 66, D-33626 Bielefeld, oder per e-mail an: info@reise-know-how.de

Danke!

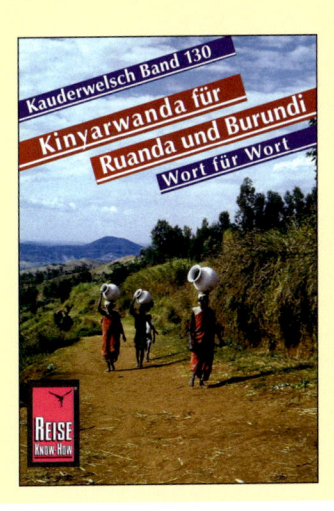

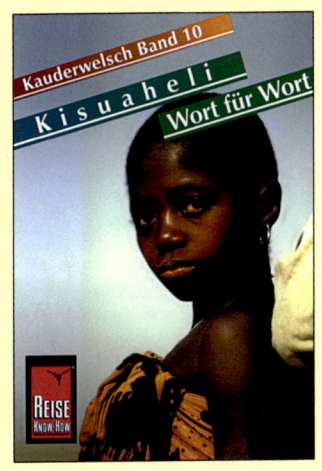

Reise-Gesundheitsinformation: Uganda

Stand: März 2010

Die nachstehenden Angaben dienen der Orientierung, was für eine geplante Reise in das Land an Gesundheitsvorsorgemaßnahmen zu berücksichtigen ist. Die Informationen wurden uns freundlicherweise vom Centrum für Reisemedizin zur Verfügung gestellt. Auf der Homepage **www.travelmed.de** („CRM/Reiseländer") werden diese Informationen stetig aktualisiert. Es lohnt sich, dort noch einmal nachzuschauen.

Klima:
- Tropisch-wechselfeuchtes, aufgrund der Höhenlage gemildertes Klima; zwei Regenmaxima (April/Mai und November); durchschnittliche Temperatur in Kampala ganzjährig um 22°C.

Einreise-Impfvorschriften:
- **Bei Direktflug aus Europa: keine Impfungen vorgeschrieben** (zu Gelbfieber s.u.).
- Bei einem vorherigen Zwischenaufenthalt (innerhalb der letzten 6 Tage vor Einreise) in einem Gelbfieber-Endemiegebiet (Länderliste unter www.travelmed.de) wird bei Einreise eine gültige Gelbfieber-Impfbescheinigung verlangt (ausgenommen Kinder unter 1 Jahr).

Empfohlener Impfschutz:
- **Generell: Standardimpfungen nach dem deutschen Impfkalender, speziell Tetanus, Diphtherie, Hepatitis A, Polio, Gelbfieber.**
- Bei Reisen durch das Landesinnere unter einfachen Bedingungen (Rucksack-/Trekking-/Individualreise) mit einfachen Quartieren/Hotels, bei Camping-Reisen, Langzeitaufenthalten, einer praktischen Tätigkeit im Gesundheits- oder Sozialwesen, bei engem Kontakt zur einheimischen Bevölkerung ist außerdem zu erwägen: Impfschutz gegen Polio, Typhus, Hepatitis B (bei Langzeitaufenthalten und engerem Kontakt mit der einheimischen Bevölkerung), Tollwut (bei vorhersehbarem Umgang mit Tieren) und Meningitis (nur bei engerem Kontakt zur einheimischen Bevölkerung, v.a. in der Trockenzeit).

Wichtiger Hinweis: Welche Impfungen letztendlich vorzunehmen sind, ist abhängig vom aktuellen Infektionsrisiko vor Ort, von der Art und Dauer der geplanten Reise, vom Gesundheitszustand sowie dem eventuell noch vorhandenen Impfschutz des Reisenden.
  Da im Einzelfall unterschiedlichste Aspekte zu berücksichtigen sind, empfiehlt sich immer die rechtzeitige (4–6 Wochen vor der Reise) Inanspruchnahme einer persönlichen Reise-Gesundheits-Beratung bei einem reisemedizinisch erfahrenen Arzt oder Apotheker.

Malaria:
- **Risiko:** ganzjährig, hohes Risiko landesweit.
- **Vorbeugung:** Ein konsequenter Mückenschutz in den Abend- und Nachtstunden verringert das Malariarisiko erheblich (**Expositionsprophylaxe**). Die wichtigsten Maßnahmen sind:
– In der Dämmerung und nachts Aufenthalt in mückengeschützten Räumen (Räume mit Aircondition, Mücken fliegen nicht vom Warmen ins Kalte).

- Beim Aufenthalt im Freien in Malariagebieten abends und nachts weitgehend den Körper bedeckende Kleidung tragen (lange Ärmel, lange Hosen).
- Anwendung von Insekten abwehrenden Mitteln an unbedeckten Hautstellen (Wade, Handgelenke, Nacken). Wirkungsdauer 2–4 Std.
- Im Wohnbereich Anwendung von Insekten abtötenden Mitteln in Form von Aerosolen, Verdampfern, Kerzen, Räucherspiralen.
- Schlafen unter dem Moskitonetz (vor allem in Hochrisikogebieten).
- Ergänzend ist die Einnahme von Anti-Malaria-Medikamenten (**Chemoprophylaxe**) dringend zu empfehlen. Zu Art und Dauer der Chemoprophylaxe fragen Sie Ihren Arzt oder Apotheker, bzw. informieren Sie sich in einer qualifizierten reisemedizinischen Beratungsstelle. Malariamittel sind verschreibungspflichtig.

Aktuelle Meldungen:

- **Darminfektionen:** Risiko für Durchfallerkrankungen landesweit. Cholera, gewöhnlich von Flüchtlingslagern ausgehend auf das westliche Grenzgebiet zur DR Kongo beschränkt, breitet sich rezidivierend mit örtlichen Ausbrüchen im Land aus. Aus Kasese im Westen des Landes wurde im Nov. 2009 ein Ausbruch gemeldet. Im Jahr 2009 wurden mehr als 500 Erkrankungen und zehn Todesfälle registriert. Hygiene beachten.
- **Hepatitis E:** Aus der Moroto-Provinz wird ein erneuter Hepatitis-E-Ausbruch gemeldet. Bisher wurden 28 Erkrankungen (jedoch noch ohne Todesfälle) gemeldet. Als Infektionsquelle gilt kontaminiertes Trinkwasser. Besonders gefährdet für schwere Verläufe und Todesfälle sind Schwangere. Hygiene beachten.
- **Meningokokken-Meningitis:** Während der Trockenzeit (Dez. bis April) kommt es in den Ländern des Afrikanischen Meningitis-Gürtels regelmäßig zu Meningokokken-Epidemien. Während der letzten Meningokokken-Saison infizierten sich in Afrika fast 25.000 Personen, von denen mehr als 1500 verstarben. Impfschutz (ACWY) beachten.
- **Polio:** Im Feb. 2009 wurde zum ersten Mal seit 1996 wieder ein Fall von Poliomyelitis in Uganda nachgewiesen. Inzwischen wurde Polio bei acht Personen nachgewiesen. Nachdem es 2008 zu vereinzelten Ausbrüchen in der benachbarten DR Kongo gekommen war, wurden landesweit Impfkampagnen initiiert, um eine Einschleppung zu verhindern. Hygiene und Impfschutz (Polio) beachten.
- **Schlafkrankheit:** Wie in den Nachbarländern hat die gefährliche Krankheit auch in Uganda zugenommen. Mit einem hohen Aufkommen bei Tieren, die dem Erreger als Reservoir dienen, und einer Übertragung auf Menschen ist landesweit zu rechnen. Schutz vor Tsetse-Fliegen (Überträger) beachten. Bei verdächtigen Reaktionen sofort Arzt aufsuchen.
- **AIDS:** Generell keine HIV-bedingten Einreisebeschränkungen. Bei positivem HIV-Test kann die Aufenthaltserlaubnis verweigert werden.
- **Tollwut:** Moderne Gewebekultur-Impfstoffe und homologes Immunglobulin im Land schwer erhältlich. Im Bedarfsfall an deutsche Vertretung (Vertrauensarzt) wenden. Bei vorhersehbarem Risiko prophylaktische Impfung vor Reise empfohlen.

Reise-Gesundheitsinformation: Ruanda

Stand: März 2010

Die nachstehenden Angaben dienen der Orientierung, was für eine geplante Reise in das Land an Gesundheitsvorsorgemaßnahmen zu berücksichtigen ist. Die Informationen wurden uns freundlicherweise vom Centrum für Reisemedizin zur Verfügung gestellt. Auf der Homepage **www.travelmed.de** („CRM/Reiseländer") werden diese Informationen stetig aktualisiert. Es lohnt sich, dort noch einmal nachzuschauen.

Klima:
- Wechselfeuchtes und tropisches Höhenklima mit zwei Regenzeiten (März/April und Oktober/November); ausgeprägte Trockenzeit von Mai bis September; mittlere Temperatur in den niedrigeren Regionen ganzjährig um 20°C, in den höheren Lagen deutlich darunter (Frost möglich); durchschnittliche Jahrestemperatur in Kigali 19°C.

Einreise-Impfvorschriften:
- **Gelbfieber-Impfung** für alle Reisenden vorgeschrieben (ausgenommen Kinder unter 1 Jahr).

Empfohlener Impfschutz:
- **Generell: Standardimpfungen nach dem deutschen Impfkalender, speziell Tetanus, Diphtherie, Hepatitis A, Gelbfieber.**
- Je nach Reisestil und Aufenthaltsbedingungen im Lande außerdem zu erwägen:

Impfschutz	Reisebedingung 1	Reisebedingung 2
Polio	x	
Typhus	x	x
Cholera	x	
Hepatitis B [a]	x	
Tollwut [b]	x	
Meningitis [c]	x	

[a] bei Langzeitaufenthalten und engerem Kontakt mit der einheimischen Bevölkerung
[b] bei vorhersehbarem Umgang mit Tieren
[c] nur bei engerem Kontakt zur einheimischen Bevölkerung, v.a. in der Trockenzeit

- Reisebedingung 1: Reise durch das Landesinnere unter einfachen Bedingungen (Rucksack-/Trekking-/Individualreise) mit einfachen Quartieren/Hotels; Camping-Reisen, Langzeitaufenthalte, praktische Tätigkeit im Gesundheits- oder Sozialwesen, enger Kontakt zur einheimische Bevölkerung wahrscheinlich.

REISE-GESUNDHEITSINFORMATION: RUANDA

- Reisebedingung 2: Aufenthalt in Städten oder touristischen Zentren mit (organisierten) Ausflügen ins Landesinnere (Pauschalreise, Unterkunft und Verpflegung in Hotels bzw. Restaurants mittleren bis gehobenen Standards).

Wichtiger Hinweis: Welche Impfungen letztendlich vorzunehmen sind, ist abhängig vom aktuellen Infektionsrisiko vor Ort, von der Art und Dauer der geplanten Reise, vom Gesundheitszustand sowie dem eventuell noch vorhandenen Impfschutz des Reisenden.

Da im Einzelfall unterschiedlichste Aspekte zu berücksichtigen sind, empfiehlt es sich immer, rechtzeitig (etwa 4–6 Wochen) vor der Reise eine persönliche Reise-Gesundheits-Beratung bei einem reisemedizinisch erfahrenen Arzt oder Apotheker in Anspruch zu nehmen.

Malaria:
- **Risiko:** ganzjährig, hohes Risiko in Tieflagen, geringes Risiko in Höhenlagen.
- **Vorbeugung:** Ein konsequenter Mückenschutz in den Abend- und Nachtstunden verringert das Malariarisiko erheblich (**Expositionsprophylaxe**). Die wichtigsten Maßnahmen sind:
- In der Dämmerung und nachts Aufenthalt in mückengeschützten Räumen (Räume mit Aircondition, Mücken fliegen nicht vom Warmen ins Kalte).
- Beim Aufenthalt im Freien in Malariagebieten abends und nachts weitgehend den Körper bedeckende Kleidung tragen (lange Ärmel, lange Hosen).
- Anwendung von Insekten abwehrenden Mitteln an unbedeckten Hautstellen (Wade, Handgelenke, Nacken). Wirkungsdauer 2–4 Std.
- Im Wohnbereich Anwendung von Insekten abtötenden Mitteln in Form von Aerosolen, Verdampfern, Kerzen, Räucherspiralen.
- Schlafen unter dem Moskitonetz (vor allem in Hochrisikogebieten).
- Ergänzend ist die Einnahme von Anti-Malaria-Medikamenten (**Chemoprophylaxe**) dringend zu empfehlen. Zu Art und Dauer der Chemoprophylaxe fragen Sie Ihren Arzt oder Apotheker, bzw. informieren Sie sich in einer qualifizierten reisemedizinischen Beratungsstelle. Malariamittel sind verschreibungspflichtig.

Aktuelle Meldungen:
- Im März 2010 lagen keine aktuellen Meldungen vor.

Die Angaben zu beiden Ländern wurden nach bestem Wissen und sorgfältiger Recherche zusammengestellt. Eine Gewähr oder Haftung kann nicht übernommen werden.
© **Inhalte: Centrum für Reisemedizin 2010**

Tiernamensliste

Deutsch	Suaheli	Englisch
Adler	*tai*	eagle
Affe	*mnyama wa jamii ya kima*	monkey
Ameise (schwarz)	*chungu*	ant
Antilope	*swala*	antelope
Biene	*nyuki*	bee
Büffel	*nyati*	buffalo
Buschbaby	*komba*	bushbaby
Buschbock	*pongo*	bushbuck
Buschschwein	*nguruwe*	bush pig
Bussard	*shakivale*	buzzard
Chamäleon	*kinyonga*	chameleon
Colobus-Affe	*mbega*	colobus monkey
Dik-dik	*dikidiki*	dik-dik
Ducker	*nsya*	duiker
Eidechse	*mjuzi*	lizard
Elefant	*tembo, ndovu*	elephant
Elenantilope	*pofu*	eland
Ente	*bata*	duck
Falke	*kozi*	falcon
Fisch	*samaki*	fish
Fischadler	*mwewe samaki*	fisheagle
Fischotter	*fisimaji*	otter
Flamingo	*heroe*	flamingo
Fledermaus	*popo*	bat
Fliege	*inzi*	fly
Floh	*kiroboto*	flea
Flusspferd	*kiboko*	hippopotamus
Frosch	*chura*	frog
Gazelle	*swala*	gazelle
Geier	*tai*	vulture

TIERNAMENSLISTE

Deutsch	Suaheli	Englisch
Gepard	*duma*	*cheetah*
Giraffe	*twiga*	*giraffe*
Ginsterkatze	*kanu*	*genet*
Gorilla	*mnyama wa jamii ya sokwe*	*gorilla*
Grüne Meerkatze	*tumbili*	*vervet monkey*
Habicht	*mwewe*	*hawk*
Heuschrecke	*nzige*	*grasshopper*
Huhn	*kuku*	*fowl, hen*
Hund	*mbwa*	*dog*
Hyäne	*fisi*	*hyena*
Hyänenhund	*mbwa mwitu*	*hunting dog*
Ibis	*kwarara*	*ibis*
Impala	*swala pala*	*impala*
Insekt	*dudu*	*insect*
Kamel	*ngamia*	*camel*
Katze	*paka*	*cat*
Klippspringer	*mbuzi mawe*	*klipspringer*
Klippschliefer	*pimbi*	*hyrax*
Kobra	*swila*	*cobra*
Kormoran	*mnandi*	*cormorant*
Krokodil	*mamba*	*crocodile*
Kronenkranich	*kungwani*	*crowned crane*
Kudu	*tandala*	*kudu*
Kuhantilope	*kongoni*	*hartebeest*
Leopard	*chui*	*leopard*
Löwe	*simba*	*lion*
Manguste	*nguchiro*	*mongoose*
Marabu	*korongo mfukoshingo*	*marabou*
Möwe	*shakwe*	*gull*
Moskito	*mbu*	*mosquito*
Nashorn	*kifaru*	*rhinoceros*
Nashornvogel	*fimbi*	*hornbill*

TIERNAMENSLISTE

Deutsch	Suaheli	Englisch
Oribi	*taya*	oribi
Otter	*nyoka wa jamii ya bafe*	adder
Papagei	*kasuku*	parrot
Pavian	*nyani*	baboon
Pelikan	*mwari*	pelican
Perlhuhn	*kanga*	guinea fowl
Python	*chatu*	python
Raubtier	*mnyama kali*	beast of prey
Reiher	*kongoti*	heron
Reptil	*mnyama mtambaaji*	reptile
Riedbock	*tohe*	reedbock
Schakal	*mbweha*	jackal
Schildkröte	*kobe*	turtle
Schimpanse	*sokwe*	chimpanzee
Schlange	*nyoka*	snake
Schmetterling	*kipepeo*	butterfly
Serval	*mondo*	serval
Sitatunga	*nzohe*	sitatunga
Skorpion	*nge*	scorpion
Spinne	*buibui*	spider
Stachelschwein	*nungu*	porcupine
Storch	*koronogo*	stork
Strauß	*mbuni*	ostrich
Taube	*njiwa*	dove
Termite	*mchwa*	termite
Topi	*nyamera*	topi
Vogel	*ndege*	bird
Waran	*kenge*	monitor lizard
Warzenschwein	*ngiri*	warthog
Wasserbock	*kuru*	waterbock
Webervogel	*mnaana*	weaver
Zibetkatze	*fungo*	civet cat
Zebra	*punda milia*	zebra

ANZEIGE

www.diamir.de

DIAMIR Erlebnisreisen
Kleingruppenreisen und individuelle Touren nach Uganda, Ruanda, Tansania und ins restliche Ostafrika.

Kleingruppenreisen (Auswahl)

▲ **Uganda** Mystische Mondberge
12 Tage Ruwenzori-Trekking ab 2360 €

▲ **Uganda · Ruanda** Berggorillas und Schimpansen
15 Tage Naturrundreise ab 2890 €

▲ **Uganda · Ruanda** Virungavulkane und Gorillas
11 Tage Trekking- und Naturrundreise ab 2340 €

▲ **Ruanda** Schimpansen, Gorillas und Lebensfreude
13 Tage Natur- und Kulturrundreise ab 2690 €

▲ **Uganda · Tansania** Gorillas und Sansibar
18 Tage Naturrundreise ab 3280 €

▲ **Bausteinreisen** aus vielen Modulen selbst gestaltbar

▲ **Preisgünstige Flüge** nach Ostafrika im DIAMIR-Reisebüro unter flug@diamir-reisen.de sowie Hotline (030) 79 78 96 81

Kultur- und Naturrundreisen, Trekking und Expeditionen nach Afrika, Nord- und Südamerika, Asien, Europa und Ozeanien.

Katalogbestellung, Beratung und Buchung in jedem guten Reisebüro und direkt bei:

DIAMIR Erlebnisreisen GmbH
Loschwitzer Str. 58, D – 01309 Dresden
fon +49 (0) 351 – 31 20 726, fax +49 (0) 351 – 31 20 76
eMail info@diamir.de, www.diamir.de

DIAMIR Erlebnisreisen

ANZEIGE 423

www.thuermer-tours.de
Ihr Ostafrika Spezialist seit über 30 Jahren

- Individuelle Uganda & Ruanda Erlebnisreisen
- Individuell geplante Ruwenzori Trekking Touren
- Wir organisieren Ihre Uganda & Ruanda Reise: Individuell, flexibel & preiswert
- Camping- & Lodge Safaris
- Badeverlängerung auf Sansibar
- flexible Kombinationen mit einer Safari in Tansania & Kenia und einer Erlebnisreise in Äthiopien
- Professionelle Beratung vor Abreise & Betreuung vor Ort

Thürmer Reisen e.K. - Zeisigweg 9 - D-81827 München
info@thuermer-tours.de - www.thuermer-tours.de
Tel.: +49 (0)89 4309055 - Fax: 9 (0)89 4391384

ANZEIGE

www.berggorillas.de

Wir bringen Sie zu den Highlights Ugandas und zu den beeindruckenden Berggorillas und Schimpansen. Unsere zweiwöchige Rundreise bietet ein hervorragendes Preis-/Leistungsverhältnis:

ab 2.999 € bieten wir Ihnen

- eine komplette Rundreise in die interessantesten Nationalparks
- in kleinen Reisegruppen bis max. 6 Personen
- 12 Übernachtungen in Lodges der landestypischen Mittelklasse
- Flüge ab/bis Deutschland nach Entebbe
- viele Pirschfahrten und Bootstouren

Überzeugen Sie sich selbst. Und vergleichen Sie mit anderen Angeboten. Wir sind uns sicher, dass wir eine der besten Routen für Sie ausgewählt haben, um »die Perle Afrikas« kennenzulernen.

Beratung & Buchung bei
Colibri UmweltReisen
Bahnhofstr. 154 d
D - 14624 Dallgow-Döberitz
Tel. 0049-3322-1299-0
Fax 0049-3322-1299-10
info@colibri-berlin.de
oder in jedem guten Reisebüro!

Colibri UmweltReisen
...und die Welt wird grüner

FAUNA
R E I S E N

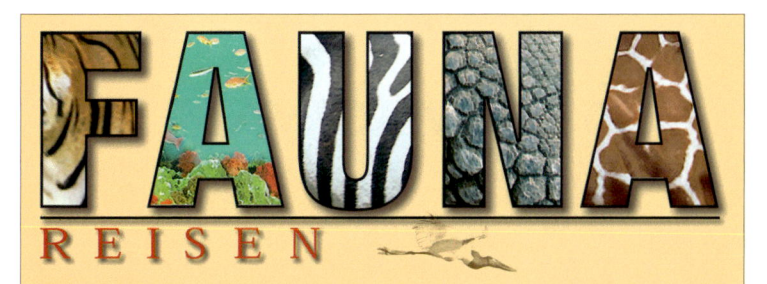

Spezialist für Uganda-Reisen und Tierbeobachtungen weltweit

- Deutschsprachige Rundreisen in kleinen Reisegruppen
- Wanderungen zu den Berggorillas in allen drei Nationalparks
- Große Rundreisekombination mit Ruanda und Uganda
- Durchführung von Reisen ab 2 Personen zu gewünschten Terminen
- 3/4-tägige Touren mit Gorilla Trekking für einen Ruanda-Kurzbesuch
- Anschlussprogramme z.B. in Kenia, Dubai oder auf Sansibar möglich

Tiere ganz nah erleben

Reisekatalog, Beratung & Buchung
FAUNA-REISEN Reiseveranstalter
Schloßallee 8 · 13156 Berlin
Tel: 030-476 23 82 · Fax: 030-476 23 25
info@fauna-reisen.de · www.fauna-reisen.de

ANZEIGE

naturreisen
WIGWAM
expeditionen
DIE WILDNISSE DER WELT

Information, Beratung und **WIGWAM**-Gesamtkatalog:

D:+49 (0)8379 920 60   **CH:+41 (0)71 24 44 501**
info@wigwam–tours.de   info@wigwam–tours.ch

WWW.WIGWAM–TOURS.DE

UGANDA-Reisen mit dem Spezialisten für Naturreisen & Expeditionen

seit 7 Jahren
einzige deutsche Agentur
mit eigenem Team in Uganda

Kleingruppenreisen
mit 6 - 12 Teilnehmern

deutschsprachige
Reiseleitung

PrivatReisen
individuell gestaltet

eigene Fahrzeugflotte
mit speziellen Allrad
Safari-Fahrzeugen

UGANDA
RUANDA
TANZANIA
ZAMBIA
MALAWI
SÜDAFRIKA

ANZEIGE 427

Tiererlebnis  *Allrad-Safari-Fahrzeuge*  *Begegnungen*

"GORILLAS IM NEBEL"

Von Lake Victoria zur Quelle des weißen Nils – Lake Mburo NP – Virunga-Berge & Berg-Gorillas – Queen Elizabeth NP – Rwenzori & Lake Albert – Murchison Falls NP – Jinja & Victoria Nil

NATURREISE
15-tägige Naturreise mit Übernachtung in sehr guten Safari-Lodges und guten landestypischen Hotels mit deutschsprachiger, kompetenter Reiseleitung, ab 2.960,-€

EXPEDITION
15- oder 22-tägige Natur-Erlebnis-Reise mit Wanderungen, Fuß- und Bootsafaris sowie Gorilla-Tracking. Kleingruppen mit max. 12 Teilnehmern, ab 3.680,-€

PRIVATREISEN
Zu ihrem Wunschtermin individuell, zu Zweit oder mit Bekannten und Freunden. Spezielle Routenführung, die Unterkunft angepasst nach Ihren Wünschen.
Fragen Sie bei uns nach - wir helfen Ihnen bei Ihrer Traumreise.

Das WIGWAM-Team in Uganda

WWW.WIGWAM—TOURS.DE

REISE KNOW-HOW
das komplette Programm fürs Reisen und Entdecken

Weit über 1000 Reiseführer, Landkarten, Sprachführer und Audio-CDs liefern unverzichtbare Reiseinformationen und faszinierende Urlaubsideen für die ganze Welt – *professionell, aktuell und unabhängig*

Reiseführer: komplette praktische Reisehandbücher für fast alle touristisch interessanten Länder und Gebiete **CityGuides:** umfassende, informative Führer durch die schönsten Metropolen **CityTrip:** kompakte Stadtführer für den individuellen Kurztrip **world mapping project:** moderne, aktuelle Landkarten für die ganze Welt **Edition REISE KNOW-HOW:** außergewöhnliche Geschichten, Reportagen und Abenteuerberichte **Kauderwelsch:** die umfangreichste Sprachführerreihe der Welt zum stressfreien Lernen selbst exotischster Sprachen **Kauderwelsch digital:** die Sprachführer als eBook mit Sprachausgabe **KulturSchock:** fundierte Kulturführer geben Orientierungshilfen im fremden Alltag **PANORAMA:** erstklassige Bildbände über spannende Regionen und fremde Kulturen **PRAXIS:** kompakte Ratgeber zu Sachfragen rund ums Thema Reisen **Rad & Bike:** praktische Infos für Radurlauber und packende Berichte außergewöhnlicher Touren **sound)))trip:** Musik-CDs mit aktueller Musik eines Landes oder einer Region **Wanderführer:** umfassende Begleiter durch die schönsten europäischen Wanderregionen **Wohnmobil-TourGuides:** die speziellen Bordbücher für Wohnmobilisten mit allen wichtigen Infos für unterwegs

Erhältlich in jeder Buchhandlung und unter www.reise-know-how.de

www.reise-know-how.de

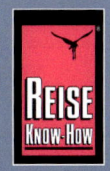

REISE KNOW-HOW

REISE Know-How online

Anhang

Unser Kundenservice auf einen Blick:

Vielfältige Suchoptionen, einfache Bedienung

Alle Neuerscheinungen auf einen Blick

Schnelle Info über Erscheinungstermine

Zusatzinfos und Latest News nach Redaktionsschluss

Buch-Voransichten, Blättern, Probehören

Shop: immer die aktuellste Auflage direkt ins Haus

Versandkostenfrei ab 10 Euro (in D), schneller Versand

Downloads von Büchern, Landkarten und Sprach-CDs

Newsletter abonnieren, News-Archiv

Die Informations-Plattform für aktive Reisende

Mit Reise Know-How gut orientiert nach Afrika

Die Landkarten des **world mapping project** bieten weltweite gute Orientierung.

- Auf reiß- & wasserfestem Polyart®-Papier gedruckt: beschreibbar, kann individuell aufs passende Format gefalzt werden
- Modernes, gut lesbares Kartenbild mit Höhenlinien, Höhenangaben und farbigen Höhenschichten
- GPS-Tauglichkeit durch eingezeichnete Längen- und Breitengrade; ab Maßstab 1:300.000 zusätzlich durch UTM-Markierungen
- Klassifiziertes Straßennetz mit Entfernungsangaben
- Wichtige Sehenswürdigkeiten, herausragende Orientierungspunkte und Badestrände durch einprägsame Symbole dargestellt
- Der ausführliche Ortsindex ermöglicht das schnelle Finden des Zieles

Derzeit **über 150 Titel** lieferbar (siehe unter www.reise-know-how.de), z.B.:

- **Kongo** (1:2.000.000)
- **Uganda** (1:600.000)
- **Tansania, Ruanda, Burundi** (1:1.200.000)

world mapping project
Reise Know-How Verlag, Bielefeld

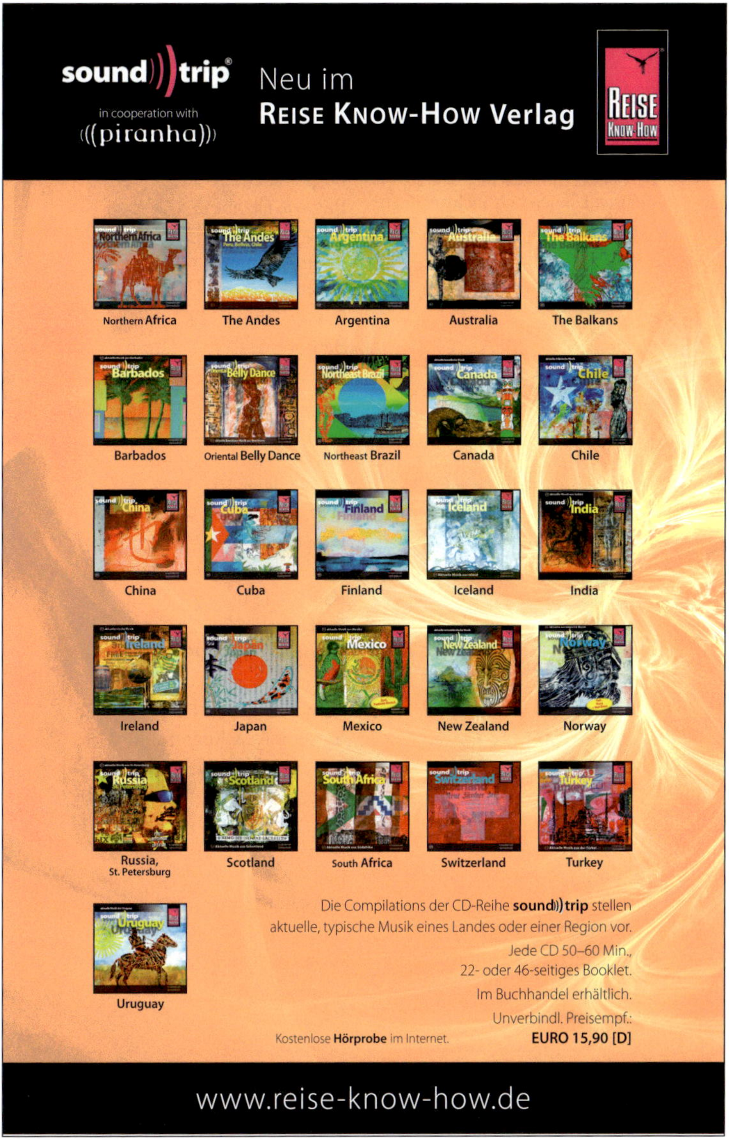

ANZEIGE 431

sound)))trip®
in cooperation with
(((piranha)))

Neu im
REISE KNOW-HOW Verlag

REISE KNOW HOW

Northern Africa	The Andes	Argentina	Australia	The Balkans
Barbados	Oriental Belly Dance	Northeast Brazil	Canada	Chile
China	Cuba	Finland	Iceland	India
Ireland	Japan	Mexico	New Zealand	Norway
Russia, St. Petersburg	Scotland	South Africa	Switzerland	Turkey
Uruguay				

Die Compilations der CD-Reihe **sound)))trip** stellen
aktuelle, typische Musik eines Landes oder einer Region vor.
Jede CD 50–60 Min.,
22- oder 46-seitiges Booklet.
Im Buchhandel erhältlich.
Unverbindl. Preisempf.:
EURO 15,90 [D]

Kostenlose **Hörprobe** im Internet.

www.reise-know-how.de

Register

Hinweise: Alle geografischen Bezeichnungen erfolgen auf Deutsch, es heißt also z.B. Albertsee statt Lake Albert. Alle Begriffe aus dem Tierwelt-Kapitel finden sich im Register zu Uganda. Die reisepraktischen Begriffe im Uganda-Register können sich auch auf Ruanda beziehen.

Uganda

Acholi-Ethnie 279
Acholi-Plateau 98
Adjumani 284
Adler 484
Affen 446
African Air Rescue Health Services 57
Afrikanischer Wildhund 456
AIDS 41, 42, 130, 131
Akagera-Fluss 98
Akisim 288
Albert-Nil 283
Albertsee 247, 256
Albert-Spitze 227
Alekilek 288
Alexandra-Spitze 227
Allied Democratic Forces (ADF) 118
Amin, Idi 109, 110, 282
Anhalter 82
Ankole-Ethnie 129, 179
Ankole-Hügelland 168
Anreise 16
Antilopen 101, 471
Anubispavian 449
Apoka 294
Äquator 169, 205
Araber 107
Armut 124
Arua 282
Asiaten 108, 129
Ausreise 21, 93
Ausrüstung 21
Außenpolitik 120

Baboon Cliffs 209
Bafumbira-Ethnie 199
Baganda-Ethnie 129
Bagaya, Elizabeth 233
Baha'i-Tempel 139
Bahima-Ethnie 231
Bahn 78
Bakiga-Ethnie 129
Bamboo Trail 193
Bananenbier 27
Banda Island 175
Bandas 70
Banken 35
Bantuvölker 107, 129
Banyankole-Ethnie 231
Banyoro-Ethnie 255
Bärenpavian 449
Bars 27, 151
Bartvögel 490
Basoga-Ethnie 129
Batoro-Ethnie 231
Batwa-Ethnie 199
Berggorilla & Regenwald Direkthilfe 105
Berggorillas 168, 187, 190, 191
Besigye, Kizza 116, 118
Bevölkerung 129
Bier 27
Bigo Hut 224
Bigodi 239
Bigodi Wetland Sanctuary 243
Bildung 130
Bilharziose 39
Bisinasee 286
Bokora Wildlife Reserve 288
Borstenhörnchen 451
Botschaften 24, 71, 158

Breitmaulnashorn 101, 264, 464
British East Africa 108
Bubeke Island 175
Buckingham, Tony 247
Budadiri 316
Budongo Forest 262
Budongo Forest Reserve 265
Bufumira Island 175
Bugala Island 173
Buganda-Königreich 107, 115, 138
Bugungu Wildlife Reserve 266
Buhoma 193
Bujagali-Damm 305, 307
Bujagali Falls 304
Bujongolo-Höhle 225
Bujuku-Fluss 223
Bujuku Hut 223
Bujukusee 224
Bukakata 170
Bukasa Island 175
Bulisa 271
Bumasola 316
Bunagana 196
Bundibugyo 246, 255
Bundimusoli 246, 253
Bungeejumping 155, 304
Bunia 250
Bunyonyisee 185
Bunyoro Escarpment 261
Bunyoro-Königreich 115
Buschhörnchen 451
Busia 58, 297, 310
Busingiro 265
Busse 78, 141
Butiaba 262, 271
Bwamba Forest 246, 252
Bwindi Impenetrable National Park 186

Camping 69, 88
Campsites 69
Central Circuit Trail (Ruwenzori) 222

Chapati 26
Chebonet Falls 323
Chemosee 206
Commonwealth-Gipfel 135
Cyanika 60, 197

Dengue-Fieber 44
Deutsch-Ostafrika 108
Diademmeerkatze 450
Diphtherie 45
Diplomatische Vertretungen 24, 71, 158
Dokumente 25
DR Kongo (Grenzen) 60
DR Kongo 116, 120, 250, 281
Durchfall 46

East African Community 120
East Madi Wildlife Reserve 284
Ebola-Fieber 44, 102, 255, 280, 281
Echsen 492
Edwardsee 207
Einreise 20, 44, 93
Eintrittspreise (Nationalparks) 66
Eisenbahn 78
Eisenbäume 242
Elefanten 101, 207, 242, 267, 293, 461
Elena-Gletscher 227
Elena Hut 226
Elenantilopen 293
EMS-Busse 80
Englisch 130
Entebbe 16, 160
Entebbe Botanical Gardens 160
Enten 482
Erdferkel 459
Erdöl 247, 250, 256
Erdwolf 458
Erkältungskrankheiten 47
Essen 26
Eulen 488
Euro 34

Fahrrad 82
Feiertage 28
Fernsehen 64
Feste 28
Finanzen 34
Fischeule 248
Flamingos 481
Fleisch 26
Flüchtlinge 279
Flughafen 16, 160
Flugzeug 16, 78, 140
Flusspferde 101, 208, 464
Flying Doctors of East Africa 57
Förderkreis für Ugandas
 Tierwelt e.V. (FUT) 106
Forest Reserves (FR) 66
Forscher 107
Fort Patiko 281
Fort Portal 233
Fotografieren 28
Frauen (allein unterwegs) 31
Fremdenverkehrsamt 61
Freshfield-Pass 224
Frühgeschichte 107
Führerschein 25

Gahinga 195, 199, 202
Game Drives 71
Gänse 482
Garama-Höhle 202
Garamba-Park 283
Gazellen 475
Gebühren (Nationalparks) 67
Geier 483
Gelbfieber 25, 44
Gelbsucht 40
Geld 34, 72
Gemüse 27
Geografie 98
Georgesee 207
Gepäck 18, 21

Geparde 101, 454
Geschichte 107
Geschlechtskrankheiten 42
Gesundheit 36, 53, 130, 414
Getränke 27
Gewichte 63
Giraffen 101, 466
Goldmeerkatzen 201
Gonorrhoe 42
Gorillas 102, 103, 201, 446
Gorilla-Tracking 191, 201
Greifvögel 483
Grenzen 58
Grevy-Zebra 463
Grüne Meerkatze 449
Guerezas 449
Guest Houses 70, 85
Gulu 279
Guy Yeoman Hut 224

Hakenwürmer 46
Handeln 61
Hemingway, Ernest 272
Hepatitis 40
Hima 168, 175, 205
Hirnhautentzündung 44
Hitzeerschöpfung 48
HI-Virus 41
Höhenkrankheit 47, 222
Hoima 255
Homosexualität 90
Hostels 70
Hot Springs 253
Hotels 85
Hühnervögel 485
Hunters' Cave Camp 321
Hyänen 101, 457
Hygiene 85

Ibanda 232
Ibisse 479

Register (Uganda)

Impalas 176, 474
Impfungen 50, 414
Inflation 35, 125
Informationen 52, 61, 66, 143
Innenpolitik 117
Internet 52, 62, 76
Iru-Bauern 168
Ishasha 214
Ishasha-Fluss 209
Ituri 250
Ituri-Wald 252

Jackson's Summit 314
Jackson's Tarn 320
Jane Goodall Institut Deutschland 106
Jinja 299
John Matte Hut 223

Kaabong 290
Kabale 182
Kabamba-Felsen 225
Kabila, Joseph 121
Kabila, Laurent-Désiré 121
Kabirizi 205
Kabwoya Wildlife Reserve 259
Kaffee 27, 310
Kaffernbüffel 101, 293, 471
Kagitumba 60
Kaiso-Tonya Community Wildlife Area 260
Kaiso-Tonya Controlled Hunting Reserve 259
Kakoro Rock Paintings 310
Kalagala Falls 305
Kalangala 173
Kalinzu Forest Reserve 205
Kamera 28
Kampala 134
Kamunzukusee 206
Kamwenge 243
Kananarok Hot Springs 294

Kaniyo Pabidi 265
Kanu-Touren 309
Kanyanchu 239, 243
Kaphase 451
Kapkwai 321
Kapkwata 320
Karambi Tombs 233
Karamoja 277, 288, 289
Karamoja-Ebene 98
Karamojong 119, 289
Karangora-Spitze 227, 255
Karten 413
Karuma Wildlife Reserve 266
Kasenda Crater Lakes 239
Kasendasee 241
Kasenyi 166
Kasenyi Plains 209
Kasese 215
Kaseta 261
Kasubi Tombs 138
Kasyoha Kitomi Forest Reserve 206
Kategorien (Unterkünfte) 86
Katonga Wildlife Reserve 231
Katonga-Fluss 231
Katuna 60, 182
Katwe 210, 212
Kazinga-Kanal 207, 208
Kazingo 227, 246
Kenia (Grenzen) 58
Kibale Forest National Park 242
Kichuchu-Felsüberhang 225
Kicucu Bridge 226
Kidepo-Fluss 294
Kidepo-Tal 292
Kidepo Valley National Park 292
Kigarama 239
Kigezi-Hügelland 168, 185
Kihihi 215
Kiira-Damm 307
Kilembe 215, 228
Kinderlähmung 45

Kirk-Dikdik 469
Kisoro 195
Kitandara Hut 224
Kitandara-Seen 224
Kitara-Königreich 114
Kitoro 160
Kiziranfumbi 261
Kleidung 21, 23
Klima 99
Klippschliefer 461
Klippspringer 469
Kolonialzeit 107
Kondome 43
Königreiche 114, 118
Konsulate 24, 158
Kony, Joseph 118, 121, 278
Kormorane 477
Korruption 90
Kotido 290
Kraniche 486
Krankenversicherung 56
Kreditkarten 34, 73
Kriminalität 84
Krokodile 491
Kronenducker 468
Kultur 130
Kupfer 215
Kyambura-Fluss 206
Kyambura Gorge 207, 209
Kyegegwa 232
Kyenjojo 261
Kyogasee 285

Lake Mburo National Park 175
Landkarten 413
Landwirtschaft 123
Langi-Ethnie 129, 285
Lassa-Fieber 44
Last-Minute 19
Launch Trip 71, 208, 269
Leihwagen 81, 143

Leishmaniose 43
Leoparden 101, 248, 453
Lira 285
Literatur 408
Löffelhund 457
Lomej 295
Lord's Resistance Army (LRA) 118, 278
Löwen 101, 209, 293, 452
Lugazi 296
Luku 173
Luxury Tented Camps 7087
Lyantondesee 241

Mabamba 159
Mabamba Wetlands 159
Mabira Forest Reserve 297
Magombe Swamp 243
Mahoma River Waterfalls 241
Malaba 297, 310
Malaba 58
Malaria 36, 172, 414
Mandazi 26
Maramagambo Forest 207, 210
Marburg-Fieber 44
Margherita-Spitze 227
Masaigiraffe 466
Masaka 170
Masindi 262
Maße 63
Matany 290
Matatus 81
Matheniko Wildlife Reserve 288
Mbale 310
Mbarara 179
Mburosee 175
Medien 63
Medizinische Versorgung 56
Meerkatzen 449
Meningokokken-Meningitis 44
Menschenrechte 119
Mgahinga Gorilla National Park 199

Milzbrand 208
Missionare 107
Mityana 231
Mobiltelefon 75
Möller, Peter 293
Moroto 288, 310
Mount Elgon National Park 313
Mountain Club of Uganda 62
Mountains of the Moon 219
Movement-System 114, 117
Moyo 284
Mpambire 169
Mpanga Falls 236
Mpanga Forest Reserve 170
Mparo Tombs 258
Mpigi 169
Mt. Baker 219, 224
Mt. Elgon 98, 296, 310, 313
Mt. Kadam 288, 310, 325
Mt. Lotuke 293
Mt. Luigi di Savoia 224
Mt. Moroto 288
Mt. Morungole 292
Mt. Speke 219
Mt. Stanley 219, 224
Mubende 232
Mubuku-Fluss 222
Mubwindi Swamp 186
Mubwindi Swamp Trail 193
Mudangi Cliff 319
Mude Cave Camp 319
Muhavura 195, 199, 201
Mukono 296
Mulehesee 195
Mulingo-Wasserfall 253
Munyaga River Trail 192
Murchison Falls 266
Murchison Falls Conservation Area 266
Murchison Falls National Park 266
Museveni, Yoweri 113
Mutambala Beach 173

Mutandasee 195
Mutukula 59
Muwanga, Paulo 112
Muyembe Camp 322
Muzabajiro Loop Trail 193
MV Kalangala 78, 142, 166, 174
MV Victoria 78, 142
Mwerusee 206
Mweya 212
Mweya-Halbinsel 207

Nabugabosee 170
Nabusanke 169
Nachtleben 85
Nachtschwalben 488
Nagudi Rock 323
Najembe 297
Nakapiririt 288
Nakasero-Hügel 134
Nakitoma 264
Nalubaale-Damm 299, 307
Namugongo Martyr's Shrine 140
Napak 288
Narus-Tal 292
Nashörner 101, 264, 463
Natete 169
National Forest Authority 66
National Parks (NP) 64
National Resistance Army (NRA) 113
National Resistance
 Movement (NRM) 113
Naturschutz 104
Ngamba Island Chimpanzee
 Sanctuary 167
Nile Breweries 299
Nilkrokodil 491
Nilquelle 299
Nilwaran 208
Nimule 61
Njeru 299
Nkingo 239

Nkuringo 194
Nkurubasee 239
Notfälle 71
Ntandi 253
Numagabwe Cave 323
Nyabikeresee 240
Nyabitaba Hut 222
Nyakalengija 222
Nyamirimasee 240
Nyamsika-Fluss 268
Nyamuleju Hut 223
Nyamusingiresee 210
Nyero Rock Paintings 286
Nyinabulitwasee 240
Nyinambugasee 241

Obote, Milton 108, 113
Obst 27
Öffnungszeiten 35
Ökologie 104
Öl 247, 250, 256
Oribis 176
Ostafrika 107
Ostafrikanischer Grabenbruch 107
Owen-Falls-Damm 299, 307

Pakwach 283
Palmengeier 248
Pangolin 451
Papageien 488
Paraa 269
Paratyphus 41
Paviane 448
Pelikane 477
Pferdeböcke 473
Pflanzenwelt 101, 220
Pian-Upe Wildlife Reserve 288
Pierre 294
Piswa Patrol Hut Camp 321
Piswa Trail 320
Poliomyelitis 45
Politik 117
Post 35, 73
Preise 76
Puffotter 49
Pygmäen 107, 129, 199, 246, 253

Quadbiking 309
Queen Elizabeth National Park 206

Rabongo Forest 267, 268
Rackenvögel 489
Rallen 487
Rebellen 84, 118
Regenwald 252, 265
Regenzeit 99
Reiher 478
Reiseagenturen 77, 155
Reiseapotheke 54
Reisepass 2025
Reiseschecks 35, 73
Reisezeit 83
Religion 130
Restaurants 27, 149
Rettet die Elefanten Afrikas e.V. 105
Rhino-Tracking 264
Riedböcke 474
Rift Valley 107
River Ivi Trail 193
Roter Stummelaffe 449
Rothschildgiraffen 267, 294, 466
Royal Mile 265
Ruanda 121
Ruanda (Grenzen) 60
Rückholflüge 56
Rugezi Swamp 202
Ruhija 193
Rukiga-Hochland 186
Rundfunk 64
Rushura Trail 192
Ruwenzori-Gebirge 204
Ruwenzori Mountains National Park 219

Rwaihamba 239
Rwenzori Mountaineering
  Services (RMS) 216, 230

Sabinyo 195, 199, 202
Safari Lodges 70, 87
Safariveranstalter 77, 156
Salat 27
Sammeltaxis 81
Samosa 26
Sandflöhe 46
Sasa Patrol Hut 319
Sasa River Camp 317
Sasa Trail 316
Schakale 456
Schiffsverkehr 78
Schildkröten 492
Schimpansen 103, 161, 167,
  205, 208, 243, 265, 447
Schimpansen-Tracking 209, 243
Schlafkrankheit 43
Schlangen 103, 492
Schlangen(-bisse) 49
Schmetterlinge 242, 252, 297
Schuhe 23
Schuhschnabelstorch 159, 269, 481
Scott-Elliot-Pass 224, 226
Sebitoli 243
Semliki-Fluss 246, 247
Semliki National Park 252
Semliki Valley Wildlife Reserve 247
Sempaya 253
Serval 455
Sicherheit 84, 135, 278
Silberrücken 190
Sipi Falls 321, 325
Sipi Trail 321
Sitatunga-Antilope 231
Siti-Fluss 321
Sklavenhandel 107
Skorpione 50

Smugglers' Path 319
Sonnenbrand 48
Soroti 286
Source of the Nile 299
Sparcard 34
Spechte 490
Speisen 26
Speke, John Hanning 299
Speke Memorial 299
Sperlingsvögel 490
Spinnen 50
Spitzmaulnashorn 101, 264, 464
Sprache 130
Springhase 451
Ssese-Inseln 78, 142, 166, 172
Staat 117
Stachelschwein 451
Stanley-Plateau 227
Staub 48
Stechmücken 44
Steppenpavian 449
Steppenzebra 463
Störche 479
Straßennetz 82
Strauß 476
Streifenhyäne 458
Stromversorgung 85, 307
Studentenausweis 25
Stummelaffen 449
Suam-Fluss 321
Suam Gorge 314, 320
Sudan 118, 120, 281
Sudan (Grenzen) 61
Sudan People's
  Liberation Army (SPLA) 278
Syphilis 42

Tabak 262
Tafelberge 288
Tageszeitungen 64
Tansania (Grenzen) 59

Tauben 488
Taxis 81
Tee 27
Telefon 74
Telekommunikation 73
Teso-Ethnie 129, 286
Tetanus 45
Tiernamen 418
Tierwelt 101, 445
Tilapia-Barsch 26
Tollwut 45
Topis 176
Toro-Königreich 233
Tororo 297, 309
Touren (in den Nationalparks) 70
Tourism Uganda 62, 143
Tourismus 126
Tourismusbüro 61
Trappen 487
Trinken 26
Trinkgeld 85
Trockenzeit 99
Tropenmedizinische Institutionen 51
Tsetse-Fliege 43, 66, 253
Tuberkulose 45
Tüpfelhyäne 457
Tutum Cave 321
Tutum Cave Camp 321
Typhus 41

Uganda Community Tourism Association (UCOTA) 62, 128
Uganda Museum 138
Uganda Schilling 34
Uganda Tourism Board (UTB) 61, 62, 143
Uganda Wildlife Authority (UWA) 62, 66, 143, 230
Uganda Wildlife Education Centre (UWEC) 161
Uganda-Kobs 207, 247
Unabhängigkeit 108
Unterkünfte 69, 85
US-Dollar 35

Vegetation 98
Verhalten 89
Versicherungen 91
Verwaltung 117
Viktoria-Nil 98, 266, 269, 304
Viktoriasee 98, 104, 172, 307
Virunga-Vulkane 98, 168, 195, 199
Visum 20, 24
Vögel 476
Vorschriften (Nationalparks) 69
Vorwahlen 75

Wagagai 314
Wahlen 116
Währung 34
Waldböcke 469
Wanale Ridge 323
Waragi 27
Warzenschwein 465
Wasserböcke 474
Wasserhyazinthe 105
Wasserkraftwerke 307
Waterfall Trail 192
Watvögel 487
Wechselkurs 34
Wein 27
Western Gap 320
Wetlands Canal 232
White-Water Rafting 155, 299, 305, 308
Wilderei 104, 259, 267, 293, 315
Wildlife Reserves (WR) 64
Wirtschaft 122
Wochenzeitungen 64

Zahnschmerzen 49
Zaire 116, 120

Zebras 462
Zeit(-verschiebung) 92
Zentralafrikanischer
  Grabenbruch 98, 219
Ziwa Rhino Sanctuary 101, 264
Zoll 20, 93
Zoologische Gesellschaft
  Frankfurt von 1858 e.V. (ZGF) 106
Zug 78

Ruanda

Akagera-Fluss 392
Ankole-Rinder 394
Anreise 330

Bahutu 337, 348
Batutsi 337, 348
Berggorillas 368, 370
Bevölkerung 348
Birengirosee 395
Botschaften 331
Bukavu 381, 391
Bulerasee 364
Bunagana 404

Cyangugu 390
Cyanika 330

Diplomatische Vertretungen
  (DR Kongo) 405
Diplomatische Vertretungen
  (Ruanda) 331
DR Kongo 374, 376, 391, 397, 400

Einreise 331
Englisch 348

Feiertage 332
Feste 332
Flusspferde 395

Fossey, Dian 367, 370, 372
Fotografieren 332
Franc Congolais 404
Frankreich 338, 345
Französisch 348
Fremdenverkehrsamt 334

Gacaca 342
Gahinga-Vulkan 371
Gelbfieber 331
Geld 332
Genozid 338, 353, 385
Geschichte 337
Gesundheit 416
Gisenyi 374
Gisozi 353
Gitarama 363
Goma 374, 376, 400
Gorilla-Tracking 368
Grauwangenmangaben 389

Hagosee 395
Hutu 337, 348
Huye (Butare) 381

Ihemasee 395
Impfungen 416
Informationen 334
Interahamwe 338

Kabgayi 363
Kabila, Joseph 398
Kagame, Paul 342
Kagitumba 330
Kamembe 390
Karisimbi-Vulkan 371
Karten 413
Katuna 330
Kibuye 380
Kigali 351
Kinyarwanda 348

REGISTER (RUANDA)

Kivusee 374, 379
Kongo 345
Kriminalität 335

Landkarten 413
Literatur 408

Malaria 417
Masai-Giraffen 395
MONUC-Mission 398
Muhavura-Vulkan 371
Murambi 385
Musanze (Ruhengeri) 364
Mutumba Hills 396

Ntarama 353, 362
Nyabisindu 385
Nyamata 353, 362
Nyiragongo 374
Nyungwe-Wald 381

Office Rwandais du Tourisme et des Parcs Nationaux (ORTPN) 62, 372
Orchideen 387
Ostkongo 397

Parc National de Kahuzi-Biéga 381, 391, 399
Parc National de l'Akagera 392
Parc National de Nyungwe 387
Parc National des Volcans 366
Politik 337
Post 334
Preise 332
Pyrethrum 366

Reiseagenturen 334
Reisezeit 335
Rheinland-Pfalz 344
Ruhango 385
Ruhondosee 364

Rusizi-Fluss 381
Rusumo Falls 392
Ruwenzori-Colobusaffen 389
Rwanda Franc 332
Rwanyakizingasee 396

Sabinyo-Vulkan 371
Schimpansen 387
Schmetterlinge 389
Shakanisee 395
Sicherheit 335
Sprache 348
Stromversorgung 336

Telekommunikation 334
Tourismus 350
Tutsi 337, 348

Umuganda Day 333, 343

Visoke-Vulkan 367, 371
Visum 331
Völkermord 339

Wilderei 395
Wirtschaft 349

Zaire 397
Zeit(-verschiebung) 336

Der Autor auf dem Waterfall Trail im Bwindi Impenetrable National Park

Danksagung des Autors

Großer Dank gebührt meiner Frau *Antje,* die mich in den vergangenen Jahren bei der Recherche in Uganda und Ruanda, aber auch bei den Arbeiten am Manuskript in Deutschland über alle Maßen unterstützt und mir die dafür nötige Toleranz gewährt hat.

Mein Dank gilt allen Ugandern und Ruandern, die mit ihren Beobachtungen und Erfahrungen halfen, ein ausgewogenes und nicht ausschließlich subjektiv erlebtes Bild von Zielen und Orten zu erstellen. Es ist unmöglich, sie alle namentlich aufzuzählen.

Bedanken möchte ich mich ferner bei den Mitarbeitern der Naturschutzbehörde Ruandas, dem Office Rwandais du Tourisme et des Parcs Nationaux (ORTPN) in Kigali, sowie der Naturschutzbehörde Ugandas, der Uganda Wildlife Authority (UWA) in Kampala, für ihre Förderung und Kooperation. Herrn *Dr. Dieter Speidel* (Nagold), Mitarbeiter der Deutschen Gesellschaft für Technische Zusammenarbeit (GTZ), danke ich für seine langjährige Unterstützung und Förderung des Buchprojektes.

Für die kritische Durchsicht der 3. Auflage des vorliegenden Buches und wertvolle Korrekturvorschäge bzw. Ergänzungen danke ich einer Reihe von Lesern: *Dr. Grit Ackermann* (Leipzig), *Carsten Billich, Jochen Fuchs* (Magdeburg), *Armin Graf* (Eppingen), *Herwart B. Kemper* (Krefeld), *Antje Kolde* (Limbach), *Sabine Krause, Mareike Loose, Christine Lütke, Christian Matt, Helge Meischner* (Fort Portal/Uganda), *Dr. Wolfgang Müllauer* (Innsbruck/Österreich), *Gerda Nepomuck* (Langenargen), *Kerstin Olberding, Christina Richter, Alexandra Schaaf, Beate Strobel* und *Jens Uhr.*

Arlette-Louise Ndakoze danke ich herzlich für ihre Beteiligung an der Überarbeitung des Ruanda-Kapitels sowie die von ihr verfassten informativen Exkurse.

Zu guter Letzt möchte ich *Dominic Johnson* von der „taz" für seine informativen Hintergrundberichte aus der DR Kongo bzw. dem Gebiet der Großen Seen danken.

Über den Autor

Dr. med. Christoph Lübbert (geb. 1971) studierte Medizin in Kiel (mit Studienaufenthalten in der Schweiz, Südafrika, China und Thailand) und arbeitet derzeit als Internist am Uniklinikum Halle (Saale). Seit dem 16. Lebensjahr bereiste er zunächst Europa, später fast alle anderen Kontinente auf eigene Faust. 1991 kam er das erste Mal auf einer Reise durch Kenia und Tansania mit Afrika in Berührung und wurde sofort mit dem „Afrika-Virus" infiziert. Seit dieser Zeit führten ihn ausgedehnte Reisen in mehr als 15 afrikanische Länder, insbesondere aber immer wieder ins östliche und südliche Afrika. Seit 1995 publiziert er regelmäßig Reiseberichte und Reportagen in Magazinen und Tageszeitungen, u.a. in der „Süddeutschen Zeitung". 1996 wurde die erste Fassung eines Reiseführers über Uganda, Ruanda und Ost-Kongo/Zaire im schleswig-holsteinischen Stein-Verlag veröffentlicht. 2000 folgte in der Verlagsgruppe Reise Know-How ein umfassendes Reisehandbuch über Botswana (4. Auflage 2008). Ende 2003 erschien die erste Auflage des vorliegenden Führers.

Neben den spannenden politischen Veränderungen auf dem schnelllebigen Schwarzen Kontinent interessiert er sich vor allem für die großartige Natur, insbesondere die Berge und Vulkane Ostafrikas oder die paradiesische Unberührtheit von Kalahari und Okavango-Delta.

Für das „Projekt Uganda-Handbuch" reist er seit 1991 immer wieder mit dem Fahrrad, Geländewagen und öffentlichen Verkehrsmitteln durch Uganda und seine Nachbarländer, um eine saubere und aktuelle Buchrecherche gewährleisten zu können.

Mitarbeit am Ruanda-Kapitel

Arlette-Louise Ndakoze (geb. 1983), die an der Überarbeitung des Ruanda-Kapitels beteiligt war, studiert derzeit Frankreichstudien und Philosophie an der Freien Universität Berlin. Sie wurde in Deutschland geboren, ihre Eltern stammen jedoch aus Ruanda bzw. Burundi. Im Januar 2008 kehrte Sie erstmals in die Heimat ihrer Eltern zurück und begann dort ein Austauschjahr an der Nationalen Universität von Ruanda in Huye (Butare). Sie ist neben dem Studium als freie Journalistin tätig.

Die Tierwelt des östlichen Afrika

nach einem Text von
Dr. Fritz Jantschke,
überarbeitet und ergänzt von
Dr. Christoph Lübbert

Die **Fotos** stammen von
Dr. Fritz Jantschke (fj),
Dr. Christoph Lübbert (cl),
Carlos Drews (cd),
Axel Hippke (ah)
und *Jörg Gabriel* (jg).

Säugetiere

Affen	**446**
Nagetiere	**451**
Schuppentiere	**451**
Raubtiere	**452**
Katzen	452
Hunde	455
Hyänen	455
Schleichkatzen	458
Marder	458
Erdferkel	**459**
Rüsseltiere	**459**
Schliefer	**461**
Unpaarhufer	**462**
Zebras	462
Nashörner	463
Paarhufer	**464**
Flusspferde und Schweine	464
Giraffen	466
Hornträger	468
Ducker	468
Böckchen	469
Waldböcke	469
Rinder	470
Kuhantilopen	471
Pferdeböcke	473
Ried- und Wasserböcke	474
Schwarzfersenantilope	474
Gazellen	475

Vögel

Afrikanischer Strauß	**476**
Pelikane und Kormorane	**477**
Reiher	**478**
Störche und Ibisse	**479**
Flamingos	**481**
Enten und Gänse	**482**
Greifvögel	**483**
Geier	483
Adler	484
Sonstige Greifvögel	485
Hühnervögel	**485**
Kraniche, Rallen und Trappen	**486**
Watvögel	**487**
Tauben	**488**
Papageien	**488**
Eulen und Nachtschwalben	**488**
Rackenvögel	**489**
Spechte und Bartvögel	**490**
Sperlingsvögel	**490**

Reptilien

Krokodile	**491**
Schlangen	**492**
Echsen	**492**
Schildkröten	**492**

Säugetiere

Affen

Unter den so genannten Herrentieren (Primaten) sind im östlichen Afrika die Menschenaffen mit Gorilla und Schimpanse, die Niederen Affen mit verschiedenen Pavian-, Meerkatzen- und Stummelaffenarten sowie die Halbaffen mit Galagos („Buschbabys") vertreten.

Berggorillas (Foto: cl)

Menschenaffen

Von den drei afrikanischen Arten (der Orang-Utan lebt in Asien auf den Inseln Borneo und Sumatra) kommen zwei im westlichen Randbereich Ostafrikas vor, während der Bonobo oder Zwergschimpanse nur in den Wäldern des zentralafrikanischen Kongo lebt.

Gorilla (Gorilla gorilla)

Verbreitungsschwerpunkt ist der Guinea-Regenwald im westlichen Afrika, doch gibt es Berg- und Östliche Flachlandgorillas auch in Ruanda, Uganda und im Osten der Demokratischen Republik Kongo (ehemaliges Zaïre).

- **Körpermerkmale:** Mit 60–100 kg (Weibchen) bzw. 140–275 kg (Männchen) und einer Kopf-Rumpf-Länge von annähernd 2 m der größte Menschenaffe. Massiger Körperbau, verhältnismäßig kurze, dunkelgraue bis schwarze Behaarung, erwachsene Männchen mit „Silberrücken". Die drei Unterarten unterscheiden sich in der Körperbehaarung sowie in Gesicht und Nasenregion.
- **Fortpflanzung und Entwicklung:** Nach 250–290 Tagen wird ein Junges (selten Zwillinge) von ca. 1,5–2 kg geboren. Säugezeit 2–4 Jahre, Geschlechtsreife mit 7–8 Jahren, Lebenserwartung 30–40, selten annähernd 50 Jahre.
- **Nahrung:** Rein pflanzlich von Blättern, Sprossen, Rinde, Mark, Knollen (z.B. Bambus, wilder Sellerie, Nesseln, Disteln).
- **Lebensweise und Lebensraum:** Tagaktiv, zum größten Teil auf dem Boden lebend, im Regen- und Bambuswald bis in 4500 m Höhe, Haremsgruppen von einem (selten 2–3) Männchen mit mehreren Weibchen und Jungtieren. Streifgebiete von 10–25 km². Schlafnest aus Zweigen in Bäumen, bei erwachsenen Tieren auch auf dem Boden.
- **Bestand und Situation:** Von der ganzen Art gibt es noch etwa 50.000 Tiere, von den stark gefährdeten Berggorillas im Grenzgebiet von Uganda/Ruanda/Kongo nur noch etwa 720, von den Östlichen Flachlandgorillas (z.B. im kongolesischen Kahuzi-Biega-Nationalpark) 5000 Tiere. Gefährdung durch Verlust des Lebensraumes und Bejagung. Feind neben dem Menschen nur der Leopard.
- **Beobachtungsmöglichkeiten:** Seit drei Jahrzehnten werden Gorillafamilien an verschiedenen Stellen (zuerst im Kongo, dann auch in Ruanda, jetzt vorwiegend in Uganda) an Besucher gewöhnt und unter Leitung erfahrener Führer in kleinen Gruppen für jeweils eine Stunde besucht.

Schimpanse (Pan troglodytes)

Die in den afrikanischen Regenwäldern vorkommenden Schimpansen gibt es in Ostafrika von Uganda über den Osten der DR Kongo, Ruanda und Burundi bis Tansania.

- **Körpermerkmale:** Kopf-Rumpf-Länge ca. 170 cm, weniger massig gebaut als der Gorilla, selten mehr als 60 kg Gewicht. Behaarung mittellang und nicht sehr dicht, Farbe schwarz bis dunkelgrau, Gesichtshaut hell bis fast schwarz.
- **Fortpflanzung und Entwicklung:** ein Jungtier (selten Zwillinge) nach etwa 7½ Monaten Tragzeit. Säugeperiode bis 4 Jahre, Geschlechtsreife mit 6–8 Jahren, Lebenserwartung bis 50 Jahre.
- **Nahrung:** Vorwiegend pflanzlich (Früchte, Knospen, Blätter, Rinde), daneben Insekten und Vogeleier, gelegentlich auch Affen oder junge Antilopen.

Schimpansen bei der Körperpflege
(Foto: fj)

Säugetiere
AFFEN

Anubispavian fletscht seine mächtigen Zähne (Foto: cd)

- **Lebensraum und Lebensweise:** Ausschließlich in Wäldern (vom tropischen Regenwald bis zum offenen Savannenwald), hervorragende Kletterer, die sich aber auch sehr häufig auf dem Boden fortbewegen. Gemischte Gruppen aus beiden Geschlechtern von 30–50 Tieren (oder auch mehr), die nur selten zusammen anzutreffen sind und ihr Revier gegen Gruppenfremde verteidigen. Streifgebiete bis zu 50 km². Übernachten in Zweignestern vorwiegend in Bäumen.
- **Bestand und Situation:** Gesamtzahl der Tiere in einem insgesamt riesigen Verbreitungsgebiet noch weit über 100.000, vor allem durch Jagd und Fang sowie Verlust des Lebensraums gefährdet.

Niedere Affen – Paviane

Drei der fünf Pavianarten kommen im östlichen Afrika vor (der Sphinxpavian lebt in Westafrika, der Mantelpavian in Somalia, Eritrea und Arabien). Es handelt sich um sehr große und schwere Hundsaffen, die viel auf dem Boden anzutreffen sind. Kennzeichnend sind stämmige, kräftige Arme und Beine, eine sehr lange Schnauze und ein kräftiges Gebiss mit riesigen Eckzähnen. Männchen sind doppelt so groß wie die Weibchen.

- **Fortpflanzung und Entwicklung:** Nach 175–195 Tagen wird ein Jungtier (selten zwei) geboren, das etwa ein Jahr (zunächst

am Bauch, später auf dem Rücken) von der Mutter getragen und mit ca. 5 Jahren geschlechtsreif wird und eine Lebenserwartung von 30-40 Jahren hat.
- **Nahrung:** V.a. pflanzlich (Früchte, Knollen, Gräser), aber auch Insekten, Jungvögel und kleine Säugetiere (z.B. Kitze von Antilopen).
- **Lebensweise und Lebensraum:** Gruppen von 10-150 Tieren, angeführt von einem oder mehreren Männchen mit deutlicher Rangordnung. Vor allem in der Baumsavanne lebend.
- **Bestand und Situation:** Keine Art gefährdet, Hauptfeinde Leopard und Mensch, der sie als Ernteschädlinge bekämpft.
- **Beobachtungsmöglichkeiten:** In fast allen Nationalparks in Ostafrika regelmäßig zu beobachten.

Anubispavian (Papio anubis)

- **Körpermerkmale:** Männchen mit Kopf-Rumpf-Länge von 70-95 cm, 40-60 cm langem Schwanz und bis 30 kg Gewicht. Weibchen ein Drittel kleiner und nur halb so schwer. Fell dunkel olivgrün, Gesicht dunkel.
- **Vorkommen:** Von Kamerun bis Uganda und Kenia sowie im Osten der DR Kongo und in Tansania verbreitet. Häufig. An vielen Campsites haben sich Anubispaviane zu einer aggressiven Plage entwickelt.

Bärenpavian (Papio ursinus)

- **Körpermerkmale:** Großer, schlanker Affe mit schwach abfallendem Rücken, bis 115 cm lang und 40 kg schwer, Fell dunkelgrau bis olivbraun, Schnauze sehr lang.
- **Vorkommen:** Im südlicheren Afrika von Kapstadt bis Sambia weit verbreitet und nicht nur in Schutzgebieten anzutreffen.

Steppenpavian (Papio cynocephalus)

- **Körpermerkmale:** Kopf-Rumpf-Länge bis zu 100 cm. Groß, schlank gebaut mit nur wenig abfallendem Rücken. Fell hell, im oberen Bereich gelblichbraun, unten weißlich. Gliedmaßen schlank, dünner Schwanz.
- **Vorkommen:** Vom Osten Kenias und Tansanias bis Sambia verbreitet.

Niedere Affen – Stummelaffen

Mit einem gekammerten Magen auf Verzehr und Verdauung von nährstoffarmen Blättern spezialisiert, daher vorwiegend im Regenwald Zentralafrikas anzutreffen, einige Arten auch in Bergwäldern Ostafrikas. Es gibt zwei Arten von schwarzweißen **Guerezas:** Mantelaffe *(Colobus guereza)* und Bärenstummelaffe *(Colobus polykomos).* In Ruanda, im Westen Tansanias und in anderen ostafrikanischen Randgebieten des Regenwaldes kommt der **Rote Stummelaffe** *(Procolobus badius)* vor. Eine Unterart des Roten Stummelaffen lebt im Jozani Forest der Insel Sansibar.

Niedere Affen – Meerkatzen

Mit gut einem Dutzend Arten sind Meerkatzen die häufigsten Affen Afrikas. Die meisten Arten leben im tropischen Regenwald, nur zwei im Savannengürtel des östlichen und südlichen Afrika.

Grüne Meerkatze (Cercopithecus aethiops)

- **Körpermerkmale:** Kopf-Rumpf-Länge 40-65 cm, Schwanz 55-75 cm, Gewicht 2,5-7 kg, Fell vorwiegend hellgrau bis gelbgrün, Gesicht schwarz und von einem weißen Stirnstreifen umrahmt. Männchen mit blauem Hodensack, Penis und Aftergegend hellrot.
- **Fortpflanzung und Entwicklung:** Nach etwa 160 Tagen Tragzeit in der Regel ein Jungtier von 300-400 g. Geschlechtsreife mit zwei Jahren, Lebenserwartung bis 30 Jahre.
- **Nahrung:** Gras, Früchte, Knospen, Blüten, Blätter, gelegentlich Insekten.
- **Lebensraum und Lebensweise:** Bewohner offener Wälder und angrenzender Savannen,

oft in der Nähe menschlicher Siedlungen, häufig auf dem Boden, aber nie weit entfernt von Bäumen, auf die sie sich bei Gefahr (durch Leoparden oder Adler) zurückziehen. Verbreitung in ganz Afrika südlich der Sahara mit Ausnahme des tropischen Regenwalds und der Wüste. Gruppen von 10–60 Tieren mit mehreren Männchen. Reviergröße bis 1 km².
- **Bestand und Situation:** Sehr häufig, nicht gefährdet.
- **Beobachtungsmöglichkeiten:** In allen Savannengebieten anzutreffen, regelmäßig auch an Campsites und Lodges.

Diademmeerkatze (Cercopithecus mitis)

- **Körpermerkmale:** Etwas schwerer und gedrungener als die Grüne Meerkatze, dunkleres Fell (deshalb im Englischen „Blue Monkey"), weißer Kehlfleck („Diadem"). Zahlreiche Unterarten.
- **Fortpflanzung und Entwicklung:** wie Grüne Meerkatze.
- **Nahrung:** wie Grüne Meerkatze.
- **Lebensraum und Lebensweise:** Stärker ans Baumleben gebunden, kleinere Verbände.
- **Bestand und Situation:** Seltener als Grüne Meerkatzen, aber nicht gefährdet.
- **Beobachtungsmöglichkeiten:** Eher in Waldgebieten, bei weitem nicht so häufig wie die Grüne Meerkatze.

Halbaffen

Von den verschiedenen Familien der Halbaffen (in der Gehirnentwicklung „noch nicht so weit" vorangeschritten wie die „echten" Affen) gibt es nur eine im östlichen Afrika: die **Galagos** oder **Buschbabys.** Die meisten sind Bewohner des dichten Waldes. Der Senegalgalago hat den lichten Savannenwald erobert und ist nachts in Bäumen unterwegs.

Senegalgalago (Galago senegalensis)

- **Körpermerkmale:** 150–450 g, Körper höchstens 19 cm, Schwanz rund 30 cm lang. Hinterbeine sehr kräftig für eine hüpfende Fortbewegung, Augen und Ohren groß.
- **Fortpflanzung und Entwicklung:** Tragzeit 120–145 Tage, meist ein Jungtier (selten zwei), Geschlechtsreife ab ½ Jahr, Lebenserwartung ca. 15 Jahre.
- **Nahrung:** Vorwiegend Insekten und Baumsäfte.
- **Lebensweise und Lebensraum:** Ausschließlich nachtaktiv, Einzelgänger, vorwiegend am Rand von Wäldern und in der Baumsavanne. Tagsüber Schlaf in Baumhöhlen.

Grüne Meerkatze (Foto: fj)

- **Bestand und Situation:** Recht häufig, nicht gefährdet; Feinde insbesondere Eulen und Schleichkatzen.
- **Beobachtungsmöglichkeiten:** Galagos sind nur nachts mit Hilfe starker Scheinwerfer in Bäumen zu entdecken, da ihre lichtempfindlichen Augen das Licht stark reflektieren.

Neben dem Senegalgalago kommt im südlichen Afrika auch der deutlich größere **Riesengalago** *(Galago crassicaudatus)* vor.

Nagetiere

Die meisten Hasen und Nagetiere (zwei verschiedene Säugetierordnungen) sind klein und nachtaktiv, so dass sie nur selten zu sehen sind. Regional häufig sind Hörnchen (Borstenhörnchen und Buschhörnchen im Süden des Kontinents, Rotschenkelhörnchen und andere in den Regenwäldern Zentral- und Ostafrikas).

Kaphase (Lepus capensis)

Sehr ähnlich dem europäischen Feldhasen, nur selten tagsüber zu sehen, da vorwiegend dämmerungs- und nachtaktiv. Bevorzugter Lebensraum sind offene, grasige Ebenen mit verstreutem Buschwerk.

Ähnliche, verwandte Arten sind **Crawshays-Hase** *(Lepus crawshayi),* **Buschhase** *(Lepus saxatilis)* und der **Buschmannhase** *(Bunolagus monticularis).* Während der Crawshays-Hase im gesamten subsaharischen Afrika anzutreffen ist, kommen letzterer nur in der Kap-Provinz Südafrikas vor.

Springhase (Pedetes capensis)

Im südlichen Afrika von Sambia bis Südafrika weit verbreitet. Einschließlich des langen, buschigen Schwanzes 70–90 cm groß, 3–4 kg schwer, ein echtes Nagetier (nicht verwandt mit Hasen), ausschließlich nachtaktiv, in kleinen Kolonien in selbst gegrabenen Höhlen lebend, sehr sprungkräftig mit langen Hinterbeinen (wie ein kleines Känguru), nachts mit Scheinwerfern zu beobachten.

Borstenhörnchen (Xerus inauris)

Im südlichen Afrika unter allen Nagetieren am häufigsten zu sehen, da es tagaktiv ist (seinen buschigen Schwanz verwendet es wie einen Sonnenschirm). Lebt in kleinen Gruppen bis 30 Tieren in Trockengebieten.

Buschhörnchen (Paraxerus cepapi)

Lokal häufig. Relativ kurzer, buschiger Schwanz. Dem Borstenhörnchen sehr ähnlich. Lebensraum sind die Baumsavanne und lichte Wälder. Ausschließlich tagaktiv.

Stachelschwein (Hystrix africaeaustralis)

50–90 cm lang und bis 27 kg schwer, dank der langen, schwarzweiß geringelten Stacheln (umgewandelte Haare) unverkennbar, aber kaum zu sehen, da ausschließlich nachtaktiv und die Tage in Höhlen verschlafend.

Schuppentiere

Eine der ältesten und ungewöhnlichsten Säugetierordnungen mit Arten in Afrika und Asien, die mit den südamerikanischen Gürteltieren (an die sie ein wenig erinnern) nicht verwandt sind und statt der gürtelartigen Hornringe als Körperschutz tannenzapfenartig angelegte Hornschuppen tragen.

Pangolin (Manis temminckii)

Einschließlich des kräftigen Schwanzes fast 1 m lang und 15 kg schwer, nachtaktiv, Ernährung vorwiegend von Ameisen und Termiten, deren Baue sie mit ihren kräftigen Krallen aufreißen. Äußerst selten zu sehen, da trotz des Panzerschutzes sehr scheu und verborgen lebend.

Säugetiere
RAUBTIERE

Raubtiere

Raubtiere gehören zu den attraktivsten Säugetieren des Schwarzen Kontinents. Eine Safari ist für viele Teilnehmer erst erfolgreich, wenn der erste Löwe gesichtet wurde. Kaum weniger attraktiv sind Leoparden und Geparde, Hyänen und Schakale. Selten zu sehen sind die kleineren Katzen (wie Serval, Wildkatze, Karakal) und die vorwiegend nachtaktiven Schleichkatzen und Marder, nicht vertreten in Afrika sind Bären und Kleinbären.

Katzen

Mit den Großkatzen Löwe und Leopard und diversen Kleinkatzen von Gepard bis Schwarzfußkatze ist Afrika ein ausgesprochener „Katzen-Kontinent".

Löwe (Panthera leo)

- **Körpermerkmale:** Einschließlich des knapp 1 m langen Schwanzes 250-300 cm lang, 80-105 cm hoch und bis 250 kg schwer (etwa gleich groß wie der Sibirische Tiger), Männchen mit Backen- und Halsmähne, Schwanz mit dunkler Quaste, Jungtiere gefleckt wie Leoparden.
- **Fortpflanzung und Entwicklung:** Tragzeit 100-115 Tage, zwei bis vier (ausnahmsweise bis sieben) Jungtiere von ca. 1300 g Geburtsgewicht, Säugezeit etwa ein halbes Jahr, Geschlechtsreife mit drei (Weibchen) oder fünf bis sechs Jahren (Männchen), Lebenserwartung selten über 15 Jahre, in Zoos teilweise viel länger.
- **Nahrung:** Vorwiegend größere Huftiere (Zebras, Antilopen, Büffel, gelegentlich Giraffen und junge Elefanten, Flusspferde oder Nashörner).
- **Lebensweise und Lebensraum:** Als einzige Katze im Rudel (zwei bis über 30 Tiere) mit ein bis mehreren Männchen lebend, vorwiegend in der offenen Savanne, auch in Halbwüsten und lichten Wäldern. Reviergröße bis 400 km².
- **Bestand und Situation:** In einigen Gebieten Afrikas (äußerster Norden und Süden) ausgerottet, ansonsten vor allem in großen Schutzgebieten mit reichem Wildbestand nicht bedroht. Jungtiere durch Leopard, Hyä-

Löwen – oben: ein prachtvolles männliches Tier (Foto: jg), unten: Jungtiere (Foto: cl)

ne und Wildhund gefährdet, erwachsene nur durch den Menschen.
- **Beobachtungsmöglichkeiten:** Zwar sind Löwen vorwiegend dämmerungs- und nachtaktiv, doch suchen die Tiere beim Ruhen kein Versteck (nur Sonnenschutz) und sind deshalb in Nationalparks früher oder später zu entdecken. Einzelne Tiere sind aber auch bei Tag unterwegs.

Leopard (Panthera pardus)

- **Körpermerkmale:** Gesamtlänge 155–270 cm (davon 60–95 cm Schwanz), Schulterhöhe von 50–75 cm, Gewicht 30–85 kg (also deutlich kleiner als der Löwe, vor allem aber schlanker und weniger kräftig gebaut), auffallende, sehr variable Rosettenmusterung, Schwärzlinge („Schwarze Panther") in der Natur äußerst selten.
- **Fortpflanzung und Entwicklung:** Nach 90–105 Tagen ein bis sechs (meist zwei bis vier) Jungtiere von 500–600 g, die mit 2½–4 Jahren geschlechtsreif sind und 15–20 Jahre alt werden.
- **Nahrung:** Kleine bis mittelgroße Huftiere (in Afrika v.a. Antilopen), Affen, Vögel.
- **Lebensweise und Lebensraum:** Einzelgänger, vorwiegend dämmerungs- und nachtaktiv, aber manchmal auch bei Tag unterwegs. Fast in allen Lebensräumen von Regenwaldrand bis Wüstenrand, von Gebirge bis Flachland, in ganz Afrika (sowie in großen Teilen Asiens von der Türkei bis Sibirien und Java), selbst in Vororten von Großstädten (z.B. Nairobi) und dort unter anderem Haushunde jagend.
- **Bestand und Situation:** Weit verbreitet und stellenweise nicht selten, trotz Verfolgung durch den Menschen (wegen seines schönen Pelzes und seiner „Schädlichkeit" für Haustiere) höchstens regional gefährdet.
- **Beobachtungsmöglichkeiten:** Von wenigen Stellen abgesehen (z.B. im Seronera-Gebiet der Serengeti) ist es ein ausgesprochener Glücksfall, auf Safari einen Leoparden zu sehen, am ehesten bei einer Siesta im Baum.

Leopard (Foto: cl)

Gepard (Acinonyx jubatus)

- **Körpermerkmale:** 180–230 cm Gesamtlänge (Schwanz 60–80 cm), 60–80 cm hoch, 30–65 kg schwer (fast so groß wie der Leopard und doch wesentlich schlanker und leichter gebaut), relativ hochbeinig, Krallen nicht einziehbar, helles Fell mit unregelmäßigen Flecken. Jungtiere einfarbig gelbgrau mit langer Rückenmähne.
- **Fortpflanzung und Entwicklung:** Nach 90–95 Tagen werden ein bis fünf Jungtiere von 250–280 g geboren. Geschlechtsreife mit 2½–3 Jahren, Lebenserwartung kaum über 15 Jahre.
- **Nahrung:** Vorwiegend Gazellen und andere kleine Huftiere, Hasen und Vögel.
- **Lebensweise und Lebensraum:** Einzelgänger, doch können Junge bis zu zwei Jahre bei der Mutter bleiben und zwei oder drei Brüder eine Jagdgemeinschaft bilden. Streifgebiete bis 100 km². Um seine überragende Schnelligkeit (bis über 100 km/h Geschwindigkeit) ausspielen zu können, braucht der Gepard offene Lebensräume (Gras- und Buschsavanne) und gute Sicht (ist deshalb im Gegensatz zu allen anderen Katzen tagaktiv).
- **Bestand und Situation:** Selbst in Schutzgebieten geringe Bestände und bedroht, da das Erbgut eine sehr geringe Variabilität aufweist und Inzuchtdefekte auftreten. Neben dem Menschen (der dem Geparden oft als „Viehräuber" nachstellt) sind alle Raubtiere (Löwe, Leopard, Wildhund, Hyänen, Schakale) vor allem für junge Geparde gefährlich und können den nicht sehr wehrhaften Jägern die Beute streitig machen.
- **Beobachtungsmöglichkeiten:** Wo der Gepard noch einigermaßen häufig vorkommt (z.B. Serengeti in Tansania, Masai-Mara und Amboseli in Kenia), ist die Chance gut, ihn zu sehen, da der Sprinter am Tag auf Jagd geht.

Gepard mit Beute (Foto: cl)

Serval (Leptailurus serval)

- **Körpermerkmale:** Länge 70–100 cm, Schwanz mit 30–40 cm verhältnismäßig kurz, relativ hochbeinig (45–65 cm) und doch leicht (7–18 kg). Fell strohfarben mit kleinen schwarzen Flecken und Bändern. Kopf schmal und spitz, Ohren groß.
- **Fortpflanzung und Entwicklung:** Ein bis drei (selten fünf) Jungtiere nach 2½ Monaten Tragzeit, mit ca. zwei Jahren erwachsen, Lebenserwartung etwa 20 Jahre.
- **Nahrung:** Vorwiegend Kleinsäuger (Mäuse) und Vögel.
- **Lebensraum und Lebensweise:** Bewohnt Busch- und Grasland, meist einzeln, Reviere bis 10 km².
- **Bestand und Situation:** In den Savannen Afrikas verhältnismäßig weit verbreitet und nicht bedroht.
- **Beobachtungsmöglichkeiten:** Die scheue Kleinkatze ist nur mit viel Glück (z.B. im Ngorongoro-Krater in Tansania) zu sehen.

Zwei weitere Katzen im östlichen und südöstlichen Afrika, die **Wildkatze** *(Felis silvestris)*, von deren afrikanischer Unterart unsere Hauskatze abstammt, und der einfarbig gelbrote bis graubraune **Karakal** oder **Wüstenluchs** *(Profelis caracal)*, sind nur selten zu sehen, da sie sehr versteckt leben und recht scheu sind.

Hunde

Die Hundeartigen (vor allem die Schakale) sind häufiger zu beobachten als Vertreter anderer Raubtier-Familien.

Serval (Foto: fj)

Säugetiere
RAUBTIERE

Afrikanischer Wildhund
(Lycaon pictus)
- **Körpermerkmale:** 60–80 cm hoch, 75–100 cm lang (plus 30–40 cm Schwanz) und 17–36 kg schwer. Farbe sehr variabel: unregelmäßige gelbe und weiße Flecken im dunklen Fell, stets weiße Schwanzspitze, sehr große, runde Ohren, lange Beine.
- **Fortpflanzung und Entwicklung:** zwei bis 16 (!) Junge mit 200–300 g nach 60–80 Tagen Tragzeit. Geschlechtsreife mit ca. 1½ Jahren, Lebenserwartung 10–12 Jahre.
- **Nahrung:** Vorwiegend mittelgroße bis große Huftiere (bis zu Gnu- und Zebragröße).
- **Lebensweise und Lebensraum:** In hoch organisierten Rudeln von durchschnittlich etwa zehn Tieren in großen Streifgebieten lebend, vor allem in der Savanne und in offenen Wäldern.
- **Bestand und Situation:** Stark bedroht durch intensive Bejagung (als „Schädlinge"), Lebensraumverlust und Seuchen (z.B. Hundestaupe).

Afrikanischer Wildhund (Foto: jg)

- **Beobachtungsmöglichkeiten:** Da die Bestände überall (z.B. auch in der tansanischen Serengeti) stark abgenommen haben, sind Begegnungen mit den „Hyänenhunden" (so der frühere Name) ausgesprochen selten. Relativ häufig noch im Selous-Wildreservat Tansanias.

Schakale
Alle drei Arten der fuchsähnlichen Schakale kommen im östlichen Afrika vor. Die Tiere sind Einzelgänger, die überall dort auftauchen, wo es Essbares zu holen gibt, also an Müllhalden und am Riss großer Raubtiere (insbesondere Löwen).

Schabrackenschakal (Canis mesomelas)
Gesamtes östliches und südliches Afrika, gekennzeichnet durch schwarzen Sattel auf dem grauen bis silberfarbigen Fell, häufig.

Streifenschakal (Canis adustus)
Ost- und Südafrika außer der Kap-Provinz, gekennzeichnet durch dunkle Streifen an den Flanken und weißes Schwanzende, seltener als der Schabrackenschakal.

Goldschakal (Canis aureus)
Nur im nördlichen Ostafrika (bis Nordtansania, z.B. Serengeti), golden, rotgelbes Fell ohne Marken, kleiner als die beiden anderen Arten, etwa struppig im Aussehen.

- **Körpermerkmale:** Gesamtlänge 100–140 cm (Schwanz 25–35 cm), Schulterhöhe ca. 40 cm, Gewicht 8–15 kg, Grundfärbung gelb- bis graubraun, langer, spitzer Kopf, verhältnismäßig kurzbeinig.
- **Fortpflanzung und Entwicklung:** Drei bis sechs Junge mit ca. 200–250 g nach neun Wochen Tragzeit, erwachsen mit knapp zwei Jahren, Lebenserwartung 12–14 Jahre.
- **Nahrung:** Vorwiegend Kleinsäuger (Mäuse) und Vögel, Insekten, Früchte, gerne auch „Abfälle" von großen Raubtieren.
- **Lebensweise und Lebensraum:** Tag- und nachtaktiv, meist einzeln, manchmal auch in

Paaren und Familientrupps, Savanne und lichter Wald.
- **Bestand und Situation:** Häufig, nicht bedroht.
- **Beobachtungsmöglichkeiten:** Regelmäßig zu sehen, vor allem am „Kill" von Löwen.

Löffelhund (Otocyon megalotis)

Größe und Aussehen etwa wie Schakale, auffallend große, breite Ohren, kurze, spitze Schnauze, dichtes Fell. Ernährung von Kleintieren und Insekten, meist paarweise und in Familien lebend, relativ häufig, oft am Bau (nicht selten in alten Termitenstöcken) beim Sonnenbaden anzutreffen, da vorwiegend nachtaktiv.

Hyänen

Von den vier Arten sind die Tüpfelhyänen am häufigsten und trotz ihrer vorwiegend nächtlichen Lebensweise nicht selten zu sehen. Streifenhyäne (nur im nördlichen und östlichen Afrika) und Erdwolf sind viel seltener und zudem ausschließlich nachtaktiv. Die Schabrackenhyäne oder Braune Hyäne kommt nur in Namibia, Botswana, Teilen Südafrikas und in Simbabwe vor.

Tüpfelhyäne (Crocuta crocuta)

- **Körpermerkmale:** 150–210 cm lang (Schwanz 25–30 cm), 70–90 cm hoch und 40–65 kg schwer (Weibchen in der Regel größer und schwerer), Rücken abfallend, Ohren rund und verhältnismäßig groß.
- **Fortpflanzung und Entwicklung:** Meist zwei Jungtiere von 1–1,2 kg nach etwa 110 Tagen Tragzeit, Geschlechtsreife mit zwei bis drei Jahren, Lebenserwartung ca. 25 Jahre.
- **Nahrung:** Allesfresser, vor allem Aas (vorwiegend von Löwen, aber auch von anderen Raubtieren, denen sie den Fang zum Teil streitig machen und wegnehmen), aber im Rudel auch selbst Antilopen und Zebras jagend.
- **Lebensweise und Lebensraum:** Einzelgänger, aber auch große Clans mit bis zu 100 Tieren in stark verteidigten Eigenbezirken, vorwiegend nachtaktiv, tags in Erdbauen schlafend, manchmal auch bei Tag unterwegs und nicht selten beim Sonnenbaden und Suhlen in seichten Pfützen zu entdecken. Bestand und Situation: Recht häufig, nicht gefährdet.
- **Beobachtungsmöglichkeiten:** In fast allen Savannengebieten relativ häufig anzutreffen.

Tüpfelhyänen (Fotos: cd)

Streifenhyäne (Hyaena hyaena)

Geringfügig kleiner und leichter als die Tüpfelhyäne, gekennzeichnet durch schwarze Streifen und Kehlfleck, relativ lange Nacken- und Schulterhaare und verlängerte Schwanzhaare sowie verhältnismäßig spitze Ohren. Meist Einzelgänger, doch auch in kleinen Familiengruppen lebend. Fast ausschließlich nachtaktiv, scheu. Eher selten und stellenweise bedroht.

Erdwolf (Proteles cristatus)

Sehr ähnlich wie Streifenhyäne aussehend, aber deutlich kleiner, schwarze Schnauze kaum behaart. Lebt in Dauerehe in Savannen und ernährt sich v.a. von Termiten, Ameisen und anderen Kerbtieren. Recht selten.

Schleichkatzen

Die meisten Arten sind nachtaktiv und recht klein und folglich nur selten zu beobachten – mit Ausnahme von Stellen, die eigens für Nachtbeobachtungen eingerichtet wurden. In der Regel sind Schleichkatzen Einzelgänger. Zwei Arten, **Zwerg- und Zebramangusten,** sind aber nicht nur sehr gesellig, sondern außerdem auch tagaktiv, so dass Trupps von ihnen gelegentlich bei der Beutesuche gesehen werden können.

- **Körpermerkmale:** Meist klein, schlank und lang gestreckt, zwischen 20 cm (Zwergmungo) und über 85 cm (Afrikanische Zibetkatze) plus 20–45 cm Schwanz, Höhe 15–45 cm, Gewicht 350 g–20 kg.
- **Fortpflanzung und Entwicklung:** Tragzeit meist knapp zwei Monate, Geburtsgewicht 50–500 g, Geschlechtsreife mit ein bis zwei Jahren, Lebenserwartung 10–15 Jahre.
- **Nahrung:** Vorwiegend Kleintiere wie Insekten, Mäuse, Reptilien, Vögel, aber auch Früchte.
- **Lebensweise und Lebensraum:** Meist Einzelgänger und nachtaktiv in sehr unterschiedlichen Lebensräumen.
- **Bestand und Situation:** Keine Art vom Aussterben bedroht.
- **Beobachtungsmöglichkeiten:** Nur die tagaktiven und geselligen **Zwergmangusten** (Helogale parvula) und **Zebramangusten** (Mungos mungo) sind gelegentlich zu sehen, wenn ihre Trupps flink und wuselig auf Nahrungssuche unterwegs sind (oder auch wenn sie aus den Termitenbauen, die sie gerne als Höhlen benutzen, herausschauen). Auch der sehr schlanke und lang gestreckte, tagaktive **Rotichneumon** (Herpestes sanguineus) mit rotbraunem Fell und schwarzer Schwanzspitze ist manchmal für kurze Zeit zu beobachten, ehe er wieder in einem Dickicht verschwindet. In und um Lodges sind gelegentlich die eleganten **Ginsterkatzen** zu sehen, bei Nachtsafaris auch die deutlich größeren **Zibetkatzen.**

Marder

Alle Arten der Marder sind nachtaktive Einzelgänger. Am ehesten ist noch der **Honigdachs** (Mellivora capensis) zu beobachten. Dank seiner „Zweifarbigkeit" (schwarzer Körper, deutlich abgesetzter silbrig-weißer Rücken) und der kräftigen Dachsfigur ist er unverkennbar. Sehr aggressiv, greift selbst Katzen und Großwild wie Büffel und Elefanten an. Selten zu sehen sind die in Afrika lebenden Otter, am ehesten noch der **Weißwangenotter** (Aonyx capensis), sowie die nur nächtlich auf Nahrungssuche gehenden Streifeniltisse.

Elefantenmutter mit Jungtier (Foto: cd)

Erdferkel

Eine der ungewöhnlichsten afrikanischen Tiergestalten ist das **Erdferkel** *(Orycteropus afer)*, das in Savannengebieten weit verbreitet ist, aber nur selten beobachtet werden kann, wenn es sich nachts auf Nahrungssuche (Termiten und Ameisen) macht. Kennzeichnend sind der kräftige, fast haarlose Körper (schweineähnlich, auch wenn die Tiere gar nichts mit den Borstentieren zu tun haben, sondern in die altertümliche Säugetierordnung der Vorhuftiere gehören), große Ohren, kräftige Grabklauen an den Vorderbeinen. Tagsüber in selbst gegrabenen Erdhöhlen schlafend.

Rüsseltiere

Begegnungen mit Elefanten gehören zum eindrucksvollsten Erlebnis einer Afrikareise. Nicht nur, weil sie die größten Landtiere sind und mit dem Rüssel ein einmaliges Allzweckorgan haben, sondern auch wegen ihres faszinierenden Sozialverhaltens. Leider gibt es nur wenige Nationalparks, die den Großtieren mit dem riesigen Appetit auf Dauer einen ausreichenden Lebensraum garantieren können. Es ist zu befürchten, dass die Elefanten wie ihre Verwandten, die Mammuts und Mastodons, langfristig aussterben werden.

Säugetiere
RÜSSELTIERE

Afrikanischer Elefant (Loxodonta africana)

- **Körpermerkmale:** Von der Rüssel- bis zur Schwanzspitze 7–7,5 m lang, Schulterhöhe 2,2–3,7 m, Gewicht bis über 9000 kg – damit das bei weitem größte Landtier. Der Rüssel, der aus Oberlippe und Nase entstand und mehr als 2 m lang sein kann, dient zur Nahrungsaufnahme (beim Trinken werden bis zu 10 Liter Wasser angesaugt und dann in den Mund gespritzt), zum Tasten, Riechen, Ergreifen von Gegenständen und zur Kommunikation (gegenseitiges Berühren, aber auch Schlagen). Die Stoßzähne, die bei den Bullen deutlich größer sind als bei den Kühen (Rekordmaße über 3 m), sind umgewandelte Schneidezähne mit offener Wurzel, können also lebenslang wachsen. In jeder Kieferhälfte ist jeweils nur ein Mahlzahn von Backsteingröße im Einsatz. Der nächste Zahn schiebt von hinten nach (horizontaler Zahnwechsel). Die Fußsohlen bedecken zusammen eine Fläche von mehr als 1 m². Unter den Zehen- und Mittelfußknochen fängt ein mächtiges Bindegewebspolster den Druck von einigen Tonnen ab. An den Zehenspitzen befinden sich vorne fünf, hinten drei flache, hufartige Hornnägel.
- **Fortpflanzung und Entwicklung:** 22 Monate Tragzeit, ein Jungtier (ganz selten zwei) von 90–135 kg. Säugezeit bis über zwei Jahre, Geschlechtsreife ab sieben bis acht Jahren, Lebenserwartung 50–70 Jahre.
- **Nahrung:** Gras, Zweige, Blätter, Früchte, Rinde, Wurzeln, Knollen – bis zu 200 kg am Tag.
- **Lebensweise und Lebensraum:** Aktiv „rund um die Uhr", Mutterfamilien als Grundeinheit, Männchen in eigenen Gruppen oder Einzelgänger, Eindringen in Weibchenrudel nur, wenn ein Tier empfängnisbereit ist. Lebensraum von Halbwüste und Grassavanne bis tropischer Regenwald.
- **Bestand und Situation:** In ganz Afrika (Schwerpunkt Zentralafrika) leben noch rund 600.000 Tiere, doch wurden sie in den vergangenen Jahrzehnten wegen ihres Elfenbeins gnadenlos bejagt, und vor allem schwindet ihr Lebensraum drastisch – die Aussichten sind selbst bei konsequentem Schutz wegen des großen Nahrungs- und Raumbedarfs der Tiere schlecht.
- **Beobachtungsmöglichkeiten:** Berühmte Reservate mit Elefanten sind zum Beispiel Marsabit, Samburu, Amboseli und Tsavo in Kenia, Manyara, Tarangire, Selous und Ruaha in Tansania, das Luangwa-Valley in Sambia, Matusadona, Mana Pools und Hwange in Simbabwe, nicht zuletzt der Chobe-Nationalpark in Botswana, um nur die wichtigsten zu nennen.

Schliefer

Die murmeltierähnlichen Schliefer wurden früher als Verwandte der Elefanten angesehen, doch haben genauere Untersuchungen gezeigt, dass sie eher mit Pferden und anderen Unpaarhufern verwandt sind. Die auf Felsen lebenden Klipp- und Buschschliefer sind regelmäßig zu beobachten, die ausschließlich nachtaktiven Baumschliefer bekommt der Afrikabesucher nur mit ihren knarzenden Rufen zu hören.

Klippschliefer (Procavia capensis)

- **Körpermerkmale:** 45–44 cm lang, schwanzlos, 15–25 cm hoch, 2–5,5 kg schwer, gedrungener Körper und kurze Beine (mit nagelförmigen kleinen Hufen), Fell kurz und dicht. Geschlechter äußerlich kaum zu unterscheiden.
- **Fortpflanzung und Entwicklung:** Tragzeit sieben bis acht Monate, ein bis vier Junge von 200–250 g. Geschlechtsreife mit 1½–2 Jahren, Lebenserwartung 9–14 Jahre.
- **Nahrung:** Ausschließlich pflanzlich (Gras und Laub).

Afrikanischer Elefant (Foto: cl)

Säugetiere
UNPAARHUFER

- **Lebensweise und Lebensraum:** Tagaktiv (Nahrungsaufnahme vor allem morgens und abends), Zusammenleben in Familiengruppen (ein Männchen mit einem bis mehreren Weibchen), in felsigem Gelände bis über 4000 m Höhe, hervorragende Kletterer (vorwiegend auf Felsen, aber auch auf Bäumen).
- **Bestand und Situation:** Weit verbreitet und nicht gefährdet.
- **Beobachtungsmöglichkeiten:** Überall in felsigem Gelände anzutreffen und recht auffallend.

Busch- und **Steppenschliefer** sind in Aussehen und Lebensweise sehr ähnlich, dagegen sind die **Baumschliefer** *(Dendrohyrax spec.)* ausgesprochen nachtaktiv und nur ausnahmsweise zu sehen, wenn sie aus ihrer Schlafhöhle in Bäumen schauen.

Steppenzebras in der Serengeti (Foto: jg)

Unpaarhufer

Von den drei Familien sind Pferdeverwandte (mit drei Zebraarten und dem Wildesel) und Nashörner (mit Breit- und Spitzmaulnashorn) in Afrika vertreten, während die dritte, die Tapire, nur in Asien und Südamerika vorkommen.

Zebras

Vier der sechs Einhufer-Arten sind auf dem afrikanischen Kontinent zu Hause. Nur eine, das **Steppenzebra** (verschiedene Unterarten), ist nicht gefährdet. Das im Norden Kenias lebende **Grevy-Zebra** ist sehr selten geworden, das im Süden des Kontinents beheimatete **Bergzebra** vom Aussterben bedroht. Im östlichen Afrika wird vor allem die Hauptunterart des Steppenzebras, das Böhm-Zebra (im Englischen Burchell-Zebra), angetroffen.

Steppenzebra (Equus quagga)

- **Körpermerkmale:** Einschließlich des (50 cm langen) Schwanzes ca. 3 m lang und 125–135 cm hoch und etwa 300 kg schwer, schwarze Streifen auf weißem Grund im Norden, mit Zwischenstreifen und gelblicherem Grund im Süden, vom Körper kontinuierlich auf die Beine übergehend, an Beinen und Rumpf verringert.
- **Fortpflanzung und Entwicklung:** Ein Jungtier von 30 kg nach einem Jahr Tragzeit, Geschlechtsreife mit zwei Jahren, Lebenserwartung 20 Jahre.
- **Nahrung:** Fast ausschließlich Gras.
- **Lebensweise und Lebensraum:** Familienverbände von einem Hengst mit mehreren Weibchen, in Grasländern von Ost- bis Südwestafrika.
- **Bestand und Situation:** Insgesamt häufig, nur stellenweise selten geworden oder gar bedroht.
- **Beobachtungsmöglichkeiten:** Fast in allen Nationalparks des Savannengebiets (außerhalb der Regenwaldzone) anzutreffen.

Grevy-Zebra (Equus grevyi)

Größer als das Steppenzebra und sehr eng gestreift, nur noch im Norden Kenias sowie in Süd-Äthiopien, auf mehreren 1000 km² umherstreifend, in der Paarungszeit territorial, etwa 7000 Tiere, gefährdet.

Nashörner

Keine andere Säugetierordnung ist stärker vom Aussterben bedroht, da die Hörner auf dem chinesischen und südostasiatischen Pharmamarkt (Potenzmittel) sowie im Mittleren Osten (dort als Dolchgriffe, vor allem im Jemen) immer noch stark gefragt sind. In den letzten Jahren ist die Nashorn-Wilderei in Afrika deutlich zurückgegangen.

Spitzmaulnashorn (Foto: cl)

Spitzmaulnashorn (Diceros bicornis)

- **Körpermerkmale:** Einschließlich des (ca. 60 cm langen) Schwanzes knapp 4 m lang, 1,55 m hoch und 1,5 t schwer, mit zwei Hörnern, vorderes bis über 1 m lang.
- **Fortpflanzung und Entwicklung:** 450 Tage Tragzeit, ein Junges von ca. 50 kg, mit vier (Weibchen) bis acht Jahren geschlechtsreif, Lebenserwartung ca. 40 Jahre.
- **Nahrung:** Blätter und Zweige von Sträuchern, auch Kräuter und Gräser, Aufnahme sehr selektiv mit verlängerter Oberlippe.
- **Lebensweise und Lebensraum:** Einzelgänger, nur Mütter mit Jungen längere Zeit zusammen, tag- und nachtaktiv vorwiegend im Busch.
- **Bestand und Situation:** Sehr bedroht durch starke Wilderei.
- **Beobachtungsmöglichkeiten:** Nur noch an wenigen Stellen (z.B. Ngorongoro-Krater in Tansania, Nakurusee in Kenia, Umfolozi-Hluhluwe-Reservat in Südafrika, Hwange- und Matusadona-Nationalpark in Simbabwe) zu sehen.

Breitmaulnashorn (Ceratotherium simum)

Deutlich größer und schwerer (bis 3 t), oft in kleinen Herden (ein Bulle mit mehreren Kühen), vorwiegend in reiner Grasflur lebend und Gräser weidend, daher auch leichter zu beobachten. Früher auch im östlichen Afrika, überall mit Ausnahme des südafrikanischen Reservats Umfolozi-Hluhluwe ausgerottet und wieder an verschiedene Stellen Ost- und Südostafrikas zurückgebracht (z.B. Hwange in Simbabwe). Die nördliche Unterart mit letztem Nachweis im Garamba-Nationalpark im Nordosten der Demokratischen Republik Kongo gilt seit 2009 bis auf einzelne Zootiere als weitgehend ausgestorben.

Paarhufer

Mit Warzenschweinen, Flusspferden, Giraffen und vor allem zahlreichen Hornträgern (Büffel und Antilopen) ist diese Tiergruppe bei Safaris bei weitem am häufigsten zu sehen und am kennzeichnendsten.

Flusspferde und Schweine

Zwei Gruppen von Säugetieren, die höchstens entfernt miteinander verwandt sind. Zwei Flusspferdarten: **Groß-Flusspferd** über weite Teile Afrikas südlich der Sahara verbreitet, das viel kleinere **Zwergflusspferd** nur in kleinen Restbeständen im Westen des Kontinents. Flusspferde zeichnen mit Abstand für die meisten durch wilde Tiere bedingten Todesfälle in Afrika verantwortlich und sollten daher niemals unterschätzt werden.

Flusspferd (Hippopotamus amphibius)

- **Körpermerkmale:** Massiger, walzenförmiger Körper bis 450 cm Länge (Schwanz 35 cm) und 165 cm Höhe, bis über 3000 kg schwer. Kopf riesig, Mund tief gespalten und weiter aufzureißen als bei jedem anderen Säugetier. Haut sehr dick, glatt und weitgehend haarlos, Ohren und Nasenlöcher zum Untertauchen verschließbar und mit Augen auf einer Ebene liegend.
- **Fortpflanzung und Entwicklung:** Tragzeit ca. acht Monate, ein Jungtier von 50 kg, Geschlechtsreife mit vier bis sechs Jahren, Lebenserwartung (im Zoo) bis über 50 Jahre.

Flusspferd (Foto: jg)

- **Nahrung:** Vorwiegend Gräser, die bei nächtlichen Landgängen geweidet werden.
- **Lebensweise und Lebensraum:** Tagsüber vorwiegend im Wasser, nachts an Land, kleine bis sehr große Gruppen, starke Bullen mit Paarungsterritorium.
- **Bestand und Situation:** An manchen Stellen (z.B. in Ägypten, wo es früher vorkam) ausgerottet oder selten geworden, in manchen Reservaten sehr zahlreich.
- **Beobachtungsmöglichkeiten:** „Hippo-Pools", an denen oft Hunderte von Flusspferden eng gedrängt die Tage verbringen, gibt es in vielen Nationalparks des östlichen Afrika. Eines der größten Vorkommen befindet sich im Queen Elizabeth NP in Uganda.

Drei von neun **Schweine-Arten** (ohne die amerikanischen Pekaris) kommen in Afrika vor. Nur das Warzenschwein ist regelmäßig im Grasland zu sehen.

Warzenschwein
(Phacochoerus aethiopicus)

- **Körpermerkmale:** Einschließlich des (35–50 cm langen) Schwanzes 140–200 cm lang, 65–85 cm hoch und 50–150 kg schwer, verhältnismäßig großer Kopf mit großen Ausbuchtungen („Warzen") über und unter den Augen sowie am Unterkiefer, riesige (bis 60 cm lange) Eckzähne. Haut mit Ausnahme meist heller langer Haare an Rücken, Hals und Unterkiefer fast nackt.
- **Fortpflanzung und Entwicklung:** Tragzeit etwa 5½ Monate, ein bis vier (manchmal bis acht) Jungtiere von 450–900 g. Recht lange Abhängigkeit von der Mutter, Geschlechtsreife mit 17–19 Monaten, Lebenserwartung knapp 20 Jahre.
- **Nahrung:** Im Gegensatz zu allen anderen Schweinen keine Allesesser, sondern Gras und Kräuter weidend, kaum nach Wurzeln, Rhizomen und Kleintieren wühlend.
- **Lebensweise und Lebensraum:** Ein bis zwei Mutterfamilien, manchmal mit den Vätern, in kleinen Gruppen, vorwiegend tagaktiv in Grassavannen.

- **Bestand und Situation:** Relativ häufig, nur Löwe als ernst zu nehmender Feind (erfolgreiche Verteidigung gegen alle anderen Raubtiere).
- **Beobachtungsmöglichkeiten:** In allen Grasgebieten Afrikas regelmäßig anzutreffen.

Das **Buschschwein** (*Potamochoerus porcus*) ist zwar im gesamten afrikanischen Bereich weit verbreitet, doch bekommt man die nachtaktive und im dichten Busch lebende Art kaum einmal zu sehen. Noch mehr trifft dies für das **Riesenwaldschwein** (*Hylochoerus meinertzhageni*) zu, das nur in den zentral- und ostafrikanischen Regen- und Bergwäldern vorkommt und erst Anfang des 20. Jahrhunderts für die Wissenschaft entdeckt wurde.

Giraffen

Zwei Arten dieser langhalsigen typischen Afrikaner gibt es: die im Savannengürtel weit verbreitete Giraffe (bis zu acht verschiedene Unterarten) und die nur in einem verhältnismäßig kleinen Gebiet des Kongo-Regenwalds lebende Waldgiraffe, das **Okapi** (*Okapia johnstoni*). Die im östlichen Afrika verbreitetste Giraffenunterart ist die **Masaigiraffe** (*Giraffa camelopardis tippelskirchii*). In Uganda kommen noch Restbestände der **Uganda- oder Rothschildgiraffe** (*Giraffa camelopardis rothschildi*) vor, im nördlichen Kenia die **Netzgiraffe** (*Giraffa camelopardis reticulata*) und im Norden der DR Kongo sowie im Süd-Sudan einzelne Individuen der **Kongogiraffe** (*Giraffa camelopardis congolensis*).

Giraffe (Giraffa camelopardalis)

- **Körpermerkmale:** Bis knapp 5 m hoch (Vorderbeine deutlich länger als Hinterbeine, Hals gut 2 m und trotzdem wie bei fast allen Säugetieren nur aus sieben Wirbeln bestehend), Schwanz ca. 1 m, Gewicht 550 kg (kleine Weibchen) bis annähernd 2000 kg, kennzeichnendes Fleckenmuster (unterschiedlich bei den bis zu acht Unterarten), mit Fell überzogene Knochenzapfen (zwei bis fünf) bei beiden Geschlechtern.
- **Fortpflanzung und Entwicklung:** In der Regel ein Jungtier von ca. 100 kg nach 450–465 Tagen Tragzeit. Geschlechtsreife mit vier bis fünf Jahren, Lebenserwartung 25 Jahre.
- **Nahrung:** Blätter und junge Triebe von Bäumen (vor allem Akazien), die mit den sehr beweglichen Lippen und der langen Zunge vorsichtig zwischen Dornen herausgepflückt werden.

Warzenschwein (Foto: cd)

Rothschildgiraffe (Foto: cl)

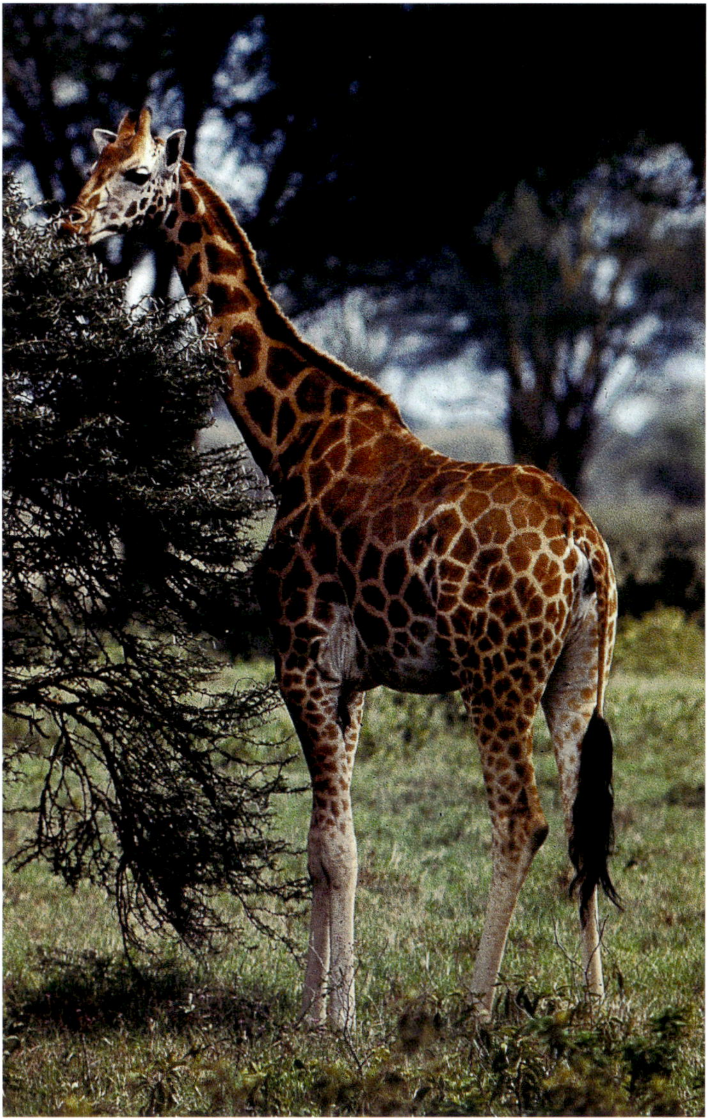

Hornträger

Neben den bekannten Hornträgern Schaf, Ziege und Rind gibt es die nicht genau definierte Gruppe der „Antilopen", die in Afrika mit einem Dutzend Unterfamilien in zahlreichen Arten sehr vielfältig vertreten ist. Hornträger gehören zu den am häufigsten gesehenen Tieren im östlichen Afrika.

Ducker

14 Arten, von denen die meisten im tropischen Regenwald oder zumindest in sehr dicht bewachsenen Buschgebieten leben, deshalb kaum einmal von Afrikareisenden zu sehen. Ausnahme ist der **Kronenducker**, der südlich der Sahara weit verbreitet und in der Buschsavanne und in lichten Wäldern gelegentlich zu beobachten ist. In Bergwäldern ist auch der **Rotducker** (Cephalophus natalensis) anzutreffen.

Kronenducker (Sylvicapra grimmia)

- **Körpermerkmale:** Etwa rehgroß (rund 1 m lang, 45–60 cm hoch und 10–20 kg schwer), hellbraun bis -grau. Böcke mit 8–18 cm langen, spitzen Hörnern, Weibchen meist ohne, kennzeichnend der lange Stirnschopf.
- **Fortpflanzung und Entwicklung:** Ein Jungtier von 1,3–2,1 kg, Tragzeit 7–7½ Monate, Geschlechtsreife ca. mit einem Jahr, Lebenserwartung ca. 12 Jahre.
- **Nahrung:** V.a. Blätter von Büschen, zum Teil Früchte und Samen, auch Jungvögel.
- **Lebensweise und Lebensraum:** Paarweise oder einzeln in Buschgebieten (nicht in reiner Grassavanne und im dichten Wald).
- **Bestand und Beobachtungsmöglichkeiten:** Weit verbreitet, nicht bedroht, trotzdem nur selten zu sehen.

- **Lebensweise und Lebensraum:** Gesellig in Gruppen sehr unterschiedlicher Größe und ständig wechselnder Zusammensetzung (ohne feste Verbände), recht große Streifgebiete in Baumsavannen- und Buschgebieten.
- **Bestand und Situation:** Relativ häufig, da nur wenig bejagt, Feinde sind höchstens Löwen (die sich aber vor den mächtigen Hufschlägen erwachsener Tiere, mit denen auch Kälber erfolgreich verteidigt werden, hüten müssen).
- **Beobachtungsmöglichkeiten:** In allen Savannengebieten mit guten Baum- (Akazien-) Beständen zu sehen.

Klippspringer (Foto: fj)

Böckchen

Häufiger als Ducker sind im Dornbusch die zierlichen Dikdiks und auf Felsen Klippspringer zu beobachten, stellenweise auch Stein- und Bleichböckchen.

Kirk-Dikdik (Madoqua kirki)

- **Körpermerkmale:** Sehr klein und zierlich (44–75 cm lang, 35–45 cm hoch, 2,5–6,5 kg schwer), pfeffer- und salzfarben, Nase verlängert, nur Männchen mit (bis 12 cm langen) spitzen Hörnern.
- **Fortpflanzung und Entwicklung:** Ein Jungtier von 0,5–0,6 kg Gewicht, Tragzeit 5–6 Monate, erwachsen mit knapp einem Jahr, Lebenserwartung kaum über zehn Jahre.
- **Nahrung:** Vorwiegend Blätter von Sträuchern, Knospen, Kräuter, Gräser, sehr geringer Wasserbedarf.
- **Lebensweise und Lebensraum:** Einzeln oder paarweise (wahrscheinlich in lebenslanger Einehe) in dichtem Busch lebend, streng territorial.
- **Bestand und Beobachtungsmöglichkeiten:** In seinem verhältnismäßig kleinen Verbreitungsgebiet nicht selten und lokal häufig zu beobachten. Ähnliches gilt für die anderen (vier) Arten.

Klippspringer (Oreotragus oreotragus)

- **Körpermerkmale:** Ähnlich wie Dikdiks, doch etwas größer und im Körperbau kräftiger, extreme Zehenspitzengänger, Voraugendrüsen noch auffallender als bei Dikdiks.
- **Fortpflanzung und Entwicklung:** Tragzeit sieben Monate, Geburtsgewicht ca. 1 kg, Geschlechtsreife mit einem Jahr, Lebenserwartung etwa 15 Jahre.
- **Nahrung:** Gräser, Kräuter, Blätter in der Nähe von Felsen, auch Flechten, Blüten, Früchte.
- **Lebensweise und Lebensraum:** Paarweise auf und in der Nähe von Felsen (Einzelfelsen ebenso wie Gebirgsblöcke) lebend, Territorien klein, höchstens 10 Hektar um den „Heimatfelsen".
- **Bestand und Beobachtungsmöglichkeiten:** In passendem Felsgelände nicht selten und leicht zu beobachten, da oft auf den höchsten Felserhebungen stehend. Gefährdet durch Leoparden und Adler.

Steinböckchen (Raphicerus campestris) und **Bleichböckchen oder Oribis** (Ourebia ourebi) sind in Größe und Aussehen ähnlich wie Klippspringer, doch klettern sie nie wie diese auf Felsen. Steinböckchen sind rötlich-ocker und leben als Einzelgänger im Buschland, Bleichböckchen sind fahlgelb, leben als Einzelgänger oder in kleinen Gruppen und bevorzugen große Grasflächen. Oribis sind nur gelegentlich zu beobachten (regelmäßig z.B. in Uganda), Steinböckchen sind im südöstlichen Afrika regional häufig.

Waldböcke

Drehhornantilopen werden diese mittelgroßen bis sehr großen Antilopen der Grassavanne (Elenantilope), Baumsavanne (Kudus, Buschbock, Nyalas), des Sumpfes (Sitatunga) und des Regenwaldes (Bongo) genannt wegen ihrer korkenzieherartig gedrehten Hörner, die beide Geschlechter oder auch nur die Männchen tragen können. Das schönste Schraubengehörn von annähernd 180 cm Länge haben die Großen Kudus.

- **Körpermerkmale:** Neben dem Korkenzieher-Gehörn gekennzeichnet durch weiße Abzeichen in Gesicht und Streifen oder Fleckenmuster am Körper. Männchen können anders gefärbt sein als die Weibchen (Bongo und Buschbock: Bulle kastanienbraun, Kuh rotbraun, Elen: Bulle graubraun, Kuh rötlich), aber auch recht verschieden aussehen (beim Nyala haben die Männchen eine sehr lange Bauch- und Halsbehaarung fast ohne Abzeichen, während die Weibchen kurzhaarig und rotbraun mit weißen Streifen sind). Elenantilopen-Bullen können bis zu 1000 kg wiegen,

Säugetiere
PAARHUFER

dagegen sind Buschböcke nur 25–60 kg schwer. Schulterhöhe liegt zwischen diesen beiden Extremen bei 180 cm bzw. nur 100 cm.
- **Fortpflanzung und Entwicklung:** Tragzeit zwischen 6 und 9½ Monaten, meist nur ein Jungtier, zwischen 3,2 und 35 kg. Geschlechtsreife mit ein bis zwei Jahren, Lebenserwartung 12–25 Jahre.
- **Nahrung:** Vorwiegend Blätter, Knospen, Triebe von Sträuchern, aber auch Wasser- und Sumpfpflanzen (Sitatunga) bzw. Gräser und Kräuter (Elen).
- **Lebensweise und Lebensraum:** Von einzelgängerisch (Buschbock) bis zu gemischten Trupps (bis 50 Tiere bei Elen) in mehr oder weniger deckungsreichem Gelände (Busch, Wald, Sumpf), fast alle mit verhältnismäßig großen Verbreitungsgebieten.
- **Bestand und Situation:** Keine der Arten vom Aussterben bedroht, Bestände stellenweise stark reduziert (der Große Kudu in Ostafrika beispielsweise durch eine regionale Rinderpestepidemie zu Beginn des letzten Jahrhunderts), in den Ländern des südlichen Afrika hingegen ist die Art noch zahlreich vertreten.

Die acht Arten sind **Buschbock** *(Tragelaphus scriptus)*, **Sitatunga** *(Tragelaphus spekei)*, **Nyala** *(Tragelaphus angasi)*, **Bergnyala** *(Tragelaphus buxtoni)*, **Kleiner Kudu** *(Tragelaphus imberbis)*, **Großer Kudu** *(Tragelaphus strepsiceros)*, **Bongo** *(Taurotragus eurycerus)* und **Elenantilope** *(Taurotragus oryx)*.

Rinder

Von den zwölf Rinderarten der Erde ist eine Art (mit zwei Unterarten) in Afrika weit verbreitet: der Afrikanische oder Kaffernbüffel.

Große Kudus (Foto: cl)

Afrikanischer Büffel (Kaffernbüffel) (Syncerus caffer)

- **Körpermerkmale:** Gesamtlänge 300–450 cm (Schwanz 70–110 cm), Schulterhöhe 100–170 cm, Gewicht 250–700 kg, Fellfarbe schwarzbraun bis rotbraun oder rot (Rotbüffel des Regenwalds), Hörner unterschiedlich groß, bei Bullen meist an der Stirn zusammengewachsen zu einer Platte, große, zumeist an den Rändern und im Innern stark behaarte Ohren.
- **Fortpflanzung und Entwicklung:** Tragzeit knapp ein Jahr, meist ein, selten zwei Jungtiere von 55–60 kg, Geschlechtsreife mit ca. fünf Jahren, Lebenserwartung bis 25 Jahre.
- **Nahrung:** Gräser und Kräuter, aber auch Blätter von Bäumen und Sträuchern.
- **Lebensweise und Lebensraum:** Kühe und Jungtiere mit einigen Bullen in teils riesigen Herden von bis zu 1000 Tieren, ältere Bullen Einzelgänger, in Savannen und Waldland in ganz Afrika, nie weit von Wasser.
- **Bestand und Situation:** Trotz Bejagung sehr gute Bestände, vor allem in den Nationalparks.
- **Beobachtungsmöglichkeiten:** Fast in allen Reservaten können einzelne Büffel oder auch riesige Herden beobachtet werden.

Kuhantilopen

Mit sieben Arten gehört die Gruppe der Kuhantilopen zu den Charaktertieren der afrikanischen Savanne. Besonders häufig sind die im gesamten östlichen und südlichen Afrika verbreiteten **Streifengnus** (Connochaetes taurinus) (über eine Million allein in der tansanischen Serengeti). Regelmäßig beobachtet werden im östlichen Afrika auch die **Leierantilope oder Topi** (Damaliscus lunatus), **Kongoni** (Alcelaphus cokii) und **Lichtensteins-Kuhantilope** (Alcelaphus lichtensteini). Hinzu kommt im

Kaffernbüffelherde im Kidepo Valley NP (Fotos: cl)

Säugetiere
PAARHUFER

südlichen Afrika die **Halbmondantilope oder Tsessebe** (Damaliscus lunatus). **Weißschwanzgnus** (Connochaetes gnou) und **Blessböcke** (Damaliscus dorcas) sind hingegen nahezu ausgerottet worden und kommen heute nur noch in wenigen südafrikanischen Reservaten und Farmen vor.

- **Körpermerkmale:** Relativ groß (Länge 170–320 cm incl. Schwanz, Schulterhöhe 85–145 cm, Gewicht 60–290 kg), verhältnismäßig derbe („kuhähnliche") Gestalt, mehr oder weniger große Köpfe, nicht übermäßig lange (maximal 80 cm), nach innen und hinten gebogene Hörner bei beiden Geschlechtern. Geschlechtsunterschied bei allen sowohl in Größe als auch in Färbung gering.
- **Fortpflanzung und Entwicklung:** Tragzeit 7½–8½ Monate, ein Jungtier von 7–18 kg, Geschlechtsreife mit ca. zwei Jahren, Lebenserwartung etwa 20 Jahre.
- **Nahrung:** Gräser und Kräuter.
- **Lebensweise und Lebensraum:** Meist in Gruppen von 5–30 Tieren (Großverbände bis über 1000 bei Streifengnus) in Grassavanne lebend, Bullen meist territorial (Streifengnus nur kurz in der Fortpflanzungszeit). Jungtiere „Nestflüchter", die der Mutter vom ersten Tag an folgen können.
- **Bestand und Situation:** Recht große Gesamtbestände aller im östlichen Afrika leben-

Gnu-Migration in der Serengeti (Foto: jg)   Wasserbock (Foto: fj)

den Arten, nur stellenweise durch Jagd oder Lebensraumverlust selten geworden.
- **Beobachtungsmöglichkeiten:** Die drei Arten **Hartebeest** (Alcelaphus buselaphus), **Topi** (Damaliscus lunatus) und vor allem das **Streifengnu** (Connochaetes taurinus) mit Riesenscharen im Serengeti-Ökosystem, Masai Mara in Kenia und Ngorongoro in Tansania sind überall dort anzutreffen, wo es großflächige Grassavannen (mit oder ohne Baum- und Buschbestand) gibt.

Pferdeböcke

Eine Unterfamilie mit einigen der stattlichsten Antilopen, von denen drei Arten stellenweise auch in Ostafrika vorkommen: **Pferdeantilope** (Hippotragus equinus), **Rappenantilope** (Hippotragus niger) und **Ostafrikanischer Spießbock oder Oryx-Antilope** (Oryx beisa).

- **Körpermerkmale:** Stattliche Antilopen von 230–330 cm Gesamtlänge (inkl. Schwanz von 70 cm) und 110–160 cm Schulterhöhe sowie 150–300 kg Gewicht. Hörner bei beiden Geschlechtern, bei Pferdeantilopen verhältnismäßig kurz (maximal 100 cm), nach hinten gebogen, mit Ringen, bei Rappenantilopen bis 165 cm lang und halbkreisförmig nach hinten geschwungen, bei Oryx- oder Säbelantilopen bis 120 cm lang, gerade, dünn und sehr spitz. Nur bei Rappenantilopen deutlicher Geschlechtsunterschied (Männchen schwarz mit weißem Bauch, Weibchen kastanienbraun), Pferdeantilopen graubraun mit schwarzer Gesichtsmaske, Oryx eher grau mit schwarzweißen Zeichnungen im Gesicht, am Bauch und an den Beinen sowie einem recht langen Quastenschwanz.
- **Fortpflanzung und Entwicklung:** Tragzeit 8½–10 Monate, ein Jungtier von 9–18 kg Gewicht, Geschlechtsreife mit zwei bis drei Jahren, Lebenserwartung ca. 20 Jahre.

- **Nahrung:** Gräser und Kräuter, kaum Laub. Oryx kann lange ohne Wasser auskommen.
- **Lebensweise und Lebensraum:** Für gewöhnlich Haremsgruppen, manchmal auch größere gemischte Verbände von bis zu 60 Tieren. Baum- und Buschsavanne bei den Pferde- und Rappenantilopen, Kurzgrassavanne und Halbwüste, selten auch Baumsavanne bei Oryx.
- **Bestand und Beobachtungsmöglichkeiten:** Nirgends häufig, aber keine Art bedroht, Begegnungen eher selten. Beste Chancen für Oryx-Antilopen im Samburu-Nationalpark Kenias (dort häufig), für Rappenantilopen im Hwange-Nationalpark Simbabwes.

Ried- und Wasserböcke

Von den zehn Arten dieser Unterfamilie ist allein der **Wasserbock** (Kobus ellipsiprymnus) weit verbreitet. Im Süd-Sudan, in Uganda und dem Osten der DR Kongo ist der **Uganda-Kob** (Kobus kob thomasi) lokal häufig. Der **Riedbock** (Redunca arundinum) ist zwar recht weit verbreitet, aber nur gelegentlich anzutreffen. In Südafrika werden lokal auch der **Bergriedbock** (Redunca fulvorufula) und der **Rehbok** (Pelea capreolus) angetroffen. In Sambia, Nord-Botswana und Nord-Simbabwe tritt regelmäßig auch die **Gelbfuß-Moorantilope oder Puku** (Kobus vardoni) auf.

- **Körpermerkmale:** Mittelgroße bis große Antilopen von 130–250 cm Länge (Schwanz 10–45 cm), 70–130 cm Schulterhöhe und einem Gewicht zwischen 20 (Rehbok) und 250 kg (Wasserbock). Hörner (zwischen 30 und 100 cm lang) meist leicht nach vorne gekrümmt. Geschlechtsunterschiede in den meisten Fällen nicht sehr ausgeprägt.
- **Fortpflanzung und Entwicklung:** Tragzeit 7–9½ Monate, meist ein Jungtier von 4–13 kg, Geschlechtsreife mit ein bis zwei Jahren, Lebenserwartung 10–18 Jahre.

- **Nahrung:** Vorwiegend Gräser, weniger Kräuter, Riedböcke und Moorantilopen auch Wasserpflanzen und Schilf.
- **Lebensweise und Lebensraum:** Alle Arten mehr oder weniger an Wasser gebunden, Riedböcke am wenigsten, Moorantilopen sehr ausgeprägt. Meist in kleinen Trupps (Riedböcke) oder gemischten Gruppen (Wasserböcke), Grasantilopen aber auch in Männchengruppen bis 600 und Weibchenverbänden bis 1000 Tieren.
- **Bestand und Beobachtungsmöglichkeiten:** Häufig und in fast allen Nationalparks des östlichen Afrika anzutreffen ist der **Wasserbock** (Kobus ellipsiprymnus) mit den beiden Unterarten Defassa- und Ellipsen-Wasserbock. Weit verbreitet, aber selten zu sehen sind der **Riedbock** (Redunca redunca) sowie der **Große Riedbock** (Redunca arundinum). Die dominierende Antilope Ugandas sowie im Osten der DR Kongo ist der **Uganda-Kob** (Kobus kob thomasi). Die **Litschi-Moorantilope** ist in manchen Überschwemmungsgebieten im südlichen Afrika (z.B. im Okavango-Delta Botswanas sowie in den Kafue-Sümpfen Sambias) recht zahlreich.

Schwarzfersenantilope

Die im östlichen und östlichen Afrika wohl häufigste Antilope wurde früher zu den Gazellen gestellt. Heute steht die Art in einer eigenen Unterfamilie.

Impala (Melampus aepyceros)

- **Körpermerkmale:** Rehgroß (Gesamtlänge 150–200 cm, Schulterhöhe 75–95 cm, Gewicht 40–80 kg), Böcke mit einem prächtig geschwungenen und relativ großen (bis annähernd 100 cm langen) Gehörn, ansonsten beide Geschlechter ähnlich: rotbraune Grundfarbe mit hellem Bauch und schwarzen Abzeichen an Kopf, Hinterteil und Fersen

Links: Impala-Bock (Foto: fj), rechts: Uganda-Kob (Foto: cl)

("Schwarzfersenantilope"), Schwanz buschig mit weißer Unterseite.
- **Fortpflanzung und Entwicklung:** Tragzeit 6½–7 Monate, ein Jungtier von 4–5,5 kg, Geschlechtsreife mit einem Jahr, Lebenserwartung ca. 15 Jahre.
- **Nahrung:** Gräser, Laub, Blüten, Früchte.
- **Lebensweise und Lebensraum:** V.a. im Buschland, sehr gesellig in Haremsstruktur: ein Bock mit bis zu 50 (selten sogar 100) Weibchen, Junggesellenverbände bis 30.
- **Bestand und Beobachtungsmöglichkeiten:** Im ganzen Verbreitungsgebiet von Kenia bis Südafrika sehr häufig und überall dort zu beobachten, wo es reichlich Nahrung in offenem Buschland gibt.

Gazellen

Eine recht einheitliche Unterfamilie der Antilopen, von der es neben einem Dutzend Arten in Afrika und Arabien auch vier in Asien gibt.

- **Körpermerkmale:** Verhältnismäßig klein (Gesamtlänge 110–200 cm, Schulterhöhe 60–100 cm, Gewicht 15–75 kg), Hörner nur bei Männchen oder auch bei beiden Geschlechtern (dann aber die der Weibchen deutlich kleiner), Geschlechtsunterschied meist nicht sehr ausgeprägt. Farbe vorwiegend hellbraun mit hellerem Bauch und mehr oder weniger ausgeprägten schwarzen Abzeichen an der Seite und/oder am Hinterteil.
- **Fortpflanzung und Entwicklung:** Tragzeit fünf bis sieben Monate, ein (bei einigen Arten auch zwei oder drei) Jungtiere von 2–5 kg Gewicht, Geschlechtsreife mit ein bis zwei Jahren, Lebenserwartung ca. 15 Jahre.
- **Nahrung:** Vorwiegend Gräser und Kräuter, doch einige (wie Giraffengazelle) auch auf Laub, Knospen und Blüten von Sträuchern spezialisiert.
- **Lebensweise und Lebensraum:** Von Halbwüste bis offener Grassavanne bis Buschland, jede Art mit anderen Ansprüchen, meist in kleinen Gruppen, doch (beispielsweise bei der Thomson-Gazelle) auch in gemischten Herden bis zu 700 Tieren.

Vögel

Strauß

- **Bestand und Beobachtungsmöglichkeiten:** Alle Gazellen haben verhältnismäßig begrenzte Verbreitungsgebiete. Die drei vorwiegend in Ostafrika lebenden Arten sind stellenweise häufig zu sehen: die **Thomson-Gazelle** *(Gazella thomsoni)* nur östlich des Victoriasees in Kenia und Tansania (im Serengeti-Ökosystem sehr zahlreich), die **Grant-Gazelle** *(Gazella granti)* ebenfalls in diesen beiden Ländern, mit insgesamt größerem Verbreitungsgebiet, aber nie ganz so zahlreich, die **Giraffen-Gazelle oder Gerenuk** *(Litocranius walleri)* an wenigen Stellen im nördlichen Ostafrika (Amboseli, Tsavo, Samburu in Kenia). Im äußersten Nordosten (Somalia) gibt es daneben noch die **Dorkasgazelle** *(Gazella dorcas)* und die **Stelzengazelle oder Dibatag** *(Ammodorcas clarkei)*, die anderen Gazellen leben im Norden des Kontinents, der Springbock im Süden.

Vögel

Von weit über 1000 Vogelarten im östlichen Afrika (allein in Kenia sind 1033 bekannt) sollen nur die auffallenden und für „normale" Safari-Touristen interessanten vorgestellt werden.

Strauß

Von diesen Laufvögeln gibt es in Afrika nur eine Art.

Afrikanischer Strauß (Struthio camelus)

Bis 2,5 m hoch (größter lebender Vogel), Männchen schwarz und weiß mit auffallender Hals- und Beinfarbe (blaugrau oder rot), Weibchen und Jungvögel graubraun. Weit verbreitet in offenem Grasland wie im Busch. Regelmäßig in fast allen Reservaten des östlichen Afrika anzutreffen. Männchen an Brut und Aufzucht der Jungen sehr aktiv beteiligt. Nahrung: Viele Teile von Pflanzen (Blätter, Früchte), aber auch Insekten, Reptilien und andere Kleintiere. Für gewöhnlich monogam, aber auch ein Hahn mit zwei oder drei Hennen. 15–20 Eier (ca. 15 cm lang, 12 cm dick) in einem Gelege, Brutdauer ca. 40 Tage.

Pelikane (Foto: cl)

Afrikanischer Strauß (Foto: cl)

Pelikane und Kormorane

Zu dieser Gruppe gehören drei am Wasser lebende Vogelfamilien, die sich von Fischen ernähren, beim Fischfang aber ganz unterschiedliche Methoden anwenden: „Netzfang" (Herausschöpfen mit großem Schnabel) beim Pelikan, Ergreifen einzelner Fische mit dem Hakenschnabel beim Kormoran, „Speeren" der Beute mit dem spitzen Schnabel beim Schlangenhalsvogel.

Rosa- und Rötelpelikan (Pelecanus onocrotalus und P. rufescens)

Sehr große weiße Wasservögel (Länge 130–180 cm, Flügelspannweite annähernd 3 m) mit kurzen Beinen und Schwimmflossen, ziemlich langen Hälsen und sehr großen Schnäbeln. Weiß, in der Brutzeit schwach lachsfarbig (Rosapelikan) bzw. blassgrau (Rötelpelikan) in der Grundfärbung, recht gesellig vor allem in der Brutzeit, fangen Fische mit Hilfe ihres riesigen Schnabels und eines stark dehnbaren „Kehlsacks" als Wasser- und Fischbehälter. In ganz Afrika an Küsten und Seen anzutreffen. Rosapelikane sind relativ häufig am Nakurusee Kenias und im Queen Elizabeth NP Ugandas.

Zwei Kormoran-Arten sind im Binnenland des östlichen Afrika regelmäßig an Gewässern anzutreffen: der **Weißbrustkormoran** *(Phalacrocorax carbo)* (Länge knapp 1 m) und die **Riedscharbe** *(Phalacrocorax africanus)* (bis 60 cm). Beide häufig an fischreichen Seen und Flüssen. Farbe schwarzbraun mit weißen Partien oder dunkelbraun. Schwanz der Riedscharbe sehr lang.

Schlangenhalsvogel (Anhinga rufa)

Sehr lang gestreckt (91 cm), dünner, langer Hals mit 24 Wirbeln. Mit dem spitzen, dünnen Schnabel werden Fische aufgespießt. Erwachsene Vögel mit kastanienbraunem Hals, Jungvögel wesentlich blasser.

Vögel
Reiher

Pelikane, Kormorane und Schlangenhalsvögel brüten oft in mehr oder weniger großen Kolonien auf dem Boden oder auf trockenen Bäumen.

Reiher

Verhältnismäßig große, schlanke Stelzvögel mit langem, spitzen Schnabel, meist an flachen Gewässern, in Sümpfen, gelegentlich auch auf Grasflächen auf der Suche nach Fischen, anderen Wassertieren, Insekten und auch Mäusen und anderen Nagern. Brut meist in großen Kolonien auf Bäumen.

Schlangenhalsvogel (Foto: cl)

Grau- und Schwarzkopfreiher (Ardea cinerea, A. melanocephala)

90–100 cm lang, graues, stellenweise weißes Gefieder, beim etwas kleineren Schwarzkopfreiher schwarzer Kopf und Hals. Graureiher meist am Wasser, Schwarzkopfreiher häufiger auch in Grasland anzutreffen.

Goliathreiher (Ardea goliath)

Mit 140–155 cm der größte Reiher, Kopf, Hals und Unterseite kastanienbraun. Der ähnliche Purpurreiher ist viel kleiner und hat eine schwarze Kappe.

Neben dem rund 90 cm hohen **Silberreiher** (Egretta alba) (erkennbar an der Größe, dem gelben Schnabel und schwarzen Füßen) gibt es noch drei andere, deutlich kleinere weiße Reiherarten: **Mittelreiher** (Egretta intermedia) (rund 65 cm hoch, schwarze Beine, gelber Schnabel), **Seidenreiher** (Egretta garzetta) (55–60 cm, schwarzer Schnabel, schwarze Beine, gelbe Zehen) und **Kuhreiher** (Ardeola ibis) (50–55 cm, in der Brutzeit Krone, Brust und Rücken leicht beige, sonst ganz weiß, Schnabel und Beine gelblich oder fleischfarben). Kuhreiher begleiten gerne große Weidetiere (Elefanten, Büffel) und fangen von deren Füßen aufgescheuchte Heuschrecken, sitzen aber auch zum Insektenfang gerne auf den Huftieren (auch Hausrindern). Die etwa gleich großen **Rallenreiher** (Ardeola ralloides) sind beige-braun, zeigen im Flug aber ihre völlig weißen Flügel.

Nachtreiher
(Nycticorax nycticorax)

Etwa 60 cm hoch, verhältnismäßig gedrungen, schwarzweiß, Jungvögel braun. Hauptsächlich nachtaktiv, tagsüber ruhig am Rande der Gewässer stehend.

Mangrovenreiher
(Butorides striatus)

Mit ca. 40 cm deutlich kleiner, grünschwarzer Kopf und Rücken, Unterseite grau.

Gewöhnlich in eine eigene Vogelfamilie wird der **Hammerkopf** (Scopus umbretta) gestellt, der Ähnlichkeiten mit Reihern und Störchen zeigt. 55–65 cm hoch, dunkelbraun, mit auffallender Haube und relativ klobigem Schnabel. Lebt an kleinen Flüssen und Bächen und baut in großen Bäumen ein riesiges (bis über 1 m Durchmesser) Kugelnest aus Zweigen, Schilf und anderem Pflanzenmaterial. Drei bis sechs Eier, die etwa drei Wochen bebrütet werden, Jungvögel bleiben ca. sieben Wochen in ihrer Bruthöhle. Nahrung: Wasserinsekten, Krebse, Würmer, Fische, Amphibien.

Störche und Ibisse

Neben dem europäischen Weißstorch, der während des europäischen Winters im östlichen Afrika als Zugvogel (= lokaler Sommergast) anzutreffen ist, gibt es eine Reihe von Storchenarten, die häufig (Marabu), regelmäßig (Nimmersatt, Sattelstorch) oder selten (Klaffschnabel) zu sehen sind.

Sattelstorch
(Ephippiorhynchus senegalensis)

Mit rund 170 cm Höhe der größte und wegen seiner auffälligen Färbung (schwarzweiß mit rot-schwarz-gelbem Schnabel und roten Fersengelenken) auch der schönste und prächtigste aller Störche. Gewöhnlich paar-

Goliathreiher (Foto: cl)

weise in der Nähe von Gewässern anzutreffen, auf der Suche nach Reptilien, Amphibien, Mäusen und anderen Kleintieren.

Neben dem **Europäischen Schwarzstorch** (Ciconia nigra), der nur selten als Sommergast im östlichen Afrika zu sehen ist, gibt es drei andere vorwiegend schwarze oder dunkelbraune Störche, die alle etwa 80–90 cm hoch sind: **Wollhalsstorch** (Ciconia episcopus) („wolliger" weißer Hals, Schnabel dunkel mit rötlicher Spitze, Beine dunkelgrau bis fleischfarben), **Abdimstorch** (Ciconia abdimii) (auffallender weißer Bauch, Bronzeschimmer auf dem Rücken, blaues Gesicht, ähnlich dem Schwarzstorch, aber kleiner und ohne dessen rote Beine und Schnabel) und den **Klaffschnabel** (Anastomus lamelligerus) (braunschwarz, Schnabel klafft hinter der Spitze auseinander).

Marabu (Leptoptilos crumeniferus)

Bekanntester und am häufigsten (bei Aas, wo er den Geiern Konkurrenz macht, und an Müllhalden) anzutreffender Storch in Afrika, 150–160 cm hoch, schiefergrau mit weißem Bauch, weiße, flaumige Halskrause an der Basis des nackten, fleischfarbenen Halses, Erwachsene mit großem (bis 50 cm langem), mit Luft gefülltem Kehlsack und einer rötlichen Blase im Nacken, Schnabel kräftig. Große Nester auf Bäumen (allein oder in kleinen Kolonien). Nahrung: Aas, Insekten, Reptilien, aber auch Vögel und kleine Säugetiere.

Afrikanischer Nimmersatt (Ibis ibis)

Mittelgroß (95–105 cm) mit vorwiegend weißem Gefieder, Flügel und Schwanz schwarz, Gesicht nackt und rot, kräftiger Schnabel leicht gebogen und gelb, vorwiegend an Gewässern anzutreffen.

Oben: Klaffschnabel (Foto: jg);
unten: Schuhschnabelstorch (Foto: cl)

Schuhschnabel (Balaeniceps rex)

Einer der scheuesten und seltensten afrikanischen Störche, mit 150–155 cm relativ groß, aber vor allem durch den klobigen Schnabel mit Hakenspitze auffallend. Gefiederfarbe graublau, Schnabel grün-grau marmoriert. Lebt nur an wenigen Stellen Afrikas tief in den Papyrussümpfen vom Süd-Sudan über Uganda und weiter südlich bis nach Sambia. In Uganda gute Beobachtungsmöglichkeiten im Murchison Falls NP sowie in den Kyoga-Sümpfen.

Afrikanischer Löffler (Platalea alba)

Ca. 90 cm, ganz weiß, nacktes Gesicht und vorne löffelartig verbreiterter Schnabel, Beine rot (der Europäische Löffler, der als Wintergast in Ostafrika vorkommen kann, hat ein gefiedertes Gesicht und schwarze Beine).

Heiliger Ibis (Threskiornis aethiopicus)

Ca. 75 cm, weißes Körpergefieder, Kopf und nackter Hals sowie Schwanz schwarz, Füße dunkel, nicht nur an Gewässern, sondern auch auf Feldern und in Parks auf Nahrungssuche (Insekten, kleine Wirbeltiere) zu beobachten, lokal häufig.

Hagedasch oder Hadada-Ibis (Hagedashia hagedash)

Ca. 75 cm, Gefieder graubraun mit metallisch-grünem Schimmer auf Flügeln, lauter, sehr auffallender quäkender Ruf. Relativ häufig an Sümpfen und flachen Gewässern.

Flamingos

Zwei Flamingoarten kommen zum Teil in riesigen Scharen (Nakurusee Kenias mit bis zu 1,5 Millionen Vögeln, Zigtausende auch am Bogoriasee, vielleicht 30.000 im Ngorongoro-Krater) an Seen in Ostafrika vor. Dabei ist der Zwergflamingo immer wesentlich zahlreicher als der etwas größere Rosa-Flamingo, der auch in Südeuropa (Spanien, Südfrankreich, Griechenland) zu sehen ist.

Rosa-Flamingo (Phoenicopterus ruber)

140–150 cm, weißes Gefieder mit leichtem Hauch von Rosa, Schnabel rot mit schwarzer Spitze. An den Seen des ostafrikanischen Grabens einigermaßen häufig, weiter südlich seltener. Nahrung: vorwiegend kleine Krebstiere und Würmer, die mit dem Sieb am Schnabelrand aus dem Bodengrund geseiht werden.

Pavian vertreibt Marabu (Foto: cd)

Enten und Gänse

Zwergflamingo (Phoeniconaias minor)

Rund 100 cm hoch, Gefiederfarbe viel dunkler, Schnabel karminrot mit schwarzer Spitze. Sehr häufig an ostafrikanischen Seen, zwischen denen er aber über Hunderte von Kilometern hin und her fliegt. Brut nur an wenigen Stellen (z.B. Natronsee im Süden Kenias). Nahrung: Vorwiegend Algen und viel kleinere Nahrungspartikel, die dank des sehr feinen Schnabelsiebs auch von der Wasseroberfläche aufgenommen werden können. Riesige Zahlen am Nakuru-, Elmenteita- und Bogoriasee, seltener am Turkana- und Baringosee (alle in Kenia), auch im tansanischen Ngorongoro-Krater und bis nach Südafrika vorkommend.

Enten und Gänse

An den Gewässern des östlichen Afrika ist eine Art der Entenvögel regelmäßig anzutreffen und auffallend: die Nilgans. Andere Arten sind seltener und schwerer zu identifizieren.

Nilgans (Alopochen aegyptiaca)

60–70 cm, Gefieder braun bis graubraun mit weißen Schultern, fast immer paarweise an vielen Gewässern (Seen, Tümpeln, Bächen, Flüssen), sehr häufig im gesamten östlichen und östlichen Afrika.

Kapente (Anas capensis)

35 cm groß, graubraun marmoriert, mit auffallend rotem Schnabel und hellem Kopf, relativ häufig.

Links: Zwergflamingos (Foto: jg); rechts: Weißrückengeier (Foto: cl)

Gelbschnabelente (Anas undulata)

Verhältnismäßig groß (50 cm), graubraun, auffallend gelber Schnabel, recht häufig an Seen und in Sümpfen.

Rotschnabelente (Anas erythrorhyncha)

Etwa gleich groß wie vorige Art (48 cm), grau, auffallend roter Schnabel, streckenweise häufig an Seen und in Sümpfen.

Witwenpfeifente (Dendrocygna viduata)

46 cm hoch, aufrecht stehend als andere Enten und Gänse, Gesicht weiß, Flanken schwarzweiß gemustert, Rücken rötlichbraun, außerhalb der Brutzeit in Scharen von 30 und mehr. Zu erkennen auch an den hellen pfeifenden Rufen.

Glanzgans (Sarkidiornis melanotos)

Ca. 50 cm, auffallend schwarzweiß, Männchen mit schwarzem Höcker auf dem Schnabel, stellenweise häufig.

Greifvögel

Die Fülle der Greifvögel – angefangen von acht Arten von Geiern über eine große Zahl von Adlern, Bussarden, Habichten bis hin zu kleinen Falken – ist überwältigend.

Sekretär (Sagittarius serpentarius)

Etwa 100 cm hoch, ein ans Bodenleben angepasster Greifvogel mit langen Stelzenbeinen, blassgrau, sehr langer Schwanz und auffallende Federhaube, im offenen Grasland Reptilien (insbesondere Schlangen), Nagetiere und große Insekten jagend, einzeln oder paarweise.

Geier

Die häufigsten Geier am Riss von Löwen und anderen sind der **Weißrückengeier** *(Gyps africanus)* (einheitlich braun, weiße Halskrause auf dem Rü-

ist der **Schmutzgeier** (Neophron percnopterus) (ca. 70 cm, schmutzig weiß mit gelbem Gesicht und schwarzen Flügel- und Schwanzspitzen). Selten ist die größte Art: der **Ohrengeier** (Torgos tracheliotos) (über 100 cm, mit massigem Schnabel, nackter, faltiger Hals und Kopf dunkelrot). Nahrung der Geier: fast ausschließlich Aas großer Tiere, Schmutzgeier auch Straußeneier (die sie mit Steinen knacken) und in der Nähe menschlicher Ansiedlungen auch Müll. Rein vegetarisch ernährt sich der seeadlerartige **Palmengeier** (Gypohierax angolensis), der selten an den Seen des zentralafrikanischen Grabenbruchs beobachtet wird.

Adler

Häufigster und auffallendster Adler des östlichen Afrika (Wassernähe vorausgesetzt) ist der **Schreiseeadler** (Haliaeetus vocifer) (75 cm, Kopf, Brust, Rücken und Schwanz weiß, Bauch und Schultern rotbraun, Flügel schwarz, Gesicht und Beine gelb, stets am Wasser, Nahrung: Fische und Wasserflügel). Relativ häufig sind **Raubadler** (Aquila rapax) (65–75 cm, einheitlich hell- bis dunkelbraun) und **Gaukler** (Therathopius ecaudatus) (60–65 cm, sehr kurzer Schwanz, Gesicht und Beine rot, Körpergefieder schwarz und grau, Rücken rotbraun, häufig am Himmel kreisend zu sehen). Gelegentlich zu sehen sind **Schopfadler** (Lophaetus occipitalis) (50–55 cm, schwarzbraun, mit langen Schopffedern, oft auf Warte sitzend), **Kampfadler** (Polemaetus bellicosus) (75–85 cm, dunkel mit heller, gespren-

cken, 80–85 cm) und der etwas größere **Sperbergeier** (Gyps ruppelii) (ebenfalls braun, aber Federn hell umrahmt, „gesperbert", 85–90 cm). Vereinzelt in Geieransammlungen zu sehen ist der **Wollkopfgeier** (Trigonoceps occipitalis) (80–85 cm, mit weißem Hals, sehr dunklem Körper und weißen Flügelspitzen, Schnabel blau und rot). Etwas häufiger, aber meist etwas abseits von den größeren Geiern ist der kleine **Kappengeier** (Necrosyrtes monachus) (ca. 70 cm, einheitlich dunkelbraun, beigebraune „Haube" aus Flaum, nacktes Gesicht fleischrot). Sehr selten einzeln zu sehen

Kappengeier (Foto: cl)

kelter Brust, leichte Haube), **Kaffernadler** (Aquila verreauxii) (75–85 cm, schwarz mit weißen Abzeichen auf dem Rücken, sehr selten, in felsigem Gelände, z.B. im Matopos-Nationalpark Simbabwes), **Steppenadler** (Aquila nipalensis) (75 cm, schwarzdunkel mit orange-gelber Schnabelpartie) und verschiedene Schlangenadlerarten.

Sonstige Greifvögel

Andere relativ häufige und auffällige Greifvögel sind **Schwarzer Milan** (Milvus migrans) (50–60 cm, fahlbraun mit auffallend gegabeltem Schwanz, Schnabel gelb, mit grauer Kopfpartie und tief schwarzem Schwanz, wohl der häufigste Greifvogel in Afrika, oft auch in Städten zu sehen), **Gleitaar** (Elanus caeruleus) (30–35 cm, hellgrau oben, weiß unten, weißer, leicht gegabelter Schwanz und schwarze Schultern, in recht niedriger Höhe über das Grasland fliegend auf der Suche nach Nagetieren), **Schakalbussard** (Buteo rufofuscus) (50–60 cm, Oberseite schiefergrau bis fast schwarz, Schwanz rotbraun, Brust fast weiß, Bauch hell, leicht gesprenkelt, häufig auf Telegrafenmasten oder ähnlichen Warten sitzend) und die **Afrikanische Rohrweihe** (Circus ranivorus) (45–50 cm, dunkel- bis rötlichbraun, niedrig über Sümpfen oder Grasflächen fliegend).

Hühnervögel

Die meisten Hühnervögel (Frankoline, Perlhühner, Wachteln) sind nur kurz zu sehen und kaum zu bestimmen. Zwei Arten fallen auf und sind leicht von den anderen zu unterscheiden: das **Gelbkehlfrankolin** (Francolinus leucoscepus) (knapp 15 cm, mit nackter, auffallend gelber Kehle, die häufigste und auffälligste Art, vorwiegend in offenem

Oben: Schreiseeadler;
unten: Swainsonfrankolin (Fotos: cl)

Kraniche, Rallen und Trappen

Kraniche

Von den weltweit 14 Kranicharten ist nur eine überhaupt nicht gefährdet und als beliebter Parkvogel jedem Kind bekannt: der **Kronenkranich** *(Balearica pavonina)* (gut 100 cm hoch, unverkennbar durch die „Krone" aus goldgelben, borstenähnlichen Federn, die samtartig schwarze Stirn sowie weiße und rote Hautlappen im Gesicht, graues bis schwarzes Grundgefieder mit rotbraunen und weißen Partien an den Flügeln, meist paarweise auf offenen Ebenen, Feldern oder in Sümpfen). Seltener und nur lokal verbreitet ist der **Klunkerkranich** *(Bugeranus carunculatus)* (gut 125 cm, blassgrau mit weißem Hals, langem Schwanz und zwei weißen, gefiederten Anhängseln – „Klunkern" – am Kopf, zwei getrennte Popu-

Buschland) und das **Helmperlhuhn** *(Numida meleagris)* (45–55 cm, schiefergrau mit weißen Flecken, auffallender „Helm" auf dem Kopf, Gesicht blau, oft in kleinen Gruppen in Buschland anzutreffen). Im nördlichen Ostafrika nimmt das **Geierperlhuhn** *(Acryllium vulturinum)* (55–65 cm, Hals und Brust blau mit weißen Streifen, langer Schwanz) die Stelle als häufigste und auffallendste Perlhuhnart ein. Seltener ist auch die **Wachtel** *(Coturnix coturnix)* (18 cm, braun-tarnfarben mit kleinen hellen Streifen) zu beobachten.

Oben: Kronenkranich (Foto: fj);
unten: Riesentrappe (Foto: cl)

lationen in Äthiopien und im Süden Afrikas in Sambia, Nord-Botswana, Simbabwe und in Natal/Südafrika). Der attraktive **Paradieskranich** (*Anthropoides paradiseus*) (gut 105 cm hoch, unverkennbar blaugrau mit weißem Scheitel und schweifartiger Schwanzfeder) kommt regional in Südafrika und inselartig im Etoscha-Gebiet Namibias sowie vereinzelt in Botswana vor, überall aber selten.

Rallen

Von den vielen Rallen sind zwei Arten besonders auffallend: das **Kammblässhuhn** (*Fulica cristata*) (40–45 cm, sehr ähnlich dem europäischen Blässhuhn, weißer Gesichtsschild sowie in der Brutzeit zwei auffallende rote „Knöpfe" darüber) und die **Mohrenralle** (*Limnocorax flavirostra*) (20 cm, schwarz mit grünem Schnabel und roten Beinen).

Trappen

Typische Bewohner des offenen Graslandes sind die Trappen. Besonders groß und auffallend ist die **Riesentrappe** (*Ardeotis kori*) (75–105 cm, vorwiegend grau, Rücken und Körper dunkler, kleiner Schopf, bei der Balz durch „Umdrehen" des Gefieders wie ein großer weißer Ball wirkend). Seltener sind drei 55–65 cm große Arten: **Rotschopftrappe** (*Eupodotis ruficrista*) (schwarze Unterseite, rötlich-beiger Schopf), **Senegaltrappe** (*Eupodotis senegalensis*) (weißer Bauch, grauer Hals) und die **Schwarzbauchtrappe** (*Eupodotis melanogaster*) (Bauch des Männchens schwarz, des Weibchens blass mit schwarzen Streifen an der Brust). Nahrung aller Trappen sind Sämereien, andere pflanzliche Stoffe, Insekten und Reptilien.

Watvögel

Von der großen Zahl an Watvögeln sind drei 25–30 cm große Arten besonders häufig: am Ufer von seichten Gewässern **Spornkiebitz** (*Vanellus spinosus*) (schwarz-weiß, Rücken braun, Kappe schwarz) und **Waffenkiebitz** (*Vanellus armatus*) (schwarz, weiß und hellgrau mit weißer Kappe), an trockenen, vegetationsarmen Standorten in der Savanne Paare vom **Kronenkiebitz** (*Vanellus coronatus*) (Hals und Rücken hellbraun, Bauch weiß, Kopf schwarz mit auffallendem weißen Ring). In den Gewässern sind **Stelzenläufer** (*Himanto-*

Waffenkiebitze (Foto: cl)

pus himantopus), **Säbelschnäbler** (Recurvirostra avosetta) sowie etliche Arten der kleineren Regenpfeifer zu sehen. Auf Blättern von Seerosen laufen **Blaustirn-Blatthühnchen oder Jacanas** (Actophilornis africanus) (25–28 cm, rotbraun, Hals vorne weiß, hinten schwarz, Schnabel und Kopfschild hellblau, extrem lange Zehen).

Tauben

Sehr häufig und ständig zu hören sind verschiedene Taubenarten. Die beiden auffallendsten sind **Gurrtaube** (Streptopelia capicola) (25 cm, graubraun, schwarzer Ring am Nacken) und **Kaptäubchen** (Oena capensis) (ca. 20 cm, dunkelgrau mit weißem Bauch, Männchen mit schwarzem Gesicht, sehr langer, dunkler Schwanz). Besonders attraktiv gefärbt ist die **Grüne Fruchttaube** (Treron calva) (30 cm, grün mit gelber Flügelpartie, roter Schnabelansatz und knallrote Zehen, selten).

Papageien

Selten, aber wegen ihrer Popularität zu erwähnen sind die Papageien. Zwei mittelgroße Arten sind noch am ehesten zu sehen: **Goldbugpapagei** (Poicephalus meyeri) (25 cm, graubraun, mit grünem Bauch, gelb an Kopf und Flügelbug, weit verbreitet, aber immer nur stellenweise vorhanden) und der **Rotbauchpapagei** (Poicephalus rufiventris) (25 cm, orange-rote Brust, fast immer paarweise, gerne in Gebieten mit Baobab-Bäumen). Relativ häufig sind auch die zu den Kleinpapageien gehörenden Unzertrennlichen zu sehen, die gern in kleinen Trupps recht lautstark durch die Baumsavanne fliegen. Am bekanntesten ist das **Pfirsichköpfchen** (Agapornis fischeri) (14 cm, grün, Stirn, Wangen und Kehle orange, meist in kleinen Schwärmen, an sich auf Nord-Tansania beschränkt, aber an anderen Stellen eingeführt, im Aussehen ähnliche Kleinpapageien der Gattung Agapornis an anderen Stellen Ostafrikas).

Eulen und Nachtschwalben

Nur zwei Uhu-Arten sind gelegentlich zu entdecken: der **Milchuhu** (Bubo lacteus) (60–70 cm, braun-grau, mit heller Brust, Gesichtsfeld weißlich mit schwarzen Seitenstreifen) und der **Fleckenuhu** (Bubo africanus) (50–55 cm, graubraun, mit etwas heller, leicht gestreifter Brust, Federohren). Lokal verbreitet (z.B. im Semliki Valley Wildlife Reserve Ugandas) ist die ausschließlich nachtaktive, auf Fische spezialisierte, sehr große **Fischeule** (Scotopelia peli) (63–65 cm, dunkelbraun mit heller Brust, keine Federohren). Auch tagsüber aktiv ist der kleine **Perlkauz** (Glaucidium perlatum) (15–18 cm, Körper dunkelbraun mit hellen Punkten, Brust weiß mit braunen Punkten).

Häufig bei Nachtfahrten zu sehen, aber schwer zu bestimmen sind die verschiedenen Arten von **Nachtschwalben,** die sich vorwiegend von Insekten ernähren, die sie im Flug fangen.

Rackenvögel

Zu den attraktivsten Vögeln Afrikas gehören verschiedene Gruppen der Rackenvögel: neben den eigentlichen Racken die vielen schönen Fischer (Eisvögel) sowie etliche Bienenfresser, Nashornvögel und Hopfe.

Relativ häufig zu sehen ist die **Gabelracke** (Coracias caudata) (40–45 cm, Oberseite braun, Rumpf und Kopf ultramarin, Kehle und Brust lila, lange Schwanzspitzen an beiden Seiten). Fast ausschließlich an Gewässern gehen der **Malachiteisvogel** (Alcedo cristata) (14 cm, Kopf und Oberseite dunkelblau, Bauch rotbraun, Kehle weiß, Schnabel rot – sehr ähnlich ist der **Zwergfischer,** überwiegend blau gefärbt der **Kobalteisvogel**) und der **Graufischer** (Ceryle rudis) (25 cm, schwarzweiß, Schwanz verhältnismäßig lang, sehr häufig an Gewässern) auf Jagd, dagegen jagt der **Graukopfliest** (Halcyon leucocephala) (20 cm, Kopf grau, Rücken schwarz, Oberseite hellblau, Bauch rotbraun, Kehle hell, Schnabel rot) auch in der Savanne vorwiegend Insekten. Darin ähnelt er den verschiedenen Bienenfressern wie **Weißkehlspint** (Merops albicollis) (25–30 cm, extrem lange, dünne zentrale Schwanzfedern, Oberseite blau und grün, Schwanz blau, Kehle und Bauch weiß, Kopf schwarz-weiß, schwarzer Kehlstreifen, daneben andere, etwa gleich große Arten), **Schwalbenschwanzspint** (Merops hirundineus) (22–24 cm, sehr lange, schwalbenartig gegabelte Schwanzfedern, Oberseite grün, Schwanz blau, Kehle gelb mit blauem Streifen, Bauch grünblau), **Karminspint** (Merops nubicoides) (33–38 cm, sehr großer, karminfarbener, auffälliger Bienenfresser, Kehle karmin- bis pinkfarben, Kopf türkisblau) und **Zwergspint**

Oben rechts: Gelbschnabeltoko (Foto: fj);
links: Rotschnabeltoko (Foto: cl)

(*Merops pusillus*) (15 cm, Schwanz gerade, Oberseite grün, Bauch braun, Kehle goldgelb – die kleinste Art der Bienenfresser, recht häufig). Häufigste Arten der Hornvögel sind **Rotschnabeltoko** (*Tockus erythrorhynchus*) (42–50 cm, Oberseite schwarzbraun, weiß gesprenkelt, Bauch weiß, Schnabel rot – häufig im trockenen Busch) und **Gelbschnabeltoko** (*Tockus flavirostris*) (45–55 cm, ähnlich wie Rotschnabeltoko, aber stärker gekrümmter, gelber Schnabel), seltener und nur im Wald anzutreffen ist der **Trompeterhornvogel** (*Bycanistes bucinator*) (60–70 cm, Rücken schwarz, Bauch weiß, Schnabel mit einfachem Aufsatz silbergrau – einer von mehreren großen Nashornvögeln, der vorwiegend in Wäldern vorkommt). Auffallend ist der **Kaffernhornrabe** (*Bucorvus abyssinicus*) (105–110 cm, schwarz mit weißen Flügelseiten, Gesicht und Kehle unbefiedert, mit roten und blauen Blasen, auf dem Boden Nahrung suchend – die nördliche von zwei ähnlichen Arten). Der **Baumhopf** (*Phoeniculus purpureus*) (38–45 cm, schwarz mit grünem metallischem Schimmer, Schwanz lang und abgestuft, Schnabel rot) streift meist in Familiengruppen umher, dagegen ist der **Wiedehopf** (*Upupa epops*) (25–30 cm, Grundfarbe rötlich, Oberseite schwarzweiß, aufstellbare, schwarz geränderte Federhaube) eher ein Einzelgänger.

Spechte und Bartvögel

Spechte sind nur selten zu sehen und genau zu bestimmen, die mit ihnen verwandten Bartvögel schon eher. Lokal häufig und sehr auffallend ist der **Flammenkopf-Bartvogel** (*Trachyphonus erythrocephalus*) (22–25 cm, rötlichgelber Vogel mit dunkler, weiß gefleckter Oberseite und kleiner Haube).

Sperlingsvögel

Die größten und auffallendsten aus der riesigen Schar der Singvögel sind die Raben, von denen es im östlichen Afrika verschiedene Arten gibt. Stellvertretend sei der **Schildrabe** (*Corvus albus*) (45–50 cm, schwarz mit weißer Brust und Rückenpartie, ähnliche Arten mit anderen Mustern von weiß) genannt.

Sehr attraktiv und auch an Besuchereinrichtungen häufig zu sehen sind diverse Arten von Glanzstaren. Am häufigsten ist der **Dreifarbenglanzstar** (*Spreo superbus*) (16–19 cm, Oberseite metallisch blaugrün, Unterseite rotbraun mit weißem Brustband), doch gibt es daneben noch den **Schweifglanzstar** (*Lamprotornis purpuropterus*) (32–38 cm, metallisch blauviolett, Schwanz lang, Augen weißlich) sowie einige andere dunkelblaue Arten mit metallischem Schimmer.

Auch die Madenhacker (häufigste Art **Rotschnabel-Madenhacker,** *Buphagus erythrorhynchus,* ca. 18 cm, Farbe braungrau mit hellem Bauch, Auge gelb gerandet, Bauch hell – stets auf großen

Huftieren nach Insekten suchend) gehören in diese Gruppe.

Auffallend in Aussehen (meist gelbschwarz, aber auch rotschwarz) sind die Webervögel, z.B. **Textor** *(Ploceus cucullatus)* (ca. 18 cm, gelb mit schwarzem Kopf, Nacken braun), oder **Starweber** *(Dinemellia dinemelli)* (ca. 23 cm, Rücken braun, Kopf und Bauch weiß, Rumpf rot – im nördlichen Ostafrika häufig in der Akazien-Savanne).

Zu den auffallendsten Vögeln Ostafrikas gehören die verschiedenen Würger, da sie gut sichtbar auf Büschen sitzen, um von dieser Warte aus Jagd auf Insekten zu machen. Einer der häufigsten ist der **Fiskalwürger** *(Lanius collaris)* (20–25 cm, Rücken schwarz mit weißem V-Zeichen, Unterseite weiß, langer Schwanz).

Überaus attraktiv, aber wegen ihrer schnellen Bewegungen bei Blütenbesuchen sehr schwer zu bestimmen sind die verschiedenen Nektarvögel, z.B. **Bindennektarvogel** *(Nectarinia mariquensis)* (ca. 14 cm, Kopfbereich grün schimmernd, Rumpf und Schwanz schwarz, rötlichblaues Bauchband).

Reptilien

Krokodile

Einzige Art in Ostafrika ist das **Nilkrokodil** *(Crocodylus niloticus)* (3–5 m, 500–800 kg – an Flüssen und Seen in ganz Afrika).

Nilkrokodil (Foto: fj)

Reptilien
Schlangen, Echsen, Schildkröten

Schlangen

Überall reichlich vorhanden, nur selten zu sehen, am ehesten noch der **Felsenpython** *(Python sebae)* (4–6 m, z.T. bis 9 m). Zu den gefährlichsten Giftschlangen Afrikas gehören die **Schwarze Mamba** *(Dendroaspis polylepis)* (bis 4 m, olivbraun, gilt als aggressiv, Biss endet in der Regel tödlich), **Speikobra** *(Naja melanoleuca)* (1,2–1,5 m, Grundfarbe graubraun, richtet sich hoch auf, um ihr Gift gegen potenzielle Feinde zu spritzen) und die **Puffotter** *(Bitis arietans)* (0,6–1,2 m, dick und gedrungen, Grundfarbe grau bis braun mit Streifenmuster, sonnt sich gern auf Wegen und Pfaden und bleibt dort auch bei menschlicher Annäherung liegen, daher kommt es besonders leicht beim Darauftreten zu Bissen, zeichnet für ca. 60% der afrikanischen Schlangenbisse verantwortlich).

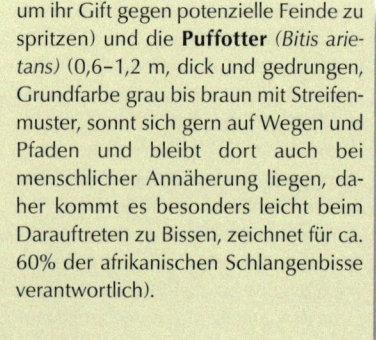

Echsen

Angehörige verschiedener Echsen-Familien sind gelegentlich zu sehen: in Häusern die lokale Form des **Tropischen Hausgecko** *(Hemidactylus brookii)* (15–20 cm, hell), an Felsen die **Siedleragame** *(Agama agama)* (20–30 cm, metallisch blau mit rosarotem Kopf), in der Nähe von Flüssen der **Nilwaran** *(Varanus niloticus)* (bis 2 m, grünlichgrau), in Büschen (oder in der Hand von Kindern, die sie zum Verkauf anbieten) das **Jackson-Chamäleon** *(Chamaeleo jacksoni)* (20–25 cm, Grundfarbe grünlich, aber sehr variabel).

Schildkröten

Von den Schildkröten ist nur eine Art häufig zu sehen: die **Panther-Schildkröte** *(Geochelone pardalis)* (maximal 70 cm, graubraune Farbe mit „Panther-Flecken").

Oben: Black Forest Cobra (Foto: cd);
unten: Panther-Schildkröte (Foto: cl)

ATLAS: BLATTSCHNITT I

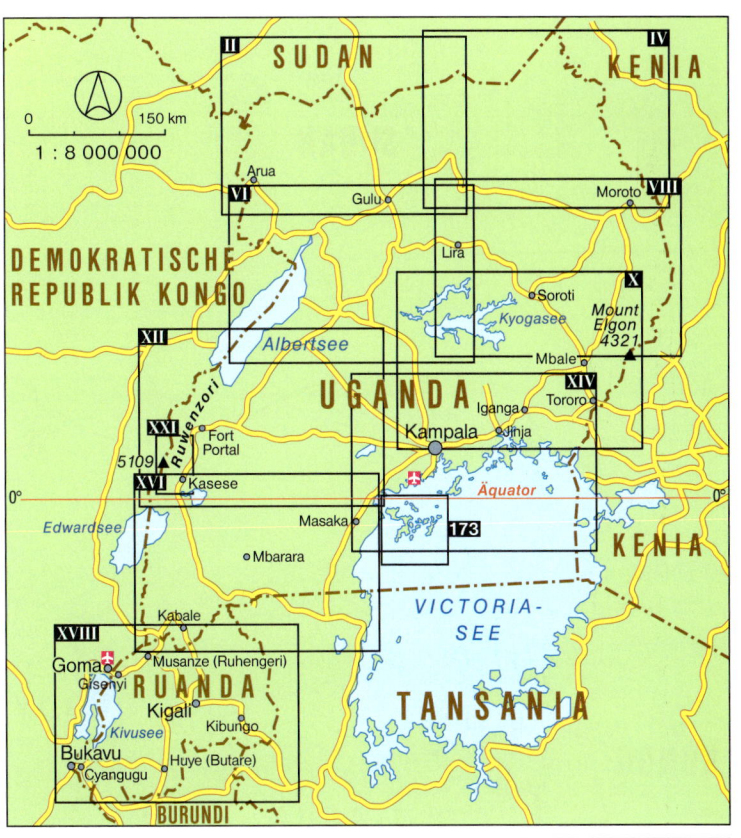

Zeichenerklärung

- Hauptstraße
- Nebenstraße
- National Park
- Flughafen
- Flugplatz
- ★ Sehenswürdigkeit
- Ruine
- Höhle
- Gletscher

0 — 30 km
Karten II bis XVIII
Maßstab 1 : 1 250 000

1 : 8 000 000
0 — 150 km

Höhenstufen: 4000 m, 3000 m, 2000 m, 1000 m, 0

II Arua, Moyo, Adjumani

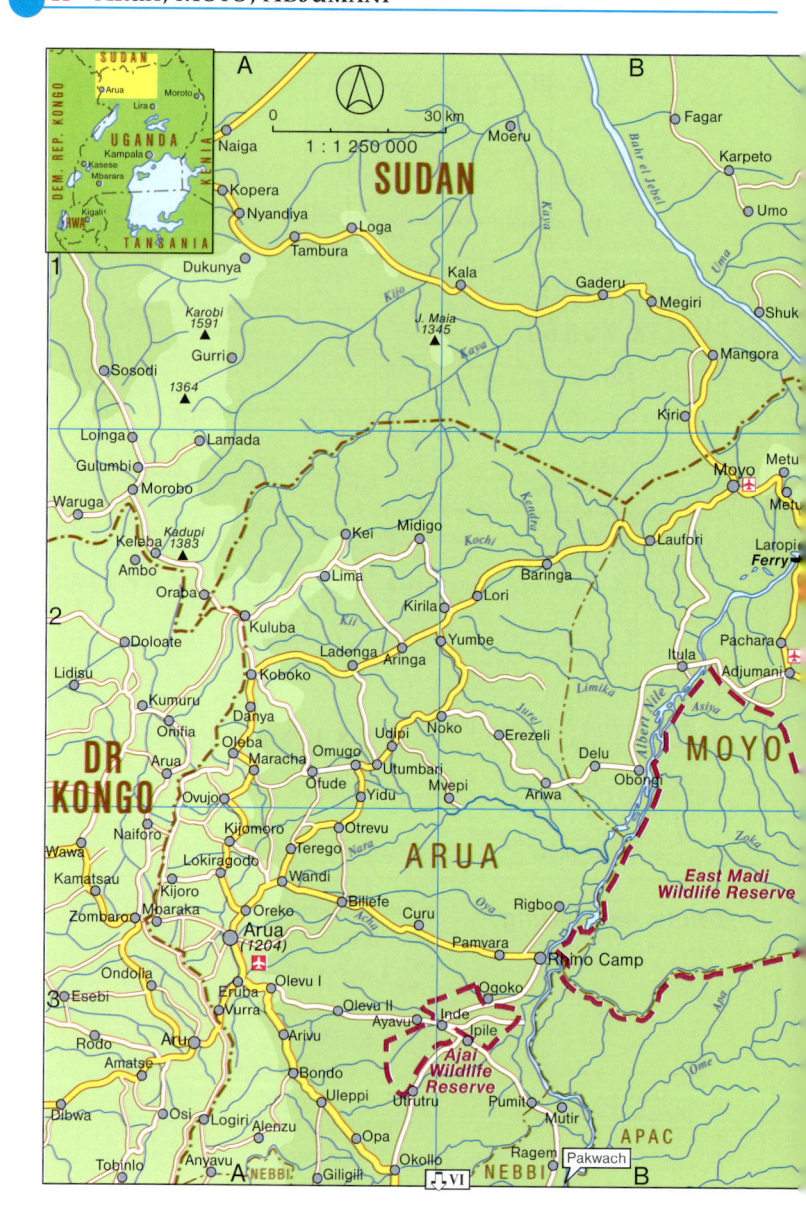

Gulu, Kitgum, Atiak   III

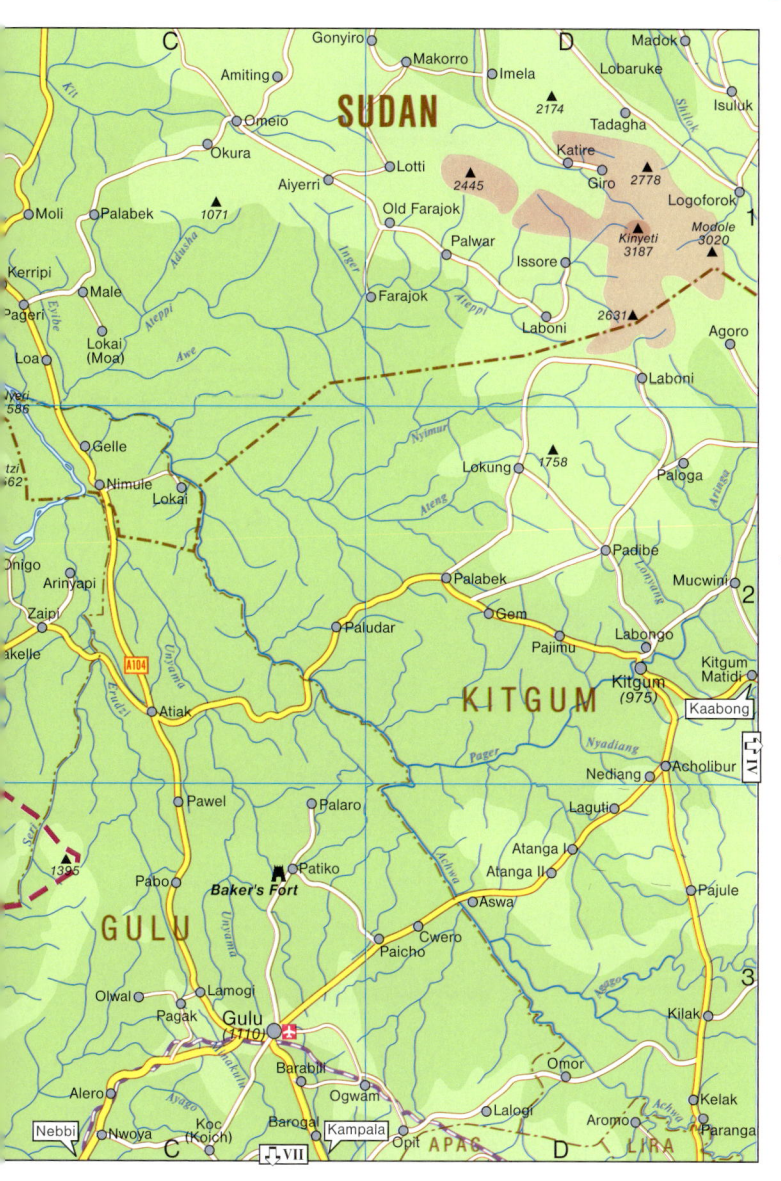

IV Kitgum, Kidepo Valley NP, Kalongo

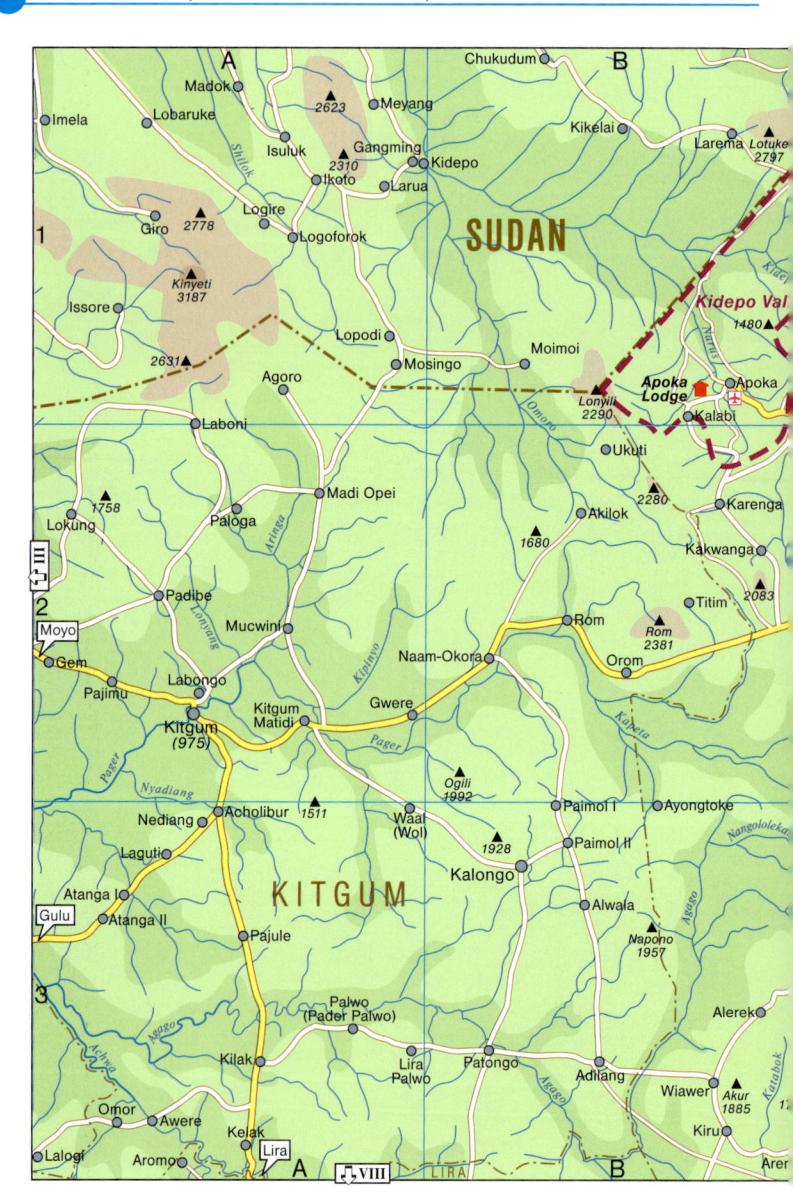

Kidepo Valley NP, Moroto, Matheniko WR   V

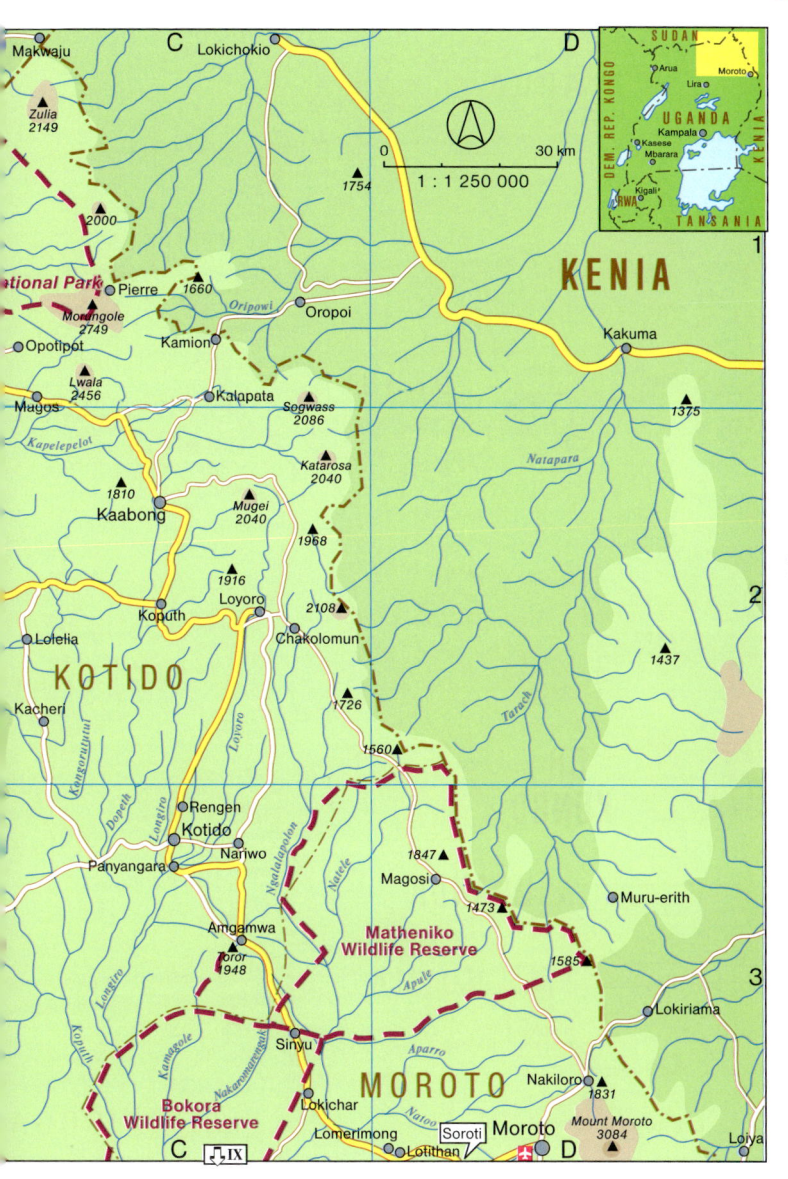

VI Hoima, Masindi, Lake Albert, Murchison Falls NP

Karuma WR, Lira, Gulu, Lake Kyoga, Lake Kwania   VII

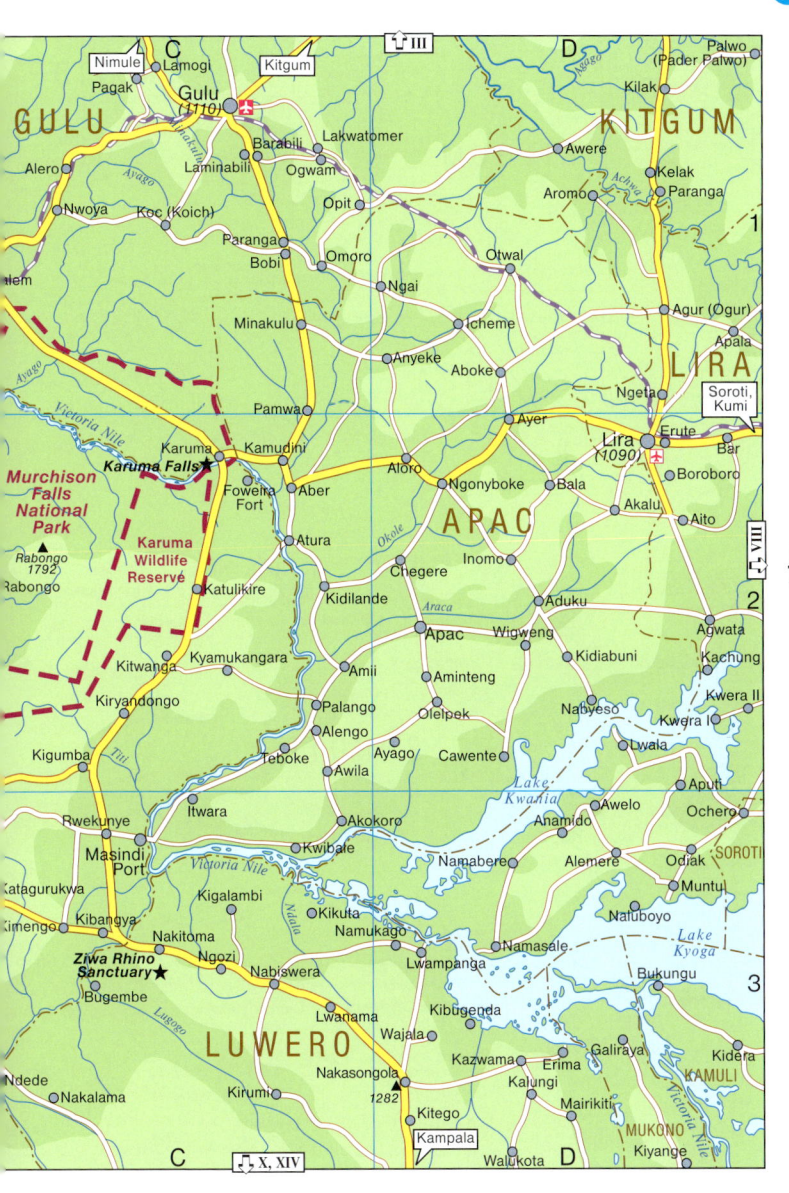

VIII Lira, Soroti, Lake Kyoga

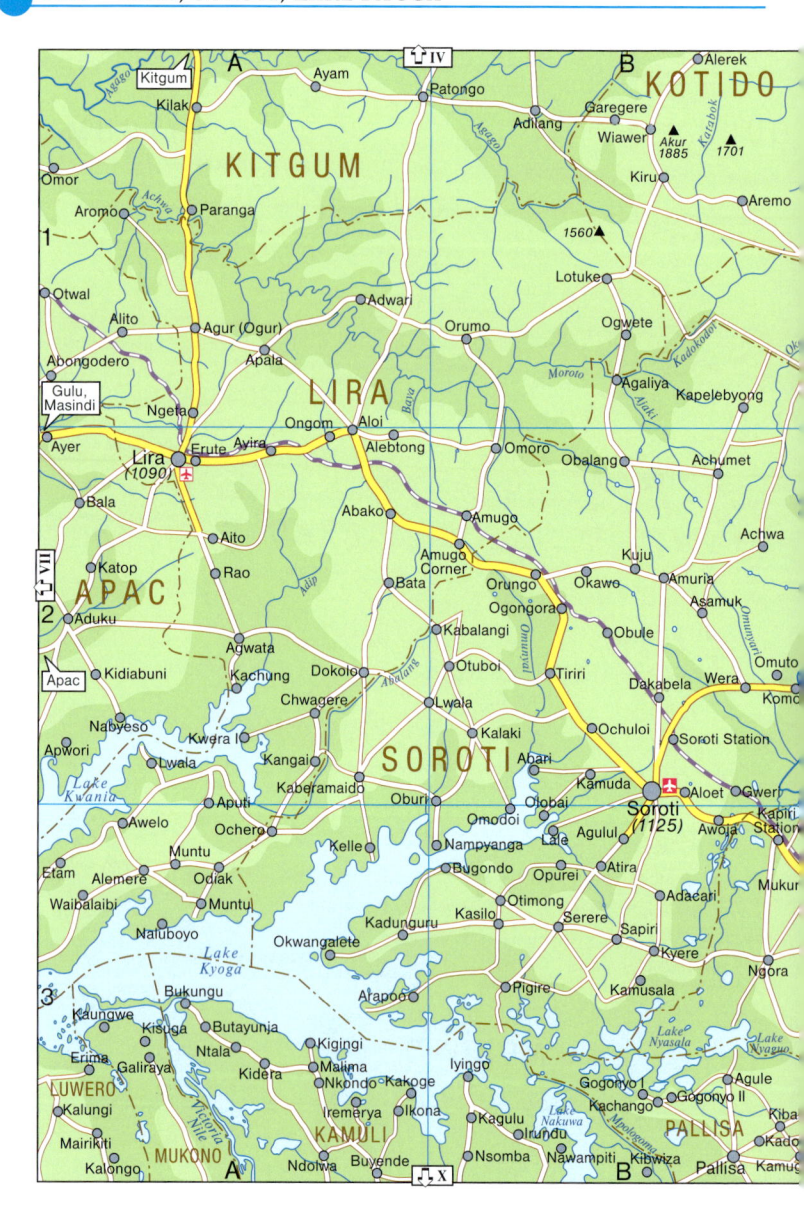

Bokora WR, Pian-Upe WR, Mt. Elgon NP   IX

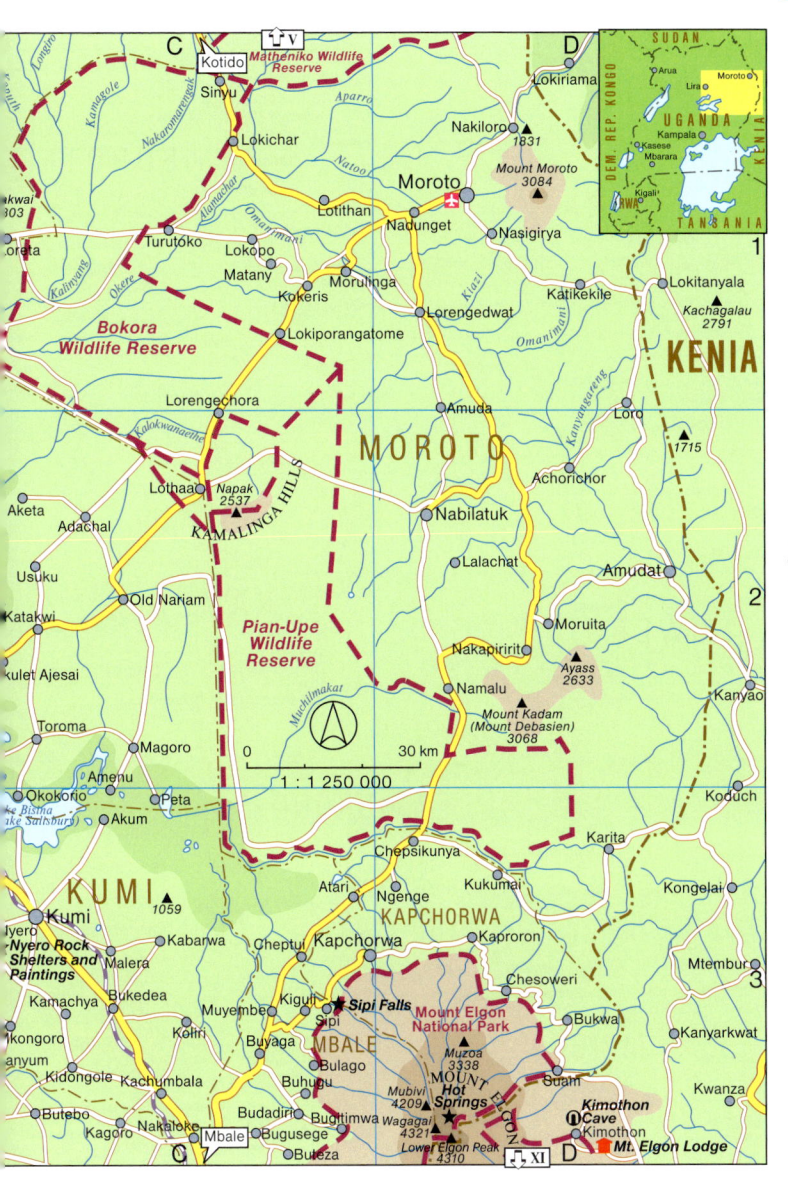

X LAKE KYOGA, KAMULI, JINJA, BUJAGALI FALLS

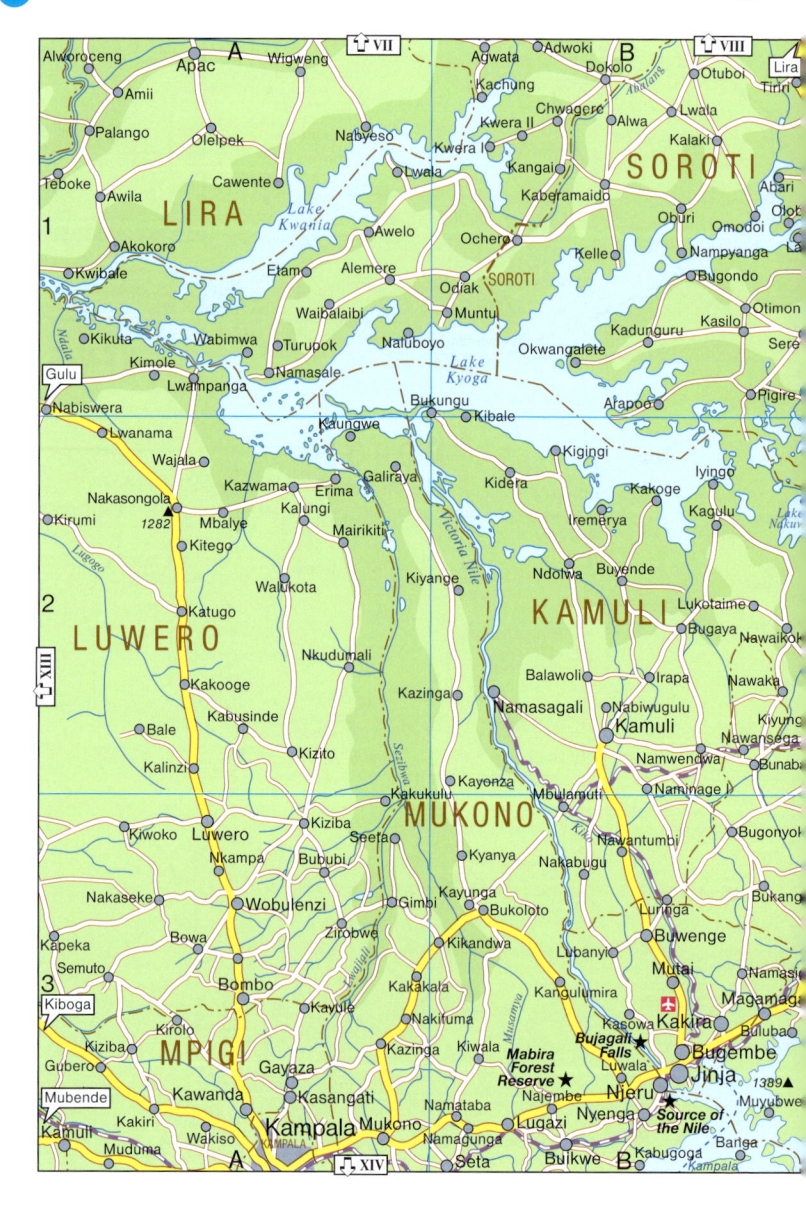

Mt. Elgon NP, Mbale, Tororo, Busia, Iganga   XI

(map page — place names and features)

- Pian-Upe Wildlife Reserve
- Moroto
- Katakwi, Nariam, Namalu
- Amorupos, Wera, Dakabela, Komolo, Akulet, Ajesai
- Ochuloi, Arapai, Soroti Station, Toroma, Magoro
- Atoet, Gweri, Kapiti Station, Okokonio, Amenu, Peta
- Soroti (1125), Awoja, Lake Bisina (Lake Salisbury), Akum
- Agulul, Kapiri, Mukura, Atuitui, Chepsikunya, Kukumai
- Adacari, Kumi, Kabarwa, Atari, Ngenge, Kapchorwa, Binyiny, Kaproron
- Sapiri, Kyere, Agu, Nyero, Cheptui, Chesowen
- Ngora, Kobwin, ★ Nyero Rock Shelters and Paintings
- Lake Nyasala, Lake Nyaguo, Kamachya, Bukedea, Muyembe, ★ Sipi Falls, Sipi
- Mount Elgon National Park, Muzoa 3338
- Mkongoro, Koliri, Okum, Buyaga, Bulago, Buhugu, Mubivi 4209, Hot Springs
- Gogonyo II, Agule, Kanyum, Kidongole, Kachumbala, Nampaga, Budadiri, Wagagai 4321, Lowe Elgon Peak 4310
- PALLISA, Butebo, Nakaloke, Bugitimwa, 2865, MOUNT ELGON
- Kadoto, Kabwangasi, Namunsi, Buteza
- Pallisa, Kamuge, ★ Kakoro Rock Paintings
- Bulangira, Kamonkoji, Mbale (1150), 1829, Bulucheke, Laboot
- Namwiwa, Kibuku I, Budaka, Nkokonjeru 2458, Bukigai, 2911
- Bupyana, Kibuku II, Nabweyo, Nabiganda, Busoba, Bunamba
- Bugwe, Bulolo, Bunghaji, Nganya, KENIA
- Kasokwe, Namatala, Busaba, Kidoko, Lwamba, Bugobero, Namba, Bulako, Chesikaki
- Kafiro, Namutumba, Budumba Station, Budumba, Molo, Butiru, Moding, Sirisia, Kapkateny, Chewele
- Nambale, Busembatia, Bulange, Peta, Mukuju, Malakisi
- TORORO
- Namungalwe, Bubada, Kisiro, Mulanda II, Sukulu, Tororo, Kimaeti, Bungoma
- IGANGA, Iyolwa, Malaba
- Iganga, Busesa, Bugiri, Buwayo, Myanga
- Magunga, Nakivumbi, Buwuga, Igwe, Busia, Alupe, Mungatsi, Nambale
- Mayuge, Nankoma, KENIA
- Bukatube, Buinja, Lumino, Bumala, Matayo
- Kityerera, Bugoto, Nabwere, Malanji, Nangina

Scale 1 : 1 250 000   0 – 30 km

Inset: SUDAN, DEM. REP. KONGO, UGANDA, KENIA, TANSANIA, Arua, Moroto, Lira, Kampala, Kasese, Mbarara, Kigali

XII Fort Portal, Kasese, Ruwenzori Mountains NP

Hoima, Kibale, Mubende, Kiboga   XIII

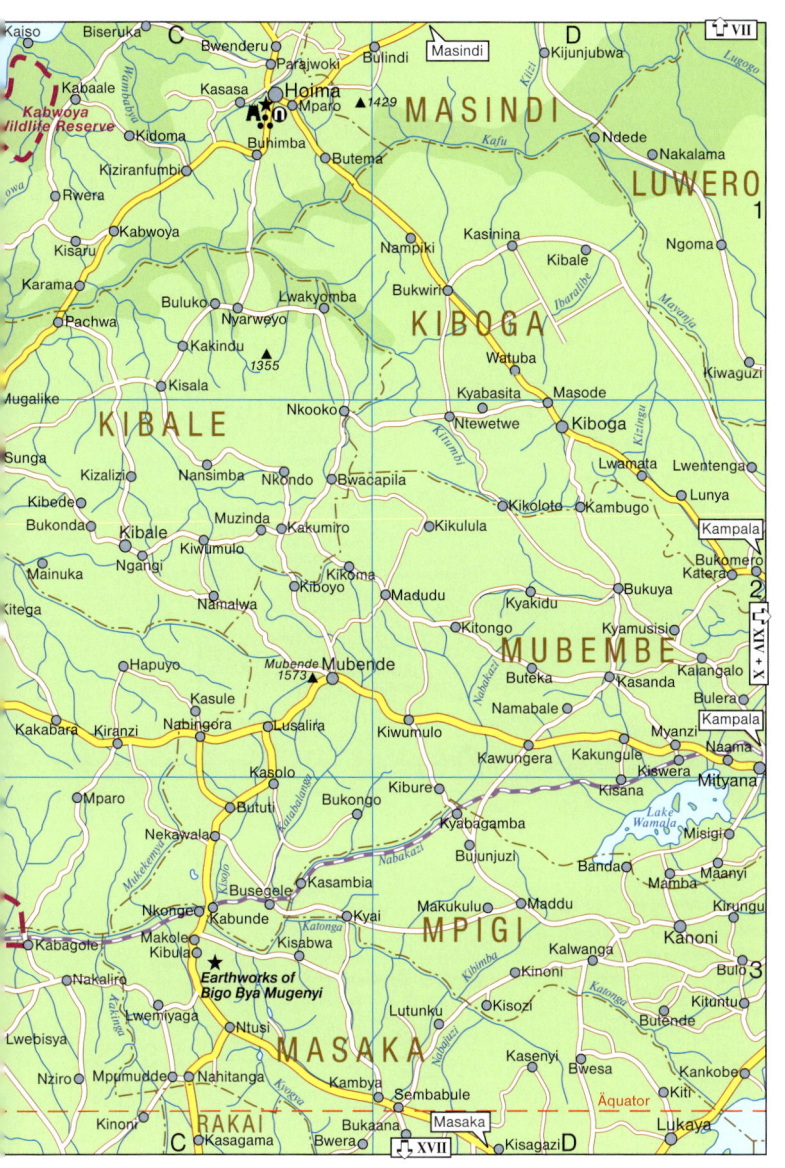

XIV KAMPALA, ENTEBBE, SSESE ISLANDS

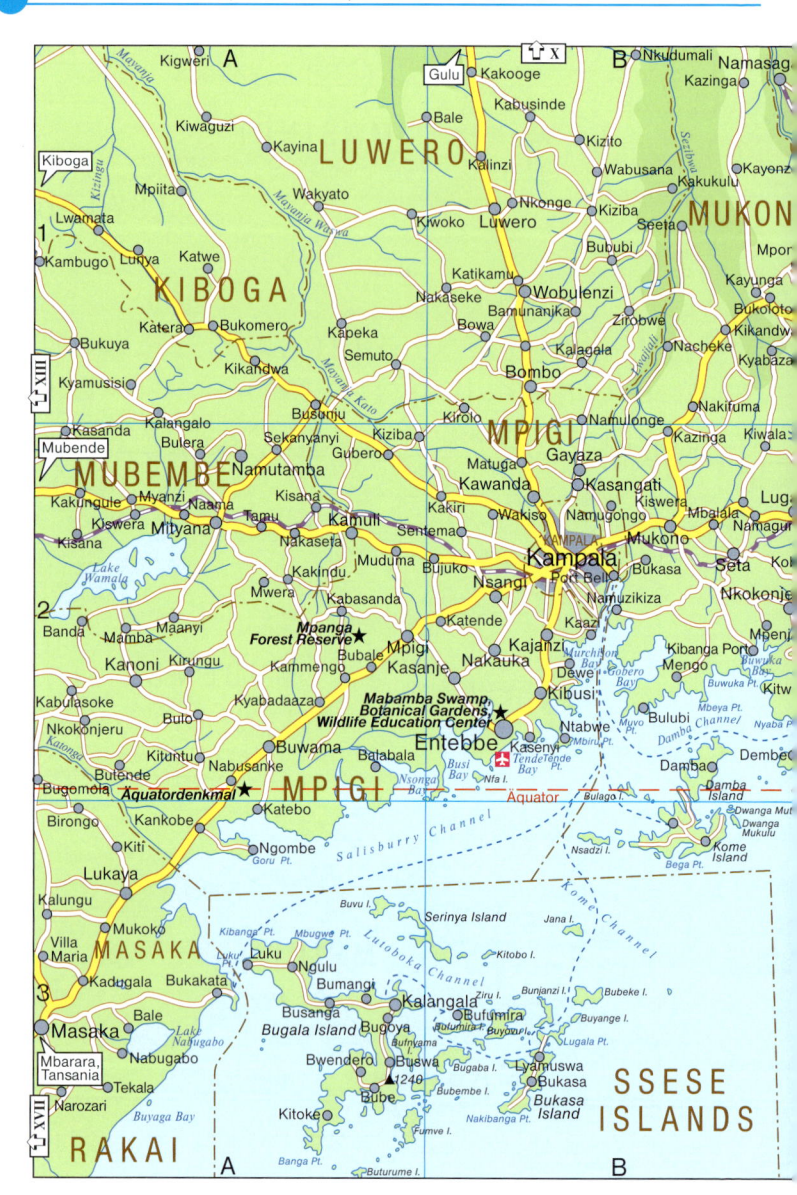

LAKE VICTORIA, JINJA, IGANGA, BUSIA XV

XVI QUEEN ELIZABETH NP, MBARARA, KABALE

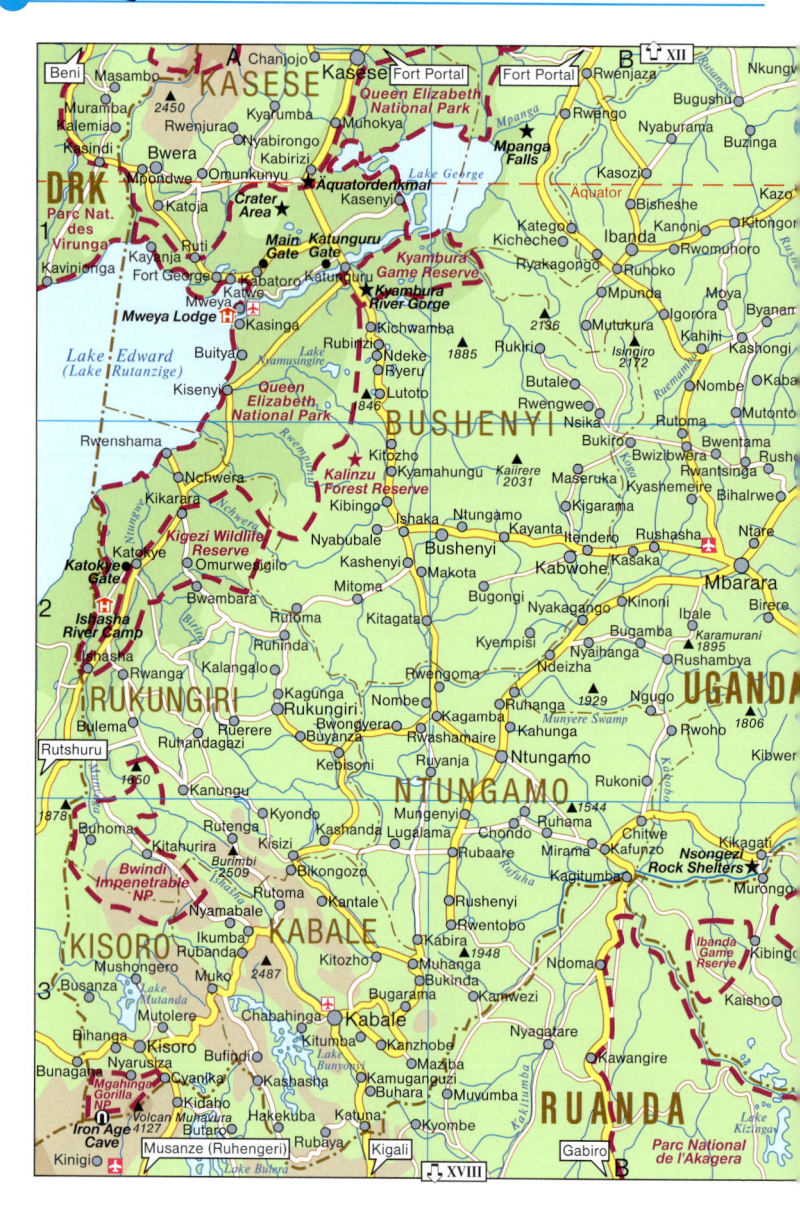

Lake Mburo NP, Masaka, Mbirizi   XVII

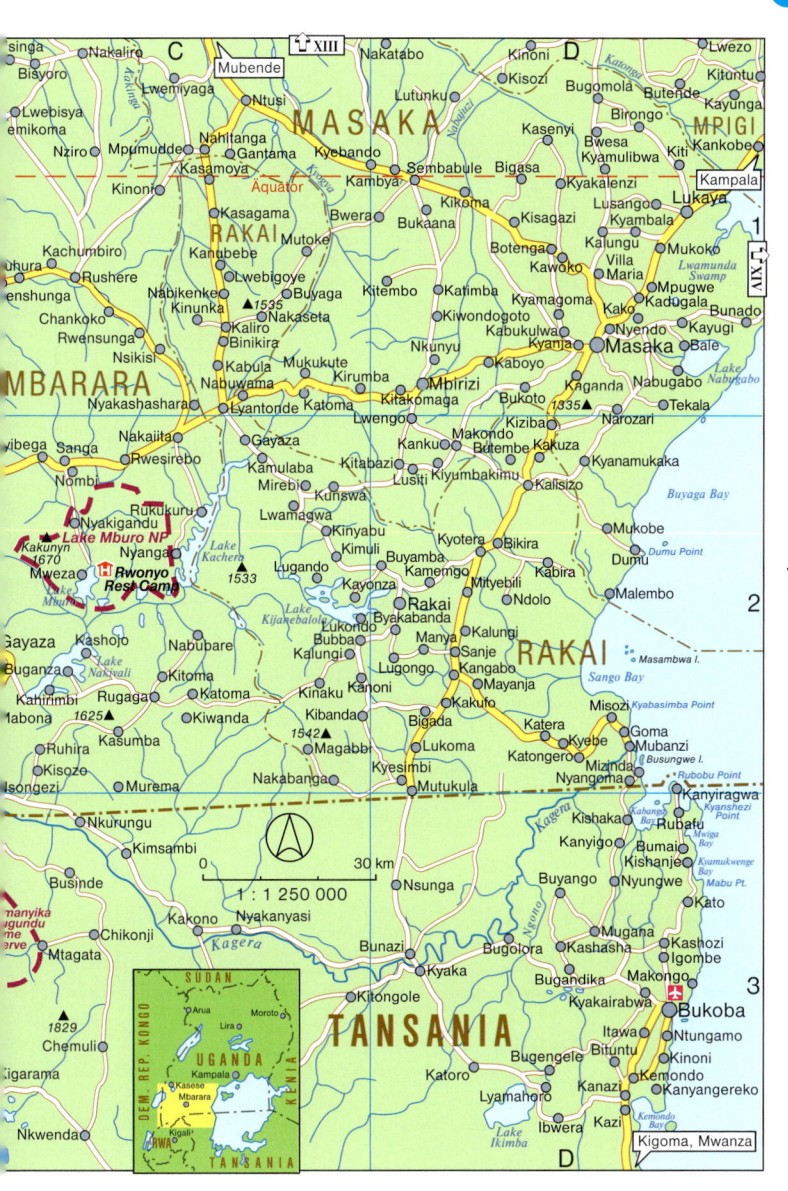

XVIII Ruhengeri, PN des Volcans, Butare, Gisenyi

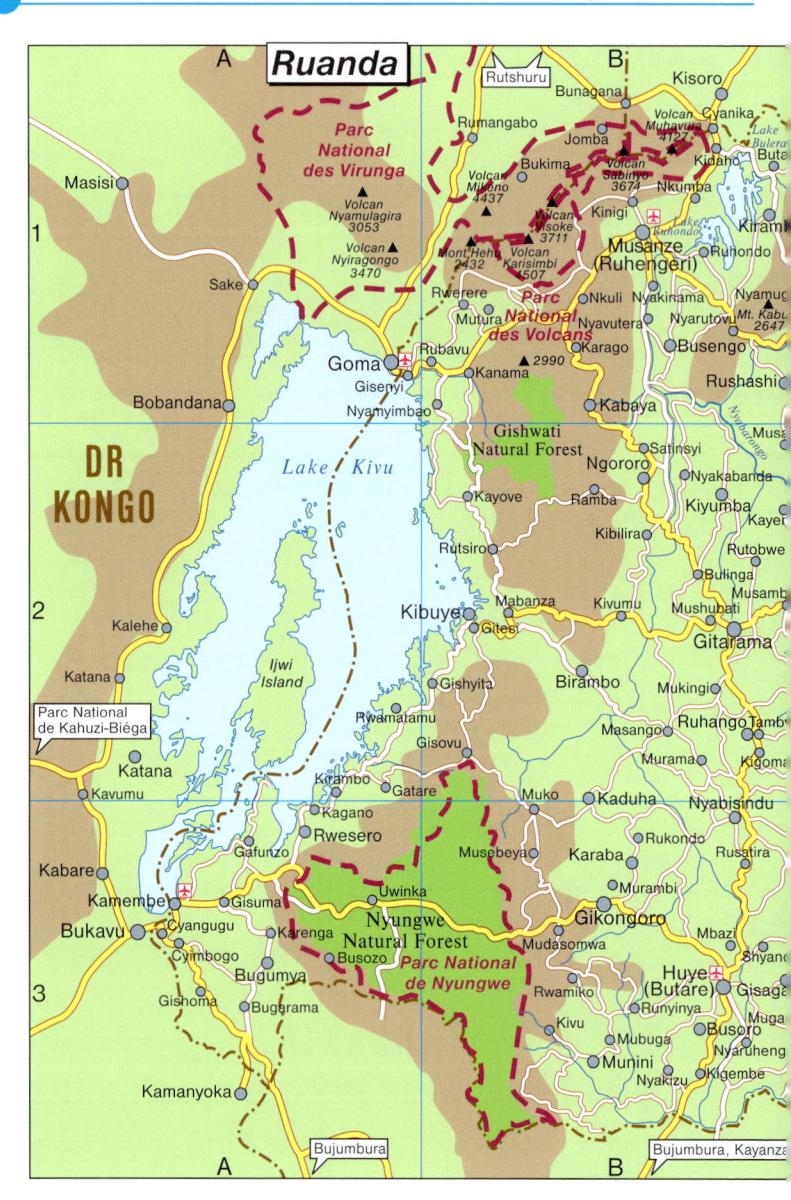

KIGALI, PN DE L'AKAGERA, KIBUNGO XIX

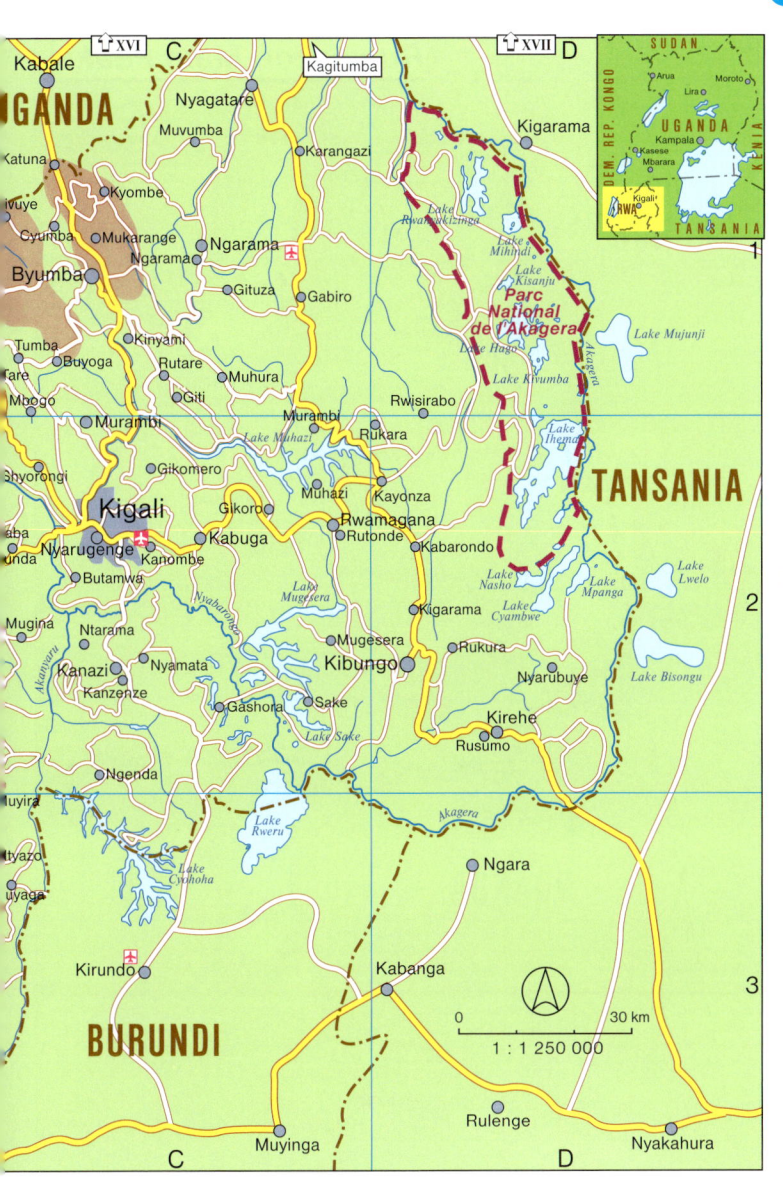

XX Ruwenzori Main Peaks

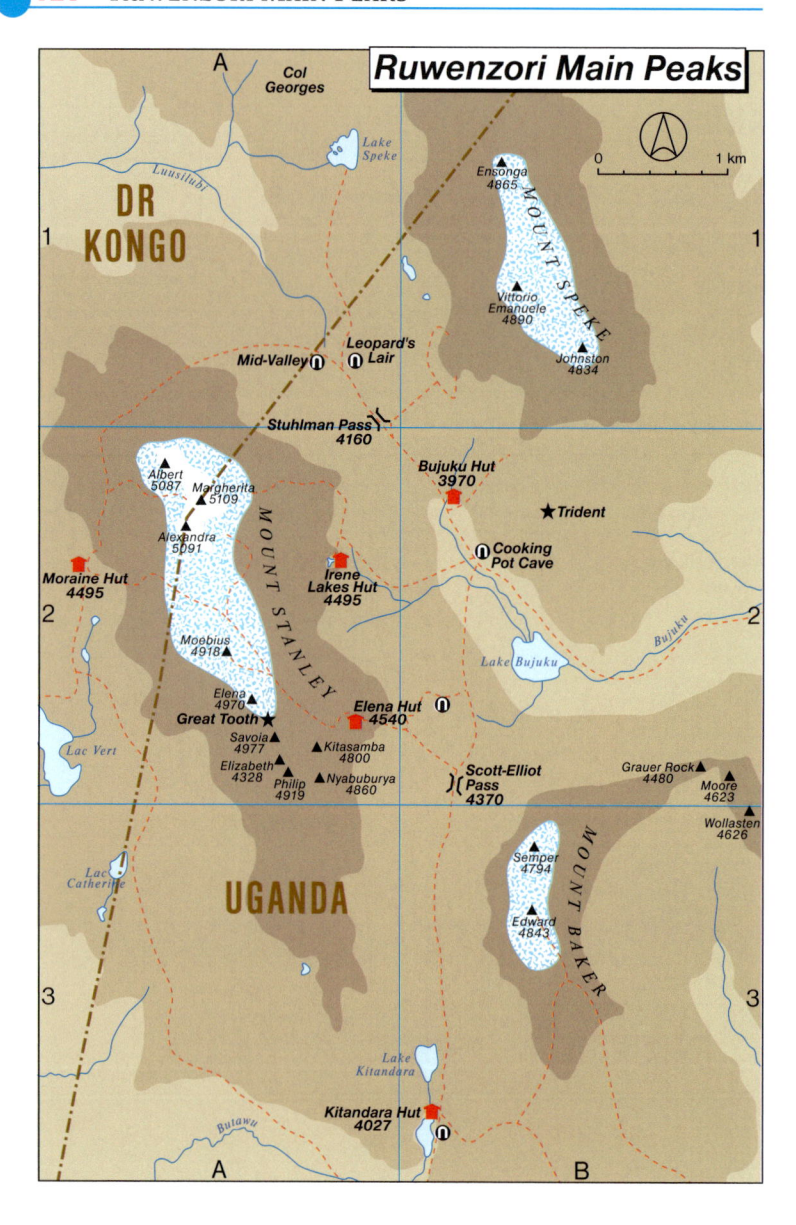

RUWENZORI ROAD MAP XXI

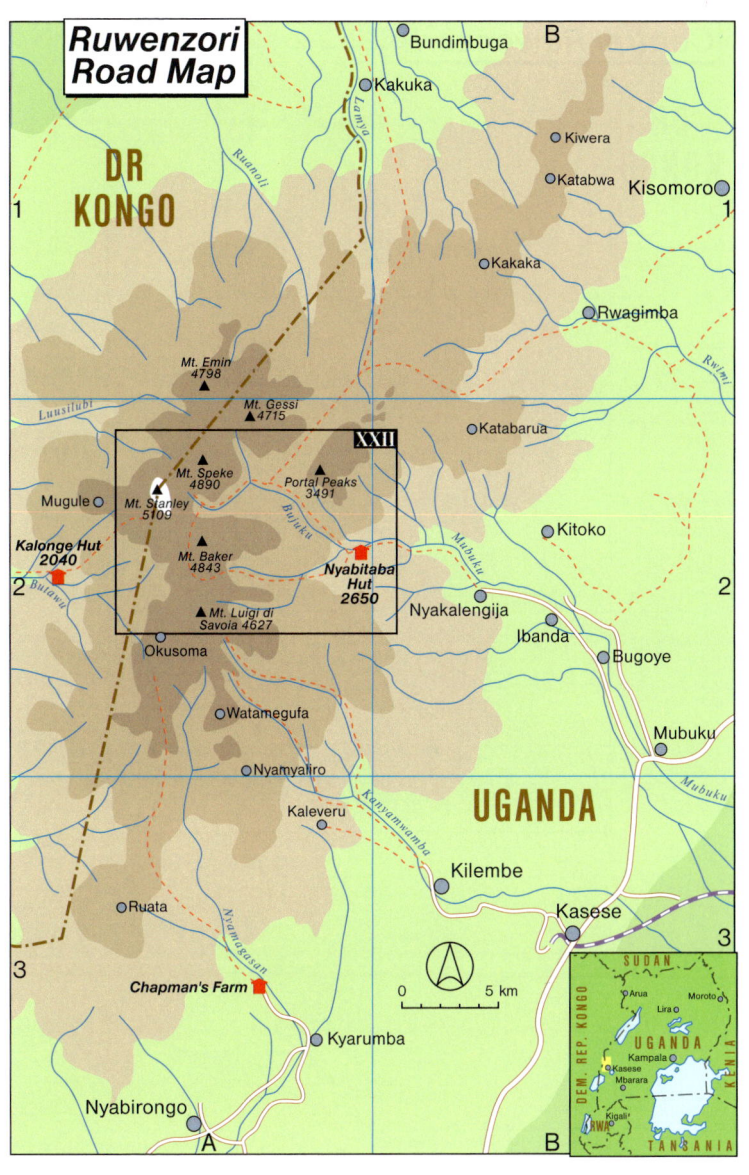

XXII Central Ruwenzori

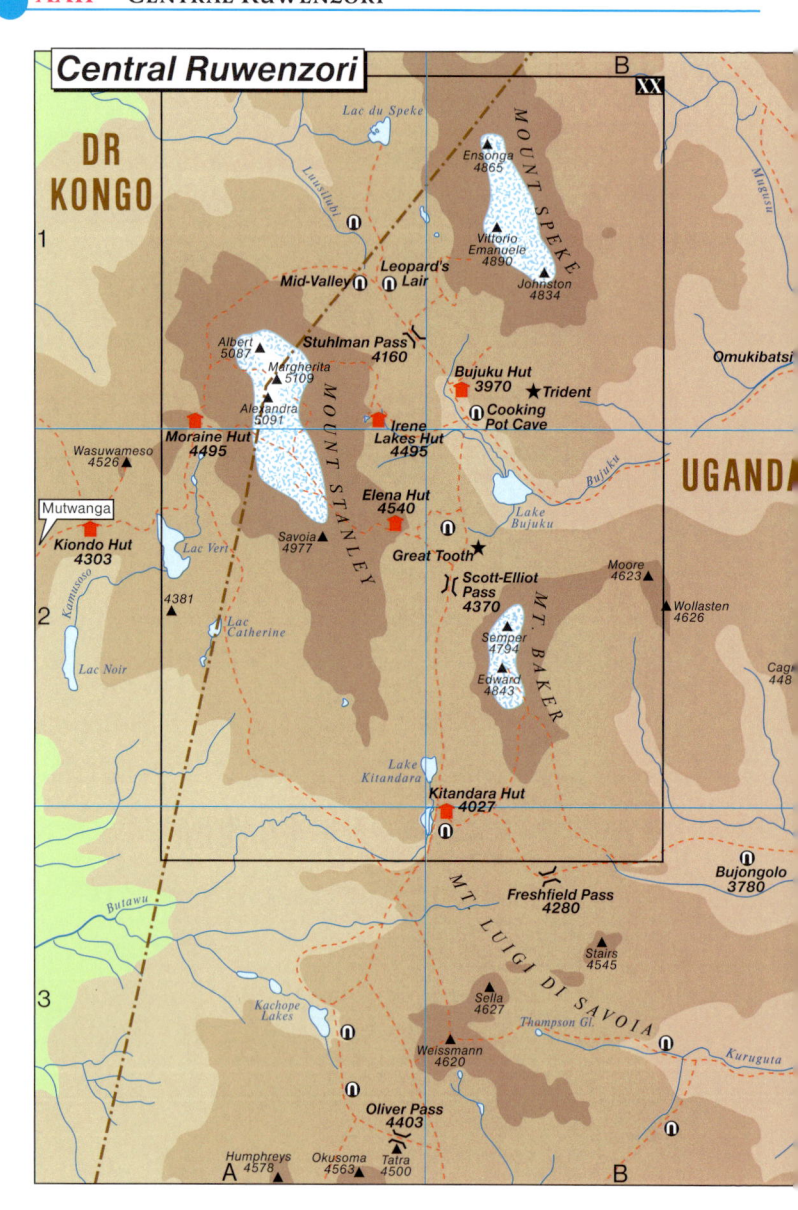

CENTRAL RUWENZORI XXIII

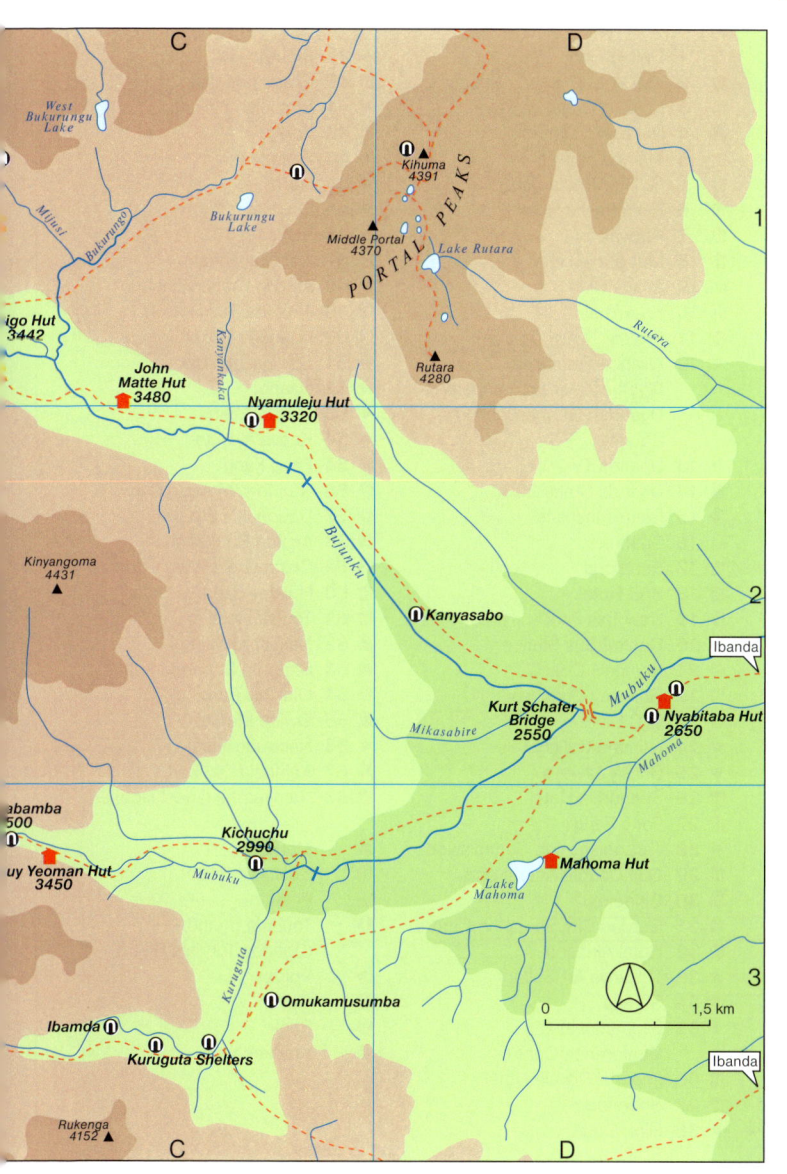

XXIV — Legende zum Stadtplan Kampala Zentrum

- 1 College Inn
- 2 YMCA
- 3 Kolping Guest House
- 4 Nakasero Old Fort
- 5 Mamba Point G. H. + Restaurant
- 6 Emin Pasha Hotel
- 7 Fairway
- 8 Metropole Hotel
- 9 Athina Club
- 10 Krua Thai
- 11 Protea
- 12 Alliance Francaise/Goethe Zentrum Kampala, Ugandan German Cultural Society
- 13 Uganda TV
- 14 Uganda Crafts 2000
- 15 Islamic Institute
- 16 Sabrina's
- 17 Equatoria
- 18 888 Hotel
- 19 New Taxi Park
- 20 Central Bus Station
- 21 Kampala Coach
- 22 Gateway Coaches
- 23 TLC Club
- 24 Nommo Gallery
- 25 British Airways
- 26 Shangri-la Hotel
- 27 Fang Fang
- 28 Tanzanian High Commission
- 29 Golf Course Apartments
- 30 Cineplex
- 31 Garden City Shopping Centre
- 32 Hotel Africana
- 33 Tulifanya Art Gallery
- 34 Serena
- 35 International Conference Centre
- 36 Imperial Royale Hotel
- 37 Sheraton
- 38 High Court
- 39 Pioneer Hall
- 40 Grand Imperial
- 41 Ethiopian Airlines
- 42 Speke
- 43 Emirates
- 44 Hertz
- 45 City Hall
- 46 Parliament
- 47 National Theatre
- 48 African Crafts Village
- 49 Akamba Bus Station
- 50 Kampala Coach
- 51 City Bakery/Bar
- 52 Haandi
- 53 Magic Safaris
- 54 Kenya Airways
- 55 Fang Fang
- 56 Nando's/Mateo's Bar
- 57 Debonair's Steers
- 58 Aristoc Bookshop
- 59 China Great Wall
- 60 Holiday Express Hotel
- 61 Tourist Hotel
- 62 Nakasero Market
- 63 Shoprite Supermarket
- 64 Old Taxi Park
- 65 Owino Market
- 66 Nakivubo Stadion
- 67 Kampala Old Fort
- 68 Namirembe Guest House

- Markt
- Bushaltestelle
- Post
- Tourism Uganda (Uganda Tourism Board)
- Polizei
- Golf
- Bank
- Krankenhaus